한국교회를 위한
교회력 설교 자료집

Year C

한국교회를 위한
교회력 설교 자료집 Year C

2024년 11월 11일 처음 찍음

지은이 | 조헌정
펴낸이 | 김영호
펴낸곳 | 도서출판 동연
등 록 | 제1-1383호(1992. 6. 12.)
주 소 | 서울시 마포구 월드컵로 163-3
전 화 | (02)335-2630
전 송 | (02)335-2640
이메일 | yh4321@gmail.com

Copyright ⓒ 조헌정, 2024

ISBN 978-89-6447-058-9 03230

한국교회를 위한

교회력
설교
자료집
Year C

조헌정 지음

동연

왜 교회력 설교인가?

목사가 설교(하늘뜻펴기)를 위해 본문을 선택하는 방식은 대체로 교회력 설교, 하나의 책을 연속하여 다루는 강해식 설교 그리고 그때그때 임의로 선택하는 주제별 설교가 있다.

필자는 80년대 중반 미국장로교(PCUSA)에서 목사 안수를 받고 얼마 되지 않아 담임목사로 가게 되었는데, 가장 힘든 일은 설교였다. 신학교에서 배운 대로 교회력에 따른 설교를 시작했다. 당시에는 미국 목회자들을 위한 교회력 설교 자료가 있긴 했지만, 예화 모음집에 불과했고, 예화 또한 주류 백인들을 위한 예화이다 보니 한인 이민자들과는 상황이 맞지 않았다. 한국의 대형 교회 목사들이 펴낸 설교집이 몇 권 있긴 했지만, 교회력에 따른 설교도 아니었고, 진보 신학을 공부한 필자로서는 성서 해석에 있어 보수적이고 문자적인 방식을 따라갈 수는 없었다. 그때는 컴퓨터에 설교 본문을 검색해도 별로 참고할 만한 자료가 나오지 않을 때였다. 설교 보조 자료가 없이는 교회력 설교를 계속하는 것이 쉽지 않았다.

그래서 강해식 설교도 해보았는데, 얼마 지나지 않아 이는 신학적으로 옳은 방식이 아니라는 것을 깨닫게 되었다. 이는 본문 선택에 일관성이 없을뿐더러, 설교자 개인에 따라 전혀 다른 결론에 도달할 수밖에 없는, 좀 심하게 말하면 코에 걸면 코걸이 귀에 걸면 귀걸이 해석 방식이었다. 나무 하나하나는 잘 보게 되지만, 성서의 전체 숲을 보지 못하는 결과를 초래하게 됨을 깨달았다. 주제별 설교는 필요에 따라 간간이 진행할 수는 있겠지만, 설교자의 주관이 강하게 작용한다. 가장 좋은 것은 교회력에 따른 설교이다. 이는 설교자가 성서를 바라보는 것이 아니라 성서가 설교자 자신을 바라보도록 이끌기 때문이다.

그러다가 미국 장로교 한인 목회 구역 공과 교재인『말씀과 함께』저자로 참여하게 되면서 설교는 물론 성서 이해에 큰 도움이 되었다. 교회력에 따른 본문은 아니었지만, 이 교재가 단순히 지식이나 정보를 제공하는 전통 방식이 아닌, 그룹 *Lectio Divina*의 방식을 도입하였기에 본문 말씀에 대한 깊은 이해와 토의 그리고 기도와 실천이 함께 하도록 되어 있었다. 예배 한 시간 전 그룹별로 공과 공부를 진행하고 이어서 같은 본문으로 설교를 하니 깊이 있는 말씀을 전할 수 있었다.

2003년 서울 향린교회로 부임지를 옮기게 되었다. 교회력 본문에 따른 보조 자료는 없었고 대신 매해 교회력 설교집이 출간되긴 했지만, 이는 설교 모음집에 불과했다. 필자는 그간 미국에서 행했던 설교를 기반으로 첫 임기 6년을 마치게 되었는데, 이 기간에 여러 가지 방식으로 설교를 진행하였다. "이 땅의 작은 예수들" 이라는 제목으로 초기 조선 교회의 인물 중심의 설교를 진행하기도 했고, 예언서를 연속으로 진행하기도 했다. 이는 후에 책으로 출간했다(『양심을 습격한 사람들: 예언자와 오늘의 시대정신』, 한울, 2009).

그러다가 *Feasting on the Word: Preaching the Revised Common Lectionary* (David L. Barlett and Barbara Brown Taylor, editors, Westminster John Knox Press, 2009. 이하 *Feasting*)가 출판되자마자 바로 본격적인 교회력 설교를 시작하게 되었다.

Feasting on the Word 소개

이 책은 the Revised Common Lectionary(RCL)에 기반한 설교 보조용 책이다. RCL은 세계 개신교회가 1984년 이후 사용하던 the Common Lectionary와 로마가톨릭교회가 1969년 이후 사용하던 Ordo Lectionum Missae를 통합하여 1993년에 완성한 3년 주기의 교회력으로 현재 세계 많은 교단이 사용하고 있는 가장 권위 있는 교회력이다. 이 교회력에 기초하여 약 15년간 미국과 캐나다의 주요 개신교단과 가톨릭 주교단의 수백 명의 신학자들이 함께 참여하여 만든 책이 바로 이 책이다. 책의 기본 구조는 다음과 같다. 매주 네 개의 본문이 선택되는데, 구약성서 (이하 제1성서), 시편, 서신서, 복음서에서 각각 한 본문이 선택된다. 그리고 각각의 본문에 대해 각기 다른 네 명의 학자가 네 가지 관점(신학/목회/주석/설교)에서 각각 설교 한 편 분량의 글을 썼다. 그러니까 어떤 설교자가 교회력에 따른 설교를 준비한다고 한다면 매주 16편의 설교를 읽게 된다. 도서출판 동연에서 복음서만을 번역 출판하였다.

그런데 내용에 있어 중복되는 부분도 있고, 기본적으로 미국과 캐나다의 (백인) 목사들을 위한 글이기에 한국교회 상황에 맞지 않는 내용이 많아 필자는 저자들의 핵심 관점만을 뽑아 재해석하고, 여기에 필자의 한국 목회 20년, 미국 목회 20년의 경험과 신학을 반영하여 이 책을 출판하게 된 것이다. 본래는 혼자 하려는 것은 아니었고, 교단별 여러 신학자, 목회자들로 저자팀을 구성하고자 하였으나 계획대로 진행하기는 어려웠다.

성서 이해와 한국인의 특권

성서는 역사적으로 보면 자유와 해방이 핵심 주제이다. 제1성서는 애굽제국으로부터의 해방, 바빌론제국에 의한 유배와 페르시아제국에 의한 해방 사건이 중심 주제이고, 제2성서는 로마제국의 식민지통치 아래에서 갈릴리 예수의 하느님 나라 운동으로서의 십자가 구원과 인간의 자유와 해방을 얘기한다. 그런데 *Feasting*을 쓴 대부분의 백인 저자들은 식민지통치 기억만 있지 통치를 당해본 경험이 없다. 소수의 흑인과 여성 신학자들을 제외하곤 성서가 본래 말하는 의도와는 맞지 않는 해석을 하고 있다.

한국인은 지정학적 위치로 인해 유대 민족과 비슷한 역사적 경험을 갖고 있다. 수천 년간 주변 강대국들에 의해 계속 침략을 당해 왔고 피식민지 역사가 있다. 출애굽 해방 사건의 기쁨과 바빌론 유배(환향녀, 징용, 위안부) 사건의 한의 아픔이 같다. 그리고 열왕기서와 역대기서의 남북 왕국 분열과 대립의 역사는 오늘 우리에게 있어서는 과거가 아닌 현재 진행형이며, 복음서 태동에 결정적

사건이 되는 유대 독립 투쟁의 역사는 곧 우리의 역사인 것이다. 곧 성서적 사건을
오늘의 사건으로 재현하는 일에 우리 민족만큼 더 가까이 다가갈 수 있는 민족은
없는 것이다.

필자는 신학에 있어서는 제3세계 신학자로서 눌린 자의 입장에서 정의·
평화·생명의 문제에 계속 관심을 기울여 왔으며, 목회에 있어서는 주변을 살아가는
이민자로서의 특별한 경험이 있다. 주석적 관점에 있어서는 성서 원어에 충실하고
자 노력했으나, 히브리어와 헬라어를 직접 인용한다고 해서 항상 옳은 것은 아니다.
왜냐하면 원어는 보통 여러 가지의 의미를 지니고 있는데, 이때 해석자에 따라
그 선택이 달라질 수밖에 없기 때문이다. 어떻게 말하면 가장 공정하고 객관적이어
야 할 주석적 관점에서 전혀 다른 해석이 가능하다는 점에서 신학의 모순이
있다. 결론으로 *Feasting*을 참고하긴 하였지만, 신학과 목회 현장 그리고 청중이
전혀 달라 내용상 많은 차이가 있으며 글 또한 압축하여 썼다. 곧 음식의 기본
재료만을 제공하고자 노력했으며 음식을 만드는 일은 설교자의 재량에 맡긴
셈이다.

네 개의 본문 중 시편은 다루지 아니했다. 그 이유는 본래 시편은 하나의
시요 하나의 찬양이요 노래로 하는 신앙고백이기에 이성보다는 감성이 더 중요하다
고 보았기 때문이다. 물론 이성적 분석이 시편의 뜻을 더 명확하게 밝히기는
하겠지만, 잘못하면 시편 본래의 감성적 성격을 잃어버릴 위험성도 있다. 향린교회
에서는 시편 본문을 4·3 혹은 4·4조로 변형한 국악 가사에 국악 가락을 붙여
예배부름송으로 사용하였다.

필자의 바람

1. K-Pop, K-Culture, K-Food와 같이 K-설교가 나와 지금까지의 서구 백인
신학의 틀을 깨고 성서를 새롭게 이해하는 결과물이 나오길 바란다. 요즘 K-신학이
조직신학자들에 의해 논의 중에 있지만, 이는 성서신학 분야에서 먼저 나와야
할 것이다. 그러나 성서 원어 연구 자체가 서구 백인 신학자들에 의해 만들어진

문헌(렉시콘, 원어 사전)에 의존하여야 하기에, 결코 쉬운 과제는 아니지만 성서 자체가 서구인들의 그리스적 사고와는 대비되는 히브리적 사고에 기반하고 있기에 (참조: 토를라이프 보만, 『히브리적 사고와 그리스적 사고의 비교』), 이에 견줄만한 종말론적 개벽 사상의 틀을 갖고 있는 한국 신학자들만의 장점이 있는 것이다. 광주 출생 한강 작가의 5.18민주화투쟁과 제주4.3항쟁을 다룬 소설들이 노벨문학상 수상의 주요 이유로 말해지고 있으며 그리하여 K-문학이라는 단어가 새롭게 등장하고 있다. 이는 우리의 역사적 사건과 성서의 사건을 함께 다루는 K-설교가 세계교회에 지대한 영향을 미칠 수 있음을 암시하고 있다.

2. 필자는 RCL 자체에 대해 약간의 불만이 있다. 왜냐하면 사사기를 비롯한 두세 개의 책은 아예 다루지 않고 있고, 제1성서에서 가장 부피가 큰 예언서가 축소되어 있는 반면, 이사야서는 지나치게 강조되어 있고 서신서에 있어서도 로마서와 히브리서에 치중되어 있기 때문이다. 이는 교리와 전통을 중시하는 가톨릭교회의 영향 때문이라고 생각한다. 그리하여 바라기는 이제는 한국교회의 주요 개신교단들이 함께 하여 우리 민족과 교회의 고유한 절기를 반영한 새로운 교회력을 만드는 일을 시작하였으면 한다. 모든 교회가 매 주일 같은 본문을 사용하게 된다면, 비록 여러 교단으로 갈라져 있다 하더라도, 교회가 하나임을 고백하는 일이 된다.

3. 그리하여 한국교회 고유의 교회력에 기초한 한국판 *Feasting*이 나오기를 바란다. 그때에는 네 가지의 관점 외에 다종교 사회로서의 '종교적 관점', 지구환경 위기 속에서의 '생태적 관점' 그리고 민족의 숙원인 '남북통일의 관점'이 첨가될 필요가 있다. 성서에서 통일의 관점은 예언자들을 통해 남북통일왕국의 실현을 하느님의 뜻으로 강조하고 있고, 예수는 복음서에서 여러 차례 사마리아인을 언급하고 있으며, 바울 또한 십자가 사건을 인간 집단의 벽을 허무는 화해 사건으로 해석하고 있다. 필자는 같은 관점에서 성서적 사건을 민족적 사건으로 재해석한 책을 출간한 바 있다(『갈라진 땅에 선 예수』, 동연, 2021).

끝으로 지난 3년간 매주 교회력 설교 자료를 SNS에 올리기 전 기장 목회자 몇 분들과 함께 줌 모임을 가져왔는데, 함께 하신 목사님들께 특별한 감사를 드린다. 그리고 한국교회 갱신을 위해 애쓰시는 도서출판 동연 김영호 장로님과 편집과 출판을 위해 수고하신 모든 분에게 깊이 감사드린다.

2024년 10월 10일
한강 작가의 노벨문학상 수상을 함께 기뻐하며
조헌정

성찰 글

성서에 기록된 문자는 '닫힌 말씀'(텍스트1)이다. 이 '닫힌 말씀'을 기록된 당시의 정치, 문화, 사회 전반을 아우르는 역사적 상황(콘텍스트 1)에 비추어 해석(exegesis)할 때, '열린 말씀'(텍스트 2)이 된다. 설교는 이 '열린 말씀'(텍스트 2)을 오늘의 상황(콘텍스트 2)에 비추어 재해석해(eisgesis) 내는 작업이다. 이때 비로소 성서는 오늘의 청중을 향한 살아 있는 하느님의 말씀이 된다

_ 조헌정

신학은 상징의 언어이며, 상상력에 관한 언어로, 언어 너머 저편의 무언가를 알아차리기를 추구한다. 신학은 반이성적이지 않지만, 비이성적으로 이성적 담론의 세계를 초월하고, 상상력의 도구로만 포착할 수 있는 실재의 영역을 가리킨다.

_ 제임스 콘

복음은 원래 가난한 자들의 복음이었던 것이 부자들의 복음으로 변해버렸다. 부자와 가난한 사람, 주인과 종을 같은 죄인이라고 균등화하는 것은 하느님 앞에서 죄를 범하는 것이고 현실의 잔혹한 불평등과 비참한 가난에 대한 외면과 무관심을 낳고 부자들의 자기 의인을 다져주게 된다. 부를 같이 나누려 하지 않고 죄만을 같이 나누는 것이다.

_ 서남동

주일은 매일매일에 대한 반역이다(Sunday is a rebellion against everyday).
_ 도로테 쵤레

부활은 깨어진 세계를 지금껏 해석하고 움직여 온 거짓 이론과 폭력적 권위에

대한 '하느님의 반역'이다. 그리스도인은 그리스도와 함께 죽고 함께 살아난 존재이기에, "부활은 우리 모두를 반역자로 만든다." 부활과 함께 새로이 창조된 세계 속에서 그리스도인의 사명은 고통당하는 자에게 값싼 위로를 전하는 것이 아니라, 빈 무덤이라는 부조리를 증언함으로써 현실의 부조리를 부숴내는 것이다.

_ 데이비드 벤틀리 하트

지구민주주의는 생태학적 관점에서 인간은 지구 가족의 한 일원으로서, 우리가 (다른 생물들의 먹이가 되는) 동물이라는 것을 자각하도록 한다.

_ 반다나 시바

"동물은 신학할 수 없다. 그리고 신은 신학할 필요가 없다. 신이 신학한다면 그 신은 신이 아닐 것이다. 왜냐하면 신학의 본질은 유한한 존재자의 유한한 가능성이기 때문이다. 인간 존재는 이미 신학함을 의미한다. 인간 현존재 자체는 그 본질상 우연이든 아니든 신학 안에 들어서 있다." 이는 하이데거의 『철학 입문』에 나오는 글로서 필자는 '철학'이란 단어 대신 임의로 '신학'이란 단어로 치환한 문장이다. 그런데 "나의 철학은 신을 기다리는 것이다"라는 말을 했으니 하이데거 또한 동의할 것이다.

그런데 하이데거의 영향을 받은 불트만은 "신학은 인간학이다"라는 말을 하면서도 그 반대는 성립이 되지 않는다고 했다. 그러나 이는 20세기 독일 신학자의 발언이고 21세기 한국 땅에서 살아가는 필자에게는 그 반대 또한 성립한다. 물음 속에 대답이 있고, 대답 속에 물음이 있다. 철학과 신학은 인간의 가능성이란 지평 안에서 하나이다. 성서 연구란 대답에서 보다 나은 세상을 향한 오늘의 질문을 찾아내는 작업이다.

일러두기

1. 하느님

　필자가 '하느님'을 선호하는 이유는 다음과 같다. 첫째, '하나'는 '무한히 크다'라는 뜻의 'ᄒᆞᄂ'에 뿌리를 두고 있지만, 현재 대부분 개신교인에게 이는 숫자 '하나'를 강조하는 유일신 신앙을 뜻한다. 둘째, 훈민정음에 따르면 아래ㆍ의 발음은 모음 중 단전을 울리는 가장 깊은 소리이다. 아래ㆍ 소리가 사라진 것은 참으로 불행한 일이다. 기호음성학의 관점에서 볼 때 'ᅡ' 소리보다는 'ᅳ' 소리가 아래 'ㆍ' 소리에 가깝다. 셋째, 평화 신학의 입장에서 볼 때 기독교, 이슬람교, 유대교는 같은 뿌리에서 출발했지만, 상대를 인정하지 않는 유일신 신앙으로 인해 십자군 전쟁 이래 세계는 전쟁과 폭력이 그치지 않고 있다. 한국 개신교회도 1960년대 초까지는 '하느님'을 주로 쓰다가 유일신 신앙 강조와 토착 민속 신앙과의 차별화를 위해 '하나님'을 선택하게 되었는데, 대화와 소통, 화해와 상생의 시대를 맞아 독단과 배타성이 내재되어 있는 '하나님'이라는 칭호 대신 '하느님'을 사용하는 것이 바람직하다. 넷째, 국문학 문법으로 보더라도 '하나' 혹은 '둘' 숫자에 '님' 자를 붙이는 것 또한 이치에 맞지 않다. 그리고 현재 세계교회에서 '야훼' 혹은 '야웨'(YHWH or JHWH) 대신 옛 호칭인 '여호와'(Jehovah)를 고집하는 나라는 남한 개신교가 거의 유일하다. '야훼' 혹은 '여호와'는 단지 이스라엘 민족이 믿었던 신의 기호(記號)일 따름이지, 신의 이름이 아니다. "나는 스스로 존재하는 자" 혹은 "나는 나다"(출 3:14)의 뜻은 인간의 언어로 신을 규정하지 말라는, 곧 "나는 이름이 없다"라는 의미이다. 따라서 성서에 등장하는 신을 기호의 의미에서 YHWH로 표기한다.

2. 제1, 제2성서

서구 성서학계에서는 오래전부터 구약성서(舊約聖書, the Old Testament)와 신약성서(新約聖書, the New Testament) 대신 제1성서(혹은 히브리어 성서, the Hebrew Bible)와 제2성서(혹은 그리스어 성서, the Greek Bible)로 불러 왔다. 오늘날 교회는 그 효력이 상실되었다는 의미를 뜻하는 '구약(옛 언약)'이라고 부르면서도, 여전히 자의(自意)로 선택한 몇 개의 구절들을 지켜야 할 '하느님의 말씀'이라고 주장하는 모순을 드러내고 있다. 구약성서 안에는 우리가 지켜야 할 신약(새로운 약속, new promises)의 말씀이 있는가 하면, 신약성서 안에도 우리가 버려야 할 구약(오래된 약속, old promises)의 말씀이 있다. 필자는 세계교회 의 흐름을 따라 구약성서는 '제1성서' 신약성서는 '제2성서'로 부른다.

3. BCE(Before Common Era, 공통년 전), CE(Common Era, 공통년)

4. 한글 성경은 표준새번역을 따랐으며, 시편은 공동번역을 따랐다.

5. *Feasting on the Word*에서 절기는 대림절, 성탄절, 주현절, 사순절, 부활절, 성령강림절 그리고 성령강림절 이후는 날짜에 따라 구분하여 특정절(Proper)로 부르는데, 이를 성령강림 후로 부른다. 그리고 부활절 여섯 번째 주와 일곱 번째 주 사이에는 승천주일(Ascension of the Lord), 재의 수요일 전 주일은 변모주일(Transfiguration Sunday), 성령강림절 직후는 삼위일체주일(Trinity Sunday)로, 10월 마지막 주에는 특정한 날짜 지정 없이 만민 성도의 날(All Saints)로 불리는데, 이는 개신교에서는 교회(종교)개혁의 날로, 가톨릭교회에서는 11월 1일이 된다. (*Feasting*에서는 Reformation Sunday란 용어를 사용하지 않는다.) 대림절 직전 교회력 맨 마지막 주는 그리스도통치주일 혹은 왕국주일(Reign of Christ)로 불린다.

연도(Year 1, 2, 3)마다 각각 네 권의 책(volume 1~4)으로 모두 12권으로 구성이 되어 있다. Vol. 1은 대림절부터 성회수요일 직전까지. Vol. 2는 성회수요일부터 부활절기까지. Vol. 3은 성령강림절부터 성령강림절(특정절) 16까지 Vol. 4는 성령강림절 17부터 그리스도통치주일(Reign of Christ)까지로 구성되어 있다. 필자는 인용의 경우 쪽수를 써놓았지만, volume(권)을 표기하지는 않았다.

차 례

대림절과
성탄절

대림절 첫째 주일

렘 33:14-16; 시 25:1-10; 살전 3:9-13; 눅 21:25-36

예레미야 33:14-16

14 "나 주의 말이다. 보아라, 내가 이스라엘 가문과 유다 가문에게 약속한 그 복된 약속을 이루어 줄 그날이 오고 있다.

15 그때 그 시각이 되면, 한 의로운 가지를 다윗에게서 돋아나게 할 것이니, 그가 세상에 공평과 정의를 실현할 것이다.

16 그때가 오면, 유다가 구원을 받을 것이며, 예루살렘이 안전한 거처가 될 것이다. 사람들이 예루살렘을 '주님은 우리의 구원이시다' 하는 이름으로 부를 것이다."

신학적 관점

예레미야 30-33장은 루터 이후 '위로의 작은 책'(the Litttle Book of Comfort)이라 불린다. 이 중에서도 오늘의 본문은 다윗 왕국의 회복과 귀환 이후의 예루살렘이 얻을 새로운 이름을 말한다. 종말론적 희망의 선포이다.

바빌론에 포로로 끌려가 절망 가운데 있는 백성들에게 들려준 예언의 말씀은 예수 그리스도의 탄생을 기다리는 대림절 첫 주일에 매우 적절한 본문이다. 우주의 중심이자 자신들의 신 YHWH의 집이었던 예루살렘 성전이 파괴되고 왕과 지도자들은 살해당하거나 포로가 되어 머나먼 이국땅으로 끌려옴으로 인해 저들은 삶의 목표를 잃고 절망과 포기 상태에 있었다.

키엘케고르는 절망은 죽음에 이르는 병이며 절망 속에 인간에게 유일한 희망은 신으로부터 오는 생명의 메시지라고 말했으며, 깔뱅은 신의 약속은 사라질지라도 믿음과 인내로 미래를 성취할 수 있음을 강조했다. 신앙은 창조적 상상력이 필요하다. 창조는 일회적 사건이 아니다. 그리고 우리는 새로운 미래를 위해

신의 파트너로 부름을 받았다(*Feasting*, 6). 우리가 하느님의 형상을 따라 지음 받았다는 의미가 바로 이것이다. 희망의 신학의 출발점이다.

목회적 관점

예레미야는 고통스럽고 정의롭지 못한 세상으로부터의 도피를 말하지 않는다. 본문은 메시아의 등장과 함께 민족의 회복과 치유를 선포하고 있다. 마리아의 찬가(눅 1:46-55)에서와 같이 정의와 평등이 실현되는 사회를 말하고 있다. 우리는 성찬식을 통해 예수 그리스도의 살아있는 몸의 한 지체임을 깨닫고 하나의 희망 공동체로 거듭난다. 15절의 의(righteousness)에 대한 새로운 이해가 필요하다. 믿음으로서의 자기 의로움(justification)과 '세상의 공평과 정의(justice)'는 상대적 이며 때로 적대적이다. YHWH의 의로움은 약자 우선이다.

주석적 관점

성서학자들은 이 본문들은 바빌론 포로 이후 백성들이 가진 새로운 비전을 보여주고 있다고 본다(*feasting*, 5). 여기서 YHWH는 14절에서 1인칭 화자(話者)로 등장하면서 이미 23장 5-6절에서 선포된 다윗의 뿌리에서 나온 '의로운 가지'가 나오고, 여기서 공평과 정의가 실현될 것을 선포하고 계신다. 그런데 문제는 예레미야는 이미 다윗 왕조의 타락과 불신앙을 여러 차례 비난한 바 있다는 것이다 (렘 2:4-8; 26-28; 3:6-10; 7:1-15; 21:11-12). 본문에서 예레미야가 말하는 다윗의 의로운 가지는 모세의 시내산 광야 언약에 기초한 공평과 정의로서의 다윗 왕국이 지 가나안의 팽창 제국 문화에 오염된 다윗 왕국이 아니라는 사실이다.

설교적 관점

본래의 대림 절기는 희망이 사라진 절기였고 예측 불가능의 절기였다. 하지만 오늘의 절망의 시대에서는 새롭게 읽어야 한다. 예레미야는 바빌론 포로민들에게 "하느님의 약속이 실현되는 그날이 다가오고 있다!"고 외쳤다. 여기서 그날은 심판의 날이 아닌 구원의 날이요 해방의 날이다. 그렇다면 오늘 우리는 예레미야와 같이 오늘 내 교회의 교인들이 겪는 고통과 아픔과 때로는 추방의 현실 속에서 어떤 구원과 해방의 메시지를 전할 것인가? 오늘 예레미야가 이 땅에 살고 있다면 그는 어떤 희망의 메시지를 구체적으로 선포할 것인가? 설교자의 고민이 여기에 숨어 있다. 설교자는 여기서 예레미야가 처한 비극적 상황과 오늘 우리 사회와 세계가 처한 비극적 상황을 서로 비교할 필요가 있다. 예레미야가 바라보는 학살과 파괴와 추방은 오늘 우리 주위에서 어떻게 일어나고 있는가?

16절에서 "유다가 구원을 받을 것이며 예루살렘이 안전한 거처가 될 것이다"라는 구절은 특히 한강토(한반도)의 우리 상황에서 어떤 희망을 구체적으로 선포하고 있는 것일까? 유다는 민족/나라를 상징하고 예루살렘은 신앙/문화를 상징하는 것으로 이해할 수 있다.

보통 설교 따로 성찬식 따로 진행되는 경우가 많다. 설교를 통해 본문에 기초한 성찬식의 의미가 말해지고, 성찬 예식에서 우리의 설교는 완성되어야 한다. 말하자면 대림절 첫 주로서의 성찬과 성탄절의 성찬은 본질에서는 같지만, 신학에서 약간의 차이를 두어야 한다. 예전의 형식은 반복되지만, 하느님의 신비는 예측 불가능의 상황에서 일어나기 때문이다. 성찬식을 통해 현존하는 신앙 공동체에서 솟아나는 '의로운 가지'를 깨닫도록 인도한다.

시편 25:1-10

1 야훼여, 내 영혼이 당신을 우러러 뵈옵니다.

2 나의 하느님, 당신만을 믿사오니, 부끄러운 꼴 당하지 않게 하시고 원수들이 으스대는 꼴 보지 않게 하소서.

3 당신만을 믿고 바라면 망신을 당하지 않으나, 당신을 함부로 배신하는 자 수치를 당하리이다.

4 야훼여, 당신의 길을 가리켜 주시고 어떻게 살아야 할지 가르쳐 주소서.

5 당신만이 나를 구해 주실 하느님이시오니 당신의 진리 따라 나를 인도하시고 가르치소서. 날마다 당신의 도움만을 기다립니다.

6 야훼여, 당신의 자비와 한결같으신 옛 사랑을 기억하시고

7 젊어서 저지른 나의 잘못과 죄를 잊어 주소서. 야훼여, 어지신 분이여, 자비하신 마음으로 나를 생각하소서.

8 야훼여, 당신은 바르고 어지시기에 죄인들에게 길을 가르치시고
9 겸손한 자 옳은 길로 인도하시며 그들에게 당신의 길을 가르치십니다.
10 당신의 계약과 계명을 지키는 자에게는 당신의 모든 길이 사랑이며 진리입니다.

데살로니가전서 3:9-13

9 우리가 우리 하나님 앞에서, 여러분 때문에 누리는 모든 기쁨을 두고, 여러분을 생각해서 하나님께 어떠한 감사를 드려야 하겠습니까?
10 우리는 여러분의 얼굴을 볼 수 있기를, 또 여러분의 믿음에서 부족한 것을 보충하여 줄 수 있기를 밤낮으로 간절히 빌고 있습니다.
11 하나님 우리 아버지와 우리 주 예수께서 우리의 길을 친히 열어 주셔서, 우리를 여러분에게로 가게 해주시기를 간구합니다.
12 또 우리가 여러분을 사랑하는 것과 같이, 주께서 여러분끼리 서로 나누는 사랑과, 모든 사람에게 베푸는 여러분의 사랑을 풍성하게 하고, 넘치게 해주시기를 빕니다.
13 그래서 주께서 여러분의 마음을 굳세게 하셔서, 우리 주 예수께서 그분의 모든 성도들과 함께 오실 때에, 하나님 우리 아버지 앞에서 거룩함에 흠잡힐 데가 없게 해주시기를 빕니다.

신학적 관점

데살로니가전서는 바울의 첫 번째 편지로서 초기 유대 그리스도 공동체가 어떤 어려움에 처해 있는지를 보여주고 있다. 바울의 적대자들은 바울이 환란을 당하는 것을 빌미로 바울의 사도직을 깎아내렸다(3:3). 이로 인해 저들의 믿음이 흔들리고 있었다(10절). 이에 바울은 디모데를 그곳에 보냈고, 그의 보고를 통해 안도의 마음을 가졌다(3:6). 그러면서도 예수의 내림(來臨, parousia)이 도적같이 임함을 다시 한번 강조하면서 그때까지 흔들림 없이 일상(日常)의 삶에서 사랑의 실천을 꾸준히 실천할 것을 간구하고 있다.

목회적 관점

바울은 데살로니가 신도들의 믿음의 부족함이 채워지기를 원했다(10절). 대림 (待臨)절은 주님의 오심을 준비하는 기간이다. 내 믿음의 부족함을 채워가는 시간이 되어야 한다. 각자 믿음의 부족함이 무엇인지를 성찰해 보자. 5장 12-22절에 17개의 구체적인 실천 항목들이 나온다.

주석적 관점

CE 49년 바울은 데살로니가를 방문하여 복음을 전하였다. 당시에는 아기 예수의 탄생을 기념하는 성탄절이 아직 형성되기 전이었으므로 오늘날 우리가 생각하는 대림과는 그 의미가 사뭇 달랐다. 1년마다 돌아오는 반복의 예전이 아닌, 문자 그대로 세상 마지막이라는 절박함이 담겨 있었다.

11-13절은 가장 초기의 '축도'(Benediction)에 해당한다.

설교적 관점

당시 '주'(kyrios)는 로마 황제를 뜻했다. 이 칭호를 로마의 공권력에 의해 십자가에 죽임을 당한 예수에게 붙이는 것은 매우 위험한 일이었다. 이로 인해 야손을 비롯한 데살로니가 교인들이 고발을 당해 일시 체포를 당하기도 했다(행 17:5-9). 이는 종말론적 신앙에 기반하여 오고 있는 하느님 나라에 대한 확신과 대망(待望)이 없이는 불가능한 일이었다. 이러한 종말론적 신앙은 억압당하는 민중들의 한과 아픔을 대변한다.

오늘날 기독교인들에게 있어 주님은 누구인가? 입으로는 예수 그리스도를 주님으로 고백하지만, 실상은 주님을 움직여서 자신에게 득이 되는 것을 얻어내려고 한다. 바울은 우리 신도들이 "하나님 앞에서 흠잡힐 데가 없게 해주시기를 빌고 있다." 물론 흠이 없는 사람은 없다. 그러나 자기 흠이 무엇인지를 아는 사람과 알지 못하는 사람의 차이는 크다.

누가복음 21:25-36

25 "그리고 해와 달과 별들에서 징조들이 나타나고, 땅에서는 민족들이 바다의 태풍 소리와 성난 파도 때문에 어쩔 줄을 몰라서 피로워할 것이다.
26 사람들은 세상에 닥쳐올 일들을 예상하고, 무서워서 기절할 것이다. 하늘의 세력들이 흔들릴 것이기 때문이다.
27 그때에 사람들은 인자가 큰 권능과 영광으로 구름을 타고 오는 것을 볼 것이다.
28 이런 일들이 일어나기 시작하거든, 일어서서 너희의 머리를 들어라. 너희의 구원이 가까워지고 있기 때문이다."

29 예수께서 그들에게 비유를 하나 말씀하셨다. "무화과나무와 모든 나무를 보아라.

30 잎이 돋으면, 너희는 스스로 보고서, 여름이 벌써 가까이 온 줄을 안다.

31 이와 같이, 너희도 이런 일들이 일어나는 것을 보거든, 하나님의 나라가 가까이 온 줄로 알아라.

32 내가 진정으로 너희에게 말한다. 이 세대가 끝나기 전에, 이 모든 일이 다 일어날 것이다.

33 하늘과 땅은 없어질지라도, 내 말은 절대로 없어지지 않을 것이다.

34 너희는 스스로 조심해서, 방탕과 술취함과 세상살이의 걱정으로 너희의 마음이 짓눌리지 않게 하고, 또한 그날이 덫과 같이 너희에게 닥치지 않게 하여라.

35 그날은 온 땅 위에 사는 모든 사람에게 닥칠 것이다.

36 그러니 너희는 앞으로 일어날 이 모든 일을 능히 피하고 또 인자 앞에 설 수 있도록, 기도하면서 늘 깨어 있어라."

신학적 관점

대림절은 한 해의 시작이면서 동시에 성탄절의 시작을 알리는 절기이지만, 본문은 매우 묵시적이고 종말론적이다.

'인자'(사람의 아들) 개념은 복합적이다. 우선 제2성서에서는 기본적으로 겸손과 고난의 종, 희생양의 이미지를 갖고 있다. 그런데 이 용어는 본래 묵시문학의 하나인 다니엘서(7:13-14)에 기초하고 있는데, 여기서 인자 개념은 오늘 본문에서와 같이 종말론적인 의미에서 다가오는 하느님 나라 주관자의 모습이다. 그러나 이는 세상 도피적인 종말이 아닌, 오히려 세상의 부조리와 고난을 짊어짐으로 구원과 해방을 가져다주는 세상 안으로의 종말이다. 몰트만은 『희망의 신학』에서 "크리스천의 희망은 저 너머의 마약과 같은 것이 아니라, 이 세상 안에서 활동하시는 신적 능력이다"라고 말한다(*feasting*, 24).

목회적 관점

첫 번째 대림절 복음서 본문은 성탄절의 기쁨을 기다리는 우리에게 왜 세상 종말과 파국을 말하고 있는가? 그 답은 "하늘과 땅은 없어질지라도 내 말은 없어지지 않을 것이다"와 "기도하면서 늘 깨어 있으라"는 말씀에 있다. 여기서 우리는 '내 말'을 성서의 문자로 제한하지 않도록 주의해야 한다. 왜냐하면 '내 말은 인간의 언어를 뛰어넘는 살아 있는 'YHWH의 말씀'이기 때문이다. 우리 입으로 뱉어지는 '말'과 '어둠에서 빛'을, '혼돈에서 질서'를 창조해 내는 하느님의 말씀(dabar)과는 구별이 되어야 하기 때문이다. '깨어 있음'의 의미는 무엇일까? 무화과나무를 바라보면서 여름이 다가오고 있음을 '깨닫는 일'은 오늘 우리에게 무엇을 말하는가?

주석적 관점

저자 누가는 이미 21장 전반부에서 예루살렘 성전의 파괴를 예언했다. 그러나 실제로 누가복음은 예루살렘 성전 파괴 이후에 기록이 되었다. 성전 파괴 이후 유대교를 대체하는 새로운 가르침(혹은 사상, 이는 제도화된 종교가 아니다)을 기다리는 초대 그리스도인들에게 전하는 희망의 메시지로 읽어야 한다. 곧 기쁜 소식 복음이다. 당시 누가의 청중들은 로마제국의 핍박에 직면해 있었다. 복음서는 단순히 바울이 얘기하는 죄의 용서를 넘어선 당시의 사회정치 현실을 묵시적으로 반영하고 있다. 저들은 예루살렘 성전 멸망을 로마제국의 멸망으로 이해했다. 바로 이것이 무화과나무의 비유가 상징하고 있는 지향점이다.

설교적 관점

대림절은 예수 그리스도의 탄생을 축하하는 캐롤이 시작하는 절기이다. 그러나 요즘 이 캐롤은 인간 구원으로서의 예수 그리스도의 탄생이 아닌 인간의 욕망을 자극하는 소비주의의 시작을 알리고 있다. 미국과 유럽의 기독교 자본주의 국가들은 이 대림절 기간에 한 해 매상의 3분지 1 이상을 올리고 있다. 미국에서는 감사절(Thanksgiving Day)로 끝나는 다음 날을 Black Friday라고 칭하면서 폭탄 세일이 시작한다. 이때 많은 미국인은 모포와 텐트를 들고 전날부터 줄을 서기 시작한다. 그리고 문 열기가 바쁘게 자기가 찜한 제품을 향해 질주하기 시작한다. 그러다가 넘어지기도 하고 다치기도 하며 하나의 제품을 두고 서로 자기가 먼저 집었다고 다투기도 하여 실제 총기사고로 이어지는 경우도 있다. 이게 대림절 첫 주가 시작하기 이틀 전 미국에서 실제 일어나고 있는 일이다.

고흐의 가장 잘 알려진 그림 <별이 빛나는 밤>(The Starry Night, 1889). 고흐는 목사의 아들로 본인 또한 가난한 전도사로 지낸 바 있다. 이 그림은 사람에 따라 다른 반응을 보인다. 이 그림은 마치 오늘 누가복음 21장의 종말론적인 모습을 후기인상파의 기법으로 그리고 있다(*feasting*, 23). 하늘에는 거대한 구름 떼가 담대한 소용돌이를 치고, 짙은 파랑과 검정과 하얀색이 배경을 깔고 있으며, 오른편에는 짙은 노란색의 해가 매우 밝게 비치고 있다. 반면 아래 세상은 짙은 어둠 속에 잠겨 있다. 왼편에는 검은색으로 칠해진 거대한 사이프러스나무(무덤 주위에서 자주 발견이 된다)가 하늘까지 닿아 있고 집집마다 창문에는 작은 불빛이 보이는 마을이 그려져 있다. 그리고 마을 중심에 십자가가 우뚝 선 교회가 있다. 그러나 불행히도 교회의 불빛은 보이지 않는다. 예수가 민중을 배반하고 있는 예루살렘 성전을 고발하듯이 고흐 또한 가난한 민중과 유리되어 있는 당시의 교회를 비판하고 있다.

고흐의 그림을 통해 오늘 본문을 해석하는 것도 매우 좋은 시도가 될 것이다.

대림절 둘째 주일

말 3:1-4; 눅 1:68-79; 빌 1:3-11; 눅 3:1-6

말라기 3:1-4

1 "내가 나의 특사를 보내겠다. 그가 나의 갈 길을 닦을 것이다. 너희가 오랫동안 기다린 주가, 문득 자기의 궁궐에 이를 것이다. 너희가 오랫동안 기다린, 그 언약의 특사가 이를 것이다. 나 만군의 주가 말한다.

2 그러나 그가 이르는 날에, 누가 견디어 내며, 그가 나타나는 때에, 누가 살아 남겠느냐? 그는 금과 은을 연단하는 불과 같을 것이며, 표백하는 잿물과 같을 것이다.

3 그는, 은을 정련하여 깨끗하게 하는 정련공처럼, 자리를 잡고 앉아서 레위자손을 깨끗하게 할 것이다. 금속 정련공이 은과 금을 정련하듯이, 그가 그들을 깨끗하게 하면, 그 레위자손이 나 주에게 올바른 제물을 드리게 될 것이다.

4 유다와 예루살렘의 제물이 옛날처럼, 지난날처럼, 나 주를 기쁘게 할 것이다."

신학적 관점

말라기서는 저자나 연대가 불확실하지만, 학자들은 포로기 이후의 저작으로 본다. 책의 대부분은 논쟁을 다루고 있는데, 예언자는 이에 대해 백성과 하느님 사이의 중재자로 나서고 있다. 백성들은 하느님의 심판이 실패했다고 주장한다. 이에 예언자는 종말론적인 언사로 물리친다. 중요한 신학적 관점이 몇 개 있는데, 오늘은 크게 두 가지가 있다. 첫째는 주의 날이라고 하는 신적인 심판이 하느님의 정의의 성격을 갖는다는 것과 두 번째는 백성들의 정화이다.

백성들은 하느님의 정의 실현에 대해 의구심을 품고 있다. 첫째는 악한 자들이 망하지 않는다는 것이고 선한 이들의 삶이 풍성해지지 않는다는 것이다. 이는 자기 의의 관점이다. 이에 예언자는 하느님의 심판은 인간의 기대와는 다르다고 선포한다(2절, "누가 살아남겠느냐?").

금과 은을 단련하고 정련하듯이 하느님은 백성들의 죄를 정화할 것이다. 그런데 오늘 본문은 단지 백성들의 정화만 얘기하지 않고 레위인, 곧 사제, 목사들의 정화 문제를 함께 다루고 있다. 제련사가 불과 금과 은을 정련하듯이 주님은 우리들의 불순물을 정련할 것이다. 이 정련의 과정은 어떻게 일어나는 것일까?(*feasting*, 26)

목회적 관점

노벨상 수상자 엘리 위젤(유대인, 포로수용소 경험)은 자신이 어렸을 때 학교에서 돌아오면 어머니는 "오늘 무얼했니?", "뭘 배웠니?", "누구랑 놀았니?"를 묻지 않고, "오늘은 어떤 좋은 질문을 했느냐?"고 물었다고 했다(*feasting*, 26).

말라기 저자는 55개의 구절에서 22개의 질문을 던지고 있다. "어떻게 하느님은 우리를 사랑하시는가?(1:2) 한 분이신 하느님께서 우리를 창조하시지 않으셨는가?(2:10) 하느님의 정의는 어디에 있는 것인가?(2:17) 우리는 어떻게 하느님께 돌아갈 것인가?(3:7)" 질문이 답을 만든다는 말이 있듯이 좋은 질문이 중요한데, 말라기 예언자는 본문에서 질문을 던지고 있다. 그리스도 탄생을 기다리는 대림절에 마땅한 질문이다(*feasting*, 26).

우리는 세례식에서 질문을 던지면서 확답을 끌어낸다. 이 질문들은 단지 세례를 받는 그 사람들에게 묻는 질문이 아니다. 말라기의 질문을 오늘 우리 시대에 적용해 보면 어떨까? 헨델은 <메시아>를 작곡하고 나서 친구에게 보낸 편지(1741)에서 "만약 내가 즐거움을 주기 위한 것이었다면 매우 잘못된 일이다. 나는 좀더 나은 사람이 되길 바란다"고 말했다. 그리고 그는 10년 후 시각장애자가 되었지만, 죽기 전까지 매년 <메시아>를 지휘했는데, 거기서 얻어지는 수입은 고아와 과부들을 위한 병원 후원을 위해 썼다(*feasting*, 30). 3절의 하느님을 기쁘게 하는 제물은 무엇이 되어야 할까?

주석적 관점

BCE 515년 두 번째 성전 봉헌 이후의 책이다. 1절의 '나의 특사'는 누구를 지칭하는 말인가? 엘리야? 에즈라? 당시 랍비였던 모르드개? 어쩌면 말라기 자신을 지칭하는 말일 것이다. 1절은 제2이사야의 "나의 길을 준비하라"(40:3)와 유사하다.

에즈라, 느헤미야서에서 보는 것처럼 제2의 성전 봉헌 시기에는 사회정치적으로 말하면 페르시아제국 지배하에서 바빌론의 포로 생활로부터 돌아온 사람들과 그곳에 남아 있던 사람들 그리고 이방 사람들과 혼인을 한 사람들이 서로 경쟁하는 시대였다. 에스라와 같이 완전 성결을 외치는 사람들이 있는가 하면, 이사야와 같이 화해를 말하기도 하고 아니면 급진적인 종말을 주장하는 사람들이 있었다. 여기서 말라기는 한쪽 입장을 편들지 않고, 모세 율법의 기본으로 돌아갈 것을 외치면서(4:4), 동시에 각 세대 간의 화해(4:5-6)를 말했다(*feasting*, 31).

설교적 관점

금과 은을 정련하듯이 나의 삶과 신앙을 정련한다는 의미는 무엇인가? 내가 포기해야 할 불순물은 무엇일까? 성전만 새로 지었다고 하느님이 기뻐하시지 않는다. 예배드리는 우리들의 삶 또한 새로 지어져야 한다! 아이를 가진 부부는 9개월 동안 아이의 탄생을 기다린다. 이때의 기다림은 단순히 시간의 기다림이 아니다. 자신들의 세대를 이어갈 아기의 미래를 위해 자신들의 삶을 보다 정화시키기 위해 노력한다. 생각도 말하는 것도 먹는 것도 불순한 것들은 멀리한다.

누가복음 1:68-79

68 "주 이스라엘의 하나님은 찬양받으실 분이시다. 그분은 당신의 백성을 돌보아 속량하시고

69 우리를 위하여 권능의 구원자를 당신의 종 다윗의 집에서 일으키셨다.

70 예로부터 당신의 거룩한 예언자들의 입으로 주께서 말씀하신 대로,

71 우리를 원수들에게서 구원하시고, 우리를 미워하는 모든 사람의 손에서 건져내셨다.

72 주께서 우리 조상에게 자비를 베푸시고, 당신의 거룩한 언약을 기억하셨다.

73 이것은 주께서 우리에게 주시려고, 우리 조상 아브라함에게 하신 맹세이니,

74 우리를 원수들의 손에서 건져 주셔서, 두려움이 없이 주님을 섬기게 하시고,

75 우리가 평생 동안 주님 앞에서, 거룩하고 의롭게 살아가게 하셨다.

76 아기야, 너는 가장 높으신 분의 예언자라 불릴 것이니, 주님보다 먼저 가서 그의 길을 예비하고,

77 죄 사함을 받아서 구원을 얻는 지식을 그의 백성에게 가르쳐 줄 것이다.

78 이것은 우리 하나님의 자비로운 심정에서 오는 것이다. 그분은 해를 하늘 높이 뜨게 하셔서,

79 어둠 속과 죽음의 그늘 아래에 사는 사람들에게 빛을 비추게 하시고, 우리의 발을 평화의 길로 인도하실 것이다."

빌립보서 1:3-11

3 나는 여러분을 생각할 때마다, 나의 하나님께 감사를 드립니다.

4 나는 기도할 때마다, 항상 여러분 모두를 마음에 두고 기쁨으로 간구합니다.

5 여러분이 첫날부터 지금까지, 복음을 전하는 일에 함께 참여하고 있기 때문입니다.

6 여러분 가운데서 선한 일을 시작하신 분이, 그리스도 예수의 날까지 그 일을 완성하실 것입니다. 나는 이것을 확신합니다.

7 내가 여러분 모두를 이렇게까지 생각하는 것은, 나로서는 마땅히 해야 할 일인 줄 압니다. 그것은 내가 여러분을 나의 마음에 간직하고 있기 때문입니다. 내가 갇혀 있을 때에나, 복음을 변호하고 확증할 때에나, 여러분 모두는 나와 함께 은혜에 동참한 사람들입니다.

8 내가 그리스도 예수의 심정으로 여러분 모두를 얼마나 생각하고 있는지는, 하나님께서 증언해 주십니다.

9 나는 여러분의 사랑이 지식과 모든 통찰력으로 더욱더 풍성하게 되어서,

10 가장 좋은 것이 무엇인가를 여러분이 분별할 줄 알게 되었으면 합니다. 그래서 여러분이 그리스도의 날을 맞이하기에 순결하고 흠이 없이 되며,

11 예수 그리스도께서 주시는 의의 열매가 가득하여, 여러분이 하나님께 영광과 찬송을 돌리게 되기를 기도합니다.

신학적 관점

마치 죽마고우와 같은 친구에게 보내는 편지처럼 애정이 흠뻑 담겨 있다. 바울과 빌립보 교인들은 복음을 전하는 일에 있어 기쁨과 고난을 함께 겪었다. 신학이라는 범주에 '우정(友情)의 신학'이라는 항목이 있다면, 본문이 가장 적절한 예가 된다. 신학은 하느님과 인간의 관계에 관한 학문이다. 어쩌면 하느님을 매개로 한 인간끼리의 관계에 관한 학문일 수도 있다(feasting, 40).

목회적 관점

대부분의 목회자는 평생 몇 개의 교회를 섬긴다. 과거 섬겨온 교회에 편지를

쓴다고 해보자. 과연 본문과 같이 정감 어린 내용을 보낼 수 있을까?

주석적 관점

3, 4절은 그리스 원어로 읽으면 pas(모두 혹은 언제나)라는 강조 부사가 4번 반복되고 있다. "나는 여러분 '모두'(pase)를 생각할 때마다 나는 하느님께 감사를 드립니다. 나는 '모든'(pase) 기도 제목마다 '항상'(pantote) 여러분 '모두'(panton)를 …." 애타는 심정이 드러나 있다(feasting, 41).

splanchna(8절)의 문자적 의미는 '창자'이다. 감정의 영역보다는 훨씬 더 깊은 의미를 내포하고 있다. 일반적 의미의 심정(心情)을 넘어 창자가 끊어지는 듯한, 곧 애가 타는 심정(애간장이 탄다)을 의미한다.

설교적 관점

아기 예수를 기다린다는 말은 기차가 도착하는 것을 기다리는 것과 달리 내 안에 그리스도가 머무는 자리를 마련하는 일이다. 곧 그리스도 예수의 애가 타는 심정(8절)을 갖는 일이다. 오늘이 마지막 날이 될 수도 있다고 하는 종말론적 대림이 되어야 한다.

순결하고 흠이 없는 사람이 있을까? 이는 존재적 당위성이 아니라, 하나의 과정으로서의 목표다. 이를 위해 가장 좋은 것을 선택하는 분별력을 갖는 것이 중요하다. 이 분별력은 사랑과 (풍부한) 지식이 함께 이루어진 통찰력(insight)에 기반한다(9, 10절). 좋다 나쁘다는 판단의 기준은 항상 자기 자신이다. 그러나 '가장 좋은 것'의 기준은 자기 자신이 아니다. 자기 유익을 넘어 '자기보다 남을 낮게 여김으로' '공동체의 유익'을 추구하는 것을 말한다(2:3-4). 빌립보교회는 유오디아와 순두게라는 두 여성 지도자에 의해 분파가 형성되어 있었다. 바울은 '같은 마음'을 품으라고 말한다(5:2).

여기서 바울이 말하는 지식은 단순히 제1성서만을 의미하지 않는다. 당시의 철학과 인문학을 함께 포함한다. 그렇지 않았다면 '모세를 통한 하느님의 말씀' 혹은 '조상들로부터 전해 내려온 말씀'이라고 표현했을 것이다. 우리 또한 통찰력을 개발하기 위해서는 다양한 인문 서적을 읽어야 한다. 특히 전쟁을 방지하기 위한 평화의 길, 지구 생명을 온전히 지켜내는 생태의 길을 위해 우리의 통찰력을 더욱 키워나가야 한다. 이것이 바른 신앙인들이 추구해야 할 진정한 대림의 삶이다. 이것이 예수 그리스도께서 주시는 '의의 열매'이다.

누가복음 3:1-6

1 디베료황제가 왕위에 오른 지 열다섯째 해에, 곧 본디오 빌라도가 총독으로 유대를 통치하고, 헤롯이 분봉왕으로 갈릴리를 다스리고, 그의 동생 빌립이 분봉왕으로 이두래와 드라고닛 지방을 다스리고, 루사니아가 분봉왕으로 아빌레네를 다스리고,

2 안나스와 가야바가 대제사장으로 있을 때에, 하나님의 말씀이 광야에 있는 사가랴의 아들 요한에게 내렸다.

3 요한은 요단 계곡 온 지역을 찾아다니면서, 죄를 용서받게 하는 회개의 세례를 선포하였다.

4 그것은 이사야의 예언서에 적혀 있는 대로였다. "광야에서 외치는 이의 소리가 있다. '너희는 주의 길을 예비하고, 그 길을 곧게 하여라.

5 모든 골짜기는 메워지고, 모든 산과 언덕은 평평해지고, 굽은 것은 곧아지고, 험한 길은 평탄해져야 할 것이니,

6 모든 사람이 하나님의 구원을 볼 것이다.'"

신학적 관점

신학적 관점에서 이 본문이 선택된 이유는 예수 탄생에 대한 역사적 사실을 근거로 제시하고자 하는 것으로 보인다. 그런데 이미 2장 1절에서 예수의 마구간 탄생의 역사적 배경으로 아우구스투스가 로마 황제로 있을 때 그리고 구레뇨가 시리아 총독이었음을 언급하였다. 그렇다면 이곳에서 다시금 당시의 지배자 로마 황제로부터 지방관리에 이르기까지 7명이나 세세하게 언급하는 이유는 무엇일까? 역사적 사실 증명일까? 아니면 또 다른 신학적 의도가 누가에게 있었던 것일까?

이는 저자 누가에게 있어 또 다른 의도가 있는 것으로 엿보인다. 이는 로마제국이 말하는 평화의 길과 세례 요한으로부터 시작하는 예수 그리스도의 평화의 길이 서로 적대적인 관계에 있었음을 분명하게 밝히는 것이다. 황제와 총독과 영주들과 대사제들의 공통점은 무엇인가? 화려한 궁궐에 거주한다. 그 궁궐은 성안에 있으며

그 성은 군사적 방어진지의 역할을 담당하고 있다. 여기에 대비하여 세례 요한은 광야에서 외친다. 광야는 빈들로서 성과는 달리 열려 있는 공간이다. 살아가기 힘든 곳이지만, 살아남기 위해서는 필수적인 공간이다. 특히 폭정에 시달린 가난한 사람들과 그 폭정에 항거하다 도망 나온 시대의 저항아들, 새로운 시대를 꿈꾸는 혁명가들이 거하는 곳이다. 저들은 거기에서 하느님의 말씀을 듣는다. 본래 히브리어로 광야는 므드바르인데, 므는 장소를 뜻하는 접두어이고 드바르는 하느님께서 말씀하신다는 뜻이다. 광야는 단순히 고요하고 적막한 장소를 뜻하는 것이 아니다. 하느님의 말씀이 선포되고 하느님의 역사가 이루어지는 곳이다. 애굽을 탈출한 노예들이 훈련받은 장소이고, 모세와 엘리야가 부름을 받았던 장소이고, 세례 요한과 예수가 하늘 부름을 들었던 곳이다.

"주의 길을 예비하고 길을 곧게 하여라"라는 광야 예언자의 메시지는 세상 통치자들의 폭력적 지배를 거부하는 언어이다. "산과 언덕은 평평해지고 굽은 곳은 곧아지고" 여기서 산과 언덕은 무엇을 상징하는 것일까? 앞에 언급한 통치자들의 높고 낮은 지위를 말하는 것은 아닐까?

서남동 교수는 본래의 부와 권력자들을 향한 회개의 외침이 "모든 인간이 죄인이다"라고 하는 바울과 이를 강조한 서구 교회의 가르침으로 인해 부와 권력의 균등이 아닌 죄의 균등으로 바뀌고 말았다고 한탄했다.

목회적 관점

예배에서 우리는 회개를 요구하고 곧이어서 바로 죄의 용서를 선포한다. 이는 목회에서 필요한 일이기도 하지만, 너무나 쉽게 죄의 용서를 선포하는 것은 아닐까? 세례 요한의 회개의 세례는 오늘날 어떤 의미를 가지는 것일까?

주석적 관점

세례 요한의 등장 시기는 로마의 지배가 매우 공고해지는 시기였다. 다시 말하면 세금으로 인해 민중의 삶이 매우 피폐해지던 시기였다. 빌라도는 6대 총독으로 CE 26년부터 36년까지 유다 지방을 직접 통치하였다. 그는 복음서의 기술과는 달리 매우 악독하였다. 헤롯 안티파스는 BCE 4년부터 CE 39년까지 갈릴리와 배레아 지방을 다스린 영주였다. 그의 이복동생 헤롯 빌립은 부친이 죽은 뒤부터 BCE 4년부터 CE 39년까지 갈릴리 호수 북동쪽 지역을 다스렸다. 루사니아는 별로 알려진 바가 없다. 이들은 모두 당시의 로마의 식민정치 권력자들이었지만, 동시에 민중들에게 있어서는 세금 징수자들이었다. 안나스와 가야바는 장인과 사위의 관계로 로마 권력에 의해 지명된 대제사장들이었다. 이들은 서로 다른 시기에 대제사장으로 있었다. 그럼에도 불구하고 이 두 사람을 단수로 처리했다는 것은 종교세를 거두어들이는 하나의 실체로 본 것이다. 로마 황제는 단순히 정치적 통치자였을 뿐만 아니라, 로마의 신들을 대변하는 신/인간이었다. 당시에는 종교와 정치를 분리할 수는 없다.

설교적 관점

오늘은 대림절 두 번째 주일로 예수가 아닌 세례 요한이 주역이다. 사실 오늘 본문은 끊어지고 말았지만, 이어지는(7-18절) 세례 요한의 회개(메타노이아)는 당시 로마 정부를 대변하는 부자와 세리와 군인들에게는 매우 구체적이었다. 이들은 독사의 자식들이었고, 곧 도끼로 찍혀 나갈 나무였다. 부자는 옷을 나누고, 세리는 부과된 세금만 걷고, 군인은 부당하게 강탈하지 말라고 명했다.

회개(*metanoia*, 메타노이아)는 단순히 잘못에 대한 뉘우침을 의미하지 않는다. 이는 걸어가던 길의 돌아섬이다. 메타는 초월적 의미의 '더 높은', 노이아는 '마음', '생각'이다. 곧 기존의 가치관 내지는 세계관의 변혁을 의미한다. 따라서 "구원을 볼 것이다"라는 말은 피동적인 의미가 아닌 구원에 동참한다는 주체적 표현으로 해석해야 한다.

이 말을 뒤집으면 하느님의 말씀은 저 로마제국의 통치자들이 있는 그곳에서는 들을 수 없다는 말이다. 도시 문화에 길들여진 우리들은 탁 트인 자연의 공간에서, 보다 앞뒤가 막힌 아파트 공간에서, 건물 공간에서 그리고 지하철과 버스와 자가용의 공간에서 안전을 느낀다. 물론 최종의 안전은 관의 공간이 되겠다. 그러나 거기에는 하느님의 말씀이 머물 자리가 없다. 하느님의 말씀이 없어서 없는 것이 아니라, 자신의 안전을 하느님 외에 인간들이 만들어 놓은 인공 안에 두고 있어 거기에 정신을 빼앗기다 보니 하늘 소리가 들리지 않는 것이다. 진정 우리가 하느님의 말씀 듣기를 원한다면 우리는 더 이상 이제 도시라는 성과 인간 제국이 형성해 놓은 그 물질문화에서 벗어나 광야에로 나아가야 한다.

누가가 말하는 찬가들은 그냥 외쳐지는 찬가들이 아니다. 당시의 제국들이 외치는 찬가에 대하여 적대적 관계에 있었다. 로마 시인들은 이렇게 아우구스투스 황제를 노래하였다. "오 시저여, 그대의 시대는 들판에 풍족한 수확을 되찾아 주었노라. 우리의 죄를 깨끗이 씻어주며 그 옛날의 미적을 되살리리. 시저가 이 나라의 수호자로 있는 한 어떠한 분쟁이나 폭력도 평화를 앗아가지 못하리라. 보라 내 아들, 그의 보호 아래 영광스러운 로마는 그 제국의 경계를 땅끝까지, 그 긍지를 하늘 끝까지 이르게 하리라. 아우구스투스 시저! 그가 황금시대를 재건할 것이다(리차드 호슬리, 『크리스마스의 해방』, 61).

아우구스투스는 신적 칭호이다. "가장 신성하신 시저, 우리는 그분이 모든 사물의 시초와 동일함을 알아야 한다. 우리의 존재 전체를 규율하시는 섭리께서 우리의 인생을 완성의 절정에 올려놓으시고자 우리에게 아우구스투스를 주셨으며 그분은 우리와 우리 자손에게 구원자로 오셔서 이전 시대의 모든 소망을 성취하셨으니 드디어 신 아우구스투스의 탄신일은 전 세계를 위한 기쁜 소식(euangelion, 복음)이 되었도다(위의 책, 62).

제국이 만든 도시는 성으로 둘러싸여 있어 외부로부터 보호는 될지언정 내부끼리의 경쟁은 피할 수가 없다. 공간이 한정되어 있으니 내가 1평을 더 늘리면 다른 누군가는 1평을 줄여야 한다. 서로가 서로를 밟고 올라서야 하는 경쟁과 파멸이 필연의 법칙이다. 반면 광야는 넓다. 지평선 끝이 보이지 않는 광야에서 선을 그어 말뚝을 박고 여기는 내 땅이라고 하면 그는 그 순간 바보가 된다. 왜냐하면 그는 자기 것 0.01%를 지키기 위해 다른 99.99%의 땅을 밟지 못하는 바보가 되기 때문이다.

대림절 셋째 주일

습 3:14-20; 사 12:2-6; 빌 4:4-7; 눅 3:7-18

스바냐 3:14-20

14 도성 시온아, 노래하여라. 이스라엘아, 즐거이 외쳐라. 도성 예루살렘아, 마음껏 기뻐
하며 즐거워하여라.

15 주께서 징벌을 그치셨다. 너의 원수를 쫓아내셨다. 이스라엘의 왕 주께서 너와 함께 계
시니, 네가 다시는 화를 당할까 두려워하지 않을 것이다.

16 그 날이 오면, 사람들이 예루살렘에게 말할 것이다. "시온아, 두려워하지 말아라. 힘없
이 팔을 늘어뜨리고 있지 말아라.

17 주 너의 하나님이 너와 함께 계신다. 구원을 베푸실 전능하신 하나님이시다. 너를 보고
서 기뻐하고 반기시고, 너를 사랑으로 새롭게 해주시고 너를 보고서 노래하며 기뻐하실 것
이다.

18 축제 때에 즐거워하듯 하실 것이다." "내가 너에게서 두려움과 슬픔을 없애고, 네가 다
시는 모욕을 받지 않게 하겠다.

19 때가 되면, 너를 억누르는 자들을 내가 모두 벌하겠다. 없어진 이들을 찾아오고, 흩어진
이들을 불러 모으겠다. 흩어져서 사는 그 모든 땅에서, 부끄러움을 겪던 나의 백성이 칭송
과 영예를 받게 하겠다.

20 그 때가 되면, 내가 너희를 모으겠다. 그 때에 내가 너희를 고향으로 인도하겠다. 사로
잡혀 갔던 이들을 너희가 보는 앞에서 데려오고, 이 땅의 모든 민족 가운데서, 너희가 영예
와 칭송을 받게 하겠다. 나 주가 말한다."

신학적 관점

아기 예수의 탄생을 기다리는 대림절은 희망을 노래하는 절기이다. 이 희망은
개인의 물질 욕망이 성취되는 사적 영역의 희망이 아니라, 예언자 스바냐가 19절에
서 노래하듯이 약자 이스라엘 백성을 억압하고 먼 이국땅에서 노예로 삼아 억눌렀
던 자들(바빌론제국)을 모두 벌한 후에 임하는 민족 회복과 백성들의 평화였다.

곧 17절의 구원 사건은 자유와 해방의 사건이었다.

15절 "주께서 너와 함께 계시니"와 17절 "주 너의 하나님이 너와 함께 계신다"에 반복되는 화육 사건, 곧 임마누엘의 하느님 개념에 유의할 필요가 있다. 이는 본래 40년 광야 생활에서 언약궤로 백성 한 가운데 임재하시던 하느님이셨다. 그런데 이 YHWH 하느님은 솔로몬 성전 건축 이후 예루살렘 성전 지성소에 갇혀 지내시다 성전 파괴 이후 다시금 백성 가운데 임재하시게 되었다(비교: 성전 휘장 갈라짐 사건).

목회적 관점

대림절 기간 동안 우리는 말라기, 예레미야, 스바냐, 이사야 그리고 미가 예언자들의 목소리를 듣는다. 예언자들은 사람들이 듣기 싫어하는 소리를 외치고, 누구도 기대하지 않았던 희망을 노래한다. 예언자들은 백성들이 하느님이 침묵하고 계신다고 믿을 때 하느님의 소리를 듣는다. 그들은 우리를 향한 신의 긍휼하심과 분노를 느낀다. 스바냐는 백성들이 절망하고 절규할 때 희망을 얘기한다. 예루살렘은 우상을 섬기고 득의만만하였다. 나라는 부패에 빠졌다.

설교자는 14절의 환희의 외침에 깔려 있는 어둠의 배경을 읽어야 한다. 우리는 특히 복음서에서 "두려워 하지 말라"라는 소리를 자주 듣는다. 왜 우리는 두려움에 빠지는가? 왜 우리는 절망하는가? 베드로는 왜 물 위를 걷다 갑자기 물속으로 빠져드는가? 우리가 바라보는 시선에 따라 우리의 삶이 달라진다.

주석적 관점

스바냐는 시대적으로 요시아왕(BCE 640~609)이 다스리던 활동했던 예언자이다(그러나 바빌론 포로 후기의 글도 포함되어 있다). 요시아는 성전 개축 과정에서 발견된 모세의 시내산 율법(신명기법전?)을 통해 성전 숙청 개혁을 이루면서 위대한 왕으로 칭송받으며 다윗왕에 비견된다.

스바냐가 누구인지는 분명하지 않다. 1장 1절에서 그의 아버지가 '구시'라고 불렸기 때문에 신학자들은 에디오피아의 배경을 가진 것은 아닌지 말하기도

한다(*feasting*, 51).

아홉 번의 신탁 말씀(oracle) 중 여덟 번은 이스라엘의 죄악을 낱낱이 고하며 주의 날이 임하는 심판을 말한다. 이는 이사야의 심판 전승에 속한다. 그런데 마지막 아홉 번째 오늘 본문에서 갑자기 희망을 말한다. 스바냐 전체의 맥락에서 보면 오늘 본문은 너무나 생뚱맞다.

14절은 개역성경에는 '시온의 딸'이다. 왜 표준새번역과 공동번역은 '딸'을 도성으로 바꾸었을까?

설교적 관점

스바냐의 청중들과 오늘 우리 교회의 청중은 어떻게 비교될 수 있을까? 2,600여 년 전 예루살렘의 부패와 오늘 우리 사회의 부패는 어떻게 비교될 수 있을까?

스바냐가 살았던 시대는 북에는 앗시리아제국이, 남에는 애굽제국, 동으로는 바빌론제국이 서로 쟁투하고 있었고, 요시아왕은 애굽과의 전투에서 사망했다. 오늘 한반도를 둘러싸고 있는 외세의 정치 군사적 상황과 흡사하다.

오늘 본문에서 들려지는 스바냐의 희망찬 노래는 우리의 청중들에게 어떤 의미가 있는 것인가?

빌립보서 4:4-7

4 주님 안에서 항상 기뻐하십시오. 내가 다시 말하거니와, 기뻐하십시오.

5 여러분의 관용을 모든 사람에게 알리십시오. 주께서 가까이 오셨습니다.

6 아무 것도 염려하지 말고, 모든 일을 오직 기도와 간구로 하고, 여러분이 바라는 것을 감사하는 마음으로 하나님께 아뢰십시오.

7 그리하면 사람의 헤아림을 뛰어넘는 하나님의 평화가 여러분의 마음과 생각을 그리스도 예수 안에서 지켜 줄 것입니다.

신학적 관점

대림절 셋째 주일은 전통적으로 Gaudete Sunday(기쁨, Rejoice)라 불린다. 본문에 따르면 기쁨은 세 가지로 요약된다. 첫째 기쁨은 인내를 낳는다. 5절의 관용은 인내 속에서 얻어진다. 이는 신학자 도로테 죌레가 말했던 혁명적 인내(revolutionary patience)로서 물러섬이나 무행동이 아니다. 이러한 인내는 하느님에 대한 믿음 없이는 불가능하다. 둘째, 기쁨은 감사를 낳는다. 무엇을 바라는 기도와 바라는 것을 감사한 마음으로 드리는 기도와는 근본적으로 차이가 있다. 바라는 것을 감사한다는 말은 자신의 기도는 이미 자신의 손을 떠나 하느님께 달려 있다는 말로서 그 결과를 초월하는 겸허(謙虛)의 기도이다. 그러나 달라고 하는 기도는 거절에 대한 불안을 이미 안고 있다. 셋째, 기쁨은 평화를 낳는다. 이사야(26:3)가 말하듯이 평화는 오직 하느님 안에 거했을 때만 온다. 분쟁과 전쟁이 없다고 해서 평화가 보장되는 것은 아니다. 바울은 이를 사람의 헤아림을 뛰어넘는 평화라고 부른다. 곧 그리스도가 주는 평화(*Pax Christi*)는 로마 황제가 말하는 힘의 평화(*Pax Romana*)와는 근본적으로 다르다(*feasting*, 64).

목회적 관점

항상 기뻐하는 일은 노력한다고 해서 얻어지지 않는다. 주님 안에 머무르는 일이 전제이다. 주님 안에 머무르려면 먼저 자신을 내려놓아야 한다. 그리스어 chairete는 '기쁨'과 '작별'의 두 가지 의미가 있다. 놓았을 때 기쁨이 온다(4절)(*feasting*, 66).

주석적 관점

빌립보교회는 바울에게 언제나 협조하였지만, 그 안에도 적대자(1:28)와 할례를 주장하는 거짓 선지자들이 있었으며(3:2), 두 여성 지도자에 의해 분쟁에 휩싸여 있었다(4:2). 바울은 주님 안에서 같은 마음을 품으라고 말한다.

설교적 관점

세계 17개국 국민들의 '삶의 의미'에 대한 설문조사 결과이다(www.hani.co.kr/arti/science/future/1020382.html). 1위로 14개국은 가족을, 스페인은 건강을, 대만은 사회를 뽑았다. 유독 한국만이 물질 풍요를 1위로 선택을 했다. 한국은 세계 13위의 경제 대국이다. 1위가 되면 삶의 의미가 충족되는 것인가?

관용은 다른 이들을 생각하는 마음이다. 주께서 가까이 오셨는데, 우리의 세상 자랑거리들이 무슨 의미가 있는 것인가? 슬픔과 어려움에 처해 있는 이웃의 고통에 동참할 때, 진정한 기쁨이 온다.

항상 기뻐할 것을 권면하는 바울은 지금 이 편지를 감옥 안에서 쓰고 있다. 주님의 일로 인해 고통당하는 일을 기쁨으로 받아들이고 있다. 바울의 기쁨은 과연 어디에 근거하고 있는 것일까? 행복은 노력하면 얻을 수 있는 반면, 기쁨은 미래에 대한 소망 속에서만 얻어진다.

누가복음 3:7-18

7 요한은 자기에게 세례를 받으러 나오는 무리에게 말하였다. "독사의 자식들아, 누가 너희에게 다가올 징벌을 피하라고 일러주더냐?

8 회개에 알맞는 열매를 맺어라. 너희는 속으로 '아브라함은 우리의 조상이다' 하고 말하지 말아라. 내가 너희에게 말한다. 하나님께서는 이 돌들로도 아브라함의 자손을 만드실 수 있다.

9 도끼가 이미 나무 뿌리에 놓였다. 그러므로 좋은 열매를 맺지 않는 나무는 다 찍혀서, 불속에 던져진다."

10 무리가 요한에게 물었다. "그러면 우리는 무엇을 해야 합니까?"

11 요한이 그들에게 대답하였다. "옷을 두 벌 가진 사람은 없는 사람에게 나누어 주고, 먹을 것을 가진 사람도 그렇게 하여라."

12 세리들도 세례를 받으러 와서, 그에게 말하였다. "선생님, 우리는 무엇을 해야 하겠습니까?"

13 요한은 그들에게 말하였다. "너희에게 정해 준 것보다 더 받지 말아라."

14 또 군인들도 그에게 물었다. "그러면 우리들은 무엇을 해야 하겠습니까?" 요한은 그들에게 말하였다. "남의 것을 강탈하거나 거짓 고발을 하지 말고, 너희의 봉급으로 만족해라."

15 백성이 그리스도를 고대하고 있던 터에, 모두들 마음 속으로 요한을 두고 '그가 그리스도가 아닐까' 하고 생각하였다.

16 그래서 요한은 모든 사람에게 대답하여 말하였다. "나는 여러분에게 물로 세례를 줍니다. 그러나 나보다 더 능력이 있는 분이 오십니다. 나는 그의 신발끈을 풀 자격조차 없습니다. 그는 여러분에게 성령과 불로 세례를 주실 것입니다.

17 그는 자기의 타작 마당을 깨끗이 하려고, 손에 키를 들었으니, 알곡은 곳간에 모아 들이고, 쭉정이는 꺼지지 않는 불에 태우실 것입니다."

18 요한은 그 밖에도 많은 일을 권면하면서, 백성에게 기쁜 소식을 전하였다.

신학적 관점

예수 그리스도의 길을 닦는 세례 요한의 광야의 외침은 "회개하라"이다. 물론 예수의 첫 음성 또한 "하느님의 나라가 가까이 왔다. 회개하라"이다. 그런데 사람들은 크게 회개에 관해 두 가지를 오해한다. 첫째는 무차별적인 것이라는 것과 둘째는 도덕 윤리의 가르침에 한정한다는 것이다. 세례 요한이 구체적으로 회개를 요구하는 그룹은 세 직업군이다. 옷을 두 벌 가진 사람, 이는 당시 갈릴리에 농지를 장악하고 있던 예루살렘의 지주 계급을 말한다. 군인은 로마제국을 대표하는 실제 권력 집단이었다. 세리는 이 로마 군대를 등에 업고 백성들을 착취하는 유대인 매국노들이었다. 죄 없는 인간은 없으니 누구나 회개를 해야 하는 것은 맞지만, 세례 요한의 회개 요구는 지배 계층을 향한 제한된 회개 요청이었다. 그리고 우리가 착각하는 것은 이 세 그룹이 회개의 증표로 가진 재산을 나눠주고 군인과 세리는 정해진 급여 외에 욕심을 내어서는 안 된다는 것이다. 이는 윤리적 회개이다. 세례 요한은 더 나아간다. 그건 자신은 물로 세례를 베풀지만, 뒤에 오시는 그리스도는 성령과 불로 세례를 주실 것이라는 선포이다. 이는 회개와 관련지어 무슨 의미가 있는 것인가? 예수의 외침, "하느님의 나라가 가까이 왔다. 회개하라"에 보듯이 이는 하느님 나라와 연계된 요구이다. 단순히 도덕적으로 깨끗해진 것만으로는 충분하지 않고, 새로운 질서의 하느님의 나라에 들어가기 위한 전폭적인 회개, 곧 기존의 가치관과 세계관의 철저한 변화(메타노이아)를 요구하신다. 이를 신학적으로 종말론적(eschatological) 회개라고 부른다. 종말적 회개와는 구별이 된다. 종말적 회개는 공포와 두려움에 쌓인 회개를 의미하지만, 종말론적 회개는 새 세계에 대한 가득 찬 희망과 기대로 기존의 가치를 기쁘게 벗어 던지는 회개를 말한다(거지 바디매오가 평생 걸치고 있던 겉옷을 집어던지고 예수를 향해 달려가듯이).

곧, 종말은 끝으로서 동시에 이는 새로운 세계의 시작을 의미한다. 여기에 도착한다는 Advent의 참 의미가 담겨 있다. 대림(기다림)이라는 말로는 모든 의미를 담기는 어렵다. 도끼가 나무 옆에 놓인 것이 아니라, 뿌리 옆에 놓여 있다. 뿌리째 뽑아내는 돌아섬의 회개를 의미한다(*feasting*, 72).

세례 요한의 물세례와 예수 그리스도의 성령과 불의 세례의 차이는 신학적으로 많은 논란거리를 제공한다. 하지만 세례 요한은 이전 세대의 마지막 예언자로서 새 시대를 여는 사람이라면, 예수는 새로운 세계, 곧 하느님의 나라를 성령의 열기로 뜨겁게 열어가는 분이라는 차이로 쉽게 말할 수는 있다.

목회적 관점

누가는 세례 요한의 회개의 요청을 하나의 강권하는 명령으로 표현하지 않고 하나의 권면으로 설명한다(18절). 그러기에 청중은 "그러면 우리는 무엇을 해야 합니까?"라고 마음을 열고 가까이 온다. 잘못을 직접 지적하기보다는 우회적으로 말할 때 더 큰 효과가 발생한다(다윗왕의 죄를 고발하는 나단 선지자의 방식).

회개는 마음의 뉘우침을 넘어 열매를 맺어야 한다. 쭉정이 또한 자란다. 그러나 알곡과 달리 그 안은 비어 있다.

주석적 관점

뜻은 쉽지만 논리적으로 설명하기 어려운 두 개의 단어가 합성된 용어 몇 개가 등장한다. '독사의 자식', '돌들로도 아브라함의 자손을', '도끼가 나무뿌리에', '꺼지지 않는 불' 등이다. 이것들은 동시대 사람들에게는 매우 익숙한 관용어였을 것이다(*feasting*, 71).

당시 유대인들이 믿었던 구원은 그들이 아브라함의 자손이라는 이유 하나였다. 그러나 세례 요한은 이를 개개인의 결단으로 연결시킨다. 조상 아브라함이 열매로서 그의 믿음을 증거했듯이 그대들 또한 그래야 한다는 역설이다. 당시 구원의 조건은 성전 예배에 충실하여 제물과 성전세를 바치는 일이었다. 세례 요한은 종교적인 요구는 하지 않는다. 다만 사회 정의 실현을 요청하고 있다.

누가는 요한이 그 밖에도 많은 일을 권면하면서 기쁜 소식(복음)을 전하였다고 말한다. 기쁜 소식 복음은 회개를 전제하고 있다. "광야의 소리"라는 의미는 단순히

"나는 광야에서 왔다"고 하는, 곧 광야에서 들려오는 외침의 의미보다는 '광야에로의 초청의 의미'가 더 강하다(*feasting*, 73).

설교적 관점

성탄절을 앞두고 회개를 외치는 것은 인간적인 면에서 보면 적절하지 않아 보인다. 그러나 하느님은 이를 요구하신다. 오고 계시는 주인을 맞이하기 위해서 자신의 삶을 돌아보아야 한다. 무엇을 내어놓을 것인지를 생각해야 한다.

"그러면 우리는 무엇을 해야 합니까?"는 설교 제목으로도 적절하다. 오늘날 옷 두 벌 가진 자? 군인? 세리가 누구인가를 물어본다. 옷장을 열어 지난 3년 동안 한 번도 입어보지 않은 옷은 과감히 아나바다에 기증하자. 레위기에 보면 "밤이 되면 겉옷을 돌려주라"는 구절이 나온다. 당시 가난한 백성들은 통짜로 된 겉옷과 속옷 한 벌밖에 없었다. 빚쟁이는 그들에게서 겉옷을 담보물로 빼앗을 수 있었다. 그러나 하느님은 저녁이 되면 그들이 춥다고 기도할 때, 괴로우니 밤에는 돌려주고 아침에 다시 빼앗아 가도록 했다. 곧 이자를 갚지 못하는 잘못은 있지만, 여전히 사람이 돈이나 법보다 중요한 존재임을 말씀하고 있다.

당시 세리는 로마제국을 대신하여 세금을 징수하였지만, 저들은 힘에 의존하여 민중들의 피와 땀을 앗아가는 폭리를 취하였다. 오늘날로 말하면 세무서 직원이 아니라, 법의 이름으로 이권을 착복하는 사람이다. 국가권력을 이용하여 보이지 않는 이권을 챙기는 사람들이다. 예를 들면 부장검사들이 퇴임하고 변호사로서 처음 수임하는 소송은 전관예우라는 이름으로 판사들이 매우 유리한 판결을 내려 주는 관행이 있다. 그래서 이기기 힘든 소송을 재벌들이 주로 의뢰한다. 전형적인 '세리'의 형태이다.

오늘날의 군인은 국방을 지키는 사람들을 말하지만, 당시 로마제국의 군인들이란 주변국을 침략하여 재산을 약탈하고, 여인들은 겁탈하고, 남자들과 아이들을 노예로 만드는 폭력의 온상지였다. 18세기 '로마제국 흥망사'를 쓴 역사학자 에드워드 기번은 "황제의 권위는 군사력에 의해 그리고 그 군사력은 세금에 의해서만 유지될 수 있었다"고 말했다. 세례 요한이 독사의 자식들이라고 비난하는 세

부류, 곧 귀족과 세리와 군인들을 독사의 자식들로 비난한 것은 바로 다름 아닌 로마제국이었다.

우리가 "협박하거나 속임수를 써서 남의 물건을 착취하지 말고 자기가 받은 봉급으로 만족하여라"는 성서의 구절을 한 개인 군인에게만 적용해서는 안 되는 이유다. 로마제국의 틀 안에서 이를 해석해야 한다. 예를 들면 미국은 지난 수십 년 동안 남한을 비롯한 일본, 이스라엘, 사우디아라비아 등등 세계 여러 나라에 비싼 군사 무기를 팔아 엄청난 이득을 챙기고 있다. 그런데 그냥 사가라고 하면 잘 안 사니까 협박하거나 속임수를 쓰고 있다. 예를 들어 세계 군사 전문가들에 의하면 남한의 군사력은 북한의 군사력에 비해 월등 높지만, 미군이 철수하면 우리는 금방 북한의 핵 공격을 받아 나라가 멸망할 것처럼 공포를 계속 심어주고 있으며, 방어라는 이름으로 한미전쟁 연습을 거의 1년 내내 계속함으로 군사적 긴장을 높이고 있다.

대림절 넷째 주일

미 5:2-5a; 시 80:1-7; 히 10:5-10; 눅 1:39-55

미가 5:2-5a

2 "그러나 너 베들레헴 에브라다야, 너는 유다의 여러 족속 가운데서 작은 족속이지만, 이스라엘을 다스릴 자가 너에게서 내게로 나올 것이다. 그의 기원은 아득한 옛날, 태초에까지 거슬러 올라간다."

3 그러므로 주께서는 해산하는 여인이 아이를 낳을 때까지, 그의 백성을 원수들에게 그대로 맡겨 두실 것이다. 그 뒤에 그 형제, 사로잡혀 가 있던 남은 백성이, 이스라엘 자손에게로 돌아올 것이다.

4 그가 주께서 주신 능력을 가지고, 그의 하나님 주의 이름의 위엄을 의지하고 서서 그의 떼를 먹일 것이다. 그러면 그의 위대함이 땅 끝까지 이를 것이므로, 그들은 안전하게 살아갈 수 있을 것이다.

5 그리고 그는 그들의 '평화'가 될 것이다.

신학적 관점

BCE 8세기 남왕국의 예언자 미가. 그는 당시 남왕국이 북왕국을 멸망시킨 앗시리아제국의 위협으로 심각한 곤경에 처해 있음을 말하고 있다. 여기서 미가는 이런 상황을 용납하지 않고 마치 여인이 해산하듯이 새로운 지도자가 와서 이들을 돌볼 것임을 예언한다.

당시 남왕국 유다는 앗시리아에 공물을 바치고 있었는데, 그 피해는 고스란히 가난한 백성들의 몫이었다. 여기에 북왕국 이스라엘에서 남왕국 예루살렘으로 피난민들이 몰려와 큰 혼란 속에 빠져 있었다. 그럼에도 권세가들과 가진 자들은 가난한 자들의 남은 것마저 착취를 하고 있었다. "… 너희는 내 백성을 잡아먹는다. 가죽을 벗기고, 뼈를 산산조각 바수고, 고기를 삶듯이, 내 백성을 가마솥에 넣고

삶는다…"(2:1-9; 3:2-11). 그러나 거짓 예언자들과 술객들은 거짓 평화를 외치고 있었으며 YHWH 하느님의 분노는 극에 달한다(3:12).

이러한 사회정치적 배경을 바탕으로 본문의 숨은 뜻이 밝게 드러난다. 하느님은 당시의 작은 동네 베들레헴에서 새로운 지도자가 나올 것을 말씀하신다. 이는 곧 낮은 자 약한 자 가운데서 하느님의 뜻을 드러내는 메시아의 등장을 말씀하신다. 곧 약자들의 평화를 약속하신다('그들의 평화').

미가는 이미 앞장에서 '칼을 쳐서 보습을, 창을 쳐서 낫을 만드는' 일찍이 들어본 적이 없는 제국 역사의 전복이자 전혀 새로운 세계적 평화를 선포하였다. 이는 곧 아기 예수 탄생과 함께 임하는 "하늘에는 영광! 땅에는 평화!"의 선포의 선재적 사건이다. 오늘 전쟁의 기운이 감도는 세계, 특히 한강토(한반도)에서 살아가는 우리 민족에게 주는 메시지는 무엇인가?

목회적 관점

미가는 아무 곳에서도 희망을 발견할 수 없는 패배 그리고 절망과 허무 속에서 희망을 선포한다. 이는 곧 하느님의 약속에 기반한 희망이다. 핵심 구절은 4절의 '안전'에 있다. 공포와 전쟁과 가난과 미래에 대한 불안이 미가가 살았던 사회와 같이 오늘 우리 사회를 지배하고 있다. 지금 우리는 삶의 '안전'을 어디에서 찾고 있는가? 수입이 확고한 직업, 넓은 아파트, 외제 차? 인류 역사에서 인간이 묻는 근본 질문이다. 미가는 이에 대한 대답으로 당시 이름 없고 작은 베들레헴에서 한 지도자가 나온다는 것을 말한다. 이는 인간의 기대와 상식을 넘어서는 새로운 '안전'이다.

설교자는 여기서 누가의 본문에 나오는 엘리사벳과 마리아가 만나 아기가 복중에서 뛰는 새로운 희망에 연계할 수 있다. 이때 그들은 이름 없는 작은 마을(변경)에서 만난다. 이는 낮아짐이 새로운 희망의 근거임을 말하고 있다.

주석적 관점

본문은 메시아시다. 다윗의 이미지와 공동체성을 회복한 평화로운 목자의 그림이 보인다. 본문 히브리어 단어와 문장 구조는 매우 까다롭다. 그래서 영어 번역본도 그러하지만, 우리말 개역/표준새번역과 공동번역은 판이한 차이가 있다.

역사적으로 보면 미가는 북왕국의 멸망과 추방을 경험했고, 남왕국 유다 또한 앗시리아제국의 산헤립이 46개의 강력한 도성을 점령했으며 또한 예루살렘을 점령했다는 증언은 미가서 1-3장이 보여주고 있다(3:12). 그런데 4-5장은 바빌론 포로 귀환(6세기)을 언급한다는 점에서 후대의 영향을 보여준다. 마태복음 2장 6절은 미가 5장 2-4절을 배경으로 한다.

4절의 히브리어 단어는 단순히 그는 "서서 목자가 된다"이다. "떼를 먹일 것이다"라는 의미는 히브리어 본문에는 없다(개역본 참조). 목자는 근동에서는 왕을 뜻하는 상징어였다. 오늘 본문은 시편 23편과 이사야 40장 11절을 통합한 재해석이다(feasting, 77).

설교적 관점

역사가 토인비는 28개의 문명권을 정리하는데, 왕국의 시작과 멸망은 전쟁의 승리와 패배에 달려 있음을 말하고 있다. 오늘 미가 예언자는 이미 북왕국의 멸망을 보았고, 남왕국의 멸망이 목전에 있다. 그럼에도 불구하고 그는 300년 전 다윗왕의 영광을 역사 현존에 불러들이고 있다. 베들레헴은 히브리어로 '떡의 집'의 의미를 갖고 있지만, 당시에는 작은 동네에 불과했다. 그런데 이 동네에서 사무엘조차 거들떠보지 않았음은 물론, 아버지 이새조차 염두에 두지 않아 중요한 시기에 양을 치도록 내버려 두었던 8번째 아들인 다윗이 간택을 받아 이스라엘 역사에 길이 남는 위대한 왕으로 등장한다. 미가 예언자 또한 이 베들레헴의 변방의 상징성에 주목하고 있으며, 이는 아기 예수의 탄생지로 연결이 된다. 예수의 조상이 되는 룻은 모압 출신의 이방인으로 첫 남편을 잃고 시어머니 나오미를 따라 베들레헴의 여인이 된다(feasting, 75).

나타나엘은 빌립이 메시아를 만났다고 했을 때, "나사렛에서 어찌 선한 것이 나올 수 있겠느냐"고 반문한다. 곧 하느님의 역사는 인간의 기대와는 전혀 다르다.

오늘날에도 사람들은 출신지를 따진다. 지금 여러분이 담당하는 목회지는 남한 땅의 변방에 불과하다. 여기에 진정한 성탄의 메시지가 담겨 있다. 역사의 전복(顛覆)! 복음의 핵심이다.

복음(유앙겔리온)이란 단어는 본래 로마 황제가 전쟁 승리를 통해 로마 시민들에게 탈취한 금은보화와 노예들을 선물로 줄 것을 암시하는 '기쁨의 소식'이었다! 소수의 지배자에게만 들려지던 기쁨의 소식을 역사의 변방에서 눌려 있는 자들에게 기쁨의 소식으로 만든 것이 그리스도교 복음이었다.

'그들의 평화'는 오늘 우리 청중에게 어떤 의미가 있는 것인가?

시편 80:1-7

1 이스라엘의 목자여, 요셉 가문을 양떼처럼 인도하시는 이여 귀를 기울이소서. 거룹 위에 좌정하신 이여,

2 에브라임과 베냐민과 므나쎄 가문들 앞에 햇빛처럼 나타나소서. 힘을 떨치고 오시어 우리를 도와 주소서.

3 만군의 하느님, 우리를 다시 일으키소서. 당신의 밝은 얼굴 보여 주시면 우리가 살아나리이다.

4 만군의 야훼, 하느님, 당신 백성의 기도소리 언제까지 노엽게 들으시렵니까?

5 당신 백성에게 눈물의 빵을 먹이시고 싫도록 눈물을 마시게 하셨사옵니다.

6 이웃들에게는 시빗거리가 되게 하셨고 원수들은 우리를 비웃사옵니다.

7 만군의 야훼여, 우리를 다시 일으키소서. 당신의 밝은 얼굴 보여 주시면 우리가 살아나리이다.

히브리서 10:5-10

5 그러므로 그리스도께서 세상에 오셨을 때에, 하나님께 이렇게 말씀하셨습니다. "주님은 제사와 예물을 원하지 않으셨습니다. 그래서 나에게 입히실 몸을 마련하셨습니다.

6 주님은 번제와 속죄제를 기뻐하지 않으셨습니다.

7 그래서 내가 말하였습니다. '보십시오, 하나님! 두루마리에 나를 두고 기록되어 있는 대로, 나는 주님의 뜻을 행하러 왔습니다.'"

8 위에서 그리스도께서는 "주님은 제사와 예물과 번제와 속죄제를 원하지도 기뻐하지도 않으셨습니다" 하고 말씀하셨습니다. 이런 것들은 율법을 따라 바칩니다.

9 그 다음에 말씀하시기를 "보십시오, 나는 주님의 뜻을 행하러 왔습니다" 하셨습니다. 그리스도께서는 두 번째 것을 세우시려고, 첫 번째 것을 폐하셨습니다.

10 이 뜻을 따라서, 예수 그리스도께서 몸을 오직 한 번 바치심으로써, 우리는 거룩하게

되었습니다.

신학적 관점

모세 5경에 기록된 율법의 말씀들은 예수 당시에는 성전의 동물 희생제사로 압축이 되어 있었다. 그런데 문제는 하느님께서 이를 즐겨하지 않으셨다는 것이다. 진정한 회개 없이 습관적으로 반복하는 종교적 행사에 불과했다. YHWH 하느님이 가장 관심하시는 가난한 자들은 함께할 수 없는 인간들의 형식에 불과했다. 히브리서 기자는 이러한 레위기 율법에 기초한 죄와 용서의 반복되는 의미 없는 제사 방식에 문제 제기를 하면서 이러한 반복적 동물 희생제사 방식은 예수 그리스도의 십자가 죽음 안에서 단 한 번으로 해결되었다고 선포한다.

희생제사 예배 방식은 오늘날로 말하면 죄인됨/죄의식을 강조(혹은 강요)함으로 신앙을 소극적/부정적 그리고 타계적으로 이끌어간다. 기쁨과 감사의 신앙이 아닌 심판과 형벌의 두려움에 가득 찬 신앙으로 변질시킨다.

9절의 폐기된 '첫 번째 것'과 '두 번째 것'을 제1성서는 율법으로, 제2성서는 복음으로 단순화시키는 것에 유의해야 한다. 히틀러를 비롯한 과거 유럽에서의 반유대인 정서는 이러한 흑백 단순 신앙에서 출발하였다. BCE 6세기경 바빌론에 의한 성전 함락으로 인해 성전 희생제사는 중지될 수밖에 없었고, 그로 인해 촌락에 만들어진 회당이 중심이 되었는데, 이때는 랍비들의 가르침이 중요했다. 그런데 헤롯대왕의 성전 개축으로 인해 다시금 성전 희생제사가 회복이 되었고, 예수님 당시에는 최고조에 이르렀다. 그러다가 CE 70년 다시금 로마에 의해 성전이 완전히 파괴되고 말았다. 성전 희생제사가 불가능했던 시대 히브리서 기자는 예수의 십자가 죽음을 희생제사의 영구 폐기(첫 번째 것)로 해석하고 다시금 이를 대체하는 회당 중심의 '말씀'(두 번째 것)을 강조한 것이다. 이는 히브리서 8장 8-10절로 '마음에 새긴 법'으로 명시되어 있고, 이는 예레미야 31장의 말씀에 기초하고 있다(feasting, 76).

목회적 관점

성탄절을 앞둔 오늘의 본문은 희생제사와 더불어 인간의 죄의 문제를 논한다. 주님의 오심을 준비한다는 것은 새날을 준비하여 목욕을 하듯 우리의 마음과 영혼을 깨끗하게 하여야 한다. 우리에게 죄가 없다면 구주(구원의 주님)는 필요가 없다. 죄가 없다면 용서의 기쁨이 없을 것이고, 기쁨이 없다면 은혜를 모를 것이다.

그런데 예수의 피로 단번에 우리의 모든 죄를 속죄했다는 속죄의 교리는 실제로 교인들에게 어떤 결과를 가져왔는가? 자신이 의인이라는 교만의 신앙을 낳지는 않았는가? 율법 위의 인간, 곧 윤리 도덕. 나아가서는 상식에 어긋나는 행동을 열심 있는 신앙으로 변질시키지는 않았는가? 값싼 은혜를 추구하는 신앙인으로 만든 것은 아닌가? 물론 지은 죄로 인해 번민하는 교인들 또한 있을 수 있다. 이들에게는 죄용서의 선포를 통해 앞으로 나아가도록 이끌어야 한다. 여기에 목회자의 깊은 고민이 놓여 있다.

주석적 관점

5절로 7절까지는 다윗의 시편 40편에 기초하고 있다. 7절의 '두루마리'는 히브리어나 그리스어 모두 번역이 쉽지 않다. 문자적으로 번역하면 '두루마리의 첫머리'이다. 시편 기자는 아마도 오늘날로 말하면 책의 '목차'를 의미했을 것이다(*feasting*, 77).

9-10절의 핵심은 첫 번째 것의 폐함보다는 두 번째 것을 세우는, 곧 '하느님의 뜻'을 세우는 '행함'에 있다.

설교적 관점

기독론의 핵심은 구속신학(the Atonement Theology)에 있다. 설교자는 모세 율법이 얘기하는 동물의 피의 희생에 근거한 번제 제물의 구속이 어떻게 예수님의 십자가 죽음에 의해서 폐기 그리고 완성되었느냐는 질문에 답을 해야 한다. 십자가 위에서 흘리신 예수님의 피는 하느님의 분노를 만족하게 하였는가? 6절에서 하느님은 번제와 속죄제를 기뻐하지 않으셨다고 선언한다. 그렇다면 예수님께서 이루신 구속은 그의 피에 있는 것이 아니라, 9절에서의 '주님의 뜻을 행하러 오셨다고' 하는 뜻의 이룸에 있다. 10절을 우리의 죄를 대신 주고 사셨다는 속량(贖良)의 해석보다는 하느님의 전적인 은혜에 근거한 구원을 선포하는 것이 중요하다. '예수 그리스도께서 몸을 오직 한 번 바치셨음으로써' '우리는 거룩하게 되었다'고 하는 말씀에서 앞 구절을 강조하기보다는 뒤 구절을 보다 강조하는 말씀의 해석에 아기 예수의 탄생을 기다리는 오늘의 의미가 있다.

오늘 본문에 이은 17절과 18절의 말씀이 다시 한번 이를 강조하고 있다. "또 그들의 죄와 그들의 불법을 내가 다시 기억하지 아니하리라 하셨으니, 이것들을 사하셨은즉 다시 죄를 위하여 제사 드릴 것이 없느니라."

누가복음 1:39-55

39 그 무렵에 마리아가 일어나, 유대 산골에 있는 한 동네로 서둘러 가서,

40 사가랴의 집에 들어가, 엘리사벳에게 문안하였다.

41 엘리사벳이 마리아의 문안을 받았을 때에, 아기가 그의 뱃속에서 뛰놀았다. 엘리사벳이 성령으로 충만해서,

42 큰소리로 외쳐 말하였다. "그대는 여자들 가운데서 복을 받고, 그대의 태 속에 있는 열매도 복을 받았습니다.

43 내 주의 어머니께서 내게 오시다니, 이것이 어찌된 일입니까?

44 보십시오, 그대의 문안하는 말이 내 귀에 들어왔을 때에, 내 태 속에 있는 아기가 기뻐서 뛰놀았습니다.

45 주께서 하신 말씀이 이루어질 줄 믿은 여자는 행복합니다."

46 그리하여 마리아가 노래하였다. "내 마음이 주님을 찬양하며

47 내 영혼이 내 구주 하나님을 높임은

48 주께서 이 여종의 비천함을 돌보셨기 때문입니다. 이제부터는 모든 세대가 나를 행복하다 할 것입니다.

49 힘센 분이 내게 큰일을 하셨기 때문입니다. 주의 이름은 거룩하고,

50 그의 자비하심은, 그를 두려워하는 사람들에게 대대로 있을 것입니다.

51 주께서는 그 팔로 권능을 행하시고, 마음이 교만한 사람들을 흩으셨으니,

52 제왕들을 왕좌에서 끌어내리시고 비천한 사람들을 높이셨습니다.

53 주린 사람들을 좋은 것으로 배부르게 하시고, 부한 사람들을 빈손으로 떠나보내셨습니다.

54 주께서 자비를 기억하셔서, 당신의 종 이스라엘을 도우셨습니다.

55 우리 조상에게 말씀하신 대로 그 자비는 아브라함과 그 자손에게 영원토록 있을 것입니다.”

신학적 관점

마리아가 엘리사벳을 방문하는 배경은 무엇인가? 자신의 태중의 아기가 천사 가브리엘의 고지에 의한 성령의 탄생임을 재확인하고 있다. 마리아의 인사를 듣고 엘리사벳의 태중의 아기가 뛰놀았다! 누가복음과 사도행전은 성령의 역사를 강조한다.

마리아의 찬가(Magnificat)는 누가가 보는 예수 사역의 본질을 드러내고 있다. “여종의 비천함을 돌보시고, 주의 팔로 권능을 행함으로 교만한 사람들을 흩으시고 제왕들을 왕좌에서 끌어내고 비천한 자들을 높이신다.” 역사의 전복! 이는 제1, 2성서를 관통하는 구원 역사의 대주제이다(참조. 레 26:12).

목회적 관점

여전히 우리는 대림절 네 번째 주간을 보내고 있다. 곧바로 성탄절로 뛰어넘고 싶은 유혹이 있다. 아직 아기 예수는 태어나지 않았다. 아기 예수로 인한 이 땅의 역사가 어떻게 변화할 것인가에 대한 기대를 품는 기다림의 기간이다.

몇 년 전 미국 켄터키주 하원의원이 자기 가족사진으로 성탄절 카드를 만들어 SNS에 올렸는데, 아내를 포함한 5명의 자녀 모두 각기 다른 총기를 들고 있어 미국 내에서도 큰 비판을 불러일으켰다. 백인 기독교인으로 그가 바라보는 성탄의 메시지는 무엇인가? 사실 백인들은 자녀들에게 성탄절 선물로 총기를 주기도 한다. 마리아의 찬가는 이들에게 어떤 의미가 있는 것인가? 예수님 시대에도 로마인들과 유대인들의 메시아상이 달랐고, 같은 유대인이라도 예루살렘에 사는 부자들과 갈릴리에 사는 오흘로스들의 메시아상이 달랐다.

오늘 본문의 주인공은 마리아와 엘리사벳, 두 여인이다. 마태복음에서의 탄생 설화는 그 주인공이 마리아가 아닌 정혼한 사이였던 요셉의 결단에 그 초점이 맞추어져 있다. 남성 중심의 당시 사회로서는 당연한 이야기였다. 여성은 숫자에도 포함되지 않았다. 그러나 누가는 자신의 (이방인의 구원을 위한) 복음에서 여성과 어린아이에 자주 초점을 맞춘다. 엘리사벳은 제사장의 아내였지만, 늙도록 아이가 없어 주위의 비난을 받아 남편에게 고개를 제대로 들지 못한 한 많은 여인이었다. YHWH는 사무엘의 어머니 한나의 한을 풀어주셨다.

하버드대학의 신학자 피오렌자 교수는 48절의 마리아의 '비천함'을 로마 병정에 의한 강제 임신으로 해석하고 있다. 사실 오늘날에도 폭력에 의한 강제 임신으로 인한 남한 사회에 논란이 시작되었지만, 로마제국의 지배 당시로서는 흔한 일이었다. 더구나 갈릴리는 민중 저항이 자주 일어남으로 인해 로마군의 침략이 잦았다. 과거 여인에게 자기 씨를 뿌리는 일은 남성들 속에서는 강자의 상징이기도 했다. 통계에 의하면 여성의 3분지 1이 성폭력에 의한 아픔의 한을 갖고 있다. (이런 얘기는 청중에 따라 목회적 관점에서 조심스럽게 접근할 필요가 있다.)

주석적 관점

저자 누가는 다른 복음서 저자들이 말하지 않는 예수와 세례 요한과의 관계에 대해 언급을 많이 하고 있다. 배 속(자궁)에서의 아이가 뛰놀았다! 생명을 잉태하는 여인의 자궁은 히브리어로 하느님의 긍휼과 같은 어근을 갖고 있다.

마리아의 찬가에서 노래하는 메시아적 구원은 다름 아닌 제1성서에서의 다른 여인, 곧 미리암의 노래(출 15:21)나 드보라의 노래(삿 5장)와 깊게 연결되어 있다. 약자의 승리 노래다. 강자나 부자의 구원이 배제되는 것은 아니지만, 지난주 세례 요한의 외침과 같이 먼저 회개가 요구된다.

설교적 관점

지난주 세례 요한의 광야에서의 외침과 같이 오늘 본문 또한 이름이 없는 '유대 산골'에서 일어나고 있다. 광야나 산골은 사람이 거의 살지 않는 외딴 장소를 상징한다. 장소로 본다면 외로움과 고독 그리고 배제됨의 의미를 품고 있지만, 실제는 하느님의 역사가 펼쳐지는 현장이다. 예수 탄생 또한 마구간이다! 역사 전복의 연속이다. 서구의 유력 신학자들은 이 성서 구절을 피해 간다. 결혼 전 남자를 알지 못하는 여인의 임신! 물론 교리적으로는 성령에 의한 처녀 탄생을 얘기하지만 말이다.

　오늘 우리 사회에 이 두 여인을 상징하는 부류의 여인들은 누구일까? 중세 시대에는 '바보들의 축제'(Festival of Fools)라는 축제 기간이 있었다. 우리나라의 탈춤과 같이 힘 있는 자들을 비웃는 약자들의 축제로서 이는 일종의 숨통을 트는 역할을 했다. 오늘날 약자들의 한과 슬픔은 어디에서 틀 수 있을까? 70년대 초 필자가 다니던 한국신학대학에서는 하버드신학대 교수였던 하비콕스의『바보제』라는 책에서 따와 봄학기에 진행되는 학년 간 대항 체육 축제 이름을 '4.19축제'에서 '바보제'로 바꾸어 게시판에 붙였는데, 당시 정보과 담당 형사가 이를 보고 찢기도 했다. 중세 시대 유럽에서는 바보제가 성탄절 기간에 진행되었는데, 가면을 쓰고 귀족들과 사제들을 비웃는 거리 축제가 진행되었다.

　오늘은 성탄절을 앞둔 대림절 마지막 주간이다. 한 많은 두 여인, 엘리사벳과 마리아가 주인공이다. 마리아는 노골적으로 강자들을 내리치고 약한 자들을 들어 쓰시는 하느님의 강한 팔을 노래하고 있다. 매 주일 이런 해방의 메시지를 선포할 수는 없지만, 설교자는 오늘 본문 해석을 통해 이를 강하게 드러낼 필요가 있다. 바로 이것이 빈방이 없어 마구간에서 태어나야 하는 아기 예수 성탄의 의미이기 때문이다.

성탄전야(Christmas Eve)

사 9:2-7; 시 96; 딛 2:11-14; 눅 2:1-14

이사야 9:2-7

2 어둠 속에서 헤매던 백성이 큰 빛을 보았고, 죽음의 그림자가 드리운 땅에 사는 사람들에게 빛이 비쳤다.

3 "하나님, 주께서 그들에게 큰 기쁨을 주셨고, 그들을 행복하게 하셨습니다. 사람들이 곡식을 거둘 때 기뻐하듯이, 그들이 주님 앞에서 기뻐하며, 군인들이 전리품을 나눌 때 즐거워하듯이, 그들이 주님 앞에서 즐거워합니다.

4 주께서 미디안을 치시던 날처럼, 그들을 내리누르던 멍에를 부수시고, 그들의 어깨를 짓누르던 통나무와 압제자의 몽둥이를 꺾으셨기 때문입니다.

5 침략자의 군화와 피 묻은 군복이 모두 땔감이 되어서, 불에 타 없어질 것이기 때문입니다."

6 한 아기가 우리에게서 태어났다. 우리가 한 아들을 얻었다. 그는 우리의 통치자가 될 것이다. 그의 이름은 '기묘자, 모사, 전능하신 하나님, 영존하시는 아버지, 평화의 왕'이라고 불릴 것이다.

7 그의 왕권은 점점 더 커지고 나라의 평화도 끝없이 이어질 것이다. 그가 다윗의 보좌와 왕국 위에 앉아서, 이제부터 영원히, 공평과 정의로 그 나라를 굳게 세울 것이다. 만군의 주의 열심이 이것을 반드시 이루실 것이다.

신학적 관점

평화 신학의 핵심을 다루고 있다. 사람들은 자신을 위협하는 상대를 무력화시키고 자신의 지배 아래 두는 것이 평화의 길이라고 생각한다. 그래서 나라와 민족 간에 전쟁이 일어나고, 전쟁을 하지 않는 기간에도 끊임없이 무기 개발을 하고 안보라는 이름으로 무기를 쌓아놓는다. 이것이 과거 수만 년간 인류 역사가 걸어온 길이다. 그러나 역사는 폭력은 폭력을 불러온다는 것을 가르친다. 무력에 의한 평화는 그리 오래가지 않는다. 그래서 이사야가 꿈꾼 평화는 폭력이 아닌 공평과 정의의 바탕 위에 서 있다.

목회적 관점

지금도 지구 저편에서는 끊임없이 국경을 넘어 포탄이 날아다니고 수많은 사람이 피를 흘리며 죽어가고 있다. 오늘 저녁 우리가 '평화의 왕'이라 불리는 아기 예수의 탄생을 축하하는 의미는 무엇인가? 우리가 살아가는 한강토 또한 전쟁의 어두운 구름이 점점 짙어지고 있다.

주석적 관점

이사야가 살았던 시대는 디글랏블레셀(Tiglath-pileser) 3세의 영도 아래 앗시리아제국이 새롭게 강대국으로 떠오르던 시기였다. 그리하여 시리아의 대부분과 북왕국을 점령하였다. 여기에 대항하기 위해 시리아의 왕 르신(Rezin)과 사마리아 왕 베가(Pekah)는 연합전선을 만들고 유다 왕 아하스를 여기에 동참하도록 압박하였다. 그러나 아하스가 이를 거부하자 다브엘의 아들(사 7:6)을 허수아비 왕으로 세우려고 시도하였는데, 이것이 시로-에브라임 전쟁(BCE 734)이다(사 7:2).

이때 이사야는 아하스왕에게 확신을 주기 위해 "젊은 여인이 잉태하여 아들을 낳을 것이니 그 이름을 임마누엘이라" 할 것임을 예언한다(7:14). 그러나 왕 아하스는 이를 따르지 않고 디글랏블레셋 왕에게 조공을 바치고 항복한다. 이후 앗시리아 왕은 다마스커스 왕국과 북왕국 이스라엘을 침략하여 무너뜨리고 북왕국 갈릴리 백성들을 강제로 이주시킨다(참조 왕하 15:29). 이사야는 이를 '어둠 속에서 헤매던 백성', '죽음의 그림자가 드리운'(2절, 참조. 9:1) 사건으로 묘사하고 있다.

설교적 관점

남한과 북조선은 지난 80년간 한반도의 평화라는 이름 아래 서로 만나기도 하고 국가 간 여러 협정도 만들어 냈다. 그러나 오늘날 그 결과는 참담하기 짝이 없다. 남북 관계는 완전히 절단되었다. 서로를 있는 그대로 인정하지 않기 때문이다. 남은 평화통일을 말하지만, 북의 입장에서 보면 남은 외국군을 불러들여 계속해서 전쟁 연습을 하고 저들의 헌법 영토 조항에는 38 철책선 이북의 자신들의 땅도 모두 포함되어 있기 때문이다. 반대로 남의 입장에서 보면 북은 핵무기를 개발하고 계속해서 미사일을 쏘아대고 있다.

한반도에서 진정한 평화를 이룩하는 길은 무엇인가? 이천오백 년 전 중동 팔레스타인 땅의 북왕국 이스라엘과 남왕국 유다는 본래는 하나의 형제 왕국이었지만, 오랜 기간 서로 다투다가 결국 두 왕국 모두 멸망하고 말았다.

본문 6절과 7절에서 불리는 평화와 승리의 기쁜 노래는 오늘 우리에게 어떤 희망의 메시지를 전달하는가? '군화와 피 묻은 군복이 땔감(불쏘시개)으로' 버려지는 때는 언제일까?

시편 96

1 새 노래로 야훼를 노래하여라. 온 세상아, 야훼를 노래하여라.

2 야훼를 노래하고 그 이름을 찬양하여라. 우리를 구원하셨다. 그 기쁜 소식 날마다 전하여라.

3 놀라운 일을 이루시어 이름을 떨치셨으니 뭇 민족, 만백성에게 이를 알리어라.

4 높으신 야훼를 어찌 다 찬양하랴. 신이 많다지만 야훼만큼 두려운 신이 있으랴.

5 뭇 족속이 섬기는 신은 모두 허수아비지만 야훼께서는 하늘을 만드셨다.

6 그 앞에 찬란한 영광이 감돌고 그 계시는 곳에 힘과 아름다움이 있다.

7 힘과 영광을 야훼께 돌려라. 민족들아, 지파마다 야훼께 영광을 돌려라.

8 예물을 들고 하느님 앞에 나아가 그 이름에 어울리는 영광을 야훼께 돌려라.

9 거룩한 광채 입으신 야훼를 경배하여라. 온 땅은 그 앞에서 무서워 떨어라.

10 이 땅을 든든하게 세우신 야훼 앞에서 "야훼가 왕이시다"고 만방에 외쳐라. 만백성을 공정하게 심판하시리라.

11 하늘은 기뻐하고 땅은 즐거워하며 바다도, 거기 가득한 것들도 다 함께 환성을 올려라.

12 들도, 거기 사는 것도 다 함께 기뻐 뛰어라. 숲의 나무들도 환성을 올려라.

13 야훼께서 세상을 다스리러 오셨다. 그 앞에서 즐겁게 외쳐라. 그는 정의로 세상을 재판하시며 진실로써 만백성을 다스리신다.

디도서 2:11-14

11 모든 사람에게 하나님의 구원의 은혜가 나타났습니다.

12 그 은총은 우리를 교육하여, 불경건함과 속된 정욕을 버리고, 지금 이 세상에서 신중하고 의롭고 경건하게 살게 합니다.

13 또 그것은 우리로 하여금 복된 소망을 갖게 합니다. 곧 위대하신 하나님과 우리의 구주이신 예수 그리스도의 영광이 나타나기를 기다리게 합니다.

14 그리스도께서는 우리를 위하여 자기 몸을 내주셨습니다. 그것은, 우리를 모든 불법에서 속량하시고 깨끗하게 하셔서, 선한 일에 열심을 내는 당신의 백성이 되게 하시려는 것입니다.

신학적 관점

예수 그리스도의 십자가 죽음을 통한 구원을 흔히 영혼 구원으로 이해한다. 이에 반해 저자 디도는 지금 이 세상 속에서 의롭고 경건하게 살아가는 것임을 강조한다.

목회적 관점

오늘은 하느님과 예수 그리스도의 영광이 나타나기를 기다리는 거룩한 밤이다. 그러나 세상은 예수 탄생을 빌미로 가장 소란하고 시끄러운 인간 욕망으로 가득 찬 밤으로 변화하고 말았다.

디도는 크레타섬에서 목회하고 있다. 그런데 "크레타 사람은 예나 지금이나 거짓말쟁이요 악한 짐승이요, 먹는 것밖에 모르는 게으름뱅이다"(1:12)라는 세평을 받고 있다. 마치 이천 년 전 출산을 앞둔 나그네 요셉과 마리아를 대하던 베들레헴 주민들이나 크레타 주민들이나 오늘의 우리와 어떤 차이가 있을까?

주석적 관점

디도서 1장과 2장은 주로 장로와 감독, 나이 많은 남자와 여자, 젊은 여자와 남자들 그리고 종들에게 가르쳐야 할 구체적인 삶의 지침들을 말하고 있다. 여전히 유효한 말씀이지만, 이를 오늘의 시대에 적용함에 있어서는 삶의 모양과 질이 전혀 달라진 사회 변천 또한 함께 고려되어야 할 것이다.

설교적 관점

설교의 핵심은 마지막 구절에 있다. 예수 그리스도의 십자가 속량 사건은 우리로 하여금 세상에 속한 백성이 아닌 하느님의 백성이 되게 하셨고, 그러므로 우리는 선한 일에 열심을 내게 된다. 선한 일이란 어떤 일인가? 소외된 이웃과 거리의 노숙자들을 찾아 위로하고 소망을 갖게 하는 일이다.

누가복음 2:1-14

1 그때에 아우구스투스 황제가 칙령을 내려서 온 세계가 호적등록을 하게 되었는데,

2 이 첫 번째 호적등록은 구레뇨가 시리아의 총독으로 있을 때에 시행한 것이다.

3 모든 사람이 호적등록을 하러 저마다 자기 동네로 갔다.

4 요셉은 다윗 가문의 자손이므로, 갈릴리의 나사렛 동네에서 유대에 있는 베들레헴이라 하는 다윗의 동네로,

5 자기의 약혼자인 마리아와 함께 등록하러 올라갔다. 그때에 마리아는 임신 중이었는데,

6 그들이 거기에 머물러 있는 동안에, 마리아가 해산할 날이 되었다.

7 마리아가 첫아들을 낳아, 포대기에 싸서, 구유에 눕혀 두었다. 여관에는 그들이 들어갈 방이 없었기 때문이다.

8 그 지역의 목자들이 들에서 밤을 새우면서, 자기들의 양 떼를 지키고 있었는데,

9 주의 천사가 그들에게 나타나고, 주의 영광이 그들에게 두루 비치었다. 그들은 몹시 두려워하였다.

10 천사가 그들에게 말하였다. "두려워하지 말아라. 나는 온 백성에게 큰 기쁨이 될 소식을 너희에게 전해 준다.

11 오늘 다윗의 동네에서 너희에게 구주가 나셨으니, 그는 곧 그리스도 주님이시다.

12 너희는 갓난아기가 포대기에 싸여, 구유에 뉘어 있는 것을 볼 터인데, 이것이 너희에게 주는 표적이다."

13 갑자기 그 천사와 더불어 많은 하늘 군대가 나타나서, 하나님을 찬양하여 말하였다.

14 "가장 높은 곳에서는 하나님께 영광이요, 땅에서는 주께서 기뻐하시는 사람들에게 평화로다."

신학적 관점

화육의 세 가지 장소(location)

1. 역사적 장소: 베들레헴의 구유 사건, 아우구스투스 황제와 구레뇨 총독 시절.

2. 영성적 장소: 천사의 알림. 하늘과 땅의 매개자.

3. 사회적 장소: 당시의 가장 작은 동네 베들레헴의 변방에 거주하던 가장

낮은 계급이었던 목자들에게 나타남. 마리아 찬가 1:52 참조. 달리 말하면 쫓겨난 자, 천민계급(outcast)이었다.

하느님의 구원의 소식(하늘에는 영광 땅에는 평화!)은 모든 사람에게 차별없이 들려진다. 그러나 실제 그 소리를 듣는 사람들은 그 소리를 간절히 기다려 왔던 목자들이다.

목회적 관점

호적 등록의 목적은 세금 징수이다. 권력자에게 있어 이는 통치의 정당한 방법이긴 하나, 끼니조차 때우기 힘든 가난한 자들에게 있어 이는 권력의 횡포이다.

마리아와 요셉의 마구간 경험은 오늘날 어디에서 잠을 잘 것인지를 장담할 수 없는 노숙자들의 삶에 비교할 수 있을 것이다. 베들레헴의 목자들 그들은 오늘날에 있어 어쩌면 마리아와 요셉보다 더 못한 처지, 곧 고향조차 돌아갈 수 없는, 미등록 이주 노동자들일 수 있다. 저들에게 오늘 우리는 아기 탄생의 기쁨을 전해야 하는 천사의 직무라는 목회적 과제가 주어진 것은 아닐까?

주석적 관점

시대적으로 말한다면 예수 탄생을 상징하는 2장 1절의 '그때에'는 예수보다 6개월 먼저 태어난 세례 요한의 탄생을 말하는 1장 5절의 '유대와 헤롯 때에'를 상정하고 있다. 마태복음은 헤롯대왕 시절에 예수는 태어났다. 그런데 헤롯대왕은 BCE 4년에 사망했으며, 시리아 총독 구레뇨는 CE 6년에 총독의 자리에 올랐다. 시대적으로 맞지 않다. 그리고 호적 등록을 위해 며칠씩 혹은 몇 주씩 걸리는 선조의 고향으로 가서 하라고 하는 것은 실상에 맞지 않는다.

따라서 오늘 누가의 본문이 말하고자 하는 것을 사실 '역사적 사실'(Historie)로서 읽기보다는 '의미로서의 역사'(Geschichte), 곧 '종교적 진실'로 읽어야 한다. 첫째는 나사렛 갈릴리에 살던 마리아와 요셉은 미가서 5장 2절의 다윗 가문 출생의 예언 성취를 위해 베들레헴으로 와야 했다. 둘째는 당시 로마 황제의 위력이 얼마나 위대했는지 혹은 얼마나 폭력적이었는지를 말하고 있다. 이미

제1성서는 다윗 통치 기간에 있었던 호적 등록에 대해 매우 신랄하게 비판하고 있다(삼하 24).

누가의 주된 관심은 하늘과 땅이 만나는 카이로스의 창조적 사건에 있다. 그건 '하늘에는 영광, 땅에는 평화'이다. 아기 예수의 탄생은 곧 하늘의 사건이요, 땅의 사건이다. 그런데 이 땅은 아우구스투스 황제와 구레뇨 총독이 지배하던 폭력의 시기였다. 저들은 이를 *Pax Romana*로 부른다. 여기에 누가는 하늘의 평화, 곧 *Pax Christi*를 선포하고 있다. 누가복음의 전달자는 천사를 통해 베들레헴의 목자들이 담당한다. 이는 역사의 전복을 말하고 있다.

설교적 관점

성탄절 전날 예배에는 여러 축하 순서가 있기에 설교자로서는 여간 고민이 되는 것이 아니다. 짧게 전하되 누가가 강조하고 있는바, 로마 황제로 대변되는 세상 권력과 대치되는 마구간 구유 탄생을 강조한다.

11절의 '오늘'은 chronos의 인간의 시간(1절의 '그때')이 아닌, kairos의 하늘 능력이 땅에 임하는 변혁의 순간을 말한다.

필자는 그리스어 원어 성서에는 등장하지 않는 '말 구유 사건을 이렇게 해석한다. 말은 넓은 초원을 필요로 하는 동물로 팔레스타인 지역 동물이 아니다. 기병대는 로마 군사력의 핵심이다. 긴 창을 앞세우고 밀어붙이는 로마 기병대의 힘 앞에 모든 나라가 정복을 당했다. 그런데 아기 예수는 로마의 기병대가 거했던 베들레헴의 말 밥통에 누인다. 상징적으로 말하면 말의 먹이가 되는 것이다. 이사야와 미가 예언자가 꿈꿨던 사자가 양들과 함께 뒹굴라면 사자의 육식 창자 구조가 초식 창자 구조로 바뀌어야 한다. 곧 예수는 로마의 먹이가 됨으로 로마제국의 육식 창자 구조를 함께 어울려 살아가는 초식 창자 구조로 바꾸어 내고자 했다. 이것이 바로 '로마의 평화'와 '예수의 평화'가 구별이 되는 지점이다.

성탄절

사 52:7-10; 시 98; 히 1:1-12; 요 1:1-14

이사야 52:7-10

> 7 놀랍고도 반가워라. 희소식을 전하려고 산을 넘어 달려오는 저 발이여! 평화가 왔다고 외치며, 복된 희소식을 전하는구나. 구원이 이르렀다고 선포하면서, 시온을 보고 이르기를 "너의 하나님께서 통치하신다" 하는구나.
> 8 성을 지키는 파수꾼들의 소리를 들어 보아라. 그들이 소리를 높여서, 기뻐하며 외친다. 주께서 시온으로 돌아오실 때에, 오시는 그 모습을 그들이 직접 눈으로 볼 수 있을 것이다.
> 9 너희 예루살렘의 황폐한 곳들아, 함성을 터뜨려라. 함께 기뻐 외쳐라. 주께서 당신의 백성을 위로하셨고, 예루살렘을 속량하셨다.
> 10 주께서 모든 이방 나라들이 보는 앞에서, 당신의 거룩하신 능력을 드러내시니, 땅끝에 있는 사람들은 모두 우리 하나님의 구원을 볼 것이다.

신학적 관점

하느님이 인간으로 오신 화육의 성탄일! 이사야 선지자는 이를 이방의 큰 나라들의 속박에서 해방을 불러오는 자유와 평화의 복된 소식으로 노래하고 있다. "모두 하나님의 구원을 볼 것이다"(10절)라고 노래하는 이 새로운 해방의 구원 역사는 과거의 모세 출애굽과는 달리 황급히 나오지도 않아도 되며, 도망치듯 달아나지 않아도 된다(12절)고 말한다.

오늘날 과거 이천 년 동안 잃어버렸던 시온의 회복을 이룩한 이스라엘 국가의 백성들은 이 구절을 어떻게 이해하고 있으며, 그 땅에서 이천 년을 살았지만 지금은 국가의 독립과 민족 해방을 위해 투쟁하는 팔레스타인 백성들은 또 어떻게 이해할까?

우리나라 또한 1945년 8월 15일 일제의 압제로부터 벗어난 해방의 기쁨을 기억하고 있다. 그러나 이어지는 분단 상황에서 80년이 다 되어가도록 완전한 기쁨의 해방에 다다르지 못하고 있다. 오늘 이사야 선지자가 선포하는바 "땅끝에 있는 사람들은 모두 하나님의 구원을 볼 것이다"라고 했는데, 오늘 한강토에 살아가고 있는 우리에게 이 소식은 구체적으로 무엇을 말하는 것일까?

목회적 관점

이사야는 평화가 왔다고 외치면서 달려오는 저 '발'을 보고 있다. 그 발을 영화감독이 찍는다면 그 모습은 어떠할까? 돌에 치여 부르트고 피가 나고 사막의 먼지로 가득 차 있는 더러운 발일 것이다. 그러나 그 입에서는 복된 소식 평화가 외쳐지고 있다. 이는 마치 페르시아와의 전투에서 감격에 찬 승리의 소식을 전하기 위해 마라톤 평야를 달리는 아테네의 군인과 같다. 그는 승리의 소식을 전함과 동시에 숨이 벅차 죽음을 맞이한다(이를 증명하는 역사성은 부족하다).

평화의 왕으로 오시는 아기 예수의 탄생을 축하하는 오늘 우리 또한 비슷하지 않을까? 현실에 몸담고 살아가는 발은 더럽고 냄새나고 살이 터져 피가 나고 있다. 그러나 하느님의 화육을 노래하는 우리들의 입은 함성과 기쁨의 노래로 가득 차 있다(9절).

주석적 관점

바빌론 포로 기간에 활동했던 제2이사야(40-55장)는 시온성 예루살렘에로의 귀환과 해방을 노래하고 있다. 반면 예레미야 선지자는 일찍이 바빌론에서 정착해서(29장) 살아갈 것을 권고한 바 있다.

오늘 본문은 신탁이라기보다는 하나의 시편에 가깝다. 흥미로운 것은 7절에서 3인칭으로 "저 발이여!"라고 시작하더니 9절에서는 "너희 예루살렘의 황폐한 곳들아…"라며 2인칭으로 바꾸고, 10절에서는 시인을 포함한 "우리 하나님의 구원" 1인칭 복수형으로 바뀌면서 기쁨의 강도를 높이고 있다. 성을 지키는 파수꾼들은 전쟁과 파멸을 예고하는 직업군이다. 그런데 그들은 반대로 기쁨의 소식을 전한다. "너희 예루살렘의 황폐한 곳들아, 함성을 터뜨려라!"라고(*feasting*, 125).

제2이사야의 첫 음성은 40장 1절에서 "위로하여라, 위로하여라 나의 백성들을"이라는 외침으로 시작한다. 오늘의 본문과 직결이 된다. "위로하여라"는 외침은 헨델의 <메시아>에서의 맑고 청명한 테너의 멜로디를 떠오르게 한다.

설교적 관점

성탄절의 이미지는 마구간을 배경으로 마리아와 요셉이 아기 예수를 안고 있는 모습이다. 오늘 본문의 핵심은 포로 생활로부터의 귀환을 노래하는 해방이다. 아기 예수의 상징 또한 이와 맞물려 있다. 임마누엘의 하느님은 곧 하느님의 통치(7절)를 전제하고 있다. 우리의 청중들에게 어떻게 말씀을 전해야 이사야 선지자가 노래하는 해방의 기쁨을 누리게 할 수 있을까? 여기에 설교자의 고민이 있다.

시편 98

1 새 노래로 야훼를 찬양하여라. 놀라운 기적들을 이루셨다. 그의 오른손과 거룩하신 팔로 승리하셨다.

2 야훼께서 그 거두신 승리를 알려 주시고 당신의 정의를 만백성 앞에 드러내셨다.

3 이스라엘 가문에 베푸신다던 그 사랑과 그 진실을 잊지 않으셨으므로 땅끝까지 모든 사람이 우리 하느님의 승리를 보게 되었다.

4 온 세상아, 야훼께 환성을 올려라. 기뻐하며 목청껏 노래하여라.

5 거문고를 뜯으며 야훼께 노래 불러라. 수금과 많은 악기 타며 찬양하여라.

6 우리의 임금님, 야훼 앞에서 은나팔 뿔나팔 불어대며 환호하여라.

7 바다도, 그 속에 가득한 것들도, 땅도, 그 위에 사는 것들도 모두 환성을 올려라.

8 물결은 손뼉을 치고 산들은 다 같이 환성을 올려라.

9 야훼 앞에서 환성을 올려라. 세상을 다스리러 오신다. 온 세상을 올바르게 다스리시고 만백성을 공정하게 다스리시리라.

히브리서 1:1-12

1 하나님께서 옛날에는 예언자들을 시켜서, 여러 번에 걸쳐 여러 가지 방법으로 우리 조상들에게 말씀하셨으나,

2 이 마지막 날에는 아들을 시켜서 우리에게 말씀하셨습니다. 하나님께서는 이 아들을 만물의 상속자로 세우시고, 그로 말미암아 온 세상을 지으셨습니다.

3 아들은 하나님의 영광의 광채이시요, 하나님의 본바탕의 본보기이시요, 자기의 능력 있는 말씀으로 만물을 보존하시는 분이십니다. 그는 죄를 깨끗하게 하시고, 높은 곳에 계신 존엄하신 분의 오른쪽에 앉으셨습니다.

4 그는 천사들보다 훨씬 더 위대하게 되셨으니, 천사들보다 더 뛰어난 이름을 물려받으신 것입니다.

5 하나님께서 천사들 가운데서 누구에게 "너는 내 아들이다. 내가 오늘 너를 낳았다" 하고 말씀하신 적이 있습니까? 또 "나는 그의 아버지가 되고, 그는 내 아들이 될 것이다" 하고 말씀하신 적이 있습니까?

6 그러나 그분의 맏아들을 세상에 보내실 때에는 "하나님의 천사들은 모두 그에게 경배하여라" 하고 말씀하셨습니다.

7 또 천사들을 두고서는, 성경에 이르기를 "하나님께서는 하나님의 천사들을 바람으로 삼으시고, 하나님의 시중꾼들을 불꽃으로 삼으신다" 하였고,

8 아들을 두고서는, 성경에 이르기를 "하나님, 주님의 보좌는 영원무궁하며, 공정한 막대기는 곧 주님의 통치의 막대기입니다.

9 주님께서는 정의를 사랑하시고, 불법을 미워하셨습니다. 그러므로 하나님, 곧 주님의 하나님께서는 주님께 즐거움의 기름을 부으셔서 주님을 주님의 동료들 위에 높이 올리셨습니다" 하였습니다.

10 또 이렇게 말하였습니다. "주님, 주님께서는 태초에 땅의 기초를 놓으셨습니다. 하늘은 주님의 손으로 지으신 것입니다.

11 그것들은 없어질지라도, 주님께서는 영존하십니다. 그것들은 다 옷과 같이 낡을 것이요,

12 주님께서는 그것들을 두루마기와 같이 말아 치우실 것이며, 그것들이 다 옷과 같이 변하고 말 것입니다. 그러나 주님께서는 언제나 같으시고, 주님의 세월은 끝남이 없을 것입니다."

신학적 관점

마태와 누가는 지상의 예수에 방점을 두고 다윗의 계보를 통해 예수를 소개한다. 이와는 달리 요한복음은 높아진 그리스도에 방점을 두고 예수를 창세 전부터 하느님과 함께 하셨던 로고스로 설명한다. 히브리서 저자 또한 요한과 같이 그리스도에 방점을 두고 계시(말씀)의 완결자로서 만물의 상속자와 그로 말미암아 온 세상이 지음 받았음을 강조하고 있다. 골로새서에도 이와 비슷한 주장이 있다. "그 아들은 보이지 않는 하나님의 형상이시요, 모든 피조물보다 먼저 나신 분이십니다. 만물이 그의 안에서 창조되었습니다. 하늘에 있는 것들과 땅에 있는 것들, 보이는 것들과 보이지 않는 것들, 왕권이나 주권이나 권력이나 권세나 할 것

없이, 모든 것이 그로 말미암아 창조되었고, 그를 위하여 창조되었습니다. 그는 만물보다 먼저 계시고, 만물은 그의 안에서 존속합니다"(1:15-17).

목회적 관점

성탄절은 '지상의 예수', 곧 마구간에서 태어난 아기 예수가 중심이다. 그런데 우리는 동시에 이 아기 예수를 하느님의 아들로 경배한다. 이는 신도들에게 있어서는 익숙한 모습이지만, 외부인들이나 어린이들에게 있어서는 이해하기 힘든 부분이다.

주석적 관점

3절의 '본바탕의 본보기'는 그 뜻이 한눈에 다가서지 않을뿐더러, '본보기'는 우리 말의 특성상 여럿이 있을 수 있다는 점에서 문제가 있다. 개역개정은 '본체의 형상', 새번역은 '하느님의 본체대로의 모습', 공동번역은 '하느님의 본질을 그대로 간직하신 분'으로 각각 번역하고 있다. 번역자가 히브리서 저자가 의도한 그리스어 문학적 기법(chiastic), 곧 'p' 소리로 시작하는 단어와 긴 'o' 발음이 나오는 동사를 연속하여 사용하는 것을 염두에 두고 '본보기'로 번역하고 있는지는 확실하지 않다(*feasting*, 125).

설교적 관점

예수 그리스도를 천사(동료)들과 구별하는 가장 큰 잣대는 "공정한 막대기"와 "정의를 사랑하시고, 불법을 미워하신다"는 구절이다. 본문에는 여러 신학적 관점과 교리들이 등장하고 있으나 중요한 것은 '정의'이다. 그렇다면 그 반대가 되는 '불의'의 주체는 무엇인가? 이는 그리스도인들을 핍박하는 로마제국과 황제다.

요한복음 1:1-14

1 태초에 말씀이 계셨다. 그 말씀은 하나님과 함께 계셨다. 그 말씀은 하나님이셨다.

2 그는 태초에 하나님과 함께 계셨다.

3 모든 것이 그로 말미암아 생겨났으니, 그가 없이 생겨난 것은 하나도 없다.

4 그의 안에서 생겨난 것은 생명이었으니, 그 생명은 모든 사람의 빛이었다.

5 그 빛이 어둠 속에서 비치니, 어둠이 그 빛을 이기지 못하였다.

6 하나님께서 보내신 사람이 있었다. 그 이름은 요한이었다.

7 그 사람은 빛을 증언하러 왔다. 그 증언으로 모든 사람을 믿게 하려는 것이었다.

8 그 사람 자신은 빛이 아니었다. 그는 그 빛을 증언하러 온 것뿐이다.

9 그 빛이 세상에 오셨으니, 모든 사람을 비추는 참 빛이시다.

10 그는 세상에 계셨다. 세상이 그로 말미암아 생겨났는데도, 세상은 그를 알지 못하였다.

11 그가 자기 땅에 오셨으나, 그의 백성은 그를 맞아들이지 않았다.

12 그러나 그를 맞아들인 사람들, 곧 그 이름을 믿는 사람들에게는, 하나님의 자녀가 되는 특권을 주셨다.

13 그들은 혈통으로나 육정으로나, 사람의 욕망으로 나지 않고, 하나님께로부터 났다.

14 말씀이 육신이 되어 우리 가운데 사셨다. 우리는 그의 영광을 보았다. 그 영광은 아버지께서 주신 독생자의 영광이며, 그 안에는 은혜와 진리가 충만하였다.

신학적 관점

요한은 그의 복음서를 말씀(the Word, logos)에 대한 시적-신학적인 명상으로 시작한다. 오늘 본문은 오페라로 말하면 서곡에 해당하는 것으로 이후에 전개될 이야기에 대한 암시를 제공하고 있다.

사실 우리말 '말씀'은 *logos*에 대한 번역어이긴 하지만, 당시 희랍 철학/신학에서 차지하고 있던 *logos*에 대한 개념을 담기에는 너무나도 부족한 단어이다. 왜냐하면 우리 언어에서 '말씀'은 단지 '말'에 대한 존칭어로서 언어 혹은 문자적 의미에 제한되어 사용되기 때문이다. 그래서 필자는 그리스도나 메시아를 우리말로 번역하지 않듯이 그냥 '로고스'로 쓰는 것을 주장한다. 영어에서는 the Word로 씀으로 일반적인 의미의 words와 구별하고는 있지만, 여전히 이 또한 '로고스'에 대한 많은 오해를 불러일으키고 있다. 문자영감설에 근간을 제공하고 있다.

로고스는 당시 시대사상에 있어 매우 복잡한 의미를 담고 있다. '마음', '이성'을 뜻하기도 하지만, 동시에 '설교', '대화'를 뜻한다. 하느님의 로고스는 하느님의 마음이나 이성을 나타내기도 하지만, 동시에 설교로서 실천과 행동을 의미한다.

1절의 그 말씀은 하나님이셨다는 구절은 상징적 의미인가, 아니면 실제적 의미인가? 문자 그대로 받아들이면 신학적으로 homoouosios가 된다. 이는 곧 같은 재료에서 나왔다는 의미가 된다. 곧 하느님과 하느님의 말씀으로서의 예수는 똑같다는 의미가 된다. 이는 삼위일체 논쟁의 시작이 되는데, 곧 아리우스파의 주장을 따르면 다신성을 내포하게 된다. 그런데 이를 아타나시우스파에서는 시공간에 한 번 등장한 실제적 의미로 읽는다. 곧 우주적 초월적 의미에서의 하느님과 시공간에 화육의 존재로 등장한 예수 그리스도와는 구별이 생긴다. 그런데 여기서 질문이 생긴다. 만약 예수 그리스도가 절대자/창조주 하느님과 어떤 구별 내지는 차별이 있다면 그의 아들이 가져오는 구원은 하느님이 주는 신적 구원과는 다른 구원, 곧 인간적 구원으로서의 뭔가 부족한 구원이 되는 것은 아닌가? 이 논쟁은 오늘날에도 계속되고 있으며 동방정교와 서방정교의 차이로 남아 있다. 사실 이 삼위일체 교리는 인간의 이성과 언어로 충분히 설명될 수 있는 차원이 아닌 신비의 영역에 속해 있다(*feasting*, 142).

요한은 빛과 생명이라는 두 주제로 창조주 하느님의 계시와 화목자로서의 예수 그리스도를 설명한다.

14절의 육신은 몸(soma)이 아닌 살덩이(sarx)이다. 몸은 하나의 인격성을 띠고 있지만, 살덩이는 썩고 부패한다. 요한의 이 단어 선택은 참으로 소중하고 탁월하다. 이는 당시 희랍 사상의 영은 거룩하고 육은 악하다는 이분법적 로고스 철학 사상에 대한 거대한 반기이다.

목회적 관점

누가복음의 예수 출생 이야기에서의 흥미롭고 인간적인 사건들은 모두 배제된 요한복음의 로고스로서의 예수 그리스도는 목회적 관점에서 풀어내기가 참으로 쉽지 않다. 딱딱하기 그지없다. 중요한 것은 예수 그리스도가 하느님의 독생자로서 인간 세상에 시공간에 구체적으로 오셨다는 것이다. 이는 전통적인 신관 초월적인 신에 대한 이미지를 부수고 역사 안에 임재하시는 신관을 제공한다. 곧 YHWH 하느님은 우리 개개인의 삶에 깊이 관심하고 관여하신다는 것이다. 예수는 인간 세상 어둠 속에 빛으로 오셨다. 어둠은 언제나 우리 삶에 언제나 존재한다. 그러나 빛을 이길 수는 없다. 우리가 삶의 매우 곤궁한 처지에 있다 하더라도 그때 아기가 탄생하면 그 어떤 삶의 고통과 어둠도 이 탄생의 기쁨을 이길 수는 없다.

주석적 관점

요한은 다른 복음서와 매우 다른 서문으로 시작한다. 이는 창세기 1장의 창조 이야기를 생각나게 한다. 곧 요한은 새로운 창조를 말한다. 빛과 생명의 결정체로서의 로고스의 탄생이다. 그리고 그로 인한 인류는 새롭게 구성이 되는데, 이는 그를 받아들인 사람들만이 하느님의 자녀가 되는 특권이 주어진다는 것이다. 이는 창세기의 우주적 창조와 구별이 되는 신앙 공동체로서의 제한된 창조이다.

요한이 주장하는 성탄의 기쁨은 그동안 보려고 해도 볼 수 없었던 하느님 당신을 예수 그리스도를 통해서 볼 수 있다는 사실이다. "일찍이 하나님을 본 사람이 없으나, 아버지의 품속에 계시는 독생자이신 하나님이 그분을 나타내 보이셨다"(18절). 그것의 본체는 (세상 혹은 인류) 사랑이었다(3:16).

요한 공동체는 기존의 유대교로부터 핍박을 받아 쫓겨난 그룹이었다(9:22; 12:42). "주님께서 사랑하시는 제자"라고 하는 정체불명의 제자를 따르는 그룹이었다. 또 하나 상기할 만한 사실은 '빛의 증언자'로서의 세례 요한에 대한 해석이다. 공관복음서에서와 같이 세례 요한으로부터 세례를 받는 장면이 없다. 역사적 혹은 인간적 예수의 상실로 해석할 수도 있다.

설교적 관점

교인의 입장에서 보면 하루 전날 성탄절 이브 예배 시간에 들었던 (아기) 예수의 이야기와 오늘 요한복음의 서문은 하늘과 땅만큼이나 차이가 있다. 출산이 다가온 배가 잔뜩 부른 어머니 마리아가 자신들의 일로 분주했던 베들레헴 사람들로부터 외면을 당해 마구간에 태어나 말 밥통에 누였던 예수가 다음 날이 되니 태초부터 하느님과 함께 계셨고 그로 인해서 생겨나지 않는 것은 하나도 없다고 하니 말이다.

필자가 스페인 까미노 순례 여행 중에 성탄절 미사에 참석했을 때, 맨 마지막 순서로 아기 예수의 발가락에 입을 맞추는 예식이 있었다. 그리고 열흘이 지나 주현절 미사에 참석했을 때, 또 맨 마지막 순서에 아기 예수상에 입맞춤을 하는 순서가 있었다. 이때는 무릎에 했는데, 열흘 사이에 엄청나게 자라 있었다.

하룻밤 사이에 '탄생'에서 '화육'으로 신학적 주제가 바뀌었다. 설교자는 오늘의 본문을 이성과 논리에 기반한 신학적 분석으로 접근하기보다는 하나의 시로서 접근하는 것이 좋겠다. 성탄절에 교인들을 무겁게 만드는 것은 그리 옳은 방법이 아니다. 시 발표회에서 시를 읽듯이 혹은 연극에서 중요한 대사를 읊듯이, 신학적 영감과 감성을 더해 본문을 읊는 것만으로도 충분할 수 있다. 성령의 활동함을 통해 교인들이 본문을 듣는 것만으로 하느님께서 주신 독생자 예수의 영광을 볼 수 있을 것이다.

성탄절 후 첫째 주일

삼상 2:18-20, 26; 시 148, 골 3:12-17, 눅 2:41-52

사무엘상 2:18-20, 26

18 사무엘은 그에게 하나도 숨기지 않고 모든 것을 말하였다. 엘리가 말하였다. "그분은 주님이시다! 그분께서는 뜻하신 대로 하실 것이다."

19 사무엘이 자랄 때에, 주께서 그와 함께 계셔서, 사무엘이 한 말이 하나도 어긋나지 않고 다 이루어지게 하셨다.

20 그리하여 단에서 브엘세바까지 온 이스라엘은, 사무엘이, 주께서 세우신 예언자임을 알게 되었다.

26 한편, 어린 사무엘은 커 갈수록 주님과 사람들에게 더욱 사랑을 받았다.

신학적 관점

사무엘은 사사 시대를 마감하고 왕권 시대를 연 예언자이다. 본래는 엘리 제사장 가문의 아들들이 그 역할을 감당해야 했지만, 저들의 타락으로 말미암아 한나의 아들이 이를 대신한 것이다. 한나는 닫혔던 태를 열어주신 하느님께 감사하여 첫아들 사무엘을 하느님의 사람으로 드렸던 것이다. 신학적으로 중요한 지점은 하느님의 일을 감당하는 사람은 세상적 배경이 중요한 것이 아니라, 하느님이 그와 함께 하시는가 하는 관점이다.

목회적 관점

목회자는 하느님의 지지와 교인들의 지지 사이에 놓여 있다. 여기서 하느님의 지지라고 하는 것은 "민심이 천심이다"라는 말과 같이 교인들의 지지와 깊게 관련되어 있다. 물론 이 둘이 서로 대립하는 극단의 경우도 있겠지만, 대체로 어느 한쪽을 잃으면 다른 한쪽을 마저 잃게 되는 것이 원칙이다. 중요한 것은 하느님의 지지를 우선으로 해야 한다(20절).

주석적 관점

본문이 선택된 이유는 26절과 누가복음 본문(2:52)과의 연관성 때문이다. 그러나 제1성서의 입장에서 본다면 사무엘은 블레셋의 침략으로 말미암아 희망이 사라진 극한 상황에서 이스라엘을 구한 사람이다(7:3).

설교적 관점

한나는 오랫동안 자식이 없어 멸시와 슬픔을 겪어야만 했다. 그러다가 첫아들을 얻었다. 그런데 그는 이 아들을 하느님의 사람으로 성전에 드린다. 물론 계속해서 자녀를 허락하실 것을 믿었기에 가능했겠지만, 이는 실로 참으로 어려운 일이다. 왜냐하면 한나가 하느님으로부터 어떤 계시를 받은 것은 아니었기 때문이다. 아마 그렇지 않는다 하더라도 한나는 그를 하느님의 사람으로 드렸을 것이다. 오늘날 많은 부모들은 자녀들을 자신들의 소유물로 생각하고 자신들의 기대와 생각에 맞춰 교육을 시킨다. 아기세례를 하는 이유는 단순히 세례를 통해 구원의 자녀가 되는 것을 넘어 하느님의 손길에 자녀를 맡기는 것을 의미한다. 곧 세례를 통해 하느님의 자녀가 된 그를 부모의 뜻에 따라서가 아닌 하느님의 말씀과 뜻에 따라 양육하기로 결단하는 것이다. 물론 이것이 자녀를 목사나 신부로 양육하는 것을 뜻하는 것은 아니다. 정의·평화·평등·생명이 넘치는 세상, 곧 하느님의 나라를 위한 일꾼으로 세우는 것을 의미한다.

시편 148

1 할렐루야, 하늘에서 야훼를 찬양하여라. 그 높은 데서 찬양하여라.
2 그의 천사들 모두 찬양하여라. 그의 군대들 모두 찬양하여라.
3 해와 달아, 찬양하고 반짝이는 별들아, 모두 찬양하여라.
4 하늘 위의 하늘들, 하늘 위에 있는 물들아, 찬양하여라.

5 야훼의 명령으로 생겨났으니, 그의 이름 찬양하여라.

6 지정해 주신 자리 길이 지키어라. 버리신 법은 어기지 못한다.

7 땅에서도 야훼를 찬양하여라. 큰 물고기도 깊은 바다도,

8 번개와 우박, 눈과 안개도, 당신 말씀대로 몰아치는 된바람도,

9 이 산 저 산 모든 언덕도, 과일나무와 모든 송백도,

10 들짐승, 집짐승, 길짐승, 날짐승,

11 세상 임금들과 모든 추장들도 고관들과 세상의 모든 재판관들도

12 총각 처녀 할 것 없이 늙은이 어린이 모두 함께

13 야훼의 이름을 찬양하여라. 그 이름, 그분 홀로 한없이 높으시고 땅 하늘 위에 그 위엄 떨치신다.

14 당신 백성의 영광을 드높여주셔서, 당신을 가까이 모신 이 백성, 이스라엘 후손들, 당신을 믿는 모든 신도들에게 자랑이로다.

골로새서 3:12-17

12 그러므로 여러분은 하나님의 택하심을 받은 거룩하고 사랑받는 사람답게, 동정심과 친절과 겸손과 온유와 오래 참음을 옷 입듯이 입으십시오.

13 누가 누구에게 불평할 일이 있더라도, 서로 용납하여 주고, 서로 용서하여 주십시오. 주께서 여러분을 용서하신 것과 같이, 여러분도 서로 용서하십시오.

14 이 모든 것 위에 사랑을 더하십시오. 사랑은 온전하게 묶는 띠입니다.

15 그리스도의 평화가 여러분의 마음을 지배하게 하십시오. 이 평화를 누리게 하시려고, 여러분을 한 몸으로 부르신 것입니다. 또 여러분은 감사하는 사람이 되십시오.

16 그리스도의 말씀이 여러분 가운데 풍성히 살아 있게 하십시오. 온갖 지혜로 서로 가르치고 권고하십시오. 감사한 마음으로, 시와 찬미와 신령한 노래로, 여러분의 하나님께 마음을 다하여 찬양하십시오.

17 그리고 말을 하든지 일을 하든지, 무엇을 하든지, 모든 것을 주 예수의 이름으로 하고, 그분에게서 힘을 얻어서, 하나님 아버지께 감사를 드리십시오.

신학적 관점

본문은 제2성서에서 성령의 역사로 새롭게 변화된 삶, 곧 '성화'(sanctification)에 대한 가장 고전적인 구절이다. 성화는 '의인됨'(justification)에 기반하기에 성화 역시 전적으로 하느님의 영역에 속하는 것은 분명하다. 그렇다면 "새롭게 변화된 삶에 있어서 인간의 몫(주체적 책임)은 어디에 있는 것인가?"라는 신학적인 질문이 생긴다.

바울은 이를 본래의 몸 위에 입혀지는 '옷'으로 표현한다(12절). 이는 용서의 옷, 사랑의 옷, 평화의 옷 그리고 감사의 옷이다. 이렇게 옷을 입을 때, 내면의 변화가 동시에 일어나면서, 시와 찬미와 신령한 노래가 우리 안에서 절로 나온다. 여기에 성화의 과정에 함께 하는 우리 인간의 몫이 있다. 어미 새는 알 밖에서, 새끼는 알 속에서 함께 쪼아대는 졸탁동시(啐啄同時)이다.

목회적 관점

골로새교회가 그러했듯이 교회 안에 갈등은 항상 존재한다. 갈등을 잘 다스리는 것이 참 지혜이다. 갈등이 폭발하는 것은 일종의 두려움 때문이다. 우리는 들려오는 소문에 "아니 땐 굴뚝에 연기나랴?" 하고 반응하지만, 알고 보면 대체로 근거가 없다. 갈등의 해결책은 보통 부딪히거나(fight) 피하는 것이다(flight). 그러나 예수 와 사도 바울은 제3의 길, 곧 대화와 화해의 길을 제시한다. 동정심과 인내를 갖고 참으면 갈등을 통해 오히려 상대를 더 깊이 이해할 수 있게 된다. 영어의 understand는 상대의 아래에 서는 것을 뜻한다. 누군가를 용서하는 일은 결코 쉬운 일이 아니다. 그 사람의 아래로 들어가야 하기 때문이다. 그러나 자신이 하느님으로부터 이미 용서받았음을 깨닫는다면 가능하다(13절). 그런데 주기도에 서는 이 용서의 선후가 뒤바뀌어 있다.

주석적 관점

15절의 "감사하는 사람이 되십시오"는 헬라어로 eucaristoi이다. 이는 성찬식을 뜻하는 유카리스트(Eucharist)와 그 어근이 같다. 이다. 곧 성찬식은 단지 예배 가운데의 한 순서가 아니라, 일상에서 드리는 감사의 삶이 되어야 한다는 것을 의미한다.

설교적 관점

바울 시대를 지배했던 스토익 학파의 가장 큰 덕목은 '자기 절제'였다. 이는 대인관계에 있어 소극적인 행동이다. 반면 바울은 적극적인 행동인 '사랑'을 말한다.

성령의 열매 9가지 중 가장 첫 번째 열매가 '사랑'이다. 이 사랑을 통해 예수 공동체는 당시 혁명적인 공동체가 되었다. 로마제국의 지배 이념인 남자와 여자, 주인과 노예, 유대인(로마 시민)과 이방인(비로마 시민) 사이의 차별 구조를 부정했다.

예수 탄생과 함께 하느님은 새로운 역사의 장을 여셨다. 그건 새사람의 창조이다. "새 사람을 입으십시오. 이 새 사람은 자기를 창조하신 분의 형상을 따라 끊임없이 새로워져서, 지식에 이르게 됩니다"(10절). 예수 그리스도의 죽음과 부활을 통해 우리 또한 옛 행실은 벗고 새 행실의 옷을 입는다고 바울은 말한다. 이는 세례식에 비유할 수도 있다. 필자는 세례식 마지막 순서에서 작은 목걸이 십자가를 걸어주면서 17절 말씀으로 세상을 향한 제자 파송의 뜻을 전했다.

누가복음 2:41-52

41 예수의 부모는 해마다 유월절에는 예루살렘에 갔다.

42 예수가 열두 살이 되는 해에도 그들은 절기 관습을 따라 유월절을 지키러 올라갔다.

43 그런데 그들이 절기를 마치고 돌아올 때에, 소년 예수는 예루살렘에 그대로 머물러 있었는데, 그의 부모는 이것을 모르고,

44 일행 가운데 있으려니 생각하고 하룻길을 간 다음에, 비로소 그들의 친척들과 친지들 가운데서 그를 찾다가

45 찾지 못하였으므로, 그들은 그를 찾으려고 예루살렘으로 되돌아갔다.

46 사흘 뒤에야 그들은 성전에서 예수를 찾았는데, 그는 선생들 가운데 앉아서, 그들의 말을 듣기도 하고, 그들에게 묻기도 하고 있었다.

47 그의 말을 듣고 있는 사람들은, 모두 그의 슬기와 대답에 경탄하였다.

48 그의 부모는 예수를 보고 놀랐다. 어머니가 예수에게 "얘야, 이게 무슨 일이냐? 네 아버지와 내가 너를 찾느라고 얼마나 애를 태웠는지 모른다" 하고 말하였다.

49 예수가 부모에게 말하기를 "어찌하여 나를 찾으셨습니까? 내가 내 아버지의 집에 있어야 할 줄을 알지 못하셨습니까?" 하였다.

50 그러나 부모는 예수가 자기들에게 한 그 말이 무슨 뜻인지를 깨닫지 못하였다.

51 예수는 부모와 함께 내려가 나사렛에 돌아와서, 부모에게 순종하면서 지냈다. 예수의 어머니는 이 모든 일을 마음에 간직하였다.

52 예수는 지혜와 키가 자라며, 하나님과 사람에게 더욱 사랑을 받았다.

신학적 관점

전통적으로 오늘은 성가족 축제(the Feast of the Holy Family) 주일이다. 그러나 본문은 공관복음서에서 유일하게 청소년 시절의 예수를 언급하는데, 주제는 하느님을 '아버지'라고 부름으로 지상의 부모와의 관계성이 끝났음을 암시한다. 그러나 중요한 것은 예수는 어린 시절을 그의 가족과 함께 살았다는 사실이다. 곧 예수는 갈릴리의 문화와 유대교의 전통 안에서 자라났음을 잊지 않아야 한다.

목회적 관점

우리는 대부분 어렸을 때, 부모를 잃고 길에서 운 경험 그리고 부모로서 어린 자녀들을 잃어버렸던 경험을 갖고 있다. 자신의 경험을 나눠도 좋다. 그러나 너무 깊숙이 들어가지는 말라. 본문은 예수의 소년 예수의 잃음이 아닌 '아버지 집'에 이미 거하고 있었다고 하는 기독론에 있다.

예수가 '길'을 잃은 것인가? 마리아와 요셉이 '길'을 잃은 것인가? 청년 시절에 읽었던 예화 하나가 기억이 난다. 서당에서 학생이 스승에게 물었다. "道가 무엇입니까?" "집 밖에 시장으로 가는 길이다." "아니, 그런 길 말고 大道 말입니다." "한양으로 가는 길이다."

주석적 관점

본문은 두 번째 성전 방문으로 유아 이야기와 성인(49절) 이야기로 넘어가는 과도기의 이야기이다. 동시에 다른 이들이 예수에 관해 이야기를 하는 관점에서(가브리엘 시몬 마리아에게 나타난 천사) 예수 자신이 직접 자신에 관해 이야기하는 과정으로 넘어간다. 유대 전통에 있어 13세는 성인을 뜻한다(바 미츠바). 12세란 13세로 넘어가는 마지막 과정이다. 곧 미완성의 해이자 대망의 한 해다(비교. 열두 해를 혈우병으로 앓던 여인, 12세의 회당장의 딸). 당시 전통에서 12세의 남아나 여성은 성전 방문의 의무가 없었다.

고대 시대에는 영웅들의 열두 살 시절의 이야기를 하는 건 그리 이상한 일이 아니었다. 붓다, 이집트의 오시리스, 페르시아의 키루스 황제, 로마의 아우구스투스 황제 등등 또한 열두 살 시절의 얘기가 전해지고 있다. 구전 전승의 역사에서 보면 순회 설교자 중의 한 사람이었을 누가는 청중들로부터 예수는 열두 살 때 어떠했는지에 대해 질문을 받았을 것이다.

오늘 본문은 마리아(눅 1:46-55)와 사무엘의 어머니 한나의 기도가(삼상 2:1-10) 겹쳐지듯이, 어린 시절의 이야기 또한 서로 겹쳐진다(삼상 1:3, 21; 2:19, 21, 26). 예수의 뿌리가 이스라엘의 역사에 있음을 말하고 있다.

설교적 관점

어떻게 해서 부모와 예수가 서로 떨어지게 되었는지 본문은 말하지 않는다. 아마도 서로의 삶의 방향이 달라서였을까?

시몬과 안나 예언자는 예수가 누구인지를 알아보지만, 부모는 모르고 있다. 누가에게 있어 성전은 예수의 집이다. 부모는 자식을 잃었다고 생각하는데, 실제는 자신의 집에 있었다고 말한다. 이는 새로운 가족을 암시한다. "누가 내 어머니이며 누가 내 형제인가? 자기 가족을 미워하지 않고서는 예수의 제자가 될 수 없다"(14:26). 예수 당시의 토라의 가르침에도 비슷한 가르침이 있다. 누가는 이방인들의 구원을 위한 복음을 써 내려가고 있지만, 동시에 예수의 유대인 뿌리(Jewishness)를 부정하지 않는다.

부모님들은 자식들을 자기 자식으로 여기며 부모의 뜻대로 살아가기를 바란다. 그러나 부모님들은 먼저 그들이 하느님의 자녀임을 깨달아야 한다. 때로 자녀들이 부모님의 마음을 아프게 하지만, 그 행동이 하느님의 마음을 아프게 한다고 단언할 수는 없다.

성탄절 후 둘째 주일

집회서 24:1-12; (솔로몬의) 지혜서 10:15-21; 엡 1:3-14; 요 1:10-18

정경(正經), 외경(外經) 혹은 위경(僞經) 중 일부는 이것들이 분류되던 당시로 돌아가면 그 경계가 그리 분명하지 않았다. 대표적으로 논란이 되었던 책은 '하느님'이라는 단어가 한 번도 나오지 않는 에스더서였다. 중세 기독교 혁명에 불길을 당기며 히브리성서 39권을 제1성서의 정경으로 재확인한 루터는 야고보서를 'Epistle of Straw'라며 심하게 폄훼하기도 했다. 가톨릭은 개신교가 외경으로 일컫는 7개의 성서를 모두 정경으로 인정하고 있는데, 이는 그리스어 성서 70인 역의 라틴어 번역본인 불가타성서를 정경으로 받아들였기 때문이다. 다니엘서와 에스더서는 개신교와 가톨릭이 모두 정경으로 인정하고 있지만, 길이에 있어 차이가 있다. 개신교의 정경은 BCE 5세기경 기록된 말라기서에서 멈춰 있다. 외경은 이후 중간사의 역사를 보여준다는 점에서 역사적으로 매우 중요하다. 우리가 주교재로 사용하고 있는 Feasting on the World는 에큐메니칼 정신에 따라 가톨릭 학자도 일부 참여하였다. 이번 주 본문에는 외경인 집회서(24:1-12)와 솔로몬의 지혜서의 두 본문이 채택되어 있는데, 필자는 지혜서 본문만을 다룬다.

솔로몬의 지혜서 10:15-21

15 지혜는 거룩한 백성이며 흠없는 민족을 압박하는 자들의 나라에서 구해 냈다.

16 지혜는 주님의 종의 마음속에 들어가 그를 움직여 놀라운 일들과 기적으로 무서운 왕들과 맞서게 하였다.

17 지혜는 그 거룩한 백성이 치른 노고의 대가로 상을 주었고 놀라운 길에서 그들을 인도하였다. 낮에는 그들에게 그늘이 되어 주고 밤에는 별빛이 되어 주었다.

18 지혜는 그 많은 물을 갈라서 그들을 인도하여 홍해를 건너주었고

19 그들의 원수들을 물속에 묻어버리고 그들의 시체를 깊은 바다속으로부터 토해 내었다.

320 마침내 의인들은 악인들로부터 무기를 빼앗았다. 주님, 그들은 당신의 거룩한 이름을 찬양하였고 당신 손으로 보호해 주신 데 대하여 이구동성으로 감사의 노래를 불렀습니다.

21 주님은 벙어리들의 입을 열어주셨고 젖먹이들로 하여금 똑똑히 말하게 해주셨습니다.

신학적 관점

개신교 목사들에게는 외경으로 알려진 솔로몬의 지혜서는 신학적으로 매우 중요한 일면이 있다. 그건 1세기 지중해 연안 그리스 문화권에 흩어져 사는 유대인들을 위한 히브리 신앙의 토착화 과정을 보여주기 때문이다. 예수의 인성과 삼위일체 교리에 있어 이그나티우스, 오리겐 그리고 어거스틴과 같은 교부들이 이 책을 여러 가지 방식으로 인용하고 있다.

설교자는 시대와 공간에 따라, 곧 청중들이 처해 있는 상황에 맞추어 말씀을 전한다. 오늘 본문은 지혜서의 중요한 전환점이 된다. 앞에서 지혜의 본성을 설명하고 나서 이스라엘 역사에서 지혜가 (아담으로부터 모세까지) 어떻게 작동하였는가를 말하고 있다. 매우 흥미로운 것은 이 책의 저자는 10장에서 이스라엘 역사를 짧게 정리하고 있다는 점이다. 지혜는 야훼 하느님을 대신하고 있는데, 이는 잠언서의 시적으로 표현되는 지혜와는 다르다. 여기서 지혜는 YHWH 하느님의 대리자로서 창조와 구원의 역사를 펼친다.

또 하나 신학적으로 중요한 논점은 지혜는 여성명사라는 점이다. 물론 여성적이라고 해서 항상 연약함과 순종을 의미하지는 않는다. 그러나 고대 시대에 남성으로 항상 간주되는 신을 여성명사로 대체했다는 사실은 매우 특별한 의미가 있다. 삼위일체 신학에 있어 지혜는 성령으로 대체된다(*feasting*, 176).

목회적 관점

6장에서 저자는 지혜를 단순히 지식의 풍성함을 넘어서서 "지혜의 법을 지키는 것은 불멸의 보증을 얻는 것이며, 불멸은 하느님 곁에서 살게 한다. 그러므로 지혜를 원하는 사람은 하느님 나라로 인도된다." 지혜가 구원으로 나아가는 길임을

말한다. 우리가 흔히 말하는 지식에 근거한 지혜와는 확연하게 구별이 된다.

본문은 지혜가 출애굽 해방 사건의 주체자임을 선언한다(15절). 전쟁으로 영토 확장을 계속하고 있던 그리스제국의 통치 아래에서 유대인들은 조상들이 애굽에서 겪었던 비슷한 압박과 고통을 경험하고 있었을 것이다. 이 고통의 현실에서 그들은 다시 한번 지혜의 하느님을 통한 해방의 희망을 노래하고 있다. 애굽 군대를 홍해 바다에 수장시키고, 광야 생활에서 구름기둥, 불기둥으로 역사하셨던 YHWH 하느님의 손길을 지혜를 통해 구하고 있다. 나의 목회의 어려움을 헤쳐 나가도록 이끄는 지혜의 뿌리는 무엇인가?

주석적 관점

BCE 1세기 말 한 유대인 현인에 의해 그리스어로, 아마도 알렉산드리아에서 기록되었을 것이다. 저자는 토라, 예언서, 지혜 문학을 익히 알고 있을 뿐만 아니라, 이를 그리스 철학과 문화가 지배하는 역사적 상황 속에서 이를 웅변적으로 재해석하고 있다. 저자는 놀랍게도 제1성서의 인간 이해에서는 볼 수 없었던 '육체/영혼'이라는 이분법적 사고를 도입하고 있다. 그리하여 '불멸성'(immortality)이 이 책에 자주 강조된다. 그러나 저자는 이 책의 1장 1절에서 이미 제1성서의 핵심 단어가 '정의'임을 알고 있다. "지상의 통치자들이여, 정의를 사랑하여라. 정직한 마음으로 주님을 생각하고 순진한 마음으로 주님을 찾아라"(1:1)(*feasting*, 179).

필자가 70년대 가장 감명 깊게 읽은 책 중의 하나가 토를라이프 보만의『히브리적 사고와 그리스적 사고의 비교』(허혁 역)였다. 솔로몬의 지혜서가 그리스문화의 우주적 철학인 영생 개념(조화, cosmos)과 히브리인들의 역사 변혁적 구원종말론적 사고(위기, kairos)를 함께 연출한다는 점에서 매우 흥미롭다.

오늘 본문은 지혜가 애굽 바로의 군대를 무찌르는 정의의 주체이다. 21절 상반절의 '벙어리'는 모세의 어눌함(출 4:10-17)을 말하고 있다. 저자가 하느님과 지혜 사이의 관계를 어떻게 설정하고 있는지는 명확하지 않다. 지혜를 하느님과 인간 사이의 화육의 실체로 말하지는 않고 있다. 그러나 요한복음 1장에서 *Logos*가 이를 이어가고 있다.

설교적 관점

이 땅에 육신의 몸으로 오신 예수 그리스도의 화육 사건을 구원의 복음으로 설교자는 선포해야 하는 오늘 본문은 창조로부터 출애굽까지의 구원 역사를 말하고 있다.

본문은 지혜를 양육자와 구원자로, 정의의 사도로 그리고 찬양을 이끄는 자로 이야기한다. 중요한 것은 '이구동성'(異口同聲)이다. 심지어는 벙어리와 젖먹이까지 모두 함께 주님을 찬양한다는 것이다. 오늘 우리는 새해 새날을 맞이하면서 예배를 통해 하느님을 찬양한다. 우리 교인들 가운데 벙어리와 젖먹이가 있는가? 어떻게 그들을 찬양의 합창으로 이끌어 낼 수 있을까? 설교자의 부름이 여기에 있다.

에베소서 1:3-14

3 우리 주 예수 그리스도의 하나님 아버지께 찬양을 드립니다. 하나님께서는 그리스도 안에서, 하늘에 속한 온갖 신령한 복을 우리에게 주셨습니다.

4 하나님께서는 우리를 사랑하셔서, 하나님 앞에서 거룩하고 흠이 없게 하시려고, 창세 전에 우리를 그리스도 안에서 택하여 주셨습니다.

5 그리고 하나님의 기뻐하시는 뜻대로, 예수 그리스도로 말미암아 우리를 하나님의 자녀로 예정하셔서,

6 하나님의 사랑하시는 아들 안에서 우리에게 거저 주신 하나님의 영광스러운 은혜를 찬미하게 하셨습니다.

7 우리는 하나님이 사랑하시는 아들 안에서, 하나님의 풍성한 은혜를 따라서, 그분의 피로 구속 곧 죄의 용서를 받게 되었습니다.

8 하나님께서는 우리에게 모든 지혜와 총명을 넘치게 주셔서,

9 그리스도 안에서 미리 세우신 하나님이 기뻐하시는 뜻을 따라, 하나님의 신비한 뜻을 우리에게 알려 주셨습니다.

10 하나님의 경륜은, 때가 차면 하늘과 땅에 있는 모든 것을 그리스도 안에서 그분을 머리로 하여 통일시키는 것입니다.

11 모든 것을 자기가 뜻하시는 대로 행하시는 하나님께서, 자기의 계획을 따라 예정하셔서, 그리스도 안에서 우리를 상속자로 삼으셨습니다.

12 그것은 그리스도께 맨 먼저 소망을 둔 우리로 하여금, 하나님의 영광을 찬미하게 하시려는 것입니다.

13 여러분도 그리스도 안에서 진리의 말씀, 곧 여러분을 구원하는 복음을 듣고 그리스도를 믿었으므로, 약속하신 성령의 인치심을 받았습니다.

14 이 성령은 우리의 상속의 담보이어서, 우리로 하여금 구속을 받아, 하나님의 영광을 찬미하게 합니다.

신학적 관점

이 편지의 목직은 에베소교회 이빙인 교인들로 하여금 기독교인이 된다는 것이 무엇인지를 설명하는 것이다. 저들은 예수 그리스도를 통해 창세 이전에 하느님의 자녀로 선택함을 입었고, 이는 그리스도 안에서 세상 모든 것을 하나로 통일하시고자 하시는 하느님의 원대한 계획임을 말하고 있다.

본문은 두 가지의 중요한 신학의 주제를 제공하고 있다. 하나는 '선택'(election)이고, 다른 하나는 (악으로부터의) '총괄복귀'(recapitulation)이다.

하느님의 선택에 관한 논쟁은 어거스틴 이후 서구 신학에서는 집중적으로 다루어졌다. 오늘 본문과 로마서 9장이 서로 대비되는 논쟁의 핵심 구절들이다. 로마서 9장에서 바울은 복음을 배척했던 동족 유대인들에 분노하고 있는데, 이는 선택과 관련되어 있다. 18절에서 "그러므로 하나님께서는 긍휼히 여기시고자 하는 사람을 긍휼히 여기시고, 완악하게 하시고자 하는 사람을 완악하게 하십니다"라고 말하면서 선택은 하나님의 고유 권한으로 인간에게는 신비의 영역임을 말한다. 이를 오늘 본문 5절에서는 "하나님의 기뻐하시는 뜻대로" 예정되었다고 말한다. 로마서에서는 '에서와 야곱' 그리고 바로의 '완악한 마음' 등의 성서의 예를 들어 선택과 버림이 설명 불가능함을 얘기하는 반면, 오늘 본문에서는 이방인들도 이미 창세 전부터 예수 그리스도 안에서 구원이 하느님의 은혜로 예정되어 있었다고 설명하고 있다.

이 구원의 예정설(predestination)은 인간의 행위와 관련하여 신학 논쟁의 주제가 되어 왔다. 왜냐하면 "하느님 앞에서 거룩하고 흠이 없게 하시려고"의 구절은 분명 인간의 행위를 말하는데, 이는 전적으로 인간의 응답(루터, 깔뱅)에 달려 있는 것인지, 아니면 이는 하느님과 인간의 협력(크리소스톰)에 달려 있는 것인지, 아니면 이는 온전히 하느님의 예지(God's foreknowledge)에 달려 있는 것인지(웨슬리)에 대해 아직도 논쟁이 계속되고 있기 때문이다.

총괄복귀는 선택에 대비되는 개념이다. 이는 하느님의 행위의 시작(the origins)보다는 끝(the ends)에 관한 것이다. 저자는 선택된 자의 선물 중 하나는 그리스도 안에서 '모든 것을 통일시키는' 하느님의 경륜을 알게 된다는 것이다. '때가 차면'(10절)이라는 미래의 종말론적 단서가 붙어 있지만, 이를 현재적 사건으로 앞당겨 말하고 있다. 이는 2세기 리용의 교부 이레니우스의 주장이기도 하다. 당시 영지주의 신학은 예수 그리스도의 하느님과 제1성서의 족장들과 예언자들의 하느님과는 다르다는 주장을 하였는데, 이에 이레니우스는 총괄복귀를 말하고 있다. 지상의 그리스도께서 지상에서 겪으신 모든 일은 우리 인간들의 총체적 경험과 같은 것이다라는 주장이다. 이는 인간들을 하느님께 이끌기 위한 목적에 있다. 곧 이레니우스는 10절의 그리스도 자신 안에서 하늘과 땅의 모든 것을 통일시킨다는 (10절) 구절을 '총괄복귀'라는 한 단어로 정리하고 있다(*feasting*, 182).

목회적 관점

교인들은 구원에 대한 서로 다른 생각들을 갖고 있다. 전통주의자와 모더니스트가 있다. 전자는 오로지 하느님의 전적 은혜에 의해 예수 그리스도 안에서만 구원이 있다는 주장이며, 후자는 전통주의자들의 주장은 상당수의 인류를 구원의 대상에서 제외시키고 있어 문제가 된다고 말한다. 오늘 본문이 특히 이를 반증하고 있다. 세 번째 부류는 후기모더니스트들이다. 오늘의 과학 세계에 있어 '창세 전부터 … 예정'이라는 종교적 용어가 설 곳이 없다. 인류 역사를 돌아보면 전쟁의 역사인데, 여기에 종교는 화약고의 역할을 해 왔다. 이제 이러한 형이상학적 얘기는 그쳐야 한다(*feasting*, 182).

우리는 이러한 서로 대치되는 견해를 넘어서서 바울이 당시 구원의 대상에서 제외되었던 이방인들의 구원 문제를 폭넓게 다루고 있음을 분명하게 인식해야 한다. 바울이 직면하고 있던 현실 세계는 어떠했는가? BCE 31년 옥타비아누스는 안토니우스를 꺾고 로마 황제로 등극하며 원로원에 의해 아우구스투스(존귀한 자)로 불리게 된다. 그는 세계를 평화로 이끈 구원자(Savior)로 추앙받는다. 한 비문에는 이렇게 새겨져 있다. "로마 황제(Carsar)는 세계 창조에 비견되는 '경륜가'(Providence)이다. 그의 탄생과 더불어 세상은 새로운 빛으로 이끌림을 받았다. 이는 '복음(euangelion)의 시작'이다. 그는 '신의 현현'(god-manifest)으로서 시민들은 그를 집회 모임(assemblies, 에클레시아)에서 축하한다"(참조. 리차드 호슬리의 『예수와 제국』, 23 이하). 이것이 바로 바울이 보고 있는 *Pax Romana*의 세계였다.

이렇게 평화와 번영의 축복을 약속하고 노래했던 로마제국의 시대에 바울은 *Pax Christi*라는 혁명적 평화를 외치고 나온 것이다. 오늘의 본문은 바로 이러한 역사 반전으로서의 바울의 외침인 것이다. 물론 이 글을 쓰던 당시 바울은 비록 쇠줄에 묶여 철창에 갇혀 있는 몸이었다. 여기에 오늘 '공중의 권세 잡은 자들'(2:4)이 '축복과 번영의 복음'을 외치는 우리 사회에 대해 그리스도인들이 외쳐야 할 참 복음이 있다.

주석적 관점

에베소서는 일반의 넓은 관점에서 개별의 구체적 관점으로 이야기가 전개되고 있다. 1-2장은 그리스도의 통치 아래에서의 우주, 3-5장은 세계 안에서의 거룩의 장소로서의 교회, 5-6장은 가정 안에서의 남편-아내-자녀 그리고 주인-종의 질서를 말하는데, 이 모두를 통틀어 하느님의 갑옷을 입은 자의 거룩한 싸움으로 묘사하고 있다.

본문에서 하느님께서는 그리스도 안에서 신령한 복을 주셨다는 인사말로 시작하고, 이방인들 또한 하느님의 기쁘신 경륜에 따라 성령의 인치심을 받아 하느님의 자녀가 되고 하느님 나라의 상속자가 되었다고 결말을 짓고 있는데, 중요한 것은 모든 동사가 과거형(aorist)이라는 점이다. 이는 곧 미래의 현재화를 말한다(*feasting*, 185).

우리는 모두 하느님을 예배하고 찬양하도록 지음을 받았다. 이는 운명이자 동시에 선물이다. 우리는 모두 하느님의 경륜 속에 있음을 고백해야 한다. 이는 중재자 그리스도를 통함이다. '그리스도로 말미암아', '그리스도 안에서', '사랑하는 아들 안에서'가 찬양의 후렴처럼 계속 반복되고 있다. 이는 세상 권세자들이

스스로를 신의 아들이라고 하는 주장에 맞서는 주장이다.

설교적 관점

오늘 본문은 길긴 하지만, 시와 같이 하나의 문장으로 구성되어 있다. 신학적 논쟁을 펴나가는 논술이라기보다는 구원의 노래다. 유대인과 이방인이 모두 구원받은 자들임을 선포하는 기쁨의 찬양시다. 축도이기도 하다. "내가 구원을 받은 자인가?"라는 질문은 언제나 우리의 신앙을 짓누르고 있다. 바울이 강조하는 것은 "하느님께서는 우리를 사랑하셔서, 기뻐하시는 그 뜻대로, 하느님 나라의 상속자로 삼았다"는 것이다. 감사와 찬양의 노래를 그치지 않는 이유다. 구원 예정의 교리(?)를 선택이 아닌 감사와 찬양의 예정으로 재해석해야 하지 않을까?

새해를 맞이한다. 우리는 성령의 인치심을 받은 하느님 나라의 상속자로서 하느님의 영광을 찬양하도록 예정의 지으심을 받았다! 설교자는 성도들과 함께 구원의 노래를 이끄는 사람이다.

요한복음 1:10-18

10 그는 세상에 계셨다. 세상이 그로 말미암아 생겨났는데도, 세상은 그를 알지 못하였다.

11 그가 자기 땅에 오셨으나, 그의 백성은 그를 맞아들이지 않았다.

12 그러나 그를 맞아들인 사람들, 곧 그 이름을 믿는 사람들에게는, 하나님의 자녀가 되는 특권을 주셨다.

13 그들은 혈통으로나 육정으로나, 사람의 욕망으로 나지 않고, 하나님께로부터 났다.

14 말씀이 육신이 되어 우리 가운데 사셨다. 우리는 그의 영광을 보았다. 그 영광은 아버지께서 주신 독생자의 영광이며, 그 안에는 은혜와 진리가 충만하였다.

15 (요한은 그를 증언하여 외쳤다. "이분이 내가 말씀드린 바로 그분입니다. 내 뒤에 오시는 분을 나보다 앞선 분이라고 말씀드린 것은, 이분을 두고 말한 것입니다. 그분은 나보다 먼저 계신 분이기 때문입니다.")

16 우리는 모두 그의 충만한 데서 은혜 위에 은혜를 받았다.

17 율법은 모세에게서 받았고, 은혜와 진리는 예수 그리스도로 말미암아 생겨났다.

18 일찍이 하나님을 본 사람이 없으나, 아버지의 품속에 계시는 독생자이신 하나님이 그분을 나타내 보이셨다.

신학적 관점

요한복음의 서문(1-18절)으로 다양한 신학적 주장이 있다. 첫째는 이방인들과 그리스인들의 주의를 끌기 위한 영지주의적이고 그리스적인 상징 시로 본다. 로고스라는 단어 자체가 영지주의 사고인 빛과 어둠 그리고 하느님과 육신이라는 대비적 개념을 드러내고 있고, 요한 크리소스톰에 의하면 플라톤과 피타고라스 학파들의 관심을 불러낸다고 말한다. 물론 로고스가 저들의 철학 개념의 중요한 단어이긴 하나 오늘 서문에서 중요한 것은 예수의 독특성이다. 그건 그들의 기본 개념인 이분법적 사고를 뛰어넘어 "모든 것이 그로 말미암아 생겨났으니, 그가 없이 생겨난 것은 하나도 없다"(3절)고 하는 선언에 있다. 더 나아가 예수는 서문에 암시되어 있는 보다 확장된 이분법적 구분, 곧 영원과 순간, 하늘과 땅, 모든 것의 시작과 시작이 있는 모든 것의 차이를 해소하고 있다. 다른 말로 하면 예수는 하느님의 무한의 화해자로서 시공간에 임하신 것이다. 따라서 서문에 제시된 이분법적 사고는 다른 이념 체계에서 말하듯이 경험적이거나 형이상학적이지 않다. 빛 안에 머물고 하느님의 자녀가 된다는 결단은 예수의 화해를 받아들인다는 도덕적 결정이다.

두 번째는 이 서문을 삼위일체의 제2의 위격과 화해의 구원 사역에 대한 종합적인 서술로 보고 있다. 어거스틴은 1절의 하느님과 함께 계셨다는 '말씀'(로고스)을 인간의 마음을 드러내는 언어(말) 형식에 대한 아날로그 비유 방식으로 이해한다. 따라서 우리 가운데 로고스가 육신으로 오신 화육의 사건은 삼위일체 하느님의 계시로서 이는 인간의 마음을 새롭게 하는 성찰이다. 깔뱅에게 있어 1절의 '태초에'라는 말은 창세기 1장의 창조 사건 이전을 의미하고, 이는 복음서 저자가 그리스도의 영원한 신성을 확인함과 동시에 그분은 영원한 하느님이자 세상 위에 계시고 모든 세대를 뛰어넘는 분이심을 분명하게 말하고 있다. 깔뱅에게 있어 화육의 사건은 중재자로서의 새로운 직무를 말하는데, 이는 하느님의 아들로서 타락한 인류가 창조 때 부여되었던 빛과 생명에 (다시금) 참여할 수 있도록 이끄는 직무이다.

마지막으로 최근의 주석가들은 이 서문을 이어지는 요한복음의 서곡이자 개요로 보는 것이다. 빛, 생명, 영광, 진리라는 단어들은 이후 그의 복음서에서 계속 등장한다. 이후 사건들 속에서 이 단어들은 보다 명확한 뜻을 드러낸다. 어떤 주석가는 이 서문을 예수의 지상 사역에 대한 결론으로 말하기도 한다 (*feasting*, 190).

중요한 것은 화육의 사건은 예수가 단지 화해의 근원이 되신다는 사실뿐만 아니라, 새롭게 변화된 우리 자신 또한 바로 화육의 사건 안으로 초청받았다는 사실이다.

목회적 관점

얼핏 보면 본문은 신학적 관점에서는 중요한 논지를 갖고 있지만, 목회적 관점에서는 그리 큰 의미를 발견하지 못할 수도 있다. 그러나 생각해 보라. 성탄절과 새해를 맞아 교인들은 흥겨웠던 축제의 기간이 끝나면서 성탄 트리를 쓰레기로 처분하거나 밀린 지출명세서에 직면하고 있다. 도대체 이러한 각박한 현실에서 오늘 본문은 무슨 의미가 있는 것인가? 요한복음 저자는 그의 복음의 소식을 시작하면서 청천벽력에 가까운 얘기를 던진다. "태초에 로고스가 계셨고, 그분은 하느님과 함께 계셨고 로고스는 하느님이셨다. 그런데 그분이 우리 가운데 핏덩이의 육신(sarx)으로 오셨다. 은혜와 진리가 그분 가운데 충만했다." 영원하신 하느님이 아기로 이 땅에 나셨다는 것은 도대체 무엇을 의미하는가? 어떻게 이것이 가능한가? 가능하다 하더라도 이는 도대체 오늘 나에게 무슨 의미가 있는 것인가? 여기서 설교자는 어둠이 빛을 이기지 못했다는 말씀을 갖고 풀어나갈 수 있다. 어둠은 여러 가지 형태로 우리 사회에 존재한다. 전쟁, 기아, 욕망, 고문, 갖가지 형태의 폭력과 억압 그리고 개인의 실존 영역에서 권태, 불안, 혼란, 무력감, 희망의 상실로 나타난다. 어떻게 이 어둠의 세력을 이겨낼 것인가?

우리는 어둠의 공간 속에 촛불을 밝히면 어둠이 물러나는 것을 실제로 경험하고 있다. 의식적이든 무의식적이든 인간의 유한성을 넘어선 신의 영역을 인식하고 있다. 요한복음 저자는 바로 이 절대 창조자 신(빛)이 인간의 영역 안으로(어둠) 들어오셨다는 것이다. 달리 말하면 이는 인간의 고통을 외면하지 아니하시고 이를 하느님 자신의 고통으로 만드신다는 것이다. 우리와 똑같은 아픔과 고민과 고통을 실제 겪으시겠다는 것이다. 그리고 실제 그렇게 사셨을뿐더러 가장 고통스러운 십자가의 죽음을 겪으셨다. 이는 요한복음이 지속적으로 주장하는 신학적 선언이자 실존적 외침이다. "사람이 친구를 위하여 목숨을 버리면 이보다 더 큰 사랑은 없다"(15:13). 단순한 선언이 아니라, 예수는 이 사랑을 몸소 보이셨다. 이는 어느 누구도 부정할 수 없는 역사적 사건이다. 물론 인간 예수가 창조 때부터 하느님과 함께 계셨다는 것은 역설적인 신비(paradoxical mystery)이다. 인간이 가장 상처받기 쉽고 연약할 때가 언제인가? 갓 태어났을 때다. 오늘 우리는 세상 달력으로 말하면 구원의 주 예수 그리스도께서 가장 상처받기 쉽고 연약한 갓난아기의 시기를 지나고 있지만, 교회력으로는 요한복음 서문을 통해 그분이, 곧 하느님 자신이었음을 깨닫는다. 당시 사람들에게 있어 이런 주장은 마치 망치로 뒤통수를 얻어맞은 것과 같은 충격이었다.

주석적 관점

'태초에'는 창세기 1장의 창조 사건을 떠올리게 한다. 본문은 4개의 단락(1-5, 6-8, 9-13, 14-18)으로 구성되는데, 핵심 구절은 14절이다. 로고스는 스토익 철학은 물론 제1성서와 연결점을 찾으려는 필로의 저작에서도 핵심 개념이지만, 요한복음 저자는 무시간적인 개념보다는 구체적인 역사 안으로 눈을 돌리고 있다. 로고스는 생명과 빛으로 동일시되는데, 이는 요한복음의 중요 개념이다. 요한복음에서 소경이 눈을 뜨는 일은 언제나 영원한 생명을 얻었음을 의미한다(5:24; 8:12; 10:28; 12:46; 17:2). 본문에서 로고스가 빛이다라고 하는 것은 바로 이런 의미이다. 빛은 화육을 뜻하고, 더 나아가 이는 죽음으로부터의 승리인, 곧 부활을 뜻한다. 따라서 창조 자체를 통해 예수의 화육과 십자가와 부활이 동시에 선포된다(*feasting*, 191).

요한에게 있어 구원은 (아브라함) 혈통에 있지 않다. 예수를 하느님의 아들로 영접하는 사람은 하느님의 자녀가 되지만, 그렇지 않으면 구원에서 멀어진다. 서문의 가장 핵심 구절은 14절, 곧 창조의 로고스가 예수 안에서 썩어지는 육신(sarx)

이 되었다는 것이다. 그렇게 됨으로 예수 안에서 하느님의 영광은 드러난다. "나를 본 자는 하느님을 본다"(14:9). 예수는 진리를 말하는 자가 될 뿐만 아니라, 진리 자체가 된다. 모세가 율법의 근원이 되었듯이 예수는 은혜와 진리의 근원이 된다. 하느님에 관한 지식을 직접 얻을 수는 없다. 오직 예수를 통해서만 얻을 수 있다. 이는 오늘 본문, 곧 요한복음의 서문이 의도하는 바다.

설교적 관점

오늘의 본문은 쉽게 전달되지 않는다. 지난주의 목자와 천사와 성전의 율법 교사들은 쉽게 다가오지만, 빛, 영광, 은혜, 진리는 추상적인 단어다. 주의해야 할 것은 17절에서 모세가 받은 율법과 예수 그리스도 안에서의 은혜와 진리를 대비하고 있지만, 그렇다고 해서 모세의 율법이 효력이 끝났음을 말하는 것은 아니라는 것이다. 둘 다 모두 하느님으로부터 나온 '계시'이고 하느님의 백성들을 이끌었다. 어느 것이 더 뛰어나다는 비교 언사가 아니다. 본문은 단지 예수의 인격에 집중할 따름이다. 하느님을 직접 본 사람은 없지만, 독생자 예수를 통해 하느님이 나타나 보이셨다. 10-18절에 의하면 예수는 하느님은 아니다. 예수는 하느님 어버이의 품 안에 있는 독생자이시다. 독생자(the only begotten son)는 어버이의 심장의 맥박 파동을 가장 가까이에서 듣고 함께 맥박한다(*feasting*, 191).

설교자는 주현절에 앞선 오늘 로고스가 육신이 됨으로 그를 따르는 자들이 하느님의 말씀을 구체화할 수 있다고 하는 사실에 유의할 것이다. 예수를 따른다고 하는 것은 개개인에 따라 다르게 드러난다. 어떤 사람은 동정으로, 어떤 사람은 정의로, 어떤 사람은 자비로, 어떤 사람은 인내로 말한다. 그러나 이를 실제 행동으로 보여줄 때까지는 추상적 개념에 불과하다. 하느님이 육신이 되셨다고 하는 것은 바로 실제 행동을 의미한다.

주현절
(현현절)

주현절(Epiphany of the Lord)

사 60:1-6; 시 72:1-7, 10-14; 엡 3:1-12; 마 2:1-12

한국개신교에서는 주현절 전통을 지키는 교회들이 거의 없지만, 동방 교회는 물론 서방 교회들은 성탄절 이상의 중요한 절기로 지키고 있다. 이는 나라와 민족마다 대체로 5일에서 10일까지 달리 지킨다.

Facebook 교회력 설교자 모임에서 필자의 글에 대한 답글과 필자의 답글

Markus Dong Hyun Yu: 조 목사님 글엔 힘이 있는 거 같아요. 잘 보고 있어요. 약간 수정할 곳이 조금 보이네요. 동방교회는 율리우스력으로 12월 25일인 그레고리오력 1월 7일에 성탄을 지냅니다. 동방교회의 경우 1월 14일 경에 주현절을 지냅니다. 서방 교회는 주현절을 1월 2~8일 사이에 오는 주일에 주현절을 지냅니다. 성탄 2주일 대신에 동방 교회들은 주현 에피파니보다는 신현 테오파니라고 부릅니다. 서방과 현현 강조점이 다르지요.

조현정: 고맙습니다. 우선 *Feasting on the Word* 저자들이 말하는 주현절과 목사님이 말씀하시는 동방 교회의 주현절과는 차이가 있는 것 같습니다. 우선 저자 가운데 한 사람의 주장은 성탄절 이후 12일째, 곧 1월 6일이 주현절이라고 주장하고 있는데, 이 부분에는 저도 동의하지 않고 있습니다만, 이분의 주장도 자기 혼자 생각은 아닐 테니까 저희가 모르는 개신교 진영에서 합의된 부분이 있다고 생각합니다. 그리고 동방 교회라고 흔히 말하지만, 러시아를 포함한 동유럽의 동방 교회 전통과 시리아, 이집트 등지의 중동과 아프리카를 포함한 동방

교회의 전통은 많이 다르다고 생각합니다. 제가 말하는 동방 교회는 주로 러시아를 포함한 동유럽을 중심으로 얘기하였습니다만, 이 부분은 저도 앞으로 조심해야 할 것 같습니다. 하여간 동방 교회에 대한 합의된 정의가 필요한 것 같습니다. 그리고 테오파니(Theophany) 또한 동방교회의 주장이긴 한데, 저는 동방 교회의 다양한 전통 중에서 서구 개신교가 받아들이는 부분의 한계 안에서, 말하자면 *Feasting on the Word*의 저자들에 기초하여 말씀드리는 것입니다. 평화를 빕니다.

이사야 60:1-6

1 예루살렘아, 일어나서 빛을 비추어라. 구원의 빛이 너에게 비치었으며, 주의 영광이 아침 해처럼 너의 위에 떠올랐다.

2 어둠이 땅을 덮으며, 짙은 어둠이 민족들을 덮을 것이다. 그러나 오직 너의 위에는 주께서 아침 해처럼 떠오르시며, 그의 영광이 너의 위에 나타날 것이다.

3 이방 나라들이 너의 빛을 보고 찾아오고, 뭇 왕이 떠오르는 너의 광명을 보고, 너에게로 올 것이다.

4 눈을 들어 사방을 둘러보아라. 그들이 모두 모여 너에게로 오고 있다. 너의 아들들이 먼 곳으로부터 오며, 너의 딸들이 팔에 안겨서 올 것이다.

5 그때에 이것을 보는 너의 얼굴에는 기쁨이 넘치고, 흥분한 너의 가슴은 설레고, 기쁨에 벅찬 가슴은 터질 듯 할 것이다. 풍부한 재물이 뱃길로 너에게로 오며, 이방 나라의 재물이 너에게로 들어올 것이다.

6 많은 낙타들이 너의 땅을 덮을 것이며, 미디안과 에바의 어린 낙타가 너의 땅을 뒤덮을 것이다. 스바의 모든 사람이 금과 유향을 가지고 와서, 주께서 하신 일을 찬양할 것이다.

신학적 관점

주현은 하느님의 영광의 빛이 세상 안에 드러나는 것을 의미한다. 본문은 신이 선택한 이스라엘 백성이 바빌론제국의 포로로 붙잡혀 있다가 해방을 받은 사건을 통해 모든 민족 가운데 우뚝 서게 될 것이라는 미래의 희망을 노래하고 있다. 여기서 신학적으로 중요한 점은, 이는 이스라엘 민족이 이전의 제국들의 지배 행태와는 전혀 다르게 모든 이방 민족이 함께 평화를 누린다는 점이다. 곧 YHWH의 우주적 통치라는 종말론적 관점이다. 이때의 '이스라엘'은 지연(地

緣)에 의해 제한된 소수 민족이 아닌 모든 민족을 대표하는 상징으로서의 개념 언어이다.

목회적 관점

"쥐구멍에도 볕 들 날이 있다"는 말이 있다. 목회는 소수의 선택된 사람들에게 주어진 특권이지만, 인간적으로 말하면 힘든 날이 많다. 이때 고개를 숙이면 주위는 온통 어둠으로 덮여 있다. 그러나 자신의 목회를 넘어 하느님의 목회(나라)를 먼저 생각하여 고개를 들고 사방을 둘러보면 새로운 날이 다가옴을 깨닫게 된다(4절).

주석적 관점

"일어나서 빛을 비추어라"(1절)와 "눈을 들어 사방을 둘러보아라"(4절)는 모두 여성형 명령태다. 곧 이는 YHWH의 신부임을 암시한다.

설교적 관점

주현절은 보통 새해맞이주일과 맞물린다. 후회와 함께 지난해를 돌이켜 보며 새해를 희망 가운데 바라보는 야누스(Janus, January)의 절기이다. "일어나서 빛을 비추어라"(1절)처럼 알맞은 설교 제목도 없다. '빛'은 밝음과 동시에 정의 실현을 뜻한다.

시편 72:1-7, 10-14

1 하느님, 임금에게 올바른 통치력을 주시고, 임금의 아들에게 정직한 마음을 주소서.
2 당신의 백성에게 공정한 판결을 내리고 약한 자의 권리를 세워 주게 하소서.
3 높은 산들아, 너희 언덕들아, 백성에게 평화와 정의를 안겨 주어라.
4 백성을 억압하는 자들을 쳐부수고 약한 자들의 권리를 세워 주며 빈민들을 구하게 하소서.
5 해와 달이 다 닳도록 그의 왕조 오래오래 만세를 누리게 하소서.
6 풀밭에 내리는 단비처럼 땅에 쏟아지는 소나기처럼 그의 은덕 만인에게 내리리니
7 정의가 꽃피는 그의 날에 저 달이 다 닳도록 평화 넘치리라.

10 다르싯과 섬나라 임금들이 조공을 바치고 세바와 스바의 왕들이 예물을 바치며

11 만왕이 다 그 앞에 엎드리고 만백성이 그를 섬기게 되리라.

12 그는 하소연하는 빈민을 건져 주고 도움받을 데 없는 약자를 구해 주며

13 약하고 가난한 자들을 불쌍히 여기고 가난에 시든 자들을 살려 주며

14 억울한 자의 피를 소중히 여겨 억압과 폭력에서 그 목숨 건져 주리이다.

에베소서 3:1-12

1 그러므로 이방인 여러분을 위해서, 그리스도 예수의 일로 갇힌 몸이 된 나 바울이 말합니다.

2 여러분을 위하여 하나님께서 나에게 은혜로 이 직분을 주신 것을, 여러분은 이미 들었을 줄 압니다.

3 하나님께서는 계시로 그 비밀을 나에게 알려 주셨습니다. 그것은 내가 이미 간략하게 적은 바와 같습니다.

4 그것을 읽으면, 여러분은, 내가 그리스도의 비밀을 어떻게 이해하고 있는지를 알게 될 것입니다.

5 지나간 다른 세대에서는, 하나님께서 그 비밀을 사람의 자녀들에게 알려주지 않으셨는데, 지금은 그분의 거룩한 사도들과 예언자들에게 성령으로 계시해 주셨습니다.

6 그 비밀이라는 것은, 이방 사람들이 복음을 듣고서, 그리스도 예수 안에서 함께 상속자가 되고, 함께 한 몸이 되고, 함께 약속을 받은 지체가 되는 것입니다.

7 나는, 하나님의 능력이 역사하는 대로, 나에게 주신 그분의 은혜의 선물을 따라 이 복음의 일꾼이 되었습니다.

8 하나님께서 모든 성도 가운데서, 가장 작은 자보다 더 작은 나에게 이 은혜를 주셔서, 그리스도의 헤아릴 수 없는 부를 이방 사람들에게 전하게 하시고,

9 만물을 창조하신 하나님 안에 영원 전부터 감추어져 있는 비밀의 경륜이 무엇인지를 모두에게 밝히게 하셨습니다.

10 하나님께서는 이제 교회를 시켜 하늘에 있는 통치자들과 권세자들에게 하나님의 갖가지 지혜를 알게 하려고 하시는 것입니다.

11 이 일은, 하나님께서 우리 주 그리스도 예수 안에서 성취하신 영원한 뜻을 따른 것입니다.

12 우리는 그리스도를 믿음으로써, 그분 안에서, 확신을 가지고 담대하게 하나님께 나아갑니다.

신학적 관점

본문은 바울의 사도직은 물론 복음의 우주적인 의미, 교회의 본분과 부여받은 일에 대해 말하고 있다. 이는 바울의 다른 서신에서도 쉽게 볼 수 있지만, 고린도전후서와 갈라디아서에서 중요하게 다루어졌던 복음 전파자들에 관한 격한 감정의

언어는 없다. 반면 교리(doctrine)의 움틈을 본다. 저자는 바울 사후에 그의 가르침을 유지하는 일에 관심하고 있다.

바울이 복음을 사람으로 받지 아니하고 예수 그리스도의 계시를 통해 직접 받았다고 말하였듯이(갈 1:12), 저자 또한 계시를 통해 이를 받았다고 말한다(3절). 그런데 바울에게서 중요했던 것은 복음의 권위였지만, 에베소 저자에게 있어서 중요한 것은 복음의 의미이다. 복음의 상속자가 되고 하느님의 약속을 받은 한 몸의 지체가 무슨 의미인지를 말하고 있다(6절).

10절의 '하늘에 있는 통치자들과 권세자들'이란 누구를 말하는 것일까? 이는 바울의 다른 서신에서도 나타나지만, 어떤 초자연적인 힘을 말하는 것은 아니다. '하늘에 있는'은 하늘에 있는 어떤 초월적인 권세가 아닌 '하늘로부터 권위를 부여받은' 세상의 권력으로 이해하는 것이 바른 이해이다. 이는 월터 윙크가 지적하였듯이 이는 인간 현실의 삶을 움직이는 실제적인 힘들이다. 말하자면, 문화적인 행동, 이념, 사회정치적인 구조 그리고 기구들이다(박만 옮김, 『사탄의 가면을 벗겨라』, 한국기독교연구소, 2005, 77-82). 물론 이들 자체가 악은 아니다. 하느님의 선한 창조물들 가운데 하나다. 그러나 이것들은 세상 속에서 악의 기능을 담당하고 있다. 따라서 이것들은 무장 해제를 시켜 포로로 삼아야 한다. "그리고 모든 통치자들과 권력자들의 무장을 해제시키셔서, 그들을 그리스도의 개선 행진에 포로로 내세우심으로써, 사람들의 구경거리로 삼으셨습니다"(골 2:15).

본문이 갖는 매우 독특한 점은 교회가 이러한 세력들에 대해 대적해야 한다는 분명한 주장이다. 에베소서에서는 교회가 주요한 주제로 등장하는데, 이는 제2성서 다른 책과는 분명히 구별되는 부분이다. 바울은 특정한 상황 속에서의 교회를 언급하는(고전 12장) 반면, 에베소서에서는 일관되게 우주적이다. 교회를 건물의 주춧돌(2:19-22, corner stone, 사각으로 쌓아 올리는 팔레스타인의 돌집의 경우에는 사각의 모퉁잇돌이 한옥의 머릿돌과 같은 주춧돌의 역할을 한다. 모퉁잇돌은 문자적 번역이지 상황에 따른 옳은 번역이 아니다)로 혹은 예수의 신부(5:21-23)로 은유적으로 표현하고 있다. 이 관점에서 에베소서는 신선하다. 교회는 복음으로서 세계 역사에 신바람을 불러일으키고 사회 곳곳에 변화를 불러오도록 담대하게 나아간다(12절).

목회적 관점

주현절에는 세 가지 신앙 전통이 있다. 하나는 예수의 세례이고, 다른 하나는 그의 탄생이며, 또 다른 하나는 동방박사의 방문이다. 세례의 경우에는 누가복음에서 나사렛 회당에서의 첫 번 설교를 들은 마을 사람들이 화가 나서 예수를 벼랑 끝으로 몰아 떨어뜨리고자 했으며, 탄생의 경우에는 헤롯의 시기와 분노로 말미암아 베들레헴의 두 살 아래의 남아들이 살해를 당했고, 마리아와 요셉은 애굽으로 피난을 갈 수밖에 없었다. 결국 하느님의 현현 사건은 세상을 뒤흔들어 기득권을 누리고 있던 기존의 질서를 무너뜨리는 데 역사적 의미가 있다. 이제 교회를 통해 이 새로운 반전의 역사가 계속된다(2:20).

예수의 초기 운동에서 에베소 저자가 관심을 가졌던 일은 인종과 지역 간의 차별이었다. 유대인 가운데는 구원의 목적을 위해 히브리 백성을 선택했다는 얘기를 자신들이 다른 민족보다 월등히 뛰어난 엘리트 민족인 것으로 착각하였다. 저들은 유대인과 비유대인으로 구분을 짓는다. 저자는 복음 안에서 나그네나 외국인은 없으며, 우리는 모두 하느님의 약속을 이어받은 같은 상속자라고 주장한다. 그러나 어떤 이들에게 있어서 상대를 가르는 미움의 벽(2:14)은 자신들을 옹호하는 성소이자 보호막이자 안전의 울타리가 된다. 예수 당시에도 갈릴리 민중을 중심한 예수의 하느님 나라 운동을 예루살렘의 종교 지도자들은 좋아하지 않았다.

소설가 오코너(Flannery O'Connor)는 요한복음의 유명한 구절을 살짝 비튼다. "진리를 알찌니, 진리가 너를 기이하게(odd) 만들 것이다"(*feasting*, 209). 그리스도의 비밀에 참여한다는 것은 분명히 우리를 기이한 모험으로 이끈다. 나아가 또 말한다. "진리를 알찌니, 진리가 너를 자유롭게 할 것이다. 그러나 그 전에 먼저 너는 비참해질 것이다." 우리는 진리를 자기 변호의 수단으로 이용하는 경우가 많다. 진리는 자기 비움이요 자기 포기이다. 나아가 자기 부정에 이를 때 진리는 참 진리가 된다. 예수 목회는 교인들로 하여금 단순히 믿고 고백하는 자가 아니라 경계를 넘어 행동하도록 이끄는 일이다.

주석적 관점

짧은 본문에서 '비밀'이란 단어가 네 번이나 나온다. 저자의 핵심 단어이다. 본문에서 이 비밀성은 감추어진 보물이다. 소외된 자들에게 애초부터 구원이 약속되어 있었다는 상식의 반전이다. 오늘 우리 시대에서 비밀이란 단어는 어떻게 사용되고 있는가? 어쩌면 상대를 배제하는, 곧 분리의 의미에서 사용되고 있는 것은 아닌가? 초기 라틴어 번역에서 희랍어 mysterion(비밀)은 sacramentum(성찬)으로 번역되었다. 에베소서에서의 '성찬'은 예수 그리스도 안에서의 성찬으로 후기 교회의 생각을 반영하고 있다(feasting, 211).

저자가 바울 사도 자신인 것처럼 표현하는 일은 권위에 대한 존경의 표시로서 당시로서는 지극히 자연스러운 일이었다. 왜냐하면 저자는 바울의 주장에 근거한 얘기를 하고 있기 때문이다. 본문이 강조하고자 하는 것은 하느님의 직접 계시에 의해 지금까지 감추어져 있던 하느님의 비밀이 알려졌다는 것이다. 그것은 곧 구원의 반열에서 제외되었던 이방인 또한 하나의 지체로서 부름을 받았다는 것이다. 유대인과 이방인의 구별이 무효화되었다는 선언은 오늘날 우리 사회에 어떤 의미가 있는 것인가? 미국에서는 흑인과 백인 간의 차별이 존재하고, 남한에서는 자국인과 동남아시아 출신 노동자 그리고 탈북자 새터민에 대한 차별이 존재한다. 우리는 YHWH 하느님이 세상을 창조하시고 모든 인류를 창조하셨다고 고백한다. 거기에는 어떠한 구별도 없다.

설교적 관점

우리는 예수의 말씀을 들으면 과연 유대인들은 구원을 받을 수 있는 것인가? 좀 더 현학적으로 말한다면, 모세를 통해 유대인에게 임했던 하느님의 계약은 예수 그리스도를 통한 하느님의 계약과는 과연 어떤 관계가 있는 것인가? 반대급부로 에베소 교인들이 당면한 질문은 과연 이방인들은 구원을 받는다면, 유대인에게 임한 하느님의 약속은 도대체 어떻게 되는 것인가?

복음서를 읽다 보면 우리는 너무 쉽게 유대인들은 구원에서 배제되었다는 결론에 도달한다. 회당을 대신하여 교회가 새롭게 세워졌다고 생각한다. 그러나 이는 에베소서와 로마서 9-11장의 말씀과는 너무나 동떨어진 생각이다. 우리는 에베소교회에 유대인들과 이방인들이 함께 참여하고 있음을 알아야 한다. 처음부터 구원의 반열에 속해 있었다는 비밀의 얘기를 듣는다. 이는 유대인 크리스천뿐만 아니라, 이방인 크리스천들에게도 놀라운 얘기이다. 오늘 우리 청중들은 설교를 통해 과연 그러한 복음의 놀라운 소식을 듣고 있는가? 우리는 아기 예수를 처음 영접한 사람들이 마태복음에 따르면 동방에서 온 박사들(이방인)이고, 누가복음에 따르면 베들레헴 성 밖에서 한밤중에 일을 하던 목자들(오늘날로 말하면 3D직업에서 일하는 이주민)이었다는 사실을 기억하자.

교회는 세상 통치자들과 권세자들에게 모든 사람을 차별 없이 구원코자 하시는 '하느님의 지혜를' 알게 하도록 가르칠 필요가 있다. 오늘날로 말하면 정치와 종교는 분리된 것이 아니라, 정치(국가 권력)에 대한 교회의 예언자적인 책임이 주어져 있다.

마태복음 2:1-12
> 1 헤롯 왕 때에 예수께서 유대 베들레헴에서 나시매 동방으로부터 박사들이 예루살렘에 이르러 말하되
> 2 유대인의 왕으로 나신 이가 어디 계시냐 우리가 동방에서 그의 별을 보고 그에게 경배하러 왔노라 하니
> 3 헤롯 왕과 온 예루살렘이 듣고 소동한지라
> 4 왕이 모든 대제사장과 백성의 서기관들을 모아 그리스도가 어디서 나겠느냐 물으니
> 5 이르되 유대 베들레헴이오니 이는 선지자로 이렇게 기록된 바
> 6 또 유대 땅 베들레헴아 너는 유대 고을 중에서 가장 작지 아니하도다 네게서 한 다스리는 자가 나와서 내 백성 이스라엘의 목자가 되리라 하였음이니이다
> 7 이에 헤롯이 가만히 박사들을 불러 별이 나타난 때를 자세히 묻고
> 8 베들레헴으로 보내며 이르되 가서 아기에 대하여 자세히 알아보고 찾거든 내게 고하여 나도 가서 그에게 경배하게 하라
> 9 박사들이 왕의 말을 듣고 갈새 동방에서 보던 그 별이 문득 앞서 인도하여 가다가 아기 있는 곳 위에 머물러 서 있는지라
> 10 그들이 별을 보고 매우 크게 기뻐하고 기뻐하더라
> 11 집에 들어가 아기와 그의 어머니 마리아가 함께 있는 것을 보고 엎드려 아기께 경배하고

보배합을 열어 황금과 유향과 몰약을 예물로 드리니라

12 그들은 꿈에 헤롯에게로 돌아가지 말라 지시하심을 받아 다른 길로 고국에 돌아가니라

신학적 관점

마태는 유대인들의 구원의 복음서로 그리고 누가는 이방인들의 구원의 복음서로 알려져 있지만, 오늘 마태복음서 본문은 이방인 동방박사 이야기로 시작한다는 점에서 이러한 신학적 도식에서 벗어나 있다.

누가는 아기 예수의 탄생지를 짐승들이 머무는 헛간 혹은 마구간이었다고 말하는 반면, 마태는 '집'이라고 말하지만 누가가 말하는 마구간을 완전히 배제하지는 않는다. 전통적으로 우리는 동방의 박사들이 마구간 구유(여물통)에 누워있는 아기 예수에게 경배를 드린 것으로 이해한다. 주현절의 의미는 바로 여기에 있다. 오늘의 메시아는 권세가의 집이나 휘황찬란한 부자의 저택에서 태어나지 않는다. 가장 누추한 곳이다. 오늘날 누추한 곳은 어디인가? 그리고 우리는 그 앞에 나아가 무릎을 꿇을 수 있을까? 아니면 "어찌 나사렛에서 선한 것이 나올 수 있겠느냐"며 오늘의 나다나엘이 될까?

목회적 관점

주현절은 기독교 7대 절기 중의 하나이며, 개신교에서는 성탄절 후 12번째 날, 곧 1월 6일로 확정되어 있다. 그러나 동유럽의 정교회들은 5일에서 10일 사이에 각각 어느 한 날을 지킨다. 한국교회가 주현절을 지켜나가는 방식은 무엇일까?

주석적 관점

수개월은 아니더라도 최소한 한두 달은 걸려서 아라비아 사막을 건너오는 낙타 대상(카라반)을 상상한다면, 일행은 세 명보다는 훨씬 많아야 한다. 전승에는 12명이라는 얘기도 있다.

선물이 세 개이다 보니 본문은 복수형이지만, 보통은 세 명의 동방박사(magi)로

이해한다. 전통적으로 이 세 명의 박사는 각기 다른 인종을 대표하고, 황금은 왕권을, 유황은 신성을, 몰약은 예수의 죽음을 상징한다.

magi는 영어의 magic과 어근이 같다. 별을 따라왔기에 별의 움직임을 연구하는 천문학자로 이해하지만, 고대에 이들은 별을 보고 전쟁을 비롯한 모든 국가 행사에 조언을 하는 조정의 관료들이었다. 고대의 문헌(Pliny, Dio Cassius, Suetonius)에 의하면 CE 66년 네로황제를 방문했다.

당시의 동방은 그리스제국에 의해 패망한 페르시아제국의 후예들이 세운 파르티아제국이 지배하고 있었다. 헤롯대왕 시절 파르티아제국이 로마제국을 물리치고 팔레스타인 지역을 짧게나마 지배한 적이 있었고, 이때 헤롯은 로마로 피신했다. 유대는 로마의 속국으로서 해방에 대한 기대를 가지고 있었다. 과거 페르시아제국이 바빌론제국을 물리쳤듯이 그리고 파르티아제국이 로마제국을 물리쳤던 기억 속에서 해방의 힘은 '동쪽'에서 오는 것으로 알고 있었다. 따라서 '동방'에서 온 박사들이 '유대인의 왕'으로 오신 이를 찾아왔다고 하자, (로마가 임명한) 헤롯왕과 예루살렘에는 큰 소동이 일어났던 것이며(3절), 결국 헤롯은 자신의 권력 유지를 위해 두 살 아래의 베들레헴 근처의 모든 남아들을 학살하는 폭행을 저지른다.

당시 역사가 요세푸스는 동방박사의 방문이라든가 베들레헴 유아 학살에 대해 전혀 언급하지 않는다.

설교적 관점

마태는 아브라함으로부터 시작하는 예수 족보로 자신의 복음을 시작하는데, 이 족보는 모두 40대이다(14대씩 3번 42대이지만, 다윗왕과 바빌론 포로는 앞뒤로 두 번씩 반복되고 있다. 이를 빼면 40대이다). 성서에서 숫자 40은 하느님께서 개입한 카이로스 사건의 시간을 의미한다. 이어지는 마리아의 동정녀 탄생 이야기 또한 인간의 상식을 깨고 있으며(누가는 마리아의 결단을 강조하지만, 마태는 요셉의 결단을 강조한다), 동방박사의 이야기로 이어진다. 이 카이로스의 역사 이해의 흐름에서 동방박사 이야기 또한 역사 변혁의 관점에서 읽어내야 한다.

복음서가 기조가 그러하듯이 새 하늘과 새 땅의 관점에서 읽어야 한다. 다시 말해 기존 역사는 '소동'을 피울 수밖에 없다.

설교자는 『첫 번 크리스마스』(Marcus Borg and John Crossan, *The First Christmas*, 한국기독교연구소, 2005)를 읽고 예수 출생 당시의 사회정치적 상황을 정확히 파악하고 이를 오늘의 상황 속에 적용해야 한다. 그러할 때 마태와 그의 청중 사이에 일어났던 하늘의 엑소더스 사건을 오늘의 설교 현장에서 재현할 수 있다.

주현절 후 첫째 주일, 예수수세주일

사 43:1-7; 시 29; 행 8:14-17; 눅 3:15-17, 21-22

이사야 43:1-7

1 그러나 이제 야곱아, 너를 창조하신 주께서 말씀하신다. 이스라엘아, 너를 지으신 주께서 말씀하신다. "내가 너를 속량하였으니, 두려워하지 말아라. 내가 너를 지명하여 불렀으니, 너는 나의 것이다.

2 네가 물 가운데로 건너갈 때에, 내가 너와 함께 하고, 네가 강을 건널 때에도 물이 너를 침몰시키지 못할 것이다. 네가 불 속을 걸어가도, 그을리지 않을 것이며, 불꽃이 너를 태우지 못할 것이다.

3 나는 주, 너의 하나님이다. 이스라엘의 거룩한 하나님이다. 너의 구원자다. 내가 이집트를 속량물로 내주어 너를 구속하겠고, 너를 구속하려고, 너 대신에 에티오피아와 스바를 내주겠다.

4 내가 너를 보배롭고 존귀하게 여겨 너를 사랑하였으므로, 너를 대신하여 다른 사람들을 내주고, 너의 생명을 대신하여 다른 민족들을 내주겠다.

5 내가 너와 함께 있으니 두려워하지 말아라. 내가 동쪽에서 너의 자손을 오게 하며, 서쪽에서 너희를 모으겠다.

6 북쪽에다가 이르기를 '그들을 놓아 보내어라' 하고, 남쪽에다가도 '그들을 붙들어 두지 말아라. 나의 아들들을 먼 곳에서부터 오게 하고, 나의 딸들을 땅끝에서부터 오게 하여라.

7 나의 이름을 부르는 나의 백성, 나에게 영광을 돌리라고 창조한 사람들, 내가 빚어 만든 사람들을 모두 오게 하여라' 하고 말하겠다."

신학적 관점

신의 정체성에 관한 답변이다. 창조주이자 구원자이다. 곧 우주 역사의 처음과 끝을 주관하시는 분이다. 이사야는 바빌론제국의 포로가 된 이스라엘의 해방을 염두에 두고 본문을 펼쳐 나간다(6절). 그런데 여기서 이스라엘의 구원을 위한 이집트와 에디오피아와 스바의 희생은 과연 정당한가 하는 질문이 생긴다. 왜냐하면 이스라엘의 심판은 스스로가 저지른 죄의 결과이기 때문이다(42:18-20). 나아가 더 큰 신학적인 난제는 누군가의 구원을 위하여 대신 다른 누군가의 희생물을 반드시 필요로 하는 신은 정당한가 하는 질문이다(4절). 마치 신과 사탄이 인간을 놓고 흥정하는 듯한 얘기가 되기 때문이다.

목회적 관점

공자는 50세에 '지천명'(知天命), 곧 자신이 살아가야 할 하늘의 뜻을 깨달았다고 말한다. 인생의 성공이란 자신이 이 땅에 온 이유를 깨닫는 일이다. 목회란 달리 말하면 신자 각자가 자신을 향한 하늘의 부름이 무엇인지를 깨닫도록 이끄는 모든 행위를 말한다.

주석적 관점

히브리 노예들이 애굽의 칼날을 피해 홍해를 건너는 출애굽의 역사(2절)를 예수의 세례받음에 연계하는 것은 중요한 논점이다.

설교적 관점

우리말 속량(贖良)은 몸값을 받고 노예 신분에서 양민(良民) 신분으로 바뀌는 과정을 말한다. 모세 율법은 죄의 용서를 받기 위해서는 동물의 피를 대신 흘리는 제사가 필요했다. 기독교는 신이 스스로 인간의 몸으로 내려와 자신의 몸을 인간 죄의 대가로 드림으로 인류가 안고 있었던 죄와 희생의 악순환을 단 1회에 끝장을 냈다고 가르친다.

시편 29

1 하느님을 모시는 자들아, 야훼께 돌려 드려라. 영광과 권능을 야훼께 돌려 드려라.
2 그 이름이 지니는 영광 야훼께 돌려 드려라. 거룩한 빛 두르신 야훼께 머리를 조아려라.
3 야훼의 목소리가 바다 위에 울려 퍼진다. 영광의 하느님께서 천둥소리로 말씀하신다. 야훼께서 바닷물 위에 나타나신다.

4 야훼의 목소리는 힘차시고 야훼의 목소리는 위엄이 넘친다.

5 야훼의 목소리에 송백이 쪼개지고 레바논의 송백이 갈라진다.

6 레바논산이 송아지처럼 뛰고 시룐산이 들송아지처럼 뛴다.

7 야훼의 목소리에 불꽃이 튕기고,

8 야훼의 목소리에 광야가 흔들거린다. 야훼 앞에서 카데스 광야가 흔들리고

9 야훼의 목소리에 상수리나무들이 뒤틀리고 숲은 벌거숭이가 된다. 모두 주의 성전에 모여 "영광"을 기리는 가운데

10 야훼, 거센 물결 위에 옥좌를 잡으시고 영원히 왕위를 차지하셨다.

11 야훼의 백성들아, 그에게서 힘을 얻고 축복받아 평화를 누리어라.

사도행전 8:14-17

14 사마리아 사람들이 하나님의 말씀을 받아들였다는 소식을 예루살렘에 있는 사도들이 듣고서, 베드로와 요한을 그들에게로 보냈다.

15 두 사람은 내려가서 사마리아 사람들이 성령을 받을 수 있게 하려고, 그들을 위하여 기도하였다.

16 그것은 사마리아 사람들이 주 예수의 이름으로 세례를 받았을 뿐, 그들 가운데서는 아무에게도 아직 성령이 내리시지 않았기 때문이다.

17 그래서 베드로와 요한이 그들에게 손을 얹으니, 그들이 성령을 받았다.

신학적 관점

사도행전은 초대교회의 역동적인 모습을 보여주지만, 간혹 신학적인 문제점을 드러내기도 하는데, 이는 오늘날의 교회에서도 여전히 논쟁이 되는 물세례와 성령세례의 상호관계성이다.

본문은 사마리아 지역에서 사도 빌립을 통해 세례를 받고 예수를 믿는 사람이 많아졌다는 얘기가 배경인데, 문제는 예수 이름으로 세례를 받은 사람들이 성령을 받지 못했다는 얘기이다. 이는 같은 예수 이름으로 세례를 베풀었다 하더라도 사도 베드로와 요한이 사도 빌립보다 더 능력이 많았고, 빌립의 세례는 불완전하였다는 신학적 모순을 제기한다.

교단에 따라 성령세례와 물세례의 관계에 대해 교리에 있어 차이가 존재하지만, 기본적으로 개혁신학은 이 둘을 구분하는 것에 반대한다. 곧 물세례를 통해 죄를 씻는 일뿐만 아니라 내적으로 성령의 임재를 동시에 경험한다. 본문은 성령의

임재 없는 물세례가 가능하다고 말하고 이를 확증하는 성령세례가 뒤따른다. 그런데 다른 구절(행 10:44-48)에서는 성령의 임재가 먼저 일어나고 이어 물세례를 받는다. 또 다른 구절(행 19:1-6) 또한 이와 비슷한 논지이지만, 에베소 교인들은 아볼로에 의한 요한의 물세례 이후 바울에 의한 예수의 물세례에 이어 안수를 통해 성령의 선물을 받는다.

이 모든 구절을 종합적으로 판단컨대, 사도행전에서의 물세례와 성령 임재 그리고 안수는 하나의 정해진 규칙은 없고, 다만 물세례와 성령 임재는 깊게 연결되어 있다는 점은 분명하다(*feasting*, 232).

본문은 성령을 받아들이는 일은 그리스도인들의 삶에 하나의 추가 보너스가 아니라 절대 기본 요소임을 말한다. 성령에 의한 거듭남이 없는 삶은 성도의 삶이라고 말할 수 없다. 성령 임재는 특정한 사람들을 위한 두 번째 선물로 주어진 것이 아니라, 모든 교회에 주어진 축복이다. 성령의 교제 없이 교회 공동체의 한 구성원이 된다는 것은 있을 수가 없다.

본문은 사마리아 지역을 배경으로 한다. 유대인들과는 뿌리에 있어 연계되어 있지만, 문화적으로, 인종적으로, 이념적으로, 종교적으로는 차별과 경멸을 당하고 있었다. 예수가 그러했듯이 빌립은 복음으로 이 경계를 뛰어넘었다. 곧 성령은 인간들의 경계선을 넘어 서로 사랑하고 소통하게 하는 일치의 영이시다.

목회적 관점

목회자의 입장에서 보면 교인들은 매우 다양하다. 유아세례를 받고 기독교 가정에서 자란 사람들로부터 성인이 되어 세례를 받고 늦게 교회에 들어온 사람들, 계속 믿는 사람들, 중간에 떠났다가 다시 돌아온 사람들로 다양하다. 오늘 본문은 세례 이후 얼마의 시간이 지나 성령 임재가 있었는지 말하지는 않지만, 신앙은 분명 하나의 과정임을 보여주고 있다. 오늘날의 교회에 비추어 본다면 (유아)세례를 받은 후에 신앙의 성장과 성숙이 이어진다. 세례는 순간적인 변화의 시간이 아니라 평생의 배움과 성장으로 가는 출발점이다.

한국교회에서는 그렇지 않지만, 서양 교회에서는 성찬식을 행하지 않는 날이라도 성찬기는 항시 제단 위에 놓여 있는 경우가 많다. 이는 화육으로서의 보이는 말씀(로고스)이자 먹는 말씀이기 때문이다. 이 점에서 한국교회에서 성찬기를 하얀 보자기로 덮는 것은 옳지 않다. 더불어 성찬식은 물론 결혼식과 장례식에서 하얀 장갑을 끼는 행위는 일본 신토의 영향이다. ─ 여기에 탁상 종 또한 그렇다. 이는 한국교회에서 반드시 고쳐져야 할 예식이다. 기독교식도 아니고 그렇다고 우리의 전통 방식도 아니다. 서양 교회에서는 세례단 또한 가톨릭교회에서와 같이 제단 위에 놓여 있는 경우가 많다. 필자는 향린교회 목회 시절 세례단을 항시 보이도록 만들어 놓았다. 세례식을 행하지 않는 경우라 하더라도 세례용 기구를 쉽게 교인들의 눈에 띄는 장소에 두어 세례의 의미를 되새기도록 한다. 한국교회는 대개 부활절과 성탄절에 세례식을 진행하는 경우가 많은데, 이 두 절기에는 성찬식은 물론 축하 순서도 있게 마련이어서 세례식까지 진행하는 경우 시간에 쫓겨 설교가 뒷전으로 밀리는 경우가 많다. 필자의 경우에는 세례식은 예수세수주일과 성령강림주일에 행하였다. 또한 이미 세례를 받은 교인이 새롭게 신앙을 고백하기를 원하는 경우에는 예배 중에 (베드로와 요한의 경우와 같이) 안수 기도를 한다.

주석적 관점

사도행전은 예루살렘으로부터 로마에까지 복음이 확산되는 과정을 말하고 있다. 본문 앞에는 예루살렘 과부들을 돌보기 위한 7명의 집사 중 헬라파 집사 스데반과 빌립의 활동을 말하는데, 스데반 집사로 인한 예루살렘에 일어난 유대인들의 박해를 피해 믿는 자들이 여러 지방으로 흩어지면서 일어난 일이다.

마술쟁이 시몬에 관련하여서는 본문의 앞뒤로 이야기가 나누어져 있다(8:9-13, 18-24). 시몬은 사마리아에서는 위대하다고 불렸다. 단순히 인간적인 의미에서뿐만이 아니라(9절), 신적 능력의 소유자였다(10절). 시몬 또한 빌립과 같이 여러 기적을 행하였고 많은 사람들이 따랐다. 다만 시몬의 기적은 많은 사람을 놀라게 하는 일에 그쳤지만, 빌립은 하느님의 나라와 예수 그리스도에 대한 말씀을 전하는 일에 방점이 찍혀 있다. 그래서 누가는 시몬의 능력은 단순히 마술(magic, megeia)

이라 부르지만, 빌립의 기적은 표적(signs, semeia)이라고 부른다. 이는 공관복음서에서의 예수 기적(miracle)에 대한 요한복음의 표적 신학의 비교와 같다(2:23; 3:2; 6:2; 9:16). 이후 시몬은 베드로와 요한의 기적을 보고 이를 돈으로 사려고 했다. 곧 기적은 하느님 나라를 향한 손가락(semeia)임과 성령은 하느님의 선물로서 자유의 영임을 모르고 있었던 것이다.

신학적으로 쟁점이 되는 부분은 빌립의 물세례와 베드로와 요한의 성령세례와의 관계성이다. 베드로와 요한은 빌립에 의한 사마리아인들의 회심 내지는 개종에 대해 얼마나 의심을 품었는지에 대해서 본문은 언급이 없다. 다만 아직은 성령이 내리지 않았다고 판단했다(15, 16절). 무슨 근거로 그런 판단을 했는지는 말하지 않지만, 본문 앞뒤로 시몬의 얘기가 있는 것으로 보아 사마리아 사람들의 개종이 단지 기적 현상에 머물러 있었던 것으로 추정이 된다. 그래서 세례를 두 번 베풀지는 않고 다만 안수하여 성령을 받게 하였다(*feasting*, 233).

설교적 관점

성령 임재는 기독교인의 삶에 있어 핵심이다. 그러나 어떤 그리스도인들은 성령 임재에 대해 거부감이 있는데, 이는 마음의 뜨거움이 교회 밖 사회적 삶에서 변화된 모습으로 나타나지 않기 때문이다. 본문 또한 성령 임재 이후 사마리아인들의 삶의 변화에 대해서는 아무런 언급이 없다.

오늘날에도 신자들 가운데는 일부 시몬과 같이 빌립의 기적을 보고 빌립을 따라다닌다. 기적은 하느님 나라와 예수 그리스도의 복음 사역을 위한 하나의 손가락일 따름이다. 그리스도인들 가운데 아직도 점을 치는 사람들이 있다.

스데반 집사의 순교 이후 박해가 시작되면서 믿는 자들이 흩어지게 되고, 빌립에 이어 이후 베드로의 고넬료의 세례 사건에서 보듯이 이방인 사역의 출발점이 된다. 이는 적대적 관계에 있었던 유대와 사마리아 그리고 피식민지 유대인과 지배자 로마인 사이의 벽이 예수 복음을 통해 무너지고 있음을 말하고 있다. 이 관점에서 오늘날 적대적 관계에 있는 남과 북을 하나로 묶는 복음의 역할을 강조하는 일이 필요하다. 그러나 북의 실체를 부정하는 일방적인 흡수 통일로 나아가는 주장은 조심해야 한다. 그리고 한국 사회는 다종교의 사회임을 기억하여 기독론적 관점보다는 복음의 사회적 역할을 강조하는 것이 필요하다.

누가복음 3:15-17, 21-22

15 백성들이 바라고 기다리므로 모든 사람들이 요한을 혹 그리스도신가 심중에 생각하니
16 요한이 모든 사람에게 대답하여 이르되 나는 물로 너희에게 세례를 베풀거니와 나보다 능력이 많으신 이가 오시나니 나는 그의 신발끈을 풀기도 감당하지 못하겠노라 그는 성령과 불로 너희에게 세례를 베푸실 것이요
17 손에 키를 들고 자기의 타작마당을 정하게 하사 알곡은 모아 곳간에 들이고 쭉정이는 꺼지지 않는 불에 태우시리라
21 백성이 다 세례를 받을새 예수도 세례를 받으시고 기도하실 때에 하늘이 열리며
22 성령이 비둘기 같은 형체로 그의 위에 강림하시더니 하늘로부터 소리가 나기를 너는 내 사랑하는 아들이라 내가 너를 기뻐하노라 하시니라

신학적 관점

세례 요한은 회개를 요구하며 백성들에게 세례를 베풀었다. 본문에서 예수는 하느님의 아들임을 선포하고 있는데, 왜 예수는 세례 요한이 베푸는 회개의 물세례를 받아야만 하는 것일까? 니케아신조는 예수는 참 인간이자 참 하느님이셨다고 말한다. 그렇다면 악의 구조 속에 갇혀 있는 인간 예수는 악을 저지를 수밖에 없는 한계가 있었던 것일까? 물론 교리적으로는 가능하지 않다. 그렇다면 예수가 참 인간이란 무엇을 의미하는 것일까? 모든 인간이 죄를 지을 수밖에 없는 한계에 갇혀 있는데, 예수만이 이 한계를 벗어난다면 참 인간의 의미는 무슨 의미를 갖는 것일까?(feasting, 237)

이에 대한 답으로는 이어지는 예수 족보와 광야 시험 이야기가 어떤 암시를 주고 있다. 누가는 예수 족보를 시작하면서 그냥 요셉의 아들로 말하지 않고, "사람들이 아는 대로는 요셉의 아들이니"라며 이를 사실로 인정하지 않는 듯한 뉘앙스를 풍기고 있다. 그리고 족보 맨 마지막에 셋을 아담의 아들로 언급하고 있는데, 이는 의도적으로 가인에 의한 아벨의 형제 살해라는 인간 사회의 구조악에 대한 언급을 피하고 있는 것으로 보인다(feasting, 238). 더구나 누가의 족보는

마태의 족보와 달리 여성들이 이름이 한 번도 등장하지 않는다. 그런데 그의 복음은 다른 공관복음서 저자들에 비하면 훨씬 여성 친화적이다. 또 하나의 예로 누가는 의도적으로 마가가 전하는 시로페니키아 여인의 이야기를 뺐는데, 이는 예수가 여인의 말에 의해 처음 생각을 고쳐먹는 인간적인 약점을 감추려는 의도가 있는 것으로 보인다. 여기서 저자 누가의 고민이 보인다. 예수는 요한에게서 세례를 받긴 하지만, 요한의 이원론, 곧 알곡과 쭉정이의 구분에 대해서는 동의하지 않는다. 그리하여 예수는 세례 요한과는 달리 '먹기를 탐하고 포도주를 즐기는 사람이요 세리와 죄인의 친구'라는 소리를 듣는다(7:34)(*feasting*, 240).

목회적 관점

예수가 세례를 받는 이유는 '백성이 세례를 받을새'(17절), 그는 백성과 하나임을 말씀하고 있다. 곧 예수의 세례는 깨어지고 세상과 상처투성이의 민중들과 하나되기 위한 과정임을 보여주고 있다. 세례 직후 예수가 기도하실 때 하늘이 열린다. 예수의 지상 사역은 하늘의 도움으로 시작하고, 성령의 도움으로 진행되는 것임을 강조하고 있다. 마찬가지로 우리 또한 이 깨어진 세상 안으로 부름을 받았으며, 하늘을 향한 기도는 우리의 기본이다. 그러할 때 하늘은 열린다. 목회는 바로 교인들이 저들의 상처 많은 세상의 삶 속에서 기도와 성령의 도우심으로 매 순간 하늘의 음성, 곧 "이는 내 사랑하는 자녀"라는 소리를 듣도록 이끄는 행위이다.

주석적 관점

마태에 있어 예수 세례는 요한과의 대화에 이어 공생애의 첫 출발점이 된다. 반면 마가는 요한과의 대화는 없이 "내가 너를 기뻐하노라"를 말한다(1:10-11). 마태와 마가에게 있어 예수 세례는 공생애의 중요한 출발점이 되지만, 요한에게 있어서는 세례를 받았는지 안 받았는지가 분명하지 않다(요 1:32-34). 누가에게 있어 예수 세례는 백성과 함께 한다는 데 방점이 있다. 그리고 예수 세례에 심판이나 불이나 정의와 같은 주제는 보이지 않는다. 대신 기도에 이은 하늘의 선포를 통해 요한의 사역이 끝났음을 알린다. 기도는 누가가 관심하는 중요한 주제 가운데 하나다(*feasting*, 239).

설교적 관점

마가는 예수의 공생애의 시작이 바로 '요한이 옥에 갇힌 후'라고 분명히 말함으로 예수의 사역은 세례 요한의 사역을 이어간다는 의미를 강하게 내포하고 있다. 마가가 말하는 요한의 사역은 헤롯의 비행을 공개적으로 비난하는 예언적 역할로서 국가권력에 대한 비판이었다. 예수는 이러한 요한의 정치사회적인 권력 비판인 예언자 정신에서 출발하고 있다고 말한다. 마가는 보다 자세히 세례 요한의 죽음을 설명하지만, 다른 복음서 저자들은 이에 언급이 없다. 분명한 것은 누가에게 있어서 세례 요한은 옥에 갇힘으로 역사의 전면에서 사라지고 역사의 알곡과 쭉정이를 가르는 일은 예수에게 주어진다.

누가는 다른 복음서 저자와는 달리 예수 세례의 구체적인 묘사가 없다. 다만 백성들과 함께 세례를 받았다는 것만 강조된다. 이는 예수가 요한이 요구했던 회개의 필요성은 없지만, 백성들과 함께 한다는 의미에서 세례를 받을 필요가 있다는 점을 강조하고 있다. 그리고 마태나 마가에서와 같이 세례 자체를 통해 하늘이 자동적으로 열린 것이 아니라, 예수의 기도를 통해 하늘이 열리고 이어 음성이 들린다. 또 하나, 누가는 하늘의 음성은 예수에게만 들린다. 이는 마치 바울이 다메섹 도상에서 함께 했던 일행은 듣지도 보지도 못하고, 예수 혼자 듣고 혼자만 보는 것과 같다. 곧 "하느님의 아들로서의 예수의 자기 이해(self-understanding)이다"(*feasting*, 241).

비둘기는 고대 시대에 전령(傳令)의 역할을 했다. 하늘에서 성령이 비둘기의 모습으로 내려왔다 함은 곧 하늘의 전령을 뜻한다.

세례 요한이 자신은 물로 세례를 주지만 뒤에 오시는 분은 '성령과 불'로 세례를 준다고 말하는데, 굳이 성령과 불이라고 언급하는 이유는 무엇인가? 불에는 어떤 의미가 있는 것인가? 마태도 성령과 불을 말한다. 마가에는 '성령'만 나오고 '불' 언급이 없다. 어쩌면 Q복음서에 나오는 단어일 수도 있다. 사도행전과 누가복음 본문을 종합적으로 판단할 때, 물세례와 성령세례는 상호 보합적인 기능을 갖고 있다. 그렇다면 성령과 불을 하나로 묶어 불을 물과의 보합 상태로 볼 수 있다. 마치 음과 양처럼. 그러나 이는 동양 철학적인 관점이고, 이분법적 사고가 지배적인 헬라 사고에서 본다면 상식적으로 물과 불은 적대 관계이다. 이 관점에서 본다면 예수의 불세례는 요한의 물세례를 대체한다고 보아야 할 것이다. 여기서 예수는 요한을 구시대의 마지막 사람으로, 그러나 동시에 새 시대를 열어가는 사람으로 말하고 있는 구절과 연계시킬 수 있다(마 11:11). 예수가 요한으로부터 세례를 받는 것은 구시대를 이어간다는 의미와 동시에 (구시대와의 단절을 통한) 새 시대를 여는 상징적 의미가 있다. 이는 양자택일의 성격을 갖고 있지 않다. 온고지신(溫故知新)처럼 어디에 방점이 더 찍히는가의 문제이다. 마태, 마가, 누가는 세례를 통해 세례 요한과 예수의 연속성을 강조한다면, 요한복음은 단절성을 강조하고 있다. 이는 요한 공동체의 특이한 신학적 관점이기도 하다.

주현절 후 둘째 주일

사 62:1-5; 시 36:5-10; 고전 12:1-11; 요 2:1-11

이사야 62:1-5

1 시온의 공의가 빛처럼 드러나고, 예루살렘의 구원이 횃불처럼 나타날 때까지, 시온을 겨려해야 하므로, 내가 잠잠하지 않겠고, 예루살렘이 구원받기까지 내가 쉬지 않겠다.

2 이방 나라들이 네게서 공의가 이루어지는 것을 볼 것이다. 뭇 왕이 네가 받은 영광을 볼 것이다. 사람들이 너를 부를 때에, 주께서 네게 지어 주신 새 이름으로 부를 것이다.

3 또한 너는 주의 손에 들려 있는 아름다운 면류관이 될 것이며, 하나님의 손바닥에 놓여 있는 왕관이 될 것이다.

4 다시는 어느 누구도 너를 두고 '버림받은 자'라고 하지 않을 것이며, 다시는 너의 땅을 일컬어 '버림받은 아내'라고 하지 않을 것이다. 오직 너를 '하나님께서 좋아하시는 여인'이라고 부르고, 네 땅을 '결혼한 여인'이라고 부를 것이니, 이는 주께서 너를 좋아하시며, 네 땅을 아내로 맞아 주는 신랑과 같이 되실 것이기 때문이다.

5 총각이 처녀와 결혼하듯이, 너의 아들들이 너와 결혼하며, 신랑이 신부를 반기듯이, 네 하나님께서 너를 반기실 것이다.

신학적 관점

바빌론 유배 시기에 쓰인 이사야서의 가장 핵심적인 주제는 해방이다. 이스라엘은 오래전 출애굽 사건을 통해 이미 해방을 경험했다. 구원은 개인 영역에서는 모든 인간에게 차별이 없다. 그러나 집단의 경우에는 정의의 관점에서 YHWH 하느님은 약자를 우선하신다. 모세 율법 또한 어린이와 과부와 가난한 자와 이방인 나그네들을 보호하도록 요구한다(출 22장; 레 25장; 신 15장 등). 미국의 흑인신학, 남미의 해방신학, 여성신학(feminist theology, womanist theology), 아프리카의 정의 신학, 한국의 민중신학들은 모두 해방이 주제이다. 1, 2절에서 YHWH 하느님은 포로된 민족 이스라엘의 무죄함을 선포하신다.

지금도 그러하지만, 형벌을 죄의 심판 곧 인과율(因果律)로 판단하는데, 이는 도덕과 윤리에 기초한 모든 종교의 기본이긴 하지만, 성서의 히브리적 사고는 이를 넘어서 YHWH 하느님의 비밀스러운 영역에 둔다.

눌린 자를 높이시고 강한 자를 내리치시겠다는 YHWH의 말씀은 강한 자들에게는 놀라운 이야기이다. '버림받은 여인'이 아닌 '하나님께서 좋아하시는 여인', 곧 새로운 언약 관계를 만드시겠다는 선언은 모두를 깜짝 놀라게 한다. 사무엘의 어머니 한나의 기도 그리고 마리아의 찬가에서와 같이 예수의 포도원 농부의 비유는 "나중된 자가 먼저 되고, 먼저 된 자가 나중된다"는 것이다(feasting, 246).

'결혼한 여인'이라는 칭호는 YHWH 하느님의 변치 않는 '헤세드'의 사랑을 말한다. 물론 잘못을 범했을 때 징벌은 임한다. 그러나 이는 변치 않는 계약 관계 안에서 일어난다. 해방은 하느님과 이스라엘의 관계를 온전하게 회복하는데, 이는 계약에 근거하고 있다.

목회적 관점

가나 혼인 잔치의 복음서 말씀과 함께 본문은 잘못하면 너무 쉽게 주현의 주제로 넘어가기 쉽다. 오늘 이사야 본문은 이름을 달리 부르며 결혼 관계로 말하지만, 탄식으로 시작한다는 점에 유의하자. 40-55장의 제2이사야는 바빌론의 패망과 포로 귀환을 예언한다. 56-66장의 제3이사야는 이를 이어 예언을 전하지만, 다 그런 것은 아니다. 백성들의 잘못과 불신앙을 언급하고 있다. 따라서 백성들은 포로 생활에서 해방을 받긴 하겠지만, 과연 이스라엘이 이전과 같은 상태로 회복될 것인가, 예루살렘 성전은 복구될 것인가에 대한 질문은 여전히 남는다. 본문의 일인칭 주어는 백성들이 아닌 YHWH 하느님이다. 성서가 복음의 힘을 갖는 것은 단지 백성들이 바라는 희망의 이야기를 하는 데 있는 것이 아니라, 나아가 백성들의 당면한 문제를 지적한다는 데 있다.

62장은 우리가 어려움에 직면했을 때, 솔직한 기도가 어떤 것인지를 보여준다. 아픔을 토로하며 항의하는 것이다. 이름이 바뀐다는 것은 야곱의 경우(창 32:28)와 같이 성품, 나아가 가치관과 세계관의 변화를 의미한다. 여기서는 성품의 변화

대신 이스라엘을 향한 하느님의 결단을 말하고 있다. 이사야의 본문과 요한복음 본문은 지향하는 목적은 차이가 있지만, 둘 다 결혼 관계를 상정하고 있다(*feasting*, 246).

주석적 관점

제3이사야는 이스라엘/예루살렘을 YHWH의 아내로 얘기하고 있다. 이는 호세아 1-3장에서 북왕국으로 먼저 나오고, 이어 예레미야서(2:1-4:2)에서 남왕국의 멸망과 유배를 아내의 부정으로 인한 가정 파탄으로 말하고 있다. 애가서에서는 버림받은 아내의 눈물과 운명을 말한다. 애가 1장에서는 이를 자기 잘못으로 고백하다가 2장에서는 오히려 하느님께 항의를 한다. 전통적으로 성서는 하느님 편에 서 있지만, 때로는 하느님 또한 살아남은 자들 가운데서 과연 신앙을 지킬 필요가 있는지에 대해 절박한 도전을 받기도 한다(*feasting*, 243).

제2이사야는 이 주제를 49:13-50:3; 51:17-52; 54:1-17의 세 개의 시로 표현한다. 깨진 관계를 회복하며, 잃어버린 자녀가 다시 돌아오며, 잠시 포기했던 그녀를 다시 부르겠다고 말한다(54:7). 제3이사야인 오늘 본문은 침묵하고 계실 것이라고 생각하고 있는 백성들에게 하느님은 잠잠히 있지 않겠노라며 침묵을 깨는 놀라운 선언을 하시며 회복의 말씀을 하신다(1절). 이제 그녀는 하느님 손안에 있는 면류관이자 왕관이 되고 새 이름으로 불린다. 이는 시온 영광의 회복이지만, 동시에 하느님 영광의 회복이기도 하다. 당시 중동에서 여인이 남편으로부터 버림을 받았다는 것은 곧 죽음을 의미했다. 5절에서 '결혼한 여인'이라 부르는 것은 이제 곧 하니문(렘 2:15, honeymoon)이 시작되는 것임을 말하고 있다(*feasting*, 245). 인생에서 이보다 더한 기쁜 일이 있을까?

함석헌 선생은 『뜻으로 본 한국역사』(본래 이름은 『성서의 뜻에서 본 조선역사』) 끝부분에서 5천 년간을 세계사의 하수구로, 거리의 버림받은 여인으로 살아가던 조선 민족이 세계의 여왕으로 등극하게 될 것이라는 예언을 하는데, 이는 오늘 이사야가 본 환상과 계시와 일치한다.

설교적 관점

1. 시온을 위해: 이런 상황에 놓여 있는 시온과 예루살렘을 위한다는 것은 무엇을 의미할까?

시인이자 페미니스트인 오드리 로드(Aurde Lorde)는 침묵이 우리를 구원하지 않는다고 말한다. 그는 소외된 사람들, 특히 레즈비언의 목소리를 드러내기 위해 노력한다. 물론 본문은 상황이 다를 수 있다. 그러나 신이 변화를 위해 아무 행동도 하지 않는다고 믿는 절망과 불신앙에 빠진 사람들의 외침이란 점에서는 같다. 이런 경우 항상 침묵이 동행한다. 그러나 예언자 이사야는 신은 침묵하시는 분이 아니라고 외친다. 이스라엘의 의가 드러날 때까지(feasting, 243).

그러나 절망 속에 있는 사람이 어떻게 이를 확신할 수 있는가? 답은 오직 신에 대한 신뢰뿐이다. 엘리위젤은 The Trial of God에서 홀로코스트의 책임을 신에게 묻는다. 그때 "당신은 어디에 있었는가?"라며(feasting, 245). 이사야 시대 포로로 끌려간 유대인들은 바빌론 그발강가에서 다른 민족과 함께 살았고, 남은 유대인들은 유대에 계속 남아 삶을 영위해 나갔다. 이 둘은 입장이 다르다. 마치 오늘날 우리가 뉴스를 통해 비극적 상황을 겪는 사람들을 보듯이, 저들과 우리는 다른 입장이다.

2. 빛을 비출 때까지: 이사야의 목적은 유다의 빛을 회복하는 일이다. 국가나 개인에 있어 빛을 비춘다는 의미는 무엇일까? 어떻게 우리는 멸망으로부터 파멸에서부터 회복할 수 있을까? 유배당한 민족에게 있어 회복은 고향으로 돌아가는 일이다. 오늘날 전쟁으로 혹은 분쟁으로 집을 떠난 사람들은 어떻게 고향으로 돌아갈 수 있을까? 한강토의 남과 북에는 자신의 떠나온 고향을 그리워하는 사람들이 많다. 이들에게 오늘 이사야의 회복의 메시지는 어떤 의미가 있는 것일까? 빛을 비춘다는 말은 어떤 의미가 있을까?

3. 새로운 이름: 1970년대 알렉스 헤일리의 Roots(『뿌리』)가 베스트셀러가 되고 영화나 연극으로도 호평을 받은 적이 있다. 몇 차례의 도주 끝에 주인공인 흑인 Kunta Kinte는 두 발이 잘린다. 그리고 결국 백인 주인이 주는 이름 'Toby'를 인정한다. 그가 지녀온 유전적인 영광과 그의 이름이 갖고 있었던 영예는 그

순간 사라지고 만다. 그의 이름은 깊은 심연의 죽음을 경험한다(Fasting 245). 이 영화를 본 많은 사람들 또한 이 순간을 잊지 못한다.

우리 또한 일제에 의해 말을 잃고 창씨개명을 강요당했다. 이에 죽음을 각오하고 거부하던 사람들에게 있어 이름을 지키는 일은 인간의 근본됨을 지키는 일이었다. 이와 관련한 윤동주의 시를 언급하는 것도 좋겠다.

4. 기뻐하는 하느님: 이사야에게 있어 신과 인간을 혼인 관계로 비유하는 일이 문제시되긴 했지만, 결혼은 적어도 남편에게 있어서는 더할 나위 없이 기쁜 날이다. 신이자 남편인 YHWH는 기쁨에 넘쳐 있으며, 동시에 남편은 보호자이자 구원자의 역할을 담당했기에 아내 또한 이보다 더 기쁜 날은 없다(feasting, 247).

시편 36:5-10

5 야훼여, 당신의 사랑 하늘에 닿았고 당신의 미쁘심 구름에 닿았읍니다.

6 당신의 공변되심 우람한 산줄기 같고 당신의 공평하심 깊은 바다와도 같사옵니다. 사람과 함께 짐승도 구해 주시니, 야훼여,

7 당신의 그 값진 사랑 어찌 형언하리이까? 당신의 날개 그늘 아래 몸을 숨기는 자,

8 당신의 집 기름기로 배불리 먹이시고 시냇가 단물을 마시게 하시니,

9 생명의 샘 정녕 당신께 있고 우리 앞길은 당신의 빛을 받아 환합니다.

10 당신을 사랑하는 자들에게 한결같은 사랑 주시고 마음 바른 자에게 억울한 일 당하지 않게 하소서

고린도전서 12:1-11

1 형제자매 여러분, 신령한 은사들에 대하여, 나는 여러분이 모르고 지내기를 바라지 않습니다.

2 여러분이 아는 대로, 여러분은 이방 사람으로 있을 때에는, 이리저리 끄는 대로, 말 못하는 우상 앞으로 끌려 다녔습니다.

3 그러므로 나는 여러분에게 알려드립니다. 하나님의 영으로 말하는 사람은 아무도 "예수는 저주를 받아라" 하고 말할 수 없고, 또 성령으로 감동하지 않고서는 아무도 "예수는 주님이시다" 하고 말할 수 없습니다.

4 은혜의 선물은 여러 가지지만, 그것을 주시는 성령은 같은 성령이십니다.

5 섬기는 일은 여러 가지지만, 같은 주님을 섬깁니다.

6 일의 성과는 여러 가지지만, 모든 사람 안에서 모든 일을 이루시는 분은 같은 하나님이십

니다.

7 각 사람에게 성령을 나타내시는 것은 공동의 이익을 얻게 하려고 하시는 것입니다.

8 어떤 사람에게는 성령으로 지혜의 말씀을 주시고, 어떤 사람에게는 같은 성령으로 지식의 말씀을 주십니다.

9 어떤 사람에게는 같은 성령으로 믿음을 주시고, 어떤 사람에게는 같은 성령으로 병 고치는 은사를 주십니다.

10 어떤 사람에게는 기적을 행하는 능력을 주시고, 어떤 사람에게는 예언하는 은사를 주시고, 어떤 사람에게는 영을 분별하는 은사를 주십니다. 어떤 사람에게는 여러 가지 방언을 말하는 은사를 주시고, 어떤 사람에게는 그 방언을 통역하는 은사를 주십니다.

11 이 모든 일은 한 분이신 같은 성령이 하시며, 그분은 자기가 원하는 대로 각 사람에게 은사를 나누어 주십니다.

신학적 관점

고린도교회의 여러 문제에 직면한 바울은 교회 공동체를 바로 세우기 위한 여러 이야기를 하고 있는데, 그 가운데 가장 큰 문제가 성령의 은사에 관한 것이었다. 어떤 사람들은 자신의 은사가 다른 은사보다 뛰어나다는 주장을 하고 있었는데, 그것은 방언의 은사였다. 바울은 이런 주장에 대해 서로가 받은 모든 은사는 성령의 선물(*charismata*)임을 강조함으로 개인의 노력이나 능력과는 관계가 없다고 말한다. 영성은 인간의 내재하는 능력이 아니다. 경건 또한 저절로 오는 것이 아니다. 이는 재능과는 다르다. 어거스틴을 따라 깔뱅은 오늘 본문을 인용하면서 우리의 종교적 업적이라는 것은 그것이 아무리 뛰어난 것이라 하더라도 하느님께로부터 온 것임을 깨달아야 한다고 말한다(*feasting*, 256).

바울은 오늘 은사와 관련하여 다음과 같이 말한다. 1) 누구나 성령의 선물을 받는다. 2) 선물은 공동체의 유익을 위한 것이다. 3) 모든 은사는 하느님으로부터 온 것으로 겉모습은 다르지만 모두 같은 것이다.

목회적 관점

목회자로서 오늘의 본문을 몇 가지 관점에서 더 깊게 추구해 볼 필요가 있다. 첫째는 교인들을 대할 때, 하느님의 입장에서 모두 동일하게 대하는가? 아니면 교회에 대한 헌신도에 따라, 저들의 직업이나 헌금의 높낮이에 따라 다르게 대하고 있지 않는가? 은사의 관점에서 수석장로와 가난하고 나이 드신 교인들과의 차이를 두고 있는 것은 아닌가? 두 번째는 교인들 한 사람 한 사람을 생각하며 저들이 가진 은사 목록을 만들어 보자. 물론 목회자가 보는 은사와 개인이 느끼는 은사가 다를 수도 있다. 은사 세미나를 통해 자신들이 받은 은사를 찾아보도록 하는 것도 좋다. 그러나 어느 경우 본인이나 공동체에서 어떤 한 교인이 특정 분야에 제일 적임자라고 생각한다 하더라도 공동체 전체의 유익을 위해, 성령의 인도하심에 따라 목회자는 그 분야에 다른 은사가 있는 사람을 세우기도 한다. 세 번째는 목회자 자신에 관한 은사이다. 목사는 예배에 있어 가장 중심을 차지하고 있는 설교자이기도 하다. 설교 또한 여러 은사 중 하나이다. 설교 은사에 대해 특별한 가치를 두고 있는 것은 아닌가? 어떻게 말하면 교인 중에는 더 감화력이 높은 설교의 은사를 받은 교인들이 있을 수도 있다. 목사에게만 설교의 권리가 주어진 것일까? 목사가 담당하는 일은 많다. 설교, 행정, 심방, 선생, CEO, 학자, 심리치료사, 영적 인도자, 건물 수리 및 청소 담당자, 이로 인해 탈진하는 경우도 많다. 어찌 되었든 자신의 은사 또한 교인들과의 은사와 차이가 없다는 것을 인식하자. 그리고 무엇보다도 목사는 교회의 인도자로 부름을 받았지만, 특정 교회에 속한 교인이 아니라고 하는 사실을 기억하자. 말하자면 기업의 사장과는 달리 소유권은 하느님께 있다.

주석적 관점

은사는 영어로 Gifted(선물로 받은 것)이다. 그런데 이는 오늘날 Talent(능력)의 의미로 변질이 되고 말았다. 물론 엄격히 말하면 달란트 또한 선물이다. 그리하여 오늘날 자본주의 사회체제 속에서 '능력주의'가 최고의 가치가 되고 말았는데, 이로 인한 불평등은 남한 사회에서 심각한 문제가 되고 있다.

설교적 관점

자본주의는 오늘날 지구를 지배하는 강력한 힘이다. 자본주의의 첫 번째 속성은 강력하지만 위험하다. 인간을 잡아먹는다. 두 번째 속성은 멈출 수 없다. 무한한 생산력을 통제할 수 없다. 생산은 자연에 대한 가공·변형·파괴를 전제로 한다. 끝없이 자연을 파괴하는 체제다. 한국 사회는 자본주의 늪에 빠져 있다. 대전환이 필요하다. 역사상 최악의 불평등사회다. 근본적으로 바꾸지 않으면 미래가 없다. 세계가 한국의 민주주의 발전에 놀란다. 잘사는 나라가 됐다. 하지만 우리가 느끼는 현실은 상당히 다르다.

OECD 국가 중 18년째 자살률 1위, 청소년(15~19세) 자살률 41개국(OECD+EU 회원국) 중 13위, 노인 빈곤율 43.4%(OECD 평균 15.7%)다. 불평등 문제는 더 심각하다.<세계 불평등 보고서 2022>에 따르면 한국의 불평등 정도는 끔찍할 정도로 세계 최고 수준이다. 상위 10%와 하위 50%의 부의 차이가 52배다. 피케티(학자)가 제시한 불평등지표 중 베타지수에 따르면 자본주의 역사상 가장 불평등했던 시기가 프랑스혁명이었다. 그때 프랑스의 베타지수 7.2, 현재 한국 베타지수는 9다. 한국 불평등이 자본주의 역사상 가장 심각하다.

이 정도 불평등이면 역사상 많은 나라에서 혁명이 일어난다. 한국에서는 왜 혁명이 일어나지 않을까? 능력주의 때문이다. 한국인은 이 문제를 사회구조의 문제로 보지 않고 자기의 문제로 본다. 사회체제에 대해 분노·저항해야 하는데 자신에게 분노한다. 입소스(세계 3대 여론조사 기관)가 2021년 28개국을 대상으로 "국가 내 집단 간의 갈등 정도"를 분석(12개 항목)한 결과 한국이 7개 항목(빈부, 이념, 정당, 종교, 성별, 세대, 학력 갈등)에서 1위를 차지했다. 이렇게 갈등이 심한 나라에서 모든 '국민'이 한 가지 동의한 게 '능력주의'다.

능력주의는 한 사회를 파괴하는 폭군이다. 학력이 대표적인 능력주의다. SKY 출신의 엘리트들이 한국 사회를 지배한다. 성공은 개인의 능력과 노력만으로 이뤄지지 않는다. 부모의 부로 결정된다. 서울대 재학생 52%의 부모 월소득이 922만 원 이상, 20%가 323만 원 이하다. 능력주의는 거짓이다. 불평등의 원인을 국가나 사회에 책임을 묻지 않고 자신의 책임으로 돌리게 한다. 내가 열심히 하지 않아서 내 불행이 발생했다는 죄의식을 갖게 한다.

민주주의와 경제성장을 이뤘는데 행복하지 않다. 국회의원 300명 중 294명이

"자유시장경제를 지지하는 자들이다"(김누리 교수는 "사람들"이라 하지 않고 "자들" 이라고 했다). 이런 의회는 전 세계에 없다. 자본주의는 자유롭게 놔두면 야수가 된다. 실업과 불평등을 낳는다. 2014년 독일 의회 640명 중 자유(free)시장경제 지지자는 0명이었다. 평균 5~8%에 불과하다. 메르켈 총리가 속한 독일의 가장 보수적인 정당마저 사회적(social)시장경제주의다. 자유시장경제의 신은 죽었다.

정치를 바꿔야 한다. 대의기구(국회)가 왜곡됐다. 국회는 대의하지 못하고 있다. 선거법을 바꿔야 한다. 적폐 중의 적폐가 선거법이다. 유권자의 뜻을 1/4(25%) 만 대의한다. 3/4은 사표다. 비례대표제가 돼야 신념 투표가 가능해진다. 최악을 피하기 위한 차악 투표는 민주주의의 비극이다. 다음 총선 전에 시민들이 나서서 바꿔야 한다. 교육을 혁명해야 한다. 한국 사회는 전쟁터다. 승자와 패자밖에 없다. 승자들은 '누리는 모든 부와 권력을 온전히 내가 쟁취한 전리품'이라고 생각한다. 99%의 아이들은 열등, 무력, 패배, 좌절감을 안고 인생의 출발점에 선다. 세상에 이런 나라가 어디 있나?

문제의 핵심은 불평등이다. 불평등을 지적하는데, 능력주의 사회라며 "니가 1등하면 되잖아" 하며 공정을 얘기한다. 기원 이후 1,800년 동안 생산력이 5배 성장했다. 그 후 220년(자본주의) 동안 100배 성장했다. 이제 물질문명에서 생태 문명으로 전환해야 한다.

자본주의는 인간과 사물의 관계를 왜곡한다. 사물(상품)의 질서가 인간을 지배 한다. 자본주의는 인간과 인간의 관계를 왜곡한다. 인간에 의한 인간 착취가 생존을 위협한다. 자본주의는 인간과 자연의 관계를 왜곡한다. 자연에 대한 무한 파괴를 낳는다. 자본주의는 삶을 왜곡하고, 생존을 위협하고, 생명을 파괴한다. 자본주의 물질세계는 더 이상 지속될 수 없다. 우리 모두 라이피스트(lifist)가 되자(페북 글 인용, 2021).

요한복음 2:1-11
> 1 사흘째 되는 날에, 갈릴리 가나에서 혼인 잔치가 있었다. 예수의 어머니가 거기에 계셨고,
> 2 예수와 그의 제자들도 그 잔치에 초대를 받았다.

3 그런데 포도주가 떨어지니, 예수의 어머니가 예수에게 말하기를 "포도주가 떨어졌다" 하였다.

4 예수께서 어머니에게 말씀하셨다. "여자여, 그것이 나에게 무슨 상관이 있습니까? 아직도 나의 때가 오지 않았습니다."

5 그 어머니가 일꾼들에게 이르기를 "무엇이든지, 그가 시키는 대로 하여라" 하였다.

6 그런데 유대 사람의 정결 예법을 따라, 거기에는 돌로 만든 물항아리 여섯이 놓여 있었는데, 그것은 물 두세 동이들이 항아리였다.

7 예수께서 일꾼들에게 말씀하셨다. "이 항아리에 물을 채워라." 그래서 그들은 항아리마다 물을 가득 채웠다.

8 예수께서 그들에게 "이제는 떠서, 잔치를 맡은 이에게 가져다 주어라" 하고 말씀하셨다. 그들은 그대로 하였다.

9 잔치를 맡은 이는, 포도주가 된 물을 맛보고, 그것이 어디에서 났는지 알지 못하였으나, 물을 떠온 일꾼들은 알았다. 그래서 잔치를 맡은 이는 신랑을 불러서

10 그에게 말하기를 "누구든지 좋은 포도주를 먼저 내놓고, 손님들이 취한 뒤에 덜 좋은 것을 내놓는데, 그대는 이렇게 좋은 포도주를 지금까지 남겨두었구려!" 하였다.

11 예수께서 이 첫 번 표적을 갈릴리 가나에서 행하여서 자기의 영광을 드러내셨다. 그래서 그의 제자들은 그를 믿었다.

신학적 관점

물항아리가 정결례를 위한 것이므로 옛 시대, 모세의 율법을 상징하는 것은 분명한데, 이것이 왜 여섯 개인지에 대해서 저자는 분명한 얘기를 하지 않고 있지만, 요한복음의 저자의 상징성에 더 깊게 주목할 필요가 있다. 우선 공관복음서 저자들이 즐겨 쓰는 기적(dynamis)이라는 단어 대신 새로운 종교성을 말하는 표징(semeia)이라는 단어를 사용한다. 물론 공관복음서 저자들에게도 숫자의 상징성이 내포되어 있지만, 이는 요한에게 있어서 더 강하게 드러난다(38년, 153마리 등). 더욱이 '사랑하시는 제자'가 누구인지에 대해서는 지금도 신학적으로 결론이 나지 않고 있다. 우선 요한복음에서 일곱이라는 숫자는 7개의 표징 사건과 더불어 로고스의 본질을 드러내는 '에고 에이미 선언' 또한 일곱이다. 창조 사건은 일곱째 날에 안식과 더불어 완성이 된다. 로고스는 창조 이전부터 함께 하였다. 따라서 일곱은 신적인 상징성을 띠고 있다. 하나가 모자란 여섯은 땅의 불완전성을 상징한다. 항아리는 모세 정결법을 상징하고, 여섯은 불완전성을 상징한다. 곧

여기에 담긴 포도주가 떨어졌다고 하는 것은 모세 율법의 약발이 떨어졌음을 의미하고, 이에 예수 그리스도를 통해 새로운 말씀(영광)이 새 포도주처럼 모두를 놀라게 하고 있다. 여기서 "제자들이 그를 믿었다"(11절)는 것은 하느님의 아들로서의 새로운 정신의 시대를 열어가는 창시자로 믿었다는 말이다.

목회적 관점

목회적 관점에서 오늘 본문은 예수 사역 나아가 교회가 어떠해야 하는지를 말하고 있다. 교회는 결혼식과 같아야 한다. 결혼은 인생 기쁨의 최고의 순간이다. 가나의 표징 사건은 예수의 사역이 이 세상에 구원의 기쁨을 가져다 주시는 분이라고 하는 것을 상징하고 있다. 목사는 신앙(종교, 예배)을 결코 지루한 것으로 만들어서는 안 된다. 새로운 일(기적)이 곧 일어날 것이라는 기대감에 가득 차 있도록 매 순간을 이끌어야 한다. 당시 결혼식은 신랑이 언제 도착할는지 알 수 없듯이, 손님들 또한 몇 명이나 올지, 언제 올지를 모른다. 초대는 하였지만, 저들의 상황을 일일이 알 수는 없다. 보통 축제는 일주일간 진행되었다. 예전 시골에서는 결혼식이 진행되면 모든 동네 사람은 물론 지나가는 나그네 또한 잔치에 참여했다. 예상 숫자를 넘어 사람들이 온 것이다. 포도주가 떨어짐으로 잔치 자리에 흥이 떨어지고 말았다. 이 떨어진 흥겨움은 결혼 당사자의 앞날에 어두운 그림자를 던져준다. 그래서 포도주는 무엇보다 중요했다. 우리 또한 잔치에 참석한 사람들이 돌아갈 때 빈손으로 보내지 않았다. 포도주는 예수 그리스도를 통한 삶의 활력을 의미한다. 교인들이 삶에 활력을 잃었을 때, 어떻게 예수 그리스도를 통해 생명의 풍성함을 스스로 생성할 수 있도록 할 것인지 이것이 바로 목회이다.

주석적 관점

가나는 나사렛에서 북쪽으로 16km 정도 떨어져 있다. 시기적으로 본다면 예수의 공생애 시작 '사흘째'에 일어난 사건으로 신학적으로 부활과 연계가 된다. 곧 새로운 역사의 시작이다. 공간적으로는 제2성서에 한 번 등장하는 '가나'라는 지명은 2-4장의 예수 사역의 핵심 주제(최상층 니고데모와의 대화를 통한 하느님 나라 그리고 최하층 사마리아 여인과의 대화를 통한 성전 예배)를 앞뒤로 감싸고 있다. 이는 분명 저자에게 있어 신학적으로 중대한 상징성을 내포하고 있다. 그러나 이를 뒷받침할 만한 지리 신학적인 역사성은 아직 밝혀지지 않고 있다.

설교적 관점

게일 오데이(Gale O'Day)는 어머니 마리아의 간절한 요청에 "여자여, 나와 무슨 상관이 있습니까? 아직 내 때가 이르지 않았습니다"라는 예수의 답변은 무례함이 아닌 거리감을 두는 표현이며, 이는 인간은 자신의 내면에서 들려오는 신의 음성을 따르는 것이지 인간의 요청이나 권위, 심지어는 어머님의 요청이라도 거부할 수 있다는 것을 보여준다(feasting, 263).

그런데 때가 이르지 않았다고 선언을 한 예수가 왜 또 포도주를 만들었는지에 대해서는 '신비'라는 용어 외에 다른 답이 주어지지 않는다. 물론 여기에는 "무엇이든지 그가 시키는대로 하여라"는 마리아의 말에 해답이 있을 수도 있다. 왜 마리아는 "때가 이르지 않았다"는 예수의 완곡한 거절에도 불구하고 이렇게 하인들에게 얘기했을까? 이 순간 단 두 사람만 있지는 않았을 것이다. 이들 주위에는 제자들과 그리고 걱정에 찬 하인들이 있었다. 예수는 선택해야 한다. 내 때가 이르지 않았다고 그냥 모른 체할 것인지, 아니면 어머니의 말을 따를 것인지. 여기서 예수는 마리아의 요청보다 더 중요한 건 결혼식 자체였을 것이다. 포도주가 떨어졌다고 하는 얘기가 잔치 자리에 들려졌을 때 손님들의 실망스런 모습은 차치하고서라도 신랑과 신부의 당혹스러운 얼굴 그리고 저들 부모들과 친척들의 당혹한 모습들이 곧 떠올랐을 것이다.

'때'라고 하는 것은 인간 물량의 시간(크로노스)을 뛰어넘은 질적 변화가 필요한 순간, 곧 카이로스로서의 꽉 찬 시간을 뜻한다. 오데이에 의하면 아모스 9장 13절과 요엘 3장 18절에서 풍성한 포도주가 "종말론적 상징으로서 하느님의 새로운 시대의 환희에 찬 도래"를 상징하듯이, 본문은 "제1성서(OT)의 종말론적 희망의 완성"을 의미한다(feasting, 265).

설교자로서 흥미로운 질문을 던질 수 있다. 그렇다면 물은 언제 포도주로 변했을까? 우물물 전체가 포도주로 변하지는 않았을 것이니. 일군들이 우물에서 물을 뜨는 순간인가? 아니면 이를 항아리에 담는 순간인가? 아니면 항아리에서 퍼서 운반하는 순간인가? 그런데 여기서 잔치를 맡은 이는 알지 못했으나 일군들은 새 포도주가 어디에서 온 것임을 알았다는 구절은 새 역사의 주체가 누구인가를 말하고 있다. 여기서 설교자는 가나 잔치 이야기에서 자신을 어떻게 인식하는지에 대해 질문함으로 청중들을 보다 깊게 이야기 속으로 끌고 갈 수 있다. 신랑과 신부, 이를 주관하고 돕는 부모들과 친척, 마리아 그리고 잔치의 책임 맡은 이, 일군들, 손님 등등.

주현절 후 셋째 주일

느 8:1-3, 5-6, 8-10; 시 19; 고전 12:12-31a; 눅 4:14-21

느헤미야 8: 1-3, 5-6, 8-10

1 모든 백성이 한꺼번에 수문 앞 광장에 모였다. 그들은 학자 에스라에게, 주께서 이스라엘에게 명하신 모세의 율법책을 가지고 오라고 청하였다.

2 일곱째 달 초하루에 에스라 제사장은 율법책을 가지고 회중 앞에 나왔다. 거기에는, 남자나 여자나, 알아들을 만한 사람은 모두 나와 있었다.

3 그는 수문 앞 광장에서, 남자든 여자든, 알아들을 만한 모든 사람에게 새벽부터 정오까지, 큰소리로 율법책을 읽어 주었다. 백성은 모두 율법책 읽는 소리에 귀를 기울였다.

5 학자 에스라는 높은 단 위에 서 있었으므로, 백성들은 모두, 그가 책 펴는 것을 볼 수 있었다. 에스라가 책을 펴면, 백성들은 모두 일어섰다.

6 에스라가 위대하신 주 하나님을 찬양하면, 백성들은 모두 손을 들고 "아멘! 아멘!" 하고 응답하고, 엎드려 얼굴을 땅에 대고 주께 경배하였다.

8 하나님의 율법책이 낭독될 때에, 그들이 통역을 하고 뜻을 밝혀 설명하여 주었으므로, 백성은 내용을 잘 알아들을 수 있었다.

9 백성은 율법의 말씀을 들으면서, 모두 울었다. 그래서 총독 느헤미야와, 학자 에스라 제사장과, 백성을 가르치는 레위 사람들이, 이 날은 주 하나님의 거룩한 날이니, 슬퍼하지도 말고 울지도 말라고 모든 백성을 타일렀다.

10 느헤미야는 그들에게 말하였다. "돌아들 가시오. 살진 짐승들을 잡아 푸짐하게 차려서, 먹고 마시도록 하시오. 아무것도 차리지 못한 사람들에게는, 먹을 몫을 보내 주시오. 오늘은 우리 주의 거룩한 날이오. 주 앞에서 기뻐하면 힘이 생기는 법이니, 슬퍼하지들 마시오."

신학적 관점

유대인들은 장막절(Sukkot, Feast of Booths) 마지막 날을 Simchat Torah(율법 안에서의 즐거움)로 지켰다. 이날은 동시에 성전에서 한 해에 걸쳐 읽어 왔던 토라 읽기를 끝내는 날로서 창세기의 첫 부분을 읽었다. 어떤 크리스천들은 토라의 특정 구절에 당혹감과 거부감을 느끼면서 예수의 복음이 율법을 무효화시켰다고 주장하기도 한다.

오늘 본문은 이스라엘 백성들이 바빌론 포로에서 돌아온 이후 성전 수축을 마치고 나서 함께 모여 율법서를 읽는 이야기로서 율법의 소중함과 율법이 하느님께로부터 온 선물이라는 사실을 상기시킬 필요가 있다. 바울이 로마서 2장 15절에서 언급했듯이 법은 마음에 새겨져 있다. 이는 곧 선악을 분별하는 자연법을 말한다. 루터나 깔뱅이 부정했던 것은 자연법(natural law)이 아닌 도덕법(moral laws)이었다. 이스라엘에게 주어진 (율)법이 어떤 특정한 개인이나 민족을 의롭게 만드는 것에 반대한 것이다. 도덕법의 문제는 자기중심적이라는 사실이다. 곧 특정한 법을 지킴으로 자기 구원을 이룰 수 있다는 생각이다. 개혁가들은 이러한 생각을 낳게 하는 도덕법을 부정한 것이지, 도덕법이 본래부터 갖고 있는 좋은 부분까지 부정한 것은 아니다.

목회적 관점

성서에는 설교와 예언 그리고 하느님을 예배해야 한다고 하는 데 대해서는 많은 말씀이 기록되어 있다. 그러나 정작 어떻게 예배해야 하는지에 대해서는 별로 언급이 없다. 오늘은 주현절 세 번째 주일로 느헤미야 8장과 누가복음 4장의 본문들은 예배에 대한 직접 언급을 하고 있다. 특별히 느헤미야 본문은 가르치는 일과 설교가 어떠해야 하는지에 대해 말하고 있다.

본문에 따른 예배의 정의는 첫째로 하느님의 백성이 모두 함께 한자리에 있다는 것이다. 둘째로 백성들은 하느님의 현존 앞에 서 있음을 경험했다. 하느님은 예배의 대상자일 뿐만 아니라 예배의 주인이시기도 하다. 작가 애니 딜러드(Annie Dillard)는 예배란 무엇인지에 대해 이렇게 말한다. "우리가 즐겁게 부르는 (신의) 힘이 과연 어떤 것인지 어느 누가 짐작이라도 할 수 있다는 말인가? 여자들이 밀짚모자나 비로드모자를 쓰고 교회에 오는 일은 미친 짓이다. 우리는 찌그러진 헬멧을 써야 한다. 안내 집사님들은 구명조끼와 조명등을 나눠주면서 우리를 자리로 안내해야 한다. 왜냐하면 주무시던 신이 깨어나 우리를 공격하거나 아니면 산책하시던 신이 우리를 이끌고 다시는 돌아올 수 없는 곳으로 인도하실 것이기 때문이다"(*feasting*, 268).

셋째로 말씀이 중심이었다. 토라를 그대로 읽었으며 곁에 있던 레위 율법교사들이 저들이 알아듣도록 히브리어를 아람어로 통역했다. 중요한 것은 오늘날 설교라고 말하는 해석 이전에 YHWH 자신, 곧 그의 현현으로서의 말씀을 낭송했다. 이는 전적으로 문자적 말씀을 뜻하는 것은 아니다.

그리고 마지막으로 예배를 통해 저들의 삶이 변화되었다는 것이다. 9절의 '울었다'는 의미는 포로 생활에서 듣지 못했던 율법을 듣는 감격 때문에 혹은 저들의 삶이 하느님께서 바라시는 기준에 얼마나 부족한지에 뉘우침 때문에 혹은 하느님이 자신들과 함께 하고 계신다고 하는 감격 때문일 것이다.

성서를 읽는다는 것은 성서의 말씀 앞에 우리 자신을 활짝 열어 놓음으로 우리 영혼 안으로 하느님의 거룩하심과 자비하심이 들어오시도록 하는 것이다. 그렇게 함으로써 우리는 삶의 변화를 경험하게 되고, 그 변화를 통해 세상 안으로 나아가 세상을 변화시키는 것이다.

주석적 관점

바빌론 포로에서 돌아왔을 당시 사회는 혼란 그 자체였다. 계속 그곳에 머물고 있었던 사람들이 또한 있었는데, 그들 가운데도 여러 분파가 있었다. 느헤미야와 에스라만 지도자가 아니었다. 성전 수축 과정에서 많은 갈등이 있었고, 이제 예배를 어떻게 시작해야 할지 걱정들이 많았다. 본문은 세 가지 관점에 대해 얘기하고 있다.

1. 에스라가 토라를 읽음(1-2절): 에스라를 율법을 회복하는 제2의 모세로 말하고 있다.
2. 전체가 토라에 응답함(3-8절): 언제 어디에서 일어났다고 하는 역사적 사실을 언급하고 모든 백성은 에스라의 말씀에 귀를 기울이고 그의 행동에 따라 일어서고 앉는 행동으로 응답했다. '모두'라는 단어가 세 번 등장한다. 이는 하느님과 백성 간의 재계약의 온전성을 말한다. 오늘 본문은 4절과 7절을

생략했는데, 이는 여기에 등장하는 이름들이 오늘 우리에게는 너무나 생소하기 때문이다. 그러나 당시 그들은 증인들로서 각기 다른 그룹을 대표하는 인물들이었을 것이며(4절), 랍비들이었을 것이다(7절)(*feasting*, 270).

3. 거룩한 날 모든 백성이 토라를 축하함(9-10절): 느헤미야와 에스라와 레위 랍비들은 슬퍼하지 말고 기뻐하라고 권고한다. 주님의 기쁨이 바로 여러분의 힘이라고 이는 우리 또한 하느님 말씀을 받은 자로서 예배를 통해 하느님과의 약속을 되새김으로 새로운 삶을 경험하고 기쁨의 삶을 누릴 것을 지시한다.

설교적 관점

느헤미야는 페르시아 왕의 술 시중을 드는 사람이었다(술 시중을 든다는 말은 속마음을 내어놓는 가장 가까운 친구이자 국정을 함께 논의할 수 있는 지혜자란 의미이다. 요즘 말로 하면 대통령비서실장에 해당한다고 하겠다). 예루살렘이 폐허가 되었다는 소식을 듣고 걱정하던 중 왕의 배려로 이를 회복하라는 특명을 받고 이를 완성한다. 이러한 상황 속에서 백성들은 하느님의 말씀을 듣는다. 말씀을 듣는 가운데 백성들은 여러 동작을 보인다. 손을 들거나 땅에 머리를 조아리거나 말씀을 읽을 때는 일어선다. 필자 또한 복음서를 낭독할 때는 회중들이 모두 일어서도록 했으며, 봉독이 끝나면 읽은 이가 "이는 주님의 말씀입니다"라고 말하고 회중은 "주님, 감사합니다. 마음에 새겨 행하겠습니다"라고 화답하였다.

설교에서 다룰 핵심 주제

1. 성서는 누구에게나 열려 있는 책이다. '모든 백성' 그리고 '남자와 여자'라는 단어가 다섯 개의 구절에서 8번이나 등장을 한다. 모세 율법은 남성 권위 중심의 언어로 기록되어 있다. 그러나 본문은 모두를 말씀 앞으로 불러들인다.

2. 통역과 해석. 토라는 오래전 히브리어로 기록되었다. 백성들 가운데 히브리어를 알지 못하는 사람들이 다수였다. 저들의 일상어는 아람어였다. 그리고 히브리어를 알아듣는다 하더라도 토라가 쓰여진 시대와 당시를 살아가고

있었던 시대적 상황은 달랐다. 통역과 해석이 필요하다. 오늘날 설교 또한 마찬가지이다. 바르트는 한 손에는 성서를 다른 한 손에는 신문을.

3. 먹고 마시고 즐거워하라. 종교의 거룩성은 우리 모두를 움츠러들게 한다. 청교도들과 개신교의 노동윤리를 비난할 수 있다. 본문에서 거룩함은 고기를 먹고 맛있는 포도주를 즐기는 것과 연관된다. 하느님 안에서의 삶은 기쁨이 있는 삶이다. "수고한 보람으로 먹고 마시며 즐기는 일만큼 사람에게 좋은 일은 없다. 내가 보기에 물론 이것은 하느님께서 손수 내리시는 것이다"(전 2:24). 물론 즐거움 또한 지나침은 금물이다.

결론으로 "말씀을 듣는 일과 손을 모으고 머리를 숙이는 일과 먹고 마시는 일"은 우리의 감성을 풍성하게 함으로 하느님과의 깊은 교제로 우리를 이끈다.

시편 19

1 하늘은 하느님의 영광을 속삭이고 창공은 그 훌륭한 솜씨를 일러 줍니다.
2 낮은 낮에게 그 말을 전하고 밤은 밤에게 그 일을 알려 줍니다.
3 그 이야기, 그 말소리 비록 들리지 않아도
4 그 소리 구석구석 울려 퍼지고 온 세상 땅 끝까지 번져 갑니다. 해를 위하여 하늘에 장막을 쳐 주시니
5 해는 신방에서 나오는 신랑과 같이 신나게 치닫는 용사와 같이
6 하늘 이 끝에서 나와 하늘 저 끝으로 돌아 가고 그 뜨거움을 벗어날 자 없사옵니다.
7 야훼의 법은 이지러짐이 없어 사람에게 생기를 돌려 주고 야훼의 법도는 변함이 없어 어리석은 자도 깨우쳐 준다.
8 야훼의 분부는 그릇됨이 없어 사람의 마음을 즐겁게 하고 야훼의 계명은 맑아서 사람의 눈을 밝혀 준다.
9 야훼의 말씀은 순수하여 영원토록 흔들리지 아니하고 야훼의 법령은 참되어 옳지 않은 것이 없다.
10 금보다, 순금덩이보다 더 좋고 꿀보다, 송이꿀보다 더욱 달다.
11 당신 종이 그 말씀으로 깨우침받고 그대로 살면 후한 상을 받겠거늘
12 뉘 있어 제 허물을 다 알리이까? 모르고 짓는 죄일랑 말끔히 씻어 주소서.
13 일부러 범죄할까, 이 몸 막아 주시고 그 손아귀에 잡힐까, 날 지켜 주소서. 그제야 이

몸은 대역죄 씻고 온전히 깨끗하게 되리이다.

14 내 바위, 내 구원자이신 야훼여, 내 생각과 내 말이 언제나 당신 마음에 들게 하소서.

고린도전서 12:12-31a

12 몸은 하나인데 많은 지체가 있고, 몸의 지체는 많지만 한 몸임과 같이, 그리스도도 그러합니다.

13 우리는 유대 사람이든지, 그리스 사람이든지, 종이든지, 자유인이든지, 모두 한 성령으로 세례를 받아서 한 몸이 되었고, 또 모두 한 성령을 마시게 되었습니다.

14 몸은 한 지체가 아니라, 여러 지체로 되어 있습니다.

15 발이 말하기를 "나는 손이 아니니, 몸에 속한 것이 아니다" 한다고 해서 발이 몸에 속하지 않은 것이 아닙니다.

16 또 귀가 말하기를 "나는 눈이 아니니, 몸에 속한 것이 아니다" 한다고 해서 귀가 몸에 속하지 않은 것이 아닙니다.

17 온몸이 다 눈이라면, 어떻게 듣겠습니까? 또 온몸이 다 귀라면, 냄새는 어떻게 맡겠습니까?

18 그런데 실은 하나님께서는, 원하시는 대로, 우리 몸에다가 각각 다른 여러 지체를 두셨습니다.

19 전체가 한 지체로 되어 있다고 하면, 몸은 어디에 있습니까?

20 그런데 실은 지체는 여럿이지만, 몸은 하나입니다.

21 그러므로 눈이 손에게 말하기를 "너는 내게 쓸 데가 없다" 할 수가 없고, 머리가 발에게 말하기를 "너는 내게 쓸 데가 없다" 할 수가 없습니다.

22 그뿐만 아니라, 사람이 몸 가운데서 더 약하다고 여기는 지체가 오히려 더 요긴합니다.

23 그리고 몸 가운데서 덜 귀하다고 생각하는 지체들을 더욱 귀한 것으로 입히고, 볼품없는 지체들을 더욱더 아름답게 꾸며 줍니다.

24 그러나 아름다운 지체들에게는 그럴 필요가 없습니다. 하나님께서는 몸을 골고루 짜맞추셔서 부족한 지체에게 더 큰 존귀함을 주셨습니다.

25 그래서 몸에 분열이 생기지 않게 하시고, 지체들이 서로 같이 걱정하게 하셨습니다.

26 한 지체가 고통을 당하면, 모든 지체가 같이 고통을 당합니다. 한 지체가 영광을 받으면, 모든 지체가 함께 기뻐합니다.

27 여러분은 그리스도의 몸이요, 한 사람 한 사람은 그 지체입니다.

28 하나님께서 교회 안에 세우신 이들은, 첫째는 사도요, 둘째는 예언자요, 셋째는 교사요, 다음은 기적을 행하는 사람이요, 다음은 병을 고치는 은사를 받은 사람이요, 남을 도와주는 사람이요, 관리하는 사람이요, 여러 가지 방언으로 말하는 사람입니다.

29 그러나, 모두가 사도이겠습니까? 모두가 예언자이겠습니까? 모두가 교사이겠습니까? 모두가 기적을 행하는 사람이겠습니까?

30 모두가 병 고치는 은사를 받은 사람이겠습니까? 모두가 방언으로 말하는 사람이겠습니

까? 모두가 통역하는 사람이겠습니까?

31 그러나 여러분은 더 큰 은사를 열심히 구하십시오.

신학적 관점

본문은 교회 일치를 향한 권면의 말씀으로 이천 년 기독교 역사를 통틀어 가장 유명한 은유 중 하나다. 물론 이는 바울의 창작이 아니고 이미 고전에 등장하는 이야기이다. 그런데 바울 이전에 사회공동체를 몸에 비유하는 이야기는 명령과 복종의 상하 조직으로서의 조화와 일치를 말하는 데 반해 바울은 이를 다양성과 상호 의존이라는 평등성에 기초한 조화와 일치를 말하고 있다는 점에서 판이하게 구별이 된다. 나아가 몸은 가장 약한 지체들과 볼품없는 지체들을 더욱 아름답고 더욱 존귀하게 만드는 유기체로서의 기능성을 강조한다. 여기서 우리는 이 지체들이 사회 안에서 변두리로 밀려난 자들이요 장애우들이요 교육받지 못한 자들이요 흉한 얼굴을 가진 사람들이라고 하는 신학적 논제로 발전시킬 수 있는데, 왜냐하면 기독교의 십자가 신학은 '그리스도의 연약함'으로부터 출발하고 있기 때문이다(참조. J. Moltmann, The Source of Life: The Holy Spirit and the Theology of Life, 1997, 66-68).

교회마다 각기 다른 특징들을 갖고 있다. 어떤 교회는 성찬을 통해, 어떤 교회는 특정한 교리를 통해, 어떤 교회는 정의와 평화의 사회 선교 활동을 통해, 어떤 교회는 특정한 신앙 체험을 통해 일체감을 갖는다. 그러나 교회 간에 이런 차이가 존재함에도 불구하고 몸으로서의 교회는 사회구조나 교회 조직에 의한 산물이 아닌 예수 그리스도의 관계 속에서 나온 산물임을 분명히 인식해야 한다. 교회는 태생적으로 그리스도 안에서 하나된 몸이다. 물론 하나됨이 겉으로 잘 드러나지는 않는다. 그러나 유기체로서의 하나됨은 은혜의 선물임을 자각하고 사도행전의 거룩한 공회(a catholic church, 유일한 교회, 대문자 C로 쓰면 로마가톨릭을 가리킨다)로서의 고백을 자각하도록 힘쓴다.

목회적 관점

발과 귀와 눈을 하나의 구별된 개체로 의인화한 이야기는 매우 깊은 성찰을 던져 준다. 예배와 교육과 친교와 선교라는 교회의 중요 기능을 행함에 있어 매해 우선순위가 정해지는데, 이로 인해 교회 안에 때로는 불협화음이 일어난다. 소외당한 사람들의 소리에 귀를 기울이면서 이것들의 균형을 유지하는 일은 목회자의 책무 중 중요한 일이다. '서로를 같이 걱정하게 하는' 공동체 의식을 고양시키는 일이야말로 어떤 의미에서 목회의 핵심이라고 말할 수 있다. 일의 달성에 목적이 아닌 서로를 돌보는 돌봄 정신의 고양, 곧 일을 진행해 나가는 과정에 목회의 진실이 숨어 있다. 왜냐하면 목회는 '사람'에 있지 '일'에 있지 않기 때문이다(25절).

교회에는 개인이든 그룹이든 다이내믹이 존재하지 않으면 앞으로 나아가기가 쉽지 않다. 그러나 다이내믹은 언제나 갈등을 유발한다. 교인들은 '하나되어야 한다는 압박감'(togetherness pressure)을 받고 있다. 그러나 종종 어떤 교인들은 변화를 요구하며, 이에 저항하기도 한다. 목회는 바로 이러한 둘 사이에서 균형을 찾는 일이다. 가족관계를 예로 들자면, 가족의 구성원들은 개인으로서 존재하지만, 가족이라는 울타리 안에서 자기 정체성이 확인되고 유지된다. 목회자는 교인들로 하여금 "어떻게 내가 한 명의 주체적 '나'로서 동시에 '너'와 함께 할 수 있는가?"를 끊임없이 묻도록 하여야 한다. 누군가의 슬픔과 기쁨이 나에게 동시에 슬픔과 기쁨이 되고 있는가를 스스로 질문하도록 한다. 애를 먹이는 교인이 있을 경우 교회 지도자들과 목회자는 그가 차라리 교회에 나오지 않았으면 좋겠다고 하는 유혹을 받기도 한다. 그러나 필자가 처음 목회를 시작할 때, 선배 목사로부터 들은 교훈 하나가 나로 하여금 그런 유혹을 떨쳐버리도록 만들었는데, 그건 "그 사람이 나가면 하느님은 그 사람을 대신한 또 다른 사람을 교회 안에 심는다"는 교훈이었다.

28절의 직분들이 상하 조직의 순서를 말하는지는 확실하지 않다. 다만, 고린도 교회는 방언 은사를 받은 사람들의 특권의식으로 인해 어려움을 겪고 있었는데, 방언과 통역의 은사를 맨 끝에 두었다는 점은 분명하다. 어떤 신앙 공동체들은 직분에 따른 위화감을 떨치기 위해 모두 '자매'와 '형제'로 부르기도 하며 혹은 'OO님'으로 서로의 호칭을 부르기도 한다. 필자가 미국에서 목회했을 때 미국인 교인들은 모두가 서로를 이름으로 부르고 심지어는 담임목사인 나에게까지 이름으로 불렸는데, 이는 신선한 충격이었으며 바울의 본문 말씀을 깊이 묵상하는 계기가 되었다. 이후 평신도 목회와 신학('평'신도는 '평범하지 않는', 곧 '특별' 신도를 전제한 중세 신학에서 나온 단어이기에 필자는 '생활 목회자'와 '교회 목회자'로 명칭을 바꿨다)에 대한 신학적 성찰을 통해 향린교회 부임 직후 설교에 참여시키고, 공동 축도를 실시하였으며,『자유인의 하늘뜻펴기』(한울, 2017)라는 생활 목회자 설교집을 출간하기도 하였다.

예배 중 누더기를 입고 역한 냄새를 풍기고 있는 맨 뒷좌석에 앉아 있는 사람을 상상해 보라. 이 사람을 어떻게 대하는지에 따라 교회의 건강성이 드러난다.

주석적 관점

바울은 고린도교회가 예배 중에 일어난 소동에 관련하여(11-14장) 이야기를 하던 중 은사 얘기(12-14장)로 귀결하는데, 오늘 본문은 이 은사 이야기의 첫 출발이 되고 있다. 바울이 교회를 그리스도의 몸(sōma)으로 비유하는 것은 앞서 성찬식에 관련한 말씀에서 이미 언급한 바 있다(10:17). 따라서 여기서는 한 몸을 강조한다기보다는 서로의 다양성을 강조하기 위함이다. 에베소서 4장은 성령이 한 분임을 강조하고 있다. 한 어버이에게서 나온 자매, 형제들이 하나의 가족으로 형성되듯이 한 분이신 성령으로부터 나온 각자의 은사는 하나의 공동체를 이룰 수밖에 없다.

차별이 아닌 차이로 존중받는 다양성 안에서의 일치이다.

설교적 관점

사람의 몸은 206개의 뼈와 639개의 힘줄 그리고 약 2.7킬로그램의 피부 그리고 인대, 연골, 정맥, 동맥, 피와 살 등으로 이루어져 있다. 매 순간 우리는 소리를 듣고, 걷고, 숨을 쉰다. 이 하나하나의 동작은 헤아릴 수 없는 많은 지체와 여러 생각이 하나로 작용한다. 인간의 몸은 생명체 중 가장 복잡한 구조를 갖고 있다.

설교의 핵심 주제

1. 구성원들로 하여금 교회 안에서의 자신의 위치가 사람의 몸에 비유할 때 어떤 지체에 해당하는지를 생각하도록 한다. 그럼으로써 미미한 존재이긴 하지만, 자신 또한 교회라는 한 몸에 속했다고 하는 소속감을 갖도록 한다.

2. 소속감은 곧 참여 활동을 뜻한다. 모든 교인은 각자 받은 은사가 있으며, 이는 공동의 이익을 위해 쓰임을 받아야 한다. 교회 안에서의 자신의 역할이 너무나 미미하다고 여겨 교회 활동에 매우 소극적인 분들이 있다. 이런 경우 몸의 비유를 통해 한 지체가 활동하지 않음으로 죽어가면(썩어가면) 몸 전체에 어떤 영향을 가져오는지를 말함으로 참여 동기를 부여한다.

3. 그리스도 안에서의 하나되는 공동체. 25, 26절은 공동체 구성원 한 사람의 기쁨과 슬픔에 대해 언급한다. 교회는 잘못하면 너무 기능적인 역할에 치우치기 쉽다. 교인됨의 본질은 자신됨의 은사를 드러내는 기능이 아닌 하느님의 사랑을 서로 간에 나누는 일에 있다. 이것이 바로 교회의 비전이다. 교회는 건물이 아닌 돌봄의 공동체요 세상 안에서 하느님의 일을 함께 도모하는 공동체인 것이다.

‒ 예화 1: 가족들 가운데 한 사람이 아파 병원에 입원하게 되면 가족들의 생활 패턴은 이 한 분을 중심으로 바뀌어 간다. 더욱 가장 나이 어린 가족인 경우에는 더욱 그러하다.

‒ 예화 2: 교회 건물의 귀퉁이에 있는 작은 못이 하나 빠져 바닥에 떨어졌다. 어느 누구도 이에 관심하지 않았다. 시간이 지나면서 그 부위가 삐꺽거리기 시작했고, 급기야는 주위의 벽돌 하나가 떨어져 나갔고, 이어 태풍이 몰아치자 건물 전체가 무너져 내리고 말았다.

덧붙이는 이야기

－ 향린교회에 20년 이상을 정기적으로 출석하고 헌금하고 교회 활동에 적극 참여하면서도 세례를 받지 않던 분이 어느 날 세례를 받겠다고 하여 세례를 베푼 적이 있다. 성령의 역사는 인간의 생각을 넘어선다.

－ 미국 워싱턴에 Savior of the Church가 있다. 미국을 움직이는 10대 교회 중 하나로 각기 특별한 지역 선교를 담당하고 있는 10여 개의 자매교회들로 구성되어 있다. 오래전 필자는 이들 모두를 탐방한 바 있다. 침묵 수련회에 참가하던 중 50대 후반의 한 자매의 고백을 들었다. 30년을 이 교회를 다니고 있었고 모든 활동에 적극 참여하고 있었지만, 자신은 그 교회의 교인이 아니라고 하는 것이었다. 왜냐하면 2년간에 진행된 신입 교인 교육을 다 받고 나서 예배 중에 교인 선서가 있었는데, 그중 한 조항에 걸려 지금까지 이런 상태에 있다는 것이었다. 그 한 조항은 "자신이 가진 재산은 모두 하느님의 것"임을 고백하는 조항이었다(이분은 처음부터 십일조 이상의 헌금을 하고 있었다.) 사실 이 교회는 오래전 한국교회에 몇 권의 책과 목회 세미나로 인해 크게 소개되었고, 많은 목회자가 이 교회를 방문하였다. 그러나 이 교회의 근본을 바로 보지 못하는 실수를 저질렀는데, 그건 겉으로 드러난 지역 복지 선교 사역에만 관심을 가진 것이다. 코스비 목사는 침례교 군목으로 2차 세계대전에 참가하던 중 전쟁의 참혹함을 경험하고 1947년 워싱턴에서 5명으로 교회를 시작하고 집을 수리하여 50년 이상을 예배처로 사용하여 왔으며, 100명이 되었을 때 교회를 분립하기 시작하였다. 모든 교인은 2~15명으로 구성된 미션 그룹에 참여하여 실질적인 선교 활동을 주도하게 되는데, 이 그룹이 후에 새로운 교회의 모태가 된다. 필자는 여러 번 코스비 목사의 설교를 직접 들었는데, 그때마다 그는 미국의 전쟁 국가로서의 제국성을 신랄하게 비판하고, 빈익빈 부익부를 낳는 자본주의 구조를 신랄하게 비판하였다. 그는 미국교회에서 드물게 보는 시대의 예언자였다. 더욱 놀라운 것은 코스비 목사가 은퇴를 한 이후 교인들은 2년 동안 새로운 담임목사를 모실 것인지를 논의한 끝에 교회를 해산하기로 결정하고, 교회 건물을 판 대금(당시 2천만 불이 넘었다)을 자매교회에

다 분배하고 자신들은 자매교회에 한 일원으로 참여하였다. 해산을 결정할 당시 50명 이상의 능력 있는 교인들이 있었다. 얼마든지 교회 운영이 가능한 상황이었다. 이 소식에 필자는 너무나 신선하고도 큰 충격을 받았다.

누가복음 4:14-21

14 예수께서 성령의 능력을 입고 갈릴리로 돌아오셨다. 예수의 소문이 사방의 온 지역에 두루 퍼졌다.

15 그는 유대 사람의 여러 회당에서 가르치셨는데, 모든 사람에게서 영광을 받으셨다.

16 예수께서는, 자기가 자라나신 나사렛에 가셔서, 늘 하시던 대로, 안식일에 회당에 들어가셨다. 성경을 읽으려고 일어서서

17 예언자 이사야의 두루마리를 건네 받아 그것을 펴시어, 이런 말씀이 있는 데를 찾으셨다.

18 "주의 영이 내게 내리셨다. 주께서 내게 기름을 부으셔서, 가난한 사람들에게 기쁜 소식을 전하게 하셨다. 주께서 나를 보내셔서, 포로 된 사람들에게 자유를, 눈먼 사람들에게 다시 보게 함을 선포하고, 억눌린 사람들을 풀어 주고,

19 주의 은혜의 해를 선포하게 하셨다."

20 예수께서 두루마리를 말아서, 시중드는 사람에게 되돌려 주시고, 앉으셨다. 회당에 모인 모든 사람의 눈이 예수에게로 쏠렸다.

21 예수께서 그들에게 말씀하셨다. "이 성경 말씀은 너희가 듣는 가운데서 오늘 이루어졌다."

신학적 관점

저자 누가는 예수의 공생애를 시작함에 있어 이사야의 예언의 구절을 인용하는 것으로 시작하여 이것이 "오늘 이루어졌다"는 선언으로 끝난다. 이사야는 12장 13절에서 "다시는 헛된 제물을 가져오지 말아라. 다 쓸모없는 것들이다. 분향하는 것도 나에게는 역겹다"고 말한다. 약자에 대한 나눔과 사회적 정의 대신 종교의식을 통해 의롭게 된다는 생각이 잘못된 생각임을 지적하였는데, 오늘 예수는 이를 확인함과 동시에 자신의 사역을 통해 이것들이 이루어질 것임을 천명하고 있다.

오늘날 백인 서구 신학의 절대성은 깨어져 나갔지만, 아직 남미 해방신학이 본격화되지 않은 1960년 말 흑인신학의 선두 주자인 제임스 콘은 그의 신학을

주장함에 있어 이렇게 말했다. "기독교는 본질적으로 해방의 종교입니다. 신학의 기능은 억압받는 이들의 공동체를 위해 그 해방의 의미를 분석하며, 이들의 정치적, 사회적, 경제적 정의 투쟁이 예수 그리스도의 복음과 일치한다는 것을 알도록 하는 것입니다. 어떤 메시지라도 가난한 이들의 해방과 관련되지 않는다면 그리스도의 메시지가 아닙니다. 어떤 신학도 해방이라는 주제에 무관심하다면, 기독교 신학이 아닙니다"(제임스 콘/홍신 옮김, 『아무에게도 말하지 않을 거라고 했지만』, 한국기독교연구소, 2021, 107).

제1성서의 핵심 주제는 출애굽 해방 사건과 바빌론 포로 해방 사건이다. 이 두 개의 사건은 타원형의 두 개의 중심점처럼 성서의 시작부터 끝까지 교차 반복되고 재해석되고 있다. 출애굽 해방 사건이 에토스라면, 바빌론 해방 사건은 파토스와 같다.

토라의 핵심은 안식일이다. 이 안식일 제정은 창조 사건의 완성이다. 그리고 안식일에 기초하여 안식년이 만들어졌고, 안식년에 기초하여 희년이 만들어졌다. 안식일의 완성은 희년에 있다. 안식은 쉼이다. 고대 시대에 이 법이 의미하는 것은 무엇을 의미하였는가? 당시에는 동물과 동일시 여김을 받는 노예들에게는 쉼이 허락되지 않았다. 주인은 아무 때나 자신이 원하는 시간에 쉴 수 있었지만, 노예는 저들이 쉬는 동안에도 저들의 옆에서 시중을 들어야 했다. 곧 안식일 제도는 노예들을 위한 쉼의 제도였다. 노예 인권 해방 선언이었다. 더 나아가 안식년은 땅을 쉬도록 했다. 이는 오늘날 문제가 되고 지구온난화와 기후정의의 문제, 곧 자연에 대한 무분별한 개발 착취에 대한 경고였다. 안식년은 자연권의 해방 선언이다. 희년에는 모든 빚을 탕감하고 노예들은 자신들의 집으로 돌려보내며, 땅 또한 원래의 지파에게로 되돌려 주는 모든 것을 원래의 상태로 돌리는, 기득권자의 기득권을 온전히 포기하는 새로운 출발, 새로운 창조를 의미했다. 오늘날 희년 선언보다 더 강력한 인간 해방의 외침은 없다. 공산당 선언도 이에 미치지 못한다.

앙드레 트로크메는 예수의 나사렛 회당에서의 희년 선언은 당시 유명무실했던 희년의 해에 이 외침을 시작했다고 말한다(박혜연 · 양명수 공역, 『예수와 비폭력혁명』, 한국신학연구소, 1986). 마가는 예수의 공생애 시작이 '세례 요한이 옥에 갇힌 후'라고 말함으로 예수의 공생애를 국가권력에 대한 예언자적 외침을 이어가는 '정치적 저항성'에 방점을 두었다면, 누가는 나사렛 회당의 희년 선언을 통해 '경제 분배 정의'에 방점을 둔 것이다. 그래서 마태의 산상수훈은 "마음이 가난한 자는 복이 있다"고 말하지만, 누가는 "가난한 자가 복이 있다"고 말하고, 이어 부자에게 화가 임할 것이라고 말함으로 '가난'에 대한 어떤 영적인 해석도 부정하고 있다. 저자 누가의 예수 이해의 핵심이다. 어리석은 부자의 비유(12장), 부자와 나사로(16장), 삭개오(19장)의 이야기는 모두 재물의 위험성을 경고하는 이야기로 누가복음에만 나온다.

민중신학자 서남동 교수는 "복음은 원래 가난한 자들의 복음이었던 것이 부자들의 복음으로 변해버렸다. 부자와 가난한 사람, 주인과 종을 같은 죄인이라고 균등화하는 것은 하느님 앞에서 죄를 범하는 것이고 현실의 잔혹한 불평등과 비참한 가난에 대한 외면 무관심을 낳고 부자들의 자기 의인을 다져주게 된다. 부를 같이 나누려 하지 않고 죄만을 같이 나누는 것이다"라고 했다(『민중신학의 탐구』).

우리가 어버이라면 자녀들에게 바라는 것이 무엇인가? 용돈이나 선물을 바랄까? 아니다. 어버이의 마음을 헤아려 주는 일이다. 신앙생활에 있어 중요한 것은 하느님께 무엇을 드리는 일보다 하느님의 관심이 무엇인지를 아는 일이다. 하느님은 헤세데의 하느님으로서 언제나 약자를 관심하고 계시다.

지난주 세례를 통해 예수가 기도하는 가운데 성령이 비둘기 같은 형상으로 내렸는데(3:21), 이 하늘의 전령이 전한 쪽지의 내용이 바로 오늘 본문의 내용이다.

목회적 관점

세례(3:22)-광야 시험(4:1)-희년 선포(4:18)는 모두 성령의 주도하에 일어난다. 예수는 하느님의 아들이었지만 성령의 도우심을 필요로 하셨다.

미국 장로교 217차 총회의 의장이었던 존 그래야 목사는 "성령의 역동성이야말로 초대교회가 가진 유일한 것이었다. 초대교회는 건물도, 재정도, 직원도 없었고 교인도 거의 없었다. 오늘 우리는 건물도, 재정도, 직원도, 교인도 있지만, 성령의 권능을 받았는가?"라고 묻는다(*feasting*, 286).

오늘의 본문은 예수 목회가 무엇인지를 분명하게 말씀하고 있다. 가난한 사람에게 복음은 먹을 양식이다. 이는 오늘날 국가가 주는 기본소득 혹은 복지 담당 공무원 혹은 노숙자 사역자들이 감당하고 있다. 포로된 사람들에게 자유는 대통령의 사면 혹은 게릴라 단체가 담당하고 있다. 눈먼 사람들에게 다시 보게 하는 일은 안과의사가 담당하고 있다. 그런데 여기서 귀 먼 사람들, 혀 잘린 사람들에게 대한 언급은 없다. 억눌린 사람들을 풀어 주는 일은 인권변호사 혹은 판사들이 담당하고 있다. 목회자인 당신에게 이 말씀이 주는 목회적 사역의 의미는 무엇이며, 이에 따른 교인들이 감당하는 목회적 사명은 무엇인가?

"오늘 이루어졌다"는 것은 무엇을 의미하는가? '지금, 여기'라는 '실현된 종말론' 혹은 자아 실천이라는 '실존론적 해석'이 가능하고, 위에 언급한 트로끄메의 주장에 의하면 '희년 율법 조항들을 예수 자신이 "이제 시작하고 있는 하느님 나라 운동을 통해 이루어질 것이다"라고 하는 자기 선언일 수도 있다.

성령은 우리가 하느님을 위해 일할 때 오신다. 예수를 따르는 것은 그의 사명과 그의 때를 받아들이는 것을 의미한다. 예수가 오늘 교회 예배에 참여하셔서 오늘의 희년 선언을 재현하신다면 우리는 어떻게 할까? 나사렛 마을 사람처럼 낭떠러지로 예수를 끌고 갈까?

주석적 관점

16절은 예수의 어린 시절 추억이 깃든 곳이며, 그곳에 모인 마을 사람들은 모두가 가족, 친척이거나 아니면 집의 숟가락이 몇 개인지를 알고 지내는 지인들이었음을 말하고 있다.

보통의 회당 예배에는 몇 가지 순서가 있다. 1) 쉐마 암송(신 6:4-9; 11:13-21; 민 15:37-41), 2) 예루살렘을 향하여 기도하기, 3) 모인 회중들이 아멘으로 화답하기, 4) 율법서나 예언서 두루마리 읽기, 5) 설교, 6) 축도. 성인 남자 중 누구든지 자원하거나 요청받아서 기도하거나 율법서나 예언서를 읽었다. 또한 성인 남자 누구나 설교할 수 있었다(행 13:15, 42; 14:1; 17:2). 예배가 시작되기 전 읽을 사람이 정해졌다.

오늘 본문은 당시 백성들 사이에서 널리 유포되어 있었고, 쿰란 공동체의 의의 교사의 저작에 중요한 참고 자료로서 사용되었다. 이것은 오실 메시아에 대한 백성들의 기다림의 구체적인 기대였다.

설교적 관점

2007년 침례교윤리센터에서 발간한 커리큘럼 서문에서 "대부분의 침례교 강단에서는 오늘의 본문을 설교할 때 예수께서 선포한 내용들을 실천적 선교 과제로 설명하지 않고 있으며, 이를 약화시키기 위해 본문을 잘 선택하지 않거나 희석시키고 있다. 때로는 또 영적으로 해석하거나 얼버무리며 지나가기도 한다"고 지적한다. "예수께서는 복음이란 가난한 자와 억압당하는 자를 위한 것이고 사회의 주변부에 있는 자들에게 선포하는 것이라고 말했다. 예수께서는 그가 현실적인 억압 구조에서 소외된 사람들, 즉 가난한 자, 전쟁 포로, 병든 자, 정치범 등을 해방시키기 위해 왔다고 선언하고 있다. 그는 참담한 부재를 탕감해 주고 노예를 자유하게 하는 희년을 선포하여 기존 경제구조를 뒤바꾸기 위해 오셨다"(*feasting*, 287).

오늘 남한은 세계에서 제일 높은 빈부격차를 보이는 나라다. 하루하루 양식을 벌어들이기 위해 비정규직으로 일하며, 상당한 빚을 지고 있는 사람들에게 예수의 복음의 메시지는 강력한 희망과 위로가 되겠지만, 만약 기득권을 누리는 사람들이 있다면 그들에게는 예수께서 누가복음에서 인용한 이사야서 마지막 구절 '우리 하느님의 보복의 날'을 읽지 않은 것에 오히려 감사해야 할 것이다. 예수의 관심은 치유와 정의를 가져오는 것이었지 복수가 아니었다.

미국 교회나 남한 교회에 큰 영향을 미쳤던 새들백교회의 릭 워렌이 쓴 『목적이 이끄는 삶』에서는 오늘의 누가복음 본문을 전혀 언급하지 않고 있다. 예수 사역의 목적이 바로 우리, 곧 예수를 믿고 따르는 사람들의 목적이어야 하지 않을까?

새해를 맞아 교회는 여러 목표를 세우고 사람을 세운다. 오늘 본문은 바로 이러한 사역의 핵심 길잡이가 되는 말씀이다.

주현절 후 넷째 주일

렘 1:4-10; 시 71:1-6; 고전 13:1-13; 눅 4:21-30

예레미야 1:4-10

4 주께서 나에게 말씀하셨다.

5 "내가 너를 모태에서 짓기도 전에 너를 선택하고, 네가 태어나기도 전에 너를 거룩하게 구별해서, 뭇 민족에게 보낼 예언자로 세웠다."

6 내가 아뢰었다. "아닙니다. 주 나의 하나님, 저는 말을 잘 할 줄 모릅니다. 저는 아직 너무나 어립니다."

7 그러나 주께서 나에게 말씀하셨다. "너는 아직 너무나 어리다고 하지 말아라. 내가 너를 누구에게 보내든지 너는 그에게로 가고, 내가 너에게 무슨 명을 내리든지 너는 그대로 말하여라.

8 너는 그런 사람들을 두려워하지 말아라. 내가 늘 너와 함께 있으면서, 보호해 주겠다. 나 주의 말이다."

9 그런 다음에, 주께서 손을 내밀어 내 입에 대시고, 내게 말씀하셨다. "내가 내 말을 네 입에 맡긴다.

10 똑똑히 보아라. 오늘 내가 뭇 민족과 나라들 위에 너를 세우고, 네가 그것들을 뽑으며 허물며, 멸망시키며 파괴하며, 세우며 심게 하였다."

신학적 관점

오늘 본문과 다음 주 이사야서 본문은 둘 다 소명(召命)에 관한 말씀이다. 목사들에게만 해당되는 말씀은 아니다. 바르트는 소명이란 "예수 그리스도와 연합하는 사건이다. 말하자면 그의 예언 사역에 동참함으로 하느님의 봉사자가 되고 따라서 인류의 봉사자가 되는 것이다." 다시 말해 소명이란 하느님이 펼치시는 세상에서 복음의 증인이 되도록 우리를 부르시는 은혜의 초대이다. 깔뱅은 말하길, "어떤 일도 더럽고 추한 일은 없다. 만일 당신이 소명에 충실하기만 하다면 말이다.

빛나지는 않을지라도 하느님의 눈에는 매우 소중한 일이다." 루터 또한 말하길, "자녀들의 기저귀를 가는 일 또한 하느님의 영광을 위한 소명의 일이다"(feasting, 290).

6절의 "저는 아직 너무나 어립니다"라는 말은 육체적 나이라기보다는 경험 부족과 그 일을 맡기에는 적합한 사람이 아니다라는 뜻이다. 이는 하늘의 부름에 대한 일종의 거부하는 행동인데, 이는 다음 주의 이사야의 소명의 경우와는 정반대이다. 예레미야는 그의 생애 마지막까지 하느님의 소명에 대해 특별한 능력을 보여주는 특별한 사람이 아니라, 눈물과 두려움, 저항과 미숙함 그리고 후회를 말하는 보통 인간의 모습을 보여준다. 마찬가지로 우리가 신앙생활 중 비슷한 고통을 겪는다 할지라도 이 또한 우리 자신이 하느님의 일을 하기에는 부적합한 사람이라고 하는 것을 말하는 것은 아니다.

자랑거리와 자신감이 소명에 대한 증거가 되는 것은 아니다. 오히려 이는 하느님의 영역에 속하는 일이다. 그래서 5절에서 "내가 너를 모태에서 짓기도 전에 너를 알았다"고 말씀하신다. 이 구절은 때로 낙태 문제에 관련하여 인용되기도 하지만, 이 구절이 뜻하는 것은 배아를 말하는 것이 아니라 하느님께서 예레미야를 부르시는 것은 그의 자질 때문이 아닌 전적으로 하느님의 예정과 선택이라는 의미다. 오히려 자질이 부족할 때 하느님은 이를 채우신다고 말씀하신다(7-9절).

보통 소명은 개인적 차원에서 말해지지만, 보통 사람 예레미야에게 임한 소명은 국가와 민족을 허물고 다시 세우는 일이었다(10절). 바로 이것이 다른 종교에서 쉽게 발견할 수 없는 예언서의 특징이다.

목회적 관점

예레미야가 우리 교회의 담임목사 후보자로 신청했다고 가정해 보자. 학력에 신학교 졸업이 없다. 그는 주장하기를, "저는 어머니 뱃속에서부터 목사로 부름을 받았고, 청소년 시절에 이를 피하고자 노력했지만, 어쩔 수 없이 이 자리까지 왔다"고 말한다. 목사청빙위원회는 그에게 필요하면 다시 연락하겠다고 말하면서 그와의 인터뷰를 끝냈다. 그러자 그는 문밖을 나서면서 "하느님께서는 자신을 나라를 세우고 허무는 일로 부르셨는데…"라고 혼잣말을 한다. 이 소리를 들은 청빙위원들은 속으로 생각하기를 그건 우리와는 상관이 없는 일이라고 생각한다.

소명은 설명하기 힘든 일이다. 왜 쉬운 길을 놔두고 어려운 길을 선택하는지에 대해 우리 자신도 알 수가 없다. "하느님께서 부르셨다"는 답 외에. 예레미야도 처음에는 자격이 없다며 모세와 같이 이를 거부한다. 새해에는 교회 내에 여러 직분자를 세운다. 그런데 많은 사람은 자격이 없다는 이유로, 전혀 해보지 않았다는 이유로 혹은 교회에 출석한 지 얼마 안 되었다는 등등의 이유로 이를 피한다.

하느님은 예레미야를 예언자로 부르셨다. 여기서 부르셨다는 히브리 동사의 의미는 "자리에 임명했다"는 의미다. 그의 사무실 문 앞에는 예언자 예레미야라는 명패가 붙어 있다. 목회자로서 많은 분야의 일들이 있다. 오늘 본문은 나라를 뽑거나 세우거나 하는 일 또한 목회의 업무 중 하나라는 것을 말하고 있다(*feasting*, 292).

주석적 관점

2-3절에 따르면 예레미야는 요시야 왕 13년이 되는 해, 곧 BCE 627년으로부터 시드기야왕 11년이 되는 해인 BCE 587년에 이르기까지 여러 차례 하느님의 음성을 들었다고 말한다. 따라서 오늘 소명의 이야기는 후대 저자의 첨가일 가능성이 크다.

제1성서에는 여러 사람의 소명 이야기가 나온다. 모세와 기드온과 이사야와 에스겔로서 이들은 모두 하느님으로부터 부름을 받는다. 이사야와 에스겔은 청각과 함께 시각적 현상을 통해 부름을 받지만, 예레미야는 모세나 기드온의 경우와 같이 말씀으로 임한다. 입술에 손을 대시며 "내가 내 말을 네 입에 맡긴다"고 하신다. 설교자 자신에게 이런 일이 일어나는 것을 상상한다면 강단에서 선포하는 말씀 하나하나에 우리는 모든 정성을 다해야 할 것이다.

설교적 관점

각자의 소명을 생각해 보자. 언제였던가? 그때의 떨림과 감격은 그대로 지속되고 있는가? 오늘 우리는 설교를 통해 교인들이 젊었을 때 품었던, 세상을 변혁하고자 했던 꿈들을 끄집어내도록 하자. 저들의 마음속에 꽁꽁 숨어 있는 소명을! 소명은 우리의 능력과 기대를 뛰어넘는다. 그래서 언제나 두려움이 앞선다. 그래서 하느님 은 소명과 함께 "두려워하지 말라"고 말씀하신다. 지금 예레미야가 상대하는 대상은 예배실 안에 모여든 교인이 아니다. 교회 밖 세상 권력의 자리에서 계속 기득권을 누리기 위해 백성들의 눈을 가리고 거짓을 말하는 권력자들이다. 우리의 설교는 단순히 교회 안에 앉아 있는 사람들만을 위한 메시지가 되어서는 안 된다.

시편 71:1-6

1 야훼여, 당신께 피신합니다. 다시는 욕보는 일 없게 하소서.
2 당신의 정의로 나를 보호하시고 구해 주소서. 귀를 기울여 들으시고 구해 주소서.
3 이 몸 의지할 바위 되시고 내 목숨 구원하는 성채 되소서. 나의 바위, 나의 성채는 당신이 십니다.
4 나의 하느님, 악인의 손에서 나를 구해주시고, 흉악하고 포악한 자의 손에서 나를 구하소서.
5 주여, 바라느니 당신뿐이요 어려서부터 믿느니 야훼 당신입니다.
6 모태에서부터 나는 당신께 의지하였고, 어머니 배 속에 있을 때부터 당신은 나의 힘이었 으니, 나는 언제나 당신을 찬양합니다.

고린도전서 13:1-13

1 내가 사람의 방언과 천사의 방언으로 말을 할지라도, 내게 사랑이 없으면, 울리는 징이나 요란한 꽹과리가 될 뿐입니다.
2 내가 예언하는 능력을 가지고 있을지라도, 또 내가 모든 비밀과 모든 지식을 가지고 있을 지라도, 또 산을 옮길 만한 모든 믿음을 가지고 있을지라도, 내게 사랑이 없으면, 아무것도 아닙니다.
3 내가 내 모든 재산을 나누어 줄지라도, 자랑스러운 일을 하려고 내 몸을 넘겨줄지라도, 내게 사랑이 없으면, 내게는 아무런 이로움이 없습니다.
4 사랑은 오래 참고, 친절합니다. 사랑은 시기하지 않으며, 뽐내지 않으며, 교만하지 않습 니다.
5 사랑은 무례하지 않으며, 자기의 이익을 구하지 않으며, 성을 내지 않으며, 원한을 품지 않습니다.
6 사랑은 불의를 기뻐하지 않으며, 진리와 함께 기뻐합니다.
7 사랑은 모든 것을 덮어 주며, 모든 것을 믿으며, 모든 것을 바라며, 모든 것을 견딥니다.

8 사랑은 없어지지 않습니다. 그러나 예언도 사라지고, 방언도 그치고, 지식도 사라집니다.

9 우리는 부분적으로 알고, 부분적으로 예언합니다.

10 온전한 것이 올 때에는, 부분적인 것은 사라집니다.

11 내가 어릴 때에는, 말하는 것이 어린아이와 같고, 깨닫는 것이 어린아이와 같고, 생각하는 것이 어린아이와 같았습니다. 그러나 내가 어른이 되어서는, 어린아이의 일을 버렸습니다.

12 지금은 우리가 거울 속에서 영상을 보듯이 희미하게 보지마는, 그때에는 우리가 얼굴과 얼굴을 마주 볼 것입니다. 지금은 내가 부분밖에 알지 못하지마는, 그때에는 하나님께서 나를 아신 것과 같이, 내가 온전히 알게 될 것입니다.

13 그러므로 믿음, 소망, 사랑, 이 세 가지는 항상 있을 것인데, 그 가운데서 으뜸은 사랑입니다.

신학적 관점

하느님 혹은 예수 그리스도라는 말이 한 번도 등장하지 않고 있지만, 이 아름다운 한 편의 사랑의 시는 이 자체만으로도 기독교 신학이 무엇인지를 훌륭하게 말하고 있다.

바울은 고린도교회 안에 특정한 은사를 받은 사람들이 다른 사람들보다 더 훌륭하다고 주장함으로 교회 내에 분쟁이 있음을 알고 이 편지를 보내고 있다. 앞장에서 은사는 한 분이신 성령으로 온 것이며, 이는 공동의 이익을 위해 사용되어야 하는 일종의 몸의 지체와 같다고 말한 바 있다. 오늘 본문에서 이 이야기의 결론으로 사랑이야말로 최고의 은사임을 말한다. 사랑이야말로 하느님 현존의 실재이며 우리 인간됨의 본성임을 말하고 있다. 십자가를 통한 예수 그리스도의 사랑은 하느님 자신이 하늘 영광을 버리고 인간의 가장 낮은 자리에로 내려온 케노시스의 사건이다.

시기하지 않고, 뽐내지 않고, 교만하지 않고, 무례하지 않고, 성내지 않고, 원한을 품지 않는 일이 과연 가능한 일인가? 자아를 내려놓는 일은 정말 어렵다. 방언이나 예언은 사람들 앞에 돋보이는 은사이지만, 이는 부분적인 은사로 어린아이 때의 은사이다.

현대 사회는 경쟁 사회로서 남을 넘어뜨리고자 애를 쓴다. 그러나 설사 몇 명을 넘어섰다 하더라도 넘어뜨려야 할 대상은 계속 나타난다. 그리고 성공의 자리에 섰다! 하는 그 순간 제풀에 지쳐 쓰러지고 만다. 우리가 하느님의 큰 뜻을 품으면 이들은 사랑의 동역자들이지 경쟁자가 아님을 깨닫게 된다.

목회적 관점

교회에는 다양한 의견이 존재한다. 때로 의견 충돌로 인해 막다른 골목으로 치닫기도 한다. 예수의 말씀에 "소금이 맛을 잃으면 무엇에 쓰리요, 길에 버려져 사람들의 발에 밟힐 뿐이다"라고 하였다. 상대를 존중하고 자신을 낮추는 사랑이 없다면 그리스도인은 밖에 버려져 사람의 발에 밟힐 뿐이다. 오늘날 기독교가 '개독교'라 경멸을 받는 이유는 무엇인가?

주석적 관점

본문은 세 개의 단락으로 나누인다. 1-3절은 종교적 헌신의 예를 들며 수사학적인 질문을 던진다. 4-7절은 사랑에 대한 설명이다. 8-13절에서는 이를 종말론적인 관점에서 얘기한다.

4-7절만 다루고 싶은 유혹이 있지만, 12-14장의 전체 맥락에서 살펴보아야 한다. 13장 사랑장은 고린도교회가 방언과 예언의 은사로 말미암아 분열이 깊어질 때 주어진 말씀이다. 4-7절은 모든 교회의 분쟁에 대한 해독제와 같다.

1-3절에서 언급되는 종교적 헌신은 그냥 하는 말이 아니다. 모두 바울 자신이 경험한 것들이다. 그 또한 방언을 행하였으며(14:6, 18), 예언자였으며(2:7-1; 7:40), 신비를 경험했으며(2:1, 7; 4:1; 15:51), 지식에도 뛰어났으며(2:12), 기적을 행하였고(고후 12:12), 자신을 희생하였다(4:9-13; 9:12, 15; 고후 6:4-10; 11:23-29).

10절의 '온전한 것(teleion)이 올 때에는'에서 형용사 teleios는 '마지막 때'를 뜻하기도 한다. 곧 바울은 고린도 성도들로 하여금 사랑의 행위는 바로 지금이 아니면 그때가 다시는 오지 않을 것임을 암시하고 있다. 죽어가면서 '그때 용서하고 사랑을 베풀 것을…' 하고 후회하지 말라는 것이다.

방언의 은사에 관련하여 고린도교회는 고린도 도시의 문화적 영향을 받았을 것이다. 플루타크는 그의 책 『델피에서의 신탁』에서 방언을 '비밀스러운 것들'이라고 말하는데, 이는 바울이 14장에서 말하는 것과 유사하다. 고린도의 이시스(Isis)

성전 유적지 발굴을 통해 이런 '비밀 신앙'이 성행하였음을 알 수 있다(*feasting*, 305).

설교적 관점

때로 익숙함이란 경멸을 낳기도 하지만, 도전을 가져오기도 한다. 오늘의 말씀은 교회를 다니지 않는 사람들 모두가 익히 알고 있는 말씀이다. 암송하는 사람도 있다. 머리로 안다고 해서 온전히 이해하는 것은 아니다. 처음 읽는 말씀으로 생각하고 깊이 묵상하여 보자.

1. 문제 많은 고린도 교회를 향한 바울의 이 사랑의 시를 예수 그리스도 안에서의 하느님 사랑으로 곧장 넘어가는 것은 너무나 무책임한 방식이다.
2. 위에서 언급했듯이 1-3절의 남을 세우는 사랑의 행동이 아닌 자기를 세우는 방언과 예언과 지식과 헌신의 예들은 실제로 바울의 자랑거리였다. 자신의 자랑거리를 무로 혹은 '배설물'(똥)로 여기는 일이 선행되어야 한다. 여기서 목사는 자기 자신의 자랑거리를 예로 들어 사랑이 빠지면 "아무것도 아니다" 라고 하는 예를 만들면 좋다. 나아가 교회의 자랑거리가 있다면 이를 언급하는 것도 좋을 것이다.
3. 바울은 결혼하지 않았다. 따라서 이 말씀들을 결혼식에서 얘기하는 것은 바울의 본래 의도가 아닐 수 있다. 물론 사랑은 모든 행동의 기본이고 가장 힘이 있고 영원한 것이다.
4. 사랑은 "불의를 보고 기뻐하지 않는다"는 말씀과 "모든 것을 덮는다"는 말씀은 서로 상충되는 말씀 같아 보인다. 이에 대한 바른 이해는 무엇일까? 비판과 용서, 이 사이에서 무엇이 기준이 되는 것일까? "죄는 미워하되 사람은 미워하지 않는다"인가? 아니면?(*feasting*, 305)

누가복음 4:21-30

21 예수께서 그들에게 말씀하셨다. "이 성경 말씀은 너희가 듣는 가운데서 오늘 이루어졌다."

22 사람들은 모두 감탄하고, 그의 입에서 나오는 그 은혜로운 말씀에 놀라서 "이 사람은

요셉의 아들이 아닌가?" 하고 말하였다.

23 그래서 예수께서는 그들에게 말씀하셨다. "너희는 틀림없이 '의사야, 네 병이나 고쳐라' 하는 속담을 내게다 대고 말하려고 한다. 너희가 나더러 '우리가 들은 대로 당신이 가버나움에서 했다는 모든 일을, 여기 당신의 고향에서도 하시오' 하고 말하는 줄 안다."

24 예수께서 또 말씀하셨다. "내가 진정으로 너희에게 말한다. 어떤 예언자도 자기 고향에서는 환영을 받지 못한다.

25 내가 진정으로 너희에게 말한다. 엘리야 시대에 삼 년 육 개월 동안 하늘이 닫혀서 온 땅에 기근이 심했을 때에, 이스라엘에 과부들이 많이 있었지만,

26 하나님께서 엘리야를 그 많은 과부 가운데서 다른 아무에게도 보내지 않으시고, 오직 시돈 지방의 사렙다의 한 과부에게만 보내셨다.

27 또 예언자 엘리사 시대에 이스라엘에 나병 환자가 많이 있었지만, 그들 가운데서 아무도 깨끗함을 받지 못하고, 오직 시리아 사람 나아만만이 깨끗함을 받았다."

28 회당에 모인 사람들은 이 말씀을 듣고서, 모두 잔뜩 화가 났다.

29 그래서 그들은 들고 일어나서 예수를 동네 밖으로 쫓아냈다. 그들의 동네가 산 위에 있었으므로, 그들은 예수를 산 벼랑에까지 끌고 가서, 거기에서 밀쳐 떨어뜨리려고 하였다.

30 그러나 예수께서는 그들의 한가운데를 지나서 떠나가셨다.

신학적 관점

조금 전까지 예수의 말씀에 감탄했던 나사렛 고향 사람들은 왜 갑자기 태도가 돌변하여 예수를 벼랑으로 끌고 가 떨어뜨리려 했을까? 그 이유는 예수가 자신들의 기대했던 구원의 소식을 전하지 않았을뿐더러 자신들이 하느님의 구원 대상에서 제외되었다고 믿었던 이방인들이 자신들보다 먼저 구원의 자리에 임한다는 발언 때문이다. 그 예로 엘리야 시대 때의 유대에도 많은 과부가 있었지만, 시돈 지방의 사렙다 과부를 통해 하느님의 역사가 일어났고 또한 엘리사 시대 유대 땅에도 많은 한센병 환자가 있었지만, 시리아 사람 나아만을 통해 하느님의 역사가 임한 사실을 언급하신다. 이는 하느님의 구원 역사는 주류에서 밀려난 변방의 사람들을 통해 펼쳐진다는 역사 반전('첫째가 꼴찌 되고 꼴찌가 첫째 되는')의 진리를 말하며 동시에 주류 혹은 기득의 자리에 있는 사람들은 이러한 진리를 깊이 깨닫고 언제나 억눌린 자들과 변방으로 밀려난 사람들과 연대하는 믿음을 견지해야 한다는 것을 말씀하고 있다.

목회적 관점

오늘 우리 주위에서 하느님 구원의 통로가 되는 사렙다 과부와 나아만은 누구인가?

주석적 관점

예언자가 고향에서 환영받지 못한다는 이야기 또한 중요한 진리를 전하고 있다. 예언자들은 사제들과는 달리 칭찬하거나 위로하는 이야기보다는 저들 생각의 정곡을 찌르는 이야기를 한다. 동시에 고향 사람들은 예언자의 어린 시절을 잘 알고 있다. 인간적인 약점과 결점을 잘 알고 있다. ('이 사람은 요셉의 아들이 아닌가?') 따라서 예언자에 대한 일종의 선입견을 갖고 있다. 고향 사람들은 예수가 하느님이 보내신 예언자로서 전통에 매여 있는 어리석음을 깨기 위해 오셨다는 열린 기대보다는 옛 가치 판단에 머물고 있었다.

예수의 메시지는 현존 질서를 해체하고 회당에 있던 고향 사람들의 종교적 사회적 범위를 정의하는 고정관념을 위협하였다.

설교적 관점

하느님은 우리의 손아귀에서 노는 장난감이 아니다. 우리의 기대를 부수고 새로운 영역으로 우리를 이끄시는 분이시다. 설교란 단순히 성서 구절에 대한 논리적인 전개로 그쳐서는 안 된다. 말씀을 통해 청중들의 삶 속에서 변화가 일어나야 한다. 그런데 청중들의 변화가 일어나려면 설교자 자신의 변화가 먼저 일어나야 한다. 말씀을 통한 깊은 감동과 생각의 변화가 없다면 그 설교는 미미한 혹은 죽은 설교가 되고 말 것이다.

나사렛 사람들은 "너희가 듣는 가운데서 오늘 이루어졌다"는 말씀을 처음에는 아전인수식으로 이해하여 예수를 환영했지만, 그것이 그렇지 않다고 하는 것을 깨닫고 예수를 죽이려 하였다. 혹시 우리에게 이러한 아전인수식의 말씀 이해는 없는가?

주현절 후 다섯째 주일

사 6:1-13; 시 138; 고전 15:1-11; 눅 5:1-11

이사야 6:1-13

1 웃시야 왕이 죽던 해에, 나는 높이 들린 보좌에 앉아 계시는 주님을 뵈었는데, 그의 옷자락이 성전에 가득 차 있었다.

2 그분 위로는 스랍들이 서 있었는데, 스랍들은 저마다 날개를 여섯 가지고 있었다. 둘로는 얼굴을 가리고, 둘로는 발을 가리고, 나머지 둘로는 날고 있었다.

3 그리고 그들은 큰소리로 노래를 부르며 화답하였다. "거룩하시다, 거룩하시다, 거룩하시다. 만군의 주님! 온 땅에 그의 영광이 가득하시다."

4 우렁차게 부르는 이 노랫소리에 문지방의 터가 흔들리고, 성전에는 연기가 가득 찼다.

5 나는 부르짖었다. "재앙이 나에게 닥치겠구나! 이제 나는 죽게 되었구나! 나는 입술이 부정한 사람인데, 입술이 부정한 백성 가운데 살고 있으면서, 왕이신 만군의 주님을 만나 뵙다니!"

6 그때에 스랍들 가운데서 하나가, 제단에서 부집게로 집은, 타고 있는 숯을, 손에 들고 나에게 날아와서,

7 그것을 나의 입에 대며 말하였다. "이것이 너의 입술에 닿았으니, 너의 악은 사라지고, 너의 죄는 사해졌다."

8 그때에 나는 주님께서 말씀하시는 음성을 들었다. "내가 누구를 보낼까? 누가 우리를 대신하여 갈 것인가?" 내가 아뢰었다. "제가 여기에 있습니다. 저를 보내어 주십시오."

9 그러자 주께서 말씀하셨다. "너는 가서 이 백성에게 '너희가 듣기는 늘 들어라. 그러나 깨닫지는 못한다. 너희가 보기는 늘 보아라. 그러나 알지는 못한다' 하고 일러라.

10 너는 이 백성의 마음을 둔하게 하여라. 그 귀가 막히고, 그 눈이 감기게 하여라. 그리하여 그들이 볼 수 없고, 들을 수 없고 또 마음으로 깨달을 수 없게 하여라. 그들이 보고 듣고 깨달았다가는 내게로 돌이켜서 고침을 받게 될까 걱정이다."

11 그때에 내가 여쭈었다. "주님! 언제까지 그렇게 하실 것입니까?" 그러자 주께서 대답하셨다. "성읍들이 황폐하여 주민이 없어질 때까지, 사람이 없어서 집마다 빈집이 될 때까지, 밭마다 모두 황무지가 될 때까지,

12 나 주가 사람들을 먼 나라로 흩어서 이곳 땅이 온통 버려질 때까지 그렇게 하겠다.

13 주민의 십분의 일이 그곳에 남는다 해도, 그들도 다 불에 타 죽을 것이다. 그러나 밤나무나 상수리나무가 잘릴 때에 그루터기는 남듯이, 거룩한 씨는 남아서, 그 땅에서 그루터기가 될 것이다."

신학적 관점

지난주 예레미야의 소명은 배 속에서부터라는 자발성이 결여된 예정과 섭리의 사명인 데 반해 이사야는 성전에서 스랍들을 통해 하느님의 현존 경험 속에서 음성을 듣고 자발적으로 나선다. 이사야의 소명에 있어 중요한 점은 인간의 이성과 논리를 뛰어넘는 신의 신비와 이를 통해 인간에게 다가오시는 거룩의 임재이다. YHWH 하느님은 성서 말씀과 성찬 그리고 화육의 그리스도를 통해 우리에게 다가오시는데, 오늘 본문은 거룩의 영광을 통한 직접 임재이다.

이사야의 입술에 닿은 '숯'은 마치 성찬식에서의 떡과 잔과 같이 보이지 않는 은혜의 드러난 증표로서 인간의 죄(혹은 죄의식)를 없애 (하느님의 형상이 담긴 본래) 의를 회복케 함으로 사역의 일군으로 부르신다(feasting, 314).

9-13절 말씀은 신학적으로 예정론에 기초하여 하느님께서는 인간들의 거절을 미리 아신다는 것과 따라서 예언자 이사야의 회개를 촉구하는 사역 성공 여부는 그 결과에 좌우되지 않는다는 것을 말하고 있다. 왜냐하면, 논리적으로는 맞지 않지만, 이미 신에 의해 형벌이 내려지도록 예정되어 있기 때문이다. 그러나 하느님의 예정은 심판의 예정이 아닌 그루터기라는 거룩한 씨를 통한 구원의 예정임을 분명하게 말하고 있다. 그렇다 하더라도 사역자를 부르시는 목적과 이에 대한 응답으로서 우리들의 신앙 활동의 가치는 어디에 있는 것인가라는 신학적 질문은 여전히 남는다.

목회적 관점

살다 보면 시간이 정지된 듯한 느낌이 드는 특별한 순간들을 경험한다. 과거로 결코 돌아갈 수 없는 변화의 순간, '때'가 있다. 이사야는 인간의 경계를 넘어 신의 초월을 경험한다. 그리고 그는 결코 돌이킬 수 없는 새로운 삶으로 들어간다.

이 거룩성은 그의 헌신을 요구한다. 그리고 그의 헌신은 인간의 머리로는 이해할 수 없는 혼돈이다(9-13절, "돌이키지 못하도록 이 백성의 마음을 둔하게 하여라"). 예수 또한 '씨 뿌리는 사람의 비유'에서 같은 말씀을 전하신다(마 13장). 그렇다면 이사야의 예언과 예수의 비유 말씀의 목적은 무엇인가? 감추인 것을 드러내기 위함인가? 아니면 드러난 것을 감추기 위함인가? 신앙에 있어 역설의 상징성은 무엇인가?

주석적 관점

예레미야나 에스겔의 소명 이야기는 책의 첫머리에 등장한다. 이사야의 경우는 이미 1-5장에 걸쳐 예언 활동을 시작하였다. 그리고는 웃시야 왕이 죽던 해에 다시 소명을 받는다. 앞의 소명과 뒤의 소명은 다른 것인가? 같은 것의 연장인가? 웃시야왕은 유대왕국의 독립을 상대적으로나마 유지하던 왕이었다. 그러나 시로-에브라임 전쟁(BCE 735~732)에서 사망한다. 이사야의 예언은 대부분 아시리아의 군사적 위협에 관련한 말씀이다(*feasting*, 315).

오늘 본문은 이사야가 자신의 죄성을 깨닫자 이를 깨끗케 하신 후에 부르시는데, 강압적인 방식이 아닌 대화를 통해 이사야가 자발적으로 나서게 하신다. "제가 여기 있나이다. 저를 보내소서." 그러나 그의 소명은 백성들로 하여금 하느님께로 나아오지 못하도록 하는 데 있다. 따지고 보면 예언자들의 회개의 외침은 언제나 양보가 없는 철저함으로 인해 권력자들과 백성들로부터 외면을 받는다.

설교적 관점

설교자는 언제나 말씀 선포의 중심에는 나, 우리 혹은 인간 영성이 아닌 하느님임을 기억해야 한다. 오늘 본문은 웃시야왕의 죽음과 함께 시작한다. 이는 매우 중대한 정치 역사적 사건이다. 이사야가 성전에서 경험한 초월적이고 신비적인 종교적 체험은 이 정치 역사적 사건에 직결되어 있다. 예언자들은 사제들과 달리 하느님 말씀의 직접 대변자로서 역사의 중심에 서도록 부름을 받는다. 성도들의 예배를 드리는 성전은 하늘과 직결되어 있는 거룩의 장소이지만, 이는 동시에 세상 안에 존재한다.

다른 예언자들의 소명과는 달리 하느님은 이사야를 강권하시지 않고 대화를 통해 자발적으로 사역에 참여하도록 한다는 점에서 특이하다. 그러면서 동시에 백성들이 돌아서지 않을 것이라는 실패(?)를 미리 예고한다는 점에서 더욱 특이하다. 설교자는 9-12절의 해석하기 어려운 역설의 메시지를 건너 13절의 희망의 메시지로 바로 가고 싶은 유혹이 있다.

바울은 고전 1장 23절에서 십자가가 유대인에게는 걸림돌이요 이방인에게는 어리석음이라고 말하고, 고후 6장에서는 "우리가 죽은 사람 같으나 살아 있고 근심하는 사람 같으나 항상 기뻐하고 아무것도 가지지 않은 사람 같으나 모든 것을 가진 사람"이라는 십자가 도의 역설(逆說)을 얘기하고 있는데, 오늘 이사야의 역설과는 어떻게 연계가 될 수 있을까?

시편 138

1 야훼여, 내 마음 다하여 감사기도 드립니다. 당신을 모시고 섰는 이들 앞에서 당신을 찬양합니다.

2 거룩한 당신의 궁전 향하여 엎드려 인자함과 성실함을 우러르며 당신의 이름 받들어 감사기도 드립니다. 언약하신 그 말씀, 당신 명성보다 크게 펴졌사옵니다.

3 내가 부르짖을 때 당신은 들어 주시고 힘을 한껏 북돋우어 주셨읍니다.

4 야훼여, 당신의 언약 말씀을 듣고서 세상의 모든 왕들이 당신께 감사노래 부릅니다.

5 그들이 야훼께서 밟으신 길을 찬양하며 "야훼 그 영광 크시다" 노래합니다.

6 야훼여, 당신은 높이 계셔도 낮은 사람 굽어 보시고 멀리 계셔도 거만한 자 아십니다.

7 내가 고생길을 걸을 때에 이 몸 살려 주시며, 손을 드시어 살기 띤 원수들을 치시고 오른손으로 붙들어 이 몸 구해 주십니다.

8 야훼여, 모든 일 나를 위해 하심이오니, 이미 시작하신 일에서 손을 떼지 마소서. 당신의 사랑 영원하시옵니다.

고린도전서 15:1-11

1 형제자매 여러분, 내가 여러분에게 전한 복음을 여러분에게 일깨워 드립니다. 여러분은 이 복음을 전해 받았으며, 또한 그 안에 서 있습니다.

2 내가 여러분에게 전해드린 말대로, 여러분이 복음을 굳게 잡고 있으면, 또 여러분이 헛되이 믿지 않았으면, 그 복음으로 여러분도 구원을 얻을 것입니다.

3 내가 전해 받은 중요한 것을, 여러분에게 전해 드렸습니다. 그것은 곧, 그리스도께서 성경대로 우리 죄를 위하여 죽으셨다는 것과,

4 무덤에 묻히셨다는 것과, 성경대로 사흘째 되는 날에 살아나셨다는 것과,

5 게바에게 나타나시고 다음에 열두 제자에게 나타나셨다고 하는 것입니다.

6 그 다음에 그리스도께서는 한 번에 오백 명이 넘는 형제자매들에게 나타나셨는데, 그 가운데 더러는 세상을 떠났지만, 대다수는 지금도 살아있습니다.

7 그 다음에 야고보에게 나타나시고, 그 다음에 모든 사도들에게 나타나셨습니다.

8 그런데 맨 나중에 달이 차지 못하여 태어난 자와 같은 나에게도 나타나셨습니다.

9 나는 사도들 가운데서 가장 작은 사도입니다. 나는 사도라고 불릴 만한 자격도 없습니다. 그것은, 내가 하나님의 교회를 박해하였기 때문입니다.

10 그러나 나는 하나님의 은혜로 오늘의 내가 되었습니다. 나에게 베푸신 하나님의 은혜는 헛되지 않았습니다. 나는 사도들 어느 누구보다도 더 많이 수고하였습니다. 그러나 내가 이렇게 한 것이 아니라, 내가 늘 입고 있는 하나님의 은혜가 한 것입니다.

11 그러므로 나나 그들이나, 다 같이 우리는 이렇게 전파하고 있으며, 여러분은 이렇게 믿었습니다.

신학적 관점

고린도교회 교우들 가운데 부활을 믿지 않는 사람들에 대한 반론의 글로서, 부활은 반드시 구원에 필요한 사건이며 또 역사적으로 일어난 사실임을 논증하고 있다. 3-5절은 초대교회의 정경적(canonical) 부활 신앙 고백이며, 6-7절은 바울이 전해 들은 부활 사건 전승이며, 8절은 자신의 부활 증언 고백으로서 다음 주 본문을 위한 기초가 된다.

3-5절은 본문의 핵심 구절로서 종말론적 상황 인식 가운데서 나온 신학적인 요지다. 곧 유대 묵시 사상 전통의 영향을 받은 바울은 옛 시대가 끝나고 새로운 시대가 오는 과정에는 급격한 변혁이 일어나는데, 그중 하나가 예수의 부활 사건이고, 이는 새 시대의 첫 열매로서(고전 6;14), 아담 안에서 죽었던 우리가 그리스도 안에서 다시금 살아나는 일(고전 15:22)이라는 것이다. 따라서 우리는 새로운 시대에 걸맞게 행동하는 사람이 되어야 한다고 주장한다(33-35절).

"그리스도께서 우리의 죄로 인해 죽으셨다"(3절)는 논지에 대해 다양한 신학적 해석들이 있는데, 대부분은 오직 하나님의 아들만이 인간의 죄를 씻어낼 수 있다는 구속론적인 이해에 따르고 있다.

죄란 무엇인가? 고전 13장에서 언급된 죄들은 현대인들에게는 별로 중요하게 보이지 않지만, 이는 당시 사회를 떠받드는 선악의 가치 기준으로 전통적인 지혜를 반영하고 있는데, 이것들은 우리의 활동을 판단하고 선입견을 강화시킨다. 이런 전통적인 지혜와 예수 그리스도의 가르침은 공동체 내에 분열을 일으키기에 함께 할 수 없다는 것이 바울의 기본 입장이다(Marcus Borg). 이는 이미 1장에서 말한 바 있는데, 곧 십자가가 유대 사람에게는 거리낌이고 이방 사람에게는 어리석은 일이지만, 부르심을 받은 사람에게는 하느님의 능력이요 하느님의 지혜로서 하느님의 어리석음이 사람의 지혜보다 더 지혜롭다는 것이다.

역설적으로 십자가형은 전통 지혜에 대한 승리이자 동시에 가장 급진적인 전복(most radical subversion)이다. 병든 자를 고치고, 굶주린 자들에게 먹을 것을 주고, 사회로부터 버림받은 자들의 친구가 됨으로 사랑을 보여준 예수의 행위는 전통적인 지혜의 중재자였지만, 기존의 체제를 위협하는 인물로 간주되어 처형을 당한 것이다. 그럼에도 불구하고 하느님은 그를 죽은 자 가운데서 다시 살리시어 게바와 열두 제자 그리고 많은 사람들에게 부활한 몸으로 나타나셨다는 것은 하느님의 지혜와 능력을 증거하고 있다. 이는 본회퍼, 마틴 루터 킹 목사나 오스카 로메로 신부와 같이 가난한 자와 빼앗긴 자들을 위한 투쟁 속에서 희생당한 사람들을 향해 다시 한번 하느님의 어리석음은 인간의 지혜보다 낫고 하느님의 약함은 인간들의 강함보다 강하다고 하는 것을 확증하고 있다(*feasting*, 328).

이러한 바울의 예수 그리스도의 부활 가르침은 오늘날 인간들의 오만과 욕망으로 인해 갈래갈래 찢어진 우리 사회에 무엇을 말하고 있는 것인가? "그 복음으로 구원을 받았다"(2절)는 바울의 가르침은 오늘 우리에게 무엇을 행동하도록 요구하고 있는 것인가?

바울은 그 누구보다도 열심히 이러한 복음을 위하여 일하였지만, 이 또한 모두 하느님의 은혜가 한 일이었으며, 이와 같은 일을 하도록 우리 모두가 구원을 받았다고 고백하고 있다. 이러한 바울의 구원 초청에 대한 당신의 대답은 무엇인가?

목회적 관점

증인이 된다는 것은 무엇을 의미하는가? 첫째는 복음을 전수 받음으로 그 자신이 복음이 되는 일이다. 몸과 마음으로 직접 체험하지 않고서는 참 증인이 될 수는 없다. 목회자는 이미 넘치는 지식으로 고통받는 교인들에게 또 하나의 지식을 더하거나 교리의 단순 동의가 아닌 자신의 실존 안에 그리스도가 중심에 서도록, 그래서 삶의 새로운 동력이 일어나도록 그리고 세상을 바라보는 새로운 관점을 갖도록 하여야 한다. 복음을 통해 계속해서 변화가 일어나도록 이끌어야 한다. 복음이란 예수 그리스도 자신이며 교회 안에 현존하시는 부활의 주님이시다. 신자들은 자신들의 변화에 대해 말하는 것을 두려워하고 있다. 목회자는 그들로 하여금 자신들이 직접 경험한 변화를 고백하도록 북돋워 주어야 한다.

둘째는 복음의 전통은 다음 세대에 계속 전해진다고 하는 바울의 증언이다. 게바에서 열두 제자로 그리고 오백 명으로 그리고 바울 자신에게로…. 복음의 내용은 같지만, 이는 각기 다른 사람들에게 매번 새로운 경험으로 전해진다.

여기서 목회자는 바울의 경험이 독특하듯이 각자의 경험 또한 독특한 것임을 강조해야 한다. 톰 롱(Tom Long)은 말하길, "크리스천은 마치 증언석에 서 있는 사람과 같다. 있을 법한 이야기나 모험에 가득 찬 이야기를 말하는 사람이 아니라 진실을 말하는 사람이다. 체험을 통한 진리를 증언하는 사람이다. 그러기에 우리는 증언대에 서서 손을 들고 진실만을 말할 것을 선서하면서 '그리하도록 하느님이여 도우소서'(so help us God!)"라고 얘기한다(*feasting*, 328).

그리스도께서 우리의 삶을 변화시킬 때, 깨어진 결혼 관계가 회복되고, 상처받은 마음이 치유되고, 죄인을 용서하며, 두려움에 가득 찬 사람이 사랑을 베풀고, 욕심 많은 사람이 나누게 됨으로 하느님의 은혜의 복음을 증언하는 증인이 된다.

주석적 관점

바울은 예수의 탄생, 기적 혹은 비유에 대해서는 결코 말하지 않는다. 십자가 죽음과 부활에 대해서만 얘기한다. 곧 복음서 저자들과는 달리 역사적 예수에 대한 관심이 전혀 없다. 3-4절은 초대교회의 정형화된 신앙 신조로서 11장 23절,

빌립보서 4장 9절, 데살로니가전서 2장 13절에도 나타나고 이와 비슷한 고백 신조로는 빌립보서 2장 5-11절, 디모데전서 2장 5-6절, 디도서 3장 4-7절에서도 나타난다.

"그리스도께서 우리의 죄를 대신하여 죽으셨다"는 구절은 단순히 죗값을 지불했다는 의미가 아니다. 왜냐하면 바울은 레위기 16장의 대속죄일에 비유하지 않고 유월절 희생양에 이를 비유하고 있기 때문이다(5:7). '우리의 죄'란 이미 그리스도의 부활로 인해 패배한 죽음의 권세로 인한 단순한 징후이다.

"살아나셨다"는 희랍어 문법은 현재완료형이다. 죽은 자 가운데서 살아났다고 하는 과거가 아니라 지금도 살아 역사하신다는 의미다. 바울은 이에 대한 자신의 성서신학적 해석을 계속 말하고 있다. 곧 "아담 안에서 모든 사람이 죽는 것과 같이"(15:22; 창 3장), "하나님께서 모든 원수를 그리스도의 발 아래에 두셨다"(15:25,27; 시 8:6), "내일이면 죽을 터이니 먹고 마시자"(15:32; 사 22:13), "첫 사람 아담은 산 영이 되었다"(15:45; 창 2:7), "죽음을 삼키고서 승리를 얻었다"(15:54; 사 25:8), "죽음아, 너의 승리가 어디에 있느냐? 죽음아, 너의 독침이 어디에 있느냐?"(15:55; 호 13:14)

각기 다른 상황 속에 있는 위의 구절들은 하느님께서 어떻게 이 세상과 관계를 맺고 계시는지 그리고 하느님께서 십자가와 부활을 통해 어떻게 역사하시는지에 대한 은유들이다.

"달이 차지 못하여 난 자"란 말 또한 민수기 12장 12절 "모태에서 나올 때에 살이 반이나 썩은 채 죽어 나온 아이처럼"에서 미리암이 아론과 함께 모세의 권위에 대해 반역한 행위로 말미암아 한센병을 얻게 되는 과정에 대한 은유로서 자신이 예수 믿는 자들을 박해하던 일에 관련한 일종의 성서 해석이다(*feasting*, 329).

설교적 관점

현대인들은 고대인들과는 다른 사고방식을 갖고 있다. 말하자면 고대인들은 지구는 평평하고 천상 세계와 지하 세계라는 삼층적 우주관을 갖고 있다. 성서는 이러한 사고를 갖고 있는 사람들을 향한 말씀이다. 따라서 신앙에 있어 기본은 변함이 없지만, 그 이해와 전달 방식은 달라져야 한다.

그러나 기본 원칙은 있다. 첫째 신앙의 근본을 확인해야 한다. 바울은 앞서 고린도 교인들을 향해 성적 방탕과 예배 그리고 우상에게 드려진 고기를 먹는 일과 은사에 대한 문제를 언급했다. 신앙이란 '선포되었고', '전수받고', '지켜온' 말씀에 기초한다. 두 번째는 믿음과 행동의 관계다. 우리는 믿는 바에 따라 행동한다. 우리의 신학은 우리의 윤리 규범을 결정한다. 세 번째는 게바로부터 시작하여 바울에게까지 부활의 복음이 전해지듯이 복음의 이야기는 계속 전해져야 한다. 교인들로 하여금 자신들이 경험한 부활은 무엇인지 어떻게 이런 경험이 자신의 삶을 변화시켰는지 말하도록 해보자. 그리고 이는 개인의 차원을 넘어 공동체 차원에서 어떻게 역사하는지 알아보자. 왜냐하면 예수 부활 사건을 경험한 초대 교인들은 그것을 한 개인의 신앙 차원에서 머문 것이 아니라 지난 이천 년 기독교 역사 속에서 끊임없이 변화를 이끌어왔기 때문이다.

누가복음 5:1-11

1 무리가 하나님의 말씀을 들으려고 예수께로 밀려왔을 때에 예수께서는 게네사렛 호숫가에 서 계셨다.

2 그가 보시니, 배 두 척이 호숫가에 대어 있고, 어부들은 배에서 내려서, 그물을 씻고 있었다.

3 예수께서 그 배 가운데 하나인 시몬의 배에 올라서, 그에게 배를 뭍에서 조금 떼어 놓으라고 하신 다음에, 배에 앉으시어 무리를 가르치셨다.

4 예수께서 말씀을 마치시고, 시몬에게 말씀하셨다. "너는 깊은 데로 나가거라. 너희는 그물을 내려, 고기를 잡아라."

5 시몬이 대답하기를 "선생님, 우리가 밤새도록 애를 썼으나, 아무것도 잡지 못했습니다. 그러나 선생님의 말씀에 따라 그물을 내리겠습니다" 하였다.

6 그런 다음에, 그대로 하니, 많은 고기 떼가 걸려들어서, 그물이 찢어질 지경이 되었다.

7 그래서 그들은 다른 배에 있는 동료들에게 손짓하여, 와서, 자기들을 도와 달라고 하였다. 그들이 와서, 고기를 두 배에 가득히 채우니, 배가 가라앉을 지경이 되었다.

8 시몬 베드로가 이것을 보고, 예수의 무릎 앞에 엎드려서 "주님, 나에게서 떠나 주십시오. 나는 죄인입니다" 하고 말하였다.

9 베드로와 그와 함께 있는 모든 사람은, 자기들이 잡은 고기가 엄청나게 많은 것에 놀랐던 것이다.

10 또한 세베대의 아들들로서 시몬의 동료인 야고보와 요한도 놀랐다. 예수께서 시몬에게 말씀하셨다. "두려워하지 말아라. 이제부터 너는 사람을 낚을 것이다."
11 그들은 배를 뭍에 대고서, 모든 것을 버려두고 예수를 따라갔다.

신학적 관점

지난주 예레미야의 소명 이야기에 이어 시몬 베드로의 소명에 관한 이야기이다. 그런데 누가복음은 기본 골격은 마가복음과 마태복음의 이야기와 같은데, 마가복음과 마태복음이 "그물을 던지고 있는" 베드로를 부르신 반면, 누가복음은 그물을 씻고 있던 베드로의 배에 올라타 백성들을 가르치신 후에 "깊은 데로 나가 그물을 내려 고기를 잡아라"는 예수의 말씀에 따라 예상치 못하게 그물이 찢어질 듯 엄청난 물고기를 잡자, 베드로는 예수께서 그를 부르시기도 전에 이를 먼저 알아채고 "주님, 나에게서 떠나 주십시오, 나는 죄인입니다"라고 하는 이야기의 각색을 통해 소명에 대한 또 다른 신학적 물음을 던지고 있다. 곧 첫째, 소명은 명확한 부름이 없다 할지라도 어떤 기적적 현상을 통해 소명을 깨달을 수 있다는 것과 둘째, 물고기를 잡는다고 하는 것은 예수의 하느님 나라 확장에 대한 은유라는 것이다. 이에 대한 결정적인 말씀은 요한복음 말미 부활 예수의 말씀에 따라 깊은 곳에 그물을 던진 베드로가 "153"마리의 물고기를 잡는다는 이야기이다. 로마제국 시대에 발간된 한 물고기 화보 책에는 바닷속 물고기의 종류를 153가지로 말하고 있다. 물론 '그물이 찢어질 듯한 많은 물고기'는 오늘날 물량 목회를 강조하는 대형 교회들의 성공 신화의 논리에 이용당하기도 한다.

처음 제자를 부르시는 복음서의 평행 구절을 비교해 보면 흥미로운 신학적 관점이 드러난다. 첫째, 마가복음과 마태복음은 예수께서 광야 40일 기도 직후 세례 요한이 옥에 갇혔다는 이야기를 듣고 공생애를 시작하시는데, 그 공생애의 시작은 베드로와 안드레 그리고 야고보와 요한 형제 4명을 부르시는 이야기로 시작한다. 반면 누가복음은 갈릴리에서의 사역, 곧 나사렛 회당에서의 이사야의 희년 선언과 마을 사람들의 배척 그리고 가버나움을 비롯한 여러 유대 회당에서의 복음 사역을 이미 시작하신 다음, 곧 하느님 나라 운동이 자리를 잡아가고 있는 가운데 오늘 본문이 등장하고 있다. 본문 앞에 예수께서 시몬 베드로의 장모님의 열병을 고치신 이야기로 미루어 예수께서는 제자들을 부르시기 위해 많은 사람들을 이미 접촉하고 계셨다고 하는 사실을 추정할 수 있다. 곧 (이방인, 사역자, 이야기꾼인) 저자 누가는 마가복음과 마태복음의 제자 부르심이 너무 단순하다고 보는 것이다.

그리고 덧붙여서 신학적으로 누가복음은 첫 제자단(弟子團)에 대한 다른 견해를 제공하고 있다. 곧 마가복음과 마태복음은 베드로와 안드레, 야고보와 요한, 네 제자를 첫 제자단으로 보고 있는 반면, 누가복음은 안드레를 뺀 세 제자를 첫 제자단으로 보고 있다. 이어 5장에서 세리 레위를 부르시는 이야기가 나오고, 6장에서 12제자 명단이 나오는데, 여기에 안드레는 다른 제자 7명과 함께 그 이름이 최초로 언급이 된다. 안드레가 오늘 본문에서 베드로와 같이 있었을 것이라는 추정은 가능하지만, 왜 저자 누가는 안드레의 이름을 언급하지 않았는지(혹은 뺐는지)에 대해서는 여전히 질문이 남는다. 반면 요한복음은 안드레가 형 베드로를 예수께로 인도하는 주도적인 역할을 담당한다. 곧 빌립과 함께 첫 번째 제자이다. 안드레에 관련하여 누가복음과 요한복음은 신학적으로 대척점에 있다.

목회적 관점

베드로는 어부로 잔뼈가 굵은 사람이다. 그러나 그는 어느 날 밤새도록 수고하였지만, 아무것도 얻지 못하는 실패를 경험한다. 목회도 그러하다. 교우들 또한 자신의 분야에서 갈고 닦은 전문인이지만, 어느 순간 실패를 경험할 때가 있으며 예수를 통해 차원이 다른 삶의 경지를 경험하기도 한다. 이는 욕망 충족으로서의 세상 성공이 아닌 인간 본연으로서의 자신을 향한 하느님의 부르심을 깨닫는 가치관의 변화를 의미한다. 물론 이것이 반드시 목사가 되라는 것은 아니다. 성공에 대한 가치 기준이 세상적인 것이 아닌 보다 영원한 하느님 나라 가치, 곧 생명, 평화, 정의, 평등, 자유에 대한 인생의 의미를 깨닫는 것이다. 바로 이 깨달음이 "깊은 곳에 그물을 내리는" 인생 근본 부름의 깨달음이며, 이로 인해 그동안의 자신이 얕은 곳에서 살아온 '죄인'이었음을 고백하게 된다.

주석적 관점

모세(출 3장), 기드온(삿 6장), 이사야(6장)의 소명 이야기에 견줄 수 있다. 마가와 마태가 "나를 따르라"는 부름에 대한 실존적인 응답을 강조하는 데 반해 누가는 "모든 것을 버려두고"라는 소유 포기를 덧붙인다. 부의 포기 없는 예수 따르기란 입술 고백에 불과하다는 것이다. "자기를 부인하고 자기 십자가를 매고 나를 따르라"(9:23)는 제자도에 대한 본보기로 오늘의 이야기를 제시한다.

베드로는 처음에는 예수를 '선생님'으로 부르다가 그물 사건 직후 '주님'으로 그리고 자신을 '죄인'으로 인식한다. 이는 '밤새도록 애를 썼으나' 아무것도 얻지 못한 인생의 무의미성과 말씀에 순종했을 때의 삶의 풍성함, 곧 영원성을 비교하고 있다. 곧 예수의 메시아성 신적 차원을 강조하고 있다(*feasting*, 335).

마태의 산상수훈과 누가의 평지수훈은 예수의 메시아성에 대한 서로 다른 관점을 제공한다. 마태가 모세의 시내산 상징성을 중요시하는 반면, 누가는 백성들과 함께 하는 바다 민중성을 강조한다. 오늘 본문의 핵심은 베드로를 부르시는 이야기이지만, 그 배경은 바닷가에서 민중들과 함께 하는 '배에 앉으신' 예수의 모습이시다. 바닷가는 고기 썩는 냄새가 배어있는, 곧 바닥 민중들의 현장이다.

설교적 관점

본문은 기적 그 자체보다는 기적에 대한 베드로의 반응에 초점이 맞추어져 있다. 곧 많은 고기 앞에서 그는 기뻐하지 않고 자신이 죄인임을 깨닫는 것이다. 많은 사람은 기적을 자신들을 향한 하느님의 축복 내지는 종교적 행위에 대한 보상으로 이해하고자 한다. 아니다! 기적 사건은 유한한 인간성, 곧 죄인됨을 드러내는 데 그 목적이 있다. 기적은 참 자아를 발견하는 회심으로 인도하는 하나의 손가락이다. 요한복음 21장에서 또한 마찬가지이다. 밤새도록 허탕을 친 베드로는 누군가가 배 오른편에 던지라는 얘기를 듣고 많은 물고기를 얻자마자 그는 그물을 그대로 둔 채 부활 예수께서 헤엄쳐 간다.

"모든 것을 버려두고 예수를 따라갔다"는 구절은 설교하는 목회자 자신뿐만 아니라 교인들에게도 커다란 부담으로 다가온다. 헬라어 '사람을 낚는 어부'의 본뜻은 '하느님의 나라를 위하여 살아있는 자들을 구하는 일'이라는 뜻이다. 예배당을 채우는 숫자(죽은 고기)에 그 목적이 있는 것이 아니라, 인생 가치관의 변화를 통해 하느님의 나라를 위한 일꾼이 되도록 하는 일에 있다. 하느님 나라를 향해 걸어가는 사람들에게는 예수 그리스도에 대한 전폭적인 신뢰가 있어야 한다. 양쪽에 한발씩을 걸치고 있는 뜨뜻미지근한 신앙은 두 길이 점점 벌어지면 결국 가랑이가 찢어지고 만다(*feasting*, 335).

주현절 후 여섯째 주일

렘 17:5-10; 시 1; 고전 15:12-20; 눅 6:17-26

예레미야 17:5-10

5 "나 주가 이렇게 말한다. 나 주에게서 마음을 멀리하고, 오히려 사람을 의지하며, 사람이 힘이 되어 주려니 하고 믿는 자는, 저주를 받을 것이다.

6 그는 황야에서 자라는 가시덤불 같아서, 좋은 일이 오는 것을 볼 수 없을 것이다. 그는, 소금기가 많아서 사람이 살 수도 없는 땅, 메마른 사막에서 살게 될 것이다."

7 그러나 주를 믿고 의지하는 사람은 복을 받을 것이다.

8 그는 물가에 심은 나무와 같아서 뿌리를 개울가로 뻗으니, 잎이 언제나 푸르므로, 무더위가 닥쳐와도 걱정이 없고, 가뭄이 심해도, 걱정이 없다. 그 나무는 언제나 열매를 맺는다.

9 만물보다 더 거짓되고 아주 썩은 것은 사람의 마음이니, 누가 그 속을 알 수 있습니까?

10 "각 사람의 마음을 살피고, 심장을 감찰하며, 각 사람의 행실과 행동에 따라 보상하는 이는 바로 나 주다."

신학적 관점

한 편의 시와도 같은 본문을 통해 예레미야는 축복의 통로가 되는 신앙의 경건함을 위해서는 두 개의 요소가 중요한데, 하나는 하느님에 대한 전폭적인 신뢰이고, 다른 하나는 각 사람의 마음과 심장이 그 중심이 된다는 것이다. 그런데 현실에서 착한 사람들이 어려움을 겪고, 악한 자들이 잘되는 경우를 자주 목격한다. 욥기에서와 같이 신정론(神正論)에 대한 우리의 신학적인 물음은 끝나질 않는다. 여기서 우리가 추구하는 복과 성서가 말하는 복이 같은 것인가를 묻게 된다.

예레미야는 참된 복을 물가에 심은 나무에 비유하고 있다. 열매 자체, 곧 소유가 아닌 존재성이 복이라는 것이다. 물가에 심은 나무는 그 뿌리가 개울로 향한다. 그러나 개울가에 있지 않은 나무는 우기에는 잘 자라나지만, 무더위와 가뭄 속에서 말라 죽을 수밖에 없다. 따라서 참 신앙인은 언제나 자기 마음을 살펴야 한다. 과연 개울 쪽으로 그 뿌리가 향해 있는지? 아니면 세상 유혹에 빠져 반대쪽으로 나아가고 있는 것은 아닌지?(*feasting*, 340)

목회적 관점

1절에서 "사람을 의지하고 힘이 되어주겠지 하고 믿는 사람은 저주받을 자"라고 말한다. 그런데 목사들은 설교를 하느님의 말씀 선포라고 말하지만, 결국은 교인들의 헌신과 노력을 이끌어 내기 위한 것에 그 목적이 있는 것은 아닌가? 이 모순을 어떻게 해결해야 할까? 물론 우리는 목회의 경험 속에서 사람을 믿고 의지함으로 인한 깊은 상처를 갖고 있다. 교인들 또한 가까운 사람들의 다급한 요청에 따라 '재정 보증'을 서주었다가 낭패를 당하는 경우를 보게 된다. 그렇더라도 인간에 대한 신뢰 없이 하느님의 신뢰는 가능한 것인가? 신뢰에 기반하지 않은 공동체는 가능한 것인가? 하느님과 인간은 언제나 대립적인 것인가? 아마도 중요한 것은 나무의 겉을 보는 것이 아닌 그 뿌리의 향방을 보는 일이리라!

주석적 관점

예레미야 본문은 복과 저주의 상관관계에 대하여 말하는데, 이는 제1성서의 전체 주제이기도 하지만, 특히 전도서와 잠언서에서 자주 언급되고 있다. 17장은 신학적으로 다양한 주제를 다루고 있어 한 명의 저자로 보기에는 논쟁의 소지가 많은데, 8-10절은 예레미야의 관심과 일치하기는 하나 문장의 구조나 형식은 예언 언어라기보다는 시편 1편과 같은 민간 전승의 지혜 언어에 속한다.

9절의 '만물보다 더 거짓되고'의 '거짓'('aqobh)의 히브리 단어는 '야곱'(ya'aqobh)과 그 뿌리가 같다. 이스라엘의 본래 이름이 팥죽 한 그릇으로 형 에서를 속인 '야곱'이다. 곧 민족의 뿌리(근원/마음)를 드러내고 있다(*feasting*, 341).

설교적 관점

다른 예언자들과 달리 예레미야는 죄의 근원을 권세자들의 탐욕과 방탕이라는 사회 구조악에서 멈추질 않고 각 사람의 마음에 그 근원을 두고 있다(10절). 하느님은 악한 자들만이 아니라 예레미야 자신을 포함한 선한 자들까지도 시험하시고 감찰하신다(20:12). 그렇다면 누가 하느님의 눈에서 견뎌날 수 있을 것인가? 이에 예레미야는 하느님께서는 새로운 법을 우리의 마음에 새겨 놓으심으로 구원의 길을 마련해 주신다고 말한다(31:33). 예언과 지혜의 전통은 예레미야 시대 이래로 개인의 내면에 보다 큰 관심을 기울이게 된다.

예레미야는 환난의 시기에 살았다. 성전이 파괴되는 것을 목격하고 애굽으로 피신했으며, 자신의 말을 듣지 않고 성전에 남아 있는 자들에게는 항복과 포로의 삶을 받아들일 것을 말하였다. 오늘날 추방과 포로의 삶은 전쟁터에서만 일어나는 일이 아니다. 우리 주위에도 존재한다. 직업을 갖지 못한 사람들은 일상의 삶으로부터 추방당한 사람들이며, 노숙자들은 우리의 도시에서 포로된 사람들이다.

시편 1

1 복되어라. 악을 꾸미는 자리에 가지 아니하고 죄인들의 길을 거닐지 아니하며 조소하는 자들과 어울리지 아니하고,

2 야훼께서 주신 법을 낙으로 삼아 밤낮으로 그 법을 되새기는 사람.

3 그에게 안 될 일이 무엇이랴! 냇가에 심어진 나무 같아서 그 잎사귀가 시들지 아니하고 제 철 따라 열매 맺으리.

4 사악한 자는 그렇지 아니하니 바람에 까불리는 겨와도 같아.

5 야훼께서 심판하실 때에 머리조차 들지 못하고, 죄인이라 의인들 모임에 끼지도 못하리라.

6 악한 자의 길은 멸망에 이르나, 의인의 길은 야훼께서 보살피신다.

고린도전서 15:12-20

12 그리스도께서 죽은 사람 가운데서 살아나셨다고 우리가 전파하는데, 어찌하여 여러분 가운데 어떤 이들은 죽은 사람들의 부활이 없다고 말합니까?

13 죽은 사람의 부활이 없다면, 그리스도께서 살아나지 못하셨을 것입니다.

14 그리스도께서 살아나지 않으셨다면, 우리의 선교도 헛되고, 여러분의 믿음도 헛될 것입니다.

15 우리는 또한 하나님을 거짓되이 증언하는 자로 판명될 것입니다. 그것은, 죽은 사람이 살아나는 일이 정말로 없다면, 하나님께서 그리스도를 살리지 않으셨을 터인데도, 하나님께서 그리스도를 살리셨다고 우리가 하나님을 거슬러 증언했기 때문입니다.

16 죽은 사람들이 살아나는 일이 없다면, 그리스도께서 살아나신 일도 없었을 것입니다.

17 그리스도께서 살아나지 않으셨다면, 여러분의 믿음은 헛된 것이 되고, 여러분은 아직도 여러분의 죄 가운데 있을 것입니다.

18 그리고 그리스도 안에서 잠든 사람들도 멸망했을 것입니다.

19 우리가 이 세상만을 생각하고 그리스도께 소망을 걸었으면, 우리는 모든 사람 가운데서 가장 불쌍한 사람일 것입니다.

20 그러나 이제 그리스도께서는 죽은 사람들 가운데서 살아나셔서, 잠든 사람들의 첫 열매가 되셨습니다.

신학적 관점

지난주 본문에서 바울은 예수 그리스도의 부활이 역사적 사실이었음을 여러 증인의 증언을 통해 역설하고 나서, 오늘 본문에서는 이를 근거로 우리 자신의 부활 또한 분명히 있을 것임을 역설하고 있다. 그런데 이 부활이 반드시 예수를 믿는 자들에게만 국한된 사건이라고 하는 것은 명확하지 않다. 20절의 '잠든 사람들'이란 초대 교인들의 먼저 하늘나라로 간 부모님들을 포함했을 터인데, 저들은 예수 그리스도 이전 사람들이었기 때문이다. 이 신학적 물음은 예수를 알지 못한 채 잠든 우리 조상들의 부활에 관한 질문이기도 하다.

그런데 바울에게서 예수 그리스도의 부활은 어떤 것이었을까? 몸의 부활이라고 말하지만, 역사적 예수에 관심이 없었던 바울에게 있어 예수 그리스도의 부활은 역사적 예수의 부활이었을까? 사실 사도행전 9, 22, 26장에 기록된 바울의 부활 예수의 다메섹 경험은 세부로 들어가면 다 다르다. 한 개인의 경험에서조차 각기 다른 상황에서 달리 설명이 된다면, 각기 다른 사람들의 경험이 다른 것은 당연한 일이다.

바울의 부활 이해는 환상의 체험이 아닌 개인의 삶의 변화에 근거한 '선교'와 '믿음'에 직결되는 경험이다(14절). 달리 말하면 "이제는 내가 사는 것이 아니라, 내 안의 그리스도께서 사는 일이다"(갈 2:20). 바울 시대, 곧 초대교회 시대에서 십자가에서 처형 당한 갈릴리의 예수를 주님으로 고백하는 행위는 황제를 주님으로 고백하는 로마제국의 통치 체제에 대한 반역이었고, 동시에 세상적 가치에 대한 사랑과 나눔 공동체로서의 저항 운동이었다. 부활(*ana-stasis*)은 문자 그대로 '위로부터의 일어섬' 혹은 '다시 일어섬'이다.

목회적 관점

예수의 죽음 이후 20년이 지나 그리스도의 부활을 의심하는 고린도 교인들이나 오늘 예수 죽음 이후 이천 년이 지난 우리들이나 예수 부활에 대한 의심은 여전히 신앙의 큰 질문으로 남아 있다. 만약 몸의 부활을 우리의 몸이 육신적으로 다시 살아나는 것으로 이해한다면, 지금 전쟁이나 기근이나 기아로 죽어가는 그들에게 우리의 부활은 어떤 의미가 있는 것일까?

부활은 기독교의 근본임에는 틀림이 없다. 핵심은 예수 그리스도의 부활은 그 자신이 하느님의 아들임을 증명하기 위한 육신 부활을 넘어 제자들의 하느님 나라에 대한 대망의 믿음을 굳건히 세우기 위한 사건으로서의 부활이었다. 바울이 그러했던 것처럼, 공관복음서 저자들의 부활 증언은 여기에 초점이 맞추어져 있다. 마태는 "땅끝까지 나아가 제자 삼으라"는, 곧 로마제국의 가치 전복을 말하고 있고, 마가의 빈 무덤 이야기는 갈릴리에서 다시금 이어지는 하느님 나라 운동으로, 누가복음은 낙심 속에서 고향을 향해 돌아가던 두 제자가 예루살렘을 향해 다시금 거슬러 올라가는 이야기로, 요한복음은 "내 양을 돌보라"는 목양의 이야기로 재해석되고 있다.

목회 현장에는 언제나 장례라는 슬픔의 현장이 계속된다. 사랑하는 자를 떠나보내는 저들의 슬픔과 아픔 속에서 이러한 부활의 증언은 계속된다.

주석적 관점

당시 희랍 로마 문명은 영육 이원론에 따라 영혼은 육신이라는 감옥에 갇혀 있는 참 자아로 인식을 했기에 죽음은 영혼의 해방을 의미했다. 어쩌면 많은 기독인도 이와 비슷한 사고를 갖고 있을 것이다. 이에 반해 바울은 유대적 사고를 따라 육신은 영혼의 감옥으로서의 단지 썩어 사라지는 물질이 아닌 하느님의 생명의 숨이 들어간 전인적인 인간으로서의 몸이었다(창 2:7).

그리하여 바울은 예수 그리스도의 부활을 농사의 은유를 사용하여 '첫 열매'라고 말한다. 첫 열매가 맺히면 모든 열매가 맺히는 추수 때가 곧 온다. 바울에게 있어 부활은 종말론적으로 죽음의 권세가 그 힘을 잃고 무릎을 꿇는 의의 승리를 뜻한다. "죽음아! 너의 독침이 어디 있느냐?"(52-55절)(*feasting*, 355)

설교적 관점

죽은 자의 부활은 구체적으로 무엇을 뜻하는 것인가? 40세에 죽은 아버지와 80세에 죽은 아들은 각기 어떤 모습으로 부활하는 것인가? 생전의 모습인가? 바울은 이를 씨앗과 나무에 비유했다. 이 땅의 삶의 모습이 씨앗이라면, 부활의 모습은 나무이다. 씨앗과 나무는 그 생명성은 같지만, 모양은 확연히 다르다. 지금 우리는 씨앗의 모습으로 서로를 안다. 마지막 때에 가서야 우리는 온전한 나무의 모습으로 서로를 알게 될 것이다.

더 이상의 죽음이 없는 부활의 삶, 곧 영원한 삶이란 죽음 이후의 삶이 아닌 영원을 현재화하는 현존의 삶이다.

누가복음 6:17-26

17 예수께서 그들과 함께 산에서 내려오셔서, 평지에 계셨다. 그러자 거기에 그의 제자들이 큰 떼를 이루고, 또 온 유대와 예루살렘과 두로와 시돈 해안지방에서 모여든 백성이 큰 무리를 이루었다.

18 그들은 예수의 말씀도 듣고, 또 자기들의 병도 고치고자 하여 몰려온 사람들이다. 악한 귀신에게 고통을 당하던 사람들은 고침을 받았다.

19 무리가 예수에게 손이라도 대어 보려고 애를 썼다. 예수에게서 능력이 나와서 그들을 모두 낫게 하였기 때문이다.

20 예수께서 눈을 들어서, 제자들을 보면서 말씀하셨다. "너희 가난한 사람은 복이 있다. 하나님의 나라가 너희의 것이다.

21 너희 지금 굶주리는 사람은 복이 있다. 너희가 배부르게 될 것이다. 너희 지금 슬피 우는 사람은 복이 있다. 너희가 웃게 될 것이다.

22 사람들이 너희를 미워하고, 인자 때문에 너희를 배척하고, 욕하고, 누명을 씌울 때에 너희는 복이 있다.

23 그날에 기뻐하고 뛰놀아라. 보아라, 하늘에서 받을 너희의 상이 크다. 그들의 조상이 예언자들에게 이와 같이 행하였다.

24 그러나 너희 부요한 사람은 화가 있다. 너희가 너희의 위안을 이미 받았기 때문이다.
25 너희 지금 배부른 사람은 화가 있다. 너희가 굶주릴 것이기 때문이다. 너희 지금 웃는 사람은 화가 있다. 너희가 슬퍼하며 울 것이기 때문이다.
26 모든 사람이 너희를 좋게 말할 때에, 너희는 화가 있다. 그들의 조상이 거짓 예언자들에게 그와 같이 행하였다."

신학적 관점

마태복음 5-7장에서는 예수는 산 위에서 말씀을 전하신다. 이는 모세가 십계명을 받는 시내산 위의 모습을 상징적으로 표현한 것으로, 인종적으로 말하자면 친유대적인 차별적 모습이다. 오늘의 본문 누가복음은 예수를 세상 누구나 쉽게 다가올 수 있도록 평지에서 말씀을 전하신다. 그런 점에서 반차별적이다.

그런데 말씀의 내용을 보면 너무나 차별적이다. 그냥 차별이 아니라 계급적으로 차별적이다. 복음은 말 그대로 기쁜 소식이다. 그러나 이 기쁨의 소식은 오늘 본문에 따르면 무차별적으로 누구에게나 주어진 기쁨이 아니다. 가난한 자, 굶주리고 있는 자, 곧 무산계급(無産階級)에게만 해당이 된다. 적어도 지금 노숙인 몇 명을 제외하고 남한 사람들 대다수는 굶주리고 있지는 않다. 그런데 굶지 않고 있다고 해서 복을 받지 않는 것으로 우리의 이야기가 끝나질 않는다. 본문은 내가 배부르다면 화가 임한다고 말한다. 과연 우리는 이 말씀을 복음으로 받아들일 수 있는 것인가? 복음의 이 계급적 차별성을 사랑과 자비 그리고 인류 구원을 말하는 기독교는 어떻게 해석해야 하는 것인가?

물론 여기서 말하는 굶주림과 배부름은 단순히 음식에 관련한 말씀이 아니다. 가난을 상대적으로 말하면 누구나 가난하고 누구나 부하다. 여기서 말하는 가난은 절대 가난, 곧 구조적 가난을 말한다. 예수 당시의 민중들은 로마제국의 식민지 지배하에서 견딜 수 없는 착취를 당했다. 그래서 고리대금과 국가와 성전세를 피해 고향을 떠나 유랑하는 무리가 많았다. 오천 명, 사천 명 급식 기적 이야기의 사회적 배경이 되는 사람들이다. 흙수저, 절대 빈곤에 빠져 있는 사람들을 두고 하는 말이다.

슬퍼하는 사람들 또한 노환이나 병으로 인해 사랑하는 가족을 잃고 슬퍼하는 사람을 말하는 것은 아니다. 왜냐하면 이 슬픔은 인간 누구나가 갖는 일반 감정이기 때문이다. 누가복음이 말하는 슬픔은 권력의 횡포로 인한 식민지 백성들의 한의 슬픔을 말한다. 독립 투쟁으로 인해 아들을 잃었거나 딸이 로마군에 의해 더럽힘을 당한 슬픔이다.

목회적 관점

교인들 가운데도 상대적으로 가난한 사람도 있고, 슬픔을 당하는 사람들이 있다. 우리의 목회는 일차적으로 그들을 위로하고 세우는 일에 있다. 그러나 목회는 자신이 담당하는 교회만을 대상으로 하는 것이 아니다. 목회의 근본은 세상 안에서 하느님의 나라를 일구는 일이다. 따라서 교인들의 아픔을 돌보면서 교인들의 시선을 교회 밖 그리고 나라 밖의 전쟁, 기근, 홍수로 고통받는 사람들에게 관심을 갖도록 이끌어야 한다. 사람이 자기 고난에 매여 있는 한 그 고난에서 결코 벗어날 수가 없다. 자신보다 더 심한 고난을 당하는 사람을 향해 연대의 손을 뻗쳤을 때, 비로소 자신의 고난에서 벗어날 수가 있다.

"모든 사람이 너희를 좋게 말할 때에 너희는 화가 있다." 목회자는 모든 사람으로 부터 칭찬받기를 원한다. 그러나 이는 불가능한 일이다. 이 말씀은 우리의 칭찬이 사람에게서가 아니라 하느님에게서 오는 것임을 다시 한번 강조하고 있다.

주석적 관점

누가의 평지설교(6:17-49)는 좀 더 길고 발전된 마태복음의 산상설교(5-7장)에 비해 덜 주목 받기도 한다. 마태복음은 107절인 데 반해 누가는 32절에 불과하다. 성서신학자들은 보다 짧고 거친 누가복음의 말씀이 원복음서인 Q복음서의 말씀에 더 가깝다고 본다. 오늘 본문은 12제자의 선택 앞에 놓여 있고 마태복음에서 예수는 단순히 입을 열고 가르치지만, 누가에서 예수는 병을 고친 후 제자들을 향한 눈에 초점을 두고 있어 제자직에 대한 말씀으로 이해한다. 이 본문은 군중들이 아닌 제자들에게 선포되었다. 곧 세상이 아닌 교회를 향한 말씀이다. 슈바이처에 의하면 "평지설교는 실천을 요청하고 있다. … 그것은 기독교의 복음을 신학적으로 요약하려는 것이 아니라 제자로서 살아갈 것을 요청하는 것이다"(feasting, 359).

같은 말씀이라도 놓인 역사적 상황에 따라 달리 해석이 된다. 가난한 자, 굶주리고 있는 자, 슬퍼하는 자 이들은 오늘 자본주의 한국 사회의 상황이 아닌 이천 년 전 로마제국의 식민지로 핍박과 착취를 당하고 있는 갈릴리 피압박 민중을 두고 하는 말이다.

'악한 귀신'은 무엇을 말하는 것일까? 오늘날 악한 귀신은 마약이나 탐욕에 빠진 경우를 두고 하는 말이지만, 식민지 백성들에게 있어 '악한 귀신'은 전혀 다르다.

설교적 관점

누가복음이 가난한 자에 대한 특별한 관심을 갖고 있는 것은 사실이지만, 세리장 삭개오의 이야기(19장)에서와 같이 부자가 구원의 대상에서 제외된 것은 아니다. 부는 축적의 대상물이 아닌 나눔의 대상물이라는 사실을 분명히 인식하면 된다.

가난한 자가 복이 있다는 말씀은 무슨 뜻인가? 부자가 된다는 뜻인가? 부자가 되려면 누군가가 소유하고 있는 재물을 가져와야 한다. 그렇게 되면 그를 대신하여 다른 사람이 가난한 자가 된다. 빈곤의 악순환이다. 여기서 말하는 복은 "하느님과 동행하는 삶이다." 세상에 만족하는 사람은 하느님은 있어도 그만, 없어도 그만인 하나의 액세서리 혹은 보험의 역할로 전락하고 만다.

좋은 설교는 하느님의 나라에서 소중한 가치는 세상의 것과 다르다는 점을 공동체가 이해할 수 있게 하고, 나아가 공동체와 그 구성원들로 하여금 '지금' 이를 실천하도록 이끄는 것이다. 오늘날 대형 교회에서 선포되는 '축복'에 관한 말씀들은 오늘 본문에 얼마나 위배되는 것인가? 경쟁에서 남을 넘어뜨리고 부자가 되는 것을 하느님의 축복으로 이야기하는 이것이야말로 거짓 복음이 아닌가? 반예수적이요 반복음적인 말씀들이 둔갑을 하여 믿는 사람들을 혼돈에 빠트리고 있다. 이 사람들이야말로 하느님을 적대하는 '악한 귀신'들이다.

주현절 후 일곱째 주일

창 45:3-11, 15; 시 37:1-11, 39-40;
고전 15:35-38, 42-50; 눅 6:27-38

창세기 45:3-11, 15

3 "내가 요셉입니다! 아버지께서 아직 살아 계시다고요?" 요셉이 형제들에게 이렇게 말하였으나, 놀란 형제들은 어리둥절하여, 요셉 앞에서 입이 얼어붙고 말았다.

4 "이리 가까이 오십시오" 하고 요셉이 형제들에게 말하니, 그제야 그들이 요셉 앞으로 다가왔다. "내가 형님들이 이집트로 팔아넘긴 그 아우입니다.

5 그러나 이제는 걱정하지 마십시오. 자책하지도 마십시오. 형님들이 나를 이곳에 팔아넘기긴 하였습니다만, 그것은 하나님이, 형님들보다 앞서서 나를 여기에 보내셔서, 우리의 목숨을 살려 주시려고 그렇게 하신 것입니다.

6 이 땅에 흉년이 든 지 이태가 됩니다. 앞으로도 다섯 해 동안은, 밭을 갈지도 못하고, 거두지도 못합니다.

7 하나님이 나를 형님들보다 앞서서 보내신 것은, 하나님이 크나큰 구원을 베푸셔서 형님들의 목숨을 지켜 주시는 것이고, 또 형님들의 자손을 이 세상에 살아남게 하시려는 것입니다.

8 그러므로 실제로 나를 이리로 보낸 것은, 형님들이 아니라, 하나님이십니다. 하나님이 나를 이리로 보내셔서, 바로의 아버지가 되게 하시고, 바로의 온 집안의 최고의 어른이 되게 하시고, 이집트 온 땅의 통치자로 세우신 것입니다.

9 이제 곧 아버지께로 가셔서, 아버지의 아들 요셉이 하는 말이라고 하시고, 이렇게 말씀을 드려주십시오. '하나님이 저를 이집트 온 나라의 주권자로 삼으셨습니다. 아버지께서는 지체하지 마시고, 저에게로 내려오시기 바랍니다.

10 아버지께서는 고센 지역에 사시면서, 저와 가까이 계실 수 있습니다. 아버지께서는 아버지의 여러 아들과 손자를 거느리시고, 양과 소와 모든 재산을 가지고 오시기 바랍니다.

11 흉년이 아직 다섯 해나 더 계속됩니다. 제가 여기에서 아버지를 모시겠습니다. 아버지와 아버지의 집안과 아버지께 딸린 모든 식구들이 아쉬울 것이 없도록 해드리겠습니다' 하고 여쭈십시오."

15 요셉이 형들과도 하나하나 다 입을 맞추고, 부둥켜안고 울었다. 그제야, 요셉의 형들이 요셉과 말을 주고받았다.

신학적 관점

주현절의 예전은 예수 그리스도 안에서 나타난 하느님의 공적 현현에 대한 축하이다. 서방에서의 주현절은 동방박사에 초점이 맞추어져 있고, 그래서 넓게 보아 그리스도에 대한 이방인의 고백이다. 반면 동방에서는 요단강에서의 예수의 세례에 초점이 맞추어져 있고 하느님의 아들이다라는 인식이 중요하다. 그래서 가나에서의 물로 포도주를 만드신 첫 번째 이적은 그의 영광을 드러냈다(요 2:11)는 말씀으로 끝맺음한다.

따라서 오늘 우리의 신학적 물음은 창세기 본문에서 언제 그리고 어떻게 신의 현현이 나타났는가이다. "내가 요셉입니다." 이는 긴 요셉 이야기의 클라이맥스이다. 이 말 한마디에 모든 상황은 끝이 났다. 이는 단지 요셉의 정체가 밝혀진 것뿐만 아니라 요셉이 형들에 의해 노예로 팔려나간 사건은 물론 가나안에서 일어난 기근에 이르기까지의 모든 역사 배후에 하느님이 계셨다는 고백이다. "그것은 하나님이, 형님들보다 앞서서 나를 여기에 보내셔서, 우리의 목숨을 살려 주시려고 그렇게 하신 것입니다."

이는 단지 요셉의 신앙고백이 아닌 우리 모두의 신앙고백이어야 하다. 하느님은 일차 악한 일과 불행한 일이 우리에게 일어나지 않도록 하시지만, 설사 불행한 일이 우리에게 일어났다 하더라도 이를 선한 것으로 바꾸시는 분이라고 우리 신앙인들은 고백한다. 깔뱅은 자신의 예정론 교리에 대해 오늘 본문이 좋은 예가 된다고 말한다. 이에 신학자 클라우스 베스터만(Claus Westermann)은 "요셉은 그러한 예정론 교리에 대해 알지도 못했을뿐더러 하느님께서 우리로 하여금 신앙의 교훈을 얻도록 하기 위해 의도적으로 불행한 일들과 비극적인 사건을 일으킨다는 것은 논리적으로 맞지 않다"고 말한다. 사실 이러한 관점에서 몇 년 전 인도네시아에서 지진 해일이 일어나 수만 명이 희생당했을 때, 어떤 목사는 저들이 예수를 믿지 않아 그런 일들이 일어났다고 말했는데, 현대인들이 이러한 주장에 동의하기는 쉽지 않듯이 예정론 또한 마찬가지이다. 따라서 우리는 오늘 본문에서의 신학적 물음은 하느님의 예정이라는 교리적 관점보다는 "우리의 목숨을 살려주시려고"(5절)라는, 곧 생명적 관점에 초점을 두는 것이 타당할 것이다.

또한 오늘 본문에서 또 다른 해석은 요셉을 그리스도에 대한 비유적 전형(前型)으로 말하는 마틴 루터의 신학적 해석이다. 곧 요셉은 배반을 당했고, 부당한 대우를 받았고, 죽음에 넘겨졌으며, 전혀 예상하지 못한 가운데 살아 있는 사람으로 등장을 하였고, 이어 용서를 통해 새로운 시작을 가져왔다는 점이다. 물론 이것이 예정 신학보다는 보다 바람직한 신학적 관점일 것이다. 그러나 여전히 오늘 본문에서 해석자의 노력에 따라 이런 관점 외에도 우리의 삶과 인간 역사에 개입하시는 하느님의 손길에 대해 더 많은 신학적 관점들을 찾아낼 수 있을 것이다(*feasting*, 366).

목회적 관점

목회적 관점에서 본문의 주제는 용서와 화해다. 어렸을 때 요셉은 아버지의 사랑을 독차지함으로 자기도 모르게 교만했고, 이로 인해 배다른 형들의 미움을 사서 웅덩이에 던짐을 당해 죽게 되었다가 애굽의 노예로 팔려나갔다. 옥살이 등 수많은 어려움을 겪을 때마다 요셉은 복수심에 불탔을 것이다. 그러나 시간이 흐르면서 요셉은 애굽의 총리가 되는 과정을 통해 하느님의 깊은 손길을 경험했으며, 그래서 형들을 만났을 때 이 모든 일의 배후에 하느님이 계셨다고 고백한다.

우리 또한 살아가면서 가족은 물론 친지, 친구 혹은 교우 혹은 직장 동료들과 의견 충돌을 빚고 때로는 다시는 만나지 않겠다는 맹세를 하기도 한다. 그러나 시간이 흐르면서 성숙의 과정을 통해 상대를 이해하게 되고 받아들이게 되면서 용서와 화해를 하기도 한다. 자신을 낮추고 용서와 화해를 이루어 내는 일이야말로 인간됨의 최고봉이자 하느님이 삶의 주인임을 고백하는 신앙의 완성이다.

주석적 관점

5절과 8절의 시작 부사어 '그러나', '그러므로'(we'attah)의 원뜻은 '그러나 지금은'(but now)이다. 이는 요셉의 화해 사건을 강조하는 단어이다. 과거에는 그러했지만, 그러나 지금은 달라졌다는 것이다. 이는 과거의 무효화가 아니다. 과거는 과거대로 남아 있지만, '과거'와 '지금' 사이에 하느님이 역사하심으로 반전이 일어났다는 말이다. "나를 이리로 보낸 사람은 형님들이 아니라 하느님입니다." 이는 요셉의 반전(反轉)이자 인간 역사의 반전이다. 신앙은 바로 이러한 반전을 만들어 내는 근원적인 힘이다. 반전이 없는 삶, 반전이 없는 역사는 얼마나 무의미한 것인가!(feasting, 367)

이 역사 반전은 부둥켜안고 우는 멈출 수 없는 눈물과 함께한다(2, 15절). 눈물은 과거의 상처를 치유하는 약이다. 예수 그리스도는 나사로의 죽음 앞에서 마르다, 마리아 자매 그리고 그를 사랑했던 많은 유대인들이 우는 모습을 보고 함께! 우셨다(요 11:33). 긍휼로 번역되는 히브리어 '라하임'의 어근이 되는 '레헴'은 어머니가 생명을 품고 그와 하나가 되는 자궁을 뜻한다. 생명의 창조주이자 근원이 되시는 하느님은 함께 아파하시는 분이시다. YHWH 하느님은 애굽 땅에서 들려오는 히브리 노예들의 고통 소리를 외면할 수 없으셨다. 함께 아파하는 눈물이야말로 역사 변혁의 힘이다.

설교적 관점

우리는 요셉이 총리가 되었다는 성공에 취해 애굽에서의 노예로서 살았던 그의 아픔을 쉽게 잊어버린다. 과거의 고통은 쉽사리 사라지지 않는다. 그리고 그것이 자신의 잘못이 아닌 상대의 잘못으로 인해 일어났을 때, 더욱 잊히지 않는다. 어찌 요셉이 웅덩이에 빠뜨림을 당했을 때 죽음의 고통 속에서의 울부짖음과 보디발 아내의 거짓 고발로 인한 감옥 생활의 고통을 잊을 수 있겠는가? 아픔을 주던 사람을 만나면 과거의 고통은 다시금 우리를 괴롭힌다. 그런데 이 순간 요셉은 "그러나 이제는 걱정하지 마십시오. 자책하지도 마십시오"라고 오히려 형들을 위로하고 안심시킨다.

교인들은 너도나도 모두 과거의 아픔을 갖고 있다. 설교자는 용서라는 단어를 너무나 쉽게 꺼내서는 안 된다. 아픔을 잊는 것이 아닌 오히려 이를 *끄집어내어* 그 상처를 폐매도록 하여야 한다. 요셉의 상처가 마치 자신들의 상처인 양 느끼도록 이야기를 풍부하게 만들자. 그러할 때 긍휼을 통해 눈물이 솟아날 것이다. 필자가 미국에서 목회할 때, 10년 이상 매주 토요일 오후에 교회 안팎을 청소하시던

60대 후반의 백인 장로 부부가 있었다. 어느 날 여성 장로께서 나에게 이런 고백을 하였다. 돌아가신 어머님 일로 자기 여동생과 30년 동안 말을 나누지 않았다가, 바로 전날 전화 통화를 했다고 하는 얘기를 하신다. 그 순간 그분의 얼굴에 미세하게 번지는 평화의 미소를 보았다. 요셉의 이야기를 통해 깨어진 관계를 회복하도록 이끌어 보자.

나아가 남과 북의 적대에 대해 언급해 보자. 지난 70여 년 동안 우리는 '한국전쟁' 이라는 쓰라린 과거의 포로가 되어 살아 왔다. 해방은 정치적 물리적 해방만을 뜻하지 않는다. 과거의 쓰라림으로부터의 해방 없이 진정한 해방은 없다. 우리는 진정 해방된 민족인가?

시편 37:1-11, 39-40

1 악한 자가 잘 된다고 불평하지 말며 불의한 자가 잘 산다고 부러워 말아라.
2 풀처럼 삽시간에 그들은 시들고 푸성귀처럼 금방 스러지리니
3 야훼만 믿고 살아라. 땅 위에서 네가 걱정없이 먹고 살리라.
4 네 즐거움을 야훼에게서 찾아라. 네 마음의 소원을 들어 주시리라.
5 그에게 앞날을 맡기고 그를 믿어라, 몸소 당신께서 행해 주시리라.
6 햇빛처럼 너의 옳음을 빛나게 하시고 대낮처럼 네 권리를 당당하게 해 주시리라.
7 고요하게 지내라, 야훼만 믿어라. 남이 속임수로 잘 된다고 불평하지 말아라.
8 화내지 말고 격분을 가라앉혀라. 불평하지 말아라, 자신에게 해로울 뿐이다.
9 악한 자는 망하게 마련이요, 야훼를 기다리는 자 땅을 물려받으리라.
10 조금만 기다려라, 악인은 망할 것이다. 아무리 그 있던 자리를 찾아도 그는 이미 없으리라.
11 보잘것없는 사람은 땅을 차지하고, 태평세월을 누리리라.
39 야훼께서 의인을 구원하시고 고난 중의 성채가 되신다.
40 의인들이 야훼를 피신처로 삼으니, 야훼께서 의인들을 도우시고 구하여 주시며 악인들에게서 빼내어 살려 주신다.

고린도전서 15:35-38, 42-50

35 그러나 "죽은 사람이 어떻게 살아나며, 어떤 몸으로 옵니까?" 하고 묻는 사람이 있을 것입니다.
36 어리석은 사람이여! 그대가 뿌리는 씨는 죽지 않고서는 살아나지 못합니다.
37 그리고 뿌리는 것은 장차 생겨날 몸 그 자체를 뿌리는 것이 아닙니다. 밀이든지 그 밖에

어떤 곡식이든지, 다만 씨앗을 뿌리는 것입니다.

38 그러나 하나님께서는, 뜻하신 대로 그 씨앗에 몸을 주시고, 그 하나하나의 씨앗에 각기 고유한 몸을 주십니다.

42 죽은 사람들의 부활도 이와 같습니다. 썩을 것으로 심는데, 썩지 않을 것으로 살아납니다.

43 비천한 것으로 심는데, 영광스러운 것으로 살아납니다. 약한 것으로 심는데, 강한 것으로 살아납니다.

44 자연의 몸으로 심는데, 신령한 몸으로 살아납니다. 자연의 몸이 있으면, 신령한 몸도 있습니다.

45 성경에 "첫 사람 아담은 산 영이 되었다"고 기록한 바와 같이, 마지막 아담은 생명을 주는 영이 되셨습니다.

46 그러나 신령한 것이 먼저가 아닙니다. 자연에 속한 것이 먼저요, 그 다음이 신령한 것입니다.

47 첫 사람은 땅에서 났으므로 흙으로 되어 있지만, 둘째 사람은 하늘에서 났습니다.

48 흙으로 빚은 그 사람과 같이, 흙으로 되어 있는 사람들이 그러하고, 하늘에 속한 그분과 같이, 하늘에 속한 사람들이 그러합니다.

49 우리가 흙으로 빚은 그 사람의 형상을 입은 것과 같이, 또한 하늘에 속한 그분의 형상을 입을 것입니다.

50 형제자매 여러분, 내가 말하려는 것은 이것입니다. 살과 피는 하나님 나라를 유업으로 받을 수 없고, 썩을 것은 썩지 않을 것을 유업으로 받지 못합니다.

신학적 관점

본문은 기독교의 핵심 교리로서 오늘날도 많은 신앙인이 혼란스러워하는 '몸의 부활'에 대한 이야기이다. 고린도교회 교인들 가운데 '열심주의자' 혹은 '영성주의자'로 불리는 사람들은 하나님의 은혜에 대한 잘못된 생각으로 자신들의 몸을 육정에 맡기고 있었다(6:12-15). 이 잘못된 생각이란 자신들은—입술로 예수 그리스도를 주로 고백함을 통한— 하나님의 은혜에 의한 의롭다 인정함을 받아 이미 영원한 부활의 몸을 살아가고 있었다는 주장이다. 이 땅에 잠시 거하는 육신의 몸은 그리 중요하지 않다고 보는 것이다. 바로 이들이 "죽은 사람이 어떻게 살아나며, 어떤 몸으로 옵니까?"(35절)라고 묻는 사람들이었을 것이다.

이에 바울은 씨앗의 은유를 통해 오늘날도 계속되는 두 가지의 잘못된 견해를 지적하고 있다. 부활은 곧 지상의 몸으로 복원된다고 하는 환원물질주의(reductionistic materialism)와 플라톤의 영육이원론에 기초한 인간론적 이원론(anthropological dualism)이다. 바울은 분명히 지상의 몸이 악이라고 하는 사상을 거부한다. "평화의 하느님께서 친히, 여러분을 완전히 거룩하게 해 주시고, 우리 주 예수 그리스도께서 오실 때에 여러분의 영과 혼과 '몸'을 흠이 없이 완전하게 지켜 주시기를 빕니다"(살전 5:23).

여기서 떠오르는 질문은 그렇다면 "살과 피는 하나님 나라를 유업으로 받을 수 없다"는 주장은 어떻게 이해해야 하는가이다. 주석가들은 살(sarx)은 눈에 보이는 물질로 하늘나라에 들어갈 수 없지만, 지정의(知情意)의 전인(全人)적인 존재(soma)는 하늘나라에 들어갈 수 있다고 해석하는데, 이는 너무나 단순하고 유치한 설명이다. 육적인 삶과 영적인 삶으로 대비하여 설명하는 것이 더 바람직하다. "여러분이 육신을 따라(kata sarka) 살면 죽을 것입니다. 그러나 여러분이 성령으로(de pneumati) 몸의 행실을 죽이면 살 것입니다"(롬 8:13). 몸으로 이루어진 삶이 악은 아니다. 악이란 하느님의 뜻에 어긋나는 육의 본성을 따라 살아가는 삶을 말한다. 흙으로 빚어진 아담의 형상과 하늘에 속한 그리스도의 형상 비교 또한 이러한 사상에 기반하고 있다. 로고스 그리스도는 우리 가운데 육신의 몸(sarx)으로 거하셨다. 이는 그분의 영광이기도 했다(요 1:14). 마찬가지로 영성 또한 보이지 않는 무형으로 이해하는 것 또한 잘못이다. 성령은 하느님과 이웃과의 바른 관계로 인도하는 삶의 방식이기도 하다. '영의 몸'이란 영으로 이루어진 몸이 아닌 영의 뜻에 따라 살아가는 몸을 의미한다. 바로 이것이 하느님의 영에 의한 부활의 몸이다(롬 8:11)(feasting, 376).

지상에서의 몸과 부활의 몸은 단절이 아닌 '고유한 몸'인 '영적 자아'로서 연속선상에 놓여 있다. 이를 바울은 썩어지는 씨앗과 이 썩어짐을 통해 새롭게 맺어지는 썩지 아니하는 열매의 관계로 설명하고 있다. 씨앗과 열매는 전혀 다르지만, 우리는 열매를 통해 그 씨앗을 알 수 있다.

그리스도는 모든 믿는 자들의 부활의 전형이다. 부활의 몸으로서의 그리스도는 지상의 몸이기도 하고 아니기도 하다. 열한 제자 모두가 알아보기도 하였지만, 동시에 어떤 경우에는 변화된 몸으로 인해 처음에는 알아보지 못하였다. 엠마오 도상의 제자와 마리아가 그러했다. 마찬가지로 우리의 부활의 몸 또한 알아볼 수 있겠지만, 동시에 알아볼 수 없는 몸으로 변화될 것이다. 곧 아담의 형상에서 그리스도의 형상으로 변화하듯이, 우리가 지상에서 그리스도의 몸인 것과 같이 죽음에서 또한 썩어지지 않는 그리스도의 몸으로 변화할 것이다.

목회적 관점

바울은 고린도교회 내의 분쟁에 관한 얘기를 듣고 (분노하며?) 이 편지를 쓰고 있다(1:10). 분쟁의 원인은 예배 중에 일어나는 방언 때문이었다. 그들은 방언이야 말로 모든 것 가운데 최고의 은사라고 주장하고, 다른 사람들을 깔보았으며, 이미 하늘의 비밀을 깨달은(영지주의) 자이기에 자신들의 지상의 삶은 그 모습이 어떠하든 상관이 없다고 주장한 것이다. 이에 바울은 육신의 몸 또한 부활의 몸의 일부로서 거룩하게 간직하는 것은 매우 중요하며 또한 사랑을 가장 큰 은사로 강조하면서 높고 낮음이 없는 교회의 공동체성을 강조하였으며, 성찬식 또한 이러한 하나됨의 가르침을 되새기는 중요한 의전임을 강조하고 있다. 그런데 이렇게 분쟁을 불러일으킨 사람들의 주장에는 '부활의 몸'에 대한 잘못된 가르침이 뿌리 깊이 놓여 있었다. 이에 바울은 서신의 마지막 부분에서 목회자로서 그리고 신학자로서 이 부활의 몸에 대해 얘기하고 있는 것이다.

목회적으로 지상의 교회들은 고린도교회와 다름없이 분쟁 속에 있거나 분쟁의 소지를 안고 있다. 여기서 목회자들은 교회 또한 하나의 인간들의 자원 그룹으로서 분쟁이 항상 일어날 수 있다고 하는 점을 인정함과 동시에 교회는 지상의 그룹과는 달리 십자가 복음에 의해 부름 받은 자들의 모임이라고 하는 것을 깊이 인지해야 한다. 에클레시아는 세상의 길 밖으로 불러냈다는 뜻이다. 여기에 교리의 존재 의의가 있다. (부활의 몸) 교리는 있어도 그만, 없어도 그만인 가르침이 아니라 복음과는 상호 의존의 깊은 관계 속에 있다.

주석적 관점

44절에 바울의 몸의 부활을 설명하는 중요한 두 개의 비교 단어가 등장한다. 곧 'soma psychikon'과 'soma pneumatikon'이다. 개역개정은 이를 '육의 몸·신령한 몸'으로, 표준새번역은 '자연의 몸·신령한 몸'으로, 공동번역은 '육체적인 몸·영적인 몸'으로 각각 조금씩 다른 뉘앙스로 번역하고 있다. 여기서 중요한 점은 바울에게 있어 'soma'는 'psyche'(생명, 영혼)나 'pneuma'(영)에 대비하여 썩어 없어지는 물질이 아니라는 것이다. 44절을 영어 예루살렘번역본에서는 "씨앗이 뿌려질 때 영혼(psyche, soul)을 얻고, 열매를 맺을 때 영(pneuma, spirit)을 얻습니다. 만약 영혼이 형체를 입는다면, 영 또한 그러합니다"라고 한다.

psyche와 pneuma, 이 두 단어는 첫 번째 아담과 마지막 아담의 비교에도 적용된다. 우리는 흔히 흙으로 빚어진 첫 번째 아담은 땅에 속하고, 두 번째 아담은 그리스도로서 하늘에 속하여 이 둘 사이는 단절이 되었다고 생각하지만, 바울은 이 둘 사이에 연속성을 갖고 있다고 본다. 차이점은 첫 번째 아담은 단지 생명(living)이었지만, 두 번째 아담은 생명을 낳는 생명(life-generating)이라는 점이다. 49절은 이를 재확인하고 있다(*feasting*, 377).

바울에게 있어 인간은 살과 피로만 이루어진 육체성의 존재가 아니라, 영광을 드러낼 몸과 영으로 이루어진 생명 창조성의 존재이다(50절).

설교적 관점

부활의 주제를 설교에서 다룬다는 것은 매우 어려운 일이다. 이천 년 전 고린도교회 교인들이 가졌던 "죽은 자의 몸이 어떻게 부활할 것인가?" 하는 질문에 바울이 최선을 다해 설명했지만, 이 편지를 읽은 우리 또한 여전히 풀리지 않는 의문점이 남아 있다. 그럼에도 불구하고 바울이 인용한 씨앗과 열매(혹은 나무)의 은유는 매우 유용하다. 나무는 씨앗이라는 열매를 맺고, 죽고, 이 씨앗을 통해 또 다른 나무가 자라난다. 우리의 지상의 몸은 마치 씨앗과 같다. 육신이 땅속에 묻혀 죽어가지만, 씨앗이 땅속에서 썩어지며, 그 안에서 생명이 움틈과 같이 우리의 육신 또한 그러하다.

결론으로 부활은 믿음의 사건이며 생명의 사건이지 논리적 설명으로 해결되지는 않는다. 여기서 믿는 자들은 죽음의 세력을 두려워하지 않으며 이 땅 위에서 계속하여 생명, 평화, 정의, 평등의 가치가 온전히 실현되는 하느님의 나라를 위해 노력한다는 것이다.

누가복음 6:27-38

27 "그러나 내 말을 듣고 있는 너희에게 내가 말한다. 너희의 원수를 사랑하여라. 너희를 미워하는 사람들에게 잘해주고,

28 너희를 저주하는 사람을 축복하고, 너희를 모욕하는 사람을 위하여 기도하여라.

29 네 뺨을 치는 사람에게는, 다른 뺨도 돌려대고, 네 겉옷을 빼앗는 사람에게는, 속옷도 거절하지 말아라.

30 너에게 달라는 사람에게는 주고, 네 것을 가져가는 사람에게서 도로 찾으려고 하지 말아라.

31 너희는 남에게 대접을 받고자 하는 대로 남을 대접하여라.

32 너희가 너희를 사랑하는 사람만 사랑하면, 그것이 너희에게 무슨 장한 일이 되겠느냐? 죄인들도 자기네를 사랑하는 사람들을 사랑한다.

33 너희를 좋게 대하여 주는 사람들에게만 너희가 좋게 대하면, 그것이 너희에게 무슨 장한 일이 되겠느냐? 죄인들도 그만한 일은 한다.

34 도로 받을 생각으로 남에게 꾸어 주면, 그것이 너희에게 무슨 장한 일이 되겠느냐? 죄인들도 고스란히 되받을 요량으로 죄인들에게 꾸어 준다.

35 그러나 너희는 너희 원수를 사랑하고, 좋게 대하여 주고, 또 아무것도 바라지 말고 꾸어 주어라. 그러면 너희는 큰 상을 받을 것이요, 너희는 가장 높으신 분의 자녀가 될 것이다. 그분은 은혜를 모르는 자들과 악한 자들에게도 인자하시기 때문이다.

36 너희의 아버지께서 자비하신 것과 같이, 너희도 자비로운 사람이 되어라."

37 "남을 심판하지 말아라. 그러면 하나님께서도 너희를 심판하지 않으실 것이다. 남을 정죄하지 말아라. 그러면 하나님께서도 너희를 정죄하지 않으실 것이다. 남을 용서하여라. 그러면 하나님께서도 너희를 용서하실 것이다.

38 남에게 주어라. 그러면 하나님께서도 너희에게 주실 것이니, 되를 누르고 흔들어서, 넘치도록 후하게 되어, 너희 품에 안겨 주실 것이다. 너희가 되질하여 주는 그 되로 너희에게 도로 되어서 주실 것이다."

신학적 관점

훌륭한 사람이란 다른 사람들보다 더 높은 윤리 의식을 갖고 살아가는 사람을 두고 하는 말이다. "give and take"라는 말이 있듯이 대부분의 사람은 받는 만큼 준다. 신을 믿는 사람이라면 당연히 비신자들보다는 높은 윤리 기준을 갖고 살아가

야 할 것이다. 그러기에 예수의 원수 사랑의 요구는 힘든 일이긴 하지만, 정당한 요구이다. 그런데 신학적으로 문제가 되는 것은 그 사랑의 방식이 상대의 폭력과 악을 인정하는 모양새가 되기 때문이다(29절). 저자 누가가 앞선 본문에서 주장했듯이, 가난과 부가 마태가 말하듯이 인간의 심리적 상태 혹은 죽음 후의 저세상에서의 상태를 말하는 것이 아니고 이 땅에서의 재화(財貨)를 뜻한다면, 가난한 자가 복되고 부자에게 화가 임하는 방식은 부자의 자발적인 나눔 혹은 가난한 자의 강압적 방식이 아니고서는 가능하지 않다. 그리고 이 평등함이 일시적인 일이 아니라 항구적인 평등이 유지되려면, 희년법과 같은 법의 규제 없이는 불가능한 일이다(4:19).

기독교는 사랑과 비폭력에 기반하고 있다. 왜냐하면 칼을 쓰는 자는 칼로 망하기 때문이다. 그런데 잘못하지 않았음에도 불구하고 뺨을 맞고 다른 뺨을 돌려대는 행위는 악인으로 하여금 악을 즐기도록 하는 일이 될 것이고, 여분의 옷이 없는 가난한 상황에서 옷을 빼앗긴다면 그는 추위로 인해 고통을 당하다 결국은 쓰러지고 말 것이다. 정의를 향한 예언자들의 외침은 허공을 향한 메아리에 불과한 것인가? 니체가 예수를 비판하였듯이 '약자의 자기 변호 윤리'에 지나지 않는 것인가? 우리 기독인들은 예수의 이러한 가르침으로 인한 윤리적인 모순을 어떻게 극복해야 하는 것인가? 오늘날 개인의 자유에 기초한 자본주의는 빈익빈 부익부의 구조를 심화시키고 있는데, 예수의 가르침은 이러한 악순환의 구조를 정당화하는 위험성은 없는 것인가? 마리아의 찬가(1:52)와 사가랴의 예언(1:71)을 통해 외쳤던 예수 그리스도를 통한 역사 반전의 세상은 어떻게 가능한 것인가? 우리의 신학적인 질문은 계속된다. 오늘의 본문을 역사적 예수의 관점에서 이 말씀을 보다 깊게 주석해 보면 전혀 다른 결론이 나온다.

목회적 관점

평지 복음을 통해 누가는 그리스도의 재림을 통해 세상이 달라질 것을 말하고 있는데, 실제 하느님의 역사하심은 우리가 다른 사람에게 달리 응답하는 방식으로 드러날 것이다.

"남에게 대접받고자 하는 대로 남을 대접하라." 이는 황금률(the Golden Rule)로서 예수의 고유한 가르침은 아니다. 예수 이전의 희랍, 로마의 사상가들, 필로나 호머에게서 그리고 부처를 비롯한 다른 종교의 가르침에도 이미 나오고 있다. 어쩌면 이는 모세의 "이는 이로, 눈에는 눈으로"의 대응과 일맥상통하기도 한다. 여기서 자신에게 위해(危害)를 가하는 원수에게 사랑을 베푸는 행위는 분명코 폭력의 악순환을 깨는 매우 중요하고도 필요한 행위이다. 그런데 이는 원수들이 자신들이 생각하지 못한 사랑의 대응을 통해 자신들의 잘못을 뉘우치는 것을 전제해야 한다. 그렇지 않다면 악을 조장하는 결과가 될 것이다.

"너희의 아버지께서 자비하신 것과 같이, 너희도 자비로운 사람이 되어라." 물론 노력은 하겠지만, 우리는 결코 신은 아니지 않는가? 논리적으로나 실천에 있어서나 너무 무리한 요구가 아닌가? 목회자는 사사로운 일이라면 손해를 감수하고서라도 끝까지 자비를 베풀 수 있을 것이다. 그런데 교회 안에 회의 때마다 사사건건 시비를 걸고 내적 갈등을 일으키는 사람이 있다고 가정해 보자. 목회자는 처음 한두 번 이를 참아 가며 자비를 베푼다. 개인적으로 만나 충고도 한다. 끝내 그가 변하지 않으면 결국 교회의 평화를 위해 신적인 자비는 중단이 되고 만다. 그렇지 않다면 교회법에 '재판국'이라는 단어가 필요하지 않을 것이다.

미국이나 유럽에는 선한 기독교인들이 많다. 어려서부터 이러한 예수의 가르침을 익히 들어 왔기 때문이다. 그러나 국가적으로 본다면 약소국을 침략하여 식민지로 삼고 흑인들을 노예로 사고팔아 왔고, 지금도 인종차별과 종교 차별은 계속되고 있다. 우리나라의 경우에도 교회 안에서는 "원수를 사랑하라"라고 말하며 북녘의 동포들을 사랑할 것을 말하지만, 북녘의 동포들을 원수로 규정하는 '국가보안법' 폐지에 대해서는 일언반구도 하지 않고 있고, '선제 타격'이라는 정치 구호에 그 결과를 전혀 고려하지 않은 채 지지하고 있는 것이 현실이다. 차라리 말하지 않았으면 더 좋았을 립서비스(인사치레)에 불과한 것이다.

주석적 · 설교적 관점

필자는 20여 년 전 월터 윙크(Walter Wink)라는 세계적인 신약학자의 '원수 사랑'에 대한 새로운 본문 해석을 듣고 어려서부터 품고 있었던 의문점이 마치 강가에 짙게 깔려 있던 새벽안개가 해가 뜨자 말끔하게 사라졌던 것과 같은 놀라운 경험을 한 적이 있다. 마치 뒤통수를 망치로 두들겨 맞은 느낌이었다. 나에게 있어서는 다메섹의 경험이었다. 윙크의 저작들은 미국 신학계에서 놀랄만한 영향을 끼쳤으며 상을 여러 차례 받기도 하였다. 그의 책은 대부분 오래전 한국기독교연구소에서 번역 출간되었다. 필자가 참고하는 *Feasting on the Word* 에서 오늘의 본문을 해석한 네 명의 학자 가운데 어느 누구도 그의 이름이나 책을 언급하지 않는다는 점에서 매우 기이하게 여기고 있다. 쉽게 말하자면 백인 학자들의 성서 오용(誤用)이다.

우선 주석(註釋)이라 함은 시대적 배경에 맞게 구절을 해석하는 일이다. 그런데 네 명의 학자 모두 한결같이 예수가 살았던 시대가 로마의 식민 지배하에 놓여 있다는 시대적 사실을 외면하고 있다. 윙크는 신약학자답게 그 시대의 문헌들을 통해 새로운 해석을 이끌어 내고 있다(*Engaging the Powers*, Fortress Press, 1992, 175-194).

요약하면, 우선 오늘 누가복음의 평지설교 본문은 마태복음과 산상수훈과 거의 일치하는데, 이는 예수 어록을 집합한 Q복음서에 의존하고 있다는 것은 신학계의 정설이다. 그래서 원수 사랑에 대한 보다 긴 본문인 마태복음 평행 구절(5:38-42)에 준하여 이야기를 풀어가 보자.

마태는 누가가 두 가지 예를 드는 데 반해 세 가지의 예를 들고 있으며, 그 내용이 보다 구체적이다. 그리고 폭력을 행하는 사람은 모두 '악한 사람'이라고 전제한다.

1. 오른뺨을 치거든 왼뺨을 돌려대라. 오른뺨을 치려면 오른손 손등으로 치든가 아니면 왼손 손바닥으로 그를 가격해야 한다. 손등으로 친다는 것은 상대를 완전히 무시하는 행위로서 반항할 수 없는 주인과 노예 사이에서만 가능한 일이다. 왼손으로 치는 경우를 보자. 당시는 물론 지금도 중동에서는 왼손으로 사람의 몸을 접촉하는 것은(우리나라에서도 아주 어린 사람이 아니라면

왼손으로 무언가를 주고받는 것은 예의에 어긋난 것으로 이해한다) 위법한 행위로 정의되어 있었다. 당시 사회법에는 왼손으로 삿대질만 하더라도 15일 구류에 처하는 법규도 있다. 왜냐하면 오른손은 밥을 먹을 때 사용하는 손이요, 왼손은 변을 본 후에 이를 (물로) 닦을 때 사용하는 불결한 손이었기 때문이다. 따라서 어떤 경우에도 왼손을 사용할 수는 없었다. 그런데 노예가 손등으로 오른뺨을 맞자 왼뺨을 돌려대는 행위는 손등이 아닌 오른손바닥으로 자기를 치라는 요구다. 이때 만약 주인이 그를 오른손바닥으로 치게 되면 이는 그를 자신과 동등한 인간으로 인정하는 것이 된다. 따라서 왼편 뺨을 돌려대는 행위는 폭력에 대한 순응이 아닌 "나도 인간이다!"라는 무언의 저항인 것이다.

2. 출애굽기 22장 25-27절과 신명기 24장 10-13, 17절에 따르면 빚쟁이는 빚을 갚을 능력이 없는 사람에게 일종의 치욕을 안겨주기 위해 겉옷을 저당물로 가져갈 수 있다. 다만 해가 떨어지면 돌려주어 그가 추위로 인해 고통의 소리가 하느님께 들리지 않도록 하여야 한다. 마태는 속옷이라고 말하고, 누가는 겉옷이라고 말하는데, 이 경우는 겉옷이 맞다. 어떤 빚쟁이가 갚을 능력이 전혀 없는 가난한 사람을 재판에 소송을 할까? 같은 동네에 사는 유대인끼리는 거의 불가능한 일이다. 이는 로마인 악덕 고리대금업자이다. 빚을 지고 있는 농부의 딸이나 아들 혹은 집을 빼앗기 위한 야비한 짓이다. 그런데 소송을 하자 재판관은 법에 따라 겉옷을 벗어주라고 판결한다. 그러자 이 농부는 속옷까지 벗어주고 법정을 나선다. 법정은 언제나 도시 한가운데 광장 중앙에 위치하고 있었으며, 그 곁에는 시장이 있고, 많은 사람이 모여 있다. 결국 유대 사람들은 그의 벌거벗은 모습을 보게 되는데, 이는 유대 사회에서 가장 수치스러운 일이다(노아의 예). 여기서 유대인들은 한목소리로 이 로마 고리대금업자를 비난하게 된다. 따라서 이 고리대금업자는 추후 이런 고소를 하지 않게 된다.

3. 이는 마태에만 나온다. 누가 억지로 5리를 가게 하는가? 당시 로마 군인은 길을 걷다가 자신의 짐을 지나가는 행인에게 억지로 지울 수가 있었다.

다만 5리만 가능했다. 그 이상은 군법에 저촉이 되어 발각되는 경우 이 군인은 월급이 깎이든가 아니면 변소 청소를 하는 등의 처벌을 받았다. 당시 문헌에는 로마 군인들이 전쟁을 위해 군대가 지나가는 경우 마을 사람들이 모두 피신하거나 아니면 농번기에는 미리 운임료를 돈으로 대신하기도 했다. 어느 농부가 5리가 끝나는 지점에서 5리를 더 가겠다고 제안한다. 당시의 국도는 거리 표시가 되어 있었다. 이 경우 이 로마 군인은 가다가 상관을 만나거나 하여 발각되면 처벌을 받을 수가 있었기에 전반부의 5리와는 달리 후반부의 5리는 불안한 마음으로 걸을 수밖에 없다. 따라서 이후에는 이런 일을 행하지 않게 된다.

윙크는 바로 이 세 가지의 경우를 매우 자세한 문헌을 통해 설명하면서 예수의 방식은 폭력 앞에서 도망하거나 아니면 폭력으로 대항하는 방식과는 다른 '비폭력의 저항'이라는 제3의 길임을 말하고 있다.

누가는 세 번째의 예를 삭제하고 있는데, 앞의 두 경우와 달리 세 번째의 경우는 반로마적인 색채가 너무나 명확하기 때문이었다. 이는 이방인들을 위한 복음으로서 친로마적인 그의 입장을 말해 주고 있다. 4개의 복음서 중 데오빌로 각하에게 보내는 보고서 형식으로 시작하는 누가복음이 가장 친로마적이다. 만약 어느 누가 일제강점기 시절에 어떤 성인(聖人)에 관한 이야기를 일본 사령관에게 보내는 보고서 형식으로 썼다면 우리가 이를 참된 이야기로 쉽사리 인정할 수 있을까?

"너희의 아버지께서 자비하신 것 같이 너희도 자비하여라(oiktiruones)"(36절), "하늘에 계신 너희 아버지께서 완전하신 것 같이 너희도 완전하여라(teleios)"(마 5:48). '완전함'보다는 '자비함'이 보다 타당하다.

마태의 '완전' 또한 개역개정에서는 마음의 평온함을 의미하는 '온전'(穩全)으로 번역하고 있다. 이 단어의 용례를 보면 신에게 드려지는 '흠이 없는 제물'을 뜻하기도 하여 '순전'(純全) 또한 가능하며, 그리스 문헌에서는 '윤리적 성숙함'을 뜻하기도 하였다. 마태가 말하는 '완전'에 해당하는 히브리어에는 '있는 그대로'라는 의미가 있으며, '나누어지지 않는'(undivided)이라는 뜻 또한 있는데, 이 경우에는 하느님께서 모든 사람(악인이든 선인이든 해와 비를 골고루 주듯이)을 공평하게 대하라는 의미로도 해석된다.

주현절 후 여덟째 주일

사 55:10-13; 시 92:1-4, 12-15; 고전 15:51-58; 눅 6:39-49

이사야 55:10-13

10 비와 눈이 하늘에서 내려서, 땅을 적셔서 싹이 돋아 열매를 맺게 하고, 씨뿌리는 사람에게 씨앗을 주고, 사람에게 먹을거리를 주고 나서야, 그 근원으로 돌아가는 것처럼,

11 나의 입에서 나가는 말도, 내가 뜻하는 바를 이루고 나서야, 내가 하라고 보낸 일을 성취하고 나서야, 나에게로 돌아올 것이다.

12 참으로 너희는 기뻐하면서 바빌론을 떠날 것이며, 평안히 인도받아 나아올 것이다. 산과 언덕이 너희 앞에서 소리 높여 노래하며, 들의 모든 나무가 손뼉을 칠 것이다.

13 가시나무가 자라던 곳에는 잣나무가 자랄 것이며, 찔레나무가 자라던 곳에는 화석류가 자랄 것이다. 이것은 영원토록 남아 있어서, 주께서 하신 일을 증언할 것이다.

신학적 관점

"풀은 마르고 꽃은 시드나 하느님이 말씀은 영원하다"(40:1)라는 유명한 말로 시작한 제2이사야는 그의 마지막 글인 오늘 본문 또한 창조 신학적 관점에서 피조물로서의 '자연'과 창조주로서의 '주 하느님'을 대비하고 있다. 그러나 내용에 있어서는 정반대이다. 곧 40장에서의 자연과 하느님은 시공간에 있어 유한과 무한이라는 대조의 방식으로 대비되고 있으나 오늘 본문에서 하느님은 자연이 '영원한 것 같이' 하느님의 말씀 또한 영원할 것이라는 같은 관점으로 보고 있다. 이는 자연(自然)에 대한 두 가지 관점을 말하고 있다. 하나는 피조물로서의 변화의 속성이고, 다른 하나는 싹과 열매라는 모습으로 반복 변화하지만 그 본래의 생명성은 계속 유지된다고 하는 속성이다. 여기서 '출애굽'의 명을 받는 모세는 이름을 묻는다. 그의 귀에 들려온 말은 "나는 곧 나다"(야웨 아쉐르 야웨! 있는 그대로! 自然! YHWH)이다. 이는 곧 이름이 없다는 뜻이다. 이름을 붙인다는 것은(참조.

창 2:19) 인간의 언어, 곧 인간의 사고 안으로 대상을 규제하는 행위이다. 신이 인간의 생각에 따라 좌지우지된다면 이는 신이 아닌 우상이다. 모세에게 나타난 신은 자유와 해방으로서의 생명(生命) 그 자체이시다. 이 생명력은 자연이 열매를 통해 사람들에게 '먹을거리'를 주듯이 억눌린 백성들이 바빌론 노예 생활을 끝내고 고향으로 돌아가도록 하는 '자유'와 '해방'으로 그 열매를 맺는다. 제2의 '출애굽'이다.

목회적 관점

눈을 가린 채 인도자의 말에 따라 발걸음을 옮겨 목적지까지 가는 게임이 있다. 게임의 승리는 누가 인도자를 더 신뢰하는가에 달려 있다. 삶의 고난 속에 빠져 있는 사람들에게 필요한 것은 무엇인가? 자신은 피조물이라는 인식과 창조주에 대한 신뢰이다. 어머니가 그러하듯이 YHWH 하느님 또한 그러하다고 믿을 때 기적은 일어난다. 하버드대학의 신학대학장을 일찍 은퇴한 후 한 명의 장애인을 돌보다 삶을 마친 헨리 나우엔은 어느 날 서커스단에서 공중그네 묘기를 보이는 한 단원의 집에 식사 초대를 받았다. 그 묘기의 놀라움에 대해 얘기하자 그의 아버지는 이렇게 말한다. "중요한 사람은 공중을 나는 사람이 아니라 이를 잡는 사람입니다." 잡는 사람에 대한 '신뢰' 없이 묘기는 일어나지 않는다. 말씀에 모든 것을 맡기고 공중을 차고 올랐을 때 삶의 기적은 일어난다(11절)(*Feasting*, 388).

주석적 관점

본문은 두 문단으로 구분이 된다.

10-11절의 첫 문단을 마무리 짓는 핵심 단어는 '성취'이다. 싹이 돋고 열매를 맺기 위해서는 농부의 손길이 필요하지만, 농부의 손길만으로는 열매가 맺지 아니한다. 때에 맞는 비와 눈이라는 하늘의 손길이 필요하다. 농부의 손길과 하늘의 손길이 함께 만나야 한다.

12-13절의 핵심 단어는 '샬롬'('평안히 인도받아')이다. 농부에게 있어 열매의 성취가 모든 것을 결정하듯이 YHWH 하느님에게 있어 백성들의 샬롬(평화)이야말로 모든 것을 말한다. 가시나무와 찔레나무는 사람이 살지 않는 황무지를, 잣나무와

화석류는 평화와 축복의 샬롬을 상징한다. 산과 언덕, 나무들은 모든 민족과 나라 그리고 제국들에 대한 상징 언어이다. 고향으로 돌아가는 유배자들을 모든 세상 사람은 함께 기뻐하고 축하한다. 마치 오페라의 합창처럼(*Feasting*, 389).

설교적 관점

설교자는 성서 말씀을 문자 그대로 선포하는 자가 아니라 오늘의 상황에 맞게 재해석하여 전달하는 사람이다. 이때 비유 혹은 예화를 적절히 사용하는 것은 매우 중요하다. 그리고 그 비유 혹은 예화들은 저들의 삶에서 직접 경험하는 것이 좋다. 예수께서는 청중이 농부라면 씨뿌리는 비유로, 어부라면 고기 잡는 이야기를 통해 말씀하셨다. 오늘의 본문 또한 누구나 쉽게 이해할 수 있는 씨와 열매 그리고 나무의 비유를 통해 하느님의 뜻이 전달된다. 아직 보이지는 않지만, 나무의 싹은 겨울의 긴 추위를 견디며 봄을 기다리고 있다. 애굽에서의 400년의 노예 생활, 바빌론의 60년의 유배는 인간 역사에서 보면 패배와 고통의 시간이지만, 하느님의 역사에서 보면 새로운 싹을 준비하는 생명 움틈의 시간이다.

시편 92:1-4, 12-15
1 야훼께 감사하며 그 이름을 노래하는 일, 지극히 높으신 하느님, 그보다 더 좋은 일이 어디 또 있사오리까?
2 아침에 당신의 사랑을 알리며 밤마다 당신의 미쁘심을 전하는 일, 그보다 더 좋은 일은 다시 없사옵니다.
3 열 줄 비파와 거문고를 뜯으며 수금 가락에 맞추어 노래합니다.
4 야훼여, 당신의 업적 생각하며 이 몸은 행복합니다. 손수 이루신 일들을 앞에 그리며 환성을 올립니다.
12 의로운 사람아. 종려나무처럼 우거지고 레바논의 송백처럼 치솟아라.
13 우리 야훼의 집안에 심어진 자들아 하느님의 뜰에 뿌리를 내리고 우거지거라.
14 늙어도 여전히 열매 맺으며 물기 또한 마르지 말고 항상 푸르러라.
15 그리하여 나의 반석이신 야훼께서 굽은 데 없이 곧바르심을 널리 알려라.

고린도전서 15:51-58

51 보십시오, 내가 여러분에게 비밀을 하나 말씀드리겠습니다. 우리가 다 잠들 것이 아니라, 다 변화할 것인데,

52 마지막 나팔이 울릴 때에, 눈깜박할 사이에, 홀연히 그렇게 될 것입니다. 나팔소리가 나면, 죽은 사람은 썩지 않을 몸으로 살아나고, 우리는 변화할 것입니다.

53 썩을 몸이 썩지 않을 것을 입어야 하고, 죽을 몸이 죽지 않을 것을 입어야 합니다.

54 썩을 이 몸이 썩지 않을 것을 입고, 죽을 이 몸이 죽지 않을 것을 입을 그 때에, 이렇게 기록한 성경 말씀이 이루어질 것입니다. "죽음을 삼키고서, 승리를 얻었다."

55 "죽음아, 너의 승리가 어디에 있느냐? 죽음아, 너의 독침이 어디에 있느냐?"

56 죽음의 독침은 죄요, 죄의 권세는 율법입니다.

57 그러나 우리는, 우리 주 예수 그리스도로 말미암아 우리에게 승리를 주시는 하나님께 감사합니다.

58 그러므로 나의 사랑하는 형제자매 여러분, 굳게 서서 흔들리지 말고, 주님의 일을 더욱 많이 하십시오. 여러분이 아는 대로, 여러분의 수고가 주님 안에서 헛되지 않습니다.

신학적 관점

본문은 바울 부활 증언의 클라이맥스다. 바울은 유대의 묵시 종말론적인 이해('나팔 소리') 속에서 그리스도의 내림(혹은 재림, Parousia)의 때에 죽은 자나 산 자 모두 영원히 썩지 않을 몸으로 변화할 것이라고 말한다. 여기서 우리는 바울의 죽음에 대한 변증법적인 개념을 이해해야 할 것이다. 곧 자연 죽음과 '마지막 대적'으로서의 이중 의미이다. 자연 죽음은 우리를 가족과 이웃으로부터 갈라놓고, 죄는 우리를 하느님으로부터 갈라놓는다. 따라서 바울에게 있어 참된 부활은 몸의 회복과 동시에 죄의 멸망을 의미한다.

여기서 신학적으로 문제가 되는 주장은 '죄의 권세는 율법'이라는 주장이다(56절). 율법은 모세를 통해 하나님으로부터 온 법인데, 율법을 죄의 권세를 낳게 하는 근원으로 보는 것은 상당한 문제를 불러일으킨다. 그리로 실제로 같은 성서의 말씀이지만 이를 구약, 신약으로 구분하여 부르는 단어 자체가 이를 조장하고 있다. 바울이 말하는 것은 (모세) 율법 자체가 죄라는 것이 아니라 율법에 따른 행위로는 하나님 앞에서 아무도 의롭다고 인정받을 사람이 없고, 동시에 율법은 죄가 무엇인지를 깨닫도록 하지만, 죄로부터 벗어나도록 인도할 수는 없기 때문이

다(롬 3:20)(*Feasting*, 400).

목회적 관점

웰다잉(well dying)이라는 말이 유행하고 있다. 죽음을 준비하며 살아가는 일은 신앙인의 마땅한 책무이다. 아무리 성공적인 삶을 살았다 하더라도 죽음의 순간 공포를 느끼며 더 살겠다고 몸부림을 치는 순간 모두 공(功)은 물거품이 되고 만다. 그렇다면 잘 죽는다는 것은 무엇을 의미하는가? 아무리 죽음을 공부한다 하더라도 죽음의 공포를 벗어날 수는 없다. 죽음은 연구하면 할수록 공포가 엄습한다. 잘 죽기 위해서는 지금 잘 살아야 한다. 바로 이것이 바울이 부활에 대한 긴 신학 논술(15장)의 결론으로 '주님의 일을 더욱 많이' 할 것을 요구하는 이유이다 (58절).

주석적 관점

바울의 말하는 비밀(mysterion)은 오늘날 우리가 말하는 어떤 신비에 싸인 수수께끼가 아니라 계시를 통한 선포이자 완성을 말한다(참조. 롬 11:25; 16:25; 고전 2:1, 7). 곧 본문에서의 죽음을 물리치고 일어서는 해방을 말한다.

'나팔이 울릴 때에'는 하느님의 구원 혹은 승리의 심판을 의미한다.

설교적 관점

신앙은 깨달음(覺)이다. 분주하게(busy-ness) 사는 것이 진정한 삶은 아니다. 현실을 직시하는 깨인 삶, 현존의 삶을 살아야 한다. 바울은 부활의 삶을 잠에서 깨어나는 삶으로 말하고 있다. 사람들은 쉬이 자기 욕망에 빠져든다. 그리하여 술에 취하거나 돈에 취하거나 권력에 취하거나 명예에 취하거나 사랑에 취하거나 혹은 약물중독에 취(醉)한다. 취하는 일과 (영적으로) 잠자는 일은 같은 일이다. 예수께서 야이로 회당장의 딸이나 나사로를 소생시킬 때 저들이 잠이 들었다고 말한다. 잠에서 깬다고 하는 것은 자아 중심의 시각을 깨고 이웃, 특히 사회적 약자들이 당하는 아픔을 바라본다는 말이다. 나아가 불의함과 부정함의 세상 권세를 깨뜨리시는 하느님의 정의로운 손길을 깨닫는 일이다. 그리고 그 손길은 다른 사람이 아닌 바로 자신의 손을 통해 역사하는 것을 깨닫는 삶이 바로 부활의 삶이다. 바울이 살았던 시대는 로마제국이 군사의 힘으로 약소민족들을 수탈하고 저들을 노예로 삼던 폭력의 시대였다. 로마의 평화는 소수의 로마 지배자들에게만 해당하는 용어였다. 바울이 말하는 '죽음'에서의 부활은 개인의 영역에서 일어나는 사건이 아니라 우주적 사건이었다. 이천 년 전 고대인들에게 있어 '우주'는 로마제국을 말한다.

"바울 사도는 유대교에 반대한 종교를 세운 것이 아니라 그리스도를 통한 로마 제국주의의 황제 숭배 사상과 그들의 이데올로기를 반대하는 운동이었다"(리차드 홀스리/홍승철 옮김, 『바울과 로마제국』, 2007, 9).

누가복음 6:39-49

39 예수께서 그들에게 또 비유 하나를 말씀하셨다. "눈먼 사람이 눈먼 사람을 인도할 수 있느냐? 둘이 다 구덩이에 빠지지 않겠느냐?

40 제자가 스승보다 높지 않다. 그러나 누구든지 다 배우고 나면, 자기의 스승과 같이 될 것이다.

41 어찌하여 너는 남의 눈 속에 있는 티는 보면서, 네 눈 속에 있는 들보는 깨닫지 못하느냐?

42 너는 네 눈 속에 있는 들보는 보지 못하면서, 어떻게 남에게 말하기를 '친구야, 내가 네 눈 속에 있는 티를 빼어 내 줄테니 가만히 있어라' 할 수 있겠느냐? 위선자야, 먼저 네 눈에서 들보를 빼어라. 그래야 그 때에 눈이 잘 보여서, 남의 눈 속에 있는 티를 빼줄 수 있을 것이다."

43 "좋은 나무가 나쁜 열매를 맺지 않고, 또 나쁜 나무가 좋은 열매를 맺지 않는다.

44 나무는 각각 그 열매를 보면 안다. 가시나무에서 무화과를 거두어들이지 못하고, 가시 덤불에서 포도를 따지 못한다.

45 선한 사람은 그 마음속에 선한 것을 쌓아 두었다가 선한 것을 내고, 악한 사람은 그 마음속에 악한 것을 쌓아 두었다가 악한 것을 낸다. 마음에 가득 찬 것을 입으로 말하는 법이다."

46 "너희는 어찌하여 나더러 '주님, 주님!' 하면서도, 내가 말하는 것은 실행하지 않느냐?

47 내게 와서 내 말을 듣고 그대로 하는 사람이 어떤 사람과 같은지를, 너희에게 보여주겠다.

48 그는 땅을 깊이 파고, 반석 위에다가 기초를 놓고 집을 짓는 사람과 같다. 홍수가 나서 물살이 그 집에 들이쳐도, 그 집은 흔들리지 않는다. 잘 지은 집이기 때문이다.

49 그러나 내 말을 듣고서도 그대로 행하지 않는 사람은, 기초 없이 맨흙 위에다가 집을 짓

는 사람과 같다. 물살이 그 집에 들이치면, 그 집은 곧 무너져 버리고, 무너진 피해가 크다."

신학적 관점

제자도(弟子道) 관한 비유 말씀이다. 핵심은 자기 성찰이다. 예수는 이를 현학적으로 말씀하지 않으신다. 민중들이 일상의 삶에서 경험하는 평범한 일들 속에서 하늘의 진주를 찾아내어 말씀하신다. 곧 배우지 못한 바다 민중이라 하더라도 자기 성찰을 꾸준히 하면 예수의 제자가 되고 후에는 남을 가르치는 스승 또한 될 수 있다는 말씀이다.

목회적 관점

목회는 물론, 사회생활을 하다 보면 좋은 사람과 나쁜 사람을 만나게 된다. 물론 가시나무에서 무화과 열매를 얻을 수는 없지만, 그렇다고 해서 가시나무는 나쁜 나무이고 무화과나무는 좋은 나무인가? 가시나무는 가시나무 대로의 본연(本然)이 있고, 무화과나무는 무화과나무 대로의 본연이 있다. 태어날 때부터 좋은 사람과 나쁜 사람으로 구별해서 태어나는 것은 아니다. 좋다, 나쁘다는 나를 중심한 상대적인 용어다. 사람은 변할 수 있지만, 나무는 변하지 않는다. 예수는 자기 안의 들보를 보는 자기 성찰과 훈련을 통해 선한 마음, 곧 하느님의 마음을 품으라는 뜻이다.

주석적 관점

저자 누가는 비유(parabole)라는 단어를 몇 번 사용하는데, 이는 긴 이야기(narrative)와 구별하기 위함이다. 그런데 오늘 본문의 비유를 마태는 여러 장에 걸쳐 나누어 사용하는 반면, 누가는 한 곳에 모두 모아 놓았다. 아마도 예수는 비유를 그때그때 필요한 상황에서 말했을 것이다.

'눈먼 사람'이란 일차로는 법의 잣대로 사람을 규정하고 민중(죄인)들을 옹호하는, 예수를 비난하는 '바리새인들과 율법학자'들이고, 이차로는 헤롯왕, 빌라도 총독 그리고 황제를 비롯한 정치 지도자들이다.

좋은 나무와 나쁜 나무를 언급할 때 마태는 훨씬 혹독하게 말한다. "좋은 열매를 맺지 않는 나무는, 찍어서 불 속에 던진다"(마 7:15-20).

설교적 관점

들보와 티는 어떻게 구별되는가? 크기로 구별되는가? 같은 크기의 티이지만 남의 눈에 보이는 것은 크게 보이고, 같은 크기의 들보이지만 자기 안의 들보는 작게 보인다. 소위 말해 내로남불이다. 신앙인들은 이를 역으로 사고할 줄 알아야 한다. 언제나 상대방의 입장에 서는 훈련을 해야 한다. 그러할 때 내 안의 티가 들보로 변하게 된다.

"반석 위에 지은 집은 홍수가 나도 흔들리지 않는다"는 말씀은 인생에 비유할 수도 있지만, 오늘날 지구 곳곳에서 일어나는 자연재해에도 비유할 수 있다. 집은 좁게는 한 가족이 살아가는 공간을 의미하지만, 넓게 보면 인류가 살아가는 지구가 하나의 집이 된다. 무절제한 인간 욕망에 따른 개발과 편리 추구로 인해 지구의 생태계가 크게 흔들리고 있다. 인류의 미래가 심각하게 위협받고 있다. 기초를 단단히 한다는 말은 미래에 일어날 재앙을 미연에 방지하기 위한 모든 생태적 노력을 의미한다. 이뿐만이 아니다. 지구 곳곳에서 일어나고 있는 전쟁은 인간을 즉각 죽음으로 몰아넣는다. 강한 자가 살아남는 것 같지만, 역사에서 영원한 승자는 없다. 예수의 말씀처럼 살상 무기로 자신을 지키고자 하는 국가는 결국 자기 칼에 의해 찔림을 당할 것이다. 인류는 커다란 하나의 가족임을 깨닫는 그날이 하느님의 나라가 이루어지는 카이로스의 첫날이 될 것이다.

변모주일(Transfiguration Sunday)

출 34:29-35; 시 99; 고후 3:12-4:2; 눅 9:28-43

출애굽기 34:29-35

29 모세가 두 증거판을 손에 들고 시내 산에서 내려왔다. 그가 산에서 내려올 때에, 그의 얼굴에서는 빛이 났다. 주와 함께 말씀을 나누었으므로 얼굴에서 그렇게 빛이 났으나, 모세 자신은 전혀 알지 못하였다.

30 아론과 이스라엘의 모든 자손이 모세를 보니, 모세 얼굴의 살결이 빛나고 있었다. 그래서 그들은 그에게로 가까이 가기를 두려워하였으나,

31 모세가 그들을 부르자, 아론과 회중의 지도자들이 모두 그에게로 가까이 갔다. 모세가 먼저 그들에게 말을 거니,

32 그때에야 모든 이스라엘 자손이 그에게로 가까이 갔다. 모세는, 주께서 시내 산에서 자기에게 말씀하신 모든 것을 그들에게 명하였다.

33 모세는, 그들에게 하던 말을 다 마치자, 자기의 얼굴을 수건으로 가렸다.

34 그러나 모세는, 주 앞으로 들어가서 주와 함께 말할 때에는 수건을 벗고, 나올 때까지는 쓰지 않았다. 나와서, 주께서 명하신 것을 이스라엘 자손에게 전할 때에는,

35 이스라엘 자손이 자기의 얼굴에서 빛이 나는 것을 보게 되므로, 모세는, 주와 함께 이야기하러 들어갈 때까지는, 다시 자기의 얼굴을 수건으로 가렸다.

신학적 관점

인간은 거룩하신 YHWH 하느님의 얼굴을 직접 볼 수가 없다. 왜냐하면 그 영광의 빛이 너무 강렬하기 때문이다. 그래서 보는 자는 모두 죽는다고 했다(출 33:20). 그런데 모세는 하느님과 직접 대면을 하였고, 그로 인해 그의 얼굴 또한 큰 빛을 발했다. 그래서 그 빛으로 인해 백성들이 위험에 처할까 염려하여 백성들 앞에서는 수건으로 자기 얼굴을 가리었다는 본문은 십계명이 YHWH로부터 직접 전해진 것임과 모세의 신적 지도력을 강조하기 위한 이야기이다.

목회적 관점

YHWH께서는 모세와 마치 친구처럼 얘기하셨다(출 33:11). 오늘날 많은 신도는 마치 하느님이 옆에 계신 것처럼 친근하게 얘기하고 친구에게 부탁하듯이 자신의 원하는 것을 얘기한다. QT 운동이 한때 한국교회에 크게 유행을 한 적도 있었고, 지금도 여전히 많은 신도가 성서 말씀을 통한 묵상을 통해 하느님과의 깊은 1:1 교제에 빠지기도 한다. 그런데 목회적으로 보면 이러한 신의 인간화/개인화/내면화 이해 방식은 여러 가지 위험성을 안고 있다.

주석적 관점

모세의 일생을 설명하는 출애굽기 맨 마지막 구절은 이렇게 끝난다. "모세는, 회막에 구름이 머물고, 주님의 영광이 성막에 가득 찼으므로, 거기에 들어갈 수 없었다"(40:35). 이는 오늘 본문과 전혀 상반되는 이야기이다. 이는 출애굽기 안에 여러 문서(J, E, JE)가 섞여 있음을 말하고 있다.

설교적 관점

주현절기를 마치고 사순절기로 들어가는 관문에 변모주일이 놓여 있다. 이는 광야 40일 사순절 고난의 시기를 잘 견디어 나가도록 인도하는 소망과 빛의 역할을 담당한다. 그런데 출애굽기 안에는 신의 얼굴을 직접 대하는 모세의 모습과 그 영광의 강렬한 빛으로 인해 감히 접근할 수 없었다는 모순된 구절이 다 나온다. 이는 YHWH 하느님의 절대성과 친밀함을 동시에 말하고 있다. 모세 당시 이방 종교의 특징은 제국의 통치자들이 신을 대변했다. 그래서 백성들은 그의 얼굴을 쳐다보지 못했다. 그러나 모세는 신의 대변자로 얼굴에 신적 빛이 있었지만, 수건으로 그 빛을 가리고 백성들과 대면했다. 이는 일종의 이방 신들의 정치권력화에 대한 비판이기도 하다.

시편 99

1 야훼께서 왕위에 오르시니 뭇 민족이 떠는구나. 거룹들 위에 올라 앉으시니 온 땅이 흔들리는구나.

2 야훼는 시온에서 위대하시고 만백성 위에 우뚝 솟으신 분,

3 만백성이 그의 높고 두려운 이름을 찬양하리니, 그분은 거룩하시다.

4 능력의 왕이여, 당신께서는 정의를 사랑하시고 공의와 법을 세우시어 야곱의 가문에 바른 기틀을 잡으셨사옵니다.

5 야훼 우리 하느님을 기리어라. 그분의 발판 아래 엎드려라. 그분은 거룩하시다.

6 모세와 아론이 그분의 사제들, 사무엘이 그의 이름 부르는 한 사람이니 그들이 야훼께 부르짖으면 그분은 응답하신다.

7 구름기둥 안에서 그들과 말씀하시매 일러 주신 계명과 법을 그들은 모두 지켰다.

8 야훼, 우리 하느님, 당신께서는 그들에게 대답해 주셨사옵니다. 당신께서는 잘못을 범하시면서도 그 죄를 용서하시는 하느님이셨사옵니다.

9 야훼 우리 하느님을 기리어라. 그 거룩한 산 아래 엎드려라. 야훼, 우리 하느님은 거룩하시다.

고린도후서 3:12-4:2

12 우리는 그런 소망을 가지고 있으므로, 아주 대담하게 처신합니다.

13 우리는 모세가, 자기 얼굴의 광채가 사라져 가는 것을 이스라엘 자손이 보지 못하게 하려고, 그 얼굴에 너울을 썼던 것과 같은 일은 하지 않습니다.

14 사실 그들의 생각은 완고해져서, 오늘날에 이르기까지도, 그들은 옛 언약의 책을 읽을 때에, 그들의 마음에서 바로 그 너울을 벗지 못하고 있습니다. 그 너울은, 그들이 그리스도를 믿을 때에 제거되기 때문입니다.

15 오늘날까지도, 그들은 모세의 글을 읽을 때에, 그들의 마음에 너울이 덮여 있습니다.

16 그러나 "사람이 주께로 돌이키면, 그 너울은 벗겨집니다."

17 주님은 영이십니다. 주님의 영이 계신 곳에는, 자유함이 있습니다.

18 우리는 모두 너울을 벗어 버리고, 주님의 영광을 바라봅니다. 이렇게 해서, 우리는 주님과 같은 모습으로 변화하여, 점점 더 큰 영광에 이르게 됩니다. 이것은 영이신 주께서 하시는 일입니다.

1 이와 같이 우리가 하나님의 자비하심을 힘입어서 이 직분을 맡았으므로, 우리는 낙심하지 않습니다.

2 부끄러워서 드러내지 못할 일들을 우리는 배격하였습니다. 우리는 간교하게 행하지 않고, 하나님의 말씀을 왜곡하지도 않습니다. 우리는 진리를 밝히 드러냄으로써, 하나님 앞에서 모든 사람의 양심에다가 우리 스스로를 떳떳하게 내세웁니다.

신학적 관점

바울은 모세의 수건(너울)을 여러 가지 관점에서 재해석하고 있다. 출애굽기에서는 모세가 그 얼굴에서 비치는 신적인 빛으로 인해 백성들이 두려워하기에 수건으로 얼굴을 가리었다고 말하는 데 반해 바울은 이를 얼굴에서 그 빛이 사라져가는 것을 백성들이 보지 못하도록 하기 위함이었다고 부정적으로 해석하고 있다. 더 나아가 이를 예수 그리스도의 하느님의 아들이심을 알아보지 못하도록 하는 유대인들의 몰이해 내지는 완악함으로 확대 해석하고 있다.

이는 다메섹 도상에서의 강렬한 빛으로 인한 바울 자신의 눈멂과 사흘 이후의 눈뜸 경험을 떠올리게 한다.

목회적 관점

거듭남의 경험 혹은 구원 받은 순간의 경험들은 깨달음(覺)의 순간을 뜻하는데, 이는 다른 말로 하면 마음속의 어둠이 사라지고 신적 빛이 비친 카이로스의 순간을 말한다. 세계관과 가치관의 변화가 일어나는 순간이다. 이로 인해 인생 여정이 달라지기도 한다. 목회자는 교인들이 저마다 갖고 있는 이 순간들을 계속 상기하도록 하는 것이 중요하다. 목회자가 가르치려 하기보다는 깨달음을 통해 스스로 삶을 개척해 나가도록 인도하는 것이 좋다.

주석적 관점

고린도교회가 당면한 문제는 분파이다. 바울파, 아볼로파, 게바파, 그리스도파로 나뉘어져 있었고, 유대 그리스도인들과 이방 그리스도인들로 섞여 있었다. 그런데 더 큰 문제는 다른 복음 전파자들이 바울의 사도직을 깎아내리고 부정했다(2절). 이들은 주로 유대교 배경을 갖고 있는 사람들이었다. 이방 그리스도인들로 하여금 할례나 정결법 등을 지키도록 강요했다. 바울은 저들을 모세의 너울을 쓰고 있는, 아직 진리의 깨우침에 도달하지 못한 사람으로 비유하고 있다.

설교적 관점

너울을 문자적으로 해석하면 오늘날 모슬렘 여인들이 얼굴을 가리는 히잡이 된다. 서양 특히 페미니스트들은 이는 여성의 몸이 갖는 자연의 아름다움을 억압하는 남성 중심적 문화라고 비판한다. 일면 타당성이 있다. 그러나 동시에 그 사회가 오랫동안 갖고 내려온 히잡과 관련한 아름다운 전통 또한 있다. 모슬렘 여인들은 서구 여인들과는 달리 겉의 아름다움보다는 내면의 아름다움을 추구하는 경향이 강하다. 자신의 생각과 전통만이 옳다고 여기는 태도는 제국주의의 문화다. 오늘날의 사회는 다양성의 사회다.

바울은 외친다. "누구든지 그리스도 안에 있으면 그는 새로운 피조물입니다. 옛것은 지나갔습니다. 보십시오, 새것이 되었습니다"(고후 5:17). 여기서 새것은 예수 그리스도로 인한 가치관의 변화를 말한다. '화해의 직분'을 깨닫는 일이다. 예수 그리스도의 십자가의 도는 세상이 가르치는 것과는 정반대이다.

누가복음 9:28-43

28 이 말씀을 하신 뒤에, 여드레쯤 되어서, 예수께서는 베드로와 요한과 야고보를 데리고 기도하러 산으로 올라가셨다.

29 예수께서 기도하고 계시는데, 그 얼굴 모습이 변하고, 그 옷이 눈부시게 희고 빛났다.

30 그런데 마침 두 사람이 예수와 말을 나누고 있었는데, 그들은 모세와 엘리야였다.

31 그들은 영광에 싸여 나타나서, 예수께서 예루살렘에서 이루실 일, 곧 그의 죽으심에 대하여 말하고 있었다.

32 베드로와 그 일행은 잠을 이기지 못해서 졸다가, 깨어나서 예수의 영광을 보고, 또 그와 함께 서 있는 두 사람을 보았다.

33 그 두 사람이 예수에게서 떠나갈 때에, 베드로가 예수께 말하였다. "선생님, 우리가 여기에 있는 것이 좋겠습니다. 우리가 초막 셋을 지어서, 하나에는 선생님을, 하나에는 모세를, 하나에는 엘리야를 모시겠습니다." 베드로는 자기가 무슨 말을 하는지도 모르고, 그렇게 말하였다.

34 그가 이렇게 말하고 있는데, 구름이 일어나서 그들을 뒤덮었다. 그들은 구름 속으로 들어갔을 때에, 두려움에 사로잡혔다.

35 그리고 구름 속에서 소리가 나기를 "이는 나의 아들, 곧 내가 택한 자다. 너희는 그의 말을 들어라" 하셨다.

36 그 소리가 났을 때에, 예수만이 거기에 계셨다. 제자들은 입을 다물고, 그들이 본 것을 얼마 동안 아무에게도 이야기하지 않았다.

37 다음날 그들이 산에서 내려오니, 큰 무리가 예수를 반갑게 맞이하였다.

38 그런데 무리 가운데서 한 사람이 소리를 크게 내서 말하였다. "선생님, 내 아들을 보아 주십시오. 그 아이는 내 외아들입니다.

39 귀신이 그 아이를 사로잡으면, 그 아이는 갑자기 소리를 지릅니다. 또 귀신은 아이에게 경련을 일으키고, 입에 거품을 물게 합니다. 그리고 아이를 상하게 하면서 좀처럼 떨어지지 않습니다.

40 그래서 선생님의 제자들에게 귀신을 내쫓아 달라고 청하였으나, 그들은 해내지를 못했습니다."

41 예수께서 말씀하셨다. "아! 믿음이 없고 비뚤어진 세대여, 내가 언제까지 너희와 함께 있어야 하며, 너희에게 참아야 하겠느냐? 네 아들을 이리로 데려오너라."

42 아이가 예수께로 오는 도중에도, 귀신이 그 아이를 거꾸러뜨리고, 경련을 일으키게 하였다. 예수께서는 그 악한 귀신을 꾸짖으시고, 아이를 낫게 하셔서, 그 아버지에게 돌려주셨다.

43 사람들은 모두 하나님의 크신 위엄에 놀랐다.

신학적 관점

오늘의 본문은 신학적으로 매우 풀기 어려운 과제다. 우선 이는 예수 부활에 관련한 구절인가? 아니면 헬레니즘의 신비 전통에 맞닿는 이야기인가? 다만 주현(epiphany), 신현(theophany), 그리스도 현현(christophany) 혹은 신적 계시라는 단어는 오늘의 본문을 설명하는 데 적당하지 않다.

우선 예수의 변모에 대한 신학적 성찰을 하기 전에 몇 가지 질문이 떠오른다. 첫째, 왜 세 명의 제자만 데리고 올라갔는가? 이는 초대교회에서의 세 제자(사도)의 특별한 지위를 반영하는 이야기이겠지만, 세 명의 제자만 데리고 간 일은 차별 대우라고 말하지 않을 수 없다. 혹 가룟 유다를 배제하기 위한 의도는 아니었을까? 둘째, 마태복음과 마가복음의 평행 구절은 예수께서 이 일을 말하지 말라고 당부한다. 메시아 비밀이다. 그런데 오늘 본문에서 제자들은 자발적으로 입을 다문다. 누가의 의도는 무엇인가? 누가복음의 바로 앞 본문 '베드로의 그리스도 고백'에서는 예수께서 말하지 않도록 경고하셨다.

세 번째 질문은 변모 직후 산 아래에서 일어난 병 고침의 이야기는 다른 병 고침의 이야기와 사뭇 분위기가 매우 다르다. "아! 믿음이 없고 비뚤어진 세대여."

이는 마치 병 고침의 기적을 행하지 못한 아홉 명의 제자를 향한 비난으로 들린다. 그런데 저들은 이미 파송을 받았을 때, 여러 마을을 두루 다니면서 복음을 전하고 병을 고쳐주었다(9:6). 그렇다면 이들은 병 고침의 능력을 상실했다는 말인가? 절수로 따지면 19절의 차이밖에 없다. 아니면 다른 세 명의 제자가 거기에 있었다면 그들은 고쳤을까? 산상 변모 이야기 직후에 일어난 사건으로 볼 때, 예수 부활 신비에 붙잡혀 하늘만 처다보고 있는 저자 동시대 예수 따르미들에 대한 경고의 소리로 해석할 수 있다.

모세는 율법을 대표하고 엘리야는 예언자를 대표한다. 이는 유대교의 두 기둥이다. 따라서 예수는 유대교를 대체한다고 하는 신학적 상징성을 갖고 있다.

목회적 관점

교인들은 예배를 통해 하느님과의 만남을 체험한다. "아멘!"으로 응답할 때 주 안에서 이루지 못할 것이 없다는 확신을 갖는다. 그러나 교회 밖을 나서면 다시금 무력해진다. 본문이 보여주는 산 위와 산 아래에서의 서로 다른 모습은 바로 오늘의 우리 목회 현장을 그대로 반영하고 있다. 목회는 예배 안에서 경험했던 믿음의 확신과 감동을 저들의 삶 속에서 열매를 맺도록 이끄는 일이다.

주석적 관점

변모하신 예수께서는 모세와 엘리야와 얘기를 나누었는데, 그 주제를 본문은 '그의 죽으심'이라고 말한다. 그런데 여기서 '죽으심'이라고 번역된 희랍어 단어는 exodus(탈출, 해방)이다(개역성경에서는 '별세', 새번역에서는 '떠나가심', 공동번역에서는 '죽으심'으로 각각 번역했다). 이는 마태복음과 마가복음의 평행 구절에서는 나타나지 않는 단어다. 이 두 복음서에서는 그냥 서로 말을 나누었다. 그런데 여기서 저자 누가는 이 세 사람이 함께 나눈 내용이 exodus라는 것이다. 여기에는 누가의 특별한 의도가 숨어 있다. 물론 대부분의 서구 학자가 해석하듯이 이 엑소더스는 세상 떠남으로서의 그의 십자가 죽음을 의미하고, 이어지는 '이루실 일'은 십자가 구원의 완성이라고 말할 수 있다. 그런데 누가는 '떠남(departure)'이라는 의미에서는 다른 단어를 사용하고 있다. 예수에게 exodus라는 단어를 붙인 데는 누가의 분명한 의도가 있다.

희랍어 ex-odos(out of way)는 (기존의) '길로부터 벗어나' 새로운 길로 나아가기 위함 '떠남'이다. 기존의 길은 세상의 길이요 권력자의 길이다. 모세가 바로 왕의 권력에 대항하여 히브리 족속들을 노예의 길로부터 탈출하여(exodus) 출애굽의 해방을 이끌어 내었듯이, 엘리야가 아합왕과 이세벨왕비의 권력에 대항하여 백성들을 바알의 길로부터 탈출하여(exodus) YHWH 하느님께로 이끌어 내었듯이 예수 그리스도 또한 갈릴리 민중들을 예루살렘이라는 기존의 종교 정치적 압제로부터 탈출하도록 (십자가의 죽음과 부활을 통해) 이끌어 낼 것이다. '초막' 또한 출애굽 이후 광야에서의 삶을 연상케 한다. 엘리야 또한 광야의 초막에 머물며 까마귀가 물어다 주는 양식을 먹었다.

설교적 관점

모세, 엘리야, 예수의 엑소더스의 하늘 부름은 모두 산 위에서 시작하였다. 곧 시내산과 갈멜산과 변화산 위에서 모세에게 임한 하늘의 말씀은 "나는 애굽에 있는 나의 백성이 고통받는 것을 똑똑히 보았고, 또 억압 때문에 괴로워서 부르짖는 소리를 들었다. 이제 나는 너를 바로에게 보내어, 나의 백성 이스라엘 자손을 애굽에서 이끌어내게 하겠다"이다. 엘리야는 아합왕에게 "내가 이스라엘을 괴롭히는 것이 아니라, 임금님이 괴롭히는 것입니다. 임금님께서는 주님의 계명을 내버리고, 바알을 섬기십니다"라고 말한다. 그리고 백성들에게는 이렇게 외쳤다. "여러분은 언제까지 양쪽에 다리를 걸치고 머뭇거리고 있을 것입니까? 주님이 하나님이면 주님을 따르고, 바알이 하나님이면 그를 따르십시오."

변화산상의 세 제자에게 하늘의 음성이 들렸다. "이는 나의 아들, 곧 내가 택한 자다. 너희는 그의 말을 들어라." 세상 권력자의 말이 아닌 주님의 말씀에 귀를 기울여야 한다.

이제 우리는 사순절을 맞이하며 광야로 나아간다. 광야는 히브리어로 '므드바르'로 하느님의 말씀이 들려오는 장소를 말한다. 말씀을 받으려면 맘을 비워야 한다.

사순절

사순절 첫째 주일

신 26:1-11; 시 91:1-2, 9-16; 롬 10:8b-13; 눅 4:1-13

신명기 26:1-11

1 "주 너희의 하나님이 너희에게 유산으로 주시는 그 땅에 너희가 들어가서 그것을 차지하고 살 때에,

2 너희는 주 너희의 하나님이 너희에게 주시는 땅에서 거둔 모든 농산물의 첫 열매를 광주리에 담아서, 주 너희의 하나님이 당신의 이름을 두려고 택하신 곳으로 가지고 가거라.

3 거기에서 너희는 직무를 맡고 있는 제사장에게 가서 '주께서 우리 조상에게 주시겠다고 맹세하신 대로, 내가 이 땅에 들어오게 되었음을, 제사장께서 섬기시는 주 하나님께 오늘 아룁니다' 하고 보고를 하여라.

4 제사장이 너희의 손에서 그 광주리를 받아 주 너희 하나님의 제단 앞에 놓으면,

5 너희는 주 너희의 하나님 앞에서 다음과 같이 아뢰어라. '내 조상은 떠돌아다니면서 사는 아람 사람으로서 몇 안 되는 사람을 거느리고 이집트로 내려가서, 거기에서 몸 붙여 살면서, 거기에서 번성하여, 크고 강대한 민족이 되었는데,

6 이집트 사람이 우리를 학대하며 괴롭게 하며, 우리에게 강제노동을 시키므로,

7 우리가 주 우리 조상의 하나님께 살려 달라고 부르짖었더니, 주께서 우리의 울부짖음을 들으시고, 우리가 비참하게 사는 것과 고역에 시달리는 것과 억압에 짓눌려 있는 것을 보시고,

8 강한 손과 편 팔과 큰 위엄과 이적과 기사로, 우리를 이집트에서 인도하여 내시고,

9 주께서 우리를 이곳으로 인도하셔서, 이 땅, 곧 젖과 꿀이 흐르는 땅을 우리에게 주셨습니다.

10 주님, 주께서 내게 주신 땅의 첫 열매를 내가 여기에 가져 왔습니다.'

그리고 너희는 그것을 주 너희의 하나님 앞에 놓고, 주 너희의 하나님께 경배드리고,

11 레위 사람과 너희 가운데서 사는 외국 사람과 함께, 주 너희의 하나님이 너희와 너희의 집안에 주신 온갖 좋은 것들을 누려라."

신학적 관점

5-10절은 사도신조와 같이 민족 공동체의 오래된 신앙고백이자 신의 영광을 찬양하는 정형화된 예전이다. 예배와 신앙생활에 있어 신학(theology)의 역할이 무엇인지를 밝히 말해 주고 있다. 신앙생활의 주체는 개인이지만, 이 개인은 이 신앙을 전수해 온 공동체를 떠나서는 존재의 의미와 삶의 방향을 찾기가 어렵다.

그리스인들은 기억의 여신(므네모시네)은 상상의 어머니라고 생각했지만, 이스라엘 사람들은 기억은 하느님의 약속을 재확인하고 이를 현재의 삶에 새롭게 하는 신앙의 어머니로 생각했다. 그리고 이 기억은 단순히 좋고 위대했던 과거를 떠올리는 것이 아닌 힘없고 가난했던 '떠돌이' 적의 쓰라린 기억이었다. "자신들의 조상은 과거 떠돌이 아람 사람이었다"는 고백은 지금 자신들이 이스라엘이라는 강한 민족이 되어 함께 살아가는 아람 사람들을 차별하는 우쭐함에 대한 하나의 비판이자 자기성찰이었다! 그리하여 이 공동체 예전은 예배 중에 드려지는 하느님에 대한 영광과 찬양 그리고 성전 종사자 '레위 사람과 함께 나누는 '성전 안'(종교적) 감사 예물로 그쳐지는 것이 아닌 가난하게 살아가는 '외국 사람'들과 함께 누리는 '성전 밖'(사회적) 신앙의 책임으로 마무리되고 있다(11절)(*feasting*, 26).

목회적 관점

컴퓨터와 핸드폰의 현대는 과거의 기억들을 하나의 쓰레기로 처리하고 새로운 정보로 온통 우리의 마음을 빼앗고 있다. 과연 새로운 정보는 우리에게 행복과 기쁨을 주는 것인가? 신기술에 사로잡힌 행복한 노예(happy slaves of new technologies)가 되어 가고 있는 것은 아닌가?

본문은 목회적 관점에서 매우 중요한 점을 시사하고 있다. 유대 백성들은 첫 번 추수를 감사의 예물로 드림으로 조상들의 과거 해방과 구원 사건과 연결된다. 오늘날 교인들이 감사 예물을 드릴 때 과연 자신의 과거의 어려움으로부터의 구원 사건에 대한 기억과 맞물려 있는가? 사순절의 시작을 알리는 '성회수요일'의 의미는 자신의 모든 세상 업적을 무(無)로 돌리고 빈손과 빈 마음으로 새롭게 시작하는 데 있다. 자신 또한 떠돌이들의 후손임을 자각하는 시간이며, 광야로 나아간 예수를 따라나서는 시간이다.

예배는 공동체의 축제와 회상의 시간임과 동시에 하느님의 돌보심에 대한 증언의 공간이다. 오늘 본문에 맞춘 개교회의 <'떠돌이' 신앙고백문>을 교인들과 함께 만들어 보는 것은 목회에 있어 뜻깊은 기획이 될 것이다.

주석적 관점

본문 26장은 12장으로부터 시작한 신명기 율법의 결론이다. 이는 아브라함/야곱/요셉의 족장 시대로부터 시작하여 출애굽과 바빌론 포로 시대를 거쳐 신명기가 기록된 기원전 4세기(에리히 쳉어/이종한 옮김, 『구약성서개론』, 분도, 215-216)까지의 약 이천 년의 역사(창세기-민수기)를 하느님의 눈으로 정리한 최종 신앙고백문이다. 오늘 본문은 아말렉 사람을 치라는(25:17-19) 앞의 본문과 바로 뒤이어 나오는 삼 년마다 한 번 드리라는 십일조 계명(12-13절)은 묶음으로 보아야 한다.

신명기서는 역사적으로 최소한의 두 개의 분명한 분기점이 있다. 첫째는 바빌론에 의한 예루살렘 성전 멸망 이전과 그 이후이다. 기원전 7세기경 북왕국이 멸망하자 이들은 남왕국 유다로 피신을 온 것이다. 신명기서에 기록되어 있는 여러 법규는 바로 북쪽 갈릴리호수를 중심한 농촌사회를 반영하고 있으며, 고아와 과부와 외국인들을 돌보라는 예언자적인 외침 또한 이러한 지리적 특성에 기초하고 있다. 두 번째는 야훼 하느님께 충성하지 못했던 이스라엘/유다왕국을 비판하는 신명기적 사관으로, 이는 바빌론 포로 시기에 형성되었다. 성서로 보면 여호수아로부터 열왕기서까지이다(*feasting*, 27).

땅의 첫 열매를 하느님께 드리는 행위는 땅에 대한 소유권이 자신들에게 있는 것이 아니라 하느님께 있음을 고백하는 행위이다. 신명기 1-11장까지 "땅을 차지한다"라는 단어가 30번 이상 등장하고 있지만, 이는 모두 하느님의 축복 명령에 기초하고 있다.

설교적 관점

지금 이스라엘 백성들은 출애굽 후 사십 년의 힘겨운 광야 생활을 마치고 약속의 땅 가나안 진입을 바로 눈앞에 보고 있다. 믿음, 계약, 축복은 설교자들이 쉽게 다룰 수 있는 주제다. 그러나 여기서 중요한 주제는 유산(遺産)이다. 본문은 유대인들의 풍성한 신앙적 유산을 다루고 있다. 훌륭한 신앙이란 고난과 아픔의 과거를 숨기지 않고 이를 어떻게 현재적 사건으로 되살릴 수 있는가에 달려 있다. 아직 추수하려면 2개월은 더 기다려야 한다. 그러나 유대인 농부들은 처음 순을 피우고 열매를 맺는 것이 어떤 것인지를 주의 깊게 관찰하고, 이를 리본으로 묶어두었다가 첫 예물로 드려 왔다(feasting, 27).

오늘날 소수의 유목민을 제외하고 대부분의 세계인은 도시 속의 한 곳에 정주하면서 살아가고 있다. 이스라엘 백성 또한 그러하다. 그러나 그들은 지금도 수천 년 전의 조상들의 광야 생활을 기억하기 위해 오순절, 유월절, 초막절 등등의 절기를 지키며, 유월절에는 누룩이 들어가지 않는 딱딱한 빵과 쓴 나물을 먹고, 초막절에는 집 마당에 초막을 지어 놓고 그 안에서 한 주간을 살아가기도 한다. 심지어는 호텔 마당에다가도 임시 천막을 만들어 놓고 원하는 손님들에게 이를 제공하고 있다.

현재 대한민국은 세계 8, 9위의 경제대국으로 세계인들의 부러움을 사고 있다. 적어도 70억 인구 중 4분지 3 이상은 우리보다 더 큰 경제적 어려움에 처해 있다. 하루 끼니는 물론 제대로 된 식수조차 마실 수 없는 사람도 많다. 그러나 우리 국민 사이에서는 위만을 쳐다보고 살아감으로 인해 감사와 기쁨은커녕 불만과 불평이 갈수록 높아가고 있으며, 이는 세계 최고의 자살률과 세계 최저의 출산율로 나타나고 있다. 물론 이는 세계에서 가장 높은 빈부 격차에 기인하고 있기는 하지만, 설교자들은 이러한 부조리한 현실에도 불구하고 신앙인들로 하여금 오늘의 기쁨과 행복을 통해 내일의 하느님 나라를 일구어 가도록 인도해야 하는 책임이 있다. 그런 의미에서 교인들의 어려웠던 시기가 언제였는지, 그때 비하면 오늘은 어떠한지, 어떻게 이를 극복하게 되었는지 등등의 질문을 던져 보자.

시편 91:1-2, 9-16
1 지존하신 분의 거처에 몸을 숨기고 전능하신 분의 그늘 아래 머무는 사람아,

2 야훼께서 네 피난처시요 네 요새이시며 네가 의지하는 너의 하느님이라고 말하여라.

9 야훼를 너의 피난처라 하고 지극히 높으신 분을 너의 요새로 삼았으니

10 어떤 불행도 너를 덮치지 못하리라. 어떤 재앙도 네 집을 가까이 못하리라.

11 주께서 너를 두고 천사들을 명하여 너 가는 길마다 지키게 하셨으니,

12 행여 너 돌뿌리에 발을 다칠세라 천사들이 손으로 너를 떠받고 가리라.

13 네가 사자와 독사 위를 짓밟고 다니며, 사자새끼와 구리뱀을 짓이기리라.

14 "나에게 부르짖는 자를 내가 건져 주며 나의 이름을 아는 자를 내가 높여 주리라.

15 나를 부르는 자에게 대답해 주고 환난중에 그와 함께 있으리니 나는 그를 건져 주고 높여 주리라.

16 그로 하여금 마음껏 오래 살게 하고 나의 구원을 그에게 보여 주리라."

로마서 10:8b-13

8 이것은 우리가 전파하는 믿음의 말씀입니다.

9 입으로 예수는 주님이라고 고백하고, 하나님께서 그를 죽은 사람들 가운데서 살리신 것을 마음으로 믿는 사람은 구원을 얻을 것입니다.

10 사람은 마음으로 믿어서 의에 이르고, 입으로 고백해서 구원에 이릅니다.

11 성경은 "그를 믿는 사람은 누구나 부끄러움을 당하지 않을 것이다" 하고 말합니다.

12 유대 사람이나, 그리스 사람이나, 차별이 없습니다. 그는 모든 사람에게 꼭 같이 주님이 되어 주시고, 그를 부르는 모든 사람에게 풍성한 은혜를 내려 주십니다.

13 "주의 이름을 부르는 사람은 누구나 구원을 얻을 것입니다."

신학적 관점

성회수요일로 시작하는 사순절은 참회의 시간이다. '죄'란 단순히 잘못된 행위만을 일컫는 것이 아니다. 희랍어 hamartia의 원뜻은 '과녁에서 벗어났다'는 말로서 그리스 비극에서 주인공의 운명적인 성격 결함을 뜻한다. '죄의 세력'에 매여 있는 상태를 말한다(롬 6:7).

오늘날 교회에서 9, 10절의 말씀은 너무나 왜곡되어 있다. 바울 당시에는 노예 제도가 존재했다. 노예는 주인을 '주(인)님'이라고 불렀고, 그를 위해 모든 목숨을 다 바쳤다. 또한 로마 황제 숭배가 강제되는 시대로서 로마인들은 황제를 '주(인)님'이라고 고백했다. 따라서 정치범으로 십자가에서 처형된 갈릴리의 예수를 '주님'이라고 공개적으로 고백하는 행위는 반로마 반역 행위로서 감옥에 가거나 순교를 당할 위험이 있었다. "마음으로 믿는다"는 말 또한 자신의 모든 존재를

던져 믿는다는 말이다. 곧 죽음과도 맞바꿀 만한 믿음을 두고 하는 말이다. 따라서 우리가 지금 예수를 '주님'이라고 부르는 것과는 근본적인 차이가 있다.

목회적 관점

누가 구원을 받은 자인가? 나는 구원을 받았나? 이를 어떻게 확증할 수 있을까 하는 물음은 믿음의 큰 주제이자 언제나 교회 안에서는 논쟁의 대상이 된다. 로마교회 안에도 이런 구원 논쟁이 있었다. 본문 바로 앞의 5-7절을 보면 누구는 율법으로 구원을 받고, 누구는 하늘에 올라가고, 누구는 지옥에 내려간다고 하는 논쟁이 있었음을 알 수 있다. 그래서 바울은 예수를 주님이라고 고백하고 예수 부활을 믿는 사람은 누구나 구원을 받을 것이다라고 말하고, 이는 (율법을 지키고 할례를 받은) 유대인이나 그렇지 않은 그리스인이나 차별이 없다고 말하고 있는 이유이다. 따라서 13절의 말씀은 구원에 관한 교리라기보다는 구원 논쟁으로 분열의 위기에 처한 로마교회를 구하기 위한 목회적 차원의 말씀으로 이해해야 할 것이다.

주석적 관점

전반적으로 로마서에서 바울은 로마교회가 당면한 문제, 곧 유대인들과 이방인들 사이의 구원 논쟁에 답을 주기 위해 여러 가지 얘기를 하고 있는데, 이는 기독교와 유대교를 전혀 다른 종교로 분리해서 보는 오늘날의 기독교인들에게 있어서는 잘 이해가 되지 않는 부분이다. 왜냐하면 바울에게 있어서는 모세 율법과 예수의 십자가 죽음과 부활의 복음 둘 중 어느 하나도 놓칠 수 없는 소중한 신앙이었기 때문이다. 로마교회의 유대 그리스도인들은 할례는커녕 율법을 전혀 알지 못함으로 신앙의 행함이 거의 없는 이방 그리스도인들을 무시했고, 이방 그리스도인들은 부활한 예수를 주님으로 고백했으면 되었지, 거기에 예루살렘 성전과 연계한 모세의 율법은 예수 구원과는 아무런 관계가 없는 것으로 여겼기 때문이다. 바울은 본문 바로 앞에서 율법의 본래 목적 또한 예수 그리스도 안에서의 하느님의 의를 얻기 위함에 있다고 주장하고 있다(1-4절).

이러한 전체 맥락을 이해하지 않으면 오늘 본문은 왜곡되기 십상이다. '예수천당 불신지옥'을 외치는 것과는 전혀 다른 차원이다. 바울은 "마음으로 믿어 의에 이르고 입으로 고백해서 구원에 이릅니다"라는 매우 단순하기 짝이 없는 구원의 가르침을 설명함에 예언서의 말씀을 인용하고 있는 것도 바로 그 이유이다. 곧 이사야 28장 16절의 말씀("그를 믿는 사람은 부끄러움을 당하지 않을 것이다")을 인용함으로 자신의 주장을 시작하여(9:33; 10:11) 요엘서 2장 23절의 말씀("주님의 이름을 부르는 자는 누구든지 구원을 얻을 것입니다")을 인용함으로(10:13) 결론을 짓고 있다. 율법은 규율을 지키는, 곧 행함에 근본이 있고, 유대인들은 예언서를 바로 이러한 율법의 해설서로 이해했다. 오늘 본문 구절에만 근거하여 구원에 있어 '마음'과 '입'만을 강조하는 그리스도인들은 잘못하면 행위를 무시하기 쉽다. 이 말씀은 모세가 광야 40년을 마치고 새 계약의 백성들에게 당부하면서 들려주었던 그 말씀이다(신 30:14). 바울의 의도는 오늘날 그리스도인들이 문자로 이해하는 그러한 단순한 차원에서 하는 말이 아님을 분명하게 깨달아야 한다(*feasting*, 41).

설교적 관점

오늘의 짧은 본문에서 바울은 제1성서를 세 번이나 인용하고 있다(신 30:12-13; 사 28:16; 욜 2:32). 예수 또한 광야에서 매번 제1성서의 말씀을 인용함으로 사탄의 시험을 물리치고 있다. 성서는 단지 옛사람들의 옛이야기가 아닌, 바로 오늘 우리의 삶에 직접 연계된 이야기인 것을 말하고 있다. 성서 구절 인용이 잘못하면 아전인수식의 문자주의에 빠질 위험이 있지만, 말씀을 읽고 묵상함을 통해('입'과 '마음'에 가까이 둠) 말씀의 생활화가 신앙에서 얼마나 소중한 일임을 말하고 있다.

누가복음 4:1-13

1 예수께서 성령이 충만해서, 요단강에서 돌아오셨다. 그리고 성령에 이끌려 광야로 가셔서, 2 사십 일 동안 악마에게 시험을 받으셨다. 그동안 아무것도 잡수시지 않아서, 그 기간이 다하였을 때에는 시장하셨다.

3 악마가 예수께 말하였다. "네가 하나님의 아들이거든, 이 돌더러 빵이 되라고 말해 보아라."
4 예수께서 악마에게 대답하셨다. "성경에 기록하기를 '사람이 빵으로만 살 것이 아니다' 하였다."
5 그러자 악마는 예수를 높은 데로 이끌고 가서, 순식간에 세계 모든 나라를 그에게 보여 주었다.
6 그런 다음에, 악마는 그에게 말하였다. "내가 이 모든 권세와 그 영광을 주겠다. 이것은 내게 넘어온 것이니, 내가 주고 싶은 사람에게 줄 것이니,
7 내 앞에 엎드려서 절을 하면, 이 모든 것을 갖게 될 것이다."
8 예수께서 그에게 말씀하셨다. "성경에 기록하기를 '주 너의 하나님께 경배하고, 그분만을 섬겨라' 하였다."
9 또 다시 악마는 예수를 예루살렘으로 이끌고 가서, 성전 꼭대기에 세우고, 그에게 말하였다. "네가 하나님의 아들이거든, 여기에서 뛰어내려 보아라.
10 성경에 기록하기를 '하나님이 너를 위하여 자기 천사들에게 명해서, 너를 지키게 하실 것이다.
11 그들이 손으로 너를 떠받쳐서, 너의 발이 돌에 부딪히지 않게 할 것이다' 하였다."
12 예수께서 악마에게 말씀하셨다. "성경에 기록하기를 '주 너의 하나님을 시험하지 말아라' 하였다."
13 악마는 모든 시험을 다 한 뒤에, 잠시동안 예수에게서 떠나갔다.

신학적 관점

흔히 세 개의 예수 광야 시험(혹은 유혹) 이야기로 알려진 이 본문은 예수의 인성을 말해 주는 이야기이기도 하지만, 이는 인간 본성의 유한성에 관한 근본을 묻는 이야기이기도 하다. 예수는 '성령이 충만한' 가운데 '성령에 이끌려서' 광야로 나아가셨다. 따라서 '시험', '유혹'이라는 단어는 "성령이 유혹(시험)을 받았다"는 말로 치환되기에 이는 신학적으로 모순이 된다. '예수의 광야 시험 이야기'로 부르기보다는 예수께서 광야에서 기도하실 때의 '사탄의 도전 이야기'로 바꿔 부르는 것이 타당하다. 마태와 마가는 성령에 이끌려 예수께서 광야로 나아가시는데 반해 마가는 성령이 광야로 '내보내셨다'(개역개정 '몰아내신지라', ekballo, 예수께서 귀신을 쫓아내실 때의 단어이다). 그리고 들짐승들과 함께 지내시고 천사들이 그의 시중을 든다.

'악마'의 존재성 혹은 '악'의 근원 혹은 천사의 존재에 대해 개신교 신학은

명쾌한 답을 주지 않고 있다.

목회적 관점

우리는 성령에 의한 세례를 받고 또한 목사 안수를 받았다. 그러나 여전히 예수께서 그러했던 것처럼 목회에 있어 (사탄의) 유혹 내지는 도전을 받고 있다. 그리고 그 유혹은 "네가 하느님의 아들이거든"－"네가 진정 목사라면"－이라는 말로 시작한다. 누가는 예수께서 올리브동산에서 마지막 시험(도전)을 받고 "내게서 이 잔을 거두어 주십시오" 하며 땀이 핏방울이 되도록 힘써 기도하실 때, 3년이나 함께 생활했던 예수의 제자들이 (슬픔에 지쳐서) 잠들어 있음을 말하고 있다(22:39-46). 이는 오늘 우리의 이야기이기도 하다. 부와 권력과 인기에 관한 물음은 사람이라면 누구나 겪는 근본 물음이다. 악마는 '잠시동안' 예수에게서 떠나갔다는 구절로 본문은 끝나고 있다. 우리의 신앙적 성찰은 매 순간 기도로 지켜가야 하는 과정이지 완성은 있을 수 없다는 말이다.

주석적 관점

40은 하늘을 뜻하는 숫자다. 노아 40일의 홍수 이야기는 하느님의 심판과 제2의 창조를 말하고, 출애굽의 히브리 노예들이 겪었던 40년의 광야 생활 또한 하느님의 새로운 언약 백성으로 거듭나기 위한 훈련과 성화의 기간이었다. 엘리야를 비롯한 예언자들 또한 광야 40일을 통해 하느님의 사람으로 거듭난다. 40은 크로노스의 숫자가 아닌 새 역사를 향한 하느님의 인간 역사 개입을 뜻하는 카이로스의 '시간'이다.

히브리어 광야(므드바르) 또한 하느님의 말씀이 임하는 '공간'을 의미한다.

설교적 관점

빵의 문제는 인간의 기본 욕구이다. 물질 욕망은 언제나 우리 곁에 있다. 이는 삶의 기본 목표이기도 하다. 그러나 인간은 영적 존재이다. 물질 소유에 대한 의의(意義)를 갖지 못할 때 이는 삶을 나락으로 끌고 간다. 오천 명, 사천 명의 급식 기적 이야기는 '광야(빈들)'에서 일어난다. 오십 명, 백 명씩 줄을 지어 앉는 이야기는 광야 생활에서의 오십부장, 백부장을 떠올리게 한다. 광야 만나 이야기의 핵심은, 저들이 각자 걷은 양이 달랐지만 집에 돌아와 오멜(곡물을 재는 단위)로 나누면 많이 거둔 사람도 남지 않고 적게 거둔 사람도 모자라지 않았다는, 곧 나눔을 통한 평등의 가르침이다. 그리고 남은 만나는 다음 날 아침이 되면 썩어버렸다. 부의 축적(蓄積)에 대한 경고이다(출 16장).

권세와 영광에 대한 욕망 또한 마찬가지이다. 예수 시대에는 로마제국 군사의 힘에 의한 권력이 세상을 지배하던 때다. 그 속에서 유대인들은 피압박 민족으로 착취의 고통 속에 놓여 있었다. 예수는 끊임없이 높아지고자 하는 자는 낮아져야 함을 강조하고 있다. 이는 약자에 대한 깊은 관심이야말로 권력을 가진 자들이 지향해야 하는 목표임을 말하고 있다.

성전에서 뛰어내림으로 따르는 사람을 쉽게 모으고자 하는 심리는 종교와 정치 지도자들이 갖는 유혹이다. 신앙인들은 이적과 기적 현상에 쉽게 동요를 당한다. 이단(異端)은 이러한 인간의 심성을 이용한다. 주술과 점괘는 고대인들만의 문제가 아닌 당장 눈에 보이는 답을 찾고자 하는 오늘날의 어리석은 군중이 갖는 유혹이기도 하다. 고위 정치 지도자들 가운데는 주술에 지나치게 의존하는 사람들도 있다. 이는 기독교인들이 매우 경계해야 할 부분이다.

사순절 둘째 주일

창 15:1-12, 17-18; 시 27; 빌 3:17-4:1; 눅 13:31-35

창세기 15:1-12, 17-18

1 이런 일들이 일어난 뒤에, 주께서 환상 가운데 아브람에게 말씀하셨다. "아브람아, 두려워하지 말아라. 나는 너의 방패다. 네가 받을 보상이 매우 크다."

2 아브람이 여쭈었다. "주 나의 하나님, 주께서는 저에게 무엇을 주시렵니까? 저에게는 자식이 아직 없습니다. 저의 재산을 상속받을 자식이라고는 다마스쿠스 녀석 엘리에셀뿐입니다.

3 주께서 저에게 자식을 주지 않으셨으니, 이제, 저의 집에 있는 이 종이 저의 상속자가 될 것입니다." 아브람이 이렇게 말씀드리니,

4 주께서 그에게 말씀하셨다. "그 아이는 너의 상속자가 아니다. 너의 몸에서 태어날 아들이 너의 상속자가 될 것이다."

5 주께서 아브람을 데리고 바깥으로 나가서 말씀하셨다. "하늘을 쳐다보아라, 네가 셀 수 있거든, 저 별들을 세어 보아라." 그리고는, 주께서 아브람에게 말씀하셨다. "너의 자손이 저 별처럼 많아질 것이다."

6 아브람이 주를 믿으니, 주께서는 아브람의 그런 믿음을 의로 여기셨다.

7 하나님이 아브람에게 말씀하셨다. "나는 주님이다. 너에게 이 땅을 주어서 너의 소유가 되게 하려고, 너를 바빌로니아의 우르에서 이끌어 내었다."

8 아브람이 여쭈었다. "주 나의 하나님, 우리가 그 땅을 차지하게 될 것을 제가 어떻게 알 수 있습니까?"

9 주께서 말씀하셨다. "나에게 삼 년 된 암송아지 한 마리와 삼 년 된 암염소 한 마리와 삼 년 된 숫양 한 마리와 산비둘기 한 마리와 집비둘기 한 마리씩을 가지고 오너라."

10 아브람이 이 모든 희생제물을 주께 가지고 가서, 몸통 가운데를 쪼개어, 서로 마주 보게 차려 놓았다. 그러나 비둘기는 반으로 쪼개지 않았다.

11 솔개들이 희생제물의 위에 내려왔으나, 아브람이 쫓아 버렸다.

12 해가 질 무렵에, 아브람이 깊이 잠든 가운데, 깊은 어둠과 공포가 그를 짓눌렀다.

17 해가 지고, 어둠이 짙게 깔리니, 연기 나는 화덕과 타오르는 횃불이 갑자기 나타나서, 쪼개 놓은 희생제물 사이로 지나갔다.

18 바로 그 날, 주께서 아브람과 언약을 세우시고 말씀하셨다. "내가 이 땅을, 이집트 강에서 큰 강 유프라테스에 이르기까지를 너의 자손에게 준다."

신학적 관점

고대 시대에서 자신들이 믿는 신과 직접 대화를 통해 언약을 맺는 신탁 행위는 자신들의 하는 일에 대한 정통성을 부여하는 신학적 작업이다. 특히 땅에 관련하여 힘 있는 민족이 약소민족을 지배하는 경우에는 더욱 그러하였다. 이미 살고 있는 땅을 외부인이 차지하려면 돈으로 사거나 강제로 빼앗는 길 외에 다른 방법은 없다. 본문 바로 이어지는 19-21절에는 이미 그 땅에 살고 있던 열 개의 부족 이름들이 언급되고 있다. 오늘 본문은 정의의 관점에서 보면 당시 제국들이 하던 침략 행위와 전혀 다를 바 없는 일이다.

자손 또한 땅과 마찬가지로 한 나라의 노동력과 군사력의 척도이다. 그리하여 침략을 하면 남자들은 살해했지만, 여성들은 폭력적 방식으로 자손을 늘려나갔다. 땅과 자손은 제국 침략의 주요 목표다. 가진 자의 입장에서는 축복이 될 수 있지만, 빼앗긴 자의 입장에서는 저주다.

이스라엘은 1948년 서구 열강의 힘을 빌려 독립하였다. 물론 이천 년 전 조상들이 살았던 땅이라고 주장할 수는 있지만, 이미 그 땅에는 조상 대대로 살아온 원주민 팔레스타인 사람들이 살고 있었다. 만약 일본이 자기들의 오래된 신화 문서에 기초하여 조선을 침략하면서 그 정당성을 주장한다고 가정해 보면, 정의의 관점에서 오늘 본문이 갖고 있는 문제는 보다 분명해진다. 식민지 근대화론 또한 비슷한 관점에서 침략을 정당화하는 주장이다.

더구나 18절은 오늘날 팔레스타인 지역뿐만이 아니라, 사우디아라비아, 이란, 이라크를 비롯한 수많은 이슬람 국가의 영역을 포함하고 있다. 만일 이 본문을 이스라엘 국가가 그대로 믿는다면, 중동의 전쟁은 끊이질 않을 것이다. YHWH는 평화의 신이 아닌 전쟁의 신이 되고 말며, 창조주로서 전 인류의 하느님이 아닌 한 부족의 신으로 전락하고 만다. 나의 축복이 다른 사람에게는 하나의 저주가 된다면 이것이 진정한 축복인가? 교회의 관용어로 자리 잡은 '아브라함의 축복' 특히 땅에 근거한 이 축복에 대한 새로운 신학적 해석이 절실하게 요구된다.

서구 백인 신학자들은 자신들이 저지른 식민지지배 역사를 정당화하기에 이런 부분에 대해 전혀 언급하지 않는다.

식민지 지배를 당했던 약소민족의 입장에서 시작한 신학을 통칭하여 '제3세계 신학'이라고 부른다. 남미의 해방신학과 흑인 해방신학, 아프리카와 아시아의 신학이 대표적이다. 잘 알려지지는 않았지만, 원주민들의 입장에서 시작한 신학을 '제4세계 신학'으로 부른다. 필자는 성서의 말씀이기에 혹은 YHWH 하느님의 명령이기에 무조건 옳다고 하는 종교적 오류를 반복하지 않고 빼앗긴 자의 위치, 곧 제4세계 신학적 입장에서 본문을 읽어야 한다고 생각한다. 16, 17세기 유럽 백인 신학은 노아의 함에 대한 가나안 족속에 대한 저주를 흑인 노예를 정당화하는 하느님의 말씀으로 변질을 시켰다.

목회적 관점

본문은 아브람이 전쟁의 승리를 통해 롯의 가족들을 구한 직후 빵과 포도주를 가지고 나온 살렘('평화의 뜻') 왕 멜기세덱에게 노획물 중 십일조를 드린 직후의 이야기이다. "나는 너의 방패다"라는 하느님의 보호 약속은 전쟁의 신으로서의 약속이다. 2차 세계대전 중 영국, 미국, 프랑스, 독일 등등은 YHWH 하느님의 이름으로 상대에게 총을 쏘았다. 러시아가 우크라이나를 침략했다. 우크라이나 인구의 절반 정도가 러시아 사람들과 가족 혈연관계 속에 있다. 현재 이들은 정교회의 일원으로서 같은 하느님께 전쟁의 승리를 위해 기도하고 있다.

성서 전체가 그러하지만, 6절 또한 YHWH 하느님의 의의 절대성을 주장하고 있다. 그렇다면 알라의 절대성을 주장하는 이슬람교와의 뿌리 깊은 종교전쟁은 어떻게 해결할 수 있을까?

사순절은 자신의 행위를 돌아봄으로 보다 나은 자신과 이웃과 함께 평화를 일구며 살아가는 사회적 가치를 추구하는 절기이다.

주석적 관점

본래 아브람은 어떤 사람인가? 창세기에는 아버지 데라와 함께 갈대아(바빌로니아)의 우르에서 가나안을 향하여 오다가 중간 지점인 하란에서 아버지 데라는 죽었다. 이것이 전부이다. 왜 나왔는지 그리고 가나안의 그 먼 곳까지 왜 가야 했는지에 대한 적절한 설명이 전혀 없다.

그러나 당대로 돌아가면 우르는 4대 인류 문명의 하나인 메소포타미아 문명의 수메르제국이 꽃피웠던 고대 도시 중 하나였다. 쉽게 말해 데라는 우르왕국의 왕이었다. 아카드제국의 침략을 받아 패망하자 잔류 백성을 이끌고 오늘날 터키의 동남부 지역인 '샨우르'라는 지역의 하란에 제2의 왕국을 세웠다. 어쩌면 바벨탑의 이야기가 수메르제국의 멸망에 관련된 이야기일 수도 있다. 필자는 몇 년 전 터키를 여행하는 중 하란을 방문한 적이 있었다. 고대 유물은 거의 사라진 허허벌판의 옛 성곽의 흔적만 남아 있었다. 왕국 부활을 꿈꾸던 데라는 아카드제국의 2차 공격을 받아 죽고 아브람은 또다시 잔류 백성을 이끌고 피난길에 올라 가나안에 이른 것이다. 그리고 약소 부족들을 점령하고 이 지역에 제3의 작은 왕국을 건설한 것이다. 이를 신학에서 '족장'이라고 말한다. 이를 증명하는 예로 가나안의 작은 왕국끼리 연합 전쟁을 벌이던 중 조카 롯과 가족들이 사로잡혀 간다. 이 소식을 듣고 아브람은 수하 318명의 군사(창 14:13)를 이끌고 가서 승리한 연합군을 쳐부수고 롯과 그의 가족을 구출한다. 아브라함의 군대가 가장 강력하였음을 말한다. 도대체 먹고 살기도 힘든 가나안 땅에서 318명의 군사는 왜 훈련시키고 있었을까? 오늘 우리가 보는 창세기는 천 년 이상에 걸친 구전(口傳)의 과정을 통해 첨가와 변형이 이루어진 것이다.

아브람이 멜기세덱이라는 왕에게 드리는 십일조 이야기나 오늘 본문에서 의도적으로 제외된 13절에는 아브람의 후손들이 사백 년간 애굽에서 종살이할 것을 예언하고 있는데, 이는 모두 모세오경이 최종적으로 편집되어 가는 과정에서 일어난 후대의 삽입이다.

설교적 관점

설교자는 확신 있게 하느님의 말씀을 선포하지만, 교인들은 8절의 아브람과 같이 "그것을 어떻게 알 수 있습니까?"라고 의문부호를 붙인다. 왜냐하면 상식적으로 아내 사래의 임신기간은 이미 끝난 지 오래이기 때문이다. 현대인들의 불임률은 10%를 훌쩍 넘어선다. 불임 부부에게 있어 오늘 본문을 어떻게 받아들일까? 이는 타당한 해석인가?

6절에서 아브람은 하늘의 별만큼이나 자손들이 많아질 것이라는 약속을 믿어 하느님으로부터 의로움을 얻었다. 이는 오늘날 우리 신앙인에게 어떤 의미가 있는 것일까?

시편 27

1 야훼께서 나의 빛, 나의 구원이시니, 내가 누구를 두려워하리오. 야훼께서 내 생명의 피난처시니 내가 누구를 무서워하리오.

2 나를 잡아먹으려고 달려드는 악한 무리들 휘청거리고 쓰러지리라. 그들은 나의 원수, 나의 반대자들,

3 그 군대 진을 치고 에워쌀지라도 나는 조금도 두렵지 아니하리라. 군대를 몰아 달려들지라도 나는 그 속에서 마음 든든하리니,

4 야훼께 청하는 단 하나 나의 소원은 한평생 야훼의 성전에 머무는 그것뿐, 아침마다 그 성전에서 눈을 뜨고 야훼를 뵙는 그것만이 나의 낙이라.

5 나 어려운 일 당할 때마다 당신의 초막 안에 숨겨 주시고 당신의 장막 그윽히 감춰 주시며 바위 위에 올려 높이시리니,

6 에워싼 저 원수들을 내려다보며 그 장막에서 제물 바치고 환성 올리고 노래하며 야훼께 찬양하리라.

7 야훼여, 나의 부르짖는 소리를 들어 주소서. 불쌍히 여기시어 대답하소서.

8 이렇게 내 마음 그대로 아뢰옵니다. "나를 찾으라" 말씀하셨사오니 야훼여, 이제 당신을 뵙고자 합니다.

9 당신 얼굴을 숨기지 마소서. 그동안 이 종을 도와주시었사오니, 진노하지 마시고 물리치지 마소서. 나의 구원자이신 하느님, 이 몸을 저버리지 말아 주소서.

10 내 부모가 나를 버리는 한이 있을지라도 야훼께서는 나를 거두어 주실 것입니다.

11 야훼여, 당신의 길을 가르쳐 주소서. 원수들이 지키고 있사오니 안전한 길로 인도하소서.

12 원수들이 독기를 뿜으며 거짓 증언하러 일어났습니다. 이 몸을 그들의 밥이 되지 않게 하소서.

13 그러나 나는 살아생전 이 땅 위에서 야훼의 은덕을 입으리라 믿사옵니다.

14 야훼를 기다려라. 마음 굳게 먹고 용기를 내어라. 야훼를 기다려라.

빌립보서 3:17-4:1

17 형제자매 여러분, 다 함께 나를 본받으십시오. 여러분이 우리를 본보기로 삼은 것과 같이, 우리를 본받아 사는 사람들을 눈여겨보십시오.

18 내가 여러분에게 여러 번 말하였고, 지금도 눈물을 흘리면서 말하지만, 많은 사람이 그리스도의 십자가의 원수로 살아가고 있습니다.

19 그들의 마지막은 멸망입니다. 그들은 배를 자기네의 하나님으로 삼고, 자기네의 수치를 영광으로 삼고, 땅의 것만을 생각합니다.

20 그러나 우리의 시민권은 하늘에 있으니, 우리는 그곳으로부터 구주로 오실 주 예수 그리스도를 기다리고 있습니다.

21 그분은 만물을 복종시킬 수 있는 능력으로, 우리의 비천한 몸을 변화시키셔서, 그분의 영광스러운 몸과 같은 모습이 되게 하실 것입니다.

1 그러므로 사랑하고 사모하는 나의 형제자매 여러분, 나의 기쁨이요 나의 면류관인 사랑하는 여러분, 이와 같이, 주님 안에서 든든히 서십시오.

신학적 관점

바울이 자신을 본받으라고 말하는 의미는 무엇인가? 자신을 스스로 죄인의 괴수라고 말하기도 했던 바울은 자신의 어떤 모습이 그렇게 자랑스러웠을까? 그건 아마도 다름 아닌 십자가 구원의 도(道)였을 것이다. "내가 바라는 것은 그리스도를 알고, 그분의 부활의 능력을 깨닫고, 그분의 고난에 동참하여, 그분의 죽으심을 본받는 것입니다. 그리하여 나는 어떻게 해서든지, 죽은 사람들 가운데서 살아나는 부활에 이르고 싶습니다"(10-11절). 그는 자신의 연약함 가운데서 역사하시는 하느님의 강함을 깨달았다. 여기서 그리스도인은 잘못하면 탈속(脫俗)의 삶을 추구함으로 이 땅의 악과 불의를 방조하는 사람이 될 수도 있다. 하늘의 시민권자로서 땅의 삶에 대해 책임을 다한다는 것은 어떤 삶을 두고 말하는 것일까?

목회적 관점

목사들은 이 구절에서 약간 곤혹스럽다. 차라리 바울이 예수 그리스도를 본받으라고 말했다면 매우 좋았겠지만, 왜 자신을 본받으라고 했는지에 대해서는… 물론 바울 또한 자신을 통해 궁극적으로는 예수 그리스도를 본받으라고 말한 것임에는 틀림이 없지만, 과연 목사들이 자신을 본받으라고 자신 있게 말할 사람은 몇 명이나 되며 또 있다면 그 사람이 주장하는 정당성은 어디에 있는 것일까? 믿음인가? 행실인가? 도덕인가? 윤리인가? 선생이 학생들에게 혹은 부모가 자녀에게 "나를 본받으라" 하고 말하는 것과는 어떤 차이가 있는 것일까?

오늘날 자기 교인을 향해 "나의 기쁨이요, 나의 면류관인 사랑하는 여러분"이라고 부를 수 있는 목회자가 얼마나 있을까? 그런 점에서 바울은 우리 목회자들의 목회자이다.

주석적 관점

바울이 "나를 본받으라"에서 말하는 구체적 실체는 무엇일까? 이는 바울이 예수 그리스도를 본받음에서 나오는 확신이다. 그렇다면 바울이 이해하는 예수 그리스도의 실체, 곧 구원의 도는 무엇일까? 이는 "너희 안에 이 마음을 품으라 곧 그리스도 예수의 마음이니 그는 근본 하나님의 본체시나 하나님과 동등됨을 취할 것으로 여기지 아니하시고 오히려 자기를 비워 종의 형체를 가지사 사람들과 같이 되셨고 사람의 모양으로 나타나사 자기를 낮추시고 죽기까지 복종하셨으니 곧 십자가에 죽으심이라"(빌 2:5). 곧 자기비움(kenosis)이다.

그리하여 바울은 본문 바로 앞에서 이렇게 고백한다. "그러나 나는 그리스도 때문에, 나에게 이로웠던 것은 무엇이든지 해로운 것으로 여기게 되었습니다. 그뿐만 아니라, 나의 주 예수 그리스도를 아는 지식이 가장 고귀하므로, 나는 그 밖의 모든 것은 해로 여깁니다. 나는 그리스도 때문에 모든 것을 잃었고, 그것들을 오물로 여깁니다"(3:7-8). 바울은 혼자가 아니다. '우리', 곧 디모데와 에바브로디도를 함께 내세우고 있다(17절).

'십자가의 원수'는 어떤 사람들인가? 첫째는 배를 자기네의 하느님으로 삼는 사람들이다. 이는 먹는 일에 지나치게 관심하는 사람들이다. 땅의 것에 지나치게 관심하고 이를 자랑하는 사람들이다. 혹여 고급 아파트와 값비싼 외제차를 두고 하는 말은 아닐까? 빌립보 교인들 가운데는 로마 시민권을 자랑하는 사람들도 있었다. 이에 바울은 하늘나라 시민권이 보다 소중한 가치가 있음을 역설하고 있다. 사순절은 자신을 비우는 절기이다. 십자가를 향해 나아가는 죽음의 삶이기도 하다. 광야의 삶은 최소한의 용품만을 필요로 한다.

설교적 관점

바울은 본문을 통해 교인됨의 특징을 크게 두 가지로 설명하고 있다. 첫째는 공동체의 일원이다. "나를 본받으라"는 말은 모두가 하나되기를 바라는 마음에서 하는 말이다. 2장 2절에서 바울은 "여러분은 같은 생각을 품고, 같은 사랑을 가지고, 뜻을 합하여 한 마음이 되기를" 권면한다. 빌립보교회는 두 여성 지도자로 인해 분파가 일어났다(4:2). 바울은 교회는 한 마음, 곧 예수 그리스도의 마음을 갖는 공동체임을 강조한다. 사사로운 이익을 추구하는 것은 수치스러운 일로, 결국은 패망의 길로 십자가의 원수가 된다. 둘째는 교인은 이 땅의 공동체에 속하지만, 동시에 하늘의 시민권자로 살아간다. 우리의 믿음은 미완성의 단계이다. 광야의 삶은 우리로 하여금 훈련을 통해 보다 하늘나라 시민권자에 걸맞은 신앙인이 되도록 이끌어 준다.

누가복음 13:31-35

31 바로 그 때에 몇몇 바리새파 사람이 다가와서 예수께 말하였다. "여기에서 떠나가십시오. 헤롯이 당신을 죽이려고 합니다."

32 예수께서 그들에게 말씀하셨다. "가서, 그 여우에게 이 말을 전하여라. '보아라, 오늘과 내일은 내가 귀신을 내쫓고 병을 고칠 것이요, 사흘째 되는 날에는 내 일을 끝낸다.

33 그러나 오늘도 내일도 그 다음날도, 나는 내 길을 가야 하겠다. 예언자가 예루살렘이 아닌 다른 곳에서는, 죽을 수 없기 때문이다.'

34 예루살렘아, 예루살렘아, 예언자들을 죽이고, 네게 파송된 사람들을 돌로 치는구나! 암탉이 제 새끼를 날개 아래에 품듯이, 내가 몇 번이나 네 자녀를 모아 품으려 하였더냐? 그러나 너희는 그것을 원하지 않았다.

35 보아라, 너희의 집은 버림을 받을 것이다. 내가 너희에게 말한다. 너희가 말하기를 '주의 이름으로 오시는 분은 복되시다' 하고 말할 그때가 오기까지, 너희는 나를 다시는 못 볼 것이다."

신학적 관점

31-33절은 다른 복음서에서는 나오지 않는 부분이다. 일반적으로 복음서에서 바리새파 사람들은 율법교사들과 함께 예수를 비난하고 모함하는 사람으로 얘기된다. 누가복음서에 또한 예수는 저들을 비난하고(11:39-44) 위선자라고 모욕을 준다(12:1). 그런데 여기서는 예수를 지키는 사람으로 묘사되고 있다. 물론 개개의 사람들을 그룹으로 싸잡아 비난하는 것은 정당하지 않다.

본문에서 예수는 스스로 예언자로 인식하고 있다. 과거 예레미야를 비롯한 많은 예언자가 예루살렘의 권력자들을 비판함으로 인해 많은 고초를 당하고 죽임을 당하기까지 했다. 그런데 헤롯 안티파스가 예수를 죽이려 한다. 왜 헤롯은 예수를 죽이려고 하는 것일까? 민중을 오도(誤導)하고 있다고 보는 것일까? 물론 예수에게 세례를 베풀었던 세례 요한조차 그에게 참수를 당하지 않았던가? 다른 한편으로 헤롯은 로마 황제가 임명하는 분봉왕으로 로마 권력을 대변한다. 여우의 특징은 교활함이다. 헤롯은 정치적 위기 때마다 뇌물을 통해 자신의 권력을 유지했다. 그래서 그는 당대에 여우라 불렸다.

본문은 예수의 십자가 죽음이 정치권력과의 갈등으로 인한 것이며, 이는 불가피한 일임을 밝히고 있다. 왜냐하면 정치권력은 약자를 희생물로 삼아 자신의 권력을 유지하려고 하는 데 반해 예수는 언제나 약자 편에 서기 때문이다. 십자가형은 로마제국의 통치를 반대하는 정치범들을 처형하는 가장 악랄한 사형법이었다.

목회적 관점

목회는 교인들의 집합체인 교회를 돌보는 일이다. 교회는 세상의 가치가 아닌 하느님 나라의 가치를 가르치고 이를 행하는 신앙 공동체이지만, 움직이는 시공간(時空間)은 이 세상 안이다. 세상의 권력 또한 같은 시공간에서 활동한다. 세상 권력과 교회는 본래 같은 길을 걸어갈 수가 없다. 왜냐하면 그 지향하는 목적이 다르고 이를 이루기 위한 수단이 다르기 때문이다. 마귀(魔鬼)는 무엇을 상징하는가? 무엇이 악한 영인가? 하느님 나라를 반대하는 영이 곧 마귀이다. 예수가 병을 고쳐준다는 의미는 무엇인가? 부자들은 병 고침을 받으러 나오지 않았다. 그들은

의사에게로 갔다. 가난한 자들, 의지할 곳 없는 자들이 예수께로 와서 고침을
받았다. 마귀를 쫓아내고 병을 고친다는 말은 영육 간의 치유, 곧 인간됨의 회복을
의미한다. 그런데 이런 행동은 사회의 기존 체제를 위협한다. 유대 사회에서는
지난 수백 년간 예언자들이 그렇게 함으로 이미 고초를 겪었고 죽임을 당하기도
했다. 오늘 우리의 목회는 이러한 예수의 예언자적인 활동을 얼마나 하고 있는
것인가? 그래서 세상 사람들로부터 돌에 맞거나 권력자들로부터 생명의 위협을
받은 적이 있었던가?

주석적 관점

예수는 탄생할 때 이미 헤롯대왕으로부터 살해의 위협을 받아 애굽으로 피신을
갔던 적이 있다. 이에 그 아들 헤롯 안티파스로부터 또다시 살해 위협을 받는다.
예수는 갈릴리에서 활동하는 가운데 안티파스와 관련이 깊은 두 도시를 방문하지
않았다. 하나는 세포리스로 첫 번째 수도였고, 두 번째 도시는 세포리스를 대신한
티베리아스이다. 세포리스는 예수 출생 이전 로마의 지배에 저항함으로 인해
온 도시 사람들 이천여 명이 십자가형을 당한 적이 있다. 이 두 도시는 안티파스가
갈릴리 사람들을 로마화하기 위해 세운 도시였다. 예수는 갈릴리에서 조상들의
신앙을 새롭게 함으로 하느님 나라 운동을 펼쳐가고자 했고, 안티파스는 로마제국
의 종교와 문화를 통해 자신의 왕국을 세우고자 했다(feasting, 69).

누가만이 전하는 이야기로 예수는 빌라도에게 심문을 받은 후에 안티파스에
의해 심문을 받고 조롱을 당한다. 그리고 "헤롯과 빌라도가 전에는 서로 원수였으나
바로 그날에 서로 친구가 된다"(23:6-12). 바로 예수를 죽이는 일에 서로의 뜻이
맞은 것이다.

유대 전 지역은 본래 헤롯대왕이 다스렸으나 그의 죽음 이후 4개의 지역으로
나누어져 예루살렘은 빌라도에 의해 그리고 나머지 세 지역은 세 아들에 의해
각각 분봉왕으로 임명을 받았다. 따라서 안티파스는 끊임없이 빌라도를 모함하여
그를 제거하고 예루살렘을 직접 다스리고자 하였을 것이다.

예수가 그를 여우라 부른 것은 그의 교활함을 지적하고 있다. 다만 예수는

피신하라는 살해 경고를 받고도 자신이 해야 할 바는 변함없이 진행할 것임을 말하고, 자신은 안티파스의 살해 의도와는 상관없이 하느님의 뜻에 따라 (갈릴리가 아닌) 예루살렘에 가서 죽을 것을 암시한다.

"내가 내 자녀를 몇 번이나 품으려 하였더냐?"는 예수의 예루살렘 방문을 의미하는 것으로 보인다. 공관복음서에서 예루살렘 방문은 공생애 마지막에 한 번 일어나고 요한복음에서는 최소한 세 번 이상 방문을 한다. 지금까지 이에 대해 신학자들은 공관복음서가 역사적이고 요한복음이 신학적인 언술이라고 생각하였지만, 어쩌면 요한복음이 역사적이고 공관복음서가 신학적인 언술일 수도 있다.

설교적 관점

본문에서 예수는 두 개의 서로 다른 이미지로 설명되고 있다. 하나는 세상 권력과의 싸움을 통해 결국은 죽임을 당하는 예언자의 상이고, 다른 하나는 병아리를 품는 암탉으로 목자의 상이다. 누가복음에서 예수는 가난한 자와 잃어버린 자를 찾는 목자로 자주 언급된다(잃어버린 아들, 잃어버린 동전, 잃어버린 양). 목자는 당시 사회적 약자요 변두리 인간을 대변한다. 초기 랍비 문서에 의하면 목자는 판결을 내리거나 증인이 되는 일에 적합하지 않은 사람들이라고 쓰여 있다(*feasting*, 71). 왜냐하면 자주 남의 목초지에 가서 양을 풀어놓기 때문이다. 그런데 저자 누가에게 있어 목자는 하늘 천사의 소식을 듣고 구유 탄생에 있어 첫 방문자로서 매우 긍정적 인간상일뿐더러 마리아의 찬가에서 노래했던 것처럼 사회 변혁 운동의 주체로 내세운다. 냉철함의 예언자상과 따스함의 목자상이 함께 어우러지는 설교를 할 수 있다면, 본문에 가장 충실한 설교가 될 것이다.

사순절 셋째 주일

사 55:1-9; 시 63:1-8; 고전 10:1-13; 눅 13:1-9

이사야 55:1-9

1 너희 모든 목마른 사람들아, 어서 물로 나오너라. 돈이 없는 사람도 오너라. 너희는 와서 사서 먹되, 돈도 내지 말고 값도 지불하지 말고 포도주와 젖을 사거라.

2 어찌하여 너희는 양식을 얻지도 못하면서 돈을 지불하며, 배부르게 하여 주지도 못하는데, 그것 때문에 수고하느냐? "들어라, 내가 하는 말을 들어라. 그리하면 너희가 좋은 것을 먹으며, 기름진 것으로 너희 마음이 즐거울 것이다.

3 너희는 귀를 기울이고, 나에게 와서 들어라. 그러면 너희 영혼이 살 것이다. 내가 너희와 영원한 언약을 맺겠으니, 이것은 곧 다윗에게 베푼 나의 확실한 은혜다.

4 내가 그를 많은 민족 앞에 증인으로 세웠고, 많은 민족들의 인도자와 명령자로 삼았다."

5 네가 알지 못하는 나라를 네가 부를 것이며, 너를 알지 못하는 나라가 너에게 달려올 것이니, 이는 주 너의 하나님, 이스라엘의 거룩하신 하나님께서 너를 영화롭게 하시기 때문이다.

6 너희는, 만날 수 있을 때에 주님을 찾아라. 너희는, 가까이 계실 때에 주님을 불러라.

7 악한 자는 그 길을 버리고, 불의한 자는 그 생각을 버리고, 주께 돌아오너라. 주께서 그에게 긍휼을 베푸실 것이다. 우리의 하나님께로 돌아오너라. 주께서 너그럽게 용서하여 주실 것이다.

8 "나의 생각은 너희의 생각과 다르며, 너희의 길은 나의 길과 다르다." 주께서 하신 말씀이다.

9 "하늘이 땅보다 높듯이, 나의 길은 너희의 길보다 높으며, 나의 생각은 너희의 생각보다 높다."

신학적 관점

사람은 하느님의 영광을 위해 살아갈 때, 인간은 참 만족을 얻는다. 현대인들의 가장 큰 문제는 만족을 모른다는 데 있다. 물질적인 삶에 만족이라는 단어는 존재할 수가 없다. 왜냐하면 욕망은 만족이라는 단어를 모르기 때문이다. 기독교의 가장 큰 위협이 되는 것은 사이비 집단이 아닌 시장의 종교(David Loy, *The Religion of the Market*)이다. 사이비는 밖으로부터 오는 위험으로 쉽게 알아챌 수 있지만, 욕망은 안으로부터 오는 위험으로 이를 알아채기 힘들기 때문이다. 하느님은 우리의 필요를 아신다. 그래서 주님은 우리에게 "오늘에 필요한 양식을 주옵시고"라고 기도하라고 가르치신다. 문제는 우리가 '내일의 양식'을 구한다는 점이다. '부자 농부의 비유'에서와 같이 창고를 가득 채워도 그 영혼이 그날 밤을 넘어설 수 있을 것인지는 하느님만이 아신다(9절). 내일의 삶은 오늘의 삶에 달려 있다. 오늘의 만족과 행복 없이 내일의 만족과 행복은 없다. 참 만족은 육신의 만족을 넘어선 영혼의 만족이며, 이는 돈 없이도 얼마든지 얻을 수 있다.

목회적 관점

자신의 몸의 움직임에 귀를 기울이는 운동선수들은 목이 마르기 전에 물을 마신다(3절). 목이 말랐을 때 마시는 물은 이미 늦음을 알기 때문이다. 대부분의 사람들은 삶의 고난을 겪고 나서야 비로소 영혼의 물의 필요를 깨닫는다. 그러나 물은 이미 엎질러졌고, 우리 안의 소는 부서진 울타리를 통해 어디론가 사라지고 말았다. 목회자는 교인들이 자신의 영혼의 상태에 대해 항상 깨어있도록 일깨울 필요가 있다.

사순절은 영혼의 울타리에 손볼 곳이 어디인지를 알아채는 시간이다. 지금 흘리는 나의 땀과 수고는 궁극적으로 무엇을 얻기 위함인지를 깨닫도록 해야 한다. YHWH는 우리의 종이 아니다. 우리의 필요에 따라 움직이는 신은 우상이다. YHWH는 이름이 아니다. 이름이 없는 분이시다. "만날 수 있을 때에 찾고, 가까이 계실 때에 불러야 한다"는 의미는 현존을 깨달으라는 의미이다.

주석적 관점

이사야 55장은 바빌론에 억류되어 있는 포로들에게 주는 희망과 구원 메시지의 핵심 부분이다. 제3이사야 예언의 시작이다. 히브리성서는 오늘 본문을 하나의 감탄사로 시작하는데, 개역개정판에만 "오호라!"로 시작하고 있다. 이는 마치 물을 찾아 험한 산을 헤매던 일행들에게 "여기 물이 있다"라고 외치는 환호의 외침이다. "이제 우리는 살았다!"는 기쁨과 감격의 외침으로 본문은 시작한다.

여기서 발견된 물은 다윗을 통해 주어진 '영원한 언약(berit'olam)이다. 이는 포로 시기에 활동했던 다른 예언자들에게서도 발견이 된다(사 61:8; 렘 32:40; 50:5; 겔 16:60)(*feasting*, 77). 다윗은 자유와 해방을 뜻하는 자주독립 국가로서의 상징이지, 이를 이웃 민족을 지배하는 강대한 국가의 복원으로 해석하는 것은 YHWH를 또 하나의 제국의 신으로 만드는 잘못된 해석이다.

포도주와 젖은 영혼 만족에 대한 상징어다. 어린 자녀들은 젖을 통해 사랑과 행복 그리고 만족을 얻는다. 성인들은 축제 때 나누는 포도주를 통해 삶의 동력을 얻는다.

설교적 관점

필자는 한일강제합병의 해인 1910년이 아닌 을사늑약으로 외교권과 군사권을 상실한 1905년에 이미 나라를 빼앗긴 것으로 본다. 한민족은 40년 동안 일본의 악독한 식민지 통치를 경험했다. 상해임시정부를 중심한 해외 교포들의 지원과 만주 지역에서의 독립 투쟁은 계속되었지만, 전쟁 말기에는 거의 소멸 상태에 이르렀다. 결국 조선의 지도자들과 백성들은 자주독립의 희망을 잃고 절망에 빠져 자포자기 상태에 이르고 말았다. 그런데 해방(동시에 남북 분단과 미소의 군사 점령)이 불시에 찾아왔다. 그때의 감격은 너무나 컸다.

이에 비하면 예루살렘 성전 멸망과 함께 먼 이국땅 바빌론에 포로로 끌려온 유대 민족의 지배 그룹(약 2만 명)은 그 땅에서 70년 가까이 살았다. 쉽게 말해 조국을 기억하고 있던 1세대는 모두 죽었다. 2세대가 주류를 이루고 3세대가 자라나기 시작하던 시기였다. 고국으로 돌아간다는 귀환의 희망은 사라진 지 오래이며 저들은 현실에 안주하기 시작했다. 그런데 갑자기 예언자 이사야가 나타나 '잘려 나간 나무 밑둥의 뿌리에서 새순이 돋아나는', 곧 고국으로 돌아갈 것이라는 희망의 메시지를 전하기 시작했다. 단순히 돌아가는 것뿐만 아니라 왕국의 회복까지 예언하고 있다. 예언자 에스겔은 남북 통일왕국의 비전까지 선포했다. 우리 민족의 일제강점기 말기의 상황을 고려해 보면, 이러한 예언은 너무나 황당한 예언이었을 것이다. 여기에 예언자는 "나의 생각은 너희의 생각과 다르며, 너희의 길은 나의 길과 다르다"는 YHWH의 말씀을 선포하고 있다.

　　오늘날 남북 통일에 대한 희망은 분단 80년을 맞이하면서 점점 옅어지고 있다. 우리 민족을 향한 예언자 이사야의 외침은 어떤 것일까? 설교자는 이사야의 본문을 오늘 우리의 상황에 맞추어 선포해야 할 책임이 있다. 사순절은 단순히 개인의 잘못과 죄만 회개하는 절기가 아니다. 개인은 사회의 구성원이자 민족의 구성원이다. 우리가 회개해야 할 사회와 민족의 잘못과 죄는 무엇인가? 세계 8위의 경제 대국이지만, 세계 최상의 빈부 불평등의 구조는 이념적으로 상당 부분 남북 분단에 기인하고 있다. OECD 최고의 군사비 지출률은 말할 것도 없다. 가장 창의력이 높은 시기의 젊은 남자들의 복무는 군사비 지출 비용에 포함되지도 않는다! 북쪽은 남쪽에 비해 상황이 훨씬 더 심각하다. 결국 바닥 민중들만 희생이 되고 있다. 언제까지 이런 적대적 상황이 지속되어야 하는 것인가? "하늘이 땅보다 높듯이, 나의 길은 너희의 길보다 높으며, 나의 생각은 너희의 생각보다 높다." 우리의 길보다 높고 우리의 생각보다 높은 YHWH의 길과 생각은 무엇일까?

시편 63:1-8

1 하느님, 당신은 나의 하느님, 물기 없이 메마른 땅덩이처럼 내 마음 당신 찾아 목이 마르고 이 육신 당신 그려 지쳤사옵니다.

2 당신을 그리면서 성소에 왔사오며 당신의 힘, 당신의 영광을 뵈오려 합니다.

3 당신의 사랑, 이 목숨보다 소중하기에 이 입술로 당신을 찬양하리이다.

4 이 목숨 다하도록 당신을 찬양하며 두 팔 치켜올리고 당신 이름 찬양하리이다.

5 기름지고 맛있는 것 배불리 먹은 듯 내 입술 기쁘고 내 입이 흥겨워 당신을 찬양합니다.

6 잠자리에 들어서도 당신 생각, 밤을 새워 가며 당신 생각뿐,

7 나를 도와 주신 일 생각하면서 당신의 날개 그늘 아래에서 즐겁습니다.

8 이 몸 당신에게 포근히 안기면 당신 오른팔로 붙들어 주십니다.

고린도전서 10:1-13

1 형제자매 여러분, 나는 여러분이 이 사실을 알고 지내기를 바랍니다. 우리 조상들은 모두

구름의 보호 아래에 있었고, 바다 가운데를 지나갔습니다.

2 이렇게 그들은 모두 구름과 바다속에서 세례를 받아, 모세에게 속하게 되었습니다.

3 그들은 모두 똑같은 신령한 음식을 먹고,

4 그들은 모두 똑같은 신령한 물을 마셨습니다. 그들의 동반자인 신령한 바위로부터 물을 마신 것입니다. 그 바위는 그리스도였습니다.

5 그러나 하나님께서는 그들 모두를 두고 기뻐하지 않으셨습니다. 그들은 광야에서 멸망하고 말았습니다.

6 이 사건들은, 우리가 우리 조상들이 악을 좋아한 것과 같이 악을 좋아하는 사람이 되지 않게 하려고, 우리에게 본보기가 되었습니다.

7 여러분은, 그들 가운데 어떤 이들과 같이, 우상 숭배자가 되지 마십시오. 성경에 기록하기를 "백성들이 앉아서 먹고 마셨으며, 일어서서 춤을 추었다" 하였습니다.

8 우리는, 그들 가운데 어떤 이들이 간음한 것과 같이 간음하지 마십시다. 그들은 하루에 이만 삼천 명이나 죽어 넘어졌습니다.

9 우리는, 그들 가운데 어떤 이들이 시험한 것과 같이 그리스도를 시험하지 마십시다. 그들은 뱀한테 물려서 죽었습니다.

10 여러분은, 그들 가운데 어떤 이들이 불평한 것과 같이 불평하지 마십시오. 그들은 파멸시키는 이에게 멸망을 당하였습니다.

11 이런 일들이 그들에게 일어난 것은, 본보기가 되게 하려는 것이며, 그것들이 기록된 것은, 말세를 만난 우리에게 경고가 되게 하려는 것입니다.

12 그러므로 서 있다고 생각하는 사람은 넘어지지 않도록 조심하십시오.

13 사람이 흔히 겪는 시련 말고는, 여러분에게 덮친 시련이 없었습니다. 하나님은 신실하십니다. 그분은, 여러분이 감당할 수 있는 능력 이상으로 시련을 겪는 것을 허락하지 않으십니다. 그분은 시련과 함께 벗어날 길도 마련하여 주셔서, 여러분이 그 시련을 견디어 낼 수 있게 하십니다.

신학적 관점

초기 기독교인들은 성서를 알레고리적 방식으로 이해하였다. 곧 제1성서의 사건과 인물들을 제2성서의 원형으로 보았는데, 예를 들면 바울은 에덴동산의 아담에 비유하여 그리스도를 두 번째 아담으로 이해한다거나 예수를 따르는 자들과 이스라엘 백성을 동시에 언급하고 있다(갈 6:16). 나아가 홍해를 건넌 해방 사건을 세례에, 만나를 그리스도의 몸에 그리고 바위에서 솟아나는 물을 그리스도의 피에 비유하는 것은 정말 놀랄만한 착상이다. 그리하여 그리스도는 제2의 모세로서 교회를 새로운 약속의 땅으로 인도하는 분으로 얘기한다.

나아가 광야 생활 가운데 행해진 이스라엘 사람들의 우상 숭배의 죄는 바로 당대의 고린도 교인들에게서 재현되고 있다고 경고한다. 우상 숭배란 거짓 신을 숭배하는 것이지만, 거짓 신이란 자기 유익과 자기 만족에 다름 아니다. 다른 말로 '서 있다고' 생각하는 사람이다. 영어 단어 humility(겸손)는 라틴어 *humus*에서 나온 단어인데, *humus*는 흙을 뜻한다. 흙은 인간의 몸이 사그라진 형태이다. '서 있는 사람'은 흙으로부터 멀어진 사람이다. 사순절은 자신의 몸이 흙으로 돌아가는 존재임을 깨닫는 절기이다(*feasting*, 88).

목회적 관점

광야 이스라엘 백성들의 잘못을 지적하는 이유는 바로 저들의 잘못을 고린도 교인들이 행하고 있다는 사실을 스스로 깨닫도록 하기 위함이다. 스스로 섰다고 생각하지 말라는 것이다. 우상이란 YHWH 외에 다른 신을 섬기는 행위이다. YHWH와 다른 신의 차이는 무엇인가? 일단 우상은 형상(形像)이 있다. YHWH는 형상을 거부하신다. 왜 형상을 거부하실까? 왜 이름조차도 부를 수 없도록 하신 것인가? 이름이 있고 형상이 있다는 것은 시공(時空)에 매여 있다는 것을 뜻하고, 이는 인간의 손에 의한 조종이 가능하다는 것을 뜻한다. 따라서 우리가 YHWH의 이름으로 예배를 드린다 하더라도 우리의 뜻을 온전히 맡기는 일이 전제되지 않는다면, 이는 곧 우상을 섬기는 행위와 차이가 없다. 광야에서 소의 형상을 만들어 그 앞에서 먹고 마시고 춤을 춘 행위를 바울은 영적 간음으로 말하고 있다. 먹고 마시고 춤을 추는 것은 공동체 축제에서 결코 빠질 수 없는 일이다. 그러나 소의 형상을 놓고 이런 일들을 행하는 것은 접신(接神)의 황홀감을 뜻하는 말이다. 이는 자신 안에서 신을 경험하는 신비스러운 일이지만, 이는 잘못하면 자신을 신과 동일시함으로 결국 자신이 신이 되는, 곧 신을 농락하는 행위가 되는 것이다. 두 번째 YHWH는 십계명 서두에서 말하듯이 히브리 노예들을 제국의 압제에서 풀어내신 해방과 자유의 신이시다. 불평한다는 것은 무엇을 의미하는가?(10절) 불평은 비교에서 나온다. 우리가 하느님의 말씀을 지킨다고 하면서 다른 사람과 자신을 비교함으로 자신을 높이거나 혹은 낮춤으로 스스로를 얽매인다면 이 또한 우상을 섬기는 행위와 다를 바가 없다. 바울은 자신은 어느 누구에게도 얽매이지 않는 자유로운 몸이지만, 많은 사람을 얻으려고 스스로 모든 사람의 종이 되었다고 말한다(9:19). 이것이 복음 안에서 누리는 진정한 자유이다.

주석적 관점

1절로 5절까지 매 구절마다 5번 반복되는 '모두'가 암시하는 것은 히브리광야 백성들이 거쳤던 모든 사건이 현재 고린도 교인 자신들이 신앙생활에서 겪었던 신앙 행위와 다르게 보이지만 실제 내용에 있어서는 같다는 것이다. 그런데 그들이 결국 영적 간음이라는 우상 숭배에 빠지고 말았는데, 지금 고린도 교인 당신들 또한 그런 잘못된 길에 빠져 있다는 지적이다. 그리하여 저들이 약속의 땅에 들어가지 못했듯이 당신들 또한 그러할 수 있다는 것이다. 광야에서의 소의 형상 앞에 절을 하는 것은 곧 땅의 풍요와 힘에 굴복하는 것을 뜻한다.

우상은 달리 말하면 세상 문화와의 접촉에서 일어난다. 여기서 기독교와 문화는 어떻게 만나야 할까? 이제는 고전이 된 리챠드 니버의 *Christ and Culture*에서 이를 잘 설명하고 있다. 다섯 가지 유형: 1) Christ Against Culture: 터툴리안, 톨스토이, 메노나이트, 아미쉬, 2) Christ of Culture: 영지주의, 진보적 기독교, 3) Christ Above Culture: 토마스 아퀴나스, 가톨릭, 동방교회, 4) Christ and Culture in Paradox: 말틴 루터, 보수 기독교, 5) Christ the Transformer of Culture: 깔뱅, 어거스틴, 개혁 교회 전통.

설교적 관점

많은 교인이 세상의 소용돌이 속에서 바른 신앙을 견지하지 못한 채 흔들리고 있다. 그러나 부모님이 자녀들을 버리지 않듯이 하느님 또한 우리를 지키고 계신다. "하나님은 여러분이 감당할 수 있는 능력 이상으로 시련을 겪는 것을 허락하지 않으시고, 그분은 시련과 함께 벗어날 길도 마련하여 주셔서, 여러분이 그 시련을 견디어 낼 수 있게 하십니다"(13절). 이를 어떻게 증명할 수 있을 것인지는 어떤 위인의 예화를 드는 것보다 설교자 자신의 경험을 통해 말할 수 있다면 더 좋을 것이다.

누가복음 13:1-9

1 바로 그 때에 몇몇 사람이 와서, 빌라도가 갈릴리 사람들을 학살해서, 그 피가 그들이 바치려던 희생제물과 뒤섞이게 하였다는 사실을 예수께 일러드렸다.

2 예수께서 그들에게 말씀하셨다. "너희는 이 갈릴리 사람들이 이런 변을 당했다고 해서, 다른 모든 갈릴리 사람보다 더 큰 죄인이라고 생각하느냐?

3 그렇지 않다. 내가 너희에게 말한다. 너희도 회개하지 않으면, 모두 그렇게 망할 것이다.

4 또 실로암에 있는 탑이 무너져서 치여 죽은 열여덟 사람은 예루살렘에 사는 다른 모든 사람보다 더 많이 죄를 지은 사람이라고 생각하느냐?

5 그렇지 않다. 내가 너희에게 말한다. 너희도 회개하지 않으면, 모두 그렇게 망할 것이다."

6 예수께서는 이런 비유를 말씀하셨다. "어떤 사람이 자기 포도원에다가 무화과나무를 한 그루 심어 놓고, 그 나무에서 열매를 얻을까 해서 왔으나, 찾지 못하였다.

7 그래서 그는 포도원지기에게 말하였다. '보아라, 내가 세 해나 이 무화과나무에서 열매를 얻을까 해서 왔으나, 찾지 못하였다. 찍어 버려라. 무엇 때문에, 땅만 버리게 하겠느냐?'

8 그러자 포도원지기가 그에게 말하였다. '주인님, 올해만 그냥 두십시오. 그동안에 내가 그 둘레를 파고 거름을 주겠습니다.

9 그렇게 하면, 다음 철에 열매를 맺을지도 모릅니다. 그때에 가서도 열매를 맺지 못하면, 찍어 버리십시오.'"

신학적 관점

사순절의 마지막 주간은 십자가 죽음을 정점으로 하는 고난주간이고, 부활의 아침으로 이어진다. 죽음 없는 부활은 없고, 십자가 없는 영광은 없다(No Cross, No Crown). 수난과 죽음을 더 깊이 성찰할수록 부활의 의미는 더 깊게 살아날 것이다. 예수는 "하느님의 나라가 가까이 왔다. 회개하라"고 외쳤다. 그냥 사사로운 '회개'가 아니라, 하느님의 나라를 염두에 둔 집단 혹은 민족적 회개이다. 예수 당시 아우구스투스 황제가 통치했던 로마제국은 *"Pax Romana!"*를 외치며 인류가 꿈꿔온 '신의 나라'임을 자처했다. 그리고 황제는 '신의 아들'로 불리었다. 그러나 이는 로마 시민들에만 제한된 평화였으며 인구 다수를 차지하는 일반 민중들과 노예들에게 있어서는 고통과 억압 그 자체였다. 이에 예수는 같은 단어이 지만, 내용에 있어서는 정반대인 또 다른 '하느님의 나라'를 외치셨다. 그건 '가난하고 애통하는 자가 주인이 되는', 곧 '나중 된 자가 먼저 되고 먼저 된 자가 나중 되는' 나라였다. 여기서 우리는 "나중 된 자가 먼저 된다"는 외침에는 모두가 쉽게 동의하지만, 이의 전제가 되는 '먼저 된 자가 나중 되는', 곧 가진 자들의 몰락에 대해서는 별로 말하지 않는다. 거칠게 말하면 오늘날 힘없고 가난한 민중들에게 있어 교회가 외치는 예수의 변혁 메시지는 '빛 좋은 개살구'와 같다. 누가는 마태와 달리 가난한 자와 눌린 자의 복(福)을 말하는 것에서 그치지 않고, 부자와 지배자들의 화(禍)를 함께 외쳤다는 사실을 기억할 필요가 있다.

두 개의 본문은 얼핏 보면 별개의 본문으로 보인다. 역사적으로 관계가 있든 없든 두 번째 본문은 첫 번째 본문의 관점에서 다루라는 것이 저자 누가의 신학적 편집 의도이다. 첫 번째 얘기는 빌라도 총독과 당시 로마의 식민 지배에 저항하는 장소로 유명했던 갈릴리가 등장하고 로마 수비대가 상존하는 실로암 망대가 무너졌다는 점에서 민중 저항의 정치적 사건을 암시하고 있다. 그리고 이어지는 이야기 또한 3년간이나 열매 맺지 못하는 무화과나무가 유대 민족을 상징하는 나무임을 알 때, 최소한 누가에게 있어서는 민족의 회개를 말하고 있는 것은 분명하다. (참고도서의 신학적 관점을 쓴 이는 3년을 예수 공생애 기간에 그리고 무화과나무를 이스라엘에 비유하는 관점에 대해 반대하면서 무화과나무는 예수의 말을 듣고도 회개하지 않는 당시의 청중을 두고 하는 말이라고 해석한다. 그런데 3년이 무엇을 의미하는지에 대해서는 아무런 설명이 없다. 이 저자는 예수 시대의 피식민지 바닥 민중으로서의 청중과 세계의 최강국인 미국 백인 교회의 여유로운 시민으로서의 청중을 동일시하고 있는 듯하다.) 공관복음서에 모두 등장하는 또 다른 '열매 맺지 못하는 무화과나무 비유 이야기'는 성전 숙청과 연계되어 있고, 그 내용은 열매 맺는 철이 아니었기에 열매가 없었는데도 불구하고 예수의 저주를 받았다는 점에서 오늘의 본문과는 그 의미가 전혀 다르다.

보통 이 말씀은 송년주일 혹은 송구영신예배 본문으로 선택이 되어 하느님의 자비를 강조하는 (개인) 회개의 관점에서 다루어왔지만, 오늘은 빌라도 총독의 갈릴리 사람 학살 사건과 함께 언급되고 있다는 점에서 정치적 의미가 부각이 되고, 지난주 본문(13:31-35)인 헤롯왕의 예수 살해 위협과 함께 고려하면 나사렛회당의 희년 선언으로 시작하는 누가의 역사 변혁의 정치신학적 의도는 더욱 분명해진다.

목회적 관점

교인들은 뭔가 실천하기를 원한다. 좋은 사람이 되기를 원한다. 열매 맺기를 원한다. 그러나 의지가 약하거나 형편이 허락되지 않기 때문에 바라는 일들을 이루지 못하고 있다. 목회는 바로 그러한 고민과 아픔을 이해하고 껴안는 일이다. 격려하고 칭찬할 때, 변화가 일어난다. 모든 생명체는 자라고 번식하고자 하는 본성을 갖고 있다. 그런데 포도원지기가 잘 돌보았음에도 불구하고 열매 맺지 못하는 무화과나무가 있다면, 거기에는 무슨 원인이 있을 것이다. 보통 이 본문은 알레고리적으로 해석하여 주인은 하느님으로 말해지고 포도원지기는 예수로 말해지는데, 이를 더 좁혀서 주인은 예수 그리스도로 그리고 포도원지기는 목회자 자신으로 보는 것이 마땅하지 않을까? 잘못하면 목회의 실패를 교인들에게 책임 지우는 잘못을 범할 수 있다.

주석적 관점

오늘 본문은 '바로 그때에'로 시작한다. '위기'로 번역되는 'kairos'이다. '바로 그 위기의 때에' 이렇게 읽는 것이 정확하다. 바로 앞 본문 "때를 분간하라"는 그 '때'와 같은 단어다. 일명 '갈릴리의 예수'는 (하느님 나라 현장인) 갈릴리를 출발하여 (십자가의 죽음이 기다리고 있는) 예루살렘을 향해 올라가고 있다. 그런데 누군가가 와서 빌라도가 학살한 갈릴리 사람들의 피가 성전 희생제물의 피와 섞였다고 한다. 갈릴리 사람들의 피를 일부러 가져다가 희생제물에 섞지는 않았을 것이다. 경찰이 교회에 함부로 들어올 수 없듯이 로마 군인 또한 성전에 함부로 들어갈 수는 없었다. 더구나 예배를 드리는 시간에 들어올 수 없듯이 제사를 드리는 그 거룩한 장소에서 칼을 뽑아 사람을 살해할 수는 없었다. 이는 정상적 상황이 아닌 매우 위급한 상황, 곧 민중 폭동이 일어났음을 말하는 것이다. 아마도 젤롯당원들이 성내에서 독립 투쟁을 하던 중 끝내 성전 안으로 피신하였다가 살해를 당하는 과정에서 그 피가 희생제물에 섞이게 된 것이다.

빌라도의 갈릴리 사람 학살과 망대가 무너짐으로 희생 당한 18명의 이야기는 서로 다른 별개의 사건인가 아니면 연계된 사건인가? 실로암 망대가 무너질 때 죽은 열여덟 사람이란 말도 성수대교와 같이 저절로 무너져 내린 것인지 아니면 민중 폭동에 의해 무너져 내린 것인지는 정확히 알 수는 없다. 그러나 앞서 갈릴리 사람들과 관련지어 얘기한다면, 이 또한 민중 폭동으로 인한 무너짐이었을 가능성이 높다. 예루살렘은 높은 지역에 위치에 있기에 물을 얻기가 쉽지 않다. 그래서 암벽을 통해 밖에서 물이 흘러들어오도록 설계가 되어 있었다. 곧 실로암 못은 예루살렘 주민들의 식수 근원지였다. 이는 식수를 지키고 보호하기 위한 망대였다. 폭동을 일으키는 무리에게 있어서 곡식 창고와 식수원을 점령하는 것은 무엇보다 중요하였기에 실로암 망대는 주공격 목표라고 말할 수 있고 그래서 망대가 무너졌다는 것 또한 민중 항쟁으로 인한 것임을 추측할 수 있다.

그리고 이를 뒷받침하는 희랍어 단어 두 개가 본문 속에 숨어 있다. 모든 성서 번역은 이를 무시하고 번역하고 있으나, 4절 실로암 망대에 깔려 죽은 '사람'과 예루살렘에 사는 다른 모든 '사람'은 서로 다른 단어이다. 예루살렘에 사는 사람들은 일반적 의미의 사람인 *anthropous*를 쓰고 있지만, 망대에 깔려 죽은 사람들은 *pheileitai*로서 '빚진 자'를 말하고 있다. 빚에 몰린 농민들이 폭동을 일으켜 실로암 망대를 점령하였는데, 이를 로마 군인들이 제어하는 가운데 망대를 무너뜨려 이들을 죽인 것으로 해석할 수 있다. 요즘도 농성하는 사람들은 자신들의 입장을 알리기 위해 고공농성을 택한다. 그리고 '희생물을 드리던 갈릴리 사람들'과 '다른 갈릴리 사람들'이라는 구절에서도 희랍어 원문에는 처음 갈릴리 사람들에게는 '죄인'(amartoloi)들이라는 수식어가 붙어 있지만, 뒤에 나오는 다른 갈릴리 사람들에게는 이 수식어가 없다. 바울에게 있어 죄의 개념과 예수에게 있어 죄의 개념은 다르다. 예수는 죄인들과 함께 먹고 마시었다. 복음서에서 죄인들이란 종교적인 의미보다는 정치적 의미가 훨씬 강하다.

이 두 죽음의 사건이 오늘 본문에서는 모두 "그들이 죄가 많아 죽은 것이 아니라, 너희들도 회개하지 않으면 그렇게 될 것이다"라고 하는 회개 경고의 증거로 제시되고 있지만, 이 회개가 단순히 어떤 개인의 윤리 도덕적인 회심이나 반성을 강조하기 위한 예증이라면, 굳이 로마의 지배에 저항하다 희생 당한 정치적 죽음을 언급할 필요는 없을 것이다.

누가는 왜 이렇게 회개의 주제를 복잡한 정치적 사건에 연계하는 것일까? 기억의 투쟁을 통한 연대를 말하고자 하는 것은 아닐까?

설교적 관점

인과응보(因果應報)라는 말과 같이 우리가 고통과 불행한 일을 겪게 되는 것에는 그 원인이 있다. 그런데 그 원인이 해명되지 않는 원인도 많다. 더구나 자신의 책임과는 전혀 관계가 없음에도 불구하고 불행을 겪게 되는 경우는 너무나 많다. 제자들은 나면서 시각장애인이 된 연유가 본인의 죄 때문인지 아니면 부모의 죄 때문인지를 질문한다. 예수는 이에 그 누구의 죄도 아닌 이는 하느님의 영광을 위한 일이라고 말한다. 말하자면 원인을 따지지 말라는 것이다. 원인을 따져 이를 고칠 수 있는 문제도 있지만, 그렇지 않고 있는 사실 그대로를 인정하면서 보다 나은 미래를 향해 나아가는 것이 중요할 때도 있다는 답변이다. 물론 불행을 하느님의 영광을 위함이라는 설명은 설교 단상에서 말하기는 쉬워도 자기 자신에게 적용하기는 쉽지 않다. 그리고 불행의 원인이 개인에게도 있지만, 집단 혹은 민족에게도 있다. 전쟁터에서 죽어가는 민간인에게 개인의 책임을 물을 수는 없다. IMF의 고통의 책임을 개인에게 물을 수는 없다. 코로나 비극의 책임을 개인에게 물을 수는 없다. 오늘 본문에서 예수가 촉구하는 회개는 과연 어떤 의미에서 하는 말씀이며, 이는 궁극적으로 누구를 향한 말씀인 것인가?

사순절 넷째 주일

수 5:9-12; 시 32; 고후 5:16-21; 눅 15:1-3, 11b-32

여호수아 5:9-12

9 주께서 여호수아에게 말씀하셨다. "너희가 애굽에서 받은 수치를, 오늘 내가 없애 버렸다." 그리하여 그곳 이름을 오늘까지 길갈이라고 한다.

10 이스라엘 자손은 길갈에 진을 치고, 그달 열나흘날 저녁에 여리고 근방 평야에서 유월절을 지켰다.

11 유월절 다음날, 그들은 그 땅의 소출을 먹었다. 바로 그날에, 그들은 누룩을 넣지 않은 빵과 볶은 곡식을 먹었다.

12 그 땅의 소출을 먹은 다음 날부터 만나가 그쳐서, 이스라엘 자손은 더 이상 만나를 얻지 못하였다. 그들은 그 해에 가나안 땅에서 나는 것을 먹었다.

신학적 관점

하느님은 항상 자신의 백성들을 새로운 가능성의 세계로 이끄신다. 모세가 이끌던 광야 40년의 삶은 '길갈'에서 끝나고 이제는 여호수아가 이끄는 젖과 꿀이 흐르는 약속의 땅 가나안의 시대가 시작한다. 광야 생활은 훈련의 기간으로 하느님께서 삶의 모든 것을 해결해 주셨다. 그러나 약속의 땅 가나안에서는 하느님의 직접 도움은 끝났다. 이제 필요한 모든 것, 젖과 꿀은 스스로 조달해야 한다. 조달의 과정에서 이 히브리 족속들은 그 땅에 이미 살고 있던 가나안 족속들과 때로는 부딪히겠지만, 궁극적으로는 함께 살아가야 한다. 저들과의 구별을 위해 할례를 행했으며 모세의 십계명에 기초한 많은 계명이 준비되었다. 그러나 삶의 모든 것을 다 세세하게 규정할 수도 없고 또 그렇게 해서도 안 된다. 왜냐하면 이는 해방과 자유의 신 YHWH의 뜻에 반하는 일로 율법의 노예가 되기 때문이다. 결국 남는 것은 율법(하느님의 말씀)을 어떻게 해석하는가에 대한 질문이다. 그렇다면 주관적 해석과 객관적 해석의 기준은 무엇이 될까?

목회적 관점

본문은 모세 이후 여호수아 체제 아래 새롭게 시작하는 이야기이다. 과거와의 단절을 뜻하는 '길갈'을 언급한다. 그러면서 과거 역사를 회상하는 가나안에서의 첫 유월절을 언급하고 있다. 목회자가 바뀌면 교인들은 새로운 방향으로 나아가길 원한다. 그러나 머리는 그러하지만, 몸은 과거의 전통 혹은 습관에 길들여 있다. 새로 부임한 목사들이 첫 설교 본문으로 오늘 본문을 선택할 때, 선호도가 갈릴 것이다. 예전 목사님과 함께 했던 오래된 교인들은 아쉬움과 함께 경계하는 눈빛을 보일 것이고, 새로 온 교인들은 희망에 부풀 것이다. 그런데 유월절은 애굽의 압제로부터 벗어나는 YHWH의 해방과 모세의 지도력을 기억하는 절기이다. 동시에 누룩을 넣지 않은 빵을 먹음으로 조상들의 광야 생활을 기억하고 있다. 오늘 본문은 새로운 변화의 시점에서 '길갈'과 '유월절'을 동시에 언급하고 있다. 온고지신(溫故知新)이 의미하듯이 새로운 미래는 과거를 기억하는 일로부터 시작한다.

한 예로, 목회자가 오랫동안 비어 있던 새 교회에 부임하여 갔더니 유력한 장로님이 기증한 대형 피아노가 강단 중앙에 자리 잡고 있었고, 그 딸이 반주자였다. 다수의 교인은 마음에 걸렸지만, 새로 오신 목사님께서 이를 해결해 주기를 바라고 있다. 어떻게 처신하는 것이 바람직한 목회일까? (목사는 매주 토요일 1센티씩 가장자리로 위치를 옮겼다.)

주석적 관점

성서학자들은 여호수아서가 최종적으로는 포로기 이후 신명기 역사적 관점에서 편집되었다고 보고 있다. 편집의 1차 목적은 출애굽과 땅의 기업에 대한 족장들에 대한 약속들이 성취되었다는 것을 말하고, 2차 목적은 바빌로 포로 생활로 인해 물리적으로 그리고 신학적으로 전통과 단절된 희망 잃은 백성들에게 약속을 새롭게 하기 위함이다.

본문은 가나안 땅의 정복을 위한 준비 과정(1-5장)의 일부로서, 요단강을 건너는 이야기와 여리고 성의 라합에게 정탐꾼을 보낸 이야기, 거룩한 전쟁(혹은 침략전쟁)을 앞둔 제의(祭儀) 이야기이다. 9절의 "애굽에서 받은 수치를 내가 오늘 없애버렸다"는 말씀은 바로 앞 절에서의 할례를 말한다. 길갈이 오늘날 어디인지는 정확히 밝혀지지는 않고 있지만, 요단강을 건넌 직후 여호수아가 열두 개의 돌을 세운 장소로 언급되었고(4:19-20), 이후 사울과 다윗에 관련하여 계속 언급되는 종교적으로 매우 상징성이 높은 장소이다(삼상 10:1-8; 11:14-15; 13:8-14; 15:10-33). '길갈' 성소에 대한 증언 기록이기도 하다.

가나안에서의 첫 번째 유월절을 말한다. 그런데 수백 년 이상의 세월이 지나 요시아왕은 성전 개혁을 마치고 나서 사사 시대 이후 지키지 않았던 유월절을 다시금 지켰다고 증언한다(왕하 23:21-25). 이는 YHWH 신명기 사가들의 신학을 반영하는 이야기이다(*feasting*, 101).

설교적 관점

본문은 공동체 예전으로서의, 공동체 축제로서의 예배와 과거 사건에 대한 오늘의 적용이라는 관점에서 설교의 기본을 말하고 있다. 다음의 몇 가지 질문을 통해 설교의 주제를 잡아보자. (1) 신앙적 관점에서 하늘의 만나가 끝났다는 것은 오늘 우리에게 무엇을 말하고 있는가? (2) 과거의 수치를 떨쳐버리고 새로운 시대를 열어가는 전환점이 되는 교회 공동체의 '길갈'은 무엇인가? (3) 길갈이 되기 위해서는 회개의 상징인 '할례'가 필요하다. 우리의 할례는 무엇인가? (4) 오늘 우리 교회 공동체가 '유월절 예전'을 지킨다면 그 내용은 무엇이 될까? (5) 여호수아의 백성들은 가나안을 약속의 땅으로 받아들였지만, 이미 그곳에 살고 있던 가나안 사람들에게 있어서 이는 도발과 침략을 의미했다. 오늘날 이주노동자들과 새터민들은 한국을 약속의 땅 가나안으로 알고 왔다. 이런 관점에 대한 견해는 어떠한가?

시편 32
1 복되어라, 거역한 죄 용서받고 죄 허물 벗겨진 자,
2 야훼께서 잘못을 묻지 않고 마음에 거짓이 없는 자.

3 나 아뢰옵지 않으렸더니 온종일 신음 속에 뼈만 녹아나고

4 밤낮으로 당신 손이 나를 짓눌러 이 몸은 여름 가뭄에 풀 시들듯, 진액이 다 말라 빠지고 말았읍니다. (셀라)

5 그리하여 당신께 내 죄를 고백하고 내 잘못 아니 감추어 "야훼여, 내 죄 아뢰옵니다" 하였더니, 내 잘못 내 죄를 용서하셨읍니다. (셀라)

6 당신을 굳게 믿는 자 어려울 때에 당신께 기도하리이다. 고난이 물결처럼 밀어 닥쳐도, 그에게는 미치지 못하리이다.

7 당신은 나에게 은신처, 내가 곤경에 빠졌을 때 건져 주시어 구원의 노래 속에 묻히게 하셨읍니다. (셀라)

8 "나는 너를 가르쳐 네 갈길을 배우게 하고 너를 눈여겨 보며 이끌어 주리라.

9 부디 철없는 말이나 노새처럼 되지 말아라. 재갈이나 굴레라야 그들을 휘어잡는다."

10 악인들에게는 고통도 많겠으나 야훼를 믿는 자는 한결같은 사랑 속에 싸이리라.

11 의인들아, 기뻐하여라. 야훼께 감사하며 즐거워하여라. 마음이 바른 사람들아, 기뻐 뛰어라.

고린도후서 5:16-21

16 그러므로 우리는 이제부터는 아무도 육신의 잣대로 알려고 하지 않습니다. 전에는 우리가 육신의 잣대로 그리스도를 알았지만, 이제는 그렇지 않습니다.

17 누구든지 그리스도 안에 있으면, 그는 새로운 피조물입니다. 옛것은 지나갔습니다. 보십시오, 새것이 되었습니다.

18 이 모든 것은 하나님께로부터 옵니다. 하나님께서는 그리스도를 내세우셔서, 우리를 자기와 화해하게 하시고, 또 우리에게 화해의 직분을 맡겨 주셨습니다.

19 곧 하나님께서 사람들의 죄과를 따지지 않으시고, 화해의 말씀을 우리에게 맡겨 주심으로써, 세상을 그리스도 안에서 자기와 화해하게 하신 것입니다.

20 그러므로 우리는 그리스도의 사절입니다. 하나님께서는 우리를 시켜서 여러분에게 권면하십니다. 우리는 그리스도를 대신하여 간청합니다. 여러분은 하나님과 화해하십시오.

21 하나님께서는 죄를 모르신 분에게, 우리 대신에 죄를 씌우셨습니다. 그것은 우리가 그리스도 안에서 하나님의 의가 되게 하려 하심입니다.

신학적 관점

바울은 그리스도 안에서 새로운 피조물이란 곧 이전의 관계 특히 원수되었던 인간관계를 해소하는 것을 말한다. 화해한다고 하는 것은 상대를 용서하는 것을 전제하고 있다. 신학자 발타자르(Balthasar)는 *Dare We Hope That All Men Be Saved?*란 소책자에서 "모든 인류가 구원받지 못한다면 나의 구원 확신은 근거가

없는 주장이다"라고 말한다. 화해의 신학은 나의 구원이 다른 사람의 구원과 따로 떨어진 문제가 아닌 동전의 앞뒤 마냥 하나임을 말한다. 다른 사람이란 다름 아닌 나의 원수 관계에 있는 사람을 두고 하는 말이다(*feasting*, 113).

목회적 관점

장례식에서 자주 읊어지는 성서 구절 중 요한계시록 21장 말씀이 있다. "나는 새 하늘과 새 땅을 보았습니다. 이전의 하늘과 이전의 땅이 사라지고, 바다도 없어졌습니다." 새 하늘과 새 땅은 굳이 죽음 이후에만 경험되는 세계는 아니다. 바울은 '이미' 그리스도 안에서 우리는 모두 새로운 피조물이라고 말한다. 무엇이 새롭게 변한 것인가? 이는 가치관과 세계관의 변화를 말한다. 목회란 교인들을 매번 새로운 세계로 이끌어 내는 일이다. 매번 새로운 과제로 교인들을 이끌어갈 수는 없다. 어제와 오늘의 세계는 같다. 그러나 보는 눈이 달라지면, 어제와 오늘은 전혀 다른 세계가 된다. 새로운 피조물이란 새로운 가치로 살아가는 변화된 삶을 말한다. 목회란 달리 말하면 새로운 피조물이 된 교인들을 통해 세상으로 하여금 하느님과 화해하도록 이끄는 일이다.

주석적 관점

제2성서에서 '화해'(*katallasso*)라는 단어를 쓴 이는 바울이 유일하다. 마태복음 5장 24절에서 형제와 화해하라고 말할 때 사용된 단어는 '*diallatto*'이다. 그리고 '화해하다'라는 동사는 언제나 하느님의 주체적인 행위를 일컫는다. 인간은 화해의 직분을 받았지만, 동사적인 의미에서 화해의 주체자가 아닌 단지 그 대상일 따름이다. 여기서 화해의 중재자로서의 예수 그리스도의 역할이 있다. 우리 인간은 그리스도의 사절일 따름이다. 사절/대사는 본국의 명령을 받아 대신 전하는 자다. "여러분은 하느님과 화해하십시오"(20절)의 의미는 화해의 손길을 내미는 하느님의 손을 붙잡으라는 의미이지 우리가 먼저 하느님께 손을 내밀라는 뜻은 아니다. 우리의 화해의 능력은 예수 그리스도 안에서 보여준 하느님 사랑의 힘에 기초하기 때문이다(*feasting*, 113).

설교적 관점

기독교는 사랑과 용서의 종교다. 그런데 이를 설교 단상이나 거리에서 외치는 일은 쉬운 일이다. 개신교 수도 공동체인 프랑스 테제의 지도자였던 로저 수사는 공동체 안에 분리가 존재하는 가운데 이웃 사랑과 용서를 말하는 것은 예수를 다시금 십자가에 못 박는 일이라고 말한다. 교회가 세상의 조직체와 다른 점을 한가지 꼽으라고 한다면 무엇이 되어야 할까? 그건 서로 다른 차이에도 불구하고 예수 그리스도 안에서 하나되는 일이다. 곧 화해이다. 교인들의 관계 속에는 보이지 않는 많은 갈등이 숨어 있다. 이를 제때 해소하지 못하면 언젠가는 표면으로 드러나게 된다. 그런데 목회자가 먼저 변하지 않고 화해를 말할 수는 없다.

누가복음 15:1-3, 11b-32

1 세리들과 죄인들이 모두 예수의 말씀을 들으려고 그에게 가까이 몰려들고 있었다.

2 바리새파 사람들과 율법학자들은 서로 수군거리며 말하기를 "이 사람이 죄인들을 맞아들이고, 그들과 함께 음식을 먹는구나" 하였다.

3 그래서 예수께서는 그들에게 이 비유를 말씀하셨다.

11 "어떤 사람에게 아들이 둘 있는데,

12 작은아들이 아버지에게 말하기를 '아버지, 재산 가운데서 내게 돌아올 몫을 내게 주십시오' 하였다. 그래서 아버지는 살림을 두 아들에게 나누어 주었다.

13 며칠 뒤에 작은아들은 제 것을 다 챙겨서 먼 지방으로 가서, 거기에서 방탕하게 살면서, 그 재산을 낭비하였다.

14 그가 그것을 다 탕진했을 때에, 그 지방에 크게 흉년이 들어서, 그는 아주 궁핍하게 되었다.

15 그래서 그는 그 지방에 사는 어떤 사람을 찾아가서, 몸을 의탁하였다. 그 사람은 그를 들로 보내서 돼지를 치게 하였다.

16 그는 돼지가 먹는 쥐엄 열매로라도 배를 채우고 싶은 마음이 간절했으나, 주는 사람이 없었다.

17 그제서야 그는 제정신이 들어서, 이렇게 말하였다. '내 아버지의 그 많은 품꾼들에게는 먹을 것이 남아도는데, 나는 여기에서 굶어 죽는구나.

18 내가 일어나, 아버지에게 돌아가서, 이렇게 말씀드려야 하겠다. 아버지, 내가 하늘과 아버지 앞에 죄를 지었습니다.

19 나는 더 이상 아버지의 아들이라고 불릴 자격이 없으니, 나를 품꾼으로 삼아 주십시오.'

20 그는 일어나서, 아버지에게로 갔다. 그가 아직도 먼 거리에 있는데, 그의 아버지가 그를

보고 측은히 여겨서, 달려가 그의 목을 껴안고, 입을 맞추었다.

21 아들이 아버지에게 말하였다. '아버지, 내가 하늘과 아버지 앞에 죄를 지었습니다. 이제부터 나는 아버지의 아들이라고 불릴 자격이 없습니다.'

22 그러나 아버지는 종들에게 명령하였다. '어서 좋은 옷을 꺼내서 그에게 입히고, 손에 반지를 끼우고, 발에 신을 신겨라.

23 그리고 살진 송아지를 끌어내다가 잡아라. 우리가 먹고 즐기자.

24 나의 이 아들은 죽었다가 살아났고, 내가 잃었다가 되찾았다.' 그래서 그들은 잔치를 벌였다.

25 큰아들이 밭에 있다가 돌아오는데, 집에 가까이 이르렀을 때에, 음악 소리와 춤추면서 노는 소리를 듣고,

26 종 하나를 불러서, 무슨 일인지를 물어보았다.

27 종이 그에게 말하기를 '아우님이 집에 돌아왔습니다. 건강한 몸으로 돌아온 것을 반겨서, 주인 어른께서 살진 송아지를 잡으셨습니다' 하였다.

28 큰아들은 화가 나서, 집으로 들어가려고 하지 않았다. 아버지가 나와서 그를 달랬으나,

29 그는 아버지에게 말하였다. '나는 이렇게 여러 해를 두고 아버지를 섬기고 있고 아버지의 명령을 한 번도 어긴 일이 없는데, 내게는 친구들과 함께 즐기라고, 염소 새끼 한 마리도 주신 일이 없습니다.

30 그런데 창녀들과 어울려서 아버지의 재산을 다 삼켜 버린 이 아들이 오니까, 그를 위해서는 살진 송아지를 잡으셨습니다.'

31 아버지가 그에게 말하기를 '얘야, 너는 늘 나와 함께 있지 않느냐? 또 내가 가진 모든 것은 다 네 것이 아니냐?

32 너의 이 아우는 죽었다가 살아났고, 내가 잃었다가 되찾았으니, 즐거워하고 기뻐하는 것이 마땅하지 않겠느냐?' 하였다."

신학적 관점

흔히 탕자의 비유로 알려진 이 비유에는 세 개의 신학적 관점이 있다. 첫째, 방탕한 작은아들이 자신의 잘못을 깨닫고 아들이 아닌 한 명의 종으로 자기를 받아달라고 하는 전폭적인 회개이다. 이는 어떤 죄인이라도 회개하면 하느님의 용서를 받을 수 있다는 하느님의 은혜를 선포하지만, 이는 잘못하면 <밀양>이라는 영화에서 지적하듯이 피해자의 정의의 관점은 무시되고 만다. 둘째, 첫아들의 교만으로서 당시 모세오경 율법에 근거하여 자기 의인화에 빠져 예수에게서 꼬투리를 잡고자 서 있는 유대교 지도자들을 향한 비판이다. 이는 오늘날 종교 지도자들만을 향한 비판이 아닌 자기 구원에 확신하는 모든 기독교인을 향한

비판이다. 이 논지를 종교 간 대화 영역으로 확장할 수 있다. 셋째, 아버지로 상징되는 하느님의 무한 용서이다. 20절 "그가 아직도 먼 거리에 있는데, 그의 아버지가 그를 보고 측은히 여겨서, 달려가 그의 목을 껴안고, 입을 맞추었다"는 이를 매우 분명하게 확인하고 있다. 그런데 신의 무한 용서를 너무 강조하다가는 인간의 책임성이 약화되는 약점이 있다. 죄와 잘못에 대한 회개도 중요하지만, 보다 중요한 것은 죄를 짓지 않는 자기 성찰과 노력이다. 만약 실제로 어느 부자 집안에서 이런 일이 일어났다면, 아버지는 자녀 교육에 대한 책임 비난에서 벗어날 수 없을 것이다.

목회적 관점

예수의 청중에 두 부류가 있듯이, 정도의 차이는 있지만 교회 안에는 신앙생활에 모범을 보이는 큰아들과 신앙생활에 충실하지 않으면서도 회의 때마다 시비를 거는 작은 아들과 같은 두 그룹이 있다. 목회자는 아버지의 입장에서 두 그룹을 대하게 된다. 비유에서와 같이 과정에서 문제가 되는 그룹은 작은아들 그룹이지만, 결국에 문제가 되는 그룹은 자기 의인화에 빠져 있는 첫아들 그룹이다.

주석적 관점

탕자의 비유로 잘 알려진 본문은 앞서 잃어버린 한 마리 양의 비유와 잃어버린 동전의 비유와 함께 한 세트로 엮인 비유이다. 이는 예수는 잃어버린 자들을 찾는 것 외에 다른 선택은 없다는 것을 말하고 있다. 당시 시대적 관점에서 보았을 때, 작은아들의 유산 요구는 아버지를 죽은 자 취급하는 매우 불효막심한 요구였으며, 땅은 본래 하느님의 것으로 땅을 파는 행위는 율법에 어긋나는 일이었으며, 게다가 그는 이 돈으로 방탕한 삶을 살았다. 쉽게 말해 바울이 말하는 '육신의 잣대', 곧 세상적 관점으로 보아 모든 것은 끝났다. 그러나 아버지에 의해 반전이 일어난다. 그동안 마을 사람들로부터 손가락질을 받고 있었던 이 집안은 아버지에 의해 집안의 명예는 회복이 되고, 마을 사람들이 이 잔치 자리에 함께 참여함으로 인해 마을 공동체의 회복이 일어났다. 그런데 이제는 그동안 전혀 문제의 소지가 되지 않았던 큰아들이 문제가 되고 있다.

설교적 관점

15장은 세리와 죄인을 받아들이고 함께 식사하는 예수에 대한 바리새인과 율법교사들의 문제 제기로 시작한다. 오늘날의 세리와 죄인 그리고 바리새인과 율법교사가 누구인지를 말하는 것이 설교의 핵심 과제이다.

이 비유를 교회 집단의 관점에서 다룰 수도 있지만, 민족의 관점에서 다룰 수도 있다. 남한과 북조선은 각각 자기 논리에 따라 자기 자신을 의인화하고 있다. 어느 누구도 자신의 잘못을 인정하려 들지 않고 있으며 상대를 비난하고 있다. 예수께서 하신 비유의 핵심은 구원에 관한 매우 상식적인 기존의 가르침을 뒤집었다는 것이다. 구원 대상에서 배제된 세리와 죄인들은 결국 구원을 받았고, 구원받았다고 자부하는 바리새인과 율법학자들은 결국에는 구원받지 못하였다. 오늘 스스로 구원받았다고 생각하는 사람들은 누구인가? 결국 구원은 상대와의 비교를 통한 우월의 문제가 아니라 전적으로 자기 안의 문제임을 말하는 것은 아닌가?

렘브란트의 <돌아온 탕자>라는 유명한 그림에는 아버지의 품 안에 무릎을 꿇은 채 고개를 파묻고 울고 있는 작은아들이 있고 이 옆에는 '이미 자기 몫의 유산을 다 탕진한 놈이 무슨 낯짝으로 돌아왔나' 하며 불만의 눈초리로 째려보는 큰아들이 서 있다. 그리고 중앙에는 집안 관리인(혹은 렘브란트 자신)이 이를 주시하고 있으며, 뒤편 기둥 뒤에는 희미한 모습으로 한 여인이 서 있다. 이 그림에는 다음과 같은 특징이 있다.

첫째, 아버지의 눈을 자세히 들여다보면 초점이 없다. 마치 아들을 기다리다 지쳐 눈이 멀어버린 것 같기도 하다. 또는 우리의 겉 혹은 과거를 보지 않으신다는 것을 말씀하는 것 같기도 하다.

둘째, 아버지의 손을 보면 두 손이 짝짝이다. 그냥 짝짝이 아니라 한 손은 크고 거칠고 투박하며, 다른 한 손은 작고 가늘고 부드럽고 여리다. 한 손이 남성의 손이라면, 다른 한 손은 여성의 손이다. 지금으로부터 350년 전 남성

우월적 사고가 지배하던 그 시절에 이미 렘브란트는 하느님을 남성 아버지만이 아닌 여성 어머니가 함께 있음을 말하였고, 왼손이 아닌 오른손을 여성의 손으로 그림으로 여성성을 더욱 부각시키고 있다. 우리가 기도할 때 '하느님 아버지'라고 부르는데, 필자는 가능하면 이 표현을 자제하든가 아니면 '하느님 어버이'라고 바꿔 불렀으면 한다. 성서는 남성들이 지배하던 시대에 기록되었다. 오늘날의 시대라면 성서는 당연히 그 표현을 달리하여 기술할 것이다. 렘브란트는 이 그림을 통해 당시 철벽과도 같았던 하느님의 남성성을 과감하게 부숴버리는 혁명성을 보이고 있다.

셋째, 두 아들의 대비되는 모습이다. 아버지의 품 안에 푹 잠겨 있는 작은아들의 한쪽 발은 신발이 벗겨져 더러운 발바닥을 드러내고 있다. 반면 잘 차려입은 큰아들은 꼿꼿한 자세로 서서 불평과 감시가 서린 눈빛으로 아버지와 동생을 함께 내려다보고 있다. 오늘 비유 말씀에는 큰아들이 아버지의 청에 따라 집에 들어왔다는 구절은 없다. 아버지가 들어가서 죽었던 내 동생이 살아 돌아왔으니 함께 기뻐하자고 팔을 끄는데, 그는 이를 거부하면서 "나는 지금까지 아버지의 속을 한 번도 썩혀드린 적이 없습니다. 그런데 언제 저를 위해서 잔치를 베푸신 적이 있었나요?" 한다. 본문은 '돌아온 탕자'와 '돌아오지 않는 탕자', 곧 두 탕자의 이야기이다.

가운데 앉아 있는 집안 관리인 입장에서 이야기를 진행하는 것도 퍽 의미가 있을 것이다.

사순절 다섯째 주일

사 43:16-21; 시 126; 빌 3:4b-14; 요 12:1-8

이사야 43:16-21

16 내가 바다 가운데 길을 내고, 거센 물결 위에 통로를 냈다.

17 내가 병거와 말과 병력과 용사들을 모두 이끌어내어 쓰러뜨려서, 다시는 일어나지 못하게 하고, 그들을 마치 꺼져 가는 등잔 심지같이 꺼버렸다. 나 주가 말한다.

18 "너희는 지나간 일을 기억하려고 하지 말며, 옛일을 생각하지 말아라.

19 내가 이제 새 일을 하려고 한다. 이 일이 이미 드러나고 있는데, 너희가 그것을 알지 못하겠느냐? 내가 광야에 길을 내겠으며, 사막에 강을 내겠다.

20 들짐승들도 나를 공경할 것이다. 이리와 타조도 나를 찬양할 것이다. 내가 택한 내 백성에게 물을 마시게 하려고, 광야에 물을 대고, 사막에 강을 내었기 때문이다.

21 이 백성은, 나를 위하라고 내가 지은 백성이다. 그들이 나를 찬양할 것이다."

신학적 관점

제2이사야의 시대적 정황은 바빌론 유배이다. 머나먼 이국땅에 포로로 끌려와 70년 가까이 살아가던 저들은 차츰차츰 희망이 사라지면서 신앙의 회의가 생기기 시작했다. 도대체 애굽의 노예로부터 해방을 가져다준 그 YHWH는 지금 어디에 계시는가? 우주를 창조하시며 세계 역사를 주관하시는 그분의 능력은 이제 한계에 부딪힌 것인가? 아브라함에게 말한 축복의 약속들과 시내산에서 맺은 선택된 민족으로서의 계약은 유효기간이 끝난 것인가?

이러한 신앙의 회의와 절망에 빠진 포로민들에게 들린 YHWH의 첫 번째 음성은 "너희는 위로하여라! 나의 백성을 위로하여라!"(40:1)였다. 절망에 빠진 사람들에게 무엇보다 우선시되는 것은 마음을 다잡는 일이고 이는 신에 대한 신뢰를 회복하는 일이다. 새 일에 대한 기대를 일깨우는 일이다. 계속 YHWH는 외친다. "지나간 일을 기억하려고 하지 말며, 옛일을 생각하지 말아라. 내가 이제 새 일을 하려고 한다." 고통스러운 과거를 떨쳐버리고 오직 미래를 바라보면서 일어서고자 하는 사람에게 방해될 것은 아무것도 없다. 삶이 자기 것이 아닌 YHWH 것임을 믿는 사람에게 더 이상의 절망과 두려움은 없다(21절).

목회적 관점

빠른 선박과 자동차 그리고 비행기 시대에 바다 가운데 길을 내고 거센 물결 위로 통로를 내었다는(홍해/갈대바다를 가른 사건) YHWH의 외침은 현대인들에게 별다른 감흥을 불러일으키지 못한다(16, 17절). 지금 이사야 예언자는 시인의 마음으로 도래하는 새 역사를 노래하고 있다. 마치 시인 윤동주나 이육사와 같이. 목회자는 때때로 시인이 되어 현실적으로 불가능하다고 주장하는 교인들에게 이성과 논리를 넘어 새 역사를 펼쳐 보여주어야 한다. 광야에 길을 내고 사막에 강을 내겠다는 YHWH처럼(19절).

주석적 관점

제2이사야는 "나의 백성을 위로하여라"(40:1)라는 말씀으로 그의 예언의 문을 열자마자 바로 이어 "이제 그들의 복역 기간이 끝났고 죄에 대한 갑절의 벌을 받았다"(2절)는 희망의 메시지를 전한다. 오늘 본문은 이에 대한 재확인이자 제2의 엑소도스(출애굽)가 일어남을 말하고 있다. 이러한 해방의 목적은 단순히 유대 백성들의 자유를 넘어 YHWH를 찬양함에 있다고 말한다(21절). 이는 자유하는 인간은 책임적 존재임을 말한다. 그리고 이 찬양에는 저들이 보지도 못한 야생동물 '이리'와 '타조'까지 합류하는 우주적 사건임을 말한다.

설교적 관점

70년에 가까운 바빌론제국의 포로 생활로부터의 해방과 자유의 기쁨을 어떻게 표현할 수 있을까? 이에 대한 기쁨을 조금이라도 생동적으로 느끼기 위해 1945년 8월 15일 어둠이 밀려오는 저녁 강원도의 한 마을에서 있었던 짧은 기록을 살펴본다.

놀라움과 흥분으로 가득 찼던 해방 첫날이 마무리되어 가고 있었다. 밤이 되면서 조선이 해방됐다는 소식이 한반도 전체에 퍼지기 시작했다. 1936년생 언론인 임재경은 해방되던 해 도요카와라는 창씨명을 쓰던 국민학교 3학년이었다. 15일 늦은 밤, 그가 살던 강원도 김화의 작은 마을에도 해방의 소식이 전해져 왔다. 어린 임재경은 해방의 풍경을 저녁 무렵 검은 몸뻬를 벗어버리고 흰 치마저고리로 갈아입던 어머니 장규선의 모습으로 기억한다. 장규선은 아들에게 "일본이 항복했다. 김화 사람들이 모두 군청 앞에서 모이는데 같이 가자"고 말했다.

어머니뿐 아니라 남녀노소 대부분이 흰색 한복을 입고 군청으로 향하고 있었다. 한여름이라 낮이 길어서인지, 온 천지의 흰색 빛깔 때문인지 저녁을 먹고 한참 지났는데도 사방은 여전히 훤했다. 군청 현관에 과일상자에 올라선 흰색 셔츠 차림의 남자가 조선어로 연설하고 있었다. 그의 선창으로 사람들이 "조선독립만세"를 외쳤다. 소년 임재경도 주위 사람들을 따라 세 번이나 만세를 외쳤다. 저녁부터 밤늦게까지 한반도 전역에서 기쁨에 들뜬 조선인들이 노래를 부르고 춤판을 벌였다. 해방 첫날이 그렇게 저물고 있었다(길윤형, 『26일동안의 광복』, 서해문집, 2021, 153-154).

일제 압제 35년의 거의 두 배에 가까운 기간을 그것도 고국으로부터 팔백 킬로나 떨어진 이국땅에서 들은 이야기이다. 저들이 경험한 기쁨은 우리가 경험한 815해방의 기쁨과는 결코 비교할 수가 없다.

바빌론에서 예루살렘까지. 젊은이가 빠른 걸음으로 걷는다면 한 달이면 가겠지만, 그 중간에는 메마른 사막과 광야로 이어지는 그래서 물과 양식을 충분히 준비하지 않고서는 결코 불가능한 험한 여정이다. 해방의 기쁨도 잠시, 걱정이 앞선다. 이때 들려온 음성은 광야의 길을 내고, 사막에 강을 내겠다는 것이다. 이 YHWH의 카이로스, 천지개벽(天地開闢)의 사건을 어떻게 인간의 언어 몇 마디 말로 설명할 수 있을까?

시편 126
  1 야훼께서 시온의 포로들을 풀어 주시던 날, 꿈이든가 생시든가!

2 그날 우리의 입에서는 함박 같은 웃음 터지고 흥거운 노랫가락 입술에 흘렀도다. 그날 이교백성 가운데서 들려오는 말소리, "놀라와라, 야훼께서 저 사람들에게 하신 일들!"

3 야훼께서 우리에게 놀라운 일 하셨으니 우리는 얼마나 기뻤던가.

4 야훼여, 저 네겝 강바닥에 물길 돌아오듯이 우리의 포로들을 다시 데려오소서.

5 눈물을 흘리며 씨뿌리는 자, 기뻐하며 거두어 들이리라.

6 씨를 담아 들고 울며 나가는 자, 곡식단을 안고서 노랫소리 흥겹게 들어오리라.

빌립보서 3:4b-14

4 다른 어떤 사람이 육체에 신뢰를 둘 만한 것이 있다고 생각하면, 나는 더욱 그러합니다.

5 나는 난 지 여드레 만에 할례를 받았고, 이스라엘 민족 가운데서도 베냐민 지파요, 히브리 사람 가운데서도 히브리 사람이요, 율법으로는 바리새파 사람이요,

6 열성으로는 교회를 박해하였고, 율법의 의로는 흠 잡힐 데가 없습니다.

7 그러나 나는 그리스도 때문에, 나에게 이로웠던 것은 무엇이든지 해로운 것으로 여기게 되었습니다.

8 그뿐만 아니라, 나의 주 예수 그리스도를 아는 지식이 가장 고귀하므로, 나는 그 밖의 모든 것은 해로 여깁니다. 나는 그리스도 때문에 모든 것을 잃었고, 그것들을 오물로 여깁니다. 그것은 내가 그리스도를 얻고,

9 그리스도 안에 있음을 인정받으려는 것입니다. 그리고 율법에서 오는 나 스스로의 의가 아니라, 그리스도를 믿는 믿음으로 말미암아 오는 의, 곧 믿음에 근거하여 하나님께로부터 오는 의를 가지려는 것입니다.

10 내가 바라는 것은 그리스도를 알고, 그분의 부활의 능력을 깨닫고, 그분의 고난에 동참하여 그분의 죽으심을 본받는 것입니다.

11 그리하여 나는 어떻게 해서든지, 죽은 사람들 가운데서 살아나는 부활에 이르고 싶습니다.

12 내가 이것을 이미 얻은 것도 아니요, 또 이미 목표점에 이른 것도 아닙니다. 그리스도 예수께서 나를 사로잡으셨으므로, 나는 그것을 붙들려고 좇아가고 있습니다.

13 형제자매 여러분, 나는 아직 그것을 붙들었다고 생각하지 않습니다. 내가 하는 일은 단 한 가지입니다. 곧 뒤에 있는 것을 잊어버리고, 앞에 있는 것만을 바라보고,

14 그리스도 예수 안에서, 하나님께서 위로부터 부르신 그 부르심의 상을 받으려고, 목표를 향하여 달려가고 있습니다.

신학적 관점

본문은 육체적 할례를 통한 구원의 우선을 주장하는 빌립보교회의 유대인들을 향한 경계의 이야기이다.

(모세) 율법에 기초한 나의 행위의 의와 그리스도의 믿음에 기초한 하나님의

의를(9절) 극단적으로 대비시키다 보면 토라는 물론 제1성서 전체가 무효화되는 위험에 직면할 뿐만 아니라, 십자가 은혜만의 비윤리적인 절대 구원론에 빠져 입술만 살아있는 앵무새 신앙인으로 전락하기 쉽다. 나아가 히틀러와 같이 anti-Semitism이라는 포악성을 신앙으로 둔갑시키는 잘못을 저지르기 쉽다. 자신의 과거를 오물, 곧 쓰레기나 똥과 같이 여기는 바울의 고백을 구체적인 상황에 한정할 필요가 있으며, 이를 지나치게 신학 일반화하지 않는 주의가 필요하다. 인식론적으로 바울이 과거의 지식을 오물과 같이 버렸다고 하지만, 그리스도에 대한 이해는 하얀 백지장으로부터 새롭게 출발했다는 것이 아닌 율법에 대한 전 이해에 기반한 새로운 이해라고 하는 사실을 인지할 필요가 있다. 곧 바울은 본문을 통해 구원이란 육체적 할례와 같이 단번에 성취되는 것이 아닌 끝나지 않는 과정(becoming)에 있음을 말하고 있다(13, 14절).

'그리스도를 아는 지식'(gnosis, 8절)이 신비화될 때, 영지주의(Gnosticism)적인 자아 중심의 배타적인 신앙 잘못이 반복된다.

목회적 관점

목회의 궁극적 목적은 복음에 의한 '새사람'에 있다. 새사람의 경험을 하지 못한 사람에게는 새사람의 구원 경험을 하도록 이끌어야 하고, 이미 이러한 경험을 한 사람들이라 할지라도 다시금 새롭게 깨닫도록 이끄는 것이 목회이다. 사실 목회자 자신들이 이미 경험하는 바이지만, 예수 그리스도 안에서 변화된 삶을 통해 새로운 사람이 되었다고 고백하는 사람들조차 과거의 잘못된 모습을 완전히 떨쳐버리는 것이 얼마나 어려운 일인가를 잘 알고 있다.

이는 과거 자랑거리를 오물과 같이 여겨 버리고 그리스도 안에서 새롭게 거듭났다고 고백하는 바울조차 자기 안에는 선과 악을 추구하는 두 사람이 있는, 그래서 자신은 '비참한 인간'이라는 자기 고백을 하고 있으며, 심지어는 '사탄의 괴수'라는 고백까지 하지 않았는가?

목회자는 그 자신뿐만 아니라 새로운 삶을 추구하는 교인들에게 바로 이러한 사실을 자주 강조함으로 신앙의 자만에 빠지지 않도록 할 필요가 있다. 사순절은 바로 이러한 자기 성찰과 고백의 절기이기도 하다. 예수 그리스도께서 단번에 이룩하신 십자가 구원의 완성과는 달리 우리 개개인이 추구하는 믿음의 의는 단 한 번의 고백만으로 완성되는 것이 아닌 앞을 향해 달려가는 과정에 있는 것임을 깨우치도록 한다.

주석적 관점

9절의 "그리스도를 믿는 '믿음'으로부터의 의"에서 이 '믿음'은 그리스도를 믿는 '우리의 믿음'을 말하는 것인가 아니면 '그리스도의 믿음'인가? 희랍어 원문은 '그리스도의 믿음'을 통한 믿음이다(dia pisteos Christou). 이 믿음이란 앞서 2장 6절 이하에서 언급된 하느님과 동등됨을 취하지 않으시고 종의 모습으로 나타나시어 죽기까지 순종하시는 자기 내어줌(케노시스)이다. 곧 바울에게 있어 '그리스도를 아는 지식'이란 다름 아닌 십자가의 죽음을 통한 부활의 능력에 대한 깨달음(覺, awakening)이지 우리가 흔히 말하는 정보의 축적을 통한 지적(知的) 생산물이 아니다. 이는 마치 땅의 보화를 발견한 농부처럼 이 보화를 얻기 위해 자신의 세상 모든 것을 다 포기하는 것과 같다. 깨달음에는 포기의 고통이 따른다. 다른 말로 고난에 동참하는 일이다(10절). 이는 마치 금메달을 향한 운동선수와 같이 훈련은 힘들지만, 그리스도인들은 종말론적인 승리를 전제하기에 기쁨으로 이를 견디는 것이다.

설교적 관점

바울의 주장을 오늘에 적용하면 어떤 설교가 나올까? 교회 안에는 다양한 신앙인들이 있는데, 특히 모태신앙을 은근히 자랑하거나 혹은 성서 지식을 은근히 자랑하는 사람들이 있다. 특히 목사들은 신학 석사증이나 박사증을 통한 신앙의 우월성을 갖기도 한다. 바울은 바로 이러한 육체적인 것들을 모두 똥과 같이 여겼다는 것이다.

"당신이 자랑하는 똥은 무엇인가?"를 설교 제목으로 선택하면 어떨까? 나아가 "우리 교회가 자랑하는 똥은 무엇인가?" 바울이 관심하는 것은 이러한 '똥'이 아닌 '그리스도의 고난'에의 동참이다. 고통이 동반한다고 해서 자동으로 그리스도의 고난에 동참하는 행위가 되는 것은 아니다. 예수께서 가르쳐주신 기도와 같이 정의와 평화와 생명과 평등이라는 '하늘의 뜻이 땅에 이루어지는' 그 나라를 향한 신앙의 투쟁이 되어야 한다.

요한복음 12:1-8

1 유월절 엿새 전에 예수께서 베다니로 가셨다. 그곳은 예수께서 죽은 사람들 가운데서 살리신 나사로가 사는 곳이다.
2 거기에서 예수를 위하여 잔치를 베풀었는데, 마르다는 시중을 들고 있었고, 나사로는 예수와 함께 음식을 먹고 있는 사람 가운데 끼어 있었다.
3 그때에 마리아가 매우 값진 순 나드 향유 한 근을 가져다가 예수의 발에 붓고, 자기 머리털로 그 발을 닦았다. 온 집 안에 향유 냄새가 가득 찼다.
4 제자 가운데 하나로서, 장차 예수를 넘겨 줄 가룟 사람 유다가 말하였다.
5 "이 향유를 삼백 데나리온에 팔아서 가난한 사람들에게 주지 않고, 왜 이렇게 낭비하는가?"
6 (그는 가난한 사람을 생각해서 이렇게 말한 것이 아니다. 그가 도둑이어서, 돈자루를 맡아 가지고 있으면서, 거기에 든 것을 훔쳐내곤 하였기 때문이다.)
7 예수께서 말씀하셨다. "그대로 두어라. 그는 나의 장례 날에 쓰려고 간직한 것을 쓴 것이다.
8 가난한 사람들은 언제나 너희와 함께 있지만, 나는 언제나 너희와 함께 있는 것이 아니다."

신학적 관점

오늘은 사순절 다섯 번째 주일로 다음 주는 종려주일로 지키기에 죽음을 앞둔 예수의 삶을 조명하기에 매우 적절한 본문이다. 비슷한 이야기가 마태복음과 마가복음에 각각 기록되어 있다(누가복음 7장에 언급된 향유를 부은 여인의 이야기는 시기적으로 전혀 상황이 다를뿐더러 이 여인을 죄인으로 언급하고 '용서'에 대한 관점에서 다루고 있다.). 마태, 마가, 요한의 세 복음서는 모두 여인에 의한 향유를 붓는 행위는 유월절을 앞둔 예수의 죽음을 준비한다는 의미에서 구속신학의 기본 입장은 같다. 그리고 베다니라는 장소 또한 같다. 그러나 마태복음과 마가복음에서는 예수의 생애 마지막 주간의 끝 시간에 일어나고 있는 반면에 요한복음에서는 처음 시간에 일어나고 있고, 마태와 마가는 예수의 머리에 향유를 붓는데

요한복음에서는 발에 부었다는 점에서 그 상징성에 차이가 있다. 그리고 또 하나의 다른 점은 마태와 마가는 한센병 환자인 시몬의 집에서 일어난 한 이름 없는 여인의 행위로 묘사되고 있고 이 여인의 행위는 후세에 길이 기억될 것이라는 예수의 예언이 기록되어 있는 반면에 요한복음은 무덤으로부터 생명을 살려낸 나사로의 집에서 나사로의 여동생인 마리아에 의해 이 일이 행해지고 있으며, 마태와 마가에서는 제자들이 그녀의 행위를 비난하는 반면에 요한복음에서는 가룟 유다가 이를 비난한다. 곧 요한복음에서는 마리아의 값을 따지지 않는 비타산적인 사랑의 행위와 자기 몫을 계산하는 가룟 유다의 타산적인 행위를 극단적으로 대비시키고 있다. "예수께서 사랑하시는 제자"의 관점에서 본다면 이는 가룟유다 한 제자의 비판을 넘어 열두 제자단에 대한 비판이기도 하다.

목회적 관점

목회는 돈이 필요한 일이고, 교회 재정은 선교 지향 공동체로서 항상 쪼들리게 마련이다. 그런데 재정이 어려울 때 누군가가 큰 기부를 한다. 그때 교인들의 반응은 선한 의도에서 했을 것이라는 의견과 무슨 꿍꿍이속이 있을 것이라는 의견으로 갈린다.

미국 교회의 청지기 직분에 관련한 에큐메니칼 컨퍼런스가 진행되는 가운데 이런 일이 있었다. 한 발제자가 오늘 본문에 기초하여 하느님께 직접 드리는 헌금에 관한 얘기를 하다가 주머니에서 백 불짜리를 꺼내 불을 붙여 태워버렸다. 사람들은 깜짝 놀랐으며 지폐를 태우는 일은 법에 어긋나는 일이라는 말을 하는 사람이 있는가 하면, 백 불을 태운 걸 보면 그는 부자인 모양이라고 하는 사람 등등 장내가 잠시 소란스러워졌다. 발제자는 이렇게 말한다. "제가 한 행동을 이해하지 못하시나요? 저는 마리아와 같이 예물을 직접 하느님께 드렸습니다. 그 누구도 혜택을 받지 못하도록 말입니다"(*feasting*, 142).

사실 교인들은 모두 하느님께 헌금을 드린다고 하지만, 교인들은 사람들의 인정을 바라고 또 세금 공제 혜택을 받기 원한다. 물론 이를 비난할 수는 없다. 그런데 간혹 때때로 상당한 헌금을 무명으로 하는 경우도 있다. 우리는 성탄절에 큰 성금을 내는 무명의 기부자들이 있음을 알고 있다. 보화가 있는 곳에 우리의 마음이 있다. 그런데 이 마음은 하느님을 향하지 않으면 시험을 받는다.

주석적 관점

요한복음에서는 유월절이 세 번 언급된다(2:16; 6:4; 12:1).

6절은 초기 사본에서는 발견되지 않는다. 곧 후대의 첨가로 보는 것이 옳다.

8절의 전반부인 "가난한 사람들은 언제나 너희와 함께 있을 것이다"는 신명기 15장 11절에 나온다. "당신들은 반드시 손을 뻗어, 당신들이 땅에서 사는 가난하고 궁핍한 동족을 도와주십시오 그렇다고 하여, 당신들이 사는 땅에서 가난한 사람이 없어지지는 않겠지만, 이것은 내가 당신들에게 내리는 명령입니다."

설교적 관점

본문에 앞서 마리아는 부엌에서 음식을 준비하던 누이 마르다와 비교하여 이상적인 제자로 칭찬을 받는다(10:38-42). 사실 교회에서 이 구절을 해석할 때, 특히 여신도회 회원들이 모인 자리에서는 많은 주의(?)가 필요하다.

왜 마지막 구절("가난한 사람들은 언제나 너희와 함께 있지만, 나는 언제나 너희와 함께 있는 것이 아니다")은 예수의 사랑과 가난한 자에 대한 사랑이 양자택일이라는 대립의 의미로 서술이 되어 있는지 참으로 궁금하고 아쉽다. 최후 심판의 비유(마 25장)에서도 보듯이 예수는 가난한 자와 사회적 약자에 대한 사랑이 곧 자기를 사랑하는 일이라고 말하였을뿐더러, 포도원 일군의 비유에서는 가난한 사람이 사라지도록 하는 것이 하느님 나라임을 강조한다. 그런데 이 구절은 잘못하면 가난한 사람은 항상 있어야 하는, 그래서 우리 주위에 가난한 사람이 있어도 괜찮다는 생각을 갖도록 유혹하고 있다. 더구나 부활 신앙에 따른다면 장례식은 매우 간소하게 치르는 것이 오히려 예수 정신에 맞는 일일 것이다. 물론 이 구절이 임박한 예수의 죽음을 알아채고 이를 준비한 (여성) 마리아의 참 제자상과 자기 안일만을 먼저 고려하는 (남성) 가롯 유다의 거짓 제자상을 비교한다는 관점에서는 충분히 이해할 수 있다.

사순절 여섯째 주일

시 118:1-2, 19-29; 눅 19:28-40

*Feasting*에 따르면 본문은 두 종류가 있다. 하나는 Liturgy of the Psalms(시 118:1-2, 19-29; 눅 19:28-40)이고, 다른 하나는 Liturgy of the Passion(사 50:5-9a; 시 31:9-16; 빌 2:5-11; 눅 22:14-23:56)이다. 전자는 종려주일 본문을 다루고 있고, 후자는 십자가 처형에 관련한 본문이다. 필자는 종려주일 본문만을 다룬다.

참고로 *Feasting*에 수록되어 있는 고난주간(Holy Week) 본문을 올린다.

— 월: 사 42:1-9; 시 36:5-11; 히 9:11-15; 요 12:1-11

— 화: 사 49:1-7; 시 71:1-14; 고전 1:18-31; 요 12:20-36

— 수: 사 50:4-9a; 시 70; 히 12:1-3; 요 13:21-32

— 목: 출 12:1-14; 시 116:1-2, 12-19; 고전 11:23-26; 요 13:1-17, 31b-35

— 금: 사 52:13-53:12; 시 22; 히 10:16-25; 요 18:1-19:42

— 토: 애 3:1-9, 19-24; 시 31:1-4, 15-16; 벧전 4:1-8; 요 19:38-42

— 부활절철야(Vigil): 출 14:10-31, 15:20-21; 시 114; 롬 6:3-11; 눅 24:1-12

시편 118:1-2, 19-29

1 야훼께 감사노래 불러라, 그는 어지시다. 그의 사랑 영원하시다.

2 이스라엘 문중아, 노래 불러라. "그의 사랑 영원하시다."

19 정의의 문을 열어라. 내가 들어가 야훼께 감사기도 드리리라.

20 이것이 야훼의 문, 의인들이 이리로 들어가리라.

21 나의 기도 들으시고 나를 구해주셨으니 주님께 감사기도 드립니다.

22 집짓는 자들이 버린 돌이 모퉁이의 머릿돌이 되었나니,

23 우리 눈에는 놀라운 일 야훼께서 하신 일이다.

24 이날은 야훼께서 내신 날, 다 함께 기뻐하며 즐거워하자.

25 주소서, 야훼여, 구원을 주소서. 주소서, 야훼여, 승리를 주소서.

26 야훼의 이름으로 오시는 이여, 찬미받으소서. 우리가 야훼의 집에서 그대들을 축하하리라.

27 야훼, 하느님께서 우리에게 빛을 주신다. 나뭇가지 손에 들고 줄줄이 제단 돌며 춤을 추어라.

28 "당신은 나의 하느님이시오니 당신께 감사기도 드립니다. 당신은 나의 하느님이시오니 당신을 기리웁니다." 나의 기도 들으시고 나를 구해 주셨사오니 주님께 감사기도 드립니다.

29 야훼께 감사노래 불러라. 그는 어지시다. 그의 사랑 영원하시다.

신학적 관점

시편 118편은 축제의 노래다. 출애굽의 기쁨을 노래하고 있다. 집 짓는 자의 눈에 벗어나는 돌은 그가 생각하는 모양새에 맞지 않기 때문이다. 그가 생각하는 모양새란 전통의 틀이다. 오늘 시편 기자가 YHWH를 찬양하는 이유는 버려진 돌이 주춧돌로 쓰임을 받았기 때문이다. 이는 힘이 지배하는 옛 시대가 가고 약자의 정의가 실현되는 새로운 시대가 왔다는 의미다. 그리하여 이스라엘 백성들은 승리를 상징하는 나뭇가지를 들고 제단을 돌며 기쁨의 노래를 부르고 있다.

목회적 관점

118편은 마르틴 루터가 애용하는 시편이다. 어려웠던 시절 코부르그성의 서재의 벽에 17절을 새겨 놓고 읽었다고 한다("내가 죽지 않고 살아서, 주님께서 하신 일을 선포하겠다")(feasting, 146). 교인들은 자신들이 세상에서 패배한 자로 버림을 받은 자라고 생각하기 쉽다. 그리하여 하느님의 힘으로 세상에서 성공하는 자가 되기를 바란다. 그러나 우리는 분명히 깨달아야 한다. 우리는 세상 안에 살아가는 존재이긴 하지만, 세상에 속한 사람들이 아닌 YHWH께 속한 자들이다.

주석적 관점

118편은 출애굽을 기억하는 찬양과 감사(Hallel)의 시 모음(113-118)의 마지막 시편이다. 물론 이는 해석자에 따라 출애굽에만 해당되는 것은 아닌 바빌론으로부터의 해방의 사건과 마카비항쟁의 승리를 넘어, 초대 교인들에게 있어서는 예수의 부활 사건을 뜻한다. 1절과 마지막 29절은 같은 어구로 시편 전체를 감싸고 있는 감사의 노래로서 어머니의 자궁을 뜻하는 헤세드(hesed)의 사랑을 노래하고 있다.

어머니는 여러 자녀 가운데서도 가장 못난 자녀를 우선시한다. YHWH 또한 버려진 돌에 우선 관심하신다. 팔레스타인에서의 집은 사각형의 돌집이다. 따라서 사각의 모퉁잇돌이 모두 우리나라 기와집의 중앙에 위치한 머릿돌과 같은 역할을 한다.

설교적 관점

오늘날 예배 특히 개신교 예배는 설교에 집중되어 있다. 의자에 앉아 귀로 듣는 예배이다. 과거 예루살렘 성전의 예배는 온몸으로 움직이며 하느님을 찬양하는 예배이다. 정교회에는 의자가 없다. 성전 전체 바닥부터 천장까지가 찬양의 그림으로 가득 차 있다. 한 시간을 넘어 몇 시간씩 예배가 진행된다. 19, 20절은 이스라엘 백성들이 성전 문 앞에 모여 있다가 성전 문이 열리자 들어가면서 노래를 부른다. 종려주일을 맞아 나뭇가지를 들고 모두가 성전 문 앞에 모여 있다가 예배 시작과 목회자가 문을 열면 그때 함께 찬양하면서 들어가 제단을 한 바퀴 돌아 자기 자리에 앉는 것은 어떠한가?

누가복음 19:28-40

28 예수께서 이 말씀을 마치시고, 앞장 서서 걸으시며 예루살렘으로 올라가고 계셨다.

29 예수께서 올리브 산이라 불리는 산 턱에 있는 벳바게와 베다니에 가까이 이르셨을 때에, 제자 두 사람을 보내시며

30 말씀하셨다. "맞은편 마을로 가거라. 거기에 들어가서 보면, 아직 아무도 타 본 적이 없는 새끼 나귀 한 마리가 매여 있을 것이다. 그것을 풀어서 끌고 오너라.

31 누가 '왜 푸느냐'고 묻거든 '주께서 쓰시려고 하십니다' 하고 말하여라."

32 보내심을 받은 사람들이 가서 보니, 예수께서 그들에게 말씀하신 그대로였다.

33 그들이 새끼 나귀를 푸는데, 그 주인들이 "그 새끼 나귀는 왜 푸는 거요?" 하고 그들에게

물었다.

34 그들은 "주께서 쓰시려고 하십니다" 하고 대답하였다.

35 그리고 그들이 새끼 나귀를 예수께로 끌고 와서, 자기들의 겉옷을 나귀 위에 걸쳐 놓고서, 예수를 올라타시게 하였다.

36 예수께서 나아가시는데, 제자들이 자기들의 겉옷을 길에다가 폈다.

37 예수께서 어느덧 올리브 산의 내리막길에 이르셨을 때에, 제자의 온 무리가 기뻐하며, 자기들이 본 모든 기적에 대하여 큰소리로 하나님을 찬양하면서 말하였다.

38 "복되시다, 주의 이름으로 오시는 임금님! 하늘에는 평화, 가장 높은 곳에는 영광!"

39 그런데 무리 가운데 섞여 있는 바리새파 사람 몇이 예수께 말하였다. "선생님, 선생님의 제자들을 꾸짖으십시오"

40 그러나 예수께서 말씀하시기를 "내가 너희에게 말한다. 이 사람들이 잠잠하면, 돌들이 소리지를 것이다" 하셨다.

신학적 관점

첫째는 *Pax Romana*에 대한 *Pax Christi*의 저항으로서의 평화 신학을 뚜렷하게 말하고 있다. 둘째는 "이 사람들이 잠잠하면 돌들이 소리 지를 것이다"는 민중 주체의 역사 신학적 관점을 말하고 있다.

목회적 관점

필자는 종려주일마다 이를 재현하였다. 종려나무 가지를 미리 나눠준 다음 밖으로 나가 나귀를 대신하여 자전거, 롤러, 광대 복장을 한 다음 설교단으로 나아갈 때, 교인들은 "호산나!" 환호를 외쳤다.

주석적 관점

시기 30년 어느 봄날 예루살렘에 입성하는 두 행렬이 있었다. 때는 유대교에서 일 년 중 가장 신성한 절기인 유월절의 첫날이었다. 첫 번째 행렬은 초라한 행렬이었으며 다른 행렬은 로마 군대의 행렬이었다. 동쪽에서는 예수가 추종자들의 환호를 받으며 새끼 나귀를 타고 감람산을 내려오고 있었다. 예수는 나사렛이라는 한 시골 마을 출신으로 그를 따르는 사람들은 농민들이었다. 그들은 갈릴리에서부터 남쪽으로 약 100마일 떨어진 예루살렘으로 여행을 시작하였던 것이다. 맞은편의 서쪽에서는 이두메와 유대와 사마리아를 다스리는 로마 총독 본디오 빌라도가 제국의 기병대와 보병들을 이끌고 위풍당당한 모습으로 예루살렘 성안으로 들어서고 있었다. 저들은 서북쪽으로 약 60마일 떨어진 가이사랴 해변으로부터 왔다. 예수의 행렬은 하느님의 나라를 선포하는 것이었으며, 빌라도의 행렬은 로마제국의 권력을 과시하는 것이었다(마르쿠스 보그·존 도미닉 크로산/오희천 옮김, 『예수의 마지막 일주일: 예루살렘 입성 이후 십자가처형 부활까지의 요일별 기록』, 중심, 2007, 17).

설교적 관점

유월절은 조상들이 애굽의 압제로부터 벗어난 날을 기념하는 해방 축제의 날로서, 민중 폭동이 자주 일어났다. 그러나 이 폭동은 언제나 민중의 희생으로 끝을 맺었다. 따라서 예수에게 있어서 중요한 것은 성전을 숙청하고 로마의 지배 체제에 대해 바른 소리와 행동을 보여야 했지만, 동시에 폭동이 일어나지 않도록 하는 일이 중요했다. 이는 예수의 중요한 관심이었을 뿐만 아니라, 대사제들과 율법학자들의 중요한 관심이기도 했다. 마가복음 14장 2절에 보면 저들은 몰래 예수를 잡아 죽일 것을 궁리하면서 백성들의 소동을 두려워하여 축제 기간만은 피하고자 했다고 말한다. 어느 독재자나 마찬가지이지만, 로마제국 또한 자신들의 지배에 반역하는 무리들은 매우 잔혹하게 처단했다. 기원전 71년에 스파르타쿠스가 주도한 노예 반란이 있었는데, 이때 로마로 들어가는 아피아가도에 무려 육천 개의 십자가를 세워 모두를 죽이기도 했다. 또한 예수의 어린 시절에 갈릴리 세포리스라는 도시에서 반란이 일어났는데, 로마군은 이천 개의 십자가를 마을 입구 양쪽에 세운 다음 어린이와 여인을 포함한 모든 마을 사람들을 처형하기도 했다.

설렘에 들뜬 사람들은 이른 아침부터 거리에 나와 예수 일행을 기다린다. 그런데 그 모습이 도대체 말이 안 된다. 새끼 나귀를 타고 뒤뚱뒤뚱 넘어질 듯이 들어오는 것이다. 군중들은 물론이요 잔뜩 긴장했던 로마 군인들마저 웃음이 터져 나오는 장면이다. 호산나라는 함성은 왕이 등극할 때, 전쟁에서 승리한 장군이 입성할 때 부르던 백성들의 환호였다. 더구나 다윗은 가장 강성한 유대왕국을 세웠던 왕이었기에 악랄한 로마의 식민 지배에 시달려 온 민중들은 이제나저제나 다윗왕의 재현을 고대했다. 함성 또한 "호산나"요 "다윗의 자손이여 찬미받으소서"이다. 그런데 새끼 나귀를 탄 우스꽝스러운 모습에 칼도 창도 없다.

복음서를 보면 야고보와 요한의 어머니가 예수께 와서 성에 입성하시면 자신의 아들 하나는 오른편에 다른 하나는 왼편에 세워달라고 부탁한다. 베드로는 예수가 예루살렘에 올라가 죽을 것이라는 예언에 그런 일은 결코 일어날 수 없는 일이라고 강력하게 반발했다. 가롯 유다 또한 예수를 파는 파렴치한 행위를 저지르고 마는데, 이는 돈에 눈이 먼 것이 아니라, 예수가 먼저 자신을 배반(?)한 일에 대한 분노의 표시였다고 말하는 것이 옳을 것이다.

우리는 복음서에는 기록이 되어 있지 않지만, 예수의 우스꽝스러운 행렬 반대편에서 진행되고 있는 또 다른 행렬, 곧 말을 타고 창과 칼을 들고 들어오는 로마군의 행렬을 함께 읽을 때 새끼 나귀 속에 담겨 있는 정치적 풍자를 읽을 수 있다. 예수는 풍자의 대가였다. 형제의 눈 속에 있는 티는 찾아내면서 자신의 눈 안에 있는 '들보'를 발견하지 못한다는 말씀은 바리새인들의 위선에 대한 풍자였고, 하루살이는 걸러내면서 '낙타'는 삼킨다는 말씀 또한 부자들의 탐욕을 풍자한 것이다.

미국의 여성신학자 샐리 맥페이그는 은유, 곧 풍자에 대해 이렇게 말한다. "좋은 은유(풍자)는 충격을 던지고 서로 다른 것을 결합시키며, 관습을 뒤집고 긴장되게 하며, 함축적으로 혁명적이다. 이러한 면에서 상징적이고 성례전적인 사유는 제사장적 특징을, 은유(풍자)적인 사유는 예언자적 특성을 지닌다. 전자가 이미 현존하는 질서의 통일성과 완성을 기다린다면, 후자는 앞으로 실현되어야 할 변화의 가능성 질서와 통일성을 시험적으로 투사한다"(김경재, 『함석헌의 종교시 탐구』, 2012, 29 재인용. 괄호는 필자의 첨가). 분명 예수께서 아무도 사람을 태워본 적이 없는 초짜 새끼 나귀를 타시고 들어오신 사건은 로마제국의 권력의 상징인 말을 패러디한 정치적 풍자극이었다. 여기서 힘없는 민중들은 현 체제의 억압으로 벗어나는 카타르시스를 느꼈으며, 이 카타르시스는 저들에게 새로운 하느님 나라를 대망토록 하는 예언자적인 열정과 혁명성을 품게 하였던 것이다.

부활절

부활절

사 65:17-25; 시 118:1-2, 14-24;
행 10:34-43; 요 20:1-18

이사야 65:17-25

17 "내가 새 하늘과 새 땅을 창조할 것이니, 이전 것들은 기억되거나 마음에 떠오르거나 하지 않을 것이다.

18 그러나 너희는 내가 창조하는 것을 길이길이 기뻐하고 즐거워하여라. 내가 예루살렘을 기쁨이 가득 찬 도성으로 창조하고, 그 주민을 행복을 누리는 백성으로 창조하겠다.

19 예루살렘은 나의 기쁨이 되고, 거기에 사는 백성은 나의 즐거움이 될 것이니, 그 안에서 다시는 울음소리와 울부짖는 소리가 들리지 않을 것이다."

20 거기에는 몇 날 살지 못하고 죽는 아이가 없을 것이며, 수명을 다 채우지 못하는 노인도 없을 것이다. 백 살에 죽는 사람을 젊은이라고 할 것이며, 백 살을 채우지 못하는 사람을 저주받은 자로 여길 것이다.

21 집을 지은 사람들이 자기가 지은 집에 들어가 살 것이며, 포도나무를 심은 사람들이 자기가 기른 나무의 열매를 먹을 것이다.

22 자기가 지은 집에 다른 사람이 들어가 살지 않을 것이며, 자기가 심은 것을 다른 사람이 먹지 않을 것이다. "나의 백성은 나무처럼 오래 살겠고, 그들이 수고하여 번 것을 오래오래 누릴 것이다."

23 그들은 헛되이 수고하지 않으며, 그들이 낳은 자식은 재난을 당하지 않을 것이다. 그들은 주께 복받은 자손이며, 그들의 자손도 그들과 같이 복을 받을 것이다.

24 "그들이 부르기 전에 내가 응답하며, 그들이 말을 마치기도 전에 내가 들어주겠다.

25 이리와 어린 양이 함께 풀을 먹으며, 사자가 소처럼 여물을 먹으며, 뱀이 흙을 먹이로 삼을 것이다. 나의 거룩한 산에서는 서로 해치거나 상하게 하는 일이 전혀 없을 것이다." 주님의 말씀이시다.

신학적 관점

흔히 부활은 죽음 이후의 일어나는 개인을 이야기하나 이사야는 새 하늘과 새 땅으로 상징되는 새로운 우주적인 창조를 말하고 있다. 우주적 창조라고 해서 역사 현실에서의 구체성이 없는 것은 아니다. 이는 옛 백성과의 새로운 관계 형성을 말한다. 하느님과의 새로운 관계는 새로운 우주를 만들어 낸다. 이 새로운 우주는 이리로 상징되는 제국과 어린 양으로 상징되는 약소민족이 함께 어울려 살아가는 평화의 세상이다. 성서는 창세기로 시작하여 요한묵시록에 이르기까지 히브리/유다/이스라엘로 상징되는 약소민족과 애굽/앗시리아/바빌론/페르시아/그리스/로마제국과의 싸움 속에서 YHWH 하느님이 약속하시는 평화를 향한 투쟁의 기록이다. 죽음 이후의 영생만이 부활이 아니라, 이 땅에서의 주어진 생명을 전쟁과 살해의 위협 없이 살아가는 일 또한 중요한 부활의 삶인 것이다.

목회적 관점

전쟁은 자녀들의 죽음으로 어머니의 통곡을 불러온다. 오늘도 전쟁으로 인한 고통의 소리는 하늘을 찌르고 있다. 이사야는 이리와 어린 양이 함께 노는 새 하늘과 새 땅을 노래하고 있다. "죽은 자가 다시 살아났다"고 하는 외침은 인간 상식의 전복이요 강자 중심의 인간 역사의 전복을 뜻한다. 목회는 정의 · 평화 · 생명 · 평등의 정신으로 요약할 수 있는 하느님 나라를 앞당기는 모든 실천 행위를 말한다.

주석적 관점

제3이사야(56-66장)는 포로기 이후의 저작으로 페르시아의 통치를 반영하고 있으며, 제2이사야가 예언했던 약속을 성찰하고 있다. 창세기 1장의 P문서의 언어를 사용하고 있는데, 제2이사야에서도 자주 사용되었던 bara 동사를 사용하고 있으며, 17절의 '이전 것들'(rishonoth)은 창세기 1장의 '처음'(reshith)를 암시하고 있다. 따라서 18절의 '창조'는 단순히 이전 것들의 회복이 아닌 전혀 다른 세계를 말한다. 그러한 구체적인 사례가 이후 서술이 되고 있으며 마지막 절에서 11장

6절에서 언급된 YHWH의 나라가 다시 선포되고 있다. 이는 창세기 1장 30절에서 동물들에게 식물들을 먹이로 준다는 말은 육식을 먹지 않는, 곧 서로 먹고 먹히는 폭력의 역사는 창조자의 본래 의도가 아니었음을 말하고, 이는 창조주의 명령을 어긴 선악과의 열매를 먹음으로 일어난 죄악의 결과이다. 선악은 상대적인 개념이다. 정의는 칼자루를 잡은 쪽에 있는 부조리한 현실을 고발하고 있다(*feasting*, 357).

설교적 관점

부활절 설교는 예수의 몸의 부활을 강조하게 되는데, 이는 자칫하면 부활이 개인의 영역에만 머무는 잘못을 범하게 된다. 이사야서 본문은 바로 이 관점에서 부활은 새 하늘과 새 땅이라는 새로운 창조 사건으로 제국들의 패권이 좌우하는 지금까지의 인간 역사의 종말과 더불어 정의와 평화와 생명의 역사 창조 사건임을 말하고 있다.

시편 118:1-2, 14-24

1 야훼께 감사 노래 불러라, 그는 어지시다. 그의 사랑 영원하시다.
2 이스라엘 문중아, 노래 불러라. "그의 사랑 영원하시다."
14 야훼는 나의 힘, 나의 노래, 나의 구원이시다.
15 의로운 사람들의 집집에서 터져 나오는 저 승리의 함성. "야훼의 오른손이 힘을 떨치셨다!
16 야훼의 오른손이 번쩍 들렸다! 야훼의 오른손이 힘을 떨치셨다!"
17 나는 죽지 않고 살아서 야훼께서 하신 일을 널리 선포하리라.
18 야훼께서는 나를 벌하시고 또 벌하셨지만 그러나 죽게 버려두지는 아니하셨다.
19 정의의 문을 열어라. 내가 들어가 야훼께 감사기도 드리리라.
20 이것이 야훼의 문, 의인들이 이리로 들어가리라.
21 나의 기도 들으시고 나를 구해 주셨으니 주님께 감사기도 드립니다.
22 집 짓는 자들이 버린 돌이 모퉁이의 머릿돌이 되었나니,
23 우리 눈에는 놀라운 일 야훼께서 하신 일이다.
24 이날은 야훼께서 내신 날, 다 함께 기뻐하며 즐거워하자.

사도행전 10:34-43

34 베드로가 입을 열어 말하였다. "나는 참으로, 하나님께서는 사람을 외모로 가리지 않는 분이시고,

35 그분을 두려워하며 의를 행하는 사람은, 그 사람이 어느 민족에 속해 있든지, 다 받아 주신다는 것을 깨달았습니다.

36 하나님께서는 이스라엘 자손에게 말씀을 보내셨는데, 곧 예수 그리스도를 통하여 평화를 전하셨습니다. 예수 그리스도는 만민의 주님이십니다.

37 여러분이 아시는대로, 이 일은, 요한의 세례 활동이 끝난 뒤에, 갈릴리에서 시작하여 온 유대 지방에서 이루어졌습니다.

38 하나님께서 나사렛 예수께 성령과 능력을 부어 주셨습니다. 이 예수께서는 두루 다니시면서 선한 일을 행하시고, 악마에게 억눌린 사람들을 모두 고쳐 주셨습니다. 그것은 하나님께서 그와 함께 하셨기 때문입니다.

39 우리는 예수께서 유대 지방과 예루살렘에서 하신 모든 일의 증인입니다. 사람들이 그를 나무에 달아 죽였지만,

40 하나님께서는 그를 사흘째 되는 날에 살리시고, 나타나 보이게 해주셨습니다.

41 그를 모든 사람에게 나타나게 하신 것이 아니라, 하나님께서 미리 택하여 주신 증인인 우리에게 나타나게 하셨습니다. 그가 죽은 사람들 가운데서 살아나신 뒤에, 우리는 그와 함께 먹기도 하고 마시기도 하였습니다.

42 이 예수께서 우리에게 명하시기를, 하나님께서 자기를 살아 있는 사람들과 죽은 사람들의 심판자로 정하신 것을 사람들에게 선포하고 증언하라고 하셨습니다.

43 이 예수를 두고 모든 예언자가 증언하기를, 그를 믿는 사람은 누구든지 그의 이름으로 죄 사함을 받는다고 하였습니다."

신학적 관점

본문은 예수가 죽음으로부터 다시 살아났다는 선언 하나만으로도 인간 역사의 지축을 뒤흔들 혁명적인 하느님의 사건이었다. 그런데 이는 베드로와 바울에게 있어서는 이방인들에게도 구원의 문이 열려 있는 신앙 변혁으로 나타나고 있다. 이 또한 당시 사람들의 전통적인 신앙을 깨는 혁명성이 담보된다. 왜냐하면 사회계급적 관점에서 보면 베드로는 피식민지 백성으로 갈릴리 어부 출신에 로마의 십자가형에 처형 당한 예수의 수제자였고, 고넬료는 예수를 죽인 로마제국을 대표하는 지방 장관에 해당하는 사람이었기 때문이다. 이 두 사람은 결코 만날수 없는 위치에 있었을뿐더러 당시의 관점에서 보면 만나서는 안 되는 사람이었다.

베드로는 당시의 관습과 율법을 어기고 이방인의 집에 들어갔으며, 고넬료 또한 동료들로부터 충분히 지탄받을 일로 이는 자신의 승진에도 악영향을 끼칠 수 있었다. 이렇듯 예수의 부활 사건은 베드로를 변화시켰을 뿐만 아니라 고넬료 또한 변화시켰다는 관점에서 부활은 단순히 영원한 삶을 믿는 일을 넘어 자신을 둘러싸고 있는 사회적 관습과 상식 그리고 전통을 깨는 행동으로 나아가야 함을 말하고 있다.

목회적 관점

'하나님께서는 사람을 외모로 가리지 않는 분'이시라는 전제로 시작하고 있다. 여기서 외모는 단순히 인간의 겉모습을 의미하는 것을 넘어 개인이 갖고 있는 서로 다른 사회적 지위, 이념과 성향을 포함하고 있다. "차별하지 않는다"는 번역이 보다 정확한 번역이다. 목회자 또한 인간이기에 자칫 잘못하면 교인 차별은 아니라 하더라도 힘 있는 교인은 가깝게 하고 힘없는 교인은 멀리하는 사적 편향성을 갖기 쉽다. 그러나 하느님의 말씀을 전하는 목회자는 베드로가 고넬료를 향해 그러했듯이 교인들에 대한 편향적 사랑을 넘어 교회 밖의 사람들에게까지 관심의 폭을 넓혀가기 위해 끊임없이 노력해야 한다. 예수는 세리와 죄인과 더불어 식사를 나누었다. 오늘의 세리와 죄인은 누구인가를 끊임없이 묻고 저들을 향해 손을 내미는 일이 곧 예수를 따르는 예수 목회이다.

주석적 관점

때때로 본문 연구에 있어서 문자 말씀보다는 문자를 둘러싸고 있는 지리적 · 사회적 상황(컨텍스트) 또한 말씀(텍스트) 못지않게 중요하다. 본문은 고넬료의 집, 곧 이방인의 영역 안에서 성령이 임하는 당시의 시대적 사고를 깨뜨리는 혁명적 지리를 설정하고 있다.

설교적 관점

부활주일에 목사는 짧지만 매우 강렬한, 그러면서도 동시에 새로운 메시지를 찾기 마련이다. 동시에 이날에는 평소에 보이지 않던 교인들까지 나오기 때문이다. 그러나 복음서 본문만을 갖고 죽음을 이기신 예수의 신적인 힘을 지나치게 강조하기보다는 예수 부활을 통해 제자들이 어떻게 변화했는지에 강조점을 두는 것이 바람직하다.

베드로와 고넬료의 만남 사건은 사도행전 전체에서 우뚝 솟은 산봉우리와 같다. 세 개의 중요한 변화된 신앙을 밝히고 있다. 그것은 "모든 사람은 차별해서는 안 된다"는 차별금지 선언과 "그를 믿는 사람은 누구나 죄사함을 받는다"는 우주적인 용서 선언 그리고 "세상 모든 사람에게 선포되어야 한다"는 땅끝까지 선교적 관점이다.

오늘날 남한 기독교인들에게 있어 원수와도 같은 이방인 고넬료는 누구인가? 예수 부활은 이를 전하는 '증인'으로서의 자아 선입관과 편견을 부수는 일로부터 시작한다.

요한복음 20:1-18

1 주간의 첫날 이른 새벽에 막달라 사람 마리아가 무덤에 가서 보니, 무덤 문을 막은 돌이 이미 옮겨져 있었다.

2 그러므로 그 여자는 뛰어서, 시몬 베드로와 예수께서 사랑하시던 그 다른 제자에게로 가서 "누가 주님을 무덤에서 가져갔습니다. 어디에 두었는지 모르겠습니다" 하고 말하였다.

3 베드로와 그 다른 제자가 나와서, 무덤으로 갔다.

4 둘이 함께 뛰었는데, 그 다른 제자가 베드로보다 빨리 뛰어서, 먼저 무덤에 이르렀다.

5 그는 몸을 굽혀서 고운 베가 놓여 있는 것을 보았으나, 안으로 들어가지는 않았다.

6 시몬 베드로가 그를 뒤따라와서, 무덤 안으로 들어가 보니, 고운 베가 놓여 있었고,

7 예수의 머리를 쌌던 수건은 그 고운 베와 함께 놓여 있지 않고, 한 곳에 따로 개켜 있었다.

8 그제서야 먼저 무덤에 다다른 그 다른 제자도 들어가서, 보고 믿었다.

9 아직도 그들은, 예수께서 죽은 사람들 가운데서 반드시 살아나야 한다는 성경 말씀을 깨닫지 못하고 있었다.

10 그 제자들은, 자기들이 있던 곳으로 다시 돌아갔다.

11 그런데 마리아는 무덤 밖에 서서 울고 있었다. 울다가 몸을 굽혀서 무덤 속을 들여다보니,

12 흰 옷을 입은 두 천사가 앉아 있었다. 한 천사는 예수의 시신이 놓여 있던 자리 머리맡에 있었고, 또 한 천사는 발치에 있었다.

13 천사들이 마리아에게 말하였다. "여인아, 왜 우느냐?" 마리아가 대답하였다. "누가 우리 주님을 가져갔습니다. 어디에 두었는지 모르겠습니다."

14 이렇게 말하고 뒤로 돌아섰을 때에, 마리아는 예수께서 서 계신 것을 보았지만, 그분이 예수이신 줄은 알지 못하였다.

15 예수께서 마리아에게 말씀하셨다. "여인아, 왜 울고 있느냐? 누구를 찾느냐?" 마리아는 그가 동산지기인 줄로 알고 "여보세요, 당신이 그분을 옮겨 갔거든, 어디에다 두셨는지를 말해 주십시오. 내가 그분을 모시겠습니다" 하고 말하였다.

16 예수께서 "마리아야!" 하고 부르셨다. 마리아가 돌아서서, 히브리 말로 "라부니!" 하고 불렀다. (그것은 '선생님!'이라는 뜻이다.)

17 예수께서 마리아에게 말씀하셨다. "내게 손을 대지 말아라. 내가 아직 아버지께로 올라가지 않았다. 이제 너는 내 형제들에게로 가서, 내 아버지 곧 너희의 아버지, 내 하나님 곧 너희의 하나님께로, 내가 올라간다고 말하여라."

18 막달라 사람 마리아는, 자기가 주를 보았다는 것과, 주께서 자기에게 이런 말씀을 하셨다는 것을, 제자들에게 가서 전하였다.

신학적 관점

4개의 복음서는 예수 부활에 대해 서로 다른 관점에 따라 기술하고 있다. 요한복음은 특히 예수의 육신과 부활의 몸에 대한 영지주의적인 가현설에 대응하여 육적인 면을 강조하고 있다. 서문에서 예수의 화육 사건을 soma 대신에 sarx로 표현하고 있으며, 본문 이후 도마는 직접 예수의 못 자국과 창 자국을 만지는 생생한 보고까지 전하고 있고, 부활 예수는 물고기를 드시기까지 한다.

여기서 막달라 마리아가 부활 예수를 처음에는 알지 못했다는 기사는 지상의 예수와 부활의 예수는 서로 다른 몸이라는 것을 암시하고 있는데, 이는 누가복음에서의 엠마오를 향해가던 두 제자 또한 비슷한 경험을 한다. 그리고 하느님께로 가기 전의 마리아가 만난 부활 예수의 몸과 도마가 만난 부활 예수의 몸은 눈으로는 같은 모습으로 보였을지 모르지만 마리아는 만질 수가 없었다는 점에서 서로 다른데, 이것을 신학적으로 어떻게 설명해야 할지는 숙제로 남아 있다. 스퐁은 요한복음 저자가 유대인 신비주의자라고 말하는데, 이 관점에서 예수를 만질 수 있는 육적인 면을 강조함과 동시에 신비한 영역에 묶어두고자 하는 저자의 의도로 이해할 수도 있다.

목회적 관점

세 사람이 등장한다. 모든 복음서에서 부활의 첫 증언자는 여성이다. 요한복음은 공관복음서와는 달리 홀로 여성이다. 막달라 마리아는 슬픔에 겨워 무덤을 찾았다가 무덤 문이 열려 있음을 확인한다. 무덤 안에 들어갔다는 기사는 없지만, 시신이 없는 것을 확신하였기에 안을 들여다보았음에 틀림이 없다. 베드로와 정체가 밝혀지지 않는 요한 공동체의 지도자인 '예수의 사랑하시는 다른 제자'가 이 소식을 듣고 경쟁하듯이 무덤으로 달려간다. 그러나 먼저 도착한 그 다른 제자는 무덤 밖에 멈춰 섰고 후에 도착한 베드로가 안으로 들어간 다음에 들어간다. 이는 그 다른 제자가 두려움이 많았다는 해석과 선배(?)에 대한 배려 차원의 해석 또한 가능하다.

목회는 여러 다양한 성품의 사람들을 상대한다. 본문은 여성이 갖는 감성에 기초한 애절함과 남성들 사이의 (차가운) 경쟁에 대해 말하고 있다. 후에 베드로는 예수로부터 목양에 대한 사명을 부여받으면서 다른 제자를 향해 그는 앞으로 어떻게 되느냐고 묻자 예수는 그에 대해 상관할 바가 아니라고 답한다. 이는 베드로 공동체와 요한 공동체의 갈등 관계를 보여주고 있다.

주석적 관점

존 쉘비 스퐁은 마태와 누가가 두 개의 부활 기사를 갖고 있는 것과 달리 요한복음에는 네 개의 부활 기사로 이루어져 있다고 본다. 곧 오늘의 본문과 20장 2-19절, 19-25절, 26-31절이다(변영권 옮김, 『요한복음』, 한국기독교연구소, 2018, 339 이하).

무덤 문이 열려 있음은 10장에서 예수가 나사로의 무덤 문을 열도록 명하는 일을 떠올리게 한다. 그런데 예수의 나오라는 명령에 따라 무덤 밖으로 나온 나사로는 손과 발이 묶인 상태로 있어 예수는 사람들로 하여금 "그로 풀어서 가게 하라"고 말한다(무덤 안에서 무덤 밖으로는 어떻게 걸어 나왔는가를 묻는 일은 부질없는 질문이다. 왜냐하면 복음서의 관심은 그것이 아니기 때문이다). 반면 예수의 몸을 감쌌던 베는 벗겨져 있는 상태로 놓여 있었고, 머리를 감쌌던 수건은 따로 개켜 있었다는 기술은 예수가 이를 개켜서 따로 두었다는 것을 암시하고 있다. 그런데 왜 베는 (흩어진) 그대로 있고, 수건만 갰는지는 의문으로 남는다. 우리말로 하면 아침에 일어나 이불만 개고 요는 개지 않는 것과 같기 때문이다.

예수와 막달라 마리아와의 대화는 여러 가지 점에서 많은 물음을 갖게 한다. 우선 왜 예수를 알아보지 못하고 동산지기로 알았는가? 예수의 몸은 예전 그대로인데, 부활하지 않았을 것이라는 선입견 때문에 알아보지 못했을 수가 있고, 아니면 예전 모습과는 다른 모습으로 나타났기 때문일 수도 있다. 후에 제자들에게 나타나실 때 문이 닫혀 있는 방에 부활 예수의 몸이 나타났으니 우리의 몸과는 구별이 되었을 것이나, 창 자국과 못 자국을 만져본 도마는 같은 몸으로 고백한다. 또한 마리아는 14절에서 몸을 돌이켜서 뒤에 서 있던 예수를 마주했다. 다만 동산지기로 착각했을 뿐이다. 그리고 예수와 마리아는 서로 마주 보고 대화를 하던 중 16절에서 예수가 마리아를 부르니 또 돌아선다. 문맥상 맞지 않다. 희랍어 단어는 같지만, 아마도 두 번째 '돌아섬'은 깨달음의 의미로 이해가 된다.

'라보니'는 '나의 랍비'로 각별한 관계를 말하고 있다. 이는 충실한 학생이 존경하는 스승을 혹은 랍비의 아내가 깊이 존경하는 남편을 부를 때 쓰는 호칭이다 (스퐁, 『요한복음』, 355).

설교적 관점

두 제자는 무덤 안을 들어가서 시신이 없음을 보았다. 그러나 후에 들어간 마리아는 그 곁에 서 있는 두 천사를 보았다. 이 시간적인 두 차이 사이에 "다시 살아나야 한다는 말씀을 깨닫지 못하였다"는 9절이 놓여 있다. 그리고 마리아는 앞서 두 남성 제자가 보지 못했던 두 천사가 있음을 보았다.

무덤이 비어 있음을 목격하였다는 것과 부활의 의미를 깨닫는 일은 자동적으로 이어지지 않는다. 여기에 설교자의 역할이 있다. 목격자가 증언자가 되도록 하는 일은 성령의 감동이 필요하다. 여기서 우리는 요한복음에만 등장하는 우물가 사마리아 여인과 막달라 마리아를 서로 연결시켜 설교할 수도 있다. 사마리아 동네에 들어가 메시아를 전하는 여인과 남성 제자들에게 예수 부활을 전하는 마리아로 사마리아 여인이 없었다면 사마리아 동네 사람들은 예수를 알지 못했을 것이고, 마리아가 없었다면 예수의 제자들은 부활을 경험하지 못했을 것이다.

서울대 물리학과 명예교수인 장회익 교수는 창조론에 관련한 한 대담에서 성서의 기록에 대해 이런 말을 했다.

"피카소의 그림을 보라. 사람 얼굴을 실제와 달리 찌그러뜨렸다. 왜 그런가. 피카소는 사실을 그린게 아니기 때문이다. 예술적 직관을 그린 거다. '나는 누구인가', '삶의 의미는 무엇인가'에 대한 종교적 직관을 기록한 거다. 그게 창세기의 내용이다. 그런데 피카소의 그림을 실제 얼굴의 사진이라 해석하고, 거기서 얼굴 모습만 찾으려 한다면 어떻게 되겠나. 작품성을 놓치게 된다. 성경도 마찬가지다. 성경의 표면적인 문자만 붙들면 성경에 담긴 진수를 놓치게 된다. 결국 본질은 놓치고 껍질만 붙드는 셈이다" (차동엽, 『잊혀진 질문』, 명진, 2012, 236).

부활절 둘째 주일

행 5:27-32; 시 150; 계 1:4-8; 요 20:19-31

사도행전 5:27-32

27 그들이 사도들을 데려다가 의회 앞에 세우니, 대제사장이 신문하였다.

28 "우리가 그대들에게 그 이름으로 가르치지 말라고 엄중히 명령하였거늘, 그대들은 그대들의 가르침을 온 예루살렘에 퍼뜨렸으니, 그대들은 그 사람의 피에 대한 책임을 우리에게 씌우려 하고 있소."

29 베드로와 사도들이 대답하였다. "사람에게 복종하는 것보다, 하나님께 복종하는 것이 마땅합니다.

30 우리 조상의 하나님은, 그대들이 나무에 달아 죽인 예수를 살리셨습니다.

31 이 분을 하나님께서 자기 오른쪽에 높이 올리시고, 영도자와 구주로 삼으셔서, 이스라엘이 회개를 하고 죄 사함을 받게 하셨습니다.

32 우리는 이 모든 일의 증인입니다. 하나님께서 자기에게 복종하는 사람들에게 주신 성령도 증인이십니다."

신학적 관점

본문은 신학적으로 두 가지의 질문을 전제하고 있다. 첫째는 왜 대제사장을 비롯한 유대교 지도자들은 로마의 힘을 빌려 예수를 제거시켰으며 그의 제자들의 활동을 핍박하는 것일까? 도대체 저들은 무엇을 두려워했던 것일까? 둘째는 스승 예수의 십자가 처형을 보고 도망을 쳤던 제자들은 어찌하여 죽음을 무서워하지 않고 저들이 죽였던 예수가 메시아임을 선포할 수 있었을까? 죽음을 넘어선 그러한 담대함은 어디에서 나오는 것인가?

부활은 인간의 이성 논리 너머에 있는 신비적 사건이기 때문에 부활 자체에 대한 논쟁은 그리 타당하지 않다. 그런데 부활을 인정하지 않는 사람이라 하더라도 도망을 쳤던 제자들이 죽음을 두려워하지 않고 적대자들 앞에 나섰다고 하는 사실에 대해서는 저들이 스승의 부활을 경험했다는 추정 외에 다른 해석은 가능하지 않다.

그리고 이는 복음서에만 기록되어 있는 것이 아니다. (진위 논란이 있긴 하지만) 유대인 역사가 요세푸스의 기록에서도 찾을 수 있다(ant. 18, 63-64). 그는 예수에 대해 언급하면서 "처음에 그를 사랑하게 된 사람들은 그에 대한 애정을 끝까지 포기하지 않았으며 그리스도인이라는 종족은 아직까지도 사라지지 않고 있다"고 말했다. 2세기 초 로마의 역사가 타키투스 또한 말하기를 "그리스도가 총독 빌라도에게 사형선고를 받았는데, 그의 추종자들의 해로운 미신이 소멸되기는커녕, 세상의 온갖 끔찍하고 부끄러운 것들이 모이고 유행하는 로마에까지 번져 나갔다"고 했다. 로마제국의 변방 보잘것없던 땅 갈릴리에서 일어난 신앙 운동이 그 창시자를 처형했음에도 불구하고 로마에까지 퍼져나갈 수 있었던 것은 제자들의 부활 경험 때문에 가능했던 것이다.

목회적 관점

교회는 순교의 피를 먹고 자란다는 말이 있듯이 어느 민족이나 국가에 처음 기독교가 전파될 때 핍박의 역사가 시작된다. 이때 믿는 자들이 정부 당국자들에게 하는 답변이 바로 오늘 베드로와 사도들이 대제사장에게 외쳤던 29절의 말이다. 마르틴 루터 또한 자신의 주장을 철회하라는 교황에 대해 같은 답변을 하였다. 그런데 이는 자신의 주장을 철회할 것을 요구하는 모든 권위에 대해서도 같은 타당성을 갖는 것일까? 예를 들면 기성 교단에서 이단으로 쫓겨남을 당하는 그룹은 물론 교회 안에서 당회의 결정에 반대하는 소수의 그룹 또한 같은 주장을 할 수 있다. 믿음이란 박해의 고통이 더하면 더할수록 더 굳은 마음을 갖도록 한다. 이에 대한 바른 판단의 기준은 무엇일까?

주석적 관점

본문은 사도행전 1장 8절, "성령이 너희에게 내리시면, 너희는 권능을 받고, 예루살렘과 온 유대와 사마리아에서 그리고 마침내 땅끝까지, 나의 증인이 될 것이다"라는 기본 선교의 명령에 따른 기록이다. 같은 저자 누가가 복음서에서는 예루살렘을 향하여 나아갔듯이 사도행전에서는 그 반대로 예루살렘으로부터 출발하여 땅끝을 향하고 있다. 본문은 예루살렘에서 있었던 일로 두 번째 당국에 체포를 당하였다가 천사의 도움으로 옥문을 나온 후의 기록이다.

31절의 '영도자'(archégos, leader)는 제2성서에 네 번 등장한다. 사도행전 3장 15절에서는 '생명의 근원'(author)으로, 히브리서 2장 10절과 12장 2절에서는 '창시자'(pioneer)로 번역했다(*feasting*, 383).

사도들의 주된 임무는 '증언자'로, 이 단어는 열 번 등장한다. 이 증언을 가능케 하신 분은 2장 오순절 마가의 다락방에 임한 '성령'이다. 저들은 사도들을 해하고자 했다. 이때 바울의 스승이었던(22:3) 가말리엘의 충고에 따라 매질하고 방면한다 (5:33-42).

설교적 관점

본문을 다룸에 있어 반유대주의(anti-Semitism)로 변질되는 것에 주의해야 한다. 예수를 십자가에 못 박고 사도들을 옥에 가둔 것은 정치권력과 결탁한 '종교 권력'이었지 단순히 유대인이었기 때문만은 아니다. 29절의 '사람에 대한 복종'과 '하나님에 대한 복종'과의 대립을 지나치게 강조하다 보면 아전인수식의 설교가 되기 쉽다. 리차드 니버의 '기독교와 문화'의 다섯 가지의 상관관계를 예로 들면 좋을 것이다. 교회가 세상을 신본주의와 인본주의라는 흑백이분법으로 구분하여 너무 적대시하는 것 또한 주의하여야 하겠지만, 그렇다고 반대로 혼합주의로 나아가는 것 또한 주의해야 한다. 세상 속에서 변혁을 불러오는 교회의 누룩 역할을 강조할 필요가 있다.

시편 150
1 할렐루야, 성소에서 하느님을 찬미하여라. 하늘에서 그 위력을 찬미하여라.
2 엄청난 일 하셨다, 그를 찬미하여라. 그지없이 높으시다, 찬미하여라.
3 나팔소리 우렁차게 그를 찬미하여라. 거문고와 수금 타며 찬미하여라.

4 북치고 춤추며 그를 찬미하여라. 현금 뜯고 피리 불며 찬미하여라.

5 자바라를 치며 그를 찬미하여라. 징을 치며 찬미하여라.

6 숨쉬는 모든 것들아, 야훼를 찬미하여라. 할렐루야.

요한계시록 1:4-8

4 나 요한은 아시아에 있는 일곱 교회에 이 편지를 씁니다. 지금도 계시고 전에도 계셨고 또 장차 오실 그분이 내려주시고, 그의 보좌 앞에 있는 일곱 영이 내려주시고,

5 또 신실한 증인이시요 죽은 사람의 첫 열매이시요 땅 위의 왕들의 지배자이신 예수 그리스도께서 내려주시는 은혜와 평화가, 여러분에게 있기를 빕니다.

예수 그리스도께서는 우리를 사랑하시며, 자기의 피로 우리의 죄에서 우리를 해방하여 주셨고,

6 우리로 나라를 이루셔서, 자기의 아버지 하나님을 섬기는 제사장으로 삼아 주셨습니다. 그에게 영광과 권세가 영원무궁하도록 있기를 빕니다. 아멘.

7 "보아라, 그가 구름을 타고 오신다. 눈이 있는 사람은 다 그를 볼 것이요, 그를 찌른 사람들도 볼 것이다. 땅 위의 모든 족속이 그분 때문에 가슴을 칠 것이다." 꼭 그렇게 될 것입니다. 아멘.

8 지금도 계시고 전에도 계셨고 앞으로 오실 전능하신 주 하나님께서 "나는 알파요 오메가다" 하고 말씀하십니다.

신학적 관점

요약하면 "예수 그리스도는 죽은 사람의 첫 열매이시다. 보아라, 그가 구름을 타고 오신다." 이는 예수 부활 후 한두 세대가 지난 초대교회의 고백이다. 곧 십자가와 부활이 기독교를 떠받드는 두 개의 기둥이 된 것이다. 이제 제1성서의 모든 말씀은 예수 부활에 초점이 맞추어지고, 역사의 미래 또한 예수 그리스도가 승리의 주로 오신다는 것이다. 이것이 요한계시록의 핵심이다.

이는 삼층 우주 세계관을 갖고 있던 고대인들을 향한 교회의 고백이다. 그런데 지금은 고대인들이 바라본 하늘에는 인공위성이 떠 있고, 거기에는 우리와 같은 사람들이 상주하고 있다. 말하자면 신학의 재해석이 필요하다. 패러다임 전환이 필요하다. 18세기의 인문학자 데이빗 흄은 성서의 기적을 하나의 독특한 사건으로 해석해야지 이를 실제로 이해해서는 안 된다고 말했으며, 불트만은 비신화화 신학을 주창했다. 물론 그렇게 함으로 아기의 목욕물을 버린다고 하다가 아기까지

버리는 우를 범해서는 안 될 것이다. 과학 만능의 시대라고 하지만, 과학이 만능은 아니다. 뉴턴의 물리학은 물론 아인슈타인의 상대성 이론까지 도전받고 있으며 과학 또한 항상 변화의 과정에 놓여 있기 때문이다. 따라서 세상과의 만남 속에서 자기 정체성을 갖는 신앙과 신학 또한 항상 변화의 과정에 있는 것이다.

신학과 과학은 결코 대치되는 것이 아니다. 신학은 '왜'를 묻고 과학은 '어떻게'를 묻는 학문으로서 상호 보합의 관계 속에 있다. 그리고 요한계시록은 로마제국의 정치적 박해 속에서 밧모섬에 갇혀 있던 사도 요한의 신앙고백이지 이것이 우주에 대한 과학적인 서술이 아니다.

목회적 관점

교회의 상징은 십자가이다. 십자가는 죽음의 상징이자 패배의 상징이다. 그럼에도 교회가 십자가를 내거는 것은 이 죽음을 넘어선 예수의 부활이 전제되어 있기 때문이다. 목회는 교인들로 하여금 각자의 삶 속에서 예수의 십자가와 부활을 증언토록 하는 데 있다. 모든 성서는 저들이 처한 각기 다른 상황 속에서 신앙의 힘을 증언하고 있다. 특히 요한계시록은 로마제국이라는 거대한 세상 권력이 예수를 주로 고백하는 그리스도인들을 심하게 박해하던 때에 교회의 지도자였던 사도 요한이 밧모섬에 유배된 상황 속에서 소아시아의 교회들에게 희망을 잃지 않도록 하기 위해 쓴 정치신학적인 묵시(黙示) 글이다. 그 희망이란 과거의 여러 제국, 특히 바빌론제국이 그러했듯이 로마제국 또한 망한다는 것이다. 그러나 이 얘기를 공개적으로 할 수는 없었다. 그래서 여러 가지 종교적 상징 언어와 숫자를 통해 말하고 있다. 요한계시록의 상징 언어는 그 시대적 상황 속의 제한된 용어이다. 이를 탈시대화하여 문자적으로 적용하게 될 때, 교인들은 큰 혼란에 빠지고 목회에 어려움이 온다. 특히 144,000이라는 숫자는 시대마다 소수 종파의 자기주장의 근거로 악용되어 오고 있다. 목회자는 이를 신학적으로 잘 설명하여 교인들이 신앙의 혼란에 빠지지 않도록 할 책임이 있다.

주석적 관점

apokalipto(uncover), 벗겨냄으로 비밀을 밝힌다는 뜻으로 당대에는 명확한 뜻을 전달했지만, 후세에서는 잘못된 해석들이 남발하게 되었다. 일곱 교회는 완전을 뜻하는 상징 숫자이다. 3장 1절에서는 일곱 영과 일곱 별로, 4장 5절에서는 일곱 개의 횃불로, 5장 6절에서는 일곱 개의 뿔과 눈으로 말해지고 있다.

5절에서 예수의 명칭 또한 4절에서의 세 개의 다른 영역에 따라 세 개의 다른 명칭(증인, 첫 열매, 지배자)으로 구분되어 불린다.

5절 하반절부터 8절까지는 초대교회 예배시에 부르던 영광송이다. 이후의 요한계시록은 바로 이 영광송에 첨가된 설명이라고 말할 수 있다.

설교적 관점

지난주 부활절의 흥분과 감격은 어느새 사라지고 교인들은 일상으로 돌아온다. 그러나 여전히 설교자는 지난주의 부활의 감격을 재연해야 할, 곧 꺼져가는 횃불에 다시금 불을 당겨 활활 타오르게 해야 할 힘든 사명을 안고 있다. 이미 살아난 주님을 어떻게 다시금 살아나게(?) 할 것인가? 어쩌면 오늘의 본문이 새로운 불씨가 될 것이다.

교인들은 부활의 기쁜 소식에도 불구하고 힘든 삶의 여정 속에 있다. 사업의 실패로 낙담에 빠져 있거나 병든 가족으로 힘들어하고 가족 간의 갈등은 계속되고 있다. 주님은 죽음을 이기시고 부활하셨지만, 여전히 교인들의 삶에는 어둠과 죽음의 그림자가 머물고 있다. 이를 어떻게 몰아낼 것인가? 삶의 주인은 누구인가? 나인가? 아니다! 우주 역사의 알파와 오메가이신 주님을 고백하도록 하자.

요한복음 20:19-31

19 그날, 곧 주간의 첫날 저녁에, 제자들은 유대인들이 무서워서, 문을 모두 닫아걸고 있었다. 그 때에 예수께서 오시어, 그들 가운데 서서 "너희에게 평화가 있기를!" 하고 인사하셨다.
20 이 말씀을 하시고, 두 손과 옆구리를 보여주셨다. 제자들은 주를 보고 기뻐하였다.
21 예수께서 다시 그들에게 말씀하시기를 "너희에게 평화가 있기를 빈다. 아버지께서 나를

보내신 것과 같이, 나도 너희를 보낸다" 하셨다.

22 이렇게 말씀하신 뒤에, 그들에게로 숨을 내뿜으시고 말씀하셨다. "성령을 받아라.

23 너희가 누구의 죄든지 사해 주면 사해질 것이요, 사해 주지 않으면 그대로 남아 있을 것이다."

24 열두 제자 가운데 하나로서 '쌍둥이'라고 불리는 도마는, 예수께서 오셨을 때에 그들과 함께 있지 않았다.

25 다른 제자들이 그에게 "우리는 주님을 보았소" 하고 말하였으나, 도마는 그들에게 "나는 내 눈으로 그의 손에서 못자국을 보고 내 손가락을 그 못자국에 넣어 보고 또 내 손을 그의 옆구리에 넣어 보지 않고서는, 믿지 못하겠소" 하고 말하였다.

26 여드레 뒤에 제자들이 다시 집 안에 있을 때에, 도마도 함께 있었다. 문이 잠겨 있었는데, 예수께서 오시어 가운데 서서 "너희에게 평화가 있기를 빈다" 하고 인사하셨다.

27 그런 다음에, 도마에게 "네 손가락을 이리 내밀어서 내 손을 만져 보고, 네 손을 내 옆구리에 넣어 보아라. 그래서 의심을 떨치고 믿음을 가져라" 하고 말씀하셨다.

28 도마가 예수께 "나의 주님, 나의 하나님!" 하고 대답하니,

29 예수께서 도마에게 말씀하셨다. "너는 나를 보았으므로 믿느냐? 나를 보지 않고도 믿는 사람은 복이 있다."

30 예수께서는 이 책에 기록하지 않은 다른 많은 표적도 제자들 앞에서 행하셨다.

31 그런데 여기에 이것이나마 기록한 목적은, 여러분으로 하여금, 예수가 그리스도요 하나님의 아들이심을 믿게 하고, 또 그렇게 믿어서 그의 이름으로 생명을 얻게 하려는 것이다.

신학적 관점

요한복음은 영적 복음서라 불린다. 다른 복음서에 비해 인간의 사고나 경험을 뛰어넘는 이야기를 전하고 있기 때문이다. 가장 두드러진 점은 시작부터 예수를 창조 이전부터 하느님과 함께 하셨던 '로고스'로 정의했으며, '로고스'가 곧 하느님이셨다고 말한다. 본문에서 도마가 이를 다시금 고백한다. 공관복음서 기자들이 말하는 기적 또한 표적이라고 부른다. 그런데 동시에 예수의 육성을 매우 강조한다. 예수의 화육 사건을 sarx(육신/살덩어리)로 표현하고 목말라하며 배고픔의 육성을 지니셨다. 심지어 부활 이후에도 물고기를 잡수신다. 예수 몸의 부활을 강조하기 위해 공관복음서 저자들은 엄두조차 내지 않았던 못 자국과 창 자국을 도마로 하여금 만지도록 하며 동시에 닫힌 문을 통과한다. 육과 영의 경계가 사라지고 없다.

목회적 관점

도마는 예수가 다른 제자들에게 나타났을 때 함께 있지 않았다. 쉽게 말해 낙오자이다. 그러나 여드레 후 전세가 완전히 역전된다. 오히려 다른 제자들보다 훨씬 앞서서 "나의 주님, 나의 하느님"이라는 엄청난 고백을 한다. 교우들 가운데 혹 뒤처진 사람이 있는가? 누가 아는가? 그가 앞서 있는 다른 교우들보다 먼저 될지.

"나를 보지 않고도 믿는 사람이 복 되도다"라는 말은 도마와 같이 직접 부활 경험을 주장하는 후대의 교인들을 향한 경계와 희망의 말씀이다.

주석적 관점

요한복음에서는 예수 부활과 선교적 사명을 불러일으키는 성령강림은 동시적 사건으로 일어나고 있다. 누가의 사도행전에서 성령강림은 언어적 소통을 통한 인류의 하나됨을 말하는 반면, 요한복음에서는 숨을 불어넣으시고 "너희에게 평화를"이라는 축복 선언을 한다. 숨을 불어넣는다는 동사(emphysao)는 흔한 용어가 아니다. 창세기 2장 7절과 에스겔 37장 9절에 나온다. 흙으로부터 빚어진 형체에 그리고 마른 뼈에 생명을 불러일으키는 창조의 힘이다(*Feasting*, 399).

도마는 이름이 아닌 아람어로 '쌍둥이'다. 그렇다면 누구의 쌍둥이란 말인가? 신학자 제임스 로빈슨은 예수의 쌍둥이라고 주장한다. 어쩌면 가장 육체적으로 깊은 관계에 있던 쌍둥이 형제가 육체 부활을 증명했다는 이야기를 하고 있다고 해석할 수 있다. 그런가 하면 엘렌 페이겔은 도마복음에 나타난 그의 본명은 유다인데, 이는 가룟 유다와 구별하기 위한 단어라고 말한다. 더 나아가 그는 "누구든지 내 앞에서 나온 것을 마시는 사람은 나와 같이 될 것이요, 나 자신도 그 사람이 될 것이다. 신비가 그 사람에게 계시될 것이다"(Log. 108)라는 도마복음의 구절에 근거하여 '살아 있는 예수'를 만난다는 것은 자신과 예수가 쌍둥이가 되는 것을 의미한다고 말한다. 그렇다면 저자 요한은 도마를 빗대어 의심 많은 우리 또한 믿음의 '쌍둥이'가 되어야 함을 주장하고 있는 것은 아닐까? 그리고 30절의 이 책에 기록하지 않은 다른 많은 표적은 도마복음을 가리키는 것은

아닐까?(*feasting*, 401)

설교적 관점

요한 공동체를 비롯한 수많은 예수를 따르는 공동체들은 예수의 부활에 대해 많은 의문을 품고 있었을 것이다. 그리하여 도마의 입을 빌려 "보지 않고는 나는 믿을 수 없다"는 주장을 말하게 하고 이어 예수의 상처를 직접 만져 봄으로 놀라운 신앙고백을 하였지만, 오히려 예수는 도마의 믿음을 부족하게 만들고 만다. 그리하여 우리는 '보지 않고도 믿는 복'을 얻고자 노력한다. 히브리서 기자는 "믿음이란 바라는 것들의 확신이며 보이지 않는 것들의 증거"라고 말했다. 여전히 이는 우리 모두에게 쉽게 넘을 수 없는 신비의 영역이지만, 그렇다고 해서 불가능한 것은 아니다. 왜냐하면 믿음의 선조들이 보지 않고서도 부활 신앙의 본을 보이며 살았기 때문이다.

부활절 셋째 주일

행 9:1-20; 시 30; 계 5:11-14; 요 21:1-19

사도행전 9:1-20

1 사울은 여전히 주의 제자들을 위협하면서, 살기를 띠고 있었다. 그는 대제사장에게 가서,

2 다마스쿠스에 있는 여러 회당으로 보내는 편지를 써 달라고 하였다. 그는 그 '도'를 믿는 사람은 남자나 여자나 가리지 않고, 닥치는 대로 묶어서 예루살렘으로 끌고 오려는 것이었다.

3 사울이 길을 가다가, 다마스쿠스 가까이에 이르렀을 때에, 갑자기 하늘에서 환한 빛이 그를 둘러 비추었다.

4 그는 땅에 엎어졌다. 그리고 "사울아, 사울아, 네가 왜 나를 핍박하느냐?" 하는 음성을 들었다.

5 그래서 그가 "주님, 누구십니까?" 하고 물으니 "나는 네가 핍박하는 예수다.

6 일어나서 성안으로 들어가거라. 네가 해야 할 일을 일러줄 사람이 있을 것이다" 하는 음성이 들려 왔다.

7 그와 동행하는 사람들은 소리는 들었으나, 아무도 보이지는 않으므로, 말을 못하고 멍하게 서 있었다.

8 사울은 땅에서 일어나서 눈을 떴으나, 아무것도 볼 수가 없었다. 그래서 사람들이 그의 손을 끌고, 다마스쿠스로 데리고 갔다.

9 그는 사흘 동안 앞을 보지 못하는 상태에서, 먹지도 않고 마시지도 않았다.

10 그런데 다마스쿠스에는 아나니아라는 제자가 있었다. 주께서 환상 가운데서 "아나니아야!" 하고 부르시니, 아나니아가 "주님, 여기 있습니다" 하고 대답하였다.

11 주께서 아나니아에게 말씀하셨다. "일어나서 '곧은 길' 거리로 가서, 유다의 집에서 사울이라는 다소 사람을 찾아라. 그는 지금 기도하고 있다.

12 그는 환상 가운데서 아나니아라는 사람이 들어와서, 자기에게 손을 얹어 시력을 회복시켜 주는 것을 보았다."

13 아나니아가 대답하였다. "주님, 저는, 그가 예루살렘에서 주의 성도들에게 얼마나 해를 많이 끼쳤는지를, 많은 사람에게서 들었습니다.

14 그리고 그는 주의 이름을 부르는 사람들을 잡아갈 권한을 대제사장들에게서 받아가지

고, 여기에 와 있습니다."

15 주께서 그에게 말씀하셨다. "가거라. 그는 내 이름을 이방 사람들과 왕들과 이스라엘 자손 앞에 가지고 갈, 내가 택한 내 그릇이다.

16 그가 내 이름을 위하여 얼마나 많은 고난을 받아야 할지를, 내가 그에게 보여 주려고 한다."

17 그래서 아나니아가 떠나서, 그 집에 들어가, 사울에게 손을 얹고 "사울 형제, 형제가 오는 도중에 형제에게 나타나신 주 예수께서 나를 보내셨습니다. 그것은, 형제가 시력을 회복하고, 성령으로 충만하게 하시려는 것입니다" 하고 말하니,

18 곧 사울의 눈에서 비늘 같은 것이 떨어져 나가고, 그는 시력을 회복하였다. 그리고 그는 일어나서 세례를 받고,

19 음식을 먹고 힘을 얻었다. 사울은 며칠 동안 다마스쿠스에 있는 제자들과 함께 지냈다.

20 그런 다음에, 그는 곧, 여러 회당에서 예수가 하나님의 아들이심을 선포하였다.

신학적 관점

바울이 없었더라면 오늘의 기독교가 존재했을까를 생각할 때, 기독교 역사에서 바울만큼 중요한 사람은 없다. 몇 년 전 대형 교회들의 한해 주일예배 본문을 조사하였더니 복음서보다 바울 서신이 더 높았다는 조사 결과가 발표된 적도 있다. 그런 만큼 예수를 핍박했던 사울이 예수를 전도하는 사도 바울로 변화되는 순간을 그리고 있는 본문은 신학적으로 매우 중요한 의미를 갖고 있다. 보통은 이를 중생의 경험(born again) 혹은 회심(conversion)이라는 개인 차원으로 한정하려고 하지만, 바로 이런 점으로 인해 우리는 오늘의 본문을 보다 폭넓게 이해하고 해석해야 한다.

첫째, 사울은 로마의 정치권력을 대신했던 예루살렘 성전 권력의 우두머리였던 대제사장의 수하에 있던 일종의 정부 관리였다. 따라서 그가 부활 예수를 만나 보여준 변화는 그러한 권력의 자리를 포기하고 오히려 로마의 권력에 의해 수탈당하는 사람들의 편에 서는 정치권력 포기의 변화를 말해주고 있다. 둘째, 예루살렘과 다마스쿠스라는 도시에 기초한 상징성이다. 예루살렘은 유대 민족 전통의 상징이고, 다마스쿠스는 새로운 문명, 곧 개혁의 상징이다. 기원전 175년경의 헬레니즘 문화에 동조했던 야손이라는 유대 지도자는 "예루살렘 주민을 안디옥의 시민으로 등록할 수 있는 권한을 준다면 백오십 달란트의 세금을 더 바치겠다고 약속하였다"

(리차드 호슬리, 『서기관들의 반란』, 한국기독교연구소, 2016, 61).

결국 다마스쿠스에 거주하고 있었던 아나니아를 통해 바울의 감겼던 눈이 뜨였다는 얘기는 그간 YHWH가 유대 민족과 모세 율법에 갇혀 있던 편협성을 깨고 모든 민족의 신으로 나아가고 있음을 말해주고 있으며, 이는 다른 말로 갈릴리 오흘로스와 더불어 시작한 예수의 하느님 나라 운동이 세계 곳곳에 흩어진 모든 억압받는 민중과 함께 연대하는, 그리하여 로마제국이라는 불의한 세상 권력에 저항하게 되는 과정을 신학적으로 암시하고 있다.

목회적 관점

"사울에서 바울로"라는 구호는 모든 믿는 사람들의 극적 변화를 향한 구원 사건의 한 표본이 되었다. 그러다 보니 소위 말하는 '모태' 신앙인들은 이런 극적인 회심 경험이 없기에, 무종교인으로 있다가 구원의 경험을 하고 나서 신앙을 받아들인 사람들이나, 교회 다니는 사람을 박해했거나 혹은 방탕한 생활을 하다가 예수를 영접한 사람들에 비해 구원에 대한 확신이 부족한 것은 사실이다. 죄가 많은 곳에 은혜가 많다고, 깡패 짓을 하거나 심지어 살인자였다가 회개하여 유명한 복음 전도자가 된 경우가 많다. 그에 비해 '모태' 신앙인들의 신앙은 뜨뜻미지근하여 뭘 시키면 이것도 못해요, 저것도 못해요 하며 피하기만 해서 '못해' 신앙인이 되는 경우가 많다. 그러다 보니 모태 신앙인들의 경우 구원 콤플렉스에 걸리기도 하며 본문을 통해 받는 감동이 떨어지기도 한다.

그런데 과연 사울이 이렇게 단 사흘 만에 예수를 박해하는 자에게서 복음 전하는 자로 변하는 것이 가능한 일인가? 물론 하느님께서 하시는 일에 능치 못함이 없는 것은 사실이지만, 이성에 기초하여 사흘이라는 기간이 예수를 새롭게 발견하는 기간이 될 수는 있지만, 예수를 전하는 사람이 되는, 곧 지식과 인품을 갖는 일이 과연 가능한 기간인가? 전하기 위해서는 예수에 대한 확신뿐만이 아니라, 예수가 누구인지 알아야 하기 때문이다. 그래서 우리는 누가가 아닌 바울 자신이 이를 어떻게 말하고 있는지를 물어야 한다. 바울은 회심 이후 아라비아로 가서 3년을 머물렀다고 말한다(갈 1:17, 18). 왜 갑자기 아라비아를 언급하는 것일까?

갈라디아서 4장 25절에서 아라비아를 시내산과 연계한다는 점에서 수도원과 같은 수련을 쌓을 수 있는 곳이 군데군데 있었을 것이라는 추측만 가능하다. 하여간 누가가 쓴 사도행전이 아니라 바울 자신의 글에 근거하여 추론할 수 있는 결론은 바울은 회심 이후 최소한 3년 이상을 복음 전도자로 나가기 전에 공부하고 기도하는 준비의 기간을 보냈음을 알 수 있다.

신학자 채닝(William Channing)이 말하였듯이 "성장은 서서히 진행되는 과정이며 돌발적으로 비약되는 것이 아니듯이, 즉흥적인 참회로는 죄악을 극복할 수 없는 것"이다. 바울의 회심을 너무 극적으로 보는 것은 우리가 피해야 할 신앙의 유혹이다. 신앙 성장은 오랜 기간의 성찰과 훈련에 의할 따름이고 다른 지름길은 없다.

주석적 관점

바울의 이 신비 경험을 문자적으로 너무 협소하게 이해해서는 안 된다. 사도행전에는 이 다마스쿠스의 경험 이야기가 22장과 26장에서 두 번 더 언급되고 있는데, 그 현상이 조금씩 다르게 기술되어 있다. 9장에서는 하늘의 빛이 비치고 음성이 들려 왔을 때, "동행하던 사람들이 그 음성은 들었으나 아무 것도 보이지 않아 벙벙히 서 있었다"고 기록이 되어 있는 반면, 22장에서는 반대로 "빛은 보았지만 음성은 듣지 못했다"고 기록하고 있다. 더욱 이해하기 힘든 것은 같이 빛을 보았는데, 왜 사울만 그 빛으로 인해 눈을 멀게 되었다고 말하는가? 그리고 26장에서는 22장과 같이 동행하던 사람들이 함께 빛을 보았다고 하는데, 22장과는 달리 사울만 엎드러진 것이 아니라 모두가 땅에 엎드러지고 소리만 사울 홀로 듣는 것으로 나와 있다. 그리고 그 하늘에서 들린 음성이 히브리말이었다고 단서를 달고 있다. 바울 당시에는 대체로 네 개의 언어가 유통하고 있었다. 일반 사람들은 아람어를 했고, 장사를 하려면 여러 지방을 다녀야 하기에 헬라어를 했고, 출세하려면 로마어를 해야 했다. 그리고 유대인들 가운데 랍비가 되려면 히브리어를 알아야 했다. 바울은 이 언어를 다했다. 그런데 부활의 예수께서 히브리어로 말씀하시든, 로마어로 말씀하시든 무슨 상관이 있는 것인가? 왜 앞의 두 경우에서는 그런 말이 없다가 26장에서만 히브리어로 말씀하셨다고 하며 그 의미는 무엇인가? 해석이 너무 힘들다.

결론적으로 사도행전을 기록한 누가는 바울의 다마스쿠스 경험을 세 번 말하면서 제각각 달리 말하고 있어, 이는 객관적인 사실로서의 기록이라기보다는 기억에 의존한 주관적 견해가 개입되었다는 것과 누가에게 있어 사울의 회심 변화가 중요했던 것이지 그가 경험한 신비의 구체적 사실로서의 현상은 별로 중요하게 생각하지 않았다는 것이다.

설교적 관점

회심(conversion)이란 단순히 몇 가지 잘못에 대한 뉘우침이 아닌 걸어가던 길에서 180도 돌아서는 기존의 세계관, 가치관, 인생관의 변혁을 말한다. 교인들은 모두 정도의 차이는 있지만, 이러저러한 회심의 순간을 기억하고 있다. 예루살렘으로부터 다마스커스로 가는 사울의 길 또한 당시 사울로서는 하늘의 사명을 감당하는 길이었으며, 부활의 예수를 만나 눈이 먼 가운데 다마스커스로 가는 길 또한 하늘의 사명을 감당하기 위한 길이었다. 이 두 길의 차이는 무엇인가? 오히려 전반의 길이 더 확신에 차 있었다면, 후반의 길은 어떤 일이 자신에게 일어날지 미래를 알 수 없는 불안의 길이었다. 그런데 오히려 캄캄하고 불안했던 길이 진리로 그를 이끌었다. 이 회심의 과정을 설교에서 잘 드러낸다면 현재 캄캄하고 불안한 길을 걸어가는 교우들에게 희망을 견지하도록 이끄는 메시지가 될 것이다.

바울은 시대에 변치 않는 예수 그리스도에 대한 매우 중요한 신앙고백들을 많이 하였다. "여러분은 그리스도 예수께서 지니셨던 마음을 여러분의 마음으로 간직하십시오 그리스도 예수는 하느님과 본질이 같은 분이셨지만, 굳이 하느님과 동등한 존재가 되려 하지 않으시고 오히려 당신을 다 내어 놓고 종의 신분을 취하셔서 우리와 똑같은 인간이 되셨습니다"(빌 2:5-7), "유다인이나 그리스인이나 종이나 자유인이나 남자나 여자나 아무런 구별이 없습니다. 그리스도 예수 안에서 여러분은 모두 한 몸을 이루었기 때문입니다"(갈 3:28), "그리스도야말로 우리의 평화이십니다. 그분은 자신의 몸을 바쳐서 유다인과 이방인이 서로 원수가 되어

갈리게 했던 담을 헐어 버리시고 그들을 화해시켜 하나로 만드셨습니다"(엡 2:14-16), "이제는 내가 사는 것이 아니라 그리스도가 내 안에 사는 것입니다. 지금 내가 살고 있는 것은 나를 사랑하시고 또 나를 위해서 당신의 몸을 내어 주신 하느님의 아들을 믿는 믿음으로 사는 것입니다"(갈 2:20). 바울의 여러 고백 중 북쪽의 그리스도 형제자매들이 가장 즐겨하는 고백이 있는데, 이는 로마서 9장 3절에 나와 있는 고백이다. "나는 혈육을 같이 하는 내 동족을 위해서라면 나 자신이 저주를 받아 그리스도에게서 떨어져 나갈지라도 조금도 한이 없겠습니다". 모든 그리스도인은 사도 바울처럼 자기 민족을 사랑하며 민족의 운명을 구원하는 길에 떨쳐나서야 할 것이다.

시편 30

1 야훼여, 나를 건져 주셨사오니 높이 받들어 올립니다. 원수들이 나를 보고 깔깔대지 못하게 되었사옵니다.

2 야훼, 나의 하느님, 살려 달라 외치는 내 소리를 들으시고 병들었던 이 몸을 고쳐 주셨읍니다.

3 야훼여, 내 목숨 지하에서 건져 주시고 깊은 구렁에 떨어지는 자들 중에서 살려 주셨습니다.

4 야훼께 믿음 깊은 자들아, 찬양노래 불러라. 그의 거룩하신 이름 들어 감사기도 바쳐라.

5 그의 진노는 잠시뿐이고 그 어지심은 영원하시니, 저녁에 눈물 흘려도 아침이면 기쁘리라.

6 마음 편히 지내면서 스스로 말하기를 이제는 절대로 안심이다 하였는데

7 나를 어여삐 여기시고 산 위에 든든히 세워 주시던 야훼께서 얼굴을 돌리셨을 때에는 두렵기만 하였사옵니다.

8 야훼여, 이 몸은 당신께 부르짖었고, 당신께 자비를 구하였습니다.

9 "이 몸이 피를 흘린다 해서 이 몸이 땅 속에 묻힌다 해서 당신께 좋을 일이 무엇이겠사옵니까? 티끌들이 당신을 찬미할 수 있으리이까? 당신의 미쁘심을 알릴 수 있으리이까?

10 야훼여, 이 애원을 들으시고 불쌍히 여겨 주소서. 야훼여, 부디 도와주소서."

11 당신은 나의 통곡하는 슬픔을 춤으로 바꿔 주시고 베옷을 벗기시고 잔치옷으로 갈아입히셨사옵니다.

12 내 영혼이 끊임없이 주를 찬미하라 하심이니 야훼, 나의 하느님, 이 고마우심을 노래에 담아 영원히 부르리이다.

요한계시록 5:11-14

11 나는 또 그 보좌와 생물들과 장로들을 둘러선 많은 천사를 보고, 그들의 음성도 들었습니다. 그들의 수는 수천 수만이었습니다.

12 그들은 큰소리로 "죽임을 당하신 어린 양은 권세와 부와 지혜와 힘과 존귀와 영광과 찬양을 마땅히 받으실 만합니다" 하고 외치고 있었습니다.

13 나는 또 하늘과 땅 위와 땅 아래와 바다에 있는 모든 피조물과, 또 그들 가운데 있는 만물이, 이런 말로 외치는 소리를 들었습니다. "보좌에 앉으신 분과 어린 양께서는 찬양과 존귀와 영광과 권능을 영원무궁하도록 받으십시오."

14 그러자 네 생물은 "아멘!" 하고, 장로들은 엎드려서 경배하였습니다.

신학적 관점

그간 요한계시록을 비롯한 묵시문학의 말씀들은 세상 종말에 대한 말씀으로 해석하여 왔지만, 최근의 신학자들은 이는 로마제국의 종말에 대한 이야기임을 말하고 있다(리처드 호슬리/박경미 옮김, 『서기관들의 반란: 저항과 묵시문학의 기원』, 한국기독교연구소, 2016, 12).

요한계시록 5장은 다니엘의 환상을 기반으로 하고 있다(7:9-14). 곧 세상 권력에 의한 패배로 보이는 그리스도 죽음으로서의 '죽은 양과 로마제국의 강대한 힘으로 상징되는 '용'(13:4)을 대비시키고 있으며, 이는 바울의 '하느님의 약함이 사람의 강함보다 강하다고'(고전 1:23-25) 하는 십자가 신학의 비밀을 말하고 있는데, 이것이 바로 하느님의 묵시(默示)를 드러내는 계시(啓示)이다.

목회적 관점

본문은 하늘과 땅 그리고 땅 아래에 있는 모든 생물이 죽임 당한 어린 양을 찬양하는 놀라운 장면을 말하고 있다. 이는 쭉정이와 알곡, 염소와 양, 악인과 선인을 가르는 심판 너머의 우주적 찬양이다. 우리는 너무나 쉽게 자기를 중심으로 선과 악을 구분하고 있다. 마찬가지로 강자와 약자 또한 너무나 쉽게 판단한다. 스스로 강자라고 생각하는 사람들 안에는 감추어진 죄성으로서의 약함이 있으며, 반면 스스로 약자라고 생각하는 사람들은 쉽게 포기하고 좌절하지만, 자신 너머의 펼쳐지는 하느님의 세계를 바라다보아야 한다.

주석적 관점

죽임을 당하신 어린 양을 찬양하는 24장로(5:8)는 12지파와 12사도를 상징하고, 4생물, 곧 사자와 송아지와 사람의 얼굴 형상과 독수리는 당시 세계를 지배했던 로마와 헬라와 페르시아와 바빌론 제국을 상징하고 있다.

설교적 관점

설교자는 부활절 후 50일째가 되는 오순절 혹은 성령강림절까지 일곱 번에 걸쳐 예수 그리스도의 부활을 주제로 설교해야 하는 부름의 책임을 갖는다. 부활에 대한 새로운 이해가 필요한데, 오늘은 시간적으로는 과거의 역사를 대변하는 12지파와 미래의 역사를 대변하는 12사도를 포함하고, 공간적으로는 로마와 그리스와 소아시아와 유프라테스까지의 영역을 포함한다. 곧 당시로서는 온 세계에 속한 모든 생물이 부활의 예수를 찬양하는데, 이는 그분이 닫혀 있던 일곱 개의 봉인된 두루마리를 펼쳐 보이기 때문이다. 설교자는 하느님을 찬양함에 있어 현재 눈에 보이고 귀에 들리는 자신의 회중에 머물기 쉽다. 본문은 수천, 수만의 헤아릴 수 없는 많은 무리를 언급하고 있다. 곧 자신의 회중을 넘어, 모든 세계 교회의 찬양을 넘어, 창세기 1장에 등장하는 모든 생물을 넘어 예수 그리스도를 바로 알지 못하고 때로는 예수를 따르는 사람들을 핍박하는 모든 제국을 포함하고 있음에 유의하자.

요한복음 21:1-19

1 그 뒤에 예수께서 디베랴 바다에서 다시 제자들에게 자기를 나타내셨는데, 그가 나타나신 경위는 이러하다.

2 시몬 베드로와 '쌍둥이'라고 불리는 도마와 갈릴리 가나 사람 나다나엘과 세베대의 아들들과 제자들 가운데서 다른 두 사람이 한자리에 있었다.

3 시몬 베드로가 그들에게 "나는 고기를 잡으러 가겠소" 하고 말하니, 그들이 "우리도 함께 가겠소" 하고 말하였다. 그들이 나가서 배를 탔다. 그러나 그날 밤에는 고기를 한 마리도 잡지 못하였다.

4 이미 동틀 무렵이 되었을 때에, 예수께서는 바닷가에 서 계셨다. 그러나 제자들은 그가

예수이신 줄을 알지 못하였다.

5 그 때에 예수께서 제자들에게 "얘들아, 무얼 좀 잡았느냐?" 하고 물으셨다. "못 잡았습니다" 하고 그들이 대답하니,

6 예수께서 그들에게 "그물을 배 오른쪽에 던져라. 그러면 잡을 것이다" 하고 말씀하셨다. 제자들이 그물을 던지니, 고기가 너무 많이 걸려서, 그물을 끌어올릴 수가 없었다.

7 예수께서 사랑하시던 그 제자가 베드로에게 "저분은 주님이시다" 하고 말하였다. 시몬 베드로는 주님이라는 말을 듣고서, 벗은 몸에 겉옷을 두르고 바다로 뛰어내렸다.

8 그러나 나머지 제자들은 배를 탄 채로, 고기가 든 그물을 끌면서, 해안으로 나왔다. 그들은 육지에서 백 자 남짓밖에 떨어지지 않은 곳에 들어가 있었다.

9 그들이 땅에 올라와서 보니, 숯불을 피워 놓았는데, 그 위에 생선이 놓여 있고, 빵도 있었다.

10 예수께서 제자들에게 말씀하셨다. "너희가 지금 잡은 생선을 조금 가져오너라."

11 시몬 베드로가 배에 올라가서, 그물을 땅으로 끌어내렸다. 그물 안에는 큰 고기가 백쉰세 마리나 들어 있었다. 고기가 그렇게 많았으나, 그물이 찢어지지는 않았다.

12 예수께서 그들에게 "와서 아침을 먹어라" 하고 말씀하셨다. 제자들 가운데서 아무도 감히 "선생님은 누구십니까?" 하고 묻는 사람이 없었다. 그가 주님이신 것을 알았기 때문이다.

13 예수께서 가까이 와서, 빵을 들어서 그들에게 주시고, 또 생선도 주셨다.

14 예수께서 죽은 사람들 가운데서 살아나신 뒤에 제자들에게 자기를 나타내신 것은, 이번이 세 번째였다.

15 그들이 아침을 먹은 뒤에, 예수께서 시몬 베드로에게 물으셨다. "요한의 아들 시몬아, 네가 이 사람들보다 나를 더 사랑하느냐?" 베드로가 대답하였다. "주님, 그렇습니다. 내가 주님을 사랑하는 줄을 주께서 아십니다." 예수께서 그에게 "내 어린 양을 먹여라" 하고 말씀하셨다.

16 예수께서 두 번째로 물으셨다. "요한의 아들 시몬아, 네가 나를 사랑하느냐?" 베드로가 대답하였다. "주님, 그렇습니다. 내가 주님을 사랑하는 줄을 주께서 아십니다." 예수께서 그에게 말씀하셨다. "내 양을 쳐라."

17 예수께서 세 번째로 물으셨다. "요한의 아들 시몬아, 네가 나를 사랑하느냐?" 그 때에 베드로는 예수께서 '네가 나를 사랑하느냐?' 하고 세 번이나 물으시므로, 불안해서 "주님, 주께서는 모든 것을 아십니다. 그러므로 내가 주님을 사랑하는 줄을 주께서 아십니다" 하고 대답하였다. 예수께서 그에게 말씀하셨다. "내 양을 먹여라.

18 내가 진정으로 진정으로 네게 말한다. 네가 젊어서는 스스로 띠를 띠고 네가 가고 싶은 곳을 다녔으나, 네가 늙어서는 남들이 너의 팔을 벌릴 것이고, 너를 묶어서 네가 바라지 않는 곳으로 끌고 갈 것이다."

19 예수께서 이렇게 말씀하신 것은, 베드로가 어떤 죽음으로 하나님께 영광을 돌릴 것인가를 암시하신 것이다. 이 말씀을 하시고, 예수께서 베드로에게 "나를 따라오너라" 하고 말씀하셨다.

신학적 관점

헬라어에서 사랑이라는 단어는 상대 관계에 따라 크게 세 가지 단어를 구별하여 사용한다. 전통적인 해석에 의하면 아가페는 하느님 혹은 어버이의 자녀를 향한 절대적이고 무조건적인 사랑을 뜻하고, 에로스는 남녀 간의 정열적인 사랑을 뜻하고, 필레오는 친구 간의 우정의 사랑을 뜻한다. 예수께서는 베드로를 향한 세 번의 질문에서 처음 두 번은 아가페의 사랑으로 묻고, 베드로는 '필레오'로 답한다. 이는 이미 배반했던 베드로로서는 아가페의 사랑은 힘들고, 친구 간의 사랑(필레오)으로 최선을 다하겠다고 하는 겸손의 의미로 이해할 수 있다. 그러자 예수는 세 번째 질문에서 아가페가 아닌 필레오로 물으시고, 베드로 또한 필레오로 답변한다. (그러나 학자에 따라 복음서의 경우 사람들 관계 사이에서도 아가페라는 단어를 사용하는 소수의 예가 있어, 이러한 전통적인 해석을 거부하고 별다른 의미가 없는 문학적인 표현으로 가볍게 해석하기도 한다.)

왜 예수는 베드로에게 불가능에 가까운 무조건적이고 절대적인 아가페의 사랑을 요구하셨을까? 예수는 이미 베드로의 씁쓸한 배반을 경험하셨다. 한 번도 아닌 세 번씩이나, 그것도 창을 든 병정 앞에서가 아니라 아무런 힘도 없는 여종 앞에서 그리했다. 그리고 우리는 베드로의 배반이 그냥 일어난 것이 아니라, 이미 그는 스승에게 목숨을 걸고 그와 함께 하겠다는 맹세를 한 바 있었음을 알고 있다. 그런데 예수는 왜 베드로가 넘어진 것을 알고 있음에도 불구하고 여전히 베드로에게 아가페의 사랑을 요구하셨을까? 이 질문이 중요한 것은 예수께서는 지금 오늘의 우리를 향해서도 필레오의 사랑이 아닌 아가페의 사랑을 요구하고 계신다는 가정을 갖고 있기 때문이다. (전설에 따르면 베드로는 스승과 같이 달릴 수가 없다고 해서 십자가에 거꾸로 매달려 죽었다.)

토마스 그린이라는 신학자가 이런 말을 했다. "도무지 믿기지 않는 말 같지만, 우리가 하느님을 진실로 사랑하기 위해서는 하느님처럼 되지 않으면 안 된다. 참다운 사랑은 동격들 사이에서만 존재 가능하며, 따라서 우리는 신격화되어야만 비로소 하느님이 아시는 만큼 알 수 있고 또 하느님한테서 사랑받는 만큼 사랑할 수 있게 된다. 그러기에 예수께서는 제자들에게 '하늘에 계신 어버이께서 완전하심

같이 너희도 완전하라'고 말씀하신 것이다. 그 일은 하느님이 우리 안에 거처하시면서 우리를 변화시킬 때에만 가능하다"(재인용).

목회적 관점

예수께서 베드로에게 부탁하신 목양의 대상은 처음 공동체에 들어온 어린 신자들로부터 오래된, 나이 든 신자에 이르기까지 필요에 따른 돌봄의 부탁을 하시고 있고, 단지 교회 안에 속한 새 신자들로부터 오랜 신자들뿐만이 아니라 교회 밖의 사람들까지도 돌보라는 말씀으로 이해할 수 있다. 그리고 이 모든 부탁을 하시고 나서 예수께서는 "나를 따라라" 하고 말씀하심으로 자신의 말씀을 결론 지으셨다. 결국 부활 신앙이라는 것은 예수께서 부활하심을 믿고 그래서 나의 부활을 믿는 믿음으로 그치는 것이 아니라, 이를 기반으로 하여 예수를 따르는 돌봄의 삶으로 나아가는 것임을 말씀하고 있다.

주석적 관점

21장은 보다 오래된 요한복음의 자료문서에서는 나오지 않고 있으며, 약간의 다른 어법으로 말미암아 후대 제자에 의한 첨가로 이해된다. 곧 부활 예수를 가현(假現)의 존재로 이해하려는 영지주의자들에 대한 반박으로 제자들과 함께 물고기를 먹는 분으로 증거하는 데 그 주요 목적이 있다.

예수의 무덤을 향해 뛰어갈 때도 사랑하시는 제자는 먼저 도착했지만, 실제 안을 들어간 사람은 뒤따라온 베드로였다. 본문에서도 해변가에 서 있는 분이 주님이심을 알아본 사람은 사랑하시는 제자였지만, 실제 물속으로 뛰어들어 먼저 주님께 다가간 사람은 베드로였다. 이는 요한 공동체의 중심인물로 알려진 사랑하시는 제자와 초대 공동체에서 베드로가 수제자로 가졌던 권위를 함께 고려한 처사로 보인다.

요한복음은 열두 제자라는 말은 쓰지만, 공관복음서에서와는 달리 열두 제자의 이름을 하나하나 언급하지 않고 있다. 그래서 열두 제자가 공관복음서의 12명과 같은 사람인지 확인할 수가 없다. 물론 공관복음서도 조금씩 차이가 있다. 본문

디베랴 호숫가의 제자들이 본래의 열두 제자 중 일부분을 말하는 것인지 아니면 다른 제자들을 포함하는지도 분명하지 않다. 다만 공관복음서의 열두 제자에 포함되지 않은 제자들이 있었던 것은 분명하다. 우선 요한복음 1장에 등장했던 빌립의 친구, "나사렛에서 무슨 신통한 것이 나올 수 있겠소?"라고 반문했던, 그러나 예수로부터는 "이 사람이야말로 정말 이스라엘 사람이다. 그에게는 거짓이 조금도 없다"라고 극찬을 받았던 나다나엘의 이름이 나오고 있고, 그 밖에 이름을 밝히지 않는 두 제자가 있다. 그중 한 사람은 '예수의 사랑을 받던 제자'라는 요한복음 곳곳에서 중요한 역할을 담당하는 비밀에 싸인 제자가 있고 또 다른 한 제자는 여성인지 남성인지도 알 수가 없다. 이름을 밝히지 않는 이유가 무엇인지는 정확히 알 수 없다.

당시 로마에서 발간된 어류 도감에는 바다의 물고기 종류를 153마리로 말하고 있다. 곧 마태복음의 땅끝까지 나아가 모든 민족으로 제자 삼으라는 선교 명령에 대한 상징성을 말하고 있다.

예수는 베드로에게 "네가 나를 사랑하느냐"고 세 번 물으신 다음 "내 양들을 돌보라"는 목양의 부탁을 세 번 하신다. 베드로가 세 번 예수를 부인하였기에 세 번 물었다는 해석도 맞겠지만, 세 번은 더 이상 거역할 수 없는 완전성의 의미가 있다. 그런데 헬라어 본문으로 보면 세 번 계속되는 예수의 물음과 베드로의 답변 사이에는 묘한 차이가 존재한다. 묻는 질문도 다 같지 않다. 처음에는 "요한의 아들 시몬아, 네가 이 사람들이 나를 사랑하는 것보다 더 나를 사랑(아가페)하느냐?" 두 번째는 "요한의 아들 시몬아 네가 나를 사랑(아가페)하느냐?" 세 번째는 "요한의 아들 시몬아, 네가 나를 사랑(필레오)하느냐?" 단지 문장의 단어 하나 정도만 다른 것이 아니라, 그 근본에 차이가 있다. 그리고 첫 번째 질문에서 "네가 이 사람들이 나를 사랑하는 것보다 더 나를 사랑하느냐"는 질문 또한 헬라어 원문으로 보면 '이 사람들'이 아니고 그냥 '이것들'이다. 베드로가 아꼈던 물건, 곧 배나 직업일 수도 있다. '사람들'로 번역한 것은 지나친 번역이다. 예수님께서 제자들의 사랑을 비교하고 이를 경쟁하도록 부추기셨다고는 보지 않기 때문이다.

설교적 관점

아가페의 사랑으로 시작해서 필레오의 사랑으로 끝나고 있다. 요한복음은
예수의 입을 빌려 우리는 예수의 친구임을 강조하고 있다. "이제 나는 너희를
종이라고 부르지 않고 벗이라 부르겠다. 종은 주인이 하는 일을 모른다. 그러나
나는 너희에게 내 아버지에게서 들은 것을 다 알려 주었다"(15:11). 그리고 이런
말씀도 하신다. "정말 잘 들어두어라. 나를 믿는 사람은 내가 하는 일을 할 뿐만
아니라 그보다 더 큰 일도 하게 될 것이다."

우리는 단지 예수를 따르는, 아니 그저 먼발치에서 바라다보며 믿는 사람으로
따라가려 하는 데 반해, 예수는 우리를 동행하는 벗으로, 아니 예수보다 앞서서
나아가는 사람이 될 것을 요구하시고 또 그렇게 될 수 있다고 말씀하고 계시고
하느님과 자신은 하나이심을 말씀하신다. 여기서 우리는 하느님의 개념을 전지전
능하시고 무소부재하시는 전통적 신관으로 접근한다면 벽에 부딪힐 것이다. 그러
나 본래 YHWH가 뜻한 바 "나는 곧 나다"라고 하는 자유와 주체의 개념으로
접근한다면 이해가 가능할 것이다.

부활절 넷째 주일

행 9:36-43; 시 23; 계 7:9-17; 요 10:22-30

사도행전 9:36-43

36 그런데 욥바에 다비다라는 여제자가 있었다. 그 이름은 그리스 말로 번역하면 도르가인데, 이 여자는 착한 일과 구제 사업을 많이 하는 사람이었다.

37 이 무렵에 이 여자가 병이 들어서 죽었다. 그래서 사람들이 그의 시신을 씻어서 다락방에 두었다.

38 룻다는 욥바에서 가까운 곳이다. 제자들이 베드로가 룻다에 있다는 말을 듣고, 두 사람을 그에게로 보내서, 지체하지 말고 와 달라고 간청하였다.

39 그래서 베드로는 일어나서, 심부름꾼과 함께 갔다. 베드로가 그곳에 이르니, 사람들이 그를 다락방으로 데리고 올라갔다. 과부들이 모두 베드로 곁에 서서 울며, 도르가가 그들과 같이 지낼 때에 만들어 둔 속옷과 겉옷을 다 내보여 주었다.

40 베드로는 모든 사람을 바깥으로 내보내고 나서, 무릎을 꿇고 기도를 하였다. 그리고 시신 쪽으로 몸을 돌려서 "다비다, 일어나시오!" 하고 말하였다. 그 여자는 눈을 떠서 베드로를 보고, 일어나서 앉았다.

41 베드로가 손을 내밀어서, 그 여자를 일으켜 세웠다. 그리고 성도들과 과부들을 불러서, 그 여자가 살아 있음을 보여주었다.

42 그 일이 온 욥바에 알려지니, 많은 사람이 주를 믿게 되었다.

43 그리고 베드로는 여러 날 동안 욥바에서 시몬이라는 무두장이의 집에서 묵었다.

신학적 관점

3장에서 베드로와 요한은 성전 미문 앞의 나면서부터 못 걷게 된 장애인에게 기적을 베풀 때 '금과 은은 없어도 나사렛 예수 이름으로' 행했다. 본문에서는 예수 이름이 등장하지 않을뿐더러 사람들을 다 내보내 목격자가 없다. 비밀이 함축되어 있다.

우주에 대한 이해와 과학적 사고방식을 갖고 있는 현대인과 이천 년 전의

부활절 넷째 주일 | 303

성서에 등장하는 고대인의 세계관은 엄청난 차이가 있다. 기적에 대해서도 현대인들은 사실로서의 사건 자체에 관심을 갖지만, 고대인들은 사건보다는 그 의미에 관심을 두었다. 더구나 제2성서는 예수의 재림을 기다리던 사람들에게 재림의 지연에 대한 일종의 깨우침에 방점을 두고 있다. 따라서 본문은 베드로의 기적적 능력을 말하기보다는 부활(소생) 사건을 통한 새로운 시대의 임박성을 알리는 것으로 이해해야 할 것이다. 만약 부활 혹은 소생을 문자로 받아들인다면, 그 부활한 다비다는 지금 어디에 있는가? 예수님께서 살리신 나사로의 경우도 마찬가지다. 흔히 예수의 부활(resurrection)과 차이를 두어 다비다나 나사로의 경우는 소생(resuscitation)이라고 말하지만, 이 둘 사이를 구분하는 것이 쉽지 않다. (사실 유대교/제1성서에서 부활 사상은 없다고 하지만, 엘리야의 사렙다 과부의 아들 죽음으로부터의 부활/소생은 어떻게 이해해야 할까? 다비다의 경우 "일어나라!" (anastethi)는 헬라어는 예수의 부활과 같은 단어이다.)

홍미로운 사실은 나사로나 다비다나 사렙다 과부의 아들이나 혹은 바울이 살린 젊은이나 부활/소생 이후의 저들의 삶의 이야기는 서술되어 있지 않다.

결국 예수의 부활이나 다비다와 나사로의 소생 이야기는 육체적인 삶을 벗어나는 영원 혹은 영혼의 탄생, 동물적인 것이 인간화되고, 육체가 정신으로, 의식으로, 이성으로, 정의로, 사랑과 관용의 정신으로 바뀌는 변화를 말하는 것이고, 더나아가 이 땅의 제국들의 칼과 총의 폭력의 역사를 부수는 하늘의 정의와 사랑의 역사가 움터오고 있다는 새 하늘과 새 땅의 임박함의 상징성으로 이해하는 것이 마땅할 것이다. (사실 오늘날도 의학적으로 죽었다고 판정을 받은 사람들이 살아나는 예는 가끔 일어나고 있다.)

성서에서 특출한 인물들은 모두 죽은 사람을 살리는 역할을 담당했다(모세/구리뱀, 엘리야, 베드로, 바울).

목회적 관점

죽은 자가 살아났다는 것은 기존의 앎에 대한 파괴이며, 이는 곧 그동안 전혀 예측할 수 없었던 새로운 것이 도래하고 있다는 희망의 상징이다. 다비다는 헌신의 인물이다. 인간이 죽음을 피할 수는 없지만, 다른 사람도 아닌 모든 사람이 아끼고 사랑하는 그런 사람이 일찍 죽었다는 것은 하느님의 역사를 믿는 공동체로서는 그냥 한 사람의 죽음이 아닌, 어찌 말하면 신의 죽음과 같은 처절한 절망이다. 따라서 예수의 사도 베드로를 통해 소생했다는 것은 공동체에 다시금 희망이 싹트고 있다는 얘기다. 어느 교회마다 다비다와 같은 헌신적인 여성이 있다. 필자 또한 목회 중 다비다와 같이 모든 사람의 사랑을 받았던 두 명의 여성 집사를 기억하고 있다. 그런데 불행히도 40대 중반에 이 두 분이 모두 하느님의 부름을 받았다. 저들이 병중에 있을 때, 나에게도 베드로와 같은 치유 능력이 있기를 간절히 기도했다.

주석적 관점

다비다는 제2성서에서는 유일하게 '여제자'(mathetria)로 불린다. 여성은 교회에서 발언해서는 안 된다고 하는 바울의 말은 두 명의 여성 지도자로 인해 분란이 일어났던 에베소교회를 향한 특수 발언이었다(갈라디아서에서 주인과 종, 남자와 여자, 유대인과 헬라인의 구별이 없음을 선포한다).

다비다는 아람 이름이고, 도르가는 그리스어 이름이다. 곧 그녀의 헌신은 욥바의 그리스도교 공동체를 넘어 이웃 마을에도 널리 알려진 사람이었음을 암시하고 있다.

본문의 지리적 콘텍스트는 욥바이다. 욥바는 요나 선지자의 이방인 선교의 출발지이다. 베드로는 이곳에서 로마의 백부장 고넬료를 방문하고 고넬료와 그의 친지와 친구들에게 세례를 베풂으로 제2의 성령강림이 일어난다. 그리고 베드로는 자기와 이름이 같은 시몬이라는 무두장이의 집에 머문다. 무두장이는 동물을 죽여 가죽을 다듬는 사람으로 모세 율법은 물론 어느 사회에서나 가장 밑바닥에 위치하는 백정이었다. 결국 본문에서 베드로는 단지 유대인 선교를 넘어서서 이방인 선교의 문을 연 인물로 말해지고 있다. 여기서 우리는 베드로가 뜬금없이 예수로부터 음부의 권세가 이기지 못하는 반석 위에 교회를 세우는 천국의 열쇠를 받기 전 "요나의 아들 시몬아"(바요나 시몬아!)라고 불리는 이유를 짐작할 수 있다(마 16:17).

설교적 관점

본문에서 중요한 것은 다비다의 부활 혹은 치유 기적 사건이 아니다. 왜냐하면 그의 이어지는 삶의 이야기가 없기 때문이다. 중요한 것은 그의 치유를 위해 공동체가 전체 아파하는 가운데 두 사람을 보내 베드로를 불러왔다고 하는 기도의 힘이다. 그리고 이는 베드로를 욥바로 부르게 된 동기가 되었고, 이어 고넬료의 이방 사역으로 이야기가 옮겨가는 전환점을 이룬다. 이는 바울 선교를 본격화하는 계기를 만든다.

한 사람이 병중에서 기도로 치유 받았다는 것이, 몇 년 혹은 몇십 년 그 개인의 삶을 연장한다고 하는 것이 개인과 가족에게는 의미 있는 일이 되겠지만, 보다 중요한 것은 그 개인의 삶이 기독교 공동체 그리고 인간 역사에 어떤 영향을 끼쳤는가이다.

시편 23

1 야훼는 나의 목자, 아쉬울 것 없어라. 푸른 풀밭에 누워 놀게 하시고
2 물가로 이끌어 쉬게 하시네
3 지쳤던 이 몸에 생기가 넘친다. 그 이름 목자이시니 인도하시는 길, 언제나 곧은 길이요,
4 나 비록 음산한 죽음의 골짜기를 지날지라도 내 곁에 주님 계시오니 무서울 것 없어라. 막대기와 지팡이로 인도하시니 걱정할 것 없어라.
5 원수들 보라는 듯 상을 차려 주시고, 기름부어 내 머리에 발라 주시니, 내 잔이 넘치옵니다.
6 한평생 은총과 복에 겨워 사는 이 몸, 영원히 주님 집에 거하리이다.

요한계시록 7:9-17

9 그 뒤에 내가 보니, 아무도 그 수를 셀 수 없을 만큼 큰 무리가 있었습니다. 그들은 모든 민족과 종족과 백성과 언어에서 나온 사람들인데, 흰 두루마기를 입고, 종려나무 가지를 손에 들고, 보좌 앞과 어린 양 앞에 서 있었습니다.
10 그들은 큰소리로 "구원은 보좌에 앉아 계신 우리 하나님과 어린 양의 것입니다" 하고 외쳤습니다.
11 모든 천사들은 보좌와 장로들과 네 생물을 둘러 서 있다가, 보좌 앞에 엎드려 하나님께

경배하면서

12 "아멘, 찬송과 영광과 지혜와 감사와 존귀와 권능과 힘이 우리 하나님께 영원무궁하도록 있습니다. 아멘!" 하고 말하였습니다.

13 그 때에 장로들 가운데 하나가 "흰 두루마기를 입은 이 사람들은 누구이며, 또 어디에서 왔습니까?" 하고 나에게 물었습니다.

14 나는 "장로님께서 잘 알고 계시지 않습니까?" 하고 내가 대답하였더니, 그는 나에게 이렇게 말하였습니다. "이 사람들은 큰 환난을 겪어 낸 사람들입니다. 그들은 어린 양이 흘리신 피에 자기들의 두루마기를 빨아서 희게 하였습니다.

15 그러므로 그들은 하나님의 보좌 앞에 있고, 하나님의 성전에서 밤낮 그분을 섬기고 있습니다. 그리고 그 보좌에 앉으신 분께서 그들을 덮는 장막이 되어 주실 것입니다.

16 그들은 다시는 주리지 않고, 목마르지도 않고, 태양이나 그 밖의 어떤 열도 그들을 괴롭히지 못할 것입니다.

17 보좌 한가운데 계신 어린 양이 그들의 목자가 되셔서, 생명의 샘물로 그들을 인도하실 것이고, 하나님께서 그들의 눈에서 눈물을 말끔히 씻어 주실 것입니다."

신학적 관점

"구원은 보좌에 앉아 계신 우리 황제의 것입니다"(10절). 이는 로마 황제를 향한 로마시민의 공식적인 칭송 구호이다. 이는 마치 황제의 칙어 중 하나인 '복음'(euangelion)을 예수 그리스도에게 적용한 것과 같다. 곧 반제국으로서의 저항과 변혁의 의미를 갖고 있다.

'그 수효를 셀 수 없을 만큼의 많은 군중들이 흰 두루마기를 입고 손에 종려나무 가지를 들고 옥좌와 어린 앞에서 찬송하는 모습'은 로마제국의 신앙 핍박에 대한 현실도피를 위한 환상으로 그치는 것이 아니라, 그 환상을 통해 이 땅의 고통 받는 현실을 이겨내는 희망의 원천이 되었으며, 예수 그리스도로 인해 순교를 낭한 성도들이 흰옷을 입고 하느님의 보좌 앞에 있다고 고백하고 있다. 이는 천년왕국의 모습이다.

목회적 관점

우리는 이 어지러운 세상에서 하느님이 우리와 가족들을 보호해 주실 것이라고 하는 믿음을 갖고 있다. 그러나 오늘 본문은 오히려 그 반대이다. 하느님의 보좌 앞에 있는 성도들은 세상에서 환난을 당하고 순교를 당했던 사람들이다. 16절의 더 이상 주리지도, 목마르지도, 태양의 뜨거움도 당하지 않을 것이라는 축복 선언은 저들은 이 땅에서 주리고 목마르고 뜨거움의 고통을 겪었다는 의미이다. 우리가 이 세상을 이겼다고 하는 선언은 우리가 고통을 당하지 않았다는 말이 아니다. 오히려 고통 속에서 하느님의 음성을 통해 희망을 잃지 않았다는 말이다. 성도들이 입고 있는 하얀 옷은 본래부터가 하얀 색깔이 아닌 순교의 피로 물든 옷을 예수 그리스도의 구속의 피로 씻어냈던 것이다.

주석적 관점

오늘의 본문은 지난주의 본문(5:11-14)과 흡사하다. 5장의 말씀이 어린 양의 계시와 어린 양을 왜 경배하고 찬양해야 하는지에 대해 설명을 하는 것에 반해 7장은 경배와 찬양을 하는 사람들은 누구인가에 초점이 맞추어져 있다. 본문 앞에 있는 말씀인 7장 1-8절에서의 144,000은 12지파×12사도×1,000으로서, 곧 옛 이스라엘의 수많은 사람과 예수 그리스도로 인한 새 예루살렘의 수많은 사람의 구원받은 숫자를 상징한다. 곧 9절에서의 '아무도 그 수를 셀 수 없을 만큼 큰 무리'이며 이는 세상 모든 '민족과 종족과 백성과 언어'를 포함하고 있다. 이들은 환난의 고통을 당한 사람들이다. 이는 당시 로마제국의 핍박이 얼마나 강렬하였는 가를 반증하고 있다. 여기서 우리는 핍박이 단순히 물리적인 것뿐만 아니라, 정신적인 영역에서 받는 유혹까지도 포함하는 것임을 깨달아야 한다. 이천 년 전 초대 교인들에게 있어서 로마 황제와 예수 그리스도 두 주인을 한 번에 섬길 수 없었듯이 오늘날 또한 우리는 하느님과 맘몬의 두 주인을 한 번에 섬길 수 없다.

설교적 관점

오늘날 우리 사회에서 기독교인이 된다는 것은 무엇을 의미하는가? 기독교를 비하하는 '개독교' 그리고 신앙을 떠나지는 않았지만 교회를 떠난 '가나안 성도'라는 말은 왜 생기는 것일까? 과연 우리는 하느님의 보좌 앞에 나아갈 수 있는 자격을 갖추었는가? 오늘도 우리는 부활의 기쁨을 얘기한다. 그런데 부활은 십자가의 고통과 죽음을 거치지 않고서는 결코 일어날 수 없다. 나의 십자가의 길은 무엇인가? 나의 교회가 짊어지고 가는 십자가의 길은 무엇인가?

"오늘날 성숙된 세계는 복음에 무관심하며 더 이상 복음에 귀를 기울일 수도 없는 비종교적인 세계로 변모했다. 따라서 이제 교회는 교회 자체만을 위해 발전시키는 일과 광적인 신앙을 멈추어야만 하며 그리스도가 행한 것처럼 고통받는 이웃을 위해 이 세상에 교회의 참모습을 드러내어야 한다. 그렇게 함으로 교회는 고통을 통해 이 세상 안에서, 세상과 더불어, 세상을 위해 존재하게 되는 것이다"(본회퍼).

요한복음 10:22-30

22 예루살렘에서 성전 봉헌절 행사가 있었는데, 때는 겨울이었다.

23 예수께서 성전 안에 있는 솔로몬 행각을 거닐고 계셨다.

24 그 때에 유대 사람들이 예수를 둘러싸고 말하였다. "당신은 언제까지 우리의 마음을 졸이게 하시렵니까? 당신이 그리스도인지 아닌지를, 분명하게 말하여 주십시오."

25 예수께서 그들에게 대답하셨다. "내가 이미 말하였는데도, 너희가 믿지 않는다. 내가 내 아버지의 이름으로 하는 일들이 곧 나를 증거한다.

26 그런데 너희가 믿지 않는 것은, 너희가 내 양이 아니기 때문이다.

27 내 양들은 내 음성을 듣는다. 나는 내 양들을 알고, 내 양들은 나를 따른다.

28 나는 그들에게 영원한 생명을 준다. 그들은 영원토록 멸망하지 않을 것이요, 또 어느 누구도 그들을 내 손에서 빼앗아 가지 못할 것이다.

29 그들을 나에게 주신 내 아버지께서는 만유보다도 위대하시고, 아무도 아버지의 손에서 그들을 빼앗을 수 없다.

30 나와 아버지는 하나다."

신학적 관점

오늘 말씀은 유대인들이 예수에게 "당신이 우리가 기다리는 메시아인가?" 하는 질문으로 시작한다. 이에 예수께서는 "내가 하나님의 이름으로 하고 있는 내 일이 이를 증명해주고 있다"고 답변하신다. 일을 보면 나를 분명히 알 수 있다는 답변은 매우 분명한 답변 같지만, 한편으로 보면 매우 모호한 답변이다.

왜냐하면 지금 유대인들이 예수가 메시아임을 확신하지 못하는 것은 그가 하는 일을 보고 확실한 판단이 서지 않아 묻는 것인데, 예수는 하는 일을 보고 판단할 수 있다고 답변하신다. 여기서 '메시아의 일'이라고 하는 것은 상대방의 기대에 부응하느냐, 아니냐에 달려 있음을 알 수 있다. 여기서 우리는 '일'이 인간의 기준이 아닌 하느님의 기준에 맞출 때 모든 것은 분명해진다. "나와 아버지는 하나다"는 에고 에이미(εγω ειμι)의 신학적 해설이자 요한복음의 핵심 신학이다.

목회적 관점

예수회 사제인 엔소니 드 멜로는 '탐험가'라는 예화에서 이런 얘기를 한다. 그는 아마존을 다녀오고 나서 거기서 경험했던 놀랄만한 장면을 설명했다. 그의 얘기를 들은 마을 사람들은 그들 또한 그곳을 가보아야 한다고 말하자 그는 지도를 그려주었다. 사람들은 그 지도를 복사하여 한 장씩 액자에 넣어 벽에 걸어두고 공부했다. 그리곤 그들은 아마존의 전문가라고 착각하기 시작했다. 중요한 것은 성서 지식이 아닌 헌신의 고통을 수반한 삶이다.

영성가 파커 파머는 말하기를 "영원한 생명(영혼)은 관대해서, 세상의 필요를 받아들인다. 영혼은 지혜로워서, 문을 걸어 잠그지 않고 고통을 감수한다. 영혼은 희망을 품는 존재이기에, 지속적으로 우리의 가슴을 여는 방식으로 세상에 관여한다. 영혼은 창조적이어서, 우리를 패배시키는 현실과 도피가 되는 환상 그 사이에서 길을 발견한다. 우리가 할 일은 단지, 우리를 자신으로부터 그리고 서로에게서 분리시키는 벽을 내려놓는 것이다." 영원 혹은 영생 혹은 영혼이라는 단어를 말할 때 우리는 현실과 관련이 없는 비현실적이고, 몰역사적인 어떤 관념을 말하는 것이 아니라, 바로 우리가 살아가는 이 땅의 일에 관여하고 필요에 따라 고통도 감수한다는 사실을 기억하라는 것이다. 이것이 참다운 영성 이해이며 십자가와 부활을 바로 이해하는 길이다(재인용).

주석적 관점

오늘 이야기는 "때는 겨울이었다"라는 문장으로 시작하고 있다. 겨울이냐,

여름이냐 하는 계절은 메시아성과는 관련이 없는 단어이다. 그렇다면 왜 겨울 얘기로 시작하고 있는 것인가? 그건 예루살렘에서 진행되고 있는 봉헌절 축제를 강조하기 위한 문학적 수사이다. 봉헌절은 수전절 혹은 수복절이라고 불리는데, 이는 기원전 164년 셀류쿠스 왕조의 안티오커스 황제의 우상숭배 강요 정책에 대항하여 유다의 마카비우스 형제들이 주동하여 반란을 일으켜 20년간의 게릴라전을 통해 유대왕국의 독립을 다시 찾고 예루살렘 성전을 깨끗이 하고 8일 동안 불을 밝혔는데, 이를 기념하는 축제일이었던 것이다.

물론 이 독립의 기간은 다시 로마의 지배를 받기까지 약 100년간에 불과하지만, BCE 586년 바빌론에 의해 나라가 멸망한 이후 약 450년 만에 자주독립을 이룩하였으니, 우리가 일제하에서 35년 만에 독립하였던 사실을 기억하면 저들이 얼마나 감격하였을 것인지는 가히 짐작할 수 있다. 이를 하누카라고 부르고, 보통 성탄절과 겹쳐서 오는데 유대인들이 가장 성대하게 지키는 절기이다.

미국에서도 보면 유대 가정에서는 창문에다 촛대를 놓고 매일 하나씩 더해가며 8개의 불을 켜는 전통을 갖고 있다. 곧 봉헌절이란 과월절 혹은 유월절과 마찬가지로 유다왕국의 독립과 해방을 기리는 정치적 절기였던 것이다. 예수님 당시에 사람들에게 유월절은 천년도 넘는 과거의 사건이었지만, 봉헌절은 불과 100년 전 얘기로서 그 기쁨의 얘기들이 생생하게 전해지고 있었다. 그러니까 지금 예수를 에워싸고 있는 유다인들의 관심은 언제 다시금 이 로마의 지긋지긋한 식민지 지배에서 벗어나 독립을 쟁취하고 신앙의 자유를 얻을 수 있을 것인가? 이것이 최대의 관심이었고, 이런 메시아성에 대한 전제를 갖고 예수에게 당신이 메시아인가 하고 묻는 것이다. 여기에 변혁을 꾀하고 로마의 불의한 지배를 끝낸다는 점에서는 "예"이지만, 그러나 방식과 때에 있어서는 저들의 기대와는 달랐기에 "아니오"였다. 그러기에 예수님의 답변은 예와 아니오로 구분하여 답변할 수 없었고, "나와 함께 거하면 내 하는 일을 통해 내가 누구인지를 알게 될 것이고 그리고 나를 믿게 될 것이다"라고 답변하신 것이다.

설교적 관점

"내 양들은 내 음성을 듣는다. 나는 내 양들을 알고, 내 양들은 나를 따른다."

켈러의 유명한 책 『시편 23편』에서 그는 목자의 옷을 입고 그의 목소리를 흉내 내어 아침에 양들을 우리에서 밖으로 이끌어 내려고 한 적이 있다고 한다. 그러나 양들은 이미 그의 정체를 알고 따르지 않았다. 아이들은 어머니의 음성을 알고 있다.

"하느님 어버이와 나는 하나이다"라는 예수의 선언은 우리 또한 예수 안에 머물면 하느님과 하나될 수 있다는 선언이기도 하다. 오데이는 *New Interpreter's Bible*, "요한복음 주석"에서 그리스어 '하나'는 남성명사가 아닌 중성명사임을 강조하면서 아버지와 나가 하나라는 선언은 본성이나 본질에 관한 삼위일체의 교리 말씀이 아니라, '일'에 있어 하나라는 사실을 강조하고 있다고 강조한다. 결국 우리 또한 하느님 어버이의 일을 하고 있다면, 우리 또한 예수와 하나되는 것이고 더 나아가서 하느님 어버이와 하나될 수 있다(*feasting*, 449).

여기서 하느님과 우리 인간이 하나라는 관점에서 조금 더 이야기를 진전해 보자. 지금까지 인간은 하느님의 인간 역사의 개입을 기다려 왔다. 그런데 세상은 좋아지기는커녕 점점 더 나빠지고 있다. 지구상의 전쟁은 끊임없이 계속되고 있고, 물질 욕망에 가득 찬 인간들의 무분별한 자연 착취로 말미암아 인간의 집인 지구가 붕괴되는 위기에 직면해 있다. 오래전 17세기의 프랑스 니콜라 망브랑슈 사제는 "신은 결코 완벽한 세계를 창조하지 않았으므로 우리 인간들은 신이 선사한 이 세계를 수정 보완해야 한다. 신이 만든 세계를 더 좋게 고치는 것은 우리 인간의 몫이다"(자크 아탈리, 『인류는 어떻게 진보하는가?』, 책담, 2016, 91)라고 말하며 창조의 동반자('신의 형상')로서의 인간의 책임을 강조했다.

부활 사상에 대한 헬라어 소고

복음서에서 예수 부활을 말할 때 쓰이는 단어는 '아나스타시스'라는 명사형과 '아니스테미'라는 명사형이다. 그런데 바울은 그의 서신에서 아니스테미를 세 번 사용하는데, 이 또한 부활과 직접 관련된 것이 아니다. '에게이로'라는 동사를 쓴다. 여기서 우리는 왜 바울은 예수 부활을 언급함에 있어 '아나스타시스'라는 단어를 사용하지 않고 굳이 '에게이로'라는 단어를 사용했을까를 생각해 본다. 제2성서가 헬라어로 기록이 되었지만, 예수는 아람어로 말한 것이고 설사 헬라어로 말했다 하더라도 수십 년이 지나 (집단) 기억에 의존하였기에 단어 하나하나가 갖는 의미가 분명히 있겠지만, 보다 넓게 다양한 해석의 폭을 갖는 것이 중요하다. (예수의 말을 아람어로 옮겼을 때 전혀 다른 해석이 나오는 경우가 종종 있다.) 그리고 바울 자신이 헬라어로 기록했다고 하지만, 당시에는 헬라어로만 소통되었던 것이 아니라 라틴어가 함께 통용되었고 또한 바울의 경우에는 히브리어 역시 글의 경우에는 함께 고려되는 것이 이성적이다.

여기서 필자는 바울이 복음서 저자들과 달리 '에게이로' 단어를 매우 의도적으로 썼다고 본다. 왜냐하면 헬라어 '스타시스'는 라틴어로 옮길 때 '*surrect* stand up)이다. 여기서 re-surrect(부활)와 in-surrect(민중봉기) 두 단어가 파생된다. 따라서 로마 시민권자로서 라틴어에 익숙했던 바울은 로마 정부의 의심을 살만한 *surrect*란 단어를 피한 것으로 이해가 된다. 전체적으로 복음서 저자들은 특히 마가복음은 예수 부활을 (요한복음은 입장이 조금 다르지만) '빈무덤'과 '갈릴리에서 만나자'라는 민중 저항의 성격으로 기술하는 반면, 바울은 이를 하늘 시민권자의 의미로 희석화 내지는 내세화시킨 것이다. 그러기에 바울은 예수의 제자들과 달리 자신은 역사적 예수에 대해서는 관심이 없다고 말한 것인지도 모른다. 바울 또한 반제국으로서의 예수 복음의 저항성과 변혁성을 많이 말하고 있지만, 예수 부활(의 역사성)에 있어서만은 복음서 저자들과는 용어 사용은 물론 개념에 있어서도 상당한 차이가 있다.

부활절 다섯째 주일

행 11:1-18; 시 148; 계 21:1-6; 요 13:31-35

사도행전 11:1-18

1 사도들과 유대에 있는 신도들이, 이방 사람들도 하나님의 말씀을 받아들였다는 소식을 들었다.

2 그래서 베드로가 예루살렘에 올라왔을 때에, 할례를 받은 신도들이

3 "당신은 할례를 받지 않은 사람들의 집에 들어가서, 그들과 함께 음식을 먹은 사람이오" 하고 그를 힐난하였다.

4 이에 베드로가 그 사이에 일어난 일을 차례대로 그들에게 설명하였다.

5 "나는 욥바 성에서 기도를 하고 있었습니다. 그 때에 내가 무아지경 가운데서 환상을 보았는데, 큰 보자기 같은 그릇이, 네 귀퉁이에 끈이 달려서 하늘에서 내 앞에까지 내려왔습니다.

6 그 속을 자세히 들여다보니, 땅 위의 네 발 가진 짐승들과 들짐승들과 기어다니는 것들과 공중의 새들이 있었습니다.

7 그리고 내가 들으니 '베드로야, 일어나서 잡아먹어라' 하는 음성이 내게 들려 왔습니다.

8 그래서 나는 '주님, 절대로 그럴 수 없습니다. 저는 속된 것이나 부정한 것은 한 번도 먹은 일이 없습니다' 하고 말하였습니다.

9 그랬더니 '하나님께서 깨끗하게 하신 것을 속되다고 하지 말아라' 하는 음성이 두 번째로 하늘에서 들려왔습니다.

10 이런 일이 세 번 일어났습니다. 그리고서 모든 것은 모두 다시 하늘로 들려 올라갔습니다.

11 바로 그 때에 사람들 셋이 우리가 묵고 있는 집에 도착하였는데, 그들은 가이사랴에서 내게 심부름을 온 사람이었습니다.

12 성령이 내게, 의심하지 말고 그들과 함께 가라고 하셨습니다. 그래서 이 여섯 형제도 나와 함께 가서, 우리는 그 사람의 집으로 들어갔습니다.

13 그 사람은, 그가 천사를 본 이야기를 우리에게 해주었습니다. 곧 천사가 그의 집에 와서 서더니, 그에게 '욥바로 사람을 보내서, 베드로라고도 하는 시몬을 불러오너라.

14 그가 네게 너와 네 온 집안이 구원을 받을 말씀을 일러줄 것이다' 하고 말하더라는 것입니다.

15 내가 말을 하기 시작하니, 성령이 처음에 우리에게 내리시던 것과 같이, 그들에게도 내

리셨습니다.

16 그 때에 나는 '요한은 물로 세례를 주었지만, 너희는 성령으로 세례를 받을 것이다' 하신 주의 말씀이 생각났습니다.

17 그러므로 하나님께서는, 우리가 주 예수 그리스도를 믿을 때에 우리에게 주신 것과 같은 선물을 그들에게도 주셨는데, 내가 누구이기에 감히 하나님을 거역할 수 있었겠습니까?"

18 이 말을 듣고 그들은 잠잠하였다. 그들은 하나님께 영광을 돌리고 "이제, 하나님께서 이방 사람들에게도 회개하여, 생명에 이르는 길을 열어주셨다" 하고 말하였다.

신학적 관점

본문, 특히 17절은 사도행전 전체의 흐름을 바꾸는 핵심 구절이다. 베드로로부터 바울에게로 사역의 중심이 옮겨간다.

당시의 종교사회법을 어기고 베드로가 할례를 받지 아니한 로마의 백부장 고넬료의 집에 들어가서 식사를 하고 그와 그의 가족들과 친지들의 함께 한 자리에서 성령이 임하는 사건이 일어났다. 이 때문에 예루살렘 지도자들 사이에서 비난 논란이 일어났다. 이에 대한 변호로서 베드로는 환상을 본 이야기를 하고 있다. 당시 유대교에 따르면 할례를 받지 않은 이방인들은 구원에서 제외되어 있었다. 베드로는 이러한 벽을 허물어야 한다는 예수의 가르침을 알고는 있었지만, 아직 그런 경계를 완전하게 뛰어넘지는 못하고 있었다. 환상을 통해 비로소 베드로는 하늘의 깨우침을 얻었다. 그는 신앙에서 중요한 것은 교리나 전통이 아니라 '인류 사랑'에 기초한 '사람 구원'임을 깨달은 것이다. '생명에 이르는 길'에는 차별이 없어야 한다는 것을 깨달은 것이다.

목회적 관점

16절의 '요한의 물세례'와 '예수의 성령세례'의 차이를 다음과 같이 이해할 수 있다. 곧 요한의 세례는 회개의 세례로서 사람을 변화시키긴 하지만, 단순히 과거 행위에 대한 뉘우침의 변화에 불과했지만, 예수의 성령세례는 마치 베드로가 자신이 평생 믿어왔던 모세 율법(정결법)에 따른 '깨끗한 것'과 '부정한 것'의 자기 판단의 기준을 부수고 하느님 안에서 그런 구분은 없다는 깨달음이다.

1세기에 구원에서 배제된 사람들은 할례를 받지 않았던 이방인들이었다. 5세기에는 로마제국 밖의 삼위일체 교리와 사도신조를 알지 못하는 북유럽과 동유럽의 (야만?)민족들이었다. 10세기에는 모슬림교도들이었으며, 15세기에는 흑인들이었고, 17세기에는 예수를 알지 못하는 동양인들과 남미의 원주민들이었다. 19세기에는 참정권에서 배제된 여성들이 있었으며, 20세기에는 장애인들이 부정한 사람의 대상이 되었으며, 오늘날 21세기에는 사회주의와 공산주의자들인 '빨갱이'들과 '동성애자'들이 있다. 오늘 나의 목회에서 부정하다고 구원에서 배제된 사람들은 누구인가?

주석적 관점

반복되는 사건이나 용어는 중요함의 상징이다. 본문에서 베드로는 같은 환상을 '세 번' 본다(10절). 그런데 누가는 중요한 사건을 세 번 반복하는 신학적 의도가 있는데 이를 "Lukan triads"(누가의 삼세번)라 부른다. 사도행전에서 바울의 다마스커스 회심 사건은 9, 22, 26장에 세 번 반복이 된다. 물론 강조점과 뉘앙스가 조금씩 다르다.

11절에는 '세' 사람이, 12절에는 '여섯' 사람이 등장한다. 여섯은 최소한의 증인 숫자인 둘의 '세 배'이다. 고넬료의 신앙에 대해 그가 의인이자 하느님을 공경하는 사람이라는 말 또한 '세 번' 반복된다(10:1-2, 4, 22). 고넬료에게 성령은 '세 번' 임한다(10:3, 44; 11:15)(*feasting*, 451).

설교적 관점

욥바는 요나가 당시의 가장 큰 나라였던 아시리아의 수도 니느웨로 가기 위한 항구 도시였다. 곧 세계를 향해 열린 도시였다. 이곳에서 베드로는 환상을 본다. 그런데 그가 머문 집은 '백정'의 집이었다. 곧 변혁의 역사는 밑바닥 민중으로부터 시작함을 암시하고 있다.

"사마리아에서 땅끝까지"라는 선교 구호는 단순히 지리적인 차원만을 말하는 것이 아니다. 당시 사마리아는 유대인들에게는 멸시와 혐오의 지역이었으며 땅끝까지 가는 도중에는 수많은 이방 문화와 종교가 놓여 있었다. 곧 세계 선교는 인종적 편견을 깨고 이질 문화를 수용하는 일 없이는 불가능한 일이다. 이로 인한 교회 내의 문화나 전통의 변화는 불가피하다. 이는 사람의 힘이 아닌 성령의 힘으로 되는 일이다.

당시 유대교에서 '할례'는 구원받는 사람과 구원받지 못하는 사람을 나누는 잣대였다. 오늘날의 용어로 바꾸면 무엇이 될까?

토착화신학에 대해 잠시 생각해 보자. 유대교의 모세 율법과 정결법도 따지고 보면 토착화신학의 일종이며 니케아신조로부터 사도신조, 웨스트민스터신조 등등에 이르기까지 당대에 금과옥조로 여겨졌던 서구의 신학과 신조들은 저들의 문화와 전통에 기초한 일종의 토착화신학 작업의 결과였다.

시편 148

1 할렐루야, 하늘에서 야훼를 찬양하여라. 그 높은 데서 찬양하여라.

2 그의 천사들 모두 찬양하여라. 그의 군대들 모두 찬양하여라.

3 해와 달아 찬양하고 반짝이는 별들아 모두 찬양하여라.

4 하늘 위의 하늘들, 하늘 위에 있는 물들아 찬양하여라.

5 야훼의 명령으로 생겨났으니, 그의 이름 찬양하여라.

6 지정해 주신 자리 길이 지키어라. 내리신 법은 어기지 못한다.

7 땅에서도 야훼를 찬양하여라. 큰 물고기도 깊은 바다도,

8 번개와 우박, 눈과 안개도, 당신 말씀대로 몰아치는 된바람도,

9 이 산 저 산 모든 언덕도, 과일나무와 모든 송백도,

10 들짐승, 집짐승, 길짐승, 날짐승,

11 세상 임금들과 모든 추장들도 고관들과 세상의 모든 재판관들도

12 총각 처녀 할 것 없이 늙은이 어린이 모두 함께

13 야훼의 이름을 찬양하여라. 그 이름, 그분 홀로 한없이 높으시고 땅 하늘 위에 그 위엄 떨치신다.

14 당신 백성의 영광을 드높여 주셔서, 당신을 가까이 모신 이 백성, 이스라엘 후손들, 당신을 믿는 모든 신도들에게 자랑이로다.

요한계시록 21:1-6

1 나는 새 하늘과 새 땅을 보았습니다. 이전의 하늘과 이전의 땅이 사라지고, 바다도 없어졌

습니다.

2 나는 또, 거룩한 도시 새 예루살렘이 남편을 위하여 단장한 신부와 같이 차리고, 하나님 께로부터 하늘에서 내려오는 것을 보았습니다.

3 그 때에 나는 보좌에서 큰 음성이 울려 나오는 것을 들었습니다. "보아라, 하나님의 집이 사람들 가운데 있다. 하나님께서 그들과 함께 계실 것이요, 그들은 하나님의 백성이 될 것 이다. 하나님께서는 친히 그들과 함께 계시고,

4 그들의 눈에서 모든 눈물을 닦아 주실 것이니, 다시는 죽음이 없고, 슬픔도 울부짖음도 고통도 없을 것이다. 이전 것들이 다 사라져버렸기 때문이다."

5 그 때에 보좌에 앉으신 분이 말씀하셨습니다. "보아라, 내가 모든 것을 새롭게 한다." 또 말씀하셨습니다. "기록하여라. 이 말은 신실하고 참되다."

6 또 나에게 말씀하셨습니다. "다 이루었다. 나는 알파와 오메가, 처음과 마지막이다. 목마 른 사람에게는 내가 생명수 샘물을 거저 마시게 하겠다."

신학적 관점

일반적으로 하늘은 영원을 상징하고, 땅은 변화를 상징한다. 그런데 본문은 땅만이 아닌 하늘마저 사라지는 '새 하늘과 새 땅'을 말한다. 기존의 개념을 탈피해야 보이는 전혀 다른 세상을 말하고 있다. "바다도 없어졌다"고 말한다. 바다는 무엇을 상징하는가? 창세기 1장에서 바다는 '혼돈과 어둠'의 근원이었으며, 계시록에서는 로마제국을 상징하는 '용'이 머무는 장소이다.

죽음이 더 이상 존재하지 않는다는 것은 무엇을 의미하는가? 죽음이 없다면 우리가 생각하는 삶 또한 없다. 왜냐하면 죽음만 고통스러운 것이 아니라 삶 또한 고통의 연속이기 때문이다. 삶도 죽음도 없는 새 하늘과 새 땅은 환상 외에 다른 방법으로는 설명이 불가능하다. 아마도 이 때문에 깔뱅이 성서 전체의 설교 주석을 쓰면서도 요한계시록은 쓰지 않았을 것이다.

"나는 알파와 오메가이다." 시작과 끝이 있다고 하는 시간적 개념은 서양 철학의 기초이다. 그러나 이는 이미 아인슈타인에 의해 이러한 시간 개념이 깨어진 지 오래다. 동양은 시작도 끝도 없다는 도가적 개념이 더 일반화되어 있다. 불가의 윤회설도 있다. 그래서 나온 시간 개념이 이 둘을 종합한 나선형 역사 시간 개념이다. 종말은 끝을 상정한다. 오늘날의 창조에 대해 과정신학에서는 새로운 이해를 말한다.

목회적 관점

본문은 장례식장에서 자주 인용되는 구절이다. 그러나 평상시 신의 존재조차 부정되는 오늘날의 사회에서 본문의 의미를 목회에서 어떻게 적용할 수 있을까? 요한 사도와 같이 극도의 정치적 핍박 아래 있는 사람이라면 이 구절에서 희망을 발견할 수 있을 것이다. 전쟁의 고통 속에 있는 팔레스타인 사람들은 오늘의 말씀에서 큰 위로와 희망을 발견할 것이다.

주석적 관점

새 예루살렘을 단장한 신부로 말하는 것은 바빌론으로 상징화된 로마제국을 음녀로 말하는 것이 전제된 것이다(17:5). 이 여자가 탄 짐승은 일곱 머리와 열 뿔 가진 짐승인데, 여기서 로마는 일곱 개의 언덕이 있으며 열 명의 황제가 지배했다(17:9). 페미니스트 입장에서 여성을 악으로 상징화하는 일은 조심스럽게 접근해야 한다. 이는 당대 문화의 산물일 따름이다. 중요한 것은 제국성에 대한 비판이지 성적 견해가 아니다(*feasting*, 465).

설교적 관점

창세기 1장의 '하늘과 땅'은 요한계시록 마지막 21장에서 '새 하늘과 새 땅'의 얘기로 종결되고 있다. 물론 이는 끝이 아닌 새로운 시작이다. 예수 그리스도의 부활을 되새기는 오늘 설교자는 예수의 삶과 고통, 죽음과 부활에 이은 영광의 도래를 얘기한다. "보아라, 내가 모든 것을 새롭게 한다." 이는 세상의 고통 속에 있는 들려주는 설교자의 책무이자 특권이다. 그러나 이것이 맑스가 비판하는 바 '민중의 아편'이 아닌 부조리한 현실을 똑바로 바라보고 이를 변혁하는 살아있는 신앙으로 이끌어야 한다.

요한복음 13:31-35

31 유다가 나간 뒤에, 예수께서 말씀하셨다. "이제는 인자가 영광을 받았고, 하나님께서도

인자로 말미암아 영광을 받으셨다.

32 하나님께서 인자로 말미암아 영광을 받으셨으면, 하나님께서도 몸소 인자를 영광되게 하실 것이다. 이제 곧 그렇게 하실 것이다.

33 사랑하는 사람들아, 내가 아직 잠시동안은 너희와 함께 있겠다. 그러나 너희가 나를 찾을 것이다. 내가 일찍이 유대 사람들에게 '내가 가는 곳에 너희는 올 수 없다'고 말한 것과 같이, 지금 나는 너희에게도 말하여 둔다.

34 이제 나는 너희에게 새 계명을 준다. 서로 사랑하여라. 내가 너희를 사랑한 것과 같이, 너희도 서로 사랑하여라.

35 너희가 서로 사랑하면, 모든 사람이 그것으로써 너희가 나의 제자인 줄을 알게 될 것이다."

신학적 관점

예수를 태초부터 하나님과 함께 계셨던 '로고스'로 선포한 요한은 이제 그의 복음서 말미에 이르러 다시금 '하나님과 하나됨'을 강조한다. 이는 영광을 매개로 한다. 이 영광이 구체적으로 무엇인지는 후에 밝혀질 것이다. 그리고 이 영광을 남은 제자들이 지켜가는 길은 '서로 사랑하는 것'이다.

공관복음서에서의 마지막 만찬과는 달리 요한복음에서는 예수께서 제자들의 발을 씻긴 이후 새 계명을 줌으로써 제자들과의 헤어짐을 준비한다. 그 새 계명은 "서로 사랑하라"인데, 이는 새 계명이 아니다. 중요한 것은 "내가 너희를 사랑한 것과 같이"라는 단서다. 이는 상대방의 더러운 발을 씻기 위해 그 앞에 몸을 구부리는 낮아짐의 사랑이다. 신학자들은 이 요한의 (세족) 사랑을 마태의 하나님과 이웃 사랑의 계명(22:34-40) 그리고 누가의 강도 만난 자를 돕는 선한 사마리아 사람의 사랑과 비교하여 보다 강도가 높은 사랑이라고 말하기도 한다.

목회적 관점

목회의 핵심은 교인들이 서로 사랑하도록 돕는 일이다. 설교를 하고, 성서 공부를 하고, 찬양과 봉사를 하는 모든 일의 중심에는 '사랑'이 있다(35절). 이익단체 안에서 서로 다툴 때 밖으로부터 비난은 없다. 그러나 교회에서 다툼이 일어나면 밖으로부터 비난이 일어난다. 예수의 이름에 먹칠을 하게 된다. 이를 방지하고 신앙을 보다 돈독히 하기 위해 어떤 교회는 매 주일 성찬식을 하고, 어떤 교회는 매 주일 세족식을 하기도 한다. 세족식을 목회에서 보다 자주 행할 수 있는 방식을 찾아보자.

주석적 관점

본문은 '유다가 나간 뒤에'라는 단서로 시작한다. 이는 유다의 배신으로 인해 곧 예수가 로마 군병들에게 붙잡혀 십자가 위에서 죽게 될 것임을 암시한다. 요한은 이를 '인자의 영광'이라고 말한다. 영광은 모든 사람이 우러러보는 명예의 최상의 가치를 의미한다. 그렇다면 31절 하반절의 "하나님께서도 인자로 말미암아 영광을 받으셨다"에서 하나님이 받은 구체적인 영광은 무엇일까?

설교적 관점

요한복음에서 '영광'은 매우 다양한 방식으로 그리고 자주 사용되고 있다. 25개의 구절에 걸쳐 36번 등장하고 있다. 거의 매 장에 등장하고 있는데, 어느 짧은 구절에서는 세 번이나 연거푸 사용되는 경우도 있다. 공관복음서 전체에서 사용된 횟수만큼 사용되고 있다(*feasting*, 473).

세상 사람들이 추구하는 영광은 무엇이며, 예수를 따르는 사람들이 추구하는 영광은 어떻게 다른가? 요한이 살았던 시대는 로마제국의 시대였다. 제국의 추구하는 영광은 무엇인가? 로마 황제가 추구하는 영광은 또 무엇인가? 영광에 관련한 유명한 말은 "한 알의 밀알이 땅이 떨어져 죽어 많은 열매를 맺는 일"이다. 제자들이 서로 사랑하라고 하는 당부와 이 밀알의 영광은 어떻게 연계될까?

부활절 여섯째 주일

행 16:9-15; 시 67;
계 21:10; 21:22-22:5; 요 14:23-29

사도행전 16:9-15

9 여기에서 밤에 바울에게 환상이 나타났는데, 마케도니아 사람 하나가 바울 앞에 서서 "마케도니아로 건너와서, 우리를 도와주십시오" 하고 간청하였다.

10 바울이 그 환상을 본 뒤에, 우리는 곧 마케도니아로 건너가려고 하였다. 마케도니아 사람들에게 복음을 전하게 하시려고 하나님께서 우리를 부르신 것이라고, 우리가 확신하였기 때문이다.

11 우리는 드로아에서 배로 떠나서, 사모드라게로 직행하여, 이튿날 네압볼리로 갔고,

12 거기에서 빌립보에 이르렀다. 빌립보는 마케도니아 지방에서 첫째가는 도시이고, 로마 식민지였다. 우리는 이 도시에서 며칠 동안 묵었는데,

13 안식일에 성문 밖 강가로 나가서, 유대 사람이 기도하는 처소가 있음직한 곳을 찾아갔다. 우리는 거기에 앉아서, 모여든 여자들에게 말하였다.

14 그들 가운데 루디아라는 여자가 있었는데, 그는 자색 옷감 장수로서, 두아디라 출신이요, 하나님을 공경하는 사람이었다. 주께서 그의 마음을 여셨으므로, 그는 바울의 말을 귀담아 들었다.

15 그가 집안 식구와 함께 세례를 받고 나서 "나를 주의 신도로 여기시면, 우리 집에 오셔서 머물러 주십시오" 하고 간청하였다. 그리고 우리를 강권해서, 자기 집으로 데리고 갔다.

신학적 관점

사도행전은 일명 성령행전이라 불린다. 본래 바울은 소아시아 오늘날의 터키 지역에서의 선교 활동을 계획하고 있었다. 그런데 성령의 지시를 따라 갑자기 바다 건너 마케도니아 오늘날의 그리스로 방향을 바꾼다. 이는 결코 쉬운 전환이 아니었다. 왜냐하면 소아시아 지역에는 오래전부터 디아스포라 유대인들이 곳곳에서 공동체를 이루고 있었기에 바울로서는 이들을 기반으로 선교하는 것이

보다 용이했기 때문이다. 바다 건너 유럽에는 아직 그만한 유대인 공동체가 형성되지 않았었다. 역사적 바울 학자들은 이러한 방향 전환의 배경을 이미 소아시아 지역에서 직접 선교하고 있는 예수의 제자들과의 마찰을 피하기 위함으로 추정한다. 어떻게 보면 성령은 바울로 하여금 "호랑이를 잡으려면 호랑이굴로 가야 한다"는 우리 속담과 같이 로마제국의 황제 종교와 제국적 가치에 정면으로 부딪치기로 정한 것이다.

환상 중에 나타난 마케도니아 사람이 외친 말 "우리를 구원하소서"에서 저들은 어떤 곤경에 처해 있었던 것일까?

목회적 관점

환상은 요즘 말로 하면 '비전'(vision)이다. 교회는 기본적으로 선교 공동체로서, 그것이 해외이든 국내이든 선교의 비전을 갖고 있다. 교회 개척이든 해외 선교이든 이는 목사나 선교사 혼자만의 힘으로 할 수 있는 것은 아니다. 현지에서의 선교 동역자는 필수적이다.

바울은 빌립보에서 리디아를 만났다. 리디아는 남성 중심의 사회에서 부자들을 상대로 한 여성 옷감 사업가였다. 정교회는 리디아를 성인으로 추대한다. 리디아가 아니었다면 바울은 많은 어려움에 직면했을 것이다. 그리고 리디아는 선교에 있어 수동적이지만은 아니하였다. 그는 하느님을 공경하는 사람이었고, 마음 문을 열고 예수의 복음에 귀를 열었을 뿐만 아니라, 그 집안사람을 모두 예수에게로 인도하는 길잡이가 되었으며 바울을 강권적으로 이끌어 자신의 집이 마케도니아의 선교 기반처가 되도록 하였다. 종종 목회자들과 선교사들이 경험하는 일이기도 하다.

주석적 관점

환상을 본 16장 9절에서부터 바울과 디모데는 '그' 혹은 '그들'이라는 삼인칭 대명사에서 '우리'라고 하는 일인칭 대명사로 전환이 일어난다. 이는 저자가 실제 선교 사역에 동참하였다는 것을 의미할 수도 있고, 아니면 실제 참여는 하지 않았지만 역사적 사실임을 강조하기 위한 하나의 문학적 방식일 수도 있고, 아니면 단지 청중의 동참 의식을 이끌어 내기 위한 방식으로도 이해할 수 있다. 왜냐하면 이후에도 '우리'라는 표현과 함께 '그들', '두 사람' 혹은 '바울 일행'이라는 표현이 여전히 등장하고 있기 때문이다.

빌립보 도시는 BCE 356년 알렉산더의 아버지 빌립의 이름을 따라 명명되었다. 피터 오크스(Peter Oakes)의 *Philippians: From People to Letter*(New York: Cambridge University Press, 2001)에 의하면 당시 도시인구는 15,000명이었으며 귀족계층이 3%, 자작농과 식민 지배 계층이 25%, 숙련 직업군과 상인 계층과 서비스업 종사자들이 45% 그리고 빈곤층이 27%였으며, 인구의 20%가 노예들이 었다.

설교적 관점

통계에 의하면 기독교인들의 절반가량이 환상(비전 혹은 계시)에 대한 경험이 있다. 물론 목사나 선교사들의 경우는 더 많을 것이다. 삶의 중대한 전환점에 있어서 환상 없이 이를 결행하기는 쉽지 않다. 그러나 하느님의 뜻(계시)이라고 주장하지만 자기 욕망의 반영인 허망한 계시(개꿈)도 많다. 이는 신학교 지망, 교회 개척, 해외 선교사 지원 등과 같은 사역에서도 나타날 수 있다. 왜냐하면 결과적으로 보아 다른 직업을 선택했더라면 훨씬 더 자신의 능력을 드러낼뿐더러 하느님의 영광을 드러낼 수가 있었기 때문이다. 설교자는 이 둘을 구분하는 자기 성찰과 이성적 판단에 대해 언급할 필요가 있다.

리디아를 만난 곳은 성문 밖이었다. 리디아는 중산층 상인이었지만, 여성으로서 소외계층에 속했다. 하느님의 역사는 성문 밖, 낮은 자들로부터 출발하고 있음을 말하고 있다. 마치 베들레헴 성문 밖에 거주하고 있었던 목자들에게 새역사의 시작을 알리는 천사들의 아기 예수 구주 탄생 소식이 들려졌듯이 말이다.

시편 67

1 하느님, 우리를 어여삐 보시고, 축복을 내리소서. 웃는 얼굴을 우리에게 보여주소서. (셀라)

2 세상이 당신의 길을 알게 하시고 만방이 당신의 구원을 깨닫게 하소서.

3 하느님, 백성들이 당신을 찬양하게 하소서. 만백성이 당신을 찬양하게 하소서.

4 당신께서 열방을 공평하게 다스리시고 온 세상 백성들을 인도하심을 만백성이 기뻐 노래하며 기리게 하소서. (셀라)

5 하느님, 백성들이 당신을 찬양하게 하소서. 만백성이 당신을 찬양하게 하소서.

6 땅에서 오곡백과 거두었으니 하느님, 우리 하느님의 축복이라.

7 하느님, 우리에게 축복하소서. 온 세상 땅끝까지 당신을 두려워하게 하소서.

요한계시록 21:10; 21:22-22:5

10 나를 성령으로 힘싸서 높고 큰 산 위로 데리고 가서, 하나님께로부터 하늘에서 내려오는 거룩한 도시 예루살렘을 보여주었습니다.

22 나는 그 안에서 성전을 볼 수 없었습니다. 그것은 전능하신 주 하나님과 어린 양이 그 도시의 성전이시기 때문입니다.

23 그 도시에는, 해나 달이 빛을 비출 필요가 없습니다. 그것은, 하나님의 영광이 그 도성을 밝혀 주며, 어린 양이 그 도성의 등불이시기 때문입니다.

24 민족들이 그 빛 가운데로 다닐 것이요, 땅의 왕들이 그들의 영광을 그 도시로 들여올 것입니다.

25 그 도시에는 밤이 없으므로, 온종일 대문을 닫지 않을 것입니다.

26 그리고 사람들은 민족들의 영광과 명예를 그 도시로 들여올 것입니다.

27 속된 것은 무엇이나 그 도시에 들어가지 못하고, 가증한 일과 거짓을 행하는 자도 절대로 거기에 들어가지 못합니다. 다만 어린 양의 생명책에 기록되어 있는 사람들만이 들어갈 수 있습니다.

1 천사는 또, 수정과 같이 빛나는 생명수의 강을 내게 보여주었습니다. 그 강은 하나님의 보좌와 어린 양의 보좌로부터 흘러 나와서,

2 도시의 넓은 거리 한가운데를 흘렀습니다. 강 양쪽에는 열두 종류의 열매를 맺는 생명나무가 있어서, 달마다 열매를 내고, 그 나뭇잎은 민족들을 치료하는 데 쓰입니다.

3 다시 저주를 받을 일이라고는 아무것도 그 도시에 없을 것입니다. 하나님과 어린 양의 보좌가 도시 안에 있고, 그분의 종들이 그분을 예배하며,

4 하나님의 얼굴을 뵐 것입니다. 그들의 이마에는 그분의 이름이 적혀 있고,

5 다시는 밤이 없고, 등불이나 햇빛이 필요 없습니다. 그것은 주 하나님께서 그들을 비추시기 때문입니다. 그들은 영원무궁하도록 다스릴 것입니다.

신학적 관점

유대독립전쟁(CE 66~73)으로 인한 예루살렘 도성과 성전 파괴 이후 성전 중심의 유대교가 랍비 중심의 유대교(rabbinic Judaism)로 변화해 가는 데 반해 핍박에 처한 그리스도인들은 전혀 새로운 '도시(도성) 신학'을 창출하였다. 곧 사방이 돌벽으로 둘러싸인 제한된 장소가 아닌 시공간으로서의 열린 '도시'(polin) 개념이다.

'하늘에서 내려오는 거룩한 도시'란 '새 예루살렘'으로 '예수 공동체'(교회)의 도래를 상징한다. 그러나 이는 단순히 유대교의 대체가 아니었다. 왜냐하면 과거 예루살렘에 있었던 도성(都城)으로서의 성전은 볼 수 없었기 때문이다(22절). 그 대신 도시 전체가 성전이 되었다. 이는 일종의 건물로서의 성전 파괴를 넘어 도시의 성전화 내지는 종교의 세속화이기도 하다.

로마제국에 의하여 새롭게 형성되는 도시는 그간 수천 년간 인간 집단이 혈족/부족에 기초하여 형성해 온 성(城)과는 전혀 다른 성격을 지녔다. 초기 시민계급이 형성되는 과정으로 이해하면 좋다. 성은 문이 있어 아침에는 열고 저녁에는 닫았지만, 도시는 항상 열려 있었다(25절). 그러기에 서로 다른 배경을 가진 생면부지(生面不知)의 사람들이 모여들어 하나의 새로운 융합 문화를 만들어 낼 수 있었다(26절). 곧 '도시'는 개방성과 융합의 공간으로서 새로운 세계를 만들어 냈다. 장로 요한은 이 점에서 로마제국에 의해 새롭게 형성되는 도시의 긍정성을 발견한다. 그러나 장로 요한이 보는 도시는 가증한 일을 행하는 거짓된 자들은 들어올 수 없는(27절) 거룩한 도시로서 폭력에 기초한 로마제국을 근원적으로 차단하고 있다. 장로 요한은 이를 대체하는 새로운 도시(하느님 나라) 건설을 꿈꾸고 있다(1-5절).

목회적 관점

산 위에서 본 새 예루살렘 도시는 마치 에덴동산의 재현과 같다. 생명수가 흐르고 생명을 치료하는 생명나무가 자란다. 우리는 하느님의 나라 혹은 에덴동산을 사후 저세상의 세계로 이해한다. 본문은 '산 위에서'라는 단서가 붙어 있지만,

'저세상'이 아닌 '이 세상'이다. 예수 또한 "(하느님의) 나라가 (이 땅에) 임하오시며" 라고 말씀하신다. 잘못하면 목회는 교회라는 건물로서의 공간에 갇힌 목회가 되기 쉽다. 개방성과 융합으로서의 도시성을 회복하는 하느님 나라 목회는 어떠해야 할까?

주석적 관점

본문은 초대 교인들이 이사야 65-66장과 에스겔 40-48장의 예언의 말씀을 어떻게 이해하고 있었는지를 보여주고 있다.

성전이 더 이상 존재하지 않는 새 예루살렘 혹은 새 하늘과 새 땅의 이미지는 "성전을 허물어라. 내가 사흘 만에 다시 짓겠다"는 예수의 말씀과는 어떤 연관성을 갖는가?

요한계시록의 작성 시기는 CE 81년 등극했던 도미티아누스 황제 재위 시절 내분에 빠져 있는 제국을 통일하기 위해 황제 숭배를 강요하던 때였다. 황제 숭배를 거부하고 군대 징집에 반대했던 초기 그리스도교 공동체는 정치적 박해를 피할 수가 없었다. 이는 도미티아누스 황제의 아버지였던 베스파시아누스가 자신을 주님 혹은 구원자로 부르도록 강요할 때부터 예견이 되었다.

설교적 관점

도시의 밤은 여전히 휘황찬란하다는 점에서(과학의 힘) 오늘날 하느님의 영광(23절)을 대신하고 있는 것인가? 오늘날의 도시는 부와 편리함을 제공하지만, 동시에 공기오염과 쓰레기를 연상시키고 군중 속의 시민들은 아파트라는 네모난 상자 안에 들어가 TV 상자와 핸드폰 상자에 몰입하면서 자기만의 성을 만들어 가는 폐쇄성을 갖고 있다. 그리하여 도시민들은 언제나 기회만 되면 자연으로 돌아가서 자유와 열림을 경험하고자 한다. 세계 인구의 절반 이상이 도시에 머물게 되었으며 계속 팽창하면서 자연 파괴가 계속되고 있다.

1965년 종교사회학자 하비 콕스는 『세속도시』(*the Secular City*)라는 유명한 책에서 현대인들은 전통적인 의미에서의 종교성을 탈피하게 되었음을 말하면서 세속주의는 지양하되 세속화는 지향해야 함을 주장하였다.

20세기 두 번의 세계대전 이후 곳곳에서 전쟁은 끊이지 않고 있으며 우리 민족 또한 한국전쟁의 상처 속에서 지금도 신음하고 있다. 이천 년 전의 바빌론제국과 로마제국(*Pax Romana*)을 이어 오늘날은 미국(Pax Americana, America First)이 패권국가로 그 제국성을 이어가고 있다.

2절의 '민족들을 치료하는 열두 나무'는 오늘날 무엇을 상징하는가?(비교. 겔 47:12)

요한복음 14:23-29

23 예수께서 그에게 대답하셨다. "누구든지 나를 사랑하는 사람은 내 말을 지킬 것이다. 그러면 내 아버지께서 그 사람을 사랑하실 것이요, 우리는 그 사람에게로 가서 그 사람과 함께 살 것이다.

24 나를 사랑하지 않는 사람은 내 말을 지키지 않는다. 너희가 듣고 있는 이 말은, 내 말이 아니라 나를 보내신 아버지의 말씀이다.

25 내가 너희와 함께 있는 동안에, 나는 너희에게 이것들을 말하였다.

26 그러나 보혜사, 곧 아버지께서 내 이름으로 보내실 성령께서, 너희에게 모든 것을 가르쳐 주시고, 또 내가 너희에게 말한 모든 것을 생각나게 하실 것이다.

27 나는 평화를 너희에게 남겨 준다. 나는 내 평화를 너희에게 준다. 내가 주는 평화는, 세상이 주는 평화와 같은 것이 아니다. 너희는 마음에 근심하지 말고, 두려워하지도 말아라.

28 너희는, 내가 갔다가 너희에게로 다시 온다고 한 내 말을 들었다. 너희가 나를 사랑한다면, 내가 아버지께로 가는 것을 기뻐할 것이다. 내 아버지께서는 나보다 크신 분이기 때문이다.

29 지금 나는 그 일이 일어나기 전에 미리 너희에게 말하였다. 이것은 그 일이 일어날 때에 너희로 하여금 믿게 하려는 것이다."

신학적 관점

본문은 몇 가지 신학적인 질문을 낳는다.

1. 보혜사 성령의 역할은 무엇인가? 예수와는 어떤 차이가 있는가? 성령이 모든 것을 가르친다면(26절), 그렇다면 예수는 모든 것을 가르쳐주시지 않았던 것인가?

2. 예수는 왜 아버지께 꼭 다녀와야만 하는 것일까? 영적으로 이미 하나 되신

분이 아닌가?(10장 30절) 이 구절은 무덤가에서 만난 막달라 마리아가 몸을 만지려 하자 아직 아버지께 갔다 오지 않았음을 말하면서 만지지 못하도록 한다. 후에 도마에게는 만지도록 허락한다. 이 시차는 무엇을 말하고자 하는 것일까?

3. '아버지가 나보다 크신 분'(28절)이라는 구절은 삼위일체 신학에서는 문제가 된다. 다마스쿠스 요한은 이는 아들이 아버지에게서 나왔지 그 반대가 아니라는 표현에 불과하다고 말한다(*feasting*, 494).

4. 29절의 '그 일'이란 무엇을 말하는가? 부활 후 제자들에게 말한 "평화가 있으라"와 관련짓는다면 이는 예수의 부활을 말한다. 30절의 "이후에는 내가 너희와 말을 많이 하지 아니하나니 이 세상의 임금이 오겠음이라. 그러나 그는 내게 관계할 것이 없으니"에 근거한다면 십자가 죽음을 말한다고 하겠다. 이를 부활로 이해한다면 막달라 마리아가 본 부활 예수와 그 이후 다른 제자들이 본 부활 예수와는 차이가 존재하게 된다. 만약 '그 일'이 성령강림 사건을 뜻한다면 별문제가 되지 않는다.

목회적 관점

세상이 주는 평화는 마음의 안정 혹은 전쟁이 없는 평온함을 뜻한다. 예수가 주는 평화는 이를 포함하되 하느님께서 항상 함께 하신다는 믿음에 기초하여 정의, 사랑, 용서, 화해, 감사와 연계되어 있다.

주석적 관점

본문은 고별 담화(13:1-17:26)의 일부로서 유다의 질문 "주님, 주께서 우리에게는 자신을 드러내십니다. 세상에 드러내려 하시지 않는 것은 무슨 까닭입니까?"에 대한 답변이지만, 직설적인 답변 대신에 요한복음의 다른 경우에서와 같이 영적 차원으로 답하고 있다.

90년대 초 지중해 일대의 디아스포라 예수따르미들이 유대독립전쟁 직후 저마다 생존을 위한 자구책을 마련하는 가운데, 에베소 지방(?)에서 내부적으로는 유대교 회당에 뿌리를 두고 있었던 다른 예수 공동체로부터의 배척과 로마제국의 핍박이라는 이중적인 극한 상황에서 요한복음은 기록되었다. 아마도 이러한 이유로 인해 유월절 식사에 뿌리를 둔 성찬식 전례 대신에 세족식 전례를 내세웠을 것이다. 요한 공동체는 다른 공동체들이 유대교와의 관계를 끊지 못함으로 인해 예수의 '아버지와 하나'라는 신앙의 주체적 정신(에고 에이미)을 계승하지 못하고 있다고 생각하였다. 1장에서 예수를 창조 때부터 존재했던 로고스로, 이어 2장에서 "성전을 허물라"는 반유대교 외침을 하는 이유다.

설교적 관점

본문은 삼위일체 신학에 대한 말씀을 제공한다. 다만 '내 아버지'(23절)라는 칭호는 사랑과 보호의 측면에서 신과의 관계를 뜻하는 용어이지 성적(gender) 용어가 아님에 유의하자. 예수는 주기도에서 아람어로 'abba'(아빠!)라고 불렀다. '하늘에 계신 아버지 혹은 주님!'이라는 용어 대신에 '하늘에 계신 아빠!'라고 불렀다. 당시 권위적인 유대교에서는 상상할 수 없는 파격적인 용어였다. 필자는 '아버지'라는 용어는 가능하면 사용하지 않기를 바라지만, 꼭 사용해야 한다면 '아버지' 대신 '어버이' 사용을 권한다. 아버지 혹은 남성의 폭력성을 경험한 사람들은 트라우마가 있기 마련이다.

본문은 예수의 체포와 죽음을 앞둔 어둠의 순간이다. 예수께서는 세상이 주는 평화와 다른 평화를 말씀하신다. 곧 예수의 평화는 죽음으로부터 도피하는 평화가 아닌 죽음과 맞부딪히는 도전의 평화이다. 이는 오실 보혜사 성령을 믿고, 하느님은 '크신 분'이라는 믿음에 기초한다. 이 결과로 요한복음은 공관복음서와는 달리 예수의 겟세마네 동산에서의 피땀을 흘리는 기도와 잔을 옮겨달라는 고뇌가 없다. 오히려 그를 잡으러 왔던 로마 병정들이 예수 앞에 엎드린다. 이는 핍박에 직면한 요한 공동체의 신앙고백이기도 하다.

승천주일(Ascension of the Lord)

행 1:1-11; 시 47; 엡 1:15-23; 눅 24:44-53

부활절 후 일곱 번째 본문(행 16:16-34; 시 97; 계 22:12-14, 16-17, 20-21; 요 17:20-26)
을 선택할 수도 있다. 필자는 성령강림절을 앞둔 주일로 승천주일 본문이 타당하다고
여겨 선택했다.

사도행전 1:1-11

1 데오빌로님, 나는 첫째 책에서 예수께서 행하시고 가르치신 모든 일을 다루었습니다.

2 나는 거기에다가, 예수께서 활동을 시작하신 때로부터, 택하신 사도들에게 성령의 힘으
로 지시를 내리신 다음에 하늘로 올라가신 날까지, 하신 모든 일을 수록하였습니다.

3 예수께서는 고난을 받으신 뒤에, 자기가 살아 계심을 여러 가지 증거로 드러내셨습니다.
그는 사십 일 동안 사도들에게 여러 차례 나타나시고, 하나님 나라를 두고 여러 가지 일을
말씀하셨습니다.

4 예수께서는 사도들과 함께 계시는 동안에 그들에게 명하시기를 "너희는 예루살렘을 떠나
지 말고, 내게서 들은 아버지의 약속을 기다려라.

5 요한은 물로 세례를 주었으나, 너희는 여러 날이 되지 않아서 성령으로 세례를 받을 것이
다" 하셨습니다.

6 사도들이, 한자리에 모였을 때에 예수께 여쭈었다. "주님, 주께서 이스라엘을 위하여 나
라를 되찾아 주실 때가 바로 지금입니까?"

7 예수께서 그들에게 말씀하셨다. "때나 시기는 아버지께서 아버지의 권한으로 정하신 것
이니, 너희가 알 바가 아니다.

8 그러나 성령이 너희에게 내리시면, 너희는 권능을 받고, 예루살렘과 온 유대와 사마리아
에서 그리고 마침내 땅끝에까지, 나의 증인이 될 것이다."

9 이 말씀을 하신 뒤에, 주께서 그들이 보는 앞에서 들려 올라가시니, 구름에 싸여서 보이
지 않게 되었다.

10 예수께서 올라가실 때에, 그들이 하늘을 쳐다보고 있는데, 갑자기 흰 옷을 입은 사람
둘이 그들 곁에 서서

11 "갈릴리 사람들아, 어찌하여 하늘을 쳐다보면서 서 있느냐? 너희를 떠나서 하늘로 올라가신 이 예수는, 하늘로 올라가시는 것을 너희가 본 그대로 다시 오실 것이다" 하고 말하였다.

신학적 관점

부활에 이은 승천은 신학적으로 어떤 의미를 갖는 것인가? 인공위성이 하늘로 솟구쳐 올라가 구름 속으로 사라지는 것과 어떤 차이를 갖는 것일까? 지구는 편편하고 태양은 지구를 중심으로 회전하고 있다는 삼층 세계관의 고대인들이 말하는 구름 너머의 예수 승천 사건은 분명코 이와는 전혀 다른 세계관을 갖고 있는 현대인들에게는 새롭게 해석되어야 한다.

부활 예수의 몸으로 이 땅에 머문 기간 '40일'은 노아의 홍수 40주야, 출애굽 백성들의 광야 40년, 엘리야의 광야 40일, 예수의 광야 40일 기도 등에서 언급되는 바, 이는 물량의 시간인 크로노스의 시간이 아닌 질적 시간, 곧 하느님의 인간 역사 개입을 뜻하는 역사변혁의 카이로스의 시간을 의미한다. 곧 승천 사건은 몰트만이 말한바 "오고 있는 하느님의 나라로 가신 것으로" 이해되며, 삼위일체 교리 신학의 기초가 된다. 그런데 같은 저자의 책인 누가복음(24:50-53)에서는 부활과 승천 사이의 물리적 기간이 매우 짧아 두 증언은 상치가 된다. 그러나 카이로스의 관점에서는 차이가 없다.

목회적 관점

저자 누가는 같은 사람을 향해 첫 번째 책인 복음서에서는 '제자'로 두 번째 책인 사도행전에서 '사도'라고 부른다. 제자는 스승을 통해 자신들의 사명을 깨우치기 위한 훈련생이라면 사도는 이 깨달은 사명을 실천하는 또 다른 의미에서의 스승들이다. 목회는 신도들을 제자 삼아 예수 말씀으로 훈련하여 하느님 나라 사도로 변화시켜 가는 일이다. 예수께서는 부활 이후 40일을 더 머무시면서 마무리 작업으로 제자들에게 '하느님 나라'를 가르치셨다. 그런데 제자들의 질문은 '하느님 나라'가 아닌 '이스라엘의 회복'을 묻고 있다. 물론 로마제국의 지배 아래에 있었으니 나라의 독립과 민족의 자주와 자유는 무엇보다도 중요한 관심사였다. 우리 민족 또한 일제의 지배 아래 식민지 백성으로 살아온 뼈아픈 경험이 있기에 이는 무엇보다도 중요하다. 그리고 하느님 나라가 하늘에서 이루어지는 영적이고 심리적인 나라가 아닌 이 땅에서 이루어지는 정의와 평화의 나라라면 이스라엘의 회복은 당연히 실현되어야 할 것이다. 그렇다면 하느님 나라와 이스라엘의 회복은 어떤 상관관계를 갖게 되는 것인가? 이스라엘의 회복은 하느님 나라를 이루기 위한 필수 조건이지만 충분조건은 아니다. 왜냐하면 이스라엘의 회복이 잘못하면, 로마제국이 다른 약소 민족에게 그러했듯이, 이웃 민족에게 피해를 가져올 수도 있기 때문이다. 오늘날 팔레스타인을 핍박하는 국가 이스라엘이 그러하다.

주석적 관점

10절의 '흰옷 입은 두 사람'은 누구인가? 빈 무덤을 발견한 여인들에게 나타나 위로와 희망의 말을 전할 때도 눈부신 옷을 입은 두 남자가 나타났다(24:4). 9장의 변화산상에서 모세, 엘리야, 예수는 모두 눈이 부신 옷을 입고 있었다. 여기서 이 두 사람은 모세와 엘리야이다. 모세, 엘리야, 예수는 각각 자신들의 사명을 받기 위해 40일간의 기도로 준비했다. 엘리야는 제자 엘리사가 보는 가운데서 회오리바람을 타고 승천하였고, 모세는 이 땅 위에 무덤이 없다는 얘기를 통해 승천을 암시하고 있다. 1세기 초대 교인들은 예수가 내림할 때, 모세와 엘리야와 함께 올 것이라는 신앙을 갖고 있었다. 곧 승천은 내림(파루시아)을 전제한다.

설교적 관점

누가복음 24장 36절 이하에 부활 예수는 제자들에게 나타나시고 저들과 함께 음식을 드시면서 고난과 십자가 죽음과 부활 그리고 죄 사함을 통한 세계 복음화와 성령의 오심을 말씀하시고 승천하신다. 그러자 "제자들은 예수께 경배하고, 크게 기뻐"한다. 승천 과정에서 제자들이 약간 어리둥절하고 있는 모습을 그리고 있는 사도행전 본문과는 그 분위기가 사뭇 다르다.

승천은 내림을 전제하는 바, 이 중간 시기에 성령은 우리와 함께 하면서 우리가 사도로서 땅끝까지 하느님 나라의 증언자가 되도록 부름을 받는다.

시편 47

1 너희 만백성아, 손뼉을 쳐라, 기쁜 소리 드높이 하느님께 환호하여라.

2 야훼는 지존하시고 지엄하시다. 온 누리의 크신 임금이시다.

3 우리 앞에 만민을 무릎 꿇리시고 뭇 민족을 우리 발아래 두셨다.

4 당신의 사랑, 야곱의 자랑거리, 이 땅을 우리에게 손수 골라 주셨다. (셀라)

5 환호 소리 높은 중에 하느님, 오르신다. 나팔 소리 나는 중에 야훼, 올라가신다.

6 찬미하여라 하느님을, 거룩한 시로 찬미하여라. 찬양하여라 우리 왕을, 거룩한 시로 찬양하여라.

7 하느님은 온 땅의 임금이시니, 멋진 가락에 맞추어 찬양하여라.

8 하느님은 만방의 왕, 거룩한 옥좌에 앉으셨다.

9 세상의 통치자들을 한 손에 잡고, 끝없이 높으신 우리 하느님, 아브라함의 하느님, 그 백성과 더불어 뭇 나라의 영수들이 모여든다.

에베소서 1:15-23

15 그러므로 나도, 여러분이 주 예수를 믿는다는 것과, 여러분이 모든 성도를 사랑한다는 것을 듣고서,

16 여러분을 기억하면서 기도를 올리며, 여러분을 두고 끊임없이 감사를 드립니다.

17 우리 주 예수 그리스도의 하나님, 영광의 아버지께서 지혜와 계시의 영을 여러분에게 주셔서, 아버지를 알게 하시고,

18 여러분의 마음의 눈을 밝혀 주시기를 빕니다. 그리하여 하나님께서 여러분을 부르셔서 여러분에게 주신 그 소망이 무엇인지, 하나님께서 성도들에게 주신 상속의 영광이 얼마나 풍성한지,

19 하나님께서 우리 믿는 사람에게 강한 힘으로 활동하시는 그 능력이 얼마나 큰지를, 여러분이 알게 되기를 바랍니다.

20 하나님께서는 이 능력을 그리스도 안에 역사하셔서, 그분을 죽은 사람 가운데서 살리시고, 하늘에서 자기의 오른쪽에 앉히셔서,

21 모든 정권과 권세와 능력과 주권 위에 그리고 이 세상뿐만 아니라 오는 세상에서 불릴 모든 이름 위에 뛰어나게 하셨습니다.

22 하나님께서는 만물을 그리스도의 발아래에 굴복시키시고, 그분을 만물 위에 교회의 머리로 삼으셨습니다.

23 교회는 그리스도의 몸이요, 만물 안에서 만물을 충만케 하시는 분의 충만함입니다.

신학적 관점

승천주일은 교인들에게 있어 별로 익숙하지 않은 절기다. 성탄절이나 부활절에 비하여 별다른 감흥을 불러일으키지는 않는다. 그러나 신학적으로는 매우 소중한

의미를 갖고 있다. 왜냐하면 승천이 없다면 탄생이나 부활은 바퀴가 빠져 있는 마차와 같이 어색하기 때문이다. 승천과 부활을 비유하자면, 우리가 어두운 데서 밝은 곳으로 갑자기 나오면 눈이 부셔서 주위를 잘 알아채지 못하게 되는데, 부활은 마치 이런 순간과 같다. 이후 시간이 지나 주위의 빛에 익숙해지면 사물을 정확히 인식하게 되듯이 승천을 통해 예수의 죽음과 부활의 의미를 명확히 깨닫게 된다. 곧 승천주일을 통해 성도들의 소망은 무엇인지 그리고 그 영광은 얼마나 풍성한지를 알게 된다(17, 18절). 이는 만물을 그리스도의 발아래에 굴복시킨 사건이며 만물 위에 교회의 머리가 되신 사건이다(22절).

교회가 만일 예수 그리스도의 다시 오심을 믿는 종말론적 공동체로서 자기 정체성을 확실히 하고자 한다면, 예수 그리스도의 화육의 삶은 부활이 최종점이 아니라 승천이 최종점이 되어야 할 것이다(20절)(*feasting*, 499).

목회적 관점

구원은 어떤 신비적 체험이나 비밀암호를 풀 듯이 단번에 얻어지는 것이 아닌 마음의 눈이 밝혀지는, 곧 깨달음을 통한 점진적인 것이다. 그리고 이는 홀로 얻어지는 것이 아닌 공동체 활동 속에서 얻어진다. '여러분', '성도들' 모두가 복수형임을 유의하자. 17, 18절은 목회란 무엇인가 하는 질문에 대한 매우 훌륭한 답글이다.

주석적 관점

에베소서는 바울 제자의 글로 알려져 있다. 학자들은 긴 문장으로 된 서문들이 서로 연관성이 있다고 보고 있다(벧전 1:3-5; 엡 1:1-14). 사해문서에서도 이와 유사한 문장들이 발견된다(*feasting*, 513).

"하늘에서 자기 오른편에 앉히셔서"라는 구절은 에베소서에서만 발견되는 독특한 구절이다.

고린도전서 12장이나 로마서 12장에서와는 달리 그리스도는 단순히 교회의 몸일 뿐만 아니라, 만물 안에서 만물을 충만케 하시는 분으로 얘기되고 있다.

곧 우주적 그리스도(the cosmic Christ)의 비전은 그리스도에 의한 세계 역사 완성을 강조하고 있다(참조. 계 20-22; 롬 8:18-24). 이는 로마 황제가 주관하는 *Pax Romana* 가 아닌 예수 그리스도에 의한 *Pax Christi* 사상의 간접 표현 방식이다.

설교적 관점

승천 사건이 성도들의 삶에 직접 연계될 수 있도록 하기 위한 방식은 어떤 것이 있을까? 23절은 설명이 쉽지 않다. 공동번역성서는 다음과 같이 번역했다. "교회는 그리스도의 몸이며 만물을 완성하시는 분의 계획이 그 안에서 완전히 이루어집니다." 기독교적 역사관과 교회의 근본 사명이 밝혀져 있다. 그런데 만물이 완성된다는 것은 무엇을 뜻하는 것일까? 이는 창조는 지금도 진행 중이라는 것과 창조의 목적("하느님이 보시기에 좋았다")을 위해 교회가 갖는 사회적 책임을 말하고 있다.

누가복음 24:44-53

44 예수께서 그들에게 말씀하셨다. "내가 전에 너희와 함께 있을 때에 너희에게 말하기를, 모세의 율법과 예언자의 글과 시편에 나를 두고 기록한 모든 일이 반드시 이루어져야 한다고 하였다."

45 그 때에 예수께서는 성경을 깨닫게 하시려고 그들의 마음을 열어 주시고,

46 그들에게 말씀하셨다. "이렇게 기록되어 있다. 곧 '그리스도는 고난을 겪으시고, 사흘째 되는 날에 죽은 사람들 가운데서 살아나실 것이며,

47 그의 이름으로 죄를 사함 받게 하는 회개가 모든 민족에게 전파될 것이다' 하였다. 너희는 예루살렘으로부터 시작하여,

48 이 일의 증인이다.

49 보아라, 내가 내 아버지께서 약속하신 것을 너희에게 보낸다. 그러므로 너희는 위로부터 오는 능력을 입을 때까지, 이 성에 머물러 있어라."

50 그리고 예수께서는 그들을, 밖으로 베다니까지 데리고 나가서, 손을 들어 그들을 축복하셨다.

51 예수께서는 그들에게 축복하시면서, 그들을 떠나 [하늘로 올라가셨다.]

52 그들은 [예수께 경배하고,] 크게 기뻐하며 예루살렘으로 돌아가서,

53 늘 성전에서 하나님을 찬양하며 지냈다.

신학적 관점

본문은 누가 신학의 결론이기도 하다. 제자들에게 전한 마지막 사명에 대해서는 보통 마태복음의 '모든 민족으로 제자 삼는' 전도(傳道)를 떠올리지만, 누가는 증인됨의 실체로 먼저 죄와 용서와 회개를 말한다(47절). '죄의 회개'는 보통 개인의 도덕적 차원에서 이해된다. 누가 신학은 기본적으로 억눌리고 가난한 자를 위한 신학이다. 누가의 서문인 마리아의 찬가(1:46-55)는 '제왕들을 왕좌에서 끌어내리시고 비천한 자를 높이시고, 주린 사람들을 배부르게 하시고 부한 사람들을 빈손으로' 만드는 정의가 실현되는 사회를 말한다. 이어 예수의 하느님 나라 운동의 핵심을 알리는 나사렛 회당의 선포는 이사야가 예언한 희년의 선포이다. 희년(Jubilee)이란 빚진 자의 모든 빚을 탕감하고 노예를 해방하는, 구조적으로 전혀 새로운 사회체제로서의 정의 실현의 해다. 주의 기도에서 마태는 '죄'를 말하지만, 누가는 '빚'을 말하고, 마태의 '마음이 가난한 자' 대신에 '가난한 자'의 축복과 '부자의 화'를 동시에 말한다. 누가에게 있어 '죄'는 추상적인 개념이 아닌 당시 가난한 자를 죽음으로 몰아가는 로마제국과 예루살렘의 지배 계급이 강제하는 '빚'이었으며, '빚의 탕감'이야 말로 누가 신학의 회개의 주제이고 구원의 핵심이다.

목회적 관점

'성경의 모든 말씀'이란 '제1성서'(토라, 느비임, 케투빔)를 말한다. 오늘날 유대교의 경전이다. 물론 유대교와는 예수 그리스도에 대한 이해가 다르지만, 예수는 제1성서에 근거하고 있다. 예수를 제1성서의 빛에서 총체적으로 이해하는 관점이 필요하다. 누가는 다른 복음서와는 달리 십자가의 죽음과 부활과 승천과 성령의 오심을 한 묶음으로 엮는다.

예수는 손을 들어 제자들을 축복하며 떠나고, 제자들은 사도행전에서의 새역사를 준비하면서 기쁨으로 다시금 예루살렘으로 돌아온다. 갈릴리가 아닌 예루살렘이 새역사의 출발점이다.

교회는 종말론적 공동체로서 예수의 다시 오심을 기다린다. 그냥 앉아서 시간을 흘려보내는 기다림이 아닌 성전에서 하느님을 찬양하며 기다리는 기쁨과 희망이 넘치는 기다림이다. 예배에서의 마지막 순서인 축도는 어떤 의미가 있는가? 누가에서의 예수 축도는 단순히 제자들의 욕구가 실현되는 어떤 것이 아닌 증인으로서의 삶을 준비하는 그 과정 자체가 축복이다(51절).

주석적 관점

'율법과 예언서와 시편'에서 그리스도의 고난에 대한 가장 확실한 성서 구절은 제2이사야의 4편으로 구성된 '종의 노래'(The Servant Songs)이며, 사흘째 되는 날의 부활에 대한 전거로는 요나서가 있다.

누가는 그의 복음을 세례 요한의 아버지 제사장 스가랴의 이야기로 시작한다. 그러나 그는 성령에 의한 임신을 의심하는 죄로 말미암아 출산 시까지 벙어리가 된다. 성전 안에서 그를 기다리는 사람들에게 '하느님의 축복'을 전할 수가 없었다. 이제 누가는 그의 복음을 마무리 지으면서 예수의 축복을 얘기하고, 제자들은 성전에서 기쁨으로 기다린다.

베다니는 올리브산 중턱에 있다. 베다니가 언급되는 것은 나사로의 부활 사건(요 11장)을 상기함과 동시에 예루살렘 근처의 다른 마을에 비해 보다 높은 곳에 위치하고 있기 때문일 것이다. 베다니는 오늘날 팔레스타인 자치 정부가 운영하는 웨스트 뱅크에 있고 현재의 아라비아식 지명 알-'아이자리야(Al-'Ayzariyyah)는 나사로에 기반하고 있다.

설교적 관점

주님의 승천을 교회력의 관점에서 어떻게 기념할 것인가? 이는 누가복음과 사도행전의 기술이 다르긴 하지만, 부활절 후 40일째는 목요일이다. 보통은 성령강림절 직전 일요일에 지킨다.

승천 사건은 과거의 시각에서 보면 제1성서에서 예언된 메시아의 성취 사건이며, 현재의 시각에서 보면 이를 깨달은 성도들이 하느님의 현존과 은혜를 체험하는 모든 신앙 행위의 바탕이 되며, 미래의 시각에서 보면 '위로부터 오는 능력'을 기다리는 종말론적인 기다림 사건이다(feasting, 517).

성령강림절
이후

성령강림주일

창 11:1-9; 시 104:24-35b;
행 2:1-21; 요 14:8-17, 25-27

창세기 11:1-9

1 처음에 세상에는 언어가 하나뿐이어서, 모두가 같은 말을 썼다.

2 사람들이 동쪽에서 이동하여 오다가, 시날 땅 한 들판에 이르러서, 거기에 자리를 잡았다.

3 그들은 서로 말하였다. "자, 벽돌을 빚어서, 단단히 구워내자." 사람들은 돌 대신에 벽돌을 쓰고, 흙 대신에 역청을 썼다.

4 그들은 또 말하였다. "자, 도시를 세우고, 그 안에 탑을 쌓고서, 탑 꼭대기가 하늘에 닿게 하여, 우리의 이름을 날리고, 온 땅 위에 흩어지지 않게 하자."

5 주께서는, 사람들이 짓고 있는 도시와 탑을 보려고 내려오셨다.

6 주께서 말씀하셨다. "보아라, 만일 사람들이 같은 말을 쓰는 한 백성으로서, 이렇게 이런 일을 하기 시작하였으니, 이제 그들은, 하고자 하는 것은 무엇이든지, 하지 못할 일이 없을 것이다.

7 자, 우리가 내려가서, 그들이 거기에서 하는 말을 뒤섞어서, 그들이 서로 알아듣지 못하게 하자."

8 주께서 거기에서 그들을 온 땅으로 흩으셨다. 그래서 그들은 도시 세우는 일을 그만두었다.

9 주께서 거기에서 온 세상의 말을 뒤섞으셨다고 하여, 사람들은 그곳의 이름을 바벨이라고 한다. 주께서 거기에서 사람들을 온 땅에 흩으셨다.

신학적 관점

창 1-11장은 원역사(pre-history)의 이야기이다. 달리 말하면 인류 역사의 기원이 담겨 있는 이야기이지만, 과학적인 증명이 불가능한 일종의 신화(神話)이다. 1장부터 11장까지 이야기가 모두 신과 인간의 갈등을 말하고 있지만, 특히 본문 바벨탑 이야기는 전체 인간과 신과의 직접 대결을 다루고 있으며 다양한 언어와 아브람 출현에 대한 신학적 배경이 된다(8절). 이 바벨탑 사건을 철학자 벤야민은 말과 사물이 헤어지는 결정적 사건이라고 해석한다.

첫 인간 아담과 이브의 에덴동산으로부터의 축출의 원인은 '선악을 알게 하는 나무'의 열매였다. 선악의 기준은 주관적이고 상대적이다. 절대 기준은 신에게만 있다. 그런데 인간 권력은 신의 이름을 도용하여 자신을 절대화시키고 자신의 이름을 드높인다. 이것이 인간의 근본적인 죄인 오만(휴브리스)이다. 노아 홍수 심판 이야기에 이은 바벨탑의 심판 이야기는 이를 개인적 차원에서 전 인류적 차원, 곧 바빌론을 배경으로 하는 제국(도시) 역사 이야기로 심화시키고 있다. 권력은 끊임없이 인간을 집단화/획일화하여 노예로 삼고자 한다. 바벨탑은 도시를 상징한다(4절). 도시의 (집단) 편리함 속에는 (가인의) 범죄가 (문 앞에서) 도사리고 있다.

목회적 관점

바벨탑의 이야기는 다양한 언어의 기원에 대한 신학적인 답변이다. 물론 언어가 같다고 해서 문제가 해결되는 것은 아니다. 존 그레이는 『금성에서 온 남자, 화성에서 온 여자』에서 같은 언어를 쓰는 남녀 간의 언어불통의 원인에 대해 말하고 있다. 교회 안에서 또한 '하느님'이라는 같은 단어를 말하지만, 그 이해는 개인에 따라 편차가 많다.

또한 바벨탑은 제국의 이름을 드러내고자 하는 세상의 권력 욕망을 상징한다. 히틀러는 유럽에 게르만 민족의 패권 국가를 설립하고자 했다. 제국은 하나의 언어만을 강요한다. 미국은 인디언 원주민들의 언어와 문화를 말살하고 말았다.

교회는 목회자 혹은 당회라는 소수 집단에 의해 권력이 집중되어 있다. 교리(Creed)는 그 속성상 획일성(uniformity)을 요구한다.

주석적 관점

탑의 꼭대기가 하늘에 닿는다는 말은 곧 자신들이 신들의 나라에 드나들게 되었다는 것이고 이는 신의 아들딸의 자격을 얻는다는 말이다. 바벨은 히브리어 bala에서 나왔다고 한다. '혼란을 낳다'는 뜻이다. 혼란을 만드는 탑이란 의미다.

일부에서는 바벨이 아카드어 bab-ili에서 나왔다고 주장하는데, '신의 문(門)'이란 뜻이다. 메소포타미아 지역에서 지구라트(ziggurat)라는 대형 건축물이 발굴되었다. 고고학자들은 지구라트가 고대 바빌론의 유적지로 확인하고 있는데, 성경의 바벨탑이 지구라트를 의미하는 것으로 보고 있다. 바빌론인들은 하늘에 더 가까이 가기 위해 계단형 피라미드를 세우고 신전을 지었다. 학자들은 BCE 2000년경 벽돌에 역청을 바르는 방식으로 약 100미터 정도 높이까지 쌓아 올린 것으로 보고 있다(feasting, 7).

창세기 1장 24절, "하나님이 말씀하시기를, 우리가 우리의 형상을 따라서, 우리의 모양대로 사람을 만들자." 이는 P(Priestly) 문서로 신의 이름 '엘로힘'이 복수형이기에 이해가 쉬운데, 11장은 유일신을 강조하는 J(Jahwist) 문서임에도 7절에서 신은 복수(우리)로 등장한다.

P 전승(9:1, 7) 또한 홍수 이후의 인류 집단의 흩어짐을 통한 서로 다른 언어와 문명의 발상을 말하지만, 이는 발전 과정의 자연스러운 현상으로 보는 데 반해 (10:5), 바벨탑 J 전승은 인간의 교만으로 인한 하느님의 심판으로 본다.

설교적 관점

바벨탑이 빚어낸 언어 혼잡은 수천 년 전 신화의 얘기가 아니라, 바로 오늘 우리의 이야기다. 경쟁을 부추기는 개인주의와 물질 욕망을 부추기는 시장금융 자본주의가 바로 오늘의 바벨탑이 된다. 함께 모여 사는 바벨의 문화인 도시 문명은 현대인에게 있어서는 하나의 박스(Box) 문명이다. 20평의 아파트 박스 안에 머물다가 엘리베이터 박스를 통해 지상으로 내려와 버스 박스와 전철 박스를 타고 핸드폰 박스를 들여다보면서 사무실 박스 안으로 들어가 모니터 박스와 식당 박스와 스타벅스 박스를 들락날락하다가 다시 아파트 박스로 돌아와 침대 박스 안에서 잠을 자다 끝내는 관 박스 안으로 들어가 영원히 자는 것이 인생이다. 그런데 이 박스 인생은 같은 박스 안에서 상대방의 숨소리를 바로 옆에서 듣지만 전적인 타자(他者)이다. 회색 도시 문명은 이웃을 모른다. 모를 뿐만 아니라 편 가르기를 한다. 강남과 강북, 지상의 인간과 지하도의 노숙자, 한 지붕 아래의 정규직과 비정규직, 상사와 부하, 갑과 을, 도시 문명은 인간을 좁은 공간으로 계속 몰아넣지만, 인간 사이의 (이기적 탑 쌓기로 인한) 소외의 벽은 계속 높아만 간다.

"이제 그들은, 하고자 하는 것은 무엇이든지, 하지 못할 일이 없을 것이다"(6절). 지금 인류는 자신들의 집인 지구를 송두리째 부술 수 있는 핵폭탄 수만 개를 갖고 있으며 과학과 편리를 위해 어머니 생태계(가이아)를 무너뜨림으로 인해 기후 위기에 처해 있다.

시편 104:24-35b

24 야훼여, 손수 만드신 것이 참으로 많사오나 어느 것 하나 오묘하지 않은 것이 없고 땅은 온통 당신 것으로 풍요합니다.

25 저 크고 넓은 바다, 거기에는 크고 작은 물고기가 수없이 우글거리고

26 배들이 이리 오고 저리 가고 손수 빚으신 레비아단이 있지만 그것은 당신의 장난감입니다.

27 때를 따라 주시는 먹이를 기다리며 이 모든 것들은 당신을 쳐다보다가

28 먹이를 주시면 그것을 받아먹으니, 손만 벌리시면 그들은 배부릅니다.

29 그러다가 당신께서 외면하시면 어쩔 줄을 모르고 숨을 거두어들이시면 죽어서 먼지로 돌아가지만,

30 당신께서 입김을 불러 넣으시면 다시 소생하고 땅의 모습은 새로와집니다.

31 야훼의 영광은 영원하소서. 손수 만드신 것 야훼의 기쁨 되소서.

32 굽어만 보셔도 땅은 떨고 다치기만 하셔도 산들은 연기를 뿜는구나.

33 나는 한평생 야훼를 노래하리라. 숨을 거둘 때까지 악기를 잡고 나의 하느님을 노래하리라.

34 나의 이 노래가 그에게 기쁨이 되었으면 좋으련만. 나는 야훼님 품안에서 즐겁기만 하구나!

35b 내 영혼아, 야훼를 찬미하여라. 할렐루야.

사도행전 2:1-21

1 오순절이 되어서, 그들은 모두 한 곳에 모였다.

2 그 때에 갑자기 세찬 바람이 부는 듯한 소리가 하늘에서 나더니, 그들이 앉아 있는 온 집 안을 가득 채웠다.

3 그리고 그들에게 불길이 솟아오르는 것과 같은 혀들이 갈래갈래 갈라지면서 나타나더니, 각 사람 위에 내려앉았다.

4 그들은 모두 성령으로 충만해서, 성령이 시키는 대로 각각 다른 방언으로 말하기 시작하였다.

5 예루살렘에는 경건한 유대 사람이 세계 각국으로부터 와서 살았다.

6 그런데 이런 말소리가 나니, 많은 사람이 모여 와서, 각각 자기네 지방의 말로 제자들이 말하는 것을 듣고서, 어리둥절하였다.

7 그들은 놀라서, 신기하게 여기며 말하였다. "보십시오, 말하고 있는 이 사람들은 모두 갈릴리 사람이 아니오?

8 그런데 우리 모두가 저마다 태어난 지방의 말로 듣고 있으니, 어찌 된 일이오?

9 우리는 바대 사람과 메대 사람과 엘람 사람이고, 메소포타미아와 유대와 갑바도기아와 본도와 아시아와

10 브루기아와 밤빌리아와 이집트와 구레네 근처 리비아의 여러 지역에 사는 사람이고, 또 나그네로 머물고 있는 로마 사람과

11 유대 사람과 유대교에 개종한 사람과 크레타 사람과 아라비아 사람인데, 우리는 저들이 하나님의 큰일들을 우리 각자의 말로 이야기하는 것을 듣고 있소."

12 사람들은 모두 놀라서, 어쩔 줄을 몰라 "이게 도대체 어찌 된 일이오?" 하면서, 서로 말하였다.

13 그런데 더러는 조롱하면서 "그들이 새 술에 취하였다" 하고 말하는 사람도 있었다.

14 베드로가 열한 사도와 함께 일어나서, 목소리를 높여, 그들에게 엄숙하게 말하였다. "유대 사람과 모든 예루살렘 주민 여러분, 이것을 아시기 바랍니다. 내 말에 귀를 기울이십시오.

15 지금은 아침 아홉 시입니다. 그러니 이 사람들은, 여러분이 생각하듯이 술에 취한 것이 아닙니다.

16 이 일은, 하나님께서 예언자 요엘을 시켜서 말씀하신 대로 된 것입니다.

17 '하나님께서 말씀하셨다. 마지막 날에, 나는 내 영을 모든 사람에게 부어주겠다. 아들과 딸들은 예언을 하고, 젊은이들은 환상을 보고, 나이 든 사람들은 꿈을 꿀 것이다.

18 그 날에 나는 내 영을 내 남종과 여종에게 부어주겠으니, 그들도 예언을 할 것이다.

19 또 나는 위로 하늘에서는 기이한 일을 나타내고, 아래로 땅에서는 표적을 나타낼 것이니, 그것은 곧 피와 불과 자욱한 연기다.

20 주의 크고 영화로운 날이 오기 전에, 해는 변해서 어둠이 되고, 달은 변해서 피가 될 것이다.

21 그러나 주의 이름을 부르는 사람은 구원을 얻을 것이다.'"

신학적 관점

오순절 성령강림 사건이 뜻하는 세 가지 신학적 의의는 다음과 같다. 첫째는 바벨탑 언어 혼잡의 사건을 온전히 뒤집는 민족 간의 소통이 일어났다. 패권

제국주의에 기초한 하나의 언어가 지배하던 시대가 끝나고 다양한 민족의 다양한 언어가 존재하는 새로운 사회가 도래하고 있음을 말하고 있다. 예수 복음에 이한 민족 간의 화해와 소통의 시대가 시작하였음을 선포하고 있다.

두 번째는 성령 충만을 받은 120여 명의 제자들은 예수를 핍박하고 살해했던 자들이 지배하던 거리로 나와 요엘이 말하는 예언의 비전을 외쳤다. 이 비전은 지배하는 자들만의 독점이 아닌 여성과 노인들과 노예들을 모두 포함하는 변혁의 비전이다.

세 번째는 제자들은 모두가 같은 지방어를 말한 것이 아닌 상대의 필요에 따른 각기 다른 언어를 말하였다. '다양성 안의 일치'이다. 획일(uniformity)이 아닌 일치(unity)다. 각기 서 있는 자리는 다르지만, 지향하는 바 정의, 생명, 평화, 평등이라는 하느님 나라 가치는 같다.

목회적 관점

초대교회는 성령을 체험한 120여 명의 예수따르미들이 거리로 나와 담대하게 말씀을 전했고, 이 얘기를 들은 사람들 가운데 회개 운동을 통해 시작했다. 곧 교회는 죽음을 두려워하지 않고 하늘의 진리를 선포하는 사람들의 모임이라고 말할 수 있다. 이는 단순히 '예수천당 불신지옥'의 노방 전도를 말하는 것이 아닌 세상 권력(바벨탑)에 대한 저항으로서의 변혁을 말한다. 초대교회에서 바빌론제국 은 로마제국을 상징한다(요한계시록 참조). 예루살렘 성전에 비한다면 아무도 눈여겨보지 않았던 마가의 다락방은 인류 역사 변혁의 출발지가 되었다.

주석적 관점

2, 3절에서의 성령강림은 '바람과 불과 혀의 역사'이다. 여기서 바람과 불은 초자연적 사건을 의미한다. 혀가 중요하다. 불과 같은 성령이 아니다. '마음'이 뜨거워지는 것이 성령의 역사가 아니라 불과 같이 '혀'가 갈라지는 것이 핵심이다. 혀는 대화와 소통을 상징한다. 한국어나 영어와 같은 그런 문자적 언어를 말하는 것이 아닌 비전과 꿈의 언어를 의미한다. 혀는 저들의 삶을 근본에서부터 변화시키

는 변혁의 힘이요 기존의 사회질서를 벼랑 끝으로 내모는 모험과 도전을 상징한다.

설교적 관점

예언자 요엘이 본 비전은 무엇이었나? 이는 하느님의 아들과 딸들은 '정의'를 선포하는 예언을 하고, 젊은이들은 '평화의 계시'를 말하고, 늙은이들은 '변혁의 꿈'을 꾸고, 남종과 여종들은 자신들을 옥죄이는 족쇄를 끊음으로 '자유를 선포'하는 일이었다. 이것이 바로 주의 이름을 부르는 자들에게 임하는 구원의 실체이자 복음의 핵심이었다. 땅끝까지 복음을 전파하라는 예수님의 명령은 교회를 크게 만들어 기독교 제국(Christendom=Christ+kingdom)을 건설하라는 명령이 아니었다. 이는 또 하나의 바벨탑일 뿐이다.

요한복음 14:8-17, 25-27

8 빌립이 예수께 말하였다. "주님, 우리에게 아버지를 보여 주십시오. 그러면 좋겠습니다."
9 예수께서 대답하셨다. "빌립아, 내가 이렇게 오랫동안 너희와 함께 지냈는데도, 너는 나를 알지 못하느냐? 나를 본 사람은 아버지를 본 사람이다. 그런데 네가 어떻게 '우리에게 아버지를 보여 주십시오' 한다는 말이냐?
10 내가 아버지 안에 있고 아버지께서 내 안에 계심을, 네가 믿지 않느냐? 내가 너희에게 하는 말은 내 마음대로 하는 것이 아니다. 아버지께서 내 안에 계시면서, 자기의 일을 하신다.
11 내가 아버지 안에 있고, 아버지께서 내 안에 계심을 믿어라. 믿지 못하겠거든, 내가 하는 그 일들을 보아서라도 믿어라.
12 내가 진정으로 진정으로 너희에게 말한다. 나를 믿는 사람은 내가 하는 일을 할 것이요, 그보다 더 큰 일도 할 것이다. 그것은 내가 아버지께로 가기 때문이다.
13 너희가 내 이름으로 구하는 것은, 내가 무엇이든지 다 이루어 주겠다. 이것은 아들로 말미암아 아버지께서 영광을 받으시게 하려는 것이다.
14 너희가 무엇이든지 내 이름으로 구하면, 내가 다 이루어 주겠다."
15 "너희가 나를 사랑하면, 내 계명을 지킬 것이다.
16 내가 아버지께 구하겠다. 그러면 아버지께서 다른 보혜사를 너희에게 보내셔서, 영원히 너희와 함께 있게 하실 것이다.
17 그분은 진리의 영이시다. 세상은 그분을 보지도 못하고 알지도 못하므로, 그분을 맞아들일 수가 없다. 그러나 너희는 그분을 안다. 그것은 그분이 너희와 함께 계시고 또 너희 안에 계시기 때문이다.

25 내가 너희와 함께 있는 동안에, 나는 너희에게 이것들을 말하였다.

26 그러나 보혜사, 곧 아버지께서 내 이름으로 보내실 성령께서, 너희에게 모든 것을 가르쳐 주시고, 또 내가 너희에게 말한 모든 것을 생각나게 하실 것이다.

27 나는 평화를 너희에게 남겨 준다. 나는 내 평화를 너희에게 준다. 내가 주는 평화는, 세상이 주는 평화와 같은 것이 아니다. 너희는 마음에 근심하지 말고, 두려워하지도 말아라."

신학적 관점

본문에는 몇 개의 중요한 신학적 주제들이 등장한다. 삼위일체의 근간이 되는 예수와 하느님 어버이와의 하나됨의 관계(10-11a절), 예수의 인격과 사역의 관계(11절), 승천하신 그리스도의 능력이 교회에서 어떻게 역사하는지(12절), 예수 내림의 성격(18-19절), 기도의 효과(14절), 교회 내에서의 성령이 현존(16절 이하) 등등. 성령은 보혜사(paracletos)의 영으로 예수의 한 말을 기억나게 하는 지혜의 영이며 예수 대신 우리를 위로하는 영이시다.

성령은 예수 그리스도에 관한 진리의 영이시다. 칼 바르트는 그간 교회가 성령과 그리스도를 분리해 온 것은 매우 중대한 신학적 오류였음을 지적한다.

"성령을 다른 영과 구별하는 기준은 분명하다. 그것은 성령은 그리스도의 인격 및 사역과 절대적으로 일치한다는 것이다. … 성령에 관한 모든 것은 예수로부터 시작하고 예수에게서 완결된다."

또 하나의 중요한 신학적 주제는 예수와 하느님 어버이와 성령의 긴밀한 관계에 관한 것이다. 이 구절을 후에 확정된 삼위일체 교리의 확실한 토대로 이해하는 것은 무리다. 요한복음에서 이 삼자 간의 관계는 예수의 사명에 관련된 언급이었지 신의 내적 존재 속에서의 예수의 지위에 관한 것은 아니었다(*feasting*, 22).

목회적 관점

본문은 예수가 제자들을 떠나고 난 뒤에 일어날 공동체의 불안과 염려로부터 출발한다. 빌립은 그래서 예수를 보내신 하느님을 보여달라고 요청한다. 그래야 예수가 떠난 뒤에도 안심할 수 있기 때문이다. 그러나 하느님을 본다는 것은 죽음을 의미하기에 불가능한 일일뿐더러 동시에 신성모독이다. 신을 본다는 것 혹은 신의 음성을 듣는다는 일이 실존론적으로 가능할 수는 있지만, 신학적으로 가능한 일은 아니다. 따라서 목회는 예수의 말씀에 기초할 수밖에 없다. 말씀 배움과 예배를 통한 (보혜사) 성령의 임재만이 예수가 하셨던 하느님 나라 목회를 계속할 수 있다.

주석적 관점

지금도 마찬가지이지만 '하느님'을 보여달라는 빌립의 요구는 당시의 신앙 기준으로 본다면 신성모독이자 애초부터 불가능한 일이다. 그러나 이는 요한 공동체가 처음부터 끝까지 묻고 대답하는 일관된 주장이다. 니고데모와의 대화 주제인 '하느님의 나라'를 보는 일은 요한 신학의 출발이자 정수이다. 이에 대해 요한 신학은 첫 문장 '로고스' 주장에서부터 '에고에이미 선언'과 본문과 도마의 고백 끝까지 "하느님과 예수는 하나이다"라는 일관된 주장을 펼치고 있다. 끝으로 갈수록 점점 발언의 강도가 세지고 있다. 본문에서는 자기를 본 자는 이미 '하느님'을 보았다고 선언한다. 그리고 이는 예수가 하는 일을 통해서 확증되고, 설사 지상 예수가 없다 하더라도 보혜사 성령을 통해 이는 지속되고 있음을 말하고 있다.

보혜사의 기본 뜻은 기소된 자(공동체)의 법적 의미에서의 변호인을 의미한다. 이는 요한계시록이나 바울의 경우와 같이 마지막 심판 때를 말하는 것이 아니다. 그 역할은 하느님으로부터 보냄을 받아 공동체를 가르치며 예수의 말을 생각나게 한다. 그런데 '다른 보혜사'란 용어는 다른 공동체를 위해서는 다른 변호사가 이미 존재함을 말하고 있다(16절). 달리 말하면 예수는 천상 하느님 어버이의 현존이고, 보혜사는 지상 예수를 대신한 예수의 현존이다.

그런데 보다 도발적인 발언은 12절의 우리가 "예수가 한 일보다 더 큰 일도 할 것이다"라는 선언은 매우 놀라운 선언이다. 이는 무엇을 암시하는 말일까? 이는 제자들 또한 예수와 같이 하느님과 하나임을 말하는 것은 아닌가? 이것이 전제되지 않고서는 불가능한 발언이기 때문이다.

설교적 관점

요한에게 있어서 보는 것은 믿는 것이다. 이는 빌립의 생각처럼 보았기에 믿는 것이 아니라, 예수처럼 하나된 믿음이 먼저 있었기에 보이는 것이라고 말할 수 있다(10절).

"너희가 무엇이든지 내 이름으로 구하면, 내가 다 이루어 주겠다"는 구절은 많은 오해를 불러일으킨다. 여기에는 '하느님의 영광을 위하여', '주님을 사랑하는 일' 그리고 '계명을 지킨다'는 단서가 붙어 있다.

독일 유대인 포로수용소의 경험을 통해 철학자 한나 아렌트가 바라본 기억은 인간의 자유와 관련이 있다. 인간이 다른 한 인간을 기억한다는 것은 죽음을 초월하는 행위라는 것이다. 아렌트는 아우슈비츠 수용소의 의도는 단지 사람을 가스실로 보내기 위해서가 아니라, 인간으로부터 기억의 자유를 박탈함으로 몸은 살아 있더라도 그 영혼을 죽이기 위함이었다고 말한다(권정우·하승우,『아렌트의 정치』, 한티재, 43).

이에 반해 복음서의 저자들은 로마의 폭력에 의해 착취당하고 끊임없이 죽어가는 갈릴리 민중들에게 자유로운 영혼이었던 하느님의 아들 예수를 기억함으로 그들을 죽음의 패배에서 되살리기 위함이었다. 오늘 예수께서는 이렇게 말씀하신다. "성령께서는 너희에게 가르칠 뿐만 아니라 내가 너희에게 한 말을 모두 되새기게 하여 주실 것이다. 나는 너희에게 평화를 주고 간다. 내 평화를 너희에게 주는 것이다." 믿음이란 기억의 행위이다. 그냥 기억이 아니라 예수가 추구했던 세상 평화(Pax Christi)에 대한 기억이다.

삼위일체주일(Trinity Sunday)

잠 8:1-4, 22-31; 시 8; 롬 5:1-5; 요 16:12-15

잠언 8:1-4, 22-31

1 지혜가 부르고 있지 않느냐? 명철이 소리를 높이고 있지 않느냐?

2 지혜가 길가의 높은 곳과, 네거리에 자리를 잡고 서 있다.

3 마을 어귀 성문 곁에서, 여러 출입문에서 외친다.

4 "사람들아, 내가 너희를 부른다. 내가 모두에게 소리를 높인다.

22 주께서 일을 시작하시던 그 태초에, 주께서 모든 것을 지으시기 전에, 이미 주께서는 나를 데리고 계셨다.

23 영원 전, 아득한 그 옛날, 땅도 생기기 전에, 나는 이미 세움을 받았다.

24 아직 깊은 바다가 생기기도 전에, 물이 가득한 샘이 생기기도 전에, 나는 이미 태어났다.

25 아직 산의 기초가 생기기 전에, 언덕이 생기기 전에, 나는 이미 태어났다.

26 주께서 아직 땅도 들도 만들지 않으시고, 세상의 첫 흙덩이도 만들지 않으신 때이다.

27 주께서 하늘을 제자리에 두시며, 깊은 바다 둘레에 경계선을 그으실 때에도, 내가 거기에 있었다.

28 주께서 구름 떠도는 궁창을 저 위 높이 달아매시고, 깊은 샘물을 솟구치게 하셨을 때에,

29 바다의 경계를 정하시고, 물이 그분의 명을 거스르지 못하게 하시고, 땅의 기초를 세우셨을 때에,

30 나는 그분 곁에서 창조의 명공이 되어, 날마다 그분을 즐겁게 하여 드리고, 나 또한 그분 앞에서 늘 기뻐하였다.

31 그분이 지으신 땅을 즐거워하며, 그분이 지으신 사람들을 내 기쁨으로 삼았다."

신학적 관점

사람들은 신을 찾아 교회로, 성당으로, 절로, 교당으로 간다. 그런데 신은 이런 인간의 장소에 묶여 있는 존재가 아니다. 잠언서는 눈에 보이는 현상의 세계를 넘어 저 우주 신비의 세계로, 시원(始原)으로 우리를 이끈다. 인간은 신을

이해하기 위해 인간의 언어에 붙잡아 두는 인간화 작업을 할 수밖에 없지만, 동시에 이는 결코 신이 될 수 없음을 알고 있다. 그래서 신학은 출발부터 모순이다. 신학은 잠언서의 지혜를 삼위 중의 하나인 성령으로 이해한다.

목회적 관점

초기 삼위일체 신학에 있어 하느님이 아버지 남성으로 지칭될 때, 지혜(소피아) 로서의 성령은 어머니 여성으로 지칭된다. 이는 전통적 입장에서 신 또한 양성(兩性) 으로서의 조화 내지는 부모로서의 상징성이 요구되기 때문이다. 그래서 (단독) 목회자가 남성일 때, 여성의 역할은 목회자의 아내 혹은 여자 전도사가 그 역할을 담당한다. 그런데 목사가 여성일 때, 남성의 역할은 누가 어떻게 자리매김할지 궁금해진다. 물론 이는 젠더 입장에서는 논외가 되겠지만.

주석적 관점

지혜의 성령은 창조 이전부터 창조주 하느님과 함께 한 동반자(30절)로 노래한 다. 그렇다면 '명공'(名工, master worker)은 피조물 중의 하나인가? 아닌가? 이미 4세기 아리우스파와 아다나시우스파의 뿌리 깊은 논쟁이 있었다.

설교적 관점

렘브란트의 그 유명한 <돌아온 탕자> 그림에서 무릎을 꿇고 품에 안긴 작은아 들을 감싸고 있는 두 손 가운데 오른손은 가냘픈 여성 어머니의 손이고 왼손은 굵은 남성 아버지의 손으로 그려져 있다. 얼굴 모습 또한 한쪽 면을 어둠에 남겨 둠으로 아버지와 어머니의 모습을 다 담고 있다. 로마 시스틴성당의 그 유명한 미켈란젤로의 <천지창조>에서 하느님이 오른손을 뻗어 아담의 손끝과 맞닿는 그림도 왼쪽 팔뚝은 오른 팔뚝에 비해 가느다란 여성의 모습이다. 하느님, 예수 그리스도, 성령이 하나라고 하는 삼위일체 교리는 논리로는 설명이 힘들다. 다만 시에서, 그림에서 신비적으로 표현될 따름이다. 요한복음은 성령을 보혜사(保惠師, 돕는 이) 혹은 위로자로 표현한다. 본문에서 지혜는 노래하고 춤을 추며 즐거움을 불러온다(30-31절).

시편 8

1 야훼, 우리의 주여! 주의 이름 온 세상에 어찌 이리 크십니까! 주의 영광 기리는 노래 하늘 높이 퍼집니다.

2 어린이, 젖먹이들이 노래합니다. 이로써 원수들과 반역자들을 꺾으시고 당신께 맞서는 자들을 무색케 하셨습니다.

3 당신의 작품, 손수 만드신 저 하늘과 달아 놓으신 달과 별들을 우러러보면

4 사람이 무엇이기에 이토록 생각해 주시며 사람이 무엇이기에 이토록 보살펴 주십니까?

5 그를 하느님 다음가는 자리에 앉히시고 존귀와 영광의 관을 씌워 주셨습니다.

6 손수 만드신 만물을 다스리게 하시고 모든 것을 발밑에 거느리게 하셨습니다.

7 크고 작은 온갖 가축과 들에서 뛰노는 짐승들하며

8 공중의 새와 바다의 고기, 물길 따라 두루 다니는 물고기들을 통틀어 다스리게 하셨습니다.

9 야훼, 우리의 주여! 주의 이름 온 세상에 어찌 이리 크십니까!

로마서 5:1-5

1 그러므로 우리는 믿음으로 의롭게 하여 주심을 받았으니, 우리 주 예수 그리스도로 말미암아 하나님과 더불어 평화를 누립니다.

2 우리는 또한, 그리스도로 말미암아 지금 서 있는 이 은혜의 자리에 믿음으로 나아왔고, 하나님의 영광의 자리에 참여할 소망을 품고 자랑을 합니다.

3 그뿐만 아니라, 우리는 환난 가운데서도 자랑을 합니다. 우리가, 환난은 인내를 낳고,

4 인내는 품격을 낳고, 품격은 희망을 낳는 줄을 알고 있기 때문입니다.

5 이 희망은 우리를 실망시키지 않습니다. 그것은, 하나님께서 우리에게 주신 성령으로 하나님의 사랑을 우리 마음속에 부어 주셨기 때문입니다.

신학적 관점

제1성서의 히브리 문화권에서 신은 인간 세계와는 확연히 구별되는 접근 불가능의 절대 타자로 인식된다. 반면 바울 당대의 헬라 로마 문명에서 신은 반신반인(半神半人)의 모습으로 인간 삶 곳곳에 짙게 스며들어 있었다. 황제를 비롯한 몇몇 특출난 지위에 있던 사람들은 자신을 신의 아들로 대변했다. 바울에게 있어 가장 큰 신앙의 문제는 어떻게 절대자 신 앞에서 의롭다는 인정을 받을

것인가였다. 그는 모세 율법의 한계를 깨닫는 중에 부활 예수를 만나면서 신의 현존에 대한 새로운 깨달음을 얻었다. 곧 예수 그리스도의 십자가 죽음을 통한 하느님의 사랑과 성령의 은혜 체험이다.

사도 바울이 삼위일체 신학을 알고 있었는지는 의문이다. 다만 바울은 세 분의 위(位)가 인간 구원 역사 속에서 역동적으로, 하나로 활동하고 있음을 고백하고 있다.

목회적 관점

흔히 구원을 영혼 구원으로 이해하여 삶과는 동떨어진 영역으로 이해한다. 바울은 하느님의 영광의 자리에 도달함을 자랑하면서 동시에 환난을 경험한다. 그리하여 환난까지도 자랑한다. 결국 환난이 소망으로 이끌어 내기는 하지만, 그 과정을 견디는 일은 참으로 힘들다. 바울은 이를 이론으로 말하는 것이 아니다. 그는 목회자로 살아가면서 수많은 환난을 실제로 경험했다.

주석적 관점

"이 희망은 우리를 실망시키지 않습니다"(5절). 희망과 실망은 개인 심리적인 상태를 설명한다. 실망으로 번역한 희랍어 kataiskyno의 본래 뜻은 '불명예' 혹은 '수치'의 의미를 갖고 있다. 곧 로마교회가 수치스러운 상태에 빠지지 않을 것임을 말하는데, 이는 내적으로는 (이방인 그리스도인들이) 모세 율법을 지키지 않는다는 유대인들의 비난과 외적으로는 황제 숭배에 동참하지 않음으로 인한 로마의 핍박을 의미한다. 곧 이런 수치에도 불구하고 하느님은 저들의 믿음을 보시고 '의롭게 여기신다'는 것이다(1절)(feasting, 41).

설교적 관점

운동선수들은 훈련의 고통이 자신들을 보다 뛰어난 선수로 만드는 것을 잘 알고 있다. 그렇다면 우리 신앙인 또한 삶의 시련과 고난을 통해 보다 훌륭한 인격을 갖춘 신앙인으로 성장할 것을 믿어야 할 것이다. 조개 속의 진주는 자신의 살 속을 파고드는 모래를 응집시킨 것이다. 본문에서 바울은 예수 그리스도를 통해 하느님과의 평화를 누리는 우리가 성령이 주시는 사랑의 힘으로 세상을 이기는 신앙을 고백하고 있다. 곧 삼위일체의 믿음은 하나의 교리가 아닌 인간의 아픈 삶을 진주로 만들어 내는 실체가 되는 것이다.

요한복음 16:12-15

12 "아직도, 내가 너희에게 할 말이 많으나, 너희가 지금은 감당하지 못한다.
13 그러나 그분 곧 진리의 영이 오시면, 그가 너희를 모든 진리 가운데로 인도하실 것이다. 그는 자기 마음대로 말씀하지 않으시고, 듣는 것만 일러 주실 것이요, 앞으로 올 일들을 너희에게 알려 주실 것이다.
14 또 그는 나를 영광되게 하실 것이다. 그가 나의 것을 받아서, 너희에게 알려 주실 것이기 때문이다.
15 아버지께서 가지신 것은 다 내 것이다. 그렇기 때문에 내가, 성령이 나의 것을 받아서 너희에게 알려 주실 것이라고 말하였다."

신학적 관점

이 본문이 삼위일체주일 본문으로 선택된 이유는 분명하다. 성령은 예수가 일러 주는 그대로 알려 주고, 하느님의 것은 모두 예수의 것이기 때문이다. "어떻게" 라는 질문은 남지만, 삼위일체에 대한 이보다 더 명쾌한 설명은 없다. 하느님, 예수 그리스도, 성령은 기능적 측면에서 창조주(Creator), 구세주(Redeemer), 성화주(聖化主, Sanctifier)로 불릴 수도 있다.

서방 교회와 동방 교회는 예수와 성령의 관계에서 그 이해가 조금 다르다. 서방 교회는 성령이 예수 그리스도와 하느님으로부터 나아왔다(proceed)고 하는데, 동방 교회는 성령은 하느님으로부터만 나아왔다고 말한다. 서방 교회는 예수 그리스도가 성령을 교회에 주었다고(참조. 요 16:7) 하는데, 동방 교회는 예수 그리스도와 성령 모두 하느님으로부터 나아왔다고 말한다(참조. 요 14:16, 26). 다만 예수 그리스도는 하느님으로부터 낳았고(begets), 성령은 하느님으로부터 나아왔다(proceeds)고 구별한다.

목회적 관점

12절에서 '감당하지 못할 것'은 예수의 십자가 죽음이다. 그렇다면 후에는 어찌 감당하는가? 부활을 경험하였기 때문이다. 삶에서 우리가 겪는 고난이나 환난을 미리 알고 있었다면 일이 닥치기 전에 차라리 삶에 종말을 불러올 것이다. 그러나 그 고통의 크기를 알지 못했기에 하루하루 참아오다 보니 끝내는 극복하게 되고 이전보다 의미 있는 삶을 영위하게 된다.

주석적 관점

요한은 결코 교리적 관점에서 삼위일체를 말하는 것이 아니라, 관계적 측면에서 얘기하고 있다. 또 "앞으로 올 일들을 너희에게 알려 주실 것이다"라는 말씀 또한 미래의 일어날 사건을 미리 알려 준다는 말이 아니라, 요한 공동체를 진리의 바른길로 인도해 줄 것이라는 의미다.

'받아서'의 희랍어 lambano 또한 한 방향(一方)만의 의미가 아닌 주고받는 쌍방(雙方)의 의미를 갖고 있다(*feasting*, 49).

설교적 관점

삼위일체 신학이 처음부터 교리적으로 정립된 것이 아니다. 이는 지난 이천 년간 교회가 세상과의 만남을 통해 자신의 정체성을 지켜오는 과정에서 정리된 것이다. 3세기의 니케아신조는 예수의 신성이 위협받는 상황 속에서 예수의 인성과 신성을 함께 고백하였고, 사도신조는 4세기 성령이 하위(下位)의 신으로 전락하는 위기 속에서 삼위일체를 고백하였다.

사람은 그 기질에 따라 믿음의 내용이 성부, 성자, 성령 중 어느 한 위에 치우치게 되는데, 삼위일체주일을 맞아 믿음의 균형을 찾도록 인도하는 것이 필요하다. 그리고 단독자로 존재하지 않고 삼위로 존재하시는 신의 본성을 따라 우리의 신앙 또한 개인이 아닌 유기체적으로 주고받는 공동체 신앙으로 나아가야 한다.

성령강림 후 둘째 주일(5월 29일~6월 4일)

왕상 18:20-39; 시 96; 갈 1:1-12; 눅 7:1-10

열왕기상 18:20-39

20 아합은 모든 이스라엘 자손을 부르고, 예언자들을 갈멜산으로 모았다.

21 그러자 엘리야가 그 모든 백성 앞에 나서서, 이렇게 말하였다. "여러분은 언제까지 양쪽에 다리를 걸치고 머뭇거리고 있을 것입니까? 주님이 하나님이면 주님을 따르고, 바알이 하나님이면 그를 따르십시오." 그러나 백성들은 한 마디도 그에게 대답하지 못하였다.

22 그래서 엘리야는 백성들에게 다시 이렇게 말하였다. "주의 예언자라고는 나만 홀로 남았습니다. 그런데 바알의 예언자는 사백쉰 명이나 됩니다.

23 이제, 소 두 마리를 우리에게 가져다주시오. 바알 예언자들이 소 한 마리를 선택하여 각을 떠서, 나뭇단 위에 올려놓되, 불은 지피지는 않게 하십시오. 나도 나머지 한 마리의 소를 잡아서, 나뭇단 위에 올려놓고, 불은 지피지 않겠습니다.

24 그런 다음에, 바알의 예언자들은 바알 신의 이름을 부르십시오. 나는 주의 이름을 부르겠습니다. 그 때에, 불을 보내서 응답하는 신이 있으면, 바로 그분이 하나님이십니다." 그러자 모든 백성들은, 그렇게 하는 것이 좋겠다고 대답하였다.

25 엘리야가 바알의 예언자들에게 말하였다. "당신들은 수가 많으니, 먼저 시작하시오. 소 한 마리를 골라 놓고, 당신들의 신의 이름을 부르시오. 그러나 불은 지피지 마시오."

26 그들은 가져 온 소 한 마리를 골라서 준비하여 놓은 뒤에, 아침부터 한낮이 될 때까지 "바알은 응답해 주십시오" 하면서 부르짖었다. 그러나 응답은커녕, 아무런 소리도 없었다. 바알의 예언자들은 제단 주위를 돌면서, 춤을 추었다.

27 한낮이 되니, 엘리야가 그들을 조롱하면서 말하였다. "더 큰소리로 불러라. 바알은 신이니까, 다른 볼일을 보고 있을지, 아니면 용변을 보고 있을지, 아니면 멀리 여행을 떠났을지, 그것도 아니면 자고 있으므로 깨워야 할지, 모르지 않느냐!"

28 그들은 더 큰소리로 부르짖으면서, 그들의 예배 관습에 따라, 칼과 창으로 피가 흐르도록 자기 몸을 찔렀다.

29 한낮이 지나서 저녁 제사를 드릴 시간이 될 때까지, 그들은 미친 듯이 날뛰었다. 그러나 아무런 소리도 없고, 아무런 대답도 없고, 아무런 기척도 없었다.

30 이 때에 엘리야가 온 백성들에게 가까이 오라고 하였다. 백성들이 가까이 오니, 그는

무너진 주의 제단을 고쳐 쌓았다.

31 그리고 엘리야는, 일찍이 주께서 이스라엘이라고 이름을 고쳐 주신 야곱의 아들들의 지파 수대로, 열두 개의 돌을 모았다.

32 이 돌을 가지고 엘리야는, 주의 이름을 따라서 제단을 쌓고, 제단 둘레에는 두 세아 정도의 곡식이 들어갈 수 있는 넓이의 도랑을 팠다.

33 그 다음에, 나뭇단을 쌓아 놓고, 소를 각을 떠서, 그 나뭇단 위에 올려 놓고, 물통 네 개에 물을 가득 채워다가, 제물과 나뭇단 위에 쏟으라고 하였다. 사람들이 그대로 하니,

34 엘리야가 한 번 더 그렇게 하라고 하였다. 그들이 그렇게 하니, 그는 또 그렇게 하라고 하였다. 그들이 세 번을 그렇게 하니,

35 물이 제단 주위로 넘쳐 흘러서, 그 옆 도랑에 가득 찼다.

36 제사를 드릴 때가 되니, 엘리야 예언자가 앞으로 나서서, 이렇게 기도하였다. "아브라함과 이삭과 이스라엘을 돌보신 주 하나님, 주님이 이스라엘의 하나님이시고, 나는 주의 종이며, 내가 오직 주의 말씀대로만 이 모든 일을 하고 있다는 것을, 오늘 저들이 알게 하여 주십시오.

37 주님, 응답하여 주십시오. 응답하여 주십시오. 이 백성으로 하여금, 주님이 주 하나님이시며, 그들의 마음을 돌이키게 하시는 주님이심을 알게 하여 주십시오."

38 그러자 주의 불이 떨어져서, 제물과 나뭇단과 돌들과 흙을 태웠고, 도랑 안에 있는 물을 모두 말려 버렸다.

39 온 백성이 이것을 보고, 땅에 엎드려서 말하였다. "그분이 주 하나님이시다! 그분이 주 하나님이시다!"

신학적 관점

하느님이냐? 바알이냐? 성서에서 이보다 더 극적인 대결의 장면은 없다. 겉으로는 참 신과 거짓 신의 종교적 대결로 보이지만, 내용에 있어서는 아합과 이세벨로 대변되는 세속 권력과의 정치적 대결이고, 물질 풍요를 앞세우는 비와 곡식의 신 바알과 사회적 약자를 우선하는 정의의 신 YHWH와의 신앙 투쟁이다.

목회적 관점

우리나라와 같은 다종교 사회에서 바알을 이웃 종교로 이해하게 되면 종교 분쟁으로 인한 사회적 혼란이 야기된다. 일부 개신교에서는 가톨릭까지 이단으로 규정하기도 한다. 같은 하느님을 믿고 같은 성서를 읽어도 그 믿음의 형태는 제각각이다. 중요한 것은 신의 이름이 아니다.

주석적 관점

엘리야의 가장 큰 적대자는 이세벨왕후였다. 이 두 이름('바알'과 '벨')은 모두 이방 신을 대변하고 있다. 그리고 엘리야에 있어 생명의 은인은 사르밧 지방의 과부였다. 그런데 이 두 여인은 모두 시돈 왕국의 딸들이었다. 한 명은 왕의 딸로서 가장 높은 계층 출신이었고, 다른 한 명은 먹을 것이 없어 죽음을 걱정해야 했던 가장 밑바닥 계층 사람이었다. 여기서 YHWH가 갖는 하나의 특징을 말하고 있다. 그건 민족의 경계를 넘어 그 사회의 가장 밑바닥 민중들과 함께 하는 신이라는 점이다.

설교적 관점

북왕국 이스라엘의 왕 아합은 BCE 869~850 기간에 통치하였는데, 이때는 북왕국 역사에 있어 가장 풍요로운 시기였다. 그런데 성서는 그를 주님 보시기에 가장 악한 일을 한 왕으로 기록한다(왕상 16:30). 물질 욕망으로 인해 정신적 폐허가 일어났고 가진 자들의 횡포가 극심했기 때문이다.

갈멜산에서의 엘리야와 바알과 아세라의 제사장 850명과의 대결은 종교(신) 간의 대결이 아니라 그 종교가 갖는 신앙 가치의 대결이었다. 곧 바알이 내세우는 풍요의 가치를 따라 가진 자들의 편에 설 것인가? 아니면 YHWH가 십계명 서두에서 말하듯이 '눌린 자들의 해방'을 위해 힘없는 자들의 편에 설 것인가?

시편 96

1 새 노래로 야훼를 노래하여라. 온 세상아, 야훼를 노래하여라.

2 야훼를 노래하고 그 이름을 찬양하여라. 우리를 구원하셨다. 그 기쁜 소식 날마다 전하여라.

3 놀라운 일을 이루시어 이름을 떨치셨으니 뭇 민족, 만백성에게 이를 알리어라.

4 높으신 야훼를 어찌 다 찬양하랴. 신이 많다지만 야훼만큼 두려운 신이 있으랴.

5 뭇 족속이 섬기는 신은 모두 허수아비지만 야훼께서는 하늘을 만드셨다.

6 그 앞에 찬란한 영광이 감돌고 그 계시는 곳에 힘과 아름다움이 있다.

7 힘과 영광을 야훼께 돌려라. 민족들아, 지파마다 야훼께 영광을 돌려라.

8 예물을 들고 하느님 앞에 나아가 그 이름에 어울리는 영광을 야훼께 돌려라.

9 거룩한 광채 입으신 야훼를 경배하여라. 온 땅은 그 앞에서 무서워 떨어라.

10 이 땅을 든든히 세우신 야훼 앞에서 "야훼가 왕이시다"고 만방에 외쳐라. 만백성을 공정하게 심판하시리라.

11 하늘은 기뻐하고 땅은 즐거워하며 바다도, 거기 가득한 것들도 다 함께 환성을 올려라.

12 들도, 거기 사는 것도 다 함께 기뻐 뛰어라. 숲의 나무들도 환성을 올려라.

13 야훼께서 세상을 다스리러 오셨다. 그 앞에서 즐겁게 외쳐라. 그는 정의로 세상을 재판하시며 진실로써 만백성을 다스리신다.

갈라디아서 1:1-12

1 사람들이 세워 준 것도 아니요, 사람이 맡겨 준 것도 아니요, 오직 예수 그리스도께서 맡겨 주시고, 또 그분을 죽은 사람들 가운데서 살리신 하나님 아버지께서 맡겨 주심으로써, 사도가 된 나 바울은,

2 나와 함께 있는 모든 믿음의 식구와 더불어 갈라디아에 있는 여러 교회에 이 편지를 씁니다.

3 우리 아버지 하나님과 주 예수 그리스도께서 내려 주시는 은혜와 평화가 여러분에게 있기를 빕니다.

4 예수 그리스도께서는 하나님 우리 아버지의 뜻을 따라 우리를 이 악한 세대에서 건져 주시려고, 우리의 죄를 대속하기 위하여 자기 몸을 제물로 바치셨습니다.

5 하나님께 영광이 영원무궁 하도록 있기를 빕니다. 아멘.

6 여러분을 그리스도의 은혜 안으로 불러 주신 그분에게서, 여러분이 그렇게도 빨리 떠나 다른 복음으로 넘어가는 데는, 나는 놀라지 않을 수 없습니다.

7 실제로 다른 복음이 있는 것은 아닙니다. 다만 몇몇 사람이 여러분을 교란시켜서 그리스도의 복음을 왜곡시키려고 하는 것뿐입니다.

8 그러나 우리들이나, 또는 하늘에서 온 천사일지라도, 우리가 여러분에게 전한 것과 다른 복음을 여러분에게 전한다면, 마땅히 저주를 받아야 합니다.

9 우리가 전에도 말하였지만, 이제 다시 말합니다. 여러분이 이미 받은 것과 다른 복음을 여러분에게 전하는 사람이 있다면, 그가 누구이든지, 저주를 받아야 마땅합니다.

10 내가 지금 사람들의 마음을 기쁘게 하려 하고 있습니까? 아니면, 하나님의 마음을 기쁘시게 해드리려 하고 있습니까? 아니면, 사람의 환심을 사려 하고 있습니까? 내가 아직도 사람의 환심을 사려 하고 있다면, 나는 그리스도의 종이 아닙니다.

11 형제자매 여러분, 내가 여러분에게 밝혀드립니다. 내가 전한 그 복음은 사람에게서 비롯된 것이 아닙니다.

12 그 복음은, 내가 사람에게서 받은 것도 아니요, 배운 것도 아니요, 예수 그리스도께서 나타나심으로 받은 것입니다.

신학적 관점

여기서 바울이 말하는 '다른 복음'이란 할례와 정결법 등을 믿음의 정수(精髓)로 주장하는 모세 율법(토라)에 바탕을 둔 복음을 말한다. 이를 소위 십자가 '은혜의 복음'에 상반되는 '행위의 복음'이라고 지칭하지만, 이러한 흑백 이분법적 방식은 신학적으로 매우 위험한 결과를 초래한다. 갈라디아서는 갈라디아교회가 처한 특수한 상황에서 바울이 전한 특수한 복음이다. 이를 시대와 지역을 뛰어넘어 일반화하는 일은 피해야 한다. 바울 또한 자신을 유대인(히브리인) 중의 유대인이라고 자부하고 자기를 따르라고 말하는 것은 자신의 실천 행위에 대해 그만큼 자신이 있었기 때문이다.

목회적 관점

사람들은 종종 자신의 발언을 강하게 주장할 때 '맹세'라는 말을 사용한다. 이때 사람들은 '자기 양심을 걸고' 혹은 '하늘에 맹세코'라고 단서를 단다. 그런데 예수께서는 "아예 맹세 자체를 하지 말라!"고 말씀하신다. 하늘도 땅도 예루살렘도 언급하지 말라고…. 왜냐하면 그건 모두 하느님의 것이므로…. 심지어 "네 머리를 두고도 맹세하지 말라!"고 말씀하신다. 왜냐하면 우리는 머리카락 하나라도 희게 하거나 검게 할 수 없으므로. 그저 "예" 할 때 "예"만 하고 "아니오" 할 것은 "아니오"만 답하라고 하신다. "이보다 지나치는 것은 악에서 나오는 것이다"라고 말씀하신다. 그런데 바울은 그냥 맹세할 뿐만 아니라 하느님의 사자인 '천사까지' 들먹이며 맹세하고 있다. 바울은 마음이 너무 급한 나머지 다른 서신에서는 빼먹지 않고 하는 '감사와 칭찬'의 말 한마디 없이 곧바로 본론으로 들어가 자기 변호와 타인 비난 일변도로 나가고 있다. 이는 과연 목회자로서 따라야 할 바인가?

주석적 관점

목사는 교회의 성장을 원한다. 성장을 하려면 교인들의 입맛에 맞게 설교하고 심방하고 행동해야 한다. 쉽게 말해 사람의 마음을 기쁘게 하여야 한다. 물론 이때 하느님의 마음까지 기쁘게 한다면 더할 나위 없이 좋은 일이겠지만, 바울은 이런 경우는 없다고 말한다. 둘 중 하나라고 말한다. 설교자가 교인들의 환심(歡心)을 사려는 행동은 잘못이겠지만, 그렇다고 해서 교인들의 비난(非難)이 곧 자신이 하느님 편에 서 있음을 보증하는 것은 아니다.

설교적 관점

설교는 성서의 말씀에 기초하여 하느님의 뜻을 전하는 일이다. 그러나 설교자의 관점에 따라 같은 구절도 정반대의 결론을 빚어낼 수 있다. 그리고 그러한 주장의 근거로 하느님의 직접 계시를 말하기도 한다. 그러나 이러한 주장이 성서 전체의 뜻에 위배되는 경우 이 직접 계시는 하느님으로부터 온 것이라 말할 수 없다. 따라서 설교는 이성에 따라 논리적이어야 한다.

바울은 자신이 전하는 복음을 부활 예수 그리스도로부터 직접 전수한 참 복음이라고 주장하는데, 그렇다면 예수와 함께 먹고 마시면서 예수로부터 직접 말씀을 배웠던 제자들이 전하는 복음은 어찌 되는 것인가? 간혹 성경 지식에 뛰어난 교인들 가운데 신학 교육을 받은 목사들을 무시하고 자신의 사도직(?)을 강조하기 위해 이 구절(12절)을 인용하는 경우가 있는데, 잘못하면 목사의 아전인수적인 말씀 해석 방식이 오히려 목사에게 해가 되는 방식으로 되돌아온다.

1960년대 칼 바르트가 프린스턴신학대학에서 강의 중 이런 질문을 받았다. "하느님은 다른 종교를 통해서도 자신을 드러내시는가(계시, reveal)? 아니면 오직 기독교를 통해서만 드러내시는가?" "하느님은 어떤 종교를 통해서도 자신을 드러내시지 않으신다. 그것이 비록 기독교라 하더라도. 하느님은 오직 그의 아들 예수 그리스도를 통해서 자신을 드러내신다"(feasting, 90).

이는 종교의 제도화를 비판하는 말이지만, 그렇다면 예수 그리스도는 지금 우리에게 어떻게 자신을 드러내시는가? 복음서만 해도 상반된 말씀이 많다. 중요한 잣대는 4절 말씀에 있다. "예수 그리스도께서는 하나님 우리 아버지의 뜻을 따라 우리를 이 악한 세대에서 건져 주시려고, 우리의 죄를 대속하기 위하여 자기 몸을 제물로 바치셨습니다." 대속한다는 말은 종의 몸으로부터 자유인으로 살도록 하셨다는 의미다. 곧 이는 세상의 권위나 가치에 매이지 않고, 생명과 평화와 정의 그리고 평등의 하늘 가치를 실현하는 자유를 뜻한다.

누가복음 7:1-10

1 예수께서 자기의 모든 말씀을 백성에게 들려주신 뒤에, 가버나움으로 가셨다.

2 어떤 백부장의 종이 병들어 거의 죽게 되었는데, 그는 주인에게 소중한 종이었다.

3 백부장은 예수의 소문을 듣고, 유대인의 장로들을 예수께로 보내어 그에게 청하기를, 와서 자기 종을 낫게 해 달라고 하였다.

4 그들이 예수께로 와서, 간곡히 탄원하기를 "그는 선생님에게서 은혜를 받을 만한 사람입니다.

5 그는 우리 민족을 사랑하는 사람이고, 우리에게 회당을 지어 주었습니다" 하였다.

6 예수께서 그들과 함께 가셨다. 예수께서 백부장의 집에서 그리 멀지 않은 곳에 이르셨을 때에, 백부장은 친구들을 보내어, 예수께 이렇게 아뢰게 하였다. "주님, 더 수고하실 것 없습니다. 나는 주님을 내 집에 모셔 들일 만한 자격이 없습니다.

7 그래서 내가 주님께로 나아올 엄두도 못 냈습니다. 그저 말씀만 하셔서, 내 종을 낫게 해 주십시오.

8 나도 상관을 모시는 사람이고, 내 밑에도 병사들이 있어서, 내가 이 사람더러 가라고 하면 가고, 저 사람더러 오라고 하면 옵니다. 또 내 종더러 이것을 하라고 하면 합니다."

9 예수께서 이 말을 들으시고, 그를 놀랍게 여기시어, 돌아서서 자기를 따라오는 무리에게 말씀하셨다. "내가 너희에게 말한다. 나는 이스라엘 사람 가운데서는, 이런 믿음을 본 적이 없다."

10 심부름 왔던 사람들이 집에 돌아가서 보니, 종은 나아 있었다.

신학적 관점

이는 예수의 치유 기적 이야기인가? 아니면 백부장의 믿음을 칭찬하는 이야기인가? 예수의 치유 능력을 믿는 백부장의 믿음은 과연 어디에서 출발하는가? 그는 예수를 만나지도 않았다. 그저 소문으로만 들었다. 그리고 예수를 하느님의 아들로 인정하고 집에 모실만한 자격도 없다고 말한다. 물론 율법학자들과 바리새파 사람들과 이미 척을 지고 있는 갈릴리 출신 예수를 집으로 모시는 일은 자신의 출세에 큰 오점을 남기는 일이 되었을 것이다(후편 사도행전에서 베드로는 백부장 고넬료의 집을 방문한다). 하여간 그는 예수를 집안에 모시는 대신 군대식으로 말로 치유할 것을 압박했다. 물론 예수는 자신의 가족도 아닌 유대인 종을 위해 그렇게 애를 쓰는 로마군 장교의 헌신에 대해 놀랐을 것임에는 틀림이 없다.

목회적 관점

이 이야기를 우리 상황에 맞춘다면, 일제강점기 시절 어느 일본군 장교가 동학 회당을 짓는 일에 돈을 내고 조선인들로부터 칭송을 얻는다. 어느 날 그의 종이 사경을 헤맨다. 그러자 그는 하느님의 아들로 불린다는 어떤 청년이 기적을 행한다는 소문을 듣고 동네 어른들을 통해 조선인 종의 병 치유를 부탁한다. 그러자 그 사람이 자기 집에 온다는 얘기를 듣고는 친구들을 보내 말로서 병을 낫게 한다. 마치 엘리사와 나아만 장군과 같은 경우를 본다.

주석적 관점

평행 구절인 마태복음(8:5-13)에는 소년(pais)으로 되어 있다. 누가는 이를 종(doulos)으로 바꾸면서 소중한(entimos)이란 수식어로 둘의 관계를 묘사했다. 당시 로마의 문화에서는 소년 동성애가 그리 이상한 일도 아니었고 또 군대의 경우에는, 지금도 그러하지만, 이런 예가 잦았다. 일단의 학자들은 이에 동의한다.

설교적 관점

예수의 신적인 치유 능력을 전하는 이 얘기는 과연 역사적 사실인가? 백부장은 유대 식민지를 지배하고 통치하는 지역 군사령관이나 다름이 없는 사람이다. 일반적으로 자신의 출세를 생각할 때, 황제에게 충성하는 것은 가능하지만, 식민지 백성에게 이로움을 주는 행위는 반로마적 행위로 간주된다. 더구나 누가복음은 로마에 저항하여 일어난 6년간의 처절한 유대독립전쟁 후에 기록된 것으로 로마인들의 감시 눈초리가 매우 심했던 시기였다. 이때 누가는 데오빌로 각하라는 로마제국의 한 관헌에게 보고서 형식으로 예수에 대해 말하고 있다. 곧 누가복음서는 출발부터 친로마적이다. 예수는 로마의 정치범으로 십자가 처형을 당했다. 반로마의 상징이나 다름이 없다. 그런데 로마군 장교가 식민지 갈릴리 출신 청년 예수를 "주님!"이라고 부르는 일이 가능한가? 일반적으로는 가능하지 않다. 왜냐하면

이 칭호는 로마 황제를 향한 호칭이었기 때문이다. 만약 이를 역사적 사실로 본다면, 그는 소중한 종으로부터 유대교에 관해 많은 얘기를 들었을 것이다. 유대교 숭배자였다고 볼 수는 없지만, 하느님을 두려워하는 사람 중 한 사람이었을 것이다. 그래서 회당을 짓는 일에 경제적 도움을 주었을 것이고, 더 나아가 그는 예수의 십자가 처형을 당할 때 그 장면을 목격하고 "예수는 참으로 의로운 사람이었다"라고 고백하였을 것이다(23:47).

성령강림 후 셋째 주일(6월 5일~6월 11일)

왕상 17:8-24; 시 146; 갈 1:11-24; 눅 7:11-17

열왕기상 17:8-24

8 주께서 엘리야에게 말씀하셨다.

9 "이제 너는, 시돈에 있는 사르밧으로 가서, 거기에서 지내도록 하여라. 내가 그 곳에 있는 한 과부에게 명하여서, 네게 먹을 것을 주도록 일러두었다."

10 엘리야는 곧 일어나서, 사르밧으로 갔다. 그가 성문 안으로 들어설 때에, 마침 한 과부가 땔감을 줍고 있었다. 엘리야가 그 여인을 불러서 말하였다. "마실 물을 한 그릇만 좀 떠다 주십시오."

11 그 여인이 물을 가지러 가려고 하니, 엘리야가 다시 여인을 불러서 말하였다. "먹을 것도 조금 가져다 주시면 좋겠습니다."

12 그 여인이 말하였다. "어른께서 섬기시는 주 하나님께서 살아 계심을 두고 맹세합니다. 저에게는 빵 한 조각도 없습니다. 다만, 뒤주에 밀가루가 한 줌 정도 그리고 병에 기름이 몇 방울 남아 있을 뿐입니다. 보시다시피, 저는 지금 땔감을 줍고 있습니다. 이것을 가지고 가서, 저와 제 아들이 죽기 전에 마지막으로, 남아 있는 것을 모두 먹으려고 합니다."

13 엘리야가 그 여인에게 말하였다. "두려워하지 말고 가서, 방금 말한 대로 하십시오. 그러나 음식을 만들어서, 우선 나에게 먼저 가지고 오십시오. 그 뒤에 그대와, 아들이 먹을 음식을 만들도록 하십시오.

14 주께서 이 땅에 다시 비를 내려 주실 때까지, 그 뒤주의 밀가루가 떨어지지 않을 것이며, 병의 기름이 마르지 않을 것이라고, 주 이스라엘의 하나님께서 말씀하셨습니다."

15 그 여인은 가서, 엘리야의 말대로 하였다. 과연 그 여인과 엘리야와 그 여인의 식구가 여러 날 동안 먹었지만,

16 뒤주의 밀가루가 떨어지지 않고, 병의 기름도 마르지 않았다. 주께서 엘리야를 시켜서 하신 주의 말씀대로 되었다.

17 이런 일이 있은 뒤에, 이 집 여주인의 아들이 병이 들었다. 그의 병은 매우 위중하여서, 끝내는 숨을 거두고 말았다.

18 그러자 그 여인은 엘리야에게 이렇게 말하였다. "하나님의 사람이신 어른께서 저와 무슨 상관이 있다고, 이렇게 저에게 오셔서, 저의 죄를 기억나게 하시고, 제 아들을 죽게 하십

니까?"

19 엘리야가 그 여인에게 아들을 달라고 하면서, 그 여인의 품에서 그 아이를 받아 안고, 자기가 머물고 있는 다락으로 올라갔다. 그리고 그를 자기의 침대 위에 뉘어 놓고,

20 주께 부르짖었다. "주 나의 하나님, 어찌하여 내가 머물고 있는 이 집의 과부에게 이렇게 재앙을 내리시어, 그 아들을 죽게 하십니까?"

21 그는 그 아이의 몸 위에 세 번이나 엎드려서, 몸과 몸을 맞춘 다음, 주께 또 부르짖었다. "주 나의 하나님, 제발 이 아이의 호흡이 되돌아오게 하여 주십시오!"

22 주께서 엘리야가 부르짖는 소리를 들으시고, 그 아이의 호흡을 되돌아오게 하여 주셔서, 그 아이가 살아났다.

23 엘리야는, 그 아이를 안고 다락에서 내려와서, 아이를 돌려주면서 말하였다. "보시오, 아들이 살아났습니다."

24 그 여인이 엘리야에게 말하였다. "이제야 저는, 어른이 바로 하나님의 사람이시라는 것과, 어른이 하시는 말씀은 참으로 주의 말씀이라는 것을 알았습니다."

신학적 관점

17장에는 세 개의 기적이 등장한다. 곧 까마귀와 밀가루와 기름과 아들의 소생이다. 기적 이야기는 핵심을 전달하기 위한 도구일 뿐이다. 핵심은 유대인 엘리야와 이방인 사렙다 과부의 만남이다. 이는 신학적으로 어떤 의미가 있는 것인가? 엘리야는 광야의 사람이다. 하느님의 예언자이지만, 세속 권력에 의해 죽음으로 내몰린 사람이다. 광야(므드바르)는 하느님의 말씀이 선포되는 장소이지만, 동시에 때 묻지 않은 야성(野性)을 상징한다. 과부는 도시(성)의 보호를 받아야만 살아가는 사회적 약자다. 곧 엘리야와 사렙다 과부와의 만남은 광야와 도시라는 두 문화의 만남으로 공존하기가 어려운 관계다. 더구나 과부는 단순한 이방 사람이 아닌 엘리야의 대적 이세벨 왕후와 같은 시돈 출신이었다. 그러나 하느님에게는 이 두 사람의 만남은 매우 소중했다. 왜냐하면 한 사람은 하느님의 대변자인 예언자로, 다른 한 사람은 하느님의 주된 관심의 대상인 사회적 약자로서 이방인 과부였기 때문이다.

목회적 관점

왜 하느님은 이미 까마귀를 통해 먹을 것을 제공하고 있었는데, 갑자기 사렙다

과부에게 가서 의존하도록 하는 것인가? 과부 입장에서 이야기를 뒤집어 보자. 어느 날 낯선 이가 갑자기 찾아와 먹을 것을 요구한다. 이미 3년간의 가뭄으로 과부와 아들은 이제 마지막 식사를 하고 죽을 수밖에 없는 운명에 처해 있었다. 막다른 인생이다. 그런데 낯선 나그네가 먹을 것을 요구한다. 어떻게 해야 하나? 어차피 죽을 인생이다. 한 끼를 더 먹나 덜 먹나 별 차이는 없다. 그런데 엘리야는 밀가루와 기름이 떨어지지 않을 것이라고 말한다. 역사의 반전(反轉)이다. 사렙다 과부는 이 말을 어떻게 확신할 수 있었을까? 막다른 골목을 경험해 본 목회자는 알고 있다. 반전이 일어난다는 것을. 그러나 일어나기 전까지는 확신할 수 없다. 그저 할 수 있는 것은 기적을 믿는 것 외에 다른 방법은 없다.

주석적 관점

17-19장은 북이스라엘 왕국의 최전성기라 할 수 있는 아합왕의 시대에 엘리야가 목숨을 건 진리의 싸움을 말하고 있다. 그런데 엘리야가 아합과 이세벨의 핍박을 피해 머문 곳은 시돈 지방으로 이는 이세벨 왕후의 출신지이자 바알 종교가 성행하는 곳이었다. 이는 무엇을 말하는가? 엘리야로서는 가장 증오하는 곳이었고, 이세벨로서는 엘리야가 자신의 고향에 머물 것이라고는 상상하기 어려운 곳이었다.

설교적 관점

모세오경은 끊임없이 "과부와 고아와 나그네를 돌보라고 말한다." 이들은 사회적 약자의 대표다. 엘리야와 사렙다 과부와 그의 아들은 이 세 그룹을 상징한다. 하느님께서는 자연재해가 계속되는 최악의 상황에서 어떻게 이들을 돌보시는가를 말하고 있다. 이제는 교회가 이 일을 대신한다. 우리의 교회는 이런 일을 어떻게 감당하고 있는가?

시편 146
 1 할렐루야, 내 마음 야훼를 찬양하리라.

2 한평생 야훼를 찬양하리라. 이 목숨 있는 동안 수금 타며 하느님을 찬양하리라.

3 너희는 권력가들을 믿지 말아라. 사람은 너희를 구해 줄 수 없으니

4 숨 한번 끊어지면 흙으로 돌아가고 그 때에는 모든 계획 사라진다.

5 복되어라, 야곱의 하느님께 도움받는 사람! 자기 하느님 야훼께 희망을 거는 사람!

6 하느님은 하늘과 땅, 바다와 거기에 있는 모든 것을 지으신 분, 언제나 신의를 지키시고

7 억눌린 자들의 권익을 보호하시며, 굶주린 자들에게 먹을 것을 주시고 야훼는, 묶인 자들을 풀어 주신다.

8 야훼, 앞 못 보는 자들을 눈뜨게 하시고 야훼, 거꾸러진 자들을 일으켜 주시며 야훼, 의인을 사랑하신다.

9 야훼, 나그네를 보살피시고, 고아와 과부들을 붙들어 주시나 악인들의 길은 멸망으로 이끄신다.

10 야훼, 영원히 다스리시니 시온아, 네 하느님이 영원히 다스리신다.

갈라디아서 1:11-24

11 형제자매 여러분, 내가 여러분에게 밝혀드립니다. 내가 전한 그 복음은 사람에게서 비롯된 것이 아닙니다.

12 그 복음은, 내가 사람에게서 받은 것도 아니요, 배운 것도 아니요, 예수 그리스도께서 나타나심으로 받은 것입니다.

13 내가 전에 유대교에 있을 적에 한 행위가 어떠하였는가를, 여러분이 이미 들은 줄 압니다. 나는 하나님의 교회를 몹시 박해하였고, 또 아주 없애 버리려고 하였습니다.

14 나는 내 동족 가운데서, 나와 비슷한 나이의 많은 사람보다 유대교에서 앞서 있었으며, 내 조상들의 전통을 지키는 일에도 훨씬 더 열성이었습니다.

15 그러나 나를 모태로부터 따로 세우시고 은혜로 불러 주신 분께서,

16 그 아들을 이방 사람에게 전하게 하시려고, 그 아들을 나에게 기꺼이 나타내 보이셨습니다. 그때에 나는 사람들과 의논하지 않았고,

17 또 나보다 먼저 사도가 된 사람들을 만나려고 예루살렘으로 올라가지도 않았습니다. 나는 곧바로 아라비아로 갔다가, 다마스쿠스로 되돌아갔습니다.

18 삼 년 뒤에 나는 게바를 만나려고 예루살렘으로 올라갔습니다. 나는 그와 함께 보름 동안을 지냈습니다.

19 그러나 나는 주의 동생 야고보 밖에는, 사도 가운데 누구도 만나지 않았습니다.

20 (내가 여러분에게 쓰는 이 말은, 하나님 앞에서 절대로 거짓말이 아닙니다!)

21 그 뒤에 나는 시리아와 길리기아 지방으로 갔습니다.

22 그래서 유대 지방에 있는 그리스도의 교회들은 나를 개인적으로 알 기회가 없었습니다.

23 그들은 다만 "전에 우리를 박해하던 그 사람이, 지금은 전에 없애 버리려고 하던 그 믿음을 전한다" 하는 소문을 들을 뿐이었습니다.

24 그래서 그들은 내가 한 일로 하나님께 줄곧 영광을 돌렸습니다.

신학적 관점

기독교 구원론에 관해서는 어쩌면 예수보다 바울의 영향력이 더 강하다고 말할 수 있다. 바울 없는 기독교는 상상하기 힘들다. '예수 신학'이란 말은 없지만, '바울신학'이란 말은 존재한다. 그런데 바울은 본문에서 자신의 복음은 어느 누구로부터도 받은 것도 아니고 배운 것도 아님을 강조한다. 그는 당시 초대교회의 지도자였던 예수의 직접 제자들과 차별의 선을 긋고 있다. 더 나아가 십자가와 부활 이외, 곧 예수의 역사성에 관해서는 알려고도 하지 않는다고 말한다. 이는 오늘날 (전통주의) 신학자들이 가장 꺼리고 비판하는 부분이기도 하다. 본문은 신학적으로 딜레마이다.

목회적 관점

간혹 교인들 가운데는 바울과 같이 갑작스러운 중생 경험이나 신비적 경험을 주장하는 사람들이 있다. 하느님 혹은 예수로부터 직접 말씀을 들었다고 하며 교회 내에서 물의를 빚기도 한다. 물론 계시는 목사에게만 한정하지는 않는다. 직접 계시를 주장하는 사람들을 어떻게 대할 것인가? 때로 간증은 신앙의 확신을 더해 주는 긍정적 측면도 없지 않다.

주석적 관점

3년 동안 아라비아로 갔다는 것은 무엇을 의미하는가? 당시 사막 지역에는 오늘날의 수도원과 같은 공부와 수련을 할 수 있는 곳이 있었다. 곧 바울은 자신의 신비 경험을 보다 신학화하는 작업을 하였던 것으로 추측할 수 있다. 그러나 이는 사도행전에서는 나오지 않는다.

설교적 관점

바울의 주장은 두 가지 관점에서 문제가 있다. 첫째는 자신이 과거 예수를 핍박했던 자였지만, 지금은 예수를 전파하는 사람이라는 급격한 중생 경험이다. 이는 모태 신앙인들의 신앙을 무력화시킬 수 있다. 둘째는 직접 계시인데, 사도행전에 세 번 기록되어 있다. 그런데 정황 기록에 상당한 차이가 있어 사실 객관성에 의심이 생긴다. 신앙에서 신비적 요소를 뺄 수는 없지만, 신비 경험은 자기중심적이고 감성적인 성격이 강해 공동체 내에서 일치보다는 분열을 가져오기 쉽다.

누가복음 7:11-17

11 조금 뒤에 예수께서 나인이라는 성으로 가시게 되었는데, 제자들과 큰 무리가 예수와 동행하였다.

12 예수께서 성문에 가까이 이르셨을 때에, 상여가 나오고 있었는데, 죽은 사람은 그의 어머니의 외아들이고, 그 여자는 과부였다. 그런데 그 동네 많은 사람이 그 여자와 함께 상여를 뒤따르고 있었다.

13 주께서 그 여자를 보시고, 가엾게 여기시며 울지 말라고 하셨다.

14 그리고 앞으로 나아가서, 관에 손을 대시니, 메고 가는 사람들이 멈추어 섰다. 예수께서 말씀하시기를 "젊은이야, 내가 너에게 말한다. 일어나거라" 하셨다.

15 그러자 죽은 사람이 일어나 앉아서, 말을 하기 시작하였다. 예수께서 그를 그의 어머니에게 돌려주셨다.

16 그래서 모두 두려움에 사로잡혀서, 하나님께 영광을 돌리며 말하기를 "우리에게 큰 예언자가 나타났다" 하고, 또 "하나님께서 자기 백성을 돌보아 주셨다" 하였다.

17 예수의 이 이야기가 온 유대와 그 주위에 있는 모든 지역에 퍼졌다.

신학적 관점

제1성서의 본문과 복음서의 본문은 과부의 죽은 아들을 살린다는 점에서 일치한다. 예수는 제자들에게 사람들이 나를 어떻게 생각하는가 하고 묻는다. 세례 요한 혹은 엘리야 혹은 예언자 중의 한 사람이라고 답한다. 엘리야는 하늘로 승천한 하느님의 사람이었기에 세상 끝날 그가 다시 올 것으로 사람들은 기대했다. 과부의 아들을 살려냄으로 엘리야를 연상케 함으로 엘리야가 행한 가장 중요한 일, 곧 아합과 이세벨로 대변되는 불의한 세상 권력(로마제국)과의 다가오는 (종말론적) 대결을 예견하고 있다. 곧 본문은 예수의 하느님 나라 운동이 갖는 정치신학적인 관점(16절)을 제공하고 있다.

목회적 관점

목사는 교인들의 병 치유를 위해 기도하지만, 예수의 기적 치유 사역을 오늘날 현대 목회에 그대로 적용할 수는 없다. 유럽이나 미국에서는 의사와 목사가 환자의 치유를 위해 협력하기도 한다.

주석적 관점

13절의 '가엾게 여기시며'(splachnizomai) 헬라어 원뜻은 창자의 꿈틀거림, 곧 애가 타는 마음이다.

제1, 2성서 본문을 비교해 보자. "엘리야는, 그 아이를 안고 다락에서 내려와서, 아이를 돌려주면서 말하였다. '보시오, 아들이 살아났습니다'"(왕상 17:23). "예수께서 그를 그의 어머니에게 돌려주셨다"(15절).

설교적 관점

우리는 한 인간의 삶을 얘기할 때, 그가 얼마나 오래 살았는가, 부자였는가 혹은 건강하였는가를 묻지 않는다. 그의 삶이 하늘의 거룩한 뜻에 얼마나 부합하는 삶을 살았는가에 관심한다. 우리는 회당장 야이로의 딸과 과부의 아들이 죽었다가 살아난 이야기를 듣는다. 그런데 그들이 그 이후 어떤 삶을 살았는지에 대해서는 전혀 알지 못하고 있다. 본문은 단지 한 개인의 죽음과 부활에 관한 이야기가 아니다. 이는 예수에 관한 이야기다. 단지 예수가 신적 능력의 소유자임을 말하는 것이 아니다. 죽은 자가 살아난 이야기 더구나 장례 행렬을 멈추고 관을 열어 썩어가는 시체를 다시 살아나게 했다는 얘기는 사회적으로 큰 관심과 소요를 불러일으키고 권력자들에게는 두려움의 대상이 된다. 본문은 예수에 의한 하느님 나라 운동이 이제 세상 권력과의 한바탕 싸움을 할 수밖에 없다고 하는 필연과 때의 임박함을 말하고 있다. 당시 로마는 단순한 왕국이 아닌 지중해 일대의 넓은 땅과 바다를 지배하는 거대한 제국으로 부상하면서 신의 대리인으로서의 황제 숭배를 강요하는 정교일치(政敎一致)의 *Pax Romana*의 권력이었다.

열왕기상 21:1-21a

1 그 뒤에 이런 일이 있었다. 이스르엘 사람 나봇이 이스르엘 땅에 포도원을 하나 가지고 있었는데, 그 포도원은 사마리아의 왕 아합의 궁 근처에 있었다.

2 아합이 나봇에게 말하였다. "그대의 포도원이 나의 궁 가까이에 있으니, 나에게 넘기도록 하여라. 나는 그것을 정원으로 만들려고 한다. 내가 그것 대신에 더 좋은 포도원을 하나 주겠다. 그대가 원하면, 그 값을 돈으로 계산하여 줄 수도 있다."

3 나봇이 아합에게 말하였다. "제가 조상의 유산을 임금님께 드리는 일은, 주께서 금하시는 불경한 일입니다."

4 아합은, 이스르엘 사람 나봇이 그 포도원을 조상의 유산이라는 이유로 양도하기를 거절하였으므로, 마음이 상하였다. 화를 내며 궁으로 돌아와서, 침대에 누워 얼굴을 돌리고, 음식도 먹지 않았다.

5 그러자 그의 아내 이세벨이 그에게로 와서, 무슨 일로 그렇게 마음이 상하여 음식까지 들지 않는지를 물었다.

6 왕이 그에게 대답하였다. "내가 이스르엘 사람 나봇에게, 그의 포도원을 내게 넘겨 주면, 그 값을 돈으로 계산해 주든지, 그가 원하면 그 대신 다른 포도원을 주든지 하겠다고 했는데, 그는 자기의 포도원을 내게 줄 수가 없다고 하였소. 그 때문이오."

7 그러자 그의 아내 이세벨이 그에게 말하였다. "당신은 현재 이스라엘을 다스리는 임금님이 아니십니까? 일어나셔서 음식을 드시고, 마음을 좋게 가지십시오. 내가 이스르엘 사람 나봇의 포도원을 임금님의 것으로 만들어 드리겠습니다."

8 그런 다음에, 이세벨은 아합의 이름으로 편지를 써서, 옥쇄로 인봉하고, 그 편지를 나봇이 살고 있는 성읍의 원로들과 귀족들에게 보냈다.

9 그는 편지에 이렇게 썼다. "금식을 선포하고, 나봇을 백성 가운데 높이 앉게 하시오.

10 그리고 건달 두 사람을 그와 마주 앉게 하고, 나봇이 하나님과 임금님을 저주하였다고 증언하게 한 뒤에, 그를 끌고 나가서, 돌로 쳐서 죽이시오."

11 그 성안에 살고 있는 원로들과 귀족들은, 이세벨이 편지에 쓴 그대로 하였다.

12 그들은 금식을 선포하고, 나봇을 백성 가운데 높이 앉게 하였다.

13 건달 둘이 나와서, 그와 마주 앉았다. 그리고 그 건달들은 백성 앞에서 나봇을 두고, 거짓으로 "나봇이 하나님과 임금님을 욕하였다" 하고 증언하였다. 그렇게 하니, 그들은 나봇을 성 바깥으로 끌고 가서, 돌로 쳐서 죽인 뒤에,

14 이세벨에게 나봇이 돌에 맞아 죽었다고 알렸다.

15 이세벨은, 나봇이 돌에 맞아 죽었다는 소식을 듣고, 곧 아합에게 말하였다. "일어나십시오. 돈을 주어도 당신에게 넘기지 않겠다고 하던 이스르엘 사람 나봇의 포도원을 차지하십시오. 나봇은 살아 있지 않습니다. 죽었습니다."

16 아합은, 나봇이 죽었다는 말을 듣고 일어나서, 이스르엘에 있는 나봇의 포도원을 차지하려고 내려갔다.

17 주께서 디셉 사람 엘리야에게 말씀하셨다.

18 "일어나 사마리아에 있는 이스라엘 왕 아합을 만나러 내려가거라. 그가 나봇의 포도원을 차지하려고 그 곳으로 내려갔다.

19 너는 그에게 다음과 같이 전하여라. '나 주가 말한다. 네가 살인을 하고, 또 빼앗기까지 하였느냐? 또 나 주가 말한다. 개들이 나봇의 피를 핥은 바로 그곳에서, 그 개들이 네 피도 핥을 것이다.'"

20 아합은 엘리야를 보자, 이렇게 말하였다. "내 원수야, 네가 또 나를 찾아왔느냐?" 그러자 엘리야가 대답하였다. "그렇습니다. 이렇게 또 찾아왔습니다. 임금님께서는 목숨을 팔아 가면서까지, 주께서 보시기에 악한 일만 하십니다.

21 '내가 너에게 재앙을 내리겠다.'"

신학적 관점

절대 권력은 절대 부패한다. 북왕국의 수도는 사마리아다. 나봇의 포도밭이 있는 이즈르엘은 제2의 궁전이 있었다. 이는 단순히 왕궁 확장의 이야기가 아니라, 믿음의 조상 아브라함으로부터 시작하여 족장 시대와 애굽 노예 시대와 출애굽과 광야 40년과 가나안 정착 이후 열두 지파에 따라 분배한 땅의 주인이신 YHWH의 권위에 대한 도전이었다. 이는 먹지 말라는 선악과 열매를 먹는 행위와 같다. 여기서 아브라함의 축복이 무엇을 뜻하는지를 신학적인 관점에서 질문해 보자. 다른 지역은 제국이 지배하고 그 통치자 황제가 땅의 주인이지만, 가나안은 YHWH가 주인이시고 백성들은 땅을 빌려 쓰는 세입자에 불과했다. 이는 땅을 원래의 지파에게 돌려주는 희년의 근거가 된다. 곧 젖과 꿀이 흐르는 가나안의 축복이란 물질 풍요를 말하는 것이 아닌 소수가 땅을 소유하는 제국 권력에 대한 부정으로서 백성이 주인임을 말하는 것이다.

목회적 관점

오늘날 소수의 부자는 많은 땅을 소유하고 아파트를 수십 채씩 소유하며 엄청난 불로소득을 올리고 있다. 목회자들은 정치권력에 대해서는 비판을 곧잘 하지만, 부자(자본) 권력에 대해서는 입을 다물고 심지어는 하느님의 축복이라는 이름으로 이를 옹호하기도 한다. 땅을 지파별, 집안별로 나누었다는 말은 모든 가족에게 최소한의 생존권을 YHWH의 이름으로 보장하였다는 말이다. 오늘날로 말하면 한 가정당 한 채의 아파트를 주었다는 말이다. 기본 소득을 보장하듯이 기본 주택 또한 보장하여야 하지 않을까?

나중에 아합이 잘못을 회개하자 그 벌을 아들에게로 옮겼다. 전두환의 죄를 아들에게 옮기는 것은 신학적으로 타당한 것일까?

주석적 관점

정원의 히브리 단어는 신명기 11장 10절에서 언급된 (애굽 땅의) 채소밭이다. 곧 광야에 대한 반대어로 사치와 풍요를 뜻한다.

20절의 목숨은 다른 말로 하면 '생명' 혹은 '양심'이다.

설교적 관점

그리스신화에 등장하는 왕 마이다스(Midas)의 얘기는 유명하다. 그는 신에게 청탁하여 그가 만지는 모든 것이 금으로 변화하는 능력을 부여받았다. 그의 모든 집안의 장식품들은 금으로 변했다. '마이다스 터치'의 능력에 그는 환호했다. 그러나 음식을 입술에 대는 순간 금으로 변해 먹을 수가 없었고, 사랑하는 딸을 포옹하는 순간 딸은 금으로 변하고 말았다. 그럼에도 여전히 현대인들은 마이다스 터치의 능력을 꿈꾸고 있다.

나봇의 죽음으로 그 아내는 과부가 되고 그 자식들은 고아가 되었다. 성서는 계속하여 과부와 고아와 나그네를 돌보라고 말한다. 오늘날의 자본 권력(아합과 이세벨)은 과부와 고아를 돌보는 대신 오히려 자신의 욕망 충족을 위해 과부와 고아를 양산하고 있다. 더 깊이 보면 전쟁무기생산체제(War-Industry Complex)라는 또 다른 국가자본 권력은 끊임없이 진행되는 전쟁을 통해 수많은 과부와 고아들을 양산하고 있다.

시편 5:1-8

1 야훼여! 아뢰옵나니 귀를 기울이소서. 내 한숨짓는 까닭을 알아주소서.

2 나의 왕, 나의 하느님이여! 살려 달라 애원하는 이 소리 모르는 체 마소서. 당신께 기도드립니다.

3 야훼여, 당신은 아침 기도를 들어 주시기에 이른 아침부터 제물 차려 놓고 당신의 처분만을 기다리고 있사옵니다.

4 당신께서 사악을 좋아하실 리 없사오니, 악인을 반기실 리 또한 없으십니다.

5 거만한 자를 당신께서는 차마 보지 못하시고 악한 짓 하는 자 모두 미워하십니다.

6 거짓말장이를 멸하시며 피에 주린 자, 사기치는 자를 역겨워하십니다.

7 당신의 크신 사랑만을 믿고 나는 당신 집에 왔사옵니다. 주님 두려워하는 마음으로 당신의 거룩한 성전을 향하여 엎드립니다.

8 야훼여! 원수들이 지켜보고 있사오니 이 몸에서 죄를 벗겨 주시고 당신 길을 내 앞에 터 주소서.

갈라디아서 2:15-21

15 우리는 본디 유대 사람이요, 죄인인 이방 사람이 아닙니다.

16 그러나 사람이, 율법을 지키는 행위로 의롭게 되는 것이 아니라, 예수 그리스도를 믿음으로 되는 것임을 알고, 우리도 그리스도 예수를 믿은 것입니다. 그것은, 우리가 율법을 지키는 행위로가 아니라, 그리스도를 믿는 믿음으로 의롭게 하여 주심을 받고자 하는 것이었습니다. 율법을 지키는 행위로는, 아무도 의롭게 될 수 없기 때문입니다.

17 우리가 그리스도 안에서 의롭게 하여 주심을 구하다가, 우리가 죄인으로 드러난다면, 그리스도는 우리로 하여금 죄를 짓게 하시는 분이라는 말입니까? 그럴 수 없습니다.

18 내가 헐어 버린 것을 다시 세우면, 나는 나 스스로를 범법자로 만드는 것입니다.

19 나는 율법 앞에서는 이미 율법으로 말미암아 죽었습니다. 그것은 내가 하나님 앞에서 살려고 하는 것입니다.

20 나는 그리스도와 함께 십자가에 못박혔습니다. 이제 사는 것은 내가 아닙니다. 그리스도께서 내 안에서 사시는 것입니다. 내가 지금 육신 안에서 사는 것은 나를 사랑하셔서, 나를 대신하여 자기 몸을 내주신 하나님의 아들을 믿는 믿음 안에서 사는 것입니다.

21 나는 하나님의 은혜를 헛되게 하지 않습니다. 의롭게 하여 주심이 율법으로 되는 것이라면, 그리스도께서는 헛되이 죽으신 것이 됩니다.

신학적 관점

하느님으로부터 의롭다 인정함을 받는 구원은 율법을 지키는 행위에 의해서가 아닌 "오직 은혜만"으로라는 구호는 바울신학의 정수이자 마르틴 루터 개혁신학의 정수이다. 그러나 여기에는 누구나가 빠지기 쉬운 함정이 도사리고 있다. 그건 행위와 은혜에 대한 명확한 정의가 없다는 것이다. '은혜만으로'라는 얘기는 구원의 주체는 전적으로 하느님이라는 주장인데, 이 주장이 마치 행위 자체를 무력화시키는 구호로 사용되고 있다. 이미 야고보 사도가 말했듯이 "행위 없는 믿음은 죽은 믿음이요, 육신 없는 영혼 같아 허공에 떠 있다." 배고픈 사람에게 빵 그림을 보여주며 맛있게 먹으라는 것과 무엇이 다른 것인가? 믿음에는 반드시 행위가 함께 해야 한다. 자신의 신앙 행위를 절대화시킴으로 다른 이들을 차별하는 것이 문제이지 행위 자체가 문제가 되는 것은 아니다. 믿음과 행위는 동전의 앞뒤마냥 하나인 것이지 결코 구별될 수 있는 것이 아니다.

그런데 지금 바울이 마치 이를 구별하는 것처럼 말하고 있는 것은 베드로가 유대인과 이방인의 구원에 관한 약속을 어기고 위선을 행했기 때문이다. 이에 바울은 베드로를 질타하였다. "당신은 유대 사람인데도 유대 사람처럼 살지 않고 이방 사람처럼 살면서, 어찌하여 이방 사람더러 유대 사람이 되라고 강요하십니까?"(14절)

목회적 관점

신앙생활에 있어 전통과 관습의 역할은 무엇일까? 교인들은 자신들에게 익숙한 신조, 도덕적 기준, 예배 모범, 찬송들을 복음의 진수로 이해하고 있다. 그리하여 새로운 찬송가와 새로운 성서 번역본을 잘 받아들이지 않고, 후임 목사가 예배 순서 하나 바꾸는 일조차 거부감을 드러낸다. 문화의 산물인 도덕적 기준의 변경에 대해서는 말할 것도 없다. 약간 과장하면 자신들에게 익숙한 전통과 관습을 어기는 것을 복음에 대한 변질로 받아들이고 있다. 이런 신앙 관습에 대한 집착이야말로 바울이 말하는 '율법을 지키는 행위'가 되는 것은 아닐까?

바울은 베드로가 예루살렘 교회의 압력에 굴복했다고 비난하고 있다. 목회자 또한 가끔 이런 비난에 직면한다. 베드로는 전적으로 틀렸고, 바울만 옳은 것일까?

주석적 관점

예수 그리스도를 믿는 믿음이란 구체적으로 무엇을 뜻하는 것일까? 기도를 끝내면서 "예수 이름으로 기도합니다"라고 말하면 충분한 것일까? 예수라면 어떻게 행동했을까를 생각하면서 결정하는 것일까? 서로가 상반된 결정을 하면서 '예수 이름으로' 하였다고 주장하는 경우는 매우 흔한 일이다. 교회의 차이, 교단의 차이, 교파의 차이는 어떻게 이해해야 하는 것인가? 익명의 그리스도인이라는 말도 있다.

헬라어 용법으로는 예수 그리스도에 관한 믿음(the faith in Jesus Christ)과 예수 그리스도의 믿음(the faith of Jesus Christ) 양쪽으로 번역이 가능하다(*feasting*, 135).

설교적 관점

초대교회에서 유대인 그리스도인과 이방인 그리스도인 사이에 율법에 관한 해석이 서로 달랐다. 베드로는 관습적인 의미에서 이를 옹호했고, 바울은 전적인 폐기를 주장했다. 현대 교회 안에도 율법과 같이 어떤 사안에 대해 완전히 상반되는 해석이 존재한다. 지금 미국 교회는 총기 규제와 낙태와 동성애에 관한 서로 다른 이해로 인해 계속 논쟁 중이다. 아예 총을 든 경비원이 지키는 교회가 있고, 자신을 보호하기 위해 총을 소지하고 교회에 가기도 한다. 도대체 "나는 그리스도와 함께 십자가에 못박혔습니다"라는 신앙고백과 이런 문제들은 어떤 관련이 있는 것일까?

누가복음 7:36-8:3

36 바리새파 사람 가운데서 어떤 사람이 예수께 청하여 자기와 함께 음식을 먹자고 하였다. 그래서 예수께서는 그 바리새파 사람의 집에 들어가셔서, 밥상 앞에 앉으셨다.

37 그런데 그 동네에 죄인인 한 여자가 살고 있었는데, 예수께서 바리새파 사람의 집에서 음식을 잡숫고 계신 것을 알고, 향유가 담긴 옥합을 가지고 와서,

38 예수의 등 뒤로 발 곁에 서더니, 울면서, 눈물로 그의 발을 적시기 시작하였다. 그리고 머리카락으로 닦고, 그 발에 입을 맞추고, 향유를 발랐다.

39 예수를 초대한 바리새파 사람이 이것을 보고, 혼자 중얼거리기를 "이 사람이 예언자라면, 자기를 만지는 저 여자가 누구며, 어떠한 여자인지 알았을 터인데! 저 여자는 죄인인데!" 하였다.

40 예수께서 그에게 말씀하시기를 "시몬아, 네게 할 말이 있다" 하시니, 시몬이 말하기를 "선생님, 말씀하십시오" 하였다. 예수께서 말씀하셨다.

41 "어떤 돈놀이꾼에게 빚진 사람이 둘 있었는데, 한 사람은 오백 데나리온을 지고, 또 한 사람은 오십 데나리온을 졌다.

42 둘이 다 갚을 길이 없으므로, 돈놀이꾼은 둘에게 빚을 탕감해주었다. 그러면, 그 두 사람 가운데서, 누가 그를 더 사랑하겠느냐?"

43 시몬이 대답하기를 "더 많이 탕감받은 사람이라고 생각합니다" 하였다. 예수께서는 그에게 말씀하셨다. "네 판단이 옳다."

44 그런 다음에, 그 여자에게로 몸을 돌리시고, 시몬에게 말씀하셨다. "너는 이 여자를 보고 있느냐? 내가 네 집에 들어왔을 때에, 너는 내게 발 씻을 물도 주지 않았다. 그러나 이 여자는 눈물로 나의 발을 적시고, 자기 머리카락으로 닦았다.

45 너는 내게 입을 맞추지 않았으나, 이 여자는 들어와서부터 줄곧 내 발에 입을 맞추었다.

46 너는 내 머리에 기름을 발라 주지 않았으나, 이 여자는 내 발에 향유를 발랐다.

47 그러므로, 내가 네게 말하거니와, 이 여자는 그 많은 죄를 용서받았다. 그것은 그가 많이 사랑하였기 때문이다. 용서받는 것이 적은 사람은 적게 사랑한다."

48 그리고 예수께서 그 여자에게 "네 죄가 용서함을 받았다" 하고 말씀하셨다.

49 그러자 밥상 앞에 함께 앉아 있는 사람들이 속으로 "이 사람이 누구이기에 죄까지도 용서하여 준다는 말인가?" 하고 말하기 시작하였다.

50 그러나 예수께서는 그 여자에게 말씀하셨다. "네 믿음이 너를 구원하였다. 평안히 가거라."

1 그 뒤에 예수께서 성과 마을을 두루 다니시면서, 하나님의 나라를 선포하며, 그것을 복음으로 전하셨다. 열두 제자도 예수와 동행하였다.

2 또한 악령과 질병에서 고침을 받은 몇몇 여자도 동행하였는데, 일곱 귀신이 떨어져 나간 막달라라고 하는 마리아와

3 헤롯의 청지기인 구사의 아내 요안나와 수산나와 그 밖에 여러 다른 여자였다. 그들은 자기들의 재산으로 예수의 일행을 섬겼다.

신학적 관점

하느님의 의와 구속과 그리스도에 관한 신학적 질문을 던지고 있다. 우리는

어떻게 죄로부터 구원을 받고 하느님과 화해할 수 있는 것인가?

이 여인의 죄는 무엇인가? 동네에 알려진 죄인이란 무엇일까? 암시적으로 언급이 되어 있다. 몸을 파는 여인이라고 단정할 수는 없다. 병자일 가능성도 있다. 하여간 당시 정결법에 의해 이 여인과 접촉하는 일은 금지되어 있었다. 그러나 예수에게 있어 중요한 것은 법 규정이 아닌 인간 구원이었다. 하느님의 의는 용서함이라고 선언한다.

47절에서 헬라어 'hoti'를 '그러므로'라고 번역함으로 (인간적인) 사랑이 (하느님의) 용서에 선행하는 것으로 이해된다. 이 경우 하느님의 용서의 행위는 인간의 사랑의 크기에 좌우되는 신학적 오류를 낳게 된다. '왜냐하면'으로 번역하면 용서가 사랑에 선행한다. 공동번역에서는 아예 이 부사를 삭제하고 있다.

사랑과 회개, 회개와 용서와의 관계성에 대한 신학적 질문은 여전히 남아 있다.

목회적 관점

죄인으로 손가락질받는 사람이 있다. 목회자는 교회 공동체의 규율을 세울 필요가 있다. 예수를 따라 무조건적인 용서를 베풀었을 때 일어나는 문제는 무엇일까?

영화 <밀양>에서 아들을 살해한 살인자를 고민 끝에 용서하기로 마음먹고 찾아가지만, 이미 하느님으로부터 용서를 받았다는 살인자의 얘기에서 큰 혼란을 겪는다.

주석적 관점

시몬이라는 바리새파 사람의 집으로 시작한 본문은 단지 용서함을 받은 한 여성의 이야기가 아닌 예수의 하느님 나라 목회를 물질적으로 돕고 있었던 여러 여성 제자에 대한 이야기로 단락을 맺는다.

유독 여성들에게 생기는 악령과 질병은 당시의 식민지 착취를 당하고 있는 정치사회적 환경에서 어떻게 해석할 수 있을까?

마가복음 14장 3-9절, 마태복음 26장 6-13절, 요한복음 12장 1-8절에는 모두 향유를 붓는 여인이 주인공으로 등장한다. 각각의 강조점이 있다. 누가는 비유를 섞어가며 매우 높은 문학적인 설득력을 보여주고 있다.

설교적 관점

여인의 관점에서 심리 이야기 설교를 진행해 보자. 자신이 저지른 죄로 인해 이웃 사람들의 손가락질을 받은 그녀는 오랜 세월을 자신의 감옥 안에 갇혀 살았다. 볼 일이 있더라도 아무도 알아보지 못하는 밤에만 나갔다. 그러던 어느 날 그녀는 예수의 소식을 듣는다. 마치 삭개오와 같이. 그는 용기를 내어 사람들 앞에 나선다. 사람들의 시선은 말은 없지만, '감히 어떻게 여기에…' 차갑기만 하다. 사람들의 시선이 주목하는 가운데, 그녀는 조용히 예수의 뒤에 선다. 향유를 가져가긴 했지만, 감히 만져 볼 생각을 하지 못한 채… 그때 예수가 조용히 그녀의 얼굴을 바라본다. 서로의 눈이 마주친다. 그러자 그녀의 눈에서 하염없는 눈물이 떨어진다.

"네 믿음이 너를 구원하였다. 평안히 가거라."

하느님 사랑에 기초한 용기는 예수를 통해 용서와 함께 자유함을 얻는다.

성령강림 후 다섯째 주일(6월 19일~6월 25일)

왕상 19:1-15a; 시 42-43; 갈 3:23-29; 눅 8:26-39

열왕기상 19:1-15a

1 아합은, 엘리야가 한 모든 일과, 그가 칼로 모든 예언자들을 죽인 일을, 낱낱이 이세벨에게 알려 주었다.

2 그러자 이세벨은 엘리야에게 심부름꾼을 보내어 말하였다. "내가 예언자들을 죽였으니, 나도 너를 죽이겠다. 내가 내일 이맘때까지 너를 죽이지 못하면, 신들에게서 천벌을 달게 받겠다. 아니, 그보다 더한 재앙이라도 그대로 받겠다."

3 엘리야는 두려워서 급히 일어나, 목숨을 살리려고 도망하여, 유다의 브엘세바로 갔다. 그곳에 자기 시종을 남겨 두고,

4 자신은 홀로 광야로 들어가서, 하룻길을 더 걸어 어떤 로뎀 나무 아래로 가서, 거기에 앉아서, 죽기를 간청하며 기도하였다. "주님, 이제는 더 바랄 것이 없습니다. 나의 목숨을 거두어 주십시오. 나는 내 조상보다 조금도 나을 것이 없습니다."

5 그런 다음에, 그는 로뎀나무 아래에 누워서 잠이 들었는데, 그 때에 한 천사가, 일어나서 먹으라고 하면서, 그를 깨웠다.

6 엘리야가 깨어 보니, 그의 머리맡에는 뜨겁게 달군 돌에다가 구워 낸 과자와 물 한 병이 놓여 있었다. 그는 먹고 마신 뒤에, 다시 잠이 들었다.

7 주의 천사가 두 번째 와서, 그를 깨우면서 말하였다. "일어나서 먹어라. 갈 길이 아직도 많이 남았다."

8 엘리야는 일어나서, 먹고 마셨다. 그 음식을 먹고, 힘을 얻어서, 밤낮 사십 일 동안을 걸어, 하나님의 산인 호렙 산에 도착하였다.

9 엘리야는 거기에 있는 동굴에 이르러, 거기에서 밤을 지냈다.

그 때에, 주께서 그에게 말씀하셨다. "엘리야야, 너는 여기에서 무엇을 하고 있느냐?"

10 엘리야가 대답하였다. "나는 이제까지 주 만군의 하나님만 열정적으로 섬겼습니다. 그러나 이스라엘 자손은 주님과 맺은 언약을 버리고, 주의 제단을 헐었으며, 주의 예언자들을 칼로 쳐서 죽였습니다. 이제 나만 홀로 남아 있는데, 그들은 내 목숨마저도 없애려고 찾고 있습니다."

11 주께서 말씀하셨다. "이제 곧 나 주가 지나갈 것이니, 너는 나가서, 산 위에, 주 앞에 서

있어라." 크고 강한 바람이 주 앞에서 산을 쪼개고, 바위를 부수었으나, 그 바람 속에 주께 서 계시지 않았다.

12 그 바람이 지나가고 난 뒤에, 지진이 일었지만, 그 지진 속에도 주께서 계시지 않았다. 지진이 지나가고 난 뒤에, 불이 났지만, 그 불 속에도 주께서 계시지 않았다. 그 불이 난 뒤에, 부드럽고 조용한 소리가 들렸다.

13 엘리야는 그 소리를 듣고서, 외투 자락으로 얼굴을 감싸고 나가서, 동굴 어귀에 섰다. 바로 그 때에, 그에게 소리가 들려 왔다. "엘리야야, 너는 여기에서 무엇을 하고 있느냐?"

14 엘리야가 대답하였다. "나는 이제까지 주 만군의 하나님만 열정적으로 섬겼습니다. 그 러나 이스라엘 자손은 주님과 맺은 언약을 버리고, 주의 제단을 헐었으며, 주의 예언자들 을 칼로 쳐죽였습니다. 이제, 나만 홀로 남아 있는데, 그들은 내 목숨마저도 없애려고 찾고 있습니다."

15 주께서 그에게 말씀하셨다. "너는 돌이켜, 광야길로 해서 다마스쿠스로 가거라."

신학적 관점

엘리야는 예언자 그룹의 대표 인물로 모세와 예수와 더불어 변화산상에 등장한 인물이며, 예수는 백성들로부터 엘리야의 현현으로 언급되었다. 북왕국 이스라엘 의 최전성기를 이루었던 아합왕 그리고 그의 이방 왕비 이세벨과 적대하였다. 엘리야는 단순히 바알 종교 때문만이 아니라, 나봇과 같이 힘없는 민중의 편에 서서 왕권에 저항하였다. 엘리야가 머무는 광야 또한 아합과 이세벨이 거하는 왕궁과는 대척점에 있다. 광야는 히브리어(mdbr)로 '하느님의 말씀이 임하는 장소'를 뜻한다.

바로 앞장에서 엘리야는 갈멜산 위에서 백성들이 보는 가운데 바알과 아세라 선지자 850명을 상대로 위대한 승리를 가져왔다. 그리고 3년간의 가뭄이 멈추고 비가 내리기 시작했다. 승리 이후의 기쁨과 환희의 이야기로 가득 차야 할 후속의 이야기는 온데간데없고 갑자기 엘리야는 이세벨이 자신을 살해하겠다는 얘기를 듣자마자 죽음의 공포 속에 휘말려 광야로 도망쳤다. 급기야는 YHWH를 향해 자기를 죽여달라고 하소연하는 철저한 패자가 된다. 여기서 YHWH는 엘리야에게 자신의 신적 능력을 다시 한번 보여주어 그를 다시 일으켜 세워야 한다. 그런데 바위를 쪼개는 강한 바람이나 땅을 뒤흔드는 지진이나 모든 것을 불태우는 강한 불길 속에서 YHWH의 모습이 보인 것이 아니라, 부드럽고 조용한 소리 속에

YHWH께서 임재하신다. '조용한 소리'는 '아주 작은 세미한 음성'으로 고통받는 민중의 신음 소리를 뜻한다. 우리말로는 '한(恨) 맺힌 소리'이다.

목회적 관점

공(功)에 머물지 말라는 말이 있지만, 목회자는 성공에 취하지 않도록 주의해야 한다. 바울의 고백과 같이 뒤에 있는 것은 잊어버리고 앞만을 향해 나아가야 한다. 18장과 19장의 엘리야의 극단적인 대비의 모습은 목회자는 물론 현대인들의 성공 이후에 찾아오는 탈진(Burn out)에 대한 경고다. 탈진에 빠지면 패배의 공포 속에서 하느님이 준비하신 칠 천명을 보지 못한 채 자신 안에 갇히고 만다("이제 나만 홀로 남았습니다").

주석적 관점

'부드럽고 조용한 소리'는 다른 번역본에서는 '세미한 소리', '조용하고 여린 소리'이다. 소리를 물량적인 의미, 곧 주파수의 크기로 설명한다면 '아주 작은 소리'이겠지만, 이를 질적인 의미에서 이해하면 밑바닥 민중의 아파하는 소리, 곧 '신음 소리'이다.

엘리야는 하느님의 산 호렙에 다다른다. 이는 시내산의 또 다른 이름이다. 모세가 그랬듯이(민 11:14-15) 엘리야는 죽기를 바란다. 둘 다 광야에서 40주야를 머문다(출 24:18). 모세가 그랬듯이(출 33:22; 34:6) 엘리야 또한 YHWH께서 지나가심을 경험한다. 로뎀나무는 보잘것없는 싸리나무 혹은 떨기나무를 말한다. '로뎀'은 히브리어로 '시궁창, 진흙탕'을 의미한다. 모세는 한낮의 작열하는 태양열 아래서 순식간에 타버리고 사라지는 싸리나무에서 꺼지지 않는 불꽃을 보았고, 엘리야는 쉼을 얻고 하늘의 양식을 받는다.

엘리야의 뜻은 '나의 하느님, 야훼'이고, 이세벨의 뜻은 "바알왕자께서 어디에 계시는가?"이다.

설교적 관점

현대는 크고 웅장함이 성공과 위대함의 상징이다. 신의 위대함을 보여주기 위해 중세 시대로부터 교회는 첨탑을 높이 올리고 성전은 웅장하게 짓는다. 그러나 부드럽고 조용한/희미한 소리 속에 YHWH는 거하신다. 크고 웅장한 외면을 자랑하는 것은 바알적이다. 세미한 소리는 외부의 모습에 정신이 팔려있으면 결코 들을 수가 없다. 오직 자신의 내면에 충실했을 때만이 들을 수가 있다.

로뎀나무로 명명되는 싸리나무는 광야의 따가운 더위를 잠시 달래기에도 부족한 앙상한 나무로 보잘것없는 나무다. 그러나 YHWH가 함께 할 때, 이는 쉼을 제공한다. 행복은 내 안에 있다는 말이 있다. 나의 모습이 어떠하든 신의 현존을 깨달을 때, 참 행복을 누릴 수 있다.

"너는 여기서 무엇을 하고 있느냐?" YHWH는 광야에 있는 엘리야에게 묻는다. 민중 역사의 현장 안으로 들어가라는 말이다. 세미한 소리는 누구의 소리인가? 권력자의 소리는 크게 울린다. 그러나 사회적 약자의 신음 소리는 거의 들리지 않는다.

본문에서는 삭제되어 있지만, 엘리야는 다마스커스로 가서 하사엘에게 기름을 부어 시리아의 왕으로 세우고, 예후에게 기름을 부어 아합의 가문을 대신한 예후를 세우고, 그의 후계자 엘리사를 기름 부어 세운다. 엘리야는 새 역사를 창출하는 일에 주인공의 역할을 한다. 그리고 덧붙여서 이스라엘의 7,000명의 남은 자가 새 역사의 주인공이 된다.

시편 42

1 암사슴이 시냇물을 찾듯이, 하느님, 이 몸은 애타게 당신을 찾습니다.

2 하느님, 생명을 주시는 나의 하느님, 당신이 그리워 목이 탑니다. 언제나 임 계신 데 이르러 당신의 얼굴을 뵈오리이까?

3 "네 하느님이 어찌 되었느냐?" 비웃는 소리를 날마다 들으며 밤낮으로 흘리는 눈물, 이것이 나의 양식입니다.

4 축제의 모임, 환희와 찬미소리 드높던 그 행렬, 무리들 앞장서서 성전으로 들어 가던 일, 생각만 하여도 가슴이 미어집니다.

5 어찌하여 내가 이토록 낙심하는가? 어찌하여 이토록 불안해 하는가? 하느님을 기다리리라. 나를 구해 주신 분, 나의 하느님, 나는 그를 찬양하리라.

6 내가 스스로 낙심이 되어서 요르단 물줄기가 솟는 땅, 헤르몬산에서, 미살 봉우리에서 당신을 부릅니다.

7 당신의 벼락치는 소리에 깊은 바다가 서로 노호하고, 당신의 파도와 물결들이 뭉치가 되어 이 몸을 휩쓸고 지나갑니다.

8 야훼의 사랑 낮에 내리시면 밤에는 이 입술로 찬양을 올리리이다. 이 몸 살려 주시는 하느님께 기도드리리이다.

9 나의 반석이시던 하느님께 아뢰옵니다. "어찌하여 나를 잊으셨사옵니까? 이 몸이 원수에게 짓눌려 슬픈 나날을 보내니, 이것은 어찌 된 일이옵니까?"

10 네 하느님이 어찌 되었느냐고 날마다 원수들이 빈정대는 소리가 뼛속을 저며 들어 옵니다.

11 어찌하여 내가 이토록 낙심하는가? 어찌하여 이토록 불안해하는가? 하느님을 기다리리라! 나를 구해 주신 분, 나의 하느님 나는 그를 찬양하리라.

시편 43

1 하느님이여, 나의 옳음을 판단하시고 매정하게 나를 무고하는 자들을 거슬러 변호해 주소서. 거짓밖에 모르는 악인들에게서 이 몸을 구하소서.

2 나의 요새이신 하느님, 어찌하여 나를 버리시옵니까? 이 몸이 원수에게 짓눌려 슬픈 날을 보내다니 이것이 어찌 된 일이옵니까?

3 당신의 빛, 당신의 진실을 길잡이로 보내시어 당신 계신 거룩한 산으로 이끌어 주소서.

4 하느님, 당신의 제단으로 나아가리이다. 나의 기쁨이신 하느님께로 나아가리이다. 하느님, 나의 하느님, 수금가락에 맞추어 당신께 감사찬양 올리리이다.

5 어찌하여 내가 이토록 낙심하는가? 어찌하여 이토록 불안해 하는가? 하느님을 기다리리라. 나를 구해 주신 분, 나의 하느님 나는 그를 찬양하리라.

갈라디아서 3:23-29

23 믿음이 오기 전에는, 우리가 율법의 감시를 받으면서, 장차 올 믿음이 나타날 때까지 갇혀 있었습니다.

24 그래서 율법은, 그리스도께서 오실 때까지, 우리에게 개인 교사 역할을 하였습니다. 그것은, 우리로 하여금 믿음으로 의롭게 하여 주심을 받게 하시려고 한 것입니다.

25 그런데 믿음이 이미 왔으므로, 우리는 이제 개인 교사 밑에 있지 않습니다.

26 여러분은 모두 그리스도 예수 안에서, 믿음으로 하나님의 자녀가 되었습니다.

27 누구든지 그리스도와 연합하여 세례를 받은 사람은, 그리스도로 옷을 입은 사람입니다.

28 유대 사람이나 그리스 사람이나, 종이나 자유인이나, 남자나 여자나 차별이 없습니다. 그것은 여러분이 그리스도 예수 안에서 다 하나이기 때문입니다.

29 여러분이 그리스도에게 속하여 있으면, 여러분은 아브라함의 자손이요, 약속을 따라 유업을 이을 사람들입니다.

신학적 관점

초대교회가 당면한 신학적 과제는 아브라함과 그의 자손들에게 약속한 구원이 예수 그리스도와 어떻게 연결이 되고, 이는 또 어떻게 이방인 그리스도인들에게 적용이 되느냐는 것이었다. 왜냐하면 바울 시대의 초대교회는 여전히 그 구원의 뿌리를 예루살렘 성전에 두고 있었기 때문이다. 초대교회가 독자적인 길을 걷게 된 것은 예루살렘 성전 멸망(CE 70년) 이후부터이다. 따라서 갈라디아교회에서는 율법을 변호하는 세력이 있었을 것이다. 아브라함의 자녀가 되기 위해서는 이방인 또한 율법 전체를 지키지는 못한다 하더라도 할례는 받을 필요가 있다고 주장하는 사람이 있었다.

바울은 이러한 딜레마를 해결하기 위해 '아브라함의 후손들'이라는 복수가 아닌 '네 후손에게'라는 한 명을 강조하면서 이는 바로 그리스도를 말한다고 주장하였고(16절), 율법은 성인이 되기 위한 하나의 과정으로서 어렸을 때나 필요한 개인 교사로 축소시켰고, 예수의 십자가 죽음(부활)과 함께 구원의 새로운 역사, 곧 율법이 전혀 필요가 없는 성숙한 믿음의 시대가 시작하였음을 말하면서 할례 대신 세례를 주장하였다. 그리고 담대히 예수 그리스도 안에서 모든 사람은 차별이 없고 평등하다고 하는 위대한 인권선언을 외쳤다. 예수의 약자 우선을 약화시키는 일면이 있지만, 보편적인 인권선언을 명문화하였다는 점에서 역사적인 선언으로 여전히 신앙의 이름으로 차별하고 있는 오늘의 신앙인들에게 깨우침을 주고 있다.

목회적 관점

율법과 복음을 본문의 관점에서 구분해 보자면, 인간을 인종이나 성별이나 사회적 계급에 따라 차별하는 것은 율법이요 모든 인간을 차별 없이 대하는 것이 복음이다. 어떠한 이유에서든 인간을 차별하는 것은 율법에 속하는 어린아이의 신앙에 불과하다.

바울은 율법은 오직 죄를 깨닫게 할 따름이고 복음(믿음)은 사랑을 통해 하느님께로 이끌어간다고 말한다(19절).

주석적 관점

paidagogos(헬)를 우리말로 하면 '개인 교사'보다는 '보모' 혹은 '훈련 선생'이 더 문맥에 가까운 단어라고 본다. 왜냐하면 성인이라 하더라도 개인 교사는 필요에 따라 있을 수 있기 때문이다. 영어로는 tutor, trainer, discipliner로 번역된다.

설교적 관점

"그러므로 우리는 이제부터는 아무도 육신의 잣대로 알려고 하지 않습니다. 전에는 우리가 육신의 잣대로 그리스도를 알았지만, 이제는 그렇지 않습니다. 누구든지 그리스도 안에 있으면, 그는 새로운 피조물입니다. 옛것은 지나갔습니다. 보십시오, 새것이 되었습니다"(고후 5:16-17).

기독교인의 정체성은 무엇인가? 그리스도를 알기 전의 '옛것'과 그리스도를 안 이후의 '새것'은 구체적으로 어떻게 구분되는 것인가? 세례인가? 교회 출석인가? 아니면 성경 지식인가? 교회를 뜻하는 헬라어 에클레시아(ecclesia)는 '밖으로 불러냈다'라는 말이다. 세상 사람과 구별되는 것은 무엇이 되어야 할까? 만약 이 구별이 다른 신앙과의 차이를 말하는 교리나 다른 관습이나 전통을 말한다면, 율법에 기초한 유대교만으로도 충분할 것이다.

기독교인의 정체성은 어떠한 이유에서든 사람을 차별하지 않는다는 것이다. 굳이 차별해야 한다면 화가 임하는 권세자나 부자들을 차별해야 할 것이다.

누가복음 8:26-39

26 그들은 갈릴리 맞은편에 있는 거라사 사람들의 지역에 닿았다.

27 예수께서 뭍에 내리시니, 그 동네에 사는 귀신 들린 어떤 사람 하나가 예수를 만났다. 그는 오랫동안 옷을 입지 않았으며, 집에 머물러 있지 않고, 무덤에서 지내고 있었다.

28 그가 예수를 보고, 소리를 지르고서, 그 앞에 엎드려서, 큰소리로 "가장 높으신 하나님의 아들 예수님, 당신이 나와 무슨 상관이 있습니까? 제발 나를 괴롭히지 마십시오" 하고 외쳤다.

29 예수께서 이미 악한 귀신더러 그 사람에게서 나가라고 명하셨기 때문이다. 귀신이 오래 전부터 그 사람을 사로잡았기 때문에, 사람들이 그를 쇠사슬과 쇠고랑으로 묶어서 감시하였으나, 그는 그것을 끊고, 귀신에게 몰려서 광야로 뛰쳐나가곤 하였다.

30 예수께서 그에게 "네 이름이 무엇이냐?" 하고 물으시니, 그는 "군대입니다" 하였다. 그 사람 속에 귀신이 많이 들어가 있었기 때문이다.

31 귀신들은 자기들을 지옥에 던지지 말아 달라고 예수께 간청하였다.

32 마침 그 곳 산기슭에, 놓아 기르는 큰 돼지 떼가 있었다. 귀신들이 자기들을 그 돼지들 속으로 들어가게 허락해 달라고 예수께 간청하였다. 예수께서 허락하시니

33 귀신들이 그 사람에게서 나와서, 돼지들 속으로 들어갔다. 그 돼지들은 호수 쪽으로 비탈을 내리달아서 빠져 죽었다.

34 돼지를 치던 사람들이 이 일을 보고, 도망가서 읍내와 시골에 이 일을 퍼뜨렸다.

35 그래서 사람들이 일어난 그 일을 보러 나왔다. 그들은 예수께로 와서, 귀신들이 나가 버린 그 사람이 옷을 입고, 제정신이 들어, 예수의 발 앞에 앉아 있는 것을 보고서 두려워하였다.

36 처음부터 본 사람들은, 귀신 들렸던 사람이 어떻게 해서 낫게 되었는가를 그들에게 알려 주었다.

37 그러자 거라사 주위의 고을 주민은 모두 예수께 자기들에게서 떠나 달라고 간청하였다. 그들이 크게 두려워하였기 때문이다. 그래서 예수께서는 배에 올라타시고 되돌아가셨는데,

38 귀신 나간 그 사람이 예수와 함께 있게 해 달라고 애원하였으나, 예수께서는 이렇게 말씀하시면서 그를 돌려보내셨다.

39 "네 집으로 돌아가서, 하나님께서 네게 하신 일을 다 이야기하여라." 그는 떠나가서, 예수께서 자기에게 하신 일을 낱낱이 온 읍내에 전파하였다.

신학적 관점

귀신 들린 거라사 광인의 이야기는 갈릴리의 '맞은편'이라는 구절로 시작한다. 맞은편은 맞서는 상대, 곧 반대편을 말한다. 거라사는 당시 팔레스타인 지역에서 그리스로마 문명의 상징인 열 개의 도시(데가폴리스) 중의 하나로서 로마 군단이

거하던 군사 도시이다. 귀신의 이름 자체가 6천 명의 군인으로 구성된 로마의 군단인 '레기온'이다. 그가 거하는 곳은 죽음의 상징인 무덤이다. 벗은 몸은 정신 이상과 더불어 운동과 격투를 뜻하는 그리스-로마 문명의 상징이다. 거라사는 전쟁과 폭력으로 점철된 광기의 도시이다. 이 군대 귀신들은 모세 율법이 더러운 동물로 취급하는 돼지 떼와 함께 몰살된다.

본문은 단순한 귀신 축출의 치유 이야기를 넘어 신학적으로 예수가 갈릴리에서 펼쳐 나가는 정의 · 평화 · 생명의 하느님 나라 운동이 결국은 식민 지배 세력인 로마제국과의 투쟁에서 승리할 것을 선포하고 있다. 바로 앞의 이야기에서 인간 생명을 위협하는 자연의 풍랑을 잠재운 예수는 이제 이 땅의 거대한 어둠의 세력을 물리친다.

목회적 관점

거라사의 광인은 로마의 식민 지배 아래에서 폭정에 시달리고 있는 피압박 민중들의 이야기를 대변하고 있다. 로마제국이 자랑하는 '레기온'이 문제의 핵심이다.

목회 상담의 경우 거기에는 집단, 곧 사회적 원인이 담겨 있다. IMF 시절 많은 사람들이 자살하였다. 개인의 심리 상담만으로 해결될 일이 있고, 민족, 국가라는 보다 큰 관점에서 접근해야 할 경우도 있다.

34절은 돼지를 치던 사람들이 일어났던 일을 마을 사람들에게 알리고, 39절은 치유를 받은 광인이 자신이 경험한 일을 전파한다. 마가복음에는 2,000마리로 나와 있지만, 본문에서는 큰 돼지 떼로 설명한다. 이는 로마 군병들의 부식 거리용이 었을 것이다. 곧 그들은 로마제국을 유지하는 기득권 사람들이었으니, 예수의 치유 역사를 오히려 비난하였을 것이다.

주석적 관점

고침을 받은 이 사람은 예수를 따라가기를 자청하지만, 예수는 그를 그가 본래 속했던 집(고향, 이방 지역)으로 돌려보낸다. 그는 예수께서 메시아임을 선교하는 사람으로 파송을 받은 것이다. 그의 활동 영역을 '온 읍내'라고 하는 번역은 약간의 문제가 있다. 그리스 원문은 "그 도시 전역을 속속들이 다니며 복음을 전파하였다"(kat' olen tan polin keruson, throughout all the city proclaming) 이다. 평행 본문인 마가복음은 그가 예수의 능력을 증거하며 다닌 지역을 '데가볼리'라고 말한다. 마태복음의 가다라나 마가와 누가복음의 거라사는 모두 데가볼리 도시 중의 하나다. 누가복음에서 본문은 이방 지역의 이야기로 유일한 장면이다. 친로마적인 색채가 강한 누가는 '데가볼리'라는 명칭 대신에 '그 모든 도시'로 그 의미를 축소시켰고, 친유대적인 마태복음은 율법에 따라 예수의 치유 증거를 높이기 위해 광인을 두 사람으로 늘렸지만, 이방인이었던 그(들)에 대한 예수의 선교 사명은 완전히 누락시켰다.

설교적 관점

군대 귀신 들린 그는 당시 사회에서 그냥 계급이 낮은 자가 아니다. 그는 사회로부터 완전히 추방당한 자이다. 식민 지배만 했지 피식민 경험이 없는 유럽과 북미의 백인들은 오늘의 본문을 제대로 이해할 수가 없다. 우리의 식민지 경험을 되살려서 본문을 재해석해야 한다. 군대 귀신 들린 사람이란 누구를 말하는 것일까? 징병에 끌려갔다 미쳐 돌아온 사람인가? 아니면 군인들의 폭력으로 온 가족들이 살해당한 어떤 사람의 얘기인가? 고려시대 몽고 원제국에 조공으로 끌려갔던 여인 중 일부는 살아서 고향에 돌아왔지만 화냥년(還鄉)이라는 손가락질의 대상이 되었으며, 일본군 성노예로 끌려갔던 분들(위안부) 가운데 자신들의 정체를 밝힌 사람은 지극히 적은 숫자다. 대부분의 여인은 이를 수치로 여기고 자신의 무덤까지 이 비밀을 갖고 갔다. 오늘날 남한 사회에서 손가락질을 받으면서 국가권력에 의해 죽음의 무덤가로 쫓겨난 사람들은 누구인가? 간첩? 장기수? 빨갱이?

우리 민족사에는 일제강점기 시절로부터 분단 이후 제주4.3항쟁, 여순항쟁, 한국전쟁, 광주5.18항쟁 등 개인과 가족사의 비극으로만 돌리기에는 너무나도 많은 사람이 민족 분단 역사의 아픔으로 희생을 당했다. 이들이야말로 군대 귀신으로 희생당한 사람들이다. 거라사 광인이 고향으로 돌아가 자신이 겪은 일을 증거하였듯이 공동체가 이분들을 받아들이고 이분들이 경험했던 아픔의 이야기를 듣는 것은 매우 중요한 일이다.

　노벨문학상 수상자 한강은 제주4.3항쟁과 광주5.18민주화항쟁 당시 군인들의 폭력으로 인한 민중들의 아픈 상처를 주제로 다루었다.

성령강림 후 여섯째 주일(6월 26일~7월 2일)

왕하 2:1-2: 6-14; 시 77:1-2: 11-20;
갈 5:1, 13-25; 눅 9:51-62

열왕기하 2:1-2; 6-14

1 주께서 엘리야를 회오리바람에 실어 하늘로 데리고 올라가실 때가 되니, 엘리야가 엘리사를 데리고 길갈을 떠났다. 길을 가다가,

2 엘리야가 엘리사에게 말하였다. "나는 주의 분부대로 베델로 가야 한다. 그러나 너는 여기에 남아 있거라." 그러나 엘리사는 "주께서 살아 계심과 스승께서 살아계심을 두고 맹세합니다. 나는 결코 스승님을 떠나지 않겠습니다" 하고 말하였다. 그리하여 그들은 함께 베델까지 내려갔다.

6 엘리야가 엘리사에게 말하였다. "나는 주님의 분부대로 요단강으로 가야 한다. 그러나 너는 여기에 남아 있거라." 그러나 엘리사는 "주께서 살아 계심과 스승께서 살아 계심을 두고 맹세합니다. 나는 결코 스승님을 떠나지 않겠습니다" 하고 말하였다. 그리하여 두 사람은 함께 길을 떠났다.

7 예언자 수련생들 가운데서 쉰 명이 요단강까지 그들을 따라갔다. 엘리야와 엘리사가 요단강 가에 서니, 따르던 제자들도 멀찍이 멈추어 섰다.

8 그 때에 엘리야가 자기의 겉옷을 벗어 말아서, 그것으로 강물을 치니, 물이 좌우로 갈라졌다. 두 사람은 물이 마른 강바닥을 밟으며, 요단강을 건너갔다.

9 요단강 맞은쪽에 이르러, 엘리야가 엘리사에게 말하였다. "주께서 나를 데려가시기 전에, 내가 너비 어떻게 해주기를 바라느냐?" 엘리사는 엘리야에게 "스승님이 가지고 계신 능력을 제가 갑절로 받기를 바랍니다" 하고 대답하였다.

10 엘리야가 말하였다. "너는 참으로 어려운 것을 요구하는구나. 주께서 나를 너에게서 데려가시는 것을 네가 보면, 네 소원이 이루어지겠지만, 그렇지 않으면 그것이 이루어지지 않을 것이다."

11 그들이 이야기를 하면서 가고 있는데, 갑자기 불병거와 불말이 나타나서, 그들 두 사람을 갈라놓더니, 엘리야만 회오리바람에 싣고 하늘로 올라갔다.

12 엘리사가 이 광경을 보면서 외쳤다. "나의 아버지! 나의 아버지! 이스라엘의 병거이시며 마병이시여!" 엘리사는 엘리야를 다시는 볼 수 없었다. 엘리사는 슬픔에 겨워서, 자기의

겉옷을 힘껏 잡아당겨 두 조각으로 찢었다.

13 그리고는 엘리야가 떨어뜨리고 간 겉옷을 들고 돌아와, 요단강 가에 서서,

14 엘리야가 떨어뜨리고 간 그 겉옷으로 강물을 치면서 "엘리야의 주 하나님, 주께서는 어디에 계십니까?" 하고 외치고, 또 물을 치니, 강물이 좌우로 갈라졌다. 엘리사가 그리로 강을 건넜다.

신학적 관점

성서의 얘기가 묵시적 상황으로 변화하는 것은 당시의 사회정치적 상황이 매우 위급했음을 암시하고 있다. 북왕국 이스라엘은 아합왕 이후 급격히 국가의 기운이 기울어지고 있었고, 앗시리아의 침략이 임박하고 있었다. 엘리야가 불말과 불병거가 나타난 가운데 회오리바람을 타고 하늘로 올라갔다는 이야기는 언제고 나라가 위기에 처할 때 다시 올 수 있다는 민중의 희망을 담고 있다. 여기에 엘리사는 엘리야를 하나의 장군으로 스승을 묘사하고 있다. "나의 아버지! 나의 아버지! 이스라엘의 병거이시며 마병이시여!"(12절)

목회적 관점

목회는 사람을 양육하는 일이며, 양육의 과정에는 멘토가 있게 마련이다. 스승과 제자와의 멘토링의 이야기는 열왕기상 19장 16절에서 엘리야가 엘리사를 후계자로 기름을 부으면서 시작하여 겉옷을 건너 받아 이적을 행하는 오늘 본문에서 매듭을 짓는다. 엘리야를 좇는 예언자학교에는 50여 명의 제자들이 있었다.

푸치니는 유명한 오페라를 작곡하였다. 1922년 <투란도트>(Turandot) 곡을 쓰던 중 암에 걸려 제자들에게 작품을 완성해달라는 유언을 남기고 죽는다. 1926년 제자들은 이 곡을 완성하였고, 밀란에서 첫 공연이 그의 제자 중의 한 사람인 토스카니니의 지휘에 의해 연주되었다. 당시 지휘를 하던 토스카니니는 곡의 중간에 이르러 흐르던 눈물을 주체하지 못하고 지휘를 중단하고 청중을 향해 돌아서서 말한다. "여기까지 푸치니 선생께서 곡을 쓰시고 펜을 놓으셨습니다. 이후는 저희 제자들이 이어서 썼습니다." 곡이 끝나자 청중들의 뜨거운 박수와 함성이 이어졌다.

주석적 관점

길갈, 베델, 여리고(4절), 요단강은 모두 출애굽 해방과 가나안 입성에 있어 YHWH의 손길이 담겨 있는 중요한 역사적 장소들이다.

겉옷(망토, mantle)은 모세의 지팡이와 같이 기적을 행하는 하느님의 도구의 역할을 한다.

엘리야가 회오리바람을 타고 올라간 요단강의 맞은편(9절)은 모세가 죽은(그러나 무덤을 알 수 없는) 모압 땅이다. 엘리야는 모세의 또 하나의 표상이다.

갑절(9절)은 장자의 몫이다(신 21:17).

설교적 관점

모세와 여호수아, 엘리야와 엘리사, 예수와 베드로의 관계는 일종의 멘토-멘티의 관계이다. 지도력은 그냥 세워지지 않는다. 훈련을 통해 만들어지고 주위의 인정에 의해 세워진다.

가게나 회사는 자식들에게 이어진다. 정치 또한 그런 경우가 많다. 문재인은 노무현의 후계자이고, 박근혜는 박정희의 후계자이다. 대통령의 자녀들이 선거에 의해 대통령이 되는 경우도 있다. 일본에는 대를 이은 정치계 집안들이 많다. 사우디아라비아나 요르단 같은 나라들은 자식들에게 왕권을 물려주는 왕조 정치체제를 유지하고 있다.

대형 교회들의 세습은 문제가 된다. 작은 농촌 교회의 경우는 어떠할까? 앞으로 목회자의 수급이 원활하지 않을 때가 올 것이다. 필자가 기억하기로 네델란드의 어느 작은 농촌 교회는 수십 대를 이어오는 경우도 있다.

시편 77:1-2; 11-20

1 내가 큰 소리로 하느님께 부르짖사오니 이 부르짖는 소리를 들으소서.

2 답답할 때에 나 주님을 찾았고, 밤새도록 손을 치켜 들고 기도하며 내 영혼은 위로마저 마답니다.

11 야훼께서 하신 일을 내가 어찌 잊으리이까? 그 옛날 당신의 기적들을 회상하여

12 주의 행적을 하나하나 되뇌고 장하신 그 일들을 깊이 되새기리이다.

13 하느님, 당신의 길은 거룩하시오니, 하느님만큼 높은 신이 어디 있으리이까?

14 당신께서는 기적을 베푸시는 하느님, 그 크신 힘을 만방에 알리셨사옵니다.

15 당신의 백성, 야곱과 요셉의 후손들을, 당신 팔을 펴시어 속량하셨사옵니다. (셀라)

16 하느님, 바다가 당신을 뵈었사옵고 당신을 뵈옵고는 되돌아서고, 깊은 구렁마저도 뒤틀렸습니다.

17 구름이 비를 뿌리고 하늘에서 천둥소리 진동하는데, 당신의 화살 비 오듯 쏟아집니다.

18 당신의 천둥소리 휘몰아치고 번개가 번쩍, 세상을 비출 적에 땅이 흔들흔들 떨었습니다.

19 바다를 밟고 다니셨건만 대해를 건너 질러 달리셨건만 아무도 그 발자취를 몰랐습니다.

20 양떼처럼 당신 백성을 모세와 아론의 손을 빌어 인도하셨습니다.

갈라디아서 5:1, 13-25

1 그리스도께서 우리를 해방시켜 주셔서, 자유하게 하셨습니다. 그러므로 굳게 서서, 다시는 종의 멍에를 메지 마십시오.

13 형제자매 여러분, 하나님께서는 여러분을 부르셔서, 자유하게 하셨습니다. 그러나 여러분은 그 자유를 육체의 욕망을 만족시키는 구실로 삼지 말고, 사랑으로 서로 섬기십시오.

14 모든 율법은 "네 이웃을 네 몸과 같이 사랑하여라" 하신 한마디 말씀 속에 다 들어있습니다.

15 그런데 여러분이 서로 물고 먹으면, 양쪽 다 멸망하고 말 것이니, 조심하십시오.

16 내가 또 말합니다. 여러분은 성령께서 인도하여 주시는 대로 살아가십시오. 그러면 육체의 욕망을 따라 살아가지 않게 될 것입니다.

17 육체의 욕망은 성령을 거스르고, 성령이 바라시는 것은 육체를 거스릅니다. 이 둘이 서로 적대 관계에 있으므로, 여러분은 자기가 원하는 일을 할 수 없게 됩니다.

18 그런데 여러분이, 성령께서 인도해 주시는 것을 따르면, 율법 아래 있는 것이 아닙니다.

19 육체의 행실은 분명합니다. 곧 음행과 더러움과 방탕과

20 우상 숭배와 마술과 원수맺음과 다툼과 시기와 분노와 이기심과 분열과 분파와

21 질투와 술취함과 흥청거리는 연회와, 또 이와 비슷한 것들입니다. 내가 전에도 여러분에게 경고하였지만, 이제 또다시 경고합니다. 이런 일을 하는 사람들은 하나님의 나라를 유업으로 받지 못할 것입니다.

22 그러나 성령의 열매는 사랑과 기쁨과 평화와 인내와 친절과 선함과 신실과

23 온유와 절제입니다. 이런 것들을 금할 법은 없습니다.

24 그리스도 예수께 속한 사람은 정욕과 욕망과 함께 자기의 육체를 십자가에 못박았습니다.

25 우리가 성령으로 삶을 얻었으니, 우리는 성령이 인도해 주심을 따라 살아갑시다.

신학적 관점

해방과 자유는 예수 그리스도 십자가 구원의 핵심이다(1절). 解放은 억압으로부

터의 풀려남이고, 自由는 외부에서 행동의 근거나 존재의 이유를 찾는 것이 아닌 자기 안에서 그 근거와 이유를 갖는 것이다. "진리(眞理)가 너희를 자유케 하리라." 예수는 진리의 선포자이시자 진리 그 자체이시다. 바울에게 있어서 예수를 따른다는 것은 "사랑으로 서로를 섬기는 일"이다. 곧 관계 맺음이다.

목회적 관점

육체의 행실과 성령의 행실(열매)은 상반되지만, 그 뿌리는 같다. 자기를 중심에 놓고 움직이면 육체의 행실이 되지만, 상대를 중심에 놓고 움직이면 성령의 행실이 된다. 목회 또한 같다. 자기 교회를 중심에 놓고 생각하면 율법적이고 이기적인 모습이 나타나지만, 다른 교회 혹은 세상을 중심에 놓고 생각하면 성령의 교회가 된다.

"Think globally, Act locally"(생각은 우주적으로, 행동은 지역에서)라는 말과 같이 목회 또한 우주를 먼저 떠올려야 한다. 사도신조에서 고백하는 '거룩한 공회'(the catholic church, 유일한 교회)란 무형의 우주적(universal) 교회를 말한다.

주석적 관점

바울은 2장 20절에서 "나는 그리스도와 함께 십자가에 못박혔습니다"라고 외쳤다. 여기서 '못박힘'(synestauromai)은 수동형이다. "그리스도 예수께 속한 사람은 정욕과 욕망과 함께 자기의 육체를 십자가에 못박았습니다"에서 못 박음(estaurosan)은 능동형이다. 그리스도와 함께 십자가에 자신이 못 박힌 자는 이제 성령의 능력으로 자신의 정욕을 못 박는 자가 된다.

이웃 사랑은 율법(레 19:18)이 강조하는 일이고, 동시에 예수께서도 "이는 하느님 사랑과 하나"라고 말씀하셨다(마 22:39). 그런데 이웃은 누구인가? 우리 옆집에 사는 사람이 이웃인가? 씨족, 부족사회에서 옆집에 사는 사람은 바로 나의 형제들이고 친척들이었다. 자기 가족과 형제자매와 친척을 사랑하는 일은 지극히 자연스러운 일이다. 이웃이란 개념을 새롭게 이해해야 한다. 성서가 말하는 '이웃'은 장소적 개념이 아닌 자기와 경쟁 관계 혹은 적대 상태에 있는 구성원을 뜻한다. 시야를 넓혀서 보면 국경을 맞대고 있는 민족과 국가들이 바로 성서가 말하는 이웃이다. 북한은 본래 가족 친족이었지만, 이제는 적대 관계에 있는, 바로 성서가 말하는 사랑의 대상인 우리의 이웃이다.

설교적 관점

열다섯 가지의 악행과 아홉 가지의 성령의 열매가 나온다. 각 사람마다 그 중요성이 다르다. 자신에게 가장 필요한 성령의 열매가 무엇인지 스티커 종이에 쓰고 가슴에 붙이도록 하면 어떨까?

"한 사람의 권력은 다른 사람의 어리석음을 필요로 한다. 따라서 한 인간이 어리석은 사람이 되는 과정은 인간의 지적인 소질이 갑자기 위축되거나 없어지는 것이 아니라, 권력을 넓히려는 어떤 이들의 거대한 힘 앞에서 자신의 내적 자립성을 박탈당하는 것을 의미한다. 어리석은 사람은 흔히 고집이 센데, 대화를 해 보면 우리는 그 사람 자신을 온전한 개인으로 만나는 것이 아니라, 오히려 그에게 강하게 다가온 구호나 선전 문구 등을 만나게 된다. 이러한 사람은 속박 가운데 있고, 현혹되어 있으며, 본질 상 오용되고 악용된다. 따라서 어리석은 사람은 자신의 의지를 잃은 채 타인의 도구가 됨으로써 온갖 악에 동원될 수 있고 동시에 그것을 악으로 깨닫지도 못하게 된다. 바로 여기에 인간의 악마성이 숨어 있고, 인간들은 영원히 파멸의 낭떠러지로 떨어질 수도 있다"(본회퍼).

남한 사회가 자살이 많고 빨갱이니, 미제 앞잡이니, 종북 좌빨이니, 보수 꼴통이니 하는 말이 남발되는 것은 남북 분단으로 인한 국가 폭력성에 의해 자기 주체성을 상실했기 때문이다.

누가복음 9:51-62

51 예수께서 하늘에 올라가실 날이 찼다. 그래서 예수께서는 스스로 예루살렘에 가시기로 마음을 굳히셨다.

52 그는 심부름꾼들을 앞서 보내셨는데, 그들이 가서 예수를 모실 준비를 하려고, 사마리

아 사람의 한 마을에 들어갔다.

53 그러나 그 마을 사람들은, 예수께서 예루살렘으로 가시는 도중이므로, 예수를 맞아들이려 하지 않았다.

54 그래서 제자인 야고보와 요한이 이것을 보고 말하기를 "주님, 불이 하늘에서 내려와 그들을 태워 버리라고 우리가 명령하면 어떻겠습니까?" 하였다.

55 예수께서 돌아서서 그들을 꾸짖으셨다.

56 그리고 그들은 다른 마을로 갔다.

57 그들이 길을 가고 있는데, 어떤 사람이 예수께 말하기를 "나는 선생님이 가시는 곳이면, 어디든지 따라가겠습니다" 하였다.

58 예수께서는 그에게 말씀하셨다. "여우도 굴이 있고, 하늘을 나는 새도 보금자리가 있으나, 인자는 머리 둘 곳이 없다."

59 또 예수께서 다른 사람에게 "나를 따라오너라" 하고 말씀하셨다. 그러나 그 사람은 "주님, 내가 먼저 가서 아버지의 장례를 치르게 허락해 주십시오" 하였다.

60 그러나 예수께서는 그에게 "죽은 사람의 장례는 죽은 사람들이 치르게 두고, 너는 가서, 하나님의 나라를 전파하여라" 하고 말씀하셨다.

61 또 다른 사람이 말하였다. "주님, 내가 주님을 따라가겠습니다. 그러나 먼저 집안 식구들에게 작별 인사를 하게 해주십시오."

62 예수께서는 그에게 말씀을 하셨다. "누구든지 손에 쟁기를 잡고 뒤를 돌아다보는 사람은 하나님의 나라에 합당하지 않다."

신학적 관점

누가복음은 이방인에 대해 가장 우호적인 복음서이다. 4장에서 예수는 고향 사람들이 자신을 배척하자, 유대 땅에도 과부가 많았지만 사렙다 과부를 보호한 일과 유대 땅에도 한센병 환자가 많았지만 이방인 나아만이 고침 받은 일을 예로 든다. 그런데 사마리아는 단순한 이방인이 아니다. 그들은 동족이었지만, 솔로몬왕 이후 체제 문제로 인해 남북 왕국으로 갈려 싸우다가 앗시리아의 점령 혼혈 정책에 의해 이민족과 섞이게 된 사마리아인들을 모세의 정결법에 의해 피가 더럽혀진 사람들로, 불가촉천민으로 낙인 찍어 접촉을 금지하고, 말을 나누는 것조차 금지하였다(요 4장). 마치 오늘의 남북한처럼.

역사가 요세푸스는 사마리아를 통과하여 예루살렘으로 가는 순례객들이 자주 폭력을 당했다고 말한다. 아마도 오늘 예수 일행이 그런 경험에 직면했던 것 같다. 정작 예수는 승천, 곧 십자가 죽음을 향해 예루살렘을 향해 갔지만, 사마리아 사람들은 성전 율법이 자신들을 적대시하였기에 이에 대한 보복으로 그리한 것이다. 그리하여 유대와 갈릴리를 여행하는 경우에는 지중해 해안가의 길과 동쪽의 요단강을 건너가는 우회 길을 이용하였다. 그런데 예수는 이를 어기고 사마리아를 통과하고자 한다. 예수는 사람을 차별하는 율법(국가보안법)을 거부하였다. 예수의 하느님 나라 선교에 사마리아는 단연코 포함되어 있다("유대와 사마리아와 땅끝까지…").

목회적 관점

예수를 따르는 제자에게 요구되는 제자도는 무엇인가? 첫 번째 사람은 "어디든지 따라가겠다고 한다." 그러자 예수는 "여우도 굴이 있고 하늘을 나는 새도 보금자리가 있으나, 인자는 머리 둘 곳이 없다"고 말했다. 아마도 그는 예수가 기적을 행하는 사람으로 보였던 것 같다. 자신의 세상 성공의 꿈을 이룰 수 있을 것으로 본 것이다. 지금도 교회 안에는 자신의 세상 성공을 위해 믿는 교인들이 많다.

두 번째 사람은 아버지의 장례를 먼저 치르게 해달라고 요청한다. 예수는 이에 죽은 자는 죽은 자로 하여금 장사하게 하고 먼저 하느님의 나라를 전파하라고 말씀하신다. 이는 부모의 장례 거부가 아니다. 정작 중요한 것은 하느님 나라이다. 긴급한 일과 중요한 일을 판별하는 신앙이 필요하다. 긴급하다고 해서 항상 중요한 일은 아니다.

세 번째 사람은 예수를 따라나서기에 앞서 집안 식구에게 작별 인사를 하고 오겠다고 한다. 이에 쟁기를 잡고 뒤를 돌아다보는 사람은 하느님 나라에 합당하지 않다고 말씀하신다. 하느님 나라와 가족이 적대 관계에 있지는 않지만, 가족에 묶이게 되면 이기적 인간형이 될 수밖에 없다. 자기 집이 없어 가족들이 거리에 내몰리기도 하지만, 어떤 가족은 이제 불과 몇 살밖에 되지 않는 어린 자녀들에게 고급 아파트를 물려주기도 한다. 목회자들은 종종 이런 충돌적인 상황에 직면하기도 한다.

주석적 관점

"머리 둘 곳 없다"고 하는 말(58절)은 단순히 머물 집이 없다는 말이 아니다. 이는 예수가 신성모독자로, 불법을 행하는 빨갱이로 낙인이 찍혀 유대 사회로부터 거부를 당하고 있는 상황을 일컫는 말이다.

설교적 관점

예수 일행을 영접하지 않는다는 이유만으로 예수의 제자 야고보와 요한은 사마리아에 불을 내려 멸망할 것을 얘기한다. 오늘날 남한에도 북조선이 망하기를 바라는 사람들과 같다. 북조선에 기독교 선교가 이루어지지 않는 것에 대해 극도의 반감을 갖고 있는 기독교인들이 많다. 1980년대 중반 브리타니카사전에서 세계 10대 종교를 언급하면서 북의 주체사상을 하나의 종교로 간주하여 세계 8대 종교로 분류하였다. 북조선의 입장에서 기독교는 예수의 종교가 아닌 적대 국가인 미국의 국교로 간주되고 있다. 북조선의 그리스도교 목사들을 만나 얘기를 나눠보면, 외부에서의 선교 행위는 종교의 자유가 아닌 국가안보를 위협하는 적대 행위로 간주된다. 북조선 사람들은 미국의 분단 책임과 한국전쟁 시의 무차별 폭격, 계속되는 반북 적대 정책과 전쟁 연습과 경제 봉쇄 정책으로 인해 반기독교 정서가 굉장히 강하기에 자기들도 매우 조심스럽게 전도하고 있다고 한다.

하느님은 악인과 선인에게 골고루 햇빛과 비를 주신다. 악인과 선인은 누가 판별하는가? 적대적 입장에 있는 상대방의 판단보다 나의 판단이 더 옳다고 하는 기준은 무엇인가?

성령강림 후 일곱째 주일(7월 3일~7월 9일)

왕하 5:1-14; 시 30; 갈 6:1-16; 눅 10:1-11, 16-20

열왕기하 5:1-14

1 시리아 왕의 군사령관 나아만 장군은, 왕이 아끼는 큰 인물이고, 존경받는 사람이었다. 주께서 그를 시켜 시리아에 구원을 베풀어 주신 일이 있었다. 나아만은 강한 용사였는데, 그만 한센병에 걸리고 말았다.

2 시리아가 군대를 일으켜서 이스라엘 땅에 쳐들어갔을 때에, 그곳에서 어린 소녀 하나를 잡아 온 적이 있었다. 그 소녀는 나아만의 아내의 시중을 들고 있었다.

3 그 소녀가 여주인에게 말하였다. "주인 어른께서 사마리아에 있는 한 예언자를 만나 보시면 좋겠습니다. 그분이라면 어른의 한센병을 고치실 수가 있을 것입니다."

4 이 말을 들은 나아만은 시리아 왕에게 나아가서, 이스라엘 땅에서 온 한 소녀가 한 말을 보고하였다.

5 시리아 왕은 기꺼이 허락하였다. "내가 이스라엘 왕에게 편지를 써 보내겠으니, 가 보도록 하시오." 나아만은 은 열 달란트와 금 육천 개와 옷 열 벌을 가지고 가서,

6 왕의 편지를 이스라엘 왕에게 전하였다. 그 편지에는 이렇게 씌어 있었다. "내가 이 편지와 함께 나의 신하 나아만을 귀하에게 보냅니다. 부디 그의 한센병을 고쳐주시기 바랍니다."

7 이스라엘 왕은 그 편지를 읽고 낙담하여, 자기의 옷을 찢으며, 주위를 둘러보고 말하였다. "내가 사람을 죽이고 살리는 신이라도 된다는 말인가? 이렇게 사람을 보내어 한센병을 고쳐 달라고 하니 될 말인가? 이것은 분명, 공연히 트집을 잡아 싸울 기회를 찾으려는 것이니, 자세히들 알아보도록 하시오."

8 이스라엘 왕이 낙담하여 옷을 찢었다는 소식을, 하나님의 사람 엘리사가 듣고, 왕에게 사람을 보내어 말하였다. "어찌하여 옷을 찢으셨습니까? 그 사람을 나에게 보내 주십시오. 이스라엘에 예언자가 있음을 그에게 알려 주겠습니다."

9 나아만은 군마와 병거를 거느리고 와서, 엘리사의 집 문 앞에 멈추어 섰다.

10 엘리사는 사환을 시켜서 나아만에게, 요단강으로 가서 몸을 일곱 번 씻으면, 장군의 몸이 다시 깨끗하게 될 것이라고 말하였다.

11 나아만은 이 말을 듣고 화가 나서 발길을 돌렸다. "적어도, 엘리사가 직접 나와서 정중히 나를 맞이하고, 주 그의 하나님의 이름을 부르며 상처 위에 직접 안수하여, 한센병을 고쳐

주어야 도리가 아닌가?

12 다마스쿠스에 있는 아마나 강이나 바르발강이, 이스라엘에 있는 강물보다 좋지 않다는 말이냐? 강에서 씻으려면, 거기에서 씻으면 될 것 아닌가? 우리나라의 강물에서는 씻기지 않기라도 한다는 말이냐?" 하고 불평하였다. 그렇게 불평을 하고 나서, 나아만은 발길을 돌이켜, 분을 참지 못하며 떠나갔다.

13 그러나 부하들이 그에게 가까이 와서 말하였다. "장군님, 그 예언자가 이보다 더한 일을 하라고 하였다면, 하지 않으셨겠습니까? 다만 몸이나 씻으시라는데, 그러면 깨끗해진다는데, 그것쯤 못할 까닭이 어디에 있습니까?"

14 그리하여 나아만은 하나님의 사람이 시킨 대로, 요단강으로 가서 일곱 번 몸을 씻었다. 그러자 그의 살결이 어린아이의 살결처럼 새 살로 돌아와, 깨끗하게 나았다.

신학적 관점

시리아의 장군 나아만의 병을 고쳐준 이야기는 단순히 엘리사라는 예언자가 강대국 적장의 병을 낫게 하였다고 하는 병 치유의 기적 이야기가 아니라, 이스라엘의 YHWH 신이 시리아의 신들보다 더 위대하다고 하는 일종의 신앙고백문이다.

또 다른 관점은 당시에는 한 명의 사람으로 인정받지 않는 어린 여종에 의해 나아만이 고침을 받은, 곧 신의 위대한 역사도 이름 없는 한 민중에 의해 시작된다는 민중신학적 관점이다. 이스라엘의 왕보다 이스라엘 지경 밖의 어린 여성 노예가 더 위대한 신앙인이었음을 말하고 있다. 시리아의 군대의 힘보다 엘리사 예언자의 힘이 더 큼을 말하고 있다(9절).

'지경 밖의 신학'과 엘리야가 하느님의 산에서 경험한 '여린 소리' 신학이다.

목회적 관점

이스라엘의 왕은 나아만의 병 고침의 요구를 침략을 위한 하나의 협박으로 보았지만, 이는 오히려 이스라엘이 가진 신앙의 능력을 드러내는 계기가 되었다. 목회의 위기를 기회로 보는 신앙은 어떻게 주어질 수 있는 것인가?

나아만은 약소국의 힘에 의지하고자 했다. 그러나 그 의존은 절대적이 아닌 여전히 자신의 판단에 기준을 갖고 갔다. 그는 군마와 병거를 이끌고 엘리사에게 간다. 요단강보다 더 크고 깨끗한 바르발강을 주장한다. 다섯 번 혹은 여섯 번 몸을 씻을 때는 아무런 변화가 없었다. 병사들이 보는 앞에서 이 행위는 부끄러웠을 것이다. 그러나 그는 순종했고 이로 인해 기적이 일어났다. 그가 본래 생각했던 기대를 부수었을 때, 행동은 기적을 불러일으킨다.

본문 해석은 신앙적 관점에서 그쳐야 한다. 병 치료라고 하는 의학적 관점으로 확대하는 것은 본문의 의도가 아니다.

주석적 관점

시리아로 번역된 나라는 아람(Aram) 왕국이다. 당시는 물론, 이후 수백 년간 팔레스틴 지역의 언어는 아람어였고, 예수 또한 아람어로 말씀하셨다. 얼마나 오랫동안 이 지역을 지배해 온 강대국이었는지를 말하고 있다.

이 이야기의 배경이 되는 이스라엘의 왕은 아합의 아들 요람으로 보인다(왕하 3:1).

본문은 의도적으로 15절을 뺐다. "나아만과 그의 모든 수행원이 하나님의 사람에게로 되돌아와, 엘리사 앞에 서서 말하였다. '이제야 나는 온 세계에서 이스라엘 밖에는 하나님이 계시지 않다는 것을 알게 되었습니다. 부디, 어른의 종인 제가 드리는 이 선물을 받아 주십시오'" 이는 이방 민족이 YHWH의 위대함을 고백하는 중요한 구절이다. 그런데 이 구절은 선물 이야기와 시종 게하시의 이야기로 연결되며 또 다른 신학적 논란을 불러일으킨다. 그것은 18절의 "그러나 한 가지만은 어른의 종인 저를 주께서 용서하여 주시기를 바랍니다. 내가 모시는 왕께서 림몬의 성전에 예배드리려고 그곳으로 들어갈 때에, 그는 언제나 나의 부축을 받아야 하므로, 나도 허리를 굽히고 림몬의 성전에 들어가야 합니다. 그러므로 내가 림몬의 성전에서 허리를 굽힐 때에, 주께서 이 일 때문에 어른의 종인 저를 벌하지 마시고, 용서해 주시기를 바랍니다." 이 요청에 엘리사는 허락한다. 그런데 이는 일제강점기의 신사참배 행위 자체를 문제 삼아서는 안 된다고 하는 신학적 논쟁을 불러일으킨다.

설교적 관점

나아만은 엘리사의 답변이 너무나 간단했고 그래서 어리석게 들렸다. 더 크고 깨끗한 강은 자기 나라에도 있었다. 그보다 훨씬 더 어려운 일도 할 수 있었다. 본인의 판단과 이성으로는 받아들일 수가 없었다. 신앙은 과연 이성과 어떤 관계에 있는 것인가? 의심 없이 믿는 신앙은 무모함인가? 담대함인가? 이는 오직 결과로만 판단되는 것인가?

적장 나아만은 이스라엘 사람 모두가 원수시 여기는 대표적 인물이다. 그는 어린 소녀들을 붙잡아 노예로 삼았다. 일제강점기 시대 조선의 어린 여성들을 위안부로 끌고 가는 일본군 사령관과 같다. 만약 북의 김정은 위원장이 북의 의술로는 고칠 수 없고 오직 남한에 있는 한 특정 의사에 의해서만 고침을 받을 수 있다고 하는 가정하에서 김정은 위원장이 자신의 치료를 위해 그 의사를 북으로 보내달라고 요청할 때, 기독교인으로서 당신의 입장은 무엇인가?

예수는 누가복음 4장에서 나아만을 믿음의 모델로 언급함으로 고향 나사렛 사람들의 분노를 자아낸다. 예수는 나아만의 예를 통해 전통 신앙에 머물고 있는 기존 신앙인들의 신앙을 깨뜨리고자 시도하였고, 결과적으로는 저들의 분노를 자아냄으로 인해 죽음의 위협에 직면했다.

오늘날 구원의 영역으로 정한 교회 밖에서 신음하는 어린 여성 노예는 누구로 말할 수 있을까?

시편 30

1 야훼여, 나를 건져 주셨사오니 높이 받들어 올립니다. 원수들이 나를 보고 깔깔대지 못하게 되었사옵니다.

2 야훼, 나의 하느님, 살려 달라 외치는 내 소리를 들으시고 병들었던 이 몸을 고쳐 주셨읍니다.

3 야훼여, 내 목숨 지하에서 건져 주시고 깊은 구렁에 떨어지는 자들 중에서 살려 주셨읍니다.

4 야훼께 믿음 깊은 자들아, 찬양노래 불러라. 그의 거룩하신 이름 들어 감사기도 바쳐라.

5 그의 진노는 잠시뿐이고 그 어지심은 영원하시니, 저녁에 눈물 흘려도 아침이면 기쁘리라.

6 마음 편히 지내면서 스스로 말하기를 이제는 절대로 안심이다 하였는데

7 나를 어여삐 여기시고 산 위에 든든히 세워 주시던 야훼께서 얼굴을 돌리셨을 때에는 두

렵기만 하였사옵니다.

8 야훼여, 이 몸은 당신께 부르짖었고, 당신께 자비를 구하였옵니다.

9 "이 몸이 피를 흘린다 해서 이 몸이 땅 속에 묻힌다 해서 당신께 좋을 일이 무엇이겠사옵니까? 티끌들이 당신을 찬미할 수 있으리이까? 당신의 미쁘심을 알릴 수 있으리이까?

10 야훼여, 이 애원을 들으시고 불쌍히 여겨 주소서. 야훼여, 부디 도와 주소서."

11 당신은 나의 통곡하는 슬픔을 춤으로 바꿔 주시고 베옷을 벗기시고 잔칫옷으로 갈아 입히셨사옵니다.

12 내 영혼이 끊임없이 주를 찬미하라 하심이니 야훼, 나의 하느님, 이 고마우심을 노래에 담아 영원히 부르리이다.

갈라디아서 6:1-16

1 교우 여러분, 어떤 사람이 어떤 죄에 빠진 일이 드러나면, 성령의 지도를 받아 사는 여러분은 온유한 마음으로 그런 사람을 바로잡아 주고, 자기 스스로를 살펴서, 유혹에 빠지지 않도록 조심하십시오.

2 여러분은 서로 남의 짐을 져 주십시오. 이런 방법으로 그리스도의 법을 성취하십시오.

3 어떤 사람이 아무것도 아니면서 무엇이 된 것처럼 생각하면, 그는 자기를 속이는 것입니다.

4 각 사람은 자기 행실을 살펴보십시오. 그러면 자기에게는 자랑거리가 있더라도, 남에게까지 자랑할 것은 없을 것입니다.

5 사람은 각각 자기 몫의 짐을 져야 합니다.

6 말씀을 배우는 사람은 가르치는 사람과 모든 좋은 것을 같이 나누어야 합니다.

7 자기를 속이지 마십시오. 하나님은 조롱을 받으실 분이 아니십니다. 사람은 무엇을 심든지, 심은 대로 거둘 것입니다.

8 자기 육체의 욕망을 따라 심는 사람은 육체로부터 썩을 것을 거두고, 성령의 뜻을 따라 심는 사람은 성령으로부터 영생을 거둘 것입니다.

9 선한 일을 하다가, 낙심하지 맙시다. 지쳐서 넘어지지 않으면, 때가 이를 때에 거두게 될 것입니다.

10 그러므로 기회가 있는 동안에, 모든 사람에게 선한 일을 합시다. 특히 믿음의 식구들에게는 더욱 그렇게 합시다.

11 보십시오, 내가 여러분에게 직접 이렇게 큰 글자로 적습니다.

12 육체의 겉모양을 꾸미기를 좋아하는 사람은, 여러분에게 할례를 받으라고 강요합니다. 그것은 그들이 그리스도의 십자가 때문에 받는 박해를 면하려고 하는 것입니다.

13 할례를 받는 사람들 스스로도 율법을 지키지 않으면서 여러분에게 할례를 받게 하려는 것은, 여러분의 육체를 이용하여 자랑하려는 것입니다.

14 그런데 내게는 우리 주 예수 그리스도의 십자가 밖에는, 자랑할 것이 아무것도 없습니다. 그리스도로 말미암아, 내 쪽에서 보면 세상이 죽었고, 세상 쪽에서 보면 내가 죽었습니다.

15 할례를 받거나 안 받는 것이 중요한 것이 아니라, 새롭게 창조되는 것이 중요합니다.

16 이 표준을 따라 사는 사람들에게와 하나님의 백성 이스라엘에게 평화와 자비가 있기를 빕니다.

신학적 관점

1장부터 5장까지의 이야기를 종합적으로 정리하고 있다. 할례와 율법, 성령과 육체 그리고 개인의 책임과 공동체의 관심에 관한 것이다. 단순한 정리가 아닌 심화의 논지를 펴고 있다. 할례에 대한 반대를 넘어 할례와 무할례의 관점 자체를 무력화시키고 있다. 인간의 행위에 앞선 하느님의 은혜를 그렇게 강조하더니(5:1) 이제는 심는 대로 거둔다고 하는 행위 예찬론을 펴고 있다. 자기모순의 발언인가? 이는 말씀(text)과 상황(context)의 복잡한 상관관계를 말하고 있다. 중요한 기준은 공동체의 유익이다. 그에게 있어 공동체는 단순히 지금 그와 소통하고 있는 갈라디아의 신앙 공동체를 넘어선 보다 넓은 의미에서의 공동체이다('하느님의 백성 이스라엘,' 16절).

목회적 관점

바울이 당면한 갈라디아교회의 문제는 유대교 배경을 갖고 있는 유대인 그리스도인들이 자신들의 종교적·민족적 신앙의 핵심인 할례를 주장함으로 야기된 문제다. 새롭게 참여한 이방인 그리스도인들에게는 그것이 과연 예수를 따르는 신앙과 어떤 관계가 있는 것인지를 물음으로 공동체가 분란의 위험에 처했다.

지금도 교회 안에서 세례의 여부는 구원의 문제에 직결된다고 보는 사람들과 그렇지 않다고 보는 사람들 간에 차이가 존재한다. 예수에 관해 들어보지 못했던 조상들의 구원은 과연 어떻게 되는 것인가? 구원받지 못한다면 누구의 책임인가? 저들의 책임인가? 믿음에 있어 나이가 든 오랜 신앙생활을 해 온 교인들과 젊고 새로운 교인들 사이에는 성서 이해는 물론, 믿음 정의에 대한 많은 차이가 있다. 이를 잘못 다루면 분란이 일고 분열로 나아간다. 바울은 이 둘을 함께 끌고 가면서 새로운 이해를 가져오려고 노력한다. 교리 논쟁보다 서로의 짐을 져주고(2절), 서로에게 선을 행하도록 노력하는 것이 더 중요하다고 말한다(10절). 5장 22절에서

언급한 성령의 열매는 모두 공동체를 위한 자기 낮춤과 희생의 결과다. 이것이
곧 바울이 말하는 자유다(5:13).

주석적 관점

율법(모세의 법)을 대체하기 위한 그리스도의 법(2절)이라는 용어를 사용한다.
9절의 '때'와 10절의 '기회'는 모두 그리스어로 kairos이다. 위기의 순간이자
결단의 순간이다.

설교적 관점

14절에서 바울이 더 이상의 관계가 없다고 하는 '세상'(cosmos)은 구체적으로
어떤 세상을 두고 하는 말인가? 이는 로마제국을 두고 하는 말이다. 그렇다고
해서 물리적으로 로마제국을 떠나서 살 수는 없다. 그렇다면 바울이 말하는 새롭게
창조된 자기는 어떤 자기인가? 이는 예수의 십자가 죽음을 통해 거듭난 자기이자
새로운 깨달음의 자기이다. 곧 십자가 사랑과 자비에 기초한 평화(*Pax Christi*)가
군사 폭력에 기초한 제국의 평화(*Pax Romana*)를 대신하는 그런 세상이 오고
있음을 확신하는 자기이다.

누가복음 10:1-11, 16-20

1 이 일이 있은 뒤에 주께서는 달리 일흔두 사람을 세우셔서, 친히 가려고 하시는 각 성읍과
각 고장으로 둘씩 둘씩 앞서 보내셨다.

2 그 때에 그들에게 말씀하셨다. "추수할 것은 많으나, 일꾼이 적다. 그러므로 추수하는
주인에게 추수할 일꾼을 보내 달라고 청하여라.

3 가거라. 내가 너희를 보내는 것이 어린 양을 이리 가운데로 보내는 것과 같다.

4 전대도 자루도 신도 가지고 가지 말고, 길에서 아무에게도 인사하지 말아라.

5 어느 집에 들어가든지, 먼저 '이 집에 평화가 있기를 빕니다!' 하고 말하여라.

6 거기에 평화를 바라는 사람이 있으면, 너희가 비는 평화가 그 사람에게 내릴 것이요, 그
렇지 않으면, 그 평화가 너희에게 되돌아올 것이다.

7 너희는 한 집에 머물러 있으면서, 거기에서 주는 것을 먹고 마셔라. 일꾼이 자기 삯을 받

는 것은 마땅하다. 이집 저집 옮겨 다니지 말아라.

8 어느 성읍에 들어가든지, 사람들이 너희를 영접하거든, 너희에게 차려 주는 음식을 먹어라.

9 그리고 거기에 있는 병자들을 고쳐주며 '하나님의 나라가 너희에게 가까이 왔다' 하고 그들에게 말하여라.

10 그러나 어느 성읍에 들어가든지, 사람들이 너희를 영접하지 않거든, 그 성읍 거리로 나가서 말하기를

11 '우리 발에 묻은 너희 성읍의 먼지를 너희에게 떨어 버린다. 그러나 하나님의 나라가 가까이 왔다는 것을 알아라' 하여라.

16 누구든지 너희 말을 들으면, 내 말을 듣는 것이요, 누구든지 너희를 배척하면, 나를 배척하는 것이다. 그리고 누구든지 나를 배척하면, 나를 보내신 분을 배척하는 것이다."

17 일흔두 사람이 기쁨에 넘쳐 돌아와 보고하기를 "주님, 주님의 이름을 대면, 귀신들까지도 우리에게 복종합니다" 하였다.

18 예수께서 그들에게 말씀하셨다. "사탄이 하늘에서 번갯불처럼 떨어지는 것을 내가 보았다.

19 보아라, 내가 너희에게 뱀과 전갈을 밟고, 원수의 모든 세력을 누를 권세를 주었으니, 아무것도 너희를 해치지 못할 것이다.

20 그러나 귀신들이 너희에게 굴복한다고 해서 기뻐하지 말고, 너희의 이름이 하늘에 기록된 것을 기뻐하여라."

신학적 관점

72명의 제자 표현은 누가복음에만 나온다. 다른 사본에는 70명이다. 70이라는 숫자는 모세오경에 70장로 혹은 종려나무 70그루(출 24:1; 민 11:16)라는 표현이 자주 등장하고 있고, 특히 창세기 10장에 노아의 홍수로 인해 세계 인류가 전멸하고 그의 세 아들들로부터 새로운 인류가 시작하는데, 그 아들과 손자들의 숫자가 70명이고 애굽에서 나올 때의 숫자 또한 70명이다(출 1:1). (사본에 따라 숫자가 조금씩 다르다.) 12제자가 유대 민족을 선교 대상으로 한다면, 72/70명은 이방 민족 전체를 대상으로 한다.

9장에서의 12제자 파송 장면과 본문은 기본 골자는 같지만, 몇 가지 다른 표현들이 나온다. 첫째는 "내가 너희를 보내는 것이 마치 어린 양을 이리떼 가운데 보내는 것과 같구나" 하는 표현과 둘째는 평화의 외침이다. "어느 집에 들어가든지 먼저 '이 댁에 평화를 빕니다!' 하고 인사하여라." 세 번째로 12제자 파송 장면에서는 복음을 선포하고 병을 고쳐주었다는 얘기만 나오는 데 반해 72제자 파송 얘기에서

는 제자들이 돌아와 "주님, 저희가 주님의 이름으로 마귀들까지도 복종시켰습니다"라고 말하자 예수께서는 "나는 사탄이 하늘에서 번갯불처럼 떨어지는 것을 보았다. 내가 너희에게 뱀이나 전갈을 밟는 능력을 주었다"고 하신다. 72제자 파송 장면은 12제자 파송에 비해 강도가 훨씬 높고 평화를 반대하는 적대 세력이 강하게 반발할 것이라는 암시를 주고 있다. 곧 예수의 평화는 악마적 세력인 로마제국의 반발을 불러일으킨다.

목회적 관점

본문에 따라 교인들을 두 명씩 짝지워 노방 전도 프로그램을 실시하는 교회들이 있다. 오늘날의 전도 방식이 굳이 예수의 제자 파송 방식을 따라 해야 하는 것인가? 따라야 하는 핵심은 불가에서 행하는 탁발, 곧 '가난'이다.

주석적 관점

'추수'라는 단어는 선교 대상자들의 수동성을 의미하고, 달리 말하면 물량 자본주의의 잘못된 면을 드러내는 단어다. 기독교 이단 집단 가운데는 자신들을 지칭하여 기존 교인들을 거두어들이는 '추수꾼'이라고 자칭하기도 한다. 본문에서의 '추수'는 마지막 때라고 하는 종말론적인 신학적 의미를 담고 있다.

파송 받는 제자들에게 주신 첫 번 능력은 마귀를 제어하는 권세와 병을 고치는 능력이었다. 여기서 말하는 마귀는 누구를 의미하는가? 오늘날 현대인들의 병은 대부분 물질 욕망으로 인한 스트레스에서 온다. 이천 년 전 예수 당시의 사람들이 갖는 병은 주로 어디에서 왔을까? 아마도 로마제국의 압박과 착취에서 왔을 것이다.

"길에서 아무에게도 인사하지 말아라"는 시간의 촉박함을 강조하는 말로 읽히기도 하지만, 어느 집(닫힌 공간 혹은 비밀 공간)에 가서만 전도하고 길(열린 공간)에서는 하지 말라는 말씀과 함께 읽으면, 보안 유지의 말씀으로 해석이 가능하다. 이는 예수 제자들에 대한 로마의 핍박 상황이라면 이해가 된다(복음서는 독립 항쟁으로 인한 예루살렘 멸망 이후에 기록이 되었다). "이집 저집 돌아다니지 말고 한 집에만 머물라"는 말씀 또한 접대하는 사람들의 피해를 줄이라는 의미로도 해석되지만, 보안상의 이유로도 해석될 수 있다.

설교적 관점

예수께서는 이 땅의 평화를 위해 오셨지만, 예수를 배척하는 사람들이 있었다. 모함하고 끝내는 군중소요죄와 신성모독죄로 십자가에 매달아 처형한 세력이 있었다. 왜 세상은 평화를 외치는 사람들을 핍박하고 죽이려 드는 것인가? 평화를 원치 않는 사람들은 누구인가?(6절) 분열을 통해 이득을 얻는 사람들과 집단이 있다. 오늘날 전쟁을 통해 이익을 얻는 집단들이 있다. 곧 전쟁 무기 제조업자들이다. 어떤 국가들은 이런 군산복합체 산업이 나라의 근간을 이루고 있다.

'평화'의 사전적 정의는 전쟁이나 분쟁이 없는 상태를 말한다. 그러나 성서가 말하는 평화, 히브리어로 '샬롬'은 단지 전쟁이나 분쟁이 없는 상태를 말하는 것이 아니라, 어린 양과 늑대, 송아지와 곰, 사자가 함께 어울려 살아가는 그런 세상을 말한다. 어떻게 이런 세상이 가능한가? 그건 이리와 곰과 사자가 약한 동물을 잡아먹어야 사는 육식으로 된 창자의 구조를 뜯어고쳐 풀을 뜯어먹고 살아갈 수 있는 초식 창자의 구조로 바꿀 때만이 가능한 것이다. 곧 칼을 녹여 보습을 만들고 창을 부숴 낫을 만들었을 때만이 가능한 것이다. 전쟁 무기 생산 공장을 해체하는 것이 평화로 나아가는 길이다.

성령강림 후 여덟째 주일(7월 10일~7월 16일)

암 7:7-17; 시 82; 골 1:1-14; 눅 10:25-37

아모스 7:7-17

7 주께서 나에게 다음과 같은 것을 보여 주셨다. 다림줄을 드리우고 쌓은 성벽 곁에 주께서서 계시는데 손에 다림줄이 들려 있었다.

8 주께서 나에게 "아모스야, 네가 무엇을 보느냐?" 하고 물으시기에, 내가 대답하기를 "다림줄입니다" 하니, 주께서 선언하신다. "내가 나의 백성 이스라엘의 한가운데, 다림줄을 드리워 놓겠다. 내가 이스라엘을 다시는 용서하지 않겠다.

9 이삭의 산당들은 황폐해지고 이스라엘의 성소들은 파괴될 것이다. 내가 칼을 들고 일어나서 여로보암의 나라를 치겠다."

10 베델의 아마샤 제사장이 이스라엘의 여로보암 왕에게 사람을 보내서 알렸다. "아모스가 이스라엘 나라 한가운데서 임금님께 대한 반란을 선동하고 있습니다. 그가 하는 모든 말을 이 나라가 더 이상 참을 수 없습니다.

11 아모스는 '여로보암은 칼에 찔려 죽고, 이스라엘 백성은 틀림없이 사로잡혀서, 그 살던 땅에서 떠나게 될 것이다' 하고 말합니다."

12 아마샤는 아모스에게도 말하였다. "선견자야, 사라져라! 유다 땅으로 도망가서, 거기에서나 예언을 하면서, 밥을 빌어 먹어라.

13 다시는 베델에 나타나서 예언을 하지 말아라. 이곳은 임금님의 성소요, 왕실이다."

14 아모스가 아마샤에게 대답하였다. "나는 예언자도 아니고, 예언자의 제자도 아니다. 나는 집짐승을 먹이며, 돌무화과를 가꾸는 사람이다.

15 그러나 주께서 나를 양 떼를 몰던 곳에서 붙잡아 내셔서, 주의 백성 이스라엘에게로 가서 예언하라고 명하셨다.

16 이제 너는, 주께서 하시는 말씀을 들어라. 너는 나더러 '이스라엘을 치는 예언을 하지 말고, 이삭의 집을 치는 설교를 하지 말라'고 말하였다.

17 네가 바로 그런 말을 하였기 때문에, 주께서 이렇게 말씀하신다. '네 아내는 이 도성에서 창녀가 되고, 네 아들딸은 칼에 찔려 죽고, 네 땅은 남들이 측량하여 나누어 차지하고, 너는 사로잡혀 간 그 더러운 땅에서 죽을 것이다. 이스라엘 백성은 꼼짝없이 사로잡혀 제가 살던 땅에서 떠날 것이다.'"

예언자 신학 일반

기독교가 다른 종교와의 분명한 차이점을 들라고 한다면, 그건 한마디로 예언자적 전통이라고 말할 수 있다. 제사 혹은 예배라는 형식을 통해 백성들의 찬양과 기도를 하느님께 올려드리고 사적 위로와 축복을 비는 제사장 전통은 어느 종교에나 다 있다. 그러나 민족 전체를 향한 회개의 촉구와 사회정의에 관한 말씀을 전하고 국가권력과 박제화된 종교 권력을 비판하고 저항하는 예언자적 전통은 이스라엘 역사에서만 찾아볼 수 있다. 고대 종교는 제왕의 편에 서서 그 권력이 신으로부터 온 것임을 옹호하는 국가종교의 형태로 나아가지만, 제1성서는 애굽을 탈출하여 가나안 땅에 들어온 하비루 노예 출신들은 국가종교의 틀을 거부하고, 심지어는 왕권마저 거부하고 자유와 해방의 평등 공동체라는 하느님의 나라를 향해 끊임없이 나아가려는 몸부림을 보여 주고 있다.

성서학자들은 제1성서가 구전으로 전해져 내려오다가 기원전 8세기 이후 기록되었다고 본다. 그런데 이 시기에 활동한 예언자가 아모스, 미가, 호세아, 이사야다. 이는 성서의 형성과 맞물려 성서의 밑바닥에 흐르고 있는 정신이 바로 예언자 정신임을 말하고 있다. 예언서는 제1성서에서 가장 많은 부피를 차지하고 있고, 민족이라는 경계를 넘어 가난하고 힘없는 민중들의 편에 서서 하느님의 말씀을 선포한다는 점에서 매우 독특하다. 때로 그는 백성들의 목숨이 위태롭게 될 때 "당신의 뜻이 이루어지이다"라고 말하는 대신 "당신의 뜻을 바꾸소서"라고 말한다는 점에서 신의 로봇은 아니었다(암 7:3).

흔히 우리는 예언이라는 단어 때문에 예언자들은 우리의 미래를 점치는 사람들이라는 인식을 쉽게 갖고 있다. 물론 히브리어로 예언자를 뜻하는 '나비', '호제', '로에'라는 단어들이 있다. '나비'는 신으로부터의 계시를 전달하는 사람이라면, '호제'나 '로에'는 황홀한 경험을 통해 보통 사람이 모르는 신비한 것을 꿰뚫어 보는 선견자를 말한다. 이스라엘 왕정 이전에는 이 두 성격을 다 갖고 있었지만, 왕정이 확립된 이후부터는 환상을 통해 미래를 내다보는 '호제적'인 기능은 가나안 이방 종교의 것으로 비판하고 현실성과 역사성을 강조하는 '나비적'인 비판적 기능이 두드러지게 나타나게 된다. 물론 예언자들이라고 해서 모두가 왕정에 반대하는 체제 비판적인 입장을 취한 것은 아니다. 체제 옹호적인 그룹도 있었다. 예를 들면 다윗왕 때에 나단 같은 예언자는 다윗왕의 비행을 비판한 사람이었지만, 그는 다윗왕과 더불어 왕권을 확립해 간 사람이었다.

예언자들이 관심하는 것은 자연이 아니라 역사다. 힘없는 서민들의 입장에서 바라보는 민중의 역사요 바닥의 역사다. 예언자들의 글을 읽으면 개인의 행복을 추구하며 느긋하게 안정을 즐기던 양심이 마구 뒤틀린다. 그는 '노래하는 성자'도 아니고 '도리를 가르치는 시인'도 아니다. 그는 인간의 마음을 습격하는 자이며 양심이 끝나는 곳에서 그의 말은 불타오르기 시작한다(헤셸, 『예언자』, 44).

신학적 관점

아모스는 일명 정의의 예언자라고 불린다. 그는 솔로몬왕 이후 그 나라가 남왕국 유다와 북왕국 이스라엘로 나뉘어 서로 반목하며 살던 때에 남왕국 출신으로 북왕국에 가서 활동한 매우 특이한 인물이었다. 당시 아시리아와 시리아의 세력이 약해지면서 북왕국 여로보암 2세 때에 나라는 매우 부강하였다. 이때 아모스는 몇 가지의 환상을 보고 하느님의 손에 붙잡히게 된다. 그가 본 환상은 이런 것이다. 메뚜기 떼가 풀을 모조리 갉아 먹고, 거센 불길로 인해 지하수가 말라버리고, 이스라엘의 산당이 모두 폐허가 되는 모습이다. 이는 곧 왕국의 멸망을 예언하는 것이었다.

다림줄은 하느님의 올바른 법과 인간 사회의 관계성을 뜻한다. 다림줄에 어긋나는 건물은 무너뜨려야 하듯이 하느님의 법에 어긋나는 사회는 심판을 받아야 한다. 다림줄은 예언자 신학의 정수이다. 하느님의 무한하신 은혜에 기반한 구원은 다림줄의 준엄한 심판 앞에서 어떤 신학적인 함의를 갖는 것인가? 사도신조 고백을 통해 신자들은 구원하시던 주님이 아닌 심판하러 오시는 주님을 고백한다.

목회적 관점

본문은 두 가지의 목회적 난제(難題)를 제공한다. 첫째로 권력자의 옆에 서서 희망과 번영을 선포하는 제사장 아마샤의 입장에 설 것인가 아니면 다림줄을 들고 하느님의 임박한 심판을 선포하며 백성들의 회개를 촉구하는 예언자 아모스의 입장에 설 것인가?

둘째로 아모스는 오늘날로 말하면 신학 훈련을 전혀 받지 않는 사람이다. 그는 예언자도 아니라고 말한다. 오늘날 강단은 신학대학 졸업장을 갖고 있는 목사들만의 전유물인가? 아모스는 평생 농사를 지어온 평신도로서 하느님의 뜻을 선포하고 있다. 곧 평신도 목사이다.

주석적 관점

아모스를 문서 예언자 중 첫 번째 예언자라고 말하는 것은 그에게서 비로소 예언의 내용이 그대로 보전되어 경전으로 인정받았기 때문이다. 그러면 아모스 이전의 예언자들, 곧 엘리야나 엘리사나 나단과 달리 후대 사람들은 왜 그의 말을 보존하려고 하였을까를 질문하지 않을 수 없는데, 그것은 아모스의 말이 이제껏 들어본 적이 없는, 곧 국가권력과 종교 체제에 대해 매우 비판적이고 사회 밑바닥 사람들의 편에 서 있었기 때문이었다.

흔히 선택된 민족이라는 계약신학은 구원에 대한 절대적인 확신을 제공한다. 그러나 아모스는 하느님의 비전에 따라 구원이 아닌 심판의 말씀을 선포한다. 그런데 그 대상은 선택된 '나의 백성'이다(15절).

설교적 관점

아마샤는 "하느님은 대한민국을 사랑하십니다"라고 말한다면, 아모스는 "하느님은 대한민국을 저주하십니다"라고 말한다. 구원은 꼭 평온과 번영의 축복을 통해서만 오는 것인가? 십자가는 버림받음의 상징이었다. 예수는 버림받은 자였다. 하느님은 세상으로 버림받은 예수를 하느님 나라의 주춧돌로 삼으셨다.

시편 82

1 하느님께서 신들을 모으시고 그 가운데 서시어 재판하신다.

2 "언제까지 너희는 불공평한 재판을 하려는가? 언제까지 악인에게 편들려는가? (셀라)

3 약한 자와 고아를 보살펴 주고 없는 이와 구차한 이들에게 권리 찾아 주며

4 가난한 자와 약자들을 풀어 주어라. 악인의 손에서 구해 주어라."

5 그들은 분별력도 없고 깨닫지도 못하여 어둠 속을 헤매고만 있으니 세상이 송두리째 흔들린다.

6 "나의 선고를 들어라. 너희가 비록 신들이요 모두 지극히 높으신 이의 아들들이나

7 그러나 너희는 보통 인간처럼 죽겠고 여느 군주처럼 넘어지리라."

8 하느님이여, 일어나시어 온 세상을 재판하소서. 만백성이 당신의 것이옵니다.

골로새서 1:1-14

1 하나님의 뜻을 따라 그리스도 예수의 사도가 된 나 바울과 형제 디모데는,

2 골로새에 있는 성도들, 곧 그리스도 안에 있는 신실한 형제자매들에게 편지합니다. 우리 아버지 하나님께서 내려 주시는 은혜와 평화가 여러분에게 있기를 빕니다.

3 우리는 여러분을 위하여 기도할 때에, 항상 우리 주 예수 그리스도의 하나님 아버지께 감사를 드립니다.

4 그것은, 그리스도 예수를 믿는 여러분의 믿음과, 모든 성도에게 품은 여러분의 사랑을, 우리가 전해 들었기 때문입니다.

5 여러분의 믿음과 사랑은 여러분을 위하여 하늘에 쌓아 두신 소망에 근거합니다. 이 소망은, 여러분이 진리의 말씀 곧 복음을 받아들일 때에 이미 들은 것입니다.

6 이 복음은 온 세상에 전해진 것과 같이 여러분에게 전해졌고, 여러분이 하나님의 은혜를 듣고서 참되게 깨달은 그 날부터, 여러분 가운데서와 같이, 온 세상에서 열매를 맺으며 자라고 있습니다.

7 여러분은 하나님의 은혜를 우리와 함께 종이 된 사랑하는 에바브라에게서 배웠습니다. 그는 여러분을 위하여 일하는 그리스도의 신실한 일꾼이요,

8 성령 안에서 여러분의 사랑을 우리에게 알려 준 사람입니다.

9 그러므로 우리가 여러분의 소식을 들은 그날부터, 우리도 여러분을 위하여 쉬지 않고 기도합니다. 우리는 하나님께서 여러분에게, 모든 신령한 지혜와 총명으로 하나님의 뜻을 아는 지식을 채워 주시기를 빕니다.

10 여러분이 주님께 합당하게 살아감으로써, 모든 일에서 그를 기쁘시게 하고, 모든 선한 일에서 열매를 맺고, 하나님을 점점 더 알고,

11 하나님의 영광의 권능에서 오는 모든 능력으로 강하게 되어서, 기쁨으로 끝까지 참고 견디기를 바랍니다.

12 그래서 빛 가운데 있는 성도들이 받을 상속의 몫을 차지할 자격을 여러분에게 주신 아버지께, 감사를 드리게 되기를 바랍니다.

13 아버지께서 우리를 암흑의 권세에서 건져 내셔서, 자기의 사랑하는 아들의 나라로 옮기셨습니다.

14 우리는 그 아들 안에서 구속, 곧 죄사함을 받았습니다.

신학적 관점

신학적으로 예수 그리스도는 교회의 머리가 되신다고 말한다. 본문은 이 명제에 대해 풀어쓴 하나의 설교문과 같다. 본문은 15-20절에 나오는 그리스도 찬양에 대한 교회론적 근거를 제공하고 있다.

목회적 관점

골로새교회가 에바브라의 목양과 가르침을 통해 자라나고 이어서 바울과 디모데의 목양과 가르침에 의해 성숙되어 갔듯이 모든 교회는 넓게 보아 전임 목사와 후임 목사와의 협력 목회를 통해 성장해 간다. 바울이 에바브라에게 깊은 감사를 표하듯이(7-8절) 후임 목회자 또한 전임 목회자에 대한 깊은 감사를 표함으로 교회는 더욱더 그리스도의 사랑 안에 뿌리를 내리게 된다. 물론 골로새교회는 거짓 교사들의 영향을 많이 받은 교회이다.

주석적 관점

복음이란 무엇인가? 그 내용은 여러 가지 말로 설명할 수 있겠지만, 본질에 있어 복음은 단 한 번의 들음으로 끝나는 일이 아닌 하느님의 은혜 가운데 지속적으로 자라나는 것이다(6절). 그리고 그 복음은 교회 안에서 성도 간의 나눔을 통해서뿐만이 아니라 이 세상 속에서 실천의 '열매'를 통해 성숙되어 간다(6절). 이는 하느님의 뜻을 아는 지식(9절)이기도 하다. 물론 이 지식은 머리로만 얻어지는 지식이 아닌 지정의(知情意)를 통한 통합적인 지식이다.

이러한 성장과 성숙의 결과로 우리는 기쁨으로 참고 견디며(11절) 하느님께 감사하는 사람이 된다(12절). 이것이 바로 그리스도 안에서의 구속, 곧 죄사함이다(14절). '암흑에서 건져 내심'이라는 단어는 엑소더스 사건을 일컫는다.

설교적 관점

바울이 그러하듯이 본문의 흐름을 따라 앞선 성도들의 신앙을 기리고 선임 목회자의 공로를 기억하며 지금 함께 하는 성도들의 열심과 헌신을 칭찬하면서 하느님께 감사하는 설교로 진행하면 좋을 것이다.

누가복음 10:25-37

25 어떤 율법교사가 일어나서, 예수를 시험하여 말하였다. "선생님, 내가 무엇을 해야 영생을 얻겠습니까?"

26 예수께서 그에게 말씀하셨다. "율법에 무엇이라고 기록하였으며, 너는 그것을 어떻게 이해하고 있느냐?"

27 그가 대답하였다. "'네 마음을 다하고 네 목숨을 다하고 네 힘을 다하고 네 뜻을 다하여, 주 너의 하나님을 사랑하여라' 하였고, 또 '네 이웃을 네 몸같이 사랑하여라' 하였습니다."

28 예수께서 그에게 말씀하셨다. "네 대답이 옳다. 그대로 행하여라. 그러면 살 것이다."

29 그런데 그 율법교사는 자기를 옳게 보이고 싶어서 예수께 말하였다. "그러면, 내 이웃이 누구입니까?"

30 예수께서 응답하여 말씀하셨다. "어떤 사람이 예루살렘에서 여리고로 내려가다가 강도들을 만났다. 강도들이 그 옷을 벗기고 때려서, 거의 죽게 된 채로 내버려 두고 갔다.

31 마침 어떤 제사장이 그 길로 내려가다가, 그 사람을 보고 피하여 지나갔다.

32 이와 같이, 레위 사람도 그곳에 이르러서, 그 사람을 보고 피하여 지나갔다.

33 그러나 어떤 사마리아 사람은 길을 가다가, 그 사람이 있는 곳에 이르러, 그를 보고 측은한 마음이 들어서,

34 가까이 가서, 그 상처에 올리브 기름과 포도주를 붓고 싸맨 다음에, 자기 짐승에 태워서, 여관으로 데리고 가서 돌보아 주었다.

35 다음날 그는 두 데나리온을 꺼내어서, 여관 주인에게 주고, 말하기를 '이 사람을 돌보아 주십시오. 비용이 더 들면, 내가 돌아오는 길에 갚겠습니다' 하였다.

36 너는 이 세 사람 가운데서, 누가 강도 만난 사람에게 이웃이 되어 주었다고 생각하느냐?"

37 그가 대답하였다. "그에게 자비를 베푼 사람입니다." 예수께서 그에게 말씀하셨다. "가서, 너도 그와 같이 하여라."

신학적 관점

이 비유는 자비의 실천 그 이상의 깊은 의미가 있다. 레위기 19장 18절의

"이웃을 사랑하라"는 계명에 대해 당시 랍비들은 "이웃이 누구인가?"에 대한 논쟁을 계속하였다. 부족사회에서 같은 동네에 사는 이웃들은 모두 가까운 친족이었다. 따라서 사랑의 대상으로 삼는 '이웃'은 옆집에 사는 사람이 아닌 다른 부족을 의미했고, 이 다른 부족은 아시리아나 애굽과 같은 대적 관계에 있는 이웃도 있었는데, 과연 이들을 포함할 것인가 아니면 배제할 것인가에 대한 논쟁이 있었다. 요나서는 이 논쟁에 대한 대표적인 답이다.

율법교사는 몰라서 묻는 것이 아닌 나름대로의 '이웃'에 대한 정의를 갖고 있었다. 예수는 그의 질문의 의미(떠본다)를 간파하고 비유를 통해 사마리아 사람을 이웃 중의 최상의 이웃으로 내세우고, 급기야는 질문을 던졌던 그에게 "너는 누가 강도 만난 자의 이웃이라고 생각하느냐?"는 역습 질문을 통해 그의 기존 생각을 깨뜨리신다. 이웃을 선행을 베푸는 자의 입장이 아닌 희생당한 자의 입장에서 접근하도록 하신 것이다.

제사장과 레위인은 당시 종교 권력의 상징 인물이었다. 이 비유는 유대 민중들로부터는 박수를 받았겠지만, 권력자들로부터는 분노를 불러일으켰을 것이다. 그런데 정작 칭찬받는 이가 유대인이 아닌 사마리아 사람이라는 결론으로 예수는 모든 청중으로부터 반감을 샀다. 사마리아인들은 본래는 동족이었지만, 아시리아의 지배 혼혈 정책으로 인해 그 피가 섞였다는 이유로 모세 정결법에 따라 상종은커녕 대화조차 금지시켜 왔기 때문이다.

본문은 유대 민족은 아브라함의 후손으로 선택된 민족이라는 기존의 구원론을 뒤집고 있다. 나중된 자가 먼저 된다는 일종의 혁명적인 구원 신학이다.

목회적 관점

예수께 질문을 던진 율법교사는 오늘날 누구를 말하며, 비유에 등장하는 제사장, 레위 사람, 사마리아 사람은 오늘날 누구인가? 저들이 피해 갈 때의 자기변명은 무엇이었을까?

주석적 관점

단순한 비유 이야기가 아닌 어쩌면 당시 실제 일어났던 사건이었을 가능성이 많다. 교부신학자들은 알레고리적으로 해석했다. 곧 강도 만난 자는 예수 그리스도, 여관 주인은 교회, 두 동전은 세례와 성찬식 등등.

당시의 역사적 상황으로 돌아가 보면, 우선 '예루살렘에서 여리고'라는 지리적 설정이 매우 중요한데, 신학자들이 이 부분을 간과하고 있다. 여리고는 헤롯의 겨울 궁전이 있는 곳이다. 곧 예루살렘에서 여리고를 왔다갔다하는 사람은 권력 지향적인 사람들과 권력의 편에서 이권을 챙기는 부자 부류들이다. 강도를 만난 사람은 말하자면 '상당한 뇌물'을 갖고 갔을 것이다.

요세푸스는 당시 독립 투쟁을 하던 사람들을 '강도'(lestai)라고 불렀다. 단순 강도인가? 아니면 독립 투쟁을 하던 게릴라, 곧 열혈당원들인가? 단순히 가지고 간 물건만을 빼앗는 것으로 그치지 않고, "그 옷을 벗기고 때려서, 거의 죽게 된 채로 내버려 두고 갔다"는 구절은 일종의 매국노에 대한 보복일 가능성이 높다.

설교적 관점

뭔가 선한 행동을 할 때 우리는 선한 사마리아 사람이라고 부른다. 비유의 핵심은 기존의 상식을 깨는 혁명적 관점이 숨어 있다.

오늘날 강도 만난 사람들은 누구인가? 강도를 한 명의 폭력배로 상정할 수도 있지만, 보다 넓은 의미에서 사회의 기득권자 혹은 국제사회에서의 약자를 희생함으로 이득을 노리는 패권국가로 확대 해석함으로 우리의 상식을 깨는 것이 관건이다.

하느님 사랑과 이웃 사랑을 하나로 본다는 것은 하느님께서 가장 먼저 관심을 갖고 있는 사람이 누구일까를 생각할 때, 이웃에 대한 바른 정의가 이루어진다. "원수를 사랑하라"는 예수님의 혁명적인 가르침은 바로 이웃이 나와 적대적 관계에 있는 사람들이라고 해석할 때, 쉽게 이해될 수 있다. 하느님 사랑과 이웃 사랑이 하나이듯이 이웃 사랑과 원수 사랑 또한 하나가 된다.

당시 유대와 사마리아로 분단된 상황은 오늘날 한강토에서의 남북 분단의 상황과 거의 흡사하다. 당시 사마리아 사람이란 단지 사마리아 지방의 출신이라는 것을 넘어 우리 상황에서의 '빨갱이'에 가까운 차별적 용어다. 앞선 장에서 우리는 사마리아 사람들이 예수 일행을 영접하지 않는다는 단순한 이유로 제자들은 저들이 하늘의 불로 멸망하기를 바랐다. 유대인이었다면 그렇게까지 과격한 표현을 쓰지 않았을 것이다. 길에서 피 흘리고 쓰러진 남한 사람을 구한 사람은 바로 우리가 차별하고 경멸하는 빨갱이라고 하는 말과 같다.

국제정치 역학에서 보면 오늘날 강도를 만나 피를 흘리고 있는 사람은 전쟁으로 피 흘리고 있는 팔레스타인들을 비롯한 전쟁으로 인해 먹을 식량이 부족해지고 고물가에 시달리는 가난한 나라의 백성들이다. 또한 지난 80년에 가까운 세월 동안 미국의 세계 패권 정치에 희생양이 되어 온 북한 동포들이 있다.

성령강림 후 아홉째 주일(7월 17일~7월 23일)

암 8:1-12; 시 52; 골 1:15-28; 눅 10:38-42

아모스 8:1-12

1 주 하나님이 나에게 다음과 같은 것을 보여주셨다. 보니, 여름 과일 한 광주리가 있었다.

2 주께서 물으신다. "아모스야, 네가 무엇을 보느냐?" 내가 대답하였다. "여름 과일 한 광주리입니다." 주께서 나에게 말씀하신다. "나의 백성 이스라엘이 끝장났다. 내가 이스라엘을 다시는 용서하지 않겠다.

3 그 날이 오면, 궁궐에서 부르는 노래가 통곡으로 바뀔 것이다." 주 하나님이 하시는 말씀이다. "수많은 시체가 온 땅에 널리고, 아무 소리도 들리지 않을 것이다."

4 빈궁한 사람들을 짓밟고, 이 땅의 가난한 사람을 망하게 하는 자들아, 이 말을 들어라!

5 기껏 한다는 말이, "초하루 축제가 언제 지나서, 우리가 곡식을 팔 수 있을까? 안식일이 언제 지나서, 우리가 밀을 낼 수 있을까? 되는 줄이고, 추는 늘이면서, 가짜 저울로 속이자.

6 헐값에 가난한 사람들을 사고 신 한 켤레 값으로 빈궁한 사람들을 사자. 찌꺼기 밀까지도 팔아먹자" 하는구나.

7 주께서 야곱의 자랑을 걸고 맹세하신다. "그들이 한 일 그 어느 것도 내가 두고두고 잊지 않겠다.

8 그들이 이렇게 죄를 지었는데, 어찌 땅이 지진을 일으키지 않겠으며, 어찌 땅 위에 사는 자들이 모두 통곡을 하지 않겠느냐? 온 땅이 강물처럼 솟아오르다가, 이집트의 강물처럼 불어나다가, 가라앉지 않겠느냐?

9 나 주 하나님이 하는 말이다. 그 날에는 내가 대낮에 해가 지게 하고, 한낮에 땅을 캄캄하게 하겠다.

10 내가 너희의 모든 절기를 통곡으로 바꾸어 놓고, 너희의 모든 노래를 만가로 바꾸어 놓겠다. 내가 모든 사람에게 굵은 베 옷을 입히고, 머리를 모두 밀어서 대머리가 되게 하겠다. 그래서 모두들 외아들을 잃은 것처럼 통곡하게 하고, 그 마지막이 비통한 날이 되게 하겠다.

11 그 날이 온다. 나 주 하나님이 하는 말이다. 내가 이 땅에 기근을 보내겠다. 사람들이 배고파하겠지만, 그것은 밥이 없어서 겪는 배고픔이 아니다. 사람들이 목말라 하겠지만, 그것은 물이 없어서 겪는 목마름이 아니다. 주의 말씀을 듣지 못하여서, 사람들이 굶주리고 목말라 할 것이다.

12 그때에는 사람들이 주의 말씀을 찾으려고 이 바다에서 저 바다로 헤매고, 북쪽에서 동쪽으로 떠돌아다녀도, 그 말씀을 찾지 못할 것이다."

신학적 관점

여름 과일은 자연이 베푼 축복의 선물이다. 곧 하느님 축복의 상징이다. 그런데 이것이 갑자기 하느님의 분노를 자아내게 하는 정의의 잣대가 되어 궁궐에서 부르는 노래가 통곡으로 바뀐다(4절). 초하루 축제와 안식일은 모두 종교적 축제이다. 그런데 이때 상인들은 부정한 방식으로 가난한 자를 더 벗겨 먹으려고 한다(5-7절). 사제들은 부자들의 헌물에 감사하며 손을 높이 들어 하늘의 축복을 베푼다. 이에 하느님의 분노는 하늘을 찌른다.

아모스가 고발하는 사회의 죄악상이라고 하는 것은 뭐 그리 대단한 일도 아니고 어느 시대에나 흔히 볼 수 있는 일들이다. "빈궁한 사람들을 짓밟고, 이 땅의 가난한 사람을 망하게 하는"(4절), 일종의 부익부 빈익빈의 구조악은 자본주의를 떠받드는 기본이다. 약육강식의 능력주의 사회에서 이런 불평등을 어떻게 피할 수 있으며 도대체 무슨 큰일이란 말인가? 그런데 예언자들은 이를 큰일이라고 말한다. 어쩌면 침소봉대한다고 비난할 수 있다. 그러나 예언자들은 작은 일에도 철저하게 느끼는 사람들이다. 아브라함 헤셸은 말한다. "예언이란 하느님이 인간의 아픔을 표현하라고 빌려주신 말이며 착취당한 가난한 자들과 세상의 불경스런 부자들에게 내리신 말이다. 그것은 하나의 삶의 양식이며 하느님과 인간이 서로 만나는 접촉점이다"(『예언자』, 36). 이스라엘의 예언자들은 선과 악에 관계된 일이라면 그 어느 것도 작게 보거나 지나쳐 버리지 않는 사람들이다. 반면 희랍의 "신들은 큰일에만 몰두하고 작은 일들은 무시한다"고 철학자 키케로는 말한다.

목회적 관점

별일도 아닌 일을 크게 떠벌리는 아모스를 당시의 제사장 아마샤는 왕에게 이렇게 보고한다. "아모스라는 자가 우리 이스라엘 한가운데 들어와 임금님께 반란을 일으키려고 합니다. 그자는 이 나라를 망칠 소리만 하고 있습니다. 임금님께서는 칼에 맞아 돌아가시겠고, 이스라엘 백성은 사로잡혀 포로의 신세가 될 것이라 떠들어댑니다." 그리고 아마샤 제사장은 아모스에게 당장 이곳을 떠나 남쪽 유다 나라로 사라져라, 다시는 하느님을 팔아 베델에서 입을 열지 말라고 경고한다.

목회의 기본은 무엇인가? 서남동 교수는 말한다. "복음은 원래 가난한 자들의 복음이었던 것이 부자들의 복음으로 변해버렸다. 부자와 가난한 사람, 주인과 종을 같은 죄인이라고 균등화하는 것은 하느님 앞에서 죄를 범하는 것이고 현실의 잔혹한 불평등과 비참한 가난에 대한 외면과 무관심을 낳고 부자들의 자기 의인을 다져주게 된다. 부를 같이 나누려 하지 않고 죄만을 같이 나누는 것이다"(『민중신학의 탐구』).

주석적 관점

"망하게 하다"(4절)와 '안식일'은 같은 히브리 어근을 갖고 있다. 종교적 죄에 대한 일종의 고발이다.

오늘 우리 시대를 신자유주의 시대라 부른다. 이 말은 새로운 자유를 누리게 되었다는 말이 아니라, 개인의 영역에서 일어났던 죄악들이 이제는 국경을 넘어 무차별하게 일어나고 있다는 말이다. 강한 나라가 세계의 안전과 평화라는 이름으로 힘없는 나라를 침공하고, 자유무역협정이라는 이름으로 약소국의 가난한 이들을 볼모로 잡아 조상 대대로 살아온 삶의 터전에서 쫓아내고, 국제 투자자본이 개미군단의 피를 빨아먹고, 국제평화의 이름으로 외국에 군대를 주둔시키고, 그 유지비를 받아내고 엄청난 무기를 팔아먹는 악의 구조를 통틀어 하는 말이다. 아모스는 단지 북왕국 이스라엘의 심판만 말하고 있지 않다. 자신이 태어나고 자란 남쪽 유다 왕국을 비롯하여 주위의 모든 나라들 다마스쿠스와 에돔과 띠로와 모압 나라들을 모두 포함하고 있다. 아모스의 눈은 세계적이요 우주적이다. 왜냐하면 그의 눈은 바로 하느님의 눈이기 때문이다.

설교적 관점

아모스 예언자가 오늘 서울 한복판에 나타난다면 무엇이라고 외칠 것인가?

아모스서에는 신에 대한 존재 논쟁이나 영혼 구원과 내세와 같은 교리 얘기는 전혀 없다. 그는 다만 당시의 가장 가난한 자들, 곧 과부와 고아들이 당하는 아픔 그리고 재판의 부정과 정치판의 뇌물들을 말하고 시장 바닥에서 일어나고 있는 구체적인 사건을 고발하고 있다. 그의 눈은 누구도 거들떠보지 않는 약자들의 삶의 현실을 바라보고 있고 그의 귀는 하늘을 향해 열려 있다. 언제 그만두어야 할지 모르는 채 하루하루를 힘겹게 살아가는 비정규직 노동자들과 정부 관리들의 눈을 피하기 위해 어두운 밤에만 외출해야 하는 외국인 노동자들 편에 서서 그는 이 사회를 고발하고 있다.

예수님에게 분명하게 드러나는 기능은 예루살렘의 종교 집단을 대표하는 제사장 그룹과 바리새파와 율법학자들을 비판하고 통치자 빌라도 로마총독과 헤롯왕에 저항하는 예언자적 기능이다. 그런데 이렇게 부정과 불의가 판을 치는 시대에 교회는 어떤 일을 하고 있는가? 가난과 불의에 눈을 감게 하면서 그저 하늘만 바라보게 하고 육신의 성공과 심령의 축복을 남발하고 있다. 이에 교인들은 최면에 걸린 듯 "아멘" 소리만 외친다. 여기에 아모스는 외친다. "야훼께서 오시는 그날이 밝은 날일 줄 아느냐? 아니다. 그 날은 다만 깜깜할 뿐 한 가닥 빛도 없으리라." 그러면서 교회의 예배를 부정하는 엄청난 발언을 한다. "너희의 순례절이 싫어 나는 얼굴을 돌린다. 축제 때마다 바치는 분향제 냄새가 역겹구나. 너희가 바치는 번제물과 곡식제물이 나는 조금도 달갑지 않다. 친교제물로 바치는 살진 제물을 보기도 싫다 거들떠보기도 싫다. 그 시끄러운 노랫소리를 집어치워라. 거문고 가락도 귀찮다. 다만 정의를 강물처럼 흐르게 하여라. 서로 위하는 마음 개울같이 넘쳐흐르게 하여라."

오늘날의 교회 용어로 바꿔 말한다면 어떻게 될까? "너희가 내 이름으로 모이는 주일예배니, 40일 금식 새벽기도회니 그런 것이 싫어 나는 얼굴을 돌린다. 너희들이 바치는 십일조 헌금, 선교 헌금, 건축 헌금이 나는 조금도 달갑지 않다. 교회를 크게 지어 바친다 하더라도 나는 보기도 싫다. 거들떠보기도 싫다. 손을 들고 부르는 찬양의 노래를 집어치워라. 오르간과 피아노 소리도 귀찮다. 다만 정의를 강물처럼 흐르게 하여라. 서로 위하는 마음 개울같이 넘쳐흐르게 하여라."

오늘 우리는 먹을 양식이 없는 것이 아니라, 정의로운 하느님의 말씀이 없는 영적 기근의 시대를 맞이하고 있다.

시편 52

1 하느님의 사랑 영원하신데 악명높은 영웅이여, 네 어찌 악한 일을 자랑하느냐?

2 너는 자나깨나 해악을 꾸미고 네 혀는 날카로운 면도날, 속임수의 명수로구나.

3 착한 일보다 악한 일을 더 즐기고 바른 소리보다 거짓말을 더 좋아하니 (셀라)

4 해치는 소리라면 모두 좋아하는 사기꾼아,

5 하느님께서 너를 박살내어 영영 없애 버리시리라. 장막에서 너를 끌어 내어 인간 세상에서 뿌리째 뽑아 버리시리라. (셀라)

6 의인들이 그 꼴을 보고는 숙연해지고, 그를 보고 비웃으며 말하리라.

7 "저 꼴을 보아라. 하느님께 의지하지 않고 많은 재산만 굳이 믿고 악행으로 세도를 부리더니."

8 나는 하느님의 집에서 싱싱하게 자라는 올리브나무같이 한결같은 하느님의 사랑을 영원히 영원히 믿고 살리라.

9 당신의 해 주신 일 고마와 항상 당신을 찬미하리이다. 당신을 믿는 사람들 앞에서 어지신 당신의 이름을 기리리이다.

골로새서 1:15-28

15 그 아들은 보이지 않는 하나님의 형상이시요, 모든 피조물보다 먼저 나신 분이십니다.

16 만물이 그의 안에서 창조되었습니다. 하늘에 있는 것들과 땅에 있는 것들, 보이는 것들과 보이지 않는 것들, 왕권이나 주권이나 권력이나 권세나 할 것 없이, 모든 것이 그로 말미암아 창조되었고, 그를 위하여 창조되었습니다.

17 그는 만물보다 먼저 계시고, 만물은 그의 안에서 존속합니다.

18 그는 그의 몸인 교회의 머리이십니다. 그는 근원이시요, 죽은 사람 가운데서 맨 먼저 살아나신 분이십니다. 이렇게 살아나심은, 그가 만물 가운데서 으뜸이 되시려고 하심입니다.

19 하나님께서는 그리스도 안에 모든 충만함을 머물게 하시기를 기뻐하시고,

20 그리스도의 십자가의 피로 평화를 이루셔서, 그리스도로 말미암아 만물, 곧 땅에 있는 것들이나 하늘에 있는 것들이나 다, 기쁘게 자기와 화해시키셨습니다.

21 전에 여러분은 악한 일로 하나님을 멀리 떠나 있었고, 마음에서 하나님과 원수가 되어 있었습니다.

22 그러나 지금은 하나님께서 그리스도의 죽으심으로 말미암아 그의 육신의 몸으로 여러분과 화해하셔서, 여러분을 거룩하고 흠이 없고 책망할 것이 없는 사람으로 자기 앞에 내세

우려고 하셨습니다.

23 그러므로 여러분은 믿음에 튼튼히 터를 잡아서, 굳건히 서 있어야 하고, 여러분이 들은 복음의 소망에서 떠나지 말아야 합니다. 이 복음은 하늘 아래에 있는 모든 피조물에게 전파되었으며, 나 바울은 이 복음의 일꾼이 되었습니다.

24 이제 나는 여러분을 위하여 고난받는 것을 즐겁게 여기고 있으며, 그의 몸 곧 교회를 위하여 내 육신으로 그리스도의 남은 고난을 채워 가고 있습니다.

25 나는, 하나님께서 여러분을 위하여 하나님의 말씀을 남김없이 전파하라고 맡기신 사명을 따라, 교회의 일꾼이 되었습니다.

26 이 비밀은 영원 전부터 모든 세대에게 감추어져 있었는데, 지금은 그의 성도들에게 드러났습니다.

27 하나님께서는 이방 사람 가운데 나타난 이 비밀의 영광이 얼마나 풍성한가를, 성도들에게 알게 하려고 하셨습니다. 이 비밀은 여러분 가운데 계신 그리스도요, 곧 영광의 소망입니다.

28 우리는 이 그리스도를 전파합니다. 우리는 모든 사람을 그리스도 안에서 온전한 사람으로 세우려고 모든 사람에게 권하며, 지혜를 다하여 모든 사람을 가르칩니다.

신학적 관점

15-20절은 초대교회의 정형화된 그리스도 찬양으로서 당시의 스토익학파와 유대교 지혜문학에 기초하여 YHWH 하느님의 우주 창조의 역사를 그리스도의 십자가 사건의 빛에서 해석한 신앙고백문으로 교회의 존립 목적을 신학적으로 밝히고 있다(the high Christology).

목회적 관점

모든 성도는 예수 그리스도는 교회의 머리이자 근원이심을 고백한다. 그러나 구체적인 삶의 현장에서는 서로 다른 모습을 드러낸다.

브라이언 맥라렌(Brian McLaren)은 그의 책 *A Generous Orthodoxy*(Grand Rapids, 2004)에서 그가 어려서부터 성인이 되는 과정에서 경험한 일곱 개의 서로 다른 예수를 언급한다. 1) 보수적 개신교 예수(Conservative Protestant Jesus): 예수는 십자가에서 죽기 위해 태어났으며 이를 통해 그는 구원을 받았다. 확신은 있었지만, 너무 개인적이고, 딱딱하였고, 우주적 관점이 없었다. 2) 오순절/은사적 예수(Pentecostal/Charismatic Jesus): 성령의 살아 있는 역사를 느낄 수는 있었지만, 하느님이 세계와 역사 그리고 창조 사건에 어떻게 관여하시는지 항상 궁금했다. 3) 로마가톨릭 예수(Roman Catholic Jesus): 성찬식을 통해 오래된 교회의 전통과 호흡을 할 수 있었지만, 다른 전통은 인정하지 않는 배타적인 태도가 힘들었다. 4) 동방교회 예수(Eastern Orthodox Jesus): 삼위일체 교리와 함께 신앙의 신비를 깨달았지만, 여전히 세상과의 소통에서는 어려움을 느꼈다. 5) 자유주의적 개신교 예수(Liberal Protestant Jesus): 개인 구원 확신으로부터 사회정의에 대한 신앙적 관점을 깨달았다. 6) 재세례파 예수(Anabaptist Jesus): 예수 복음을 통한 원초적인 평화와 비폭력의 신앙을 배웠다. 7) 해방신학 예수(Liberation Jesus): 사회 불의에 저항하면서 가난한 자와 눌린 자들과의 연대의 소중함을 깨달았다(*feasting*, 256).

본문은 예수의 화해 사역을 강조한다. 우리를 하느님과 화해시킴으로 거룩하고 흠 없는 사람으로 내세워 이 세상에서 화해자로 세우기 위함이다. 바로 이것이 우리를 구원하시는 목적이다.

지금 여러분의 교회에서 담당하고 있는 화해의 목회는 어떤 것이 있는가? 교인들은 이러한 화해 사역에 구체적으로 어떻게 동참하고 있는가?

주석적 관점

형상(eikon)은 하느님, 그리스도 그리고 창조 사이에서의 구별의 역할을 함과 동시에 그리스도가 창조와 구원 역사의 대행자임을 밝힌다.

예수가 모든 피조물보다 먼저 나셨듯이(15절) 그리스도는 죽은 자 가운데서 맨 먼저 살아나셨다(18절).

'만물', '모든', '다'. 전체를 아우르는 단어가 8번 사용되고 있다. 이는 복음의 우주적인 창조성을 강조하고 있다.

설교적 관점

바울은 영원 전부터 감추어진 복음의 비밀이 자신을 통해 드러나게 되었는데, 그건 다름 아닌 그리스도의 영광인데, 이 영광이 바로 이방인 크리스천인 골로새

교인들에게 전해졌음을 말하고 있다(26-27절).

그 비밀이란 예수는 보이지 않는 하느님의 형상이자 만물의 처음 나신 분이시라는 것이고, 그 핵심 내용은 다음과 같다. 1) 예수는 아담 타락 이후 이러한 특성을 지닌 유일한 분이시다. 2) 지상의 인간 예수는 창조 이전의 우주적 그리스도와 설명할 수 없게 연결되어 있다. 3) 구속과 교회의 삶은 교회의 머리 되시는 우주적 그리스도로부터 출발한다.

우리 기독교인들은 모두 예수 그리스도 안에서 온전하게 세워진 사람들로 모두 하느님의 형상을 지니고 있음을 강조함과 동시에 다른 사람들에게 이 사실을 전파할 책임이 있음을 강조한다(28절). 바울이 자신의 사명을 그렇게 이해했듯이 우리 또한 모두 그리스도의 남은 고난을 채워나가는 사명을 갖도록 하자(24절).

누가복음 10:38-42

38 그들이 길을 가는데, 예수께서 어떤 마을에 들어가셨다. 마르다라고 하는 여자가 예수를 자기 집으로 모셔 들였다.

39 이 여자에게 마리아라고 하는 동생이 있었는데, 마리아는 주의 발 곁에 앉아서 말씀을 듣고 있었다.

40 그러나 마르다는 여러 가지 접대하는 일로 분주하였다. 그래서 마르다가 예수께 와서 말하였다. "주님, 내 동생이 나 혼자 일하게 두는 것을 아무렇지 않게 생각하십니까? 가서 거들어 주라고 내 동생에게 말씀해 주십시오."

41 그러나 주께서는 마르다에게 대답하셨다. "마르다야, 마르다야, 너는 많은 일로 염려하며 들떠 있다.

42 그러나 필요한 일은 하나뿐이다. 마리아는 좋은 몫을 택하였다. 그러니 그는 그것을 빼앗기지 않을 것이다."

신학적 관점

MBTI는 인간의 성품을 네 가지 관점에서 바라보는데, 이 중 두 번째 관점에서는 사람의 성품을 경험형(Sensing)과 직관형(Intuition)으로 구분한다. 경험형은 과거의 경험에 기반하여 현재의 삶을 결정하는 형이고, 직관형은 미래에서 현재를 바라보면서 삶의 의미를 추구하는 형이다. 경험형이 성취 지향적이라면, 직관형은 밖으로 드러난 외면의 성과보다는 내면의 만족도를 더 중요하게 여기는 관계 지향적이다. 이는 교회 생활에 있어서 뚜렷한 차이를 드러낼뿐더러 성서 이해나 신학적 경향에 있어서도 큰 차이를 불러온다. 신학도 전통적으로 성서신학, 조직신학, 교회사신학, 실천신학으로 구분한다. 사람의 성품에 따라 추구하는 신학이 다르다.

마르다는 경험형이고, 마리아는 직관형이다. 마르다는 일을 통해 사람과 관계를 맺고 봉사를 좋아한다. 반면 마리아는 말씀 배우기를 좋아하고 사색하기를 즐겨한다.

누가복음서는 복음서 가운데 가장 여성 친화적이다. 본문은 당시 시대적 상황에서는 허락이 안 되는 여성 제자직에 대한 강력한 암시를 하고 있다. 신학적으로 여성 해방적이다.

목회적 관점

목회는 사람을 이해하고 관계를 맺어가는 일이다. 어떤 사람의 특성과 성품을 잘 알고 그에게 잘 맞는 분야로 이끄는 것이 목회 성공의 비결이기도 하다. 누구나 다 봉사하라고 강요해서도 안 되고, 누구나 다 말씀 공부를 우선하라고 강요해서도 안 된다.

지금 마르다에게 문제가 되는 것은 그의 마음이 "많은 일(*diakonian*)로 염려하며 들떠 있다"는 것이다. 자신이 좋아하는 봉사 일을 즐겁게 하면 되었는데, 다른 사람을 의식하여 일의 성취도를 중요하게 여기다 보니 예수를 통해 동생 마리아에게 자신의 일을 돕도록 강요하였던 것이다. 마음이 분주하다는 말은 마음이 하나에 집중하지 못하고 여러 갈래로 찢어졌다는 말이다. 그러다 보면 짜증이 나고, 짜증이 나면 오히려 일을 그르치게 된다.

섬김과 봉사가 말씀을 배우는 일보다 질이 낮은 것이 아니다. 예수 또한 섬기는 (*diakonia*) 종으로 오셨다고 말씀하셨고, 초대교회에서는 섬김을 전문으로 하는 집사(deacon)직이 장로직보다 앞서서 세워졌다.

주석적 관점

요한복음 11장 나사로의 죽음과 부활 이야기에서 마르다, 마리아 자매 이야기가 나오지만, 누가복음과는 전혀 상황이 달라 비교하는 것은 타당하지 않다. 마르다도 나사로도 아닌 마리아가 예수를 그리스도로, 살아계신 하느님의 아들로 고백한다는 점에서 요한 공동체 내에서의 마리아의 지위를 짐작케 한다.

"필요한 일은 하나뿐"이라는 예수의 말씀은 각자 각자에게 필요한 일은 하나뿐이라는 말이다.

"마리아는 좋은 몫을 택하였다"는 말 또한 봉사와 말씀을 비교해서 하는 말씀이 아니라 마리아는 "그 자신에게 필요하고 좋은 몫을 택하였다"는 말이다.

설교적 관점

성서 말씀을 읽고 묵상하는 일만 기도가 아니다. 노동 또한 기도이다. 손님을 환대하는 일은 매우 중요한 일로 이 또한 아브라함이 천사를 환대했던 것과 같이 마음가짐에 따라 하느님을 예배하는 기도가 될 수 있다.

현대인들은 일(business)에 매여 있다. 분주함(busy)은 마음이 분산되고 찢어져 있다는 말이다. 행복은 마음이 하나가 되었을 때 생기는 만족감이다. 기도한다는 말은 하늘을 향해 마음을 모은다는 말이다. 아니, 마음을 통째로 내려놓는 일이다. 마음을 비우는 일이 기도(祈禱)의 첫걸음이다.

성령강림 후 열째 주일(7월 24일~7월 30일)

호 1:2-10; 시 85; 골 2:6-19; 눅 11:1-13

호세아 1:2-10

2 주께서 처음으로 호세아를 시켜 이스라엘 사람들에게 말씀하실 때에, 주께서는 호세아에게 다음과 같이 말씀하셨다. "너는 가서 음란한 여인과 결혼하여, 음란한 자식들을 낳아라! 이 나라가 주를 버리고 떠나서, 음란하게 살고 있기 때문이다."

3 호세아가 가서, 디블라임의 딸 고멜과 결혼하였다. 고멜이 임신하여, 호세아의 아들을 낳았다.

4 주께서 호세아에게 말씀하셨다. "그의 이름을 이스르엘이라고 하여라. 이제 곧 내가 예후의 집을 심판하겠다. 그가 이스르엘에서 살육한 죄를 물어서 이스라엘 왕조를 없애겠다. 5 또 그 날에 내가 이스르엘 평원에서 이스라엘의 활을 꺾겠다."

6 고멜이 다시 임신하여 딸을 낳았다. 이 때에 주께서 호세아에게 말씀하셨다. "그 딸의 이름은 로루하마라고 하여라. 내가 다시는 이스라엘 족속을 불쌍히 여기지도 않고, 용서하지도 않겠다.

7 그러나 유다 족속은 내가 불쌍히 여기겠다. 그들의 주님인 나 하나님이 직접 나서서 그들을 구출하겠다. 그러나 내가 그들을, 활이나 칼이나 전쟁이나 군마나 기마병으로 구출하는 것이 아니다."

8 로루하마가 젖을 뗄 때에, 고멜이 다시 임신하여 아들을 낳았다.

9 주께서 말씀하셨다. "그의 이름을 로암미라고 하여라. 너희가 나의 백성이 아니며, 나도 너희의 하나님이 아니기 때문이다."

10 "그러나 이스라엘 자손의 수가 바닷가의 모래처럼 많아져서, 얼마나 되는지, 아무도 되어 보거나 세어 볼 수 없을 때가 올 것이다. 그때가 되면, 사람들이 너희를 로암미라고 부른 땅에서, '살아 계신 하나님의 자녀'라고 부를 것이다."

신학적 관점

예언자는 하느님의 발길에 차인 사람이라는 말이 있지만, 호세아야말로 바로 그런 사람이다. 호세아는 하느님의 명에 따라 바람기 있는 여자 고멜을 아내로 맞는다. 그리고 세 자녀를 낳았는데, 그들의 이름을 하느님께서는 각각 이스르엘과 로루하마와 로암미로 부르셨으며, 그 뜻은 각각 이스라엘의 멸망, 천더기, 버린 자식이라는 뜻이다. 도대체 음란한 여인을 아내로 삼으라는 말씀도 말이 안 되는 얘기이지만, 이름이라고 하는 것은 본래 행운과 축복의 뜻을 담아 짓게 되는데 이와는 정반대의 불행과 저주의 운명을 덧씌우고 있다. 그래서 어떤 학자들은 호세아의 결혼을 하느님과 이스라엘의 관계에 대한 은유 이야기로 해석하기도 한다.

호세아는 아모스와 같이 왕국 말엽의 무정부 상태와 같은 혼돈 속에서 임박한 멸망을 바라보면서 하느님의 심판을 외치지만, 그는 그래도 하느님의 사랑의 메시지를 전하면서 재건의 희망을 외치고 있다. 신학적으로 본다면 하느님의 심판을 선포하는 정의의 예언자 아모스와 YHWH 하느님의 변함없는 사랑을 전하는 호세아가 동시대에 같이 북왕국에서 활동했다고 하는 사실은 하느님의 정의와 사랑은 마치 동전의 앞뒷면과 같이 함께 하는 것임을 우리에게 말하고 있다. 아모스는 공의를 물처럼 흐르게 하라는 하느님의 강력한 의지를 전달하기 위해서 왔고, 호세아는 하느님의 그 놀라운 사랑을 알려 주기 위해서 왔다.

목회적 관점

호세아는 아모스와 마찬가지로 북왕국이 경제적으로 가장 풍요한 여로보암 2세 때에 활약을 시작했다. 경제적 풍요라는 것은 예나 지금이나 특수 계층 소수들만의 풍요였지 모든 이가 함께 누리는 풍요는 아니다. 작은 나라 이스라엘의 풍요로움이란 외국과의 활발한 문물 교환으로 얻어지는 반사 이익에서 오는 것인데, 이는 결국 이방 문화와 이방 종교들과의 혼합주의를 피할 수 없다. 경제적 풍요로움은 언제나 정신적 피폐함과 정비례한다는 것이 역사의 가르침이다. 결국 여로보암 2세 죽음 이후 북왕국 이스라엘은 정치적으로 걷잡을 수 없는 파국으로 치닫게 되어 10년 만에 5명의 왕이 바뀌는 쿠데타가 계속되었고 이 정치 불안은 곧 사회 지도층의 파당과 타락을 불러일으키게 되었다.

물질 풍요가 결국 도덕적인 타락을 불러온다는 사실은 개인과 가정에도 그대로 적용이 된다.

주석적 관점

'이즈르엘'의 본래 뜻은 '하느님께서 씨를 뿌리신다'는 뜻으로 다산(多産)을 의미한다. 본문에서는 예후의 집안에 속한 아합왕과 이세벨왕비의 대한 심판으로 반대의 의미를 갖는다.

'로-루하마'에서 '로'는 부정의 의미이고 '루하마'는 '레헴'과 같은 어근으로 '자궁', 곧 어머니의 자비를 뜻한다. '로-암미'는 '나의 백성이 아니다'라는 뜻이다.

바알 신전에서는 다산과 풍요의 상징으로 남녀의 성교를 공공연히 실행하였다. 이는 성적 타락을 불러왔다. 고멜은 바알 신전에 예속한 여인이었을 가능성이 있다(James Luther Mays, *Hosea*, Philadelphia, Westminster Press, 1969, 26).

설교적 관점

성적 타락은 여성만의 몫이 아니다. 고멜은 인간과 신의 관계를 부부관계로 설명하는 이야기 속에서 등장하는 하나의 인물이다. 신이 남성으로 표현되는 것과 같이 고멜이 여성으로 묘사되는 것은 부권(父權) 사회에서의 문화 현상일 따름이다.

10절은 희망으로 끝난다. 이는 하느님의 자비(레헴, 자궁)에 기초한다. 어머니는 잘못한 자녀에게 채찍을 들어 종아리를 때리지만, 결국은 자녀를 품에 안고 우신다.

시편 85

1 야훼여, 당신 땅을 어여삐 여기시어 귀양살이 야곱을 돌아 오게 하시고,
2 당신 백성의 죄를 용서해 주시며 저희 모든 허물을 덮어 주셨으니, (셀라)
3 당신의 격분을 말끔히 거두시고 타오르는 진노를 잊으셨사옵니다.
4 우리 구원의 하느님, 노여움을 푸시고 우리를 되돌아 가게 하소서.
5 영원히 우리에게 노하시며 대대로 우리에게 노여움을 품으시렵니까?
6 우리를 되살릴 분 당신이 아니옵니까? 이에 당신 백성이 당신 안에서 어찌 아니 기뻐오리까?

7 야훼여, 당신의 사랑을 보여 주소서. 당신의 구원을 우리에게 내리소서.

8 나는 듣나니, 야훼께서 무슨 말씀 하셨는가? 하느님께서 하신 말씀 그것은 분명히 평화, 당신 백성과 당신을 따르는 자들, 또다시 망령된 데로 돌아 가지 않으면 그들에게 주시는 평화로다.

9 당신을 경외하는 자에게는 구원이 정녕 가까우니 그의 영광이 우리 땅에 깃드시리라.

10 사랑과 진실이 눈을 맞추고 정의와 평화가 입을 맞추리라.

11 땅에서는 진실이 돋아 나오고 하늘에선 정의가 굽어 보리라.

12 야훼께서 복을 내리시리니 우리 땅이 열매를 맺어 주리라.

13 정의가 당신 앞을 걸어 나가고, 평화가 그 발자취를 따라 가리라.

골로새서 2:6-19

6 그러므로 여러분이 그리스도 예수를 주님으로 받아들였으니, 그의 안에서 살아가십시오.

7 여러분은 그의 안에 뿌리를 박고, 세우심을 입어서, 가르침을 받은 대로 믿음을 굳게 하여, 감사의 마음이 넘치게 하십시오.

8 누가 철학이나 헛된 속임수로, 여러분을 노획물로 삼을까 조심하십시오. 그런 것은 사람들의 전통과 세상의 유치한 원리를 따른 것이요, 그리스도를 따른 것이 아닙니다.

9 그리스도 안에서는 하나님의 모든 신성이 몸이 되어서, 충만하게 머물러 있습니다.

10 여러분도 그의 안에서 충만함을 받았습니다. 그리스도는 모든 통치와 권세의 머리이십니다.

11 여러분도 그분 안에서 손으로 행하지 않은 할례, 곧 육신의 몸을 벗어 버리는 그리스도의 할례를 받았습니다.

12 여러분은 세례로 그리스도와 함께 묻혔고, 또한 그를 죽은 사람 가운데서 일으키신 하나님의 능력을 믿는 믿음으로, 그리스도 안에서 그리스도와 함께 일으키심을 받았습니다.

13 또 여러분은 범죄와 육신의 무할례로 죽었으나, 하나님께서는 여러분을 그리스도와 함께 살리시고, 우리의 모든 죄를 용서하여 주셨습니다.

14 하나님께서는 우리에게 불리한 조문들이 들어 있는 빚문서를 지워 버리시고, 그것을 십자가에 못박아, 우리 가운데서 없애 버리셨습니다.

15 그리고 모든 통치자들과 권력자들의 무장을 해제시키셔서, 그들을 그리스도의 개선 행진에 포로로 내세우심으로써, 사람들의 구경거리로 삼으셨습니다.

16 그러므로 여러분은, 먹고 마시는 일이나 명절이나 초승달 축제나 안식일 문제로, 어떤 사람도 여러분을 심판하지 못하게 하십시오.

17 이런 것은 앞으로 올 것들의 그림자일 뿐이요, 그 실체는 그리스도에게 있습니다.

18 남들이 겸손과 천사 숭배를 주장하면서 여러분을 정죄하지 못하게 하십시오. 그런 자는 자기가 본 환상에 도취되어 있고, 육신의 생각으로 까닭 없이 교만을 부립니다.

19 그는 머리에 붙어 있지 않습니다. 온몸은 머리에 붙어서 마디와 힘줄로 영양을 공급받고, 서로 연결되어서 하나님께서 자라게 하시는 대로 자라나는 것입니다.

신학적 관점

골로새서의 신학은 우주 이해에 있어 스토익학파와 유대의 지혜문학에 영향을 받았다. 이 둘은 각각 창조 질서에 있어 '지혜'와 '율법'을 신의 대리자로 이해하고 이 가르침을 따라 사는 길이 하늘의 복을 받는 구원의 길로 가르쳤다. 여기서 바울은 우주의 근본을 다른 무엇이 아닌 골로새 교인들이 이미 전수 받은 예수 그리스도라고 말한다(6절). 그리고 나아가서 이 둘을 동시에 부정한다. 철학이나 속임수 그리고 전통과 세상의 유치한 원리라고 치부한다(8절). 손으로 받는 할례 또한 세례에 의해 대체되었음을 말한다(11-12절). 모세 율법마저 없어진 '빚문서'로 '세상 권력'마저 장차 올 실체의 그림자로 치부한다(17절). 골로새서는 그리스도에 의한 새로운 영적 우주의 출발을 선언한다.

목회적 관점

모든 집단은 자기 정체성으로서의 공통의 기억을 갖고 있다. 바울과 디모데는 세상 가르침에 흔들리는 골로새 교인들에게 그리스도 안에 신성의 몸이 있음을 각인시키면서 세례에 의해 거듭난 존재들임을 깨닫게 하고 있다.

여러분의 교회는 다른 교회와 구별되는 어떤 자기 정체성을 갖고 있는지 확인해 보자.

주석적 관점

2장 6-19절은 1장 12-23절과 구조적으로 평행을 이룬다: 서언(6-8절), 그리스도 찬양(9-15절), 골로새교인을 향한 찬양의 적용(16-19절).

본문은 복음이란 단지 생각이나 교리나 교훈들의 집합이 아닌 살아계신 주님임을 말하고 있다. 전통은 보통 신앙 공동체 내에서는 긍정적인 의미를 갖지만, 본문에서는 세상의 유치한 원리가 되고 만다.

설교적 관점

12절의 세례의 의미와 경험을 되새긴다. 그리스도와 함께 묻힌 것은 무엇이고 그리스도와 함께 살아난 것은 무엇인지 확인해 보자.

16절에서 '먹고 마시는 일'은 무엇이 문제이고, '명절이나 초승달 축제'는 무엇이 문제이고, '안식일'이 문제가 되는 이유는 무엇인가?

누가복음 11:1-13

1 예수께서 어떤 곳에서 기도하고 계셨는데, 기도를 마치셨을 때에, 제자들 가운데 하나가 말하였다. "주님, 요한이 자기 제자들에게 기도하는 것을 가르쳐 준 것과 같이 우리에게도 그것을 가르쳐 주십시오."

2 예수께서 그들에게 말씀하셨다. "너희는 기도할 때에 이렇게 말하여라. '아버지, 이름을 거룩하게 하시오며, 나라가 임하게 하시오며,

3 날마다 우리에게 필요한 양식을 주시옵고,

4 우리가 우리에게 빚진 모든 사람을 용서하오니, 우리 죄를 용서하여 주시옵고, 우리를 시험에 들게 하지 마시옵소서.'"

5 예수께서 그들에게 말씀하셨다. "너희 가운데서 누구에게 친구가 있다고 하자. 그가 밤중에 그 친구에게 찾아가서, 그에게 말하기를 '여보게, 내게 빵 세 개를 꾸어 주게.

6 내 친구가 여행 중에 내게 왔는데, 그에게 내놓을 것이 없어서 그러네!' 할 때에,

7 그 사람이 안에서 대답하기를 '나를 괴롭히지 말게. 문은 이미 닫혔고, 아이들과 나는 잠자리에 누웠네. 내가 지금 일어나서, 자네의 청을 들어줄 수 없네' 하겠느냐?

8 내가 너희에게 말한다. 그 사람의 친구라는 이유로서는, 그가 일어나서 청을 들어주지 않을지라도, 귀찮게 졸라대면 마침내 일어나서 그 사람이 필요로 하는 만큼 줄 것이다.

9 내가 너희에게 말한다. 구하여라, 그러면 너희에게 주실 것이요, 찾아라, 그러면 찾을 것이요, 문을 두드려라, 그러면 너희에게 열어주실 것이다.

10 구하는 사람마다 받을 것이요, 찾는 사람마다 찾을 것이요, 문을 두드리는 사람에게 열어주실 것이다.

11 너희 가운데 아버지가 되어 가지고 아들이 생선을 달라고 하는데 생선 대신에 뱀을 줄 사람이 어디에 있으며,

12 달걀을 달라고 하는데 전갈을 줄 사람이 어디에 있겠느냐?

13 너희가 악할지라도, 너희 자녀에게 좋은 것을 줄 줄 알거든, 하물며 하늘에 계신 아버지께서야 구하는 사람에게 성령을 주시지 않겠느냐?"

신학적 관점

어떤 사람들은 "기도에도 신학이 필요할까?", "기도는 절박한 상황 속에서

하는 것이니 거기에 무슨 이론이 필요할까?"라고 묻지만, 어떤 사람들은 "그런 기도는 비종교인이라 하더라도 하는 기도이기에 기독교인들이 예수의 이름으로 기도한다고 할 때는 이에 맞는 기준이 필요하다"고 말한다. 대부분의 기도는 하늘나라 쓰레기장으로 간다고 말한다. 절박한 상황이라고 하지만, 이기적인 기도가 과연 하느님이 바라시는 기도일까? 잘못하면 주(主)기도는 주문(呪文)기도로 변질되고 만다.

주기도는 매우 인간적인 기도이면서 동시에 하느님 중심적이다. 성서적 신학은 단순히 신에 관한 학문이 아니다. 우리와 관계 속에 있는 하느님에 관한 학문이다. 바르트는 이를 신인간학(Theoanthropology)이라고 표현했다.

기독교적인 기도는 신에 관한 명상 속에서 자신을 망각하는 것이 아니고 본연의 자신을 찾는 일이다.

5절 이후의 예화는 기도는 종교적인 행위가 아닌 참다운 인간이 되는 것이 얼마나 힘든 일인가를 깨닫는 일임을 말하고 있다. 우리의 필요에 대한 깊은 자각 속에서 겸손함으로 다가가는 과정임을 말하고 있다.

목회적 관점

당시 유대인들은 태어나면서부터 기도를 배워온 사람들로서 여러 기도문을 알고 있었다. 세례 요한의 기도문이 따로 있었던 걸 보면 당시 스승과 제자라고 하는 그룹이 형성되어 있는 집단에서는 그 집단을 대표하는 기도문이 따로 있었던 것 같다.

주기도에 기초한 개교회의 공동기도문을 갖는 교회들이 많다.

주석적 관점

누가복음에서 예수는 기도의 사람이다(3:21; 5:16; 6:12; 9:18, 28-29; 18:1; 21:26). 사도행전에서는 기도가 믿음의 공동체의 특징이다. 누가복음 11장으로 기도를 통해 신자들이 하느님의 통치를 앞당기는 하느님의 사역에 동참한다.

주기도는 마태복음과 누가복음 두 곳에 기록되어 있다. 마태의 기도는 길고 누가의 기도는 짧다. 학자들은 누가의 기도문이 본래의 기도문에 더 가까운 기도라고 말한다. "대개 나라와 권세와 영광이 아버지께만 영원히 있사옵니다." 이 구절은 마태에만 나온다. 이는 마태 공동체에서 주기도를 예배에 사용하면서 유대교의 형식을 따라 첨가하게 된 것이다.

구하면 받고 찾으면 얻고 문을 두드리면 분명히 열린다. 중요한 것은 무엇을 구하고 무엇을 찾고 어떤 문을 두들길 것인가이다. 그 대상은 하느님의 나라를 세우도록 이끄시는 '성령'이다(13절).

설교적 관점

1. 아버지

마태복음은 '하늘에 계신 우리 아버지'로 시작하지만, 누가복음은 그냥 '아버지'로 시작한다. 현대인들에게 하늘은 그냥 우주의 공간을 의미한다. 그 영적 의미를 상실했다. '하늘에 계신 하느님'이라는 고전적 신 이해는 끝났다. 이는 인간 내면 깊이를 뜻한다.

"아버지!"라는 호칭 또한 깊게 생각할 필요가 있다. 예수께서 하느님을 아버지라고 부르는 것은 그분이 남성이기에 아버지라고 부른 것이 아니라, 하느님을 보다 친밀한 인간관계로 표현하고자 한 것이 주목적이었다. 심판의 하느님이 아닌 인간을 사랑하고 용서하시는 분으로 표현하기 위해 사용한 단어다. 아버지는 당시의 가부장적 사회를 보여 주는 단어일 따름이다.

2. 이름을 거룩하게 하시오며

웨스트민스터 신앙고백 첫 문장은 "인생의 목적은 하느님을 영화롭게 하기 위함이다"이다. 공동번역에서는 "온 세상이 아버지를 하느님으로 받들게 하시며"라고 번역했다. 그런데 희랍어 원문에는 '아버지'라는 단어는 없다. '당신'이다.

3. 나라가 임하게 하시오며

기도라고 하는 것은 그냥 입으로만 드리는 것이 아니라, 그 기도가 이루어지도록 우리의 책임을 다하는 것이다. (당신의) 나라가 임하게 하려면, 서로를 향해 진실하고, 서로를 사랑하고, 정의를 행하고, 평화를 위해 일해야 하는 것이다.

4. 날마다 우리에게 필요한 양식을 주시옵고

'날마다'(epiousios)로 번역되는 것은 약간의 문제가 있다. 이 단어는 마태와 누가 이전의 헬라 문헌에서 발견되지 않는다. 어원에 따라 '날마다' 혹은 '내일의' 또는 '필요한'의 의미를 뜻할 수 있다. '날마다'는 육의 필요성을 말한다면, '내일의'는 종말론적인 의미를 갖는다.

마태는 "오늘날 우리에게 일용할 양식을 주시옵고"라고 기도한다. '오늘날'이라는 말은 문맥에 따라 한 달도 되고 일 년도 된다. 하루치 이상의 양식을 구하는 것은 예수의 가르침에 어긋난다. 왜 하루치의 양식만일까? 하루치 이상의 양식이 있는 사람은 하루치가 없는 사람과 나누어야 한다. 내일을 위해 남겨 놓은 광야의 만나는 아침이면 다 썩어버렸다.

5. 우리가 우리에게 빚진 모든 사람을 용서하오니, 우리 죄를 용서하여 주시옵고, 우리를 시험에 들게 하지 마시옵소서

마태복음은 그냥 '죄'라고 했지만, 누가는 그 죄의 성격을 '빚'으로 규정했다. 빚을 탕감하지 아니한 것이 죄다. 빚을 탕감하는 것이 죄의 용서를 받기 위한 첫걸음이다. 그리고 빚을 탕감하지 않은 채 용서를 구하는 것이 곧 시험에 빠지는 행위이다.

중세의 신학자 토마스 아퀴나스와 교황 이노센트 4세의 다음과 같은 대화는 유명하다. 교황은 라테란 성당 문으로 보물을 가득 담은 자루들이 옮겨지는 모습을 보며 아퀴나스에게 이렇게 말한다. "이젠 교회가 '은과 금은 없어도'란 말을 하던 시대는 지나갔네. 저 보물들을 보게." 그러자 아퀴나스가 한숨을 쉬며 말한다. "예, 그렇습니다. 그렇지만 교황님! 오늘의 교회는 은과 금은 있지만 대신 앉은뱅이에게 '일어나 걸으라'고 말할 수 있는 나사렛 예수 그리스도의 이름의 능력은 잃어버리고 말았습니다."

키엘케고르는 당시 덴마크 국교 교회를 향해 "예수님은 물을 포도주로 만드는 기적을 행했다. 그러나 오늘날의 교회는 더 위대한 능력을 행하고 있다. 그들은 그 포도주를 다시 물로 만들어 버렸기 때문이다"라고 했다. 일본의 위대한 기독교 사상가인 우찌무라 간조는 "나는 가룟 유다가 부럽다. 그는 팔아먹을 예수라도 있었지만 지금 교회는 팔아먹을 예수조차 없다"고 탄식했다. 기독교는 강자의 기독교, 부자의 기독교가 될수록 위험하다. 왜냐하면 십자가를 잃어버리기 때문이다.

토마스 머튼은 기도란 하느님의 궁극적인 자유에 우리의 자유가 함께 하는 것이라고 했다.

'하늘에 계신'이라고 말하지 말아라.
늘 세상일에만 빠져 있으면서…

'우리'라고 하지 말아라.
너 혼자만 생각하며 살아가면서…

'아버지'라고 하지 말아라.
아들, 딸로 산 적이 한 번도 없으면서…

'아버지의 이름이 거룩히 빛나시며'라고 하지 말아라.
자기 이름을 빛내기 위해 늘 안간힘을 쓰면서…

'하느님의 나라가 오시며' 하지 말아라.
물질 만능의 나라를 원하면서…

'아버지의 뜻이 이루어지소서!'라고 하지 말아라.
항상 내 뜻대로 되기를 원하면서…

'오늘 저희에게 일용할 양식을 주옵시고'라고 하지 말아라.
너는 죽을 때까지 먹을 양식을 쌓아두려고 하지 않느냐?

'우리에게 잘못한 이를 용서하오니 우리 죄를 용서하옵시고'라고 하지 말아라.
넌 누군가에게 아직도 앙갚음을 하려고 하지 않느냐?

'우리를 유혹에 빠지지 않게 하시고'라고 하지 말아라.
너는 늘 죄지을 기회를 찾아다니고 있지 않느냐?

'악에서 구하소서!'라고 하지 말아라.
악을 보고도 아무런 양심의 소리를 못 듣지 않았느냐?

아멘! 이라고 하지도 말아라.
주의 기도를 진정 나의 기도로 바친 적이 한 번도 없었으면서…

_ 우루과이의 어느 작은 성당 벽에 붙어 있는 기도문

성령강림 후 열한째 주일(7월 31일~8월 6일)

호 11:1-11; 시 107:1-9, 43; 골 3:1-11; 눅 12:13-21

호세아 11:1-11

1 "이스라엘이 어린아이일 때에, 내가 그를 사랑하여 내 아들을 이집트에서 불러냈다.

2 그러나 내가 부르면 부를수록, 이스라엘은 나에게서 멀리 떠나갔다. 짐승을 잡아서 바알 우상들에게 희생제물로 바치며, 온갖 신상들에게 향을 피워서 바쳤지만,

3 나는 에브라임에게 걸음마를 가르쳐 주었고, 내 품에 안아서 길렀다. 죽을 고비에서 그들을 살려 주었으나, 그들은 그것을 깨닫지 못하였다.

4 나는 인정의 끈과 사랑의 띠로 그들을 묶어서 업고 다녔으며, 그들의 목에서 멍에를 벗기고 가슴을 헤쳐 젖을 물렸다.

5 이스라엘은 이집트 땅으로 되돌아가게 될 것이다. 이스라엘은 앗시리아의 지배를 받게 될 것이다. 그들이 나에게로 돌아오기를 거부하기 때문이다.

6 전쟁이 이스라엘의 성읍을 휩쓸고 지나갈 때에, 성문 빗장이 부서질 것이다. 그들이 헛된 계획을 세웠으니 칼이 그들을 모조리 삼킬 것이다.

7 내 백성이 끝끝내 나를 배반하고, 바알을 불러 호소하지만, 그가 그들을 일으켜 세우지 못할 것이다.

8 에브라임아, 내가 어찌 너를 버리겠느냐? 이스라엘아, 내가 어찌 너를 원수의 손에 넘기겠느냐? 내가 어찌 너를 아드마처럼 버리며, 내가 어찌 너를 스보임처럼 만들겠느냐? 너를 버리려고 하여도, 나의 마음이 허락하지 않는구나! 너를 불쌍히 여기는 애정이 나의 속에서 불길처럼 강하게 치솟아 오르는구나.

9 아무리 화가 나도, 화나는 대로 할 수 없구나. 내가 다시는 에브라임을 멸망시키지 않겠다. 나는 하나님이요, 사람이 아니다. 나는 너희 가운데 있는 거룩한 하나님이다. 나는 너희를 위협하러 온 것이 아니다."

10 주께서 사자처럼 부르짖으신다. 이스라엘 사람들이 주의 뒤를 따라 진군한다. 주께서 친히 소리치실 때에, 그의 아들딸들이 서쪽에서 날개 치며 빨리 날아올 것이다.

11 이집트 땅에서 참새 떼처럼 빨리 날아오고, 앗시리아 땅에서 비둘기처럼 날아올 것이다. "내가 끝내 그들을 고향집으로 돌아오게 하겠다. 나 주의 말이다."

신학적 관점

유대인 사상가 아브라함 헤셀은 하느님은 공의를 요구하시지만 동시에 헤세드의 사랑이 있어 스스로 내적인 고민과 갈등을 겪으신다고 말하고, 이 같은 감정을 하느님의 파토스(정념)라고 말한다(8-9절). 그리스의 신 이해와 히브리의 신 이해에는 근본적인 차이가 있다. 소크라테스는 "너 자신을 알라"고 했다. 그러면 자신의 무지 속에서 신을 만나게 된다는 것이다. 반면 히브리 예언자들은 말한다. "하느님을 만나라." 그러면 이미 그 전에 우리를 찾고 계셨던 그분의 파토스를 통해 우리 자신을 알게 된다는 것이다. 하느님의 분노는 심판이 아닌 회복을 위한 사랑의 다른 모습이다.

또 하나의 신학적 관점은 신에 대한 불륜과 불신을 창조신학과 생태정의의 관점에서 바라보는 것이다. 본래 아름다웠던 세계는 절제되지 아니한 인간들의 물질 욕망에 의해 살아갈 수 없는 땅이 되어가고 있다. 이번 여름, 특히 서유럽과 미국이라는 강대국들에 기록적인 뜨거운 열기가 강타하는 일에 하늘의 뜻이 담겨 있지 않을까? 돌아갈 고향집이 남아 있을 것인가?(11절)

목회적 관점

YHWH 하느님의 모습은 자녀를 낳아 기르는 어머니의 모습이다. 노예살이 애굽 살이에서 해방을 주고, 걸음마를 가르치고, 품에 안아 젖을 물렸다(3-4절).

목회자는 어떤 의미에서 신의 대리자이기도 하다. 단순히 말씀을 선포하는 것뿐만이 아니라, 교인들이 성숙한 신앙인으로 자라도록 걸음마를 가르치고 때로는 안아 기르고 젖을 물린다. 사춘기가 되어 반항기에 접어들기도 한다. 그때에도 어머니의 한없는 사랑을 보여 주어야 하는 목회적 책임이 있다.

주석적 관점

10절을 제외하면 본문은 일인칭 화자이다. 저들의 배신으로 북왕국 이스라엘이 망해 일부의 백성들은 애굽으로 피난을 가고 일부는 앗시리아에 포로로 잡혀갔지만, 다시 돌아올 것을 예언자의 입이 아닌 직접 말씀하고 있다(11절). 그 음성은 천지를 울리는 사자의 외침과 같다고 호세아는 확인한다(10절).

아드마와 스보임은 마치 소돔과 고모라와 같이 철저하게 파괴된 도시를 말한다. 9절의 '거룩'이라는 단어는 호세아에서는 유일하다. '거룩'의 문자적 의미는 '구별하다' 혹은 '따로 떼어놓다'(set apart)이다. 곧 인간은 자신의 감정을 제어하지 못해 분노로 끝날지 모르지만, YHWH는 인간과는 구별이 되어 그렇지 않다는 것이다.

설교적 관점

아모스에게 있어 근본적인 죄는 사회적 약자를 무시하고 짓밟는 불의함이다. 아무리 예배에 열심히 참석하고 기도를 잘하고 헌금을 잘한다 하더라도 사회적 약자를 먼저 생각하지 않는 믿음은 헛것이라고 말한다. 반면 호세아는 제물과 예배와 기도 안에 담긴 마음의 진실을 묻는다. 내가 아무리 선한 행실을 하더라도 그 마음속에 정말 하느님을 알고자 하는, 하느님과 함께 하고자 하는 헤세드의 사랑이 있느냐는 것이다.

"내가 반기는 것은 제물이 아니라 사랑(헤세드)이다. 제물을 바치기 전에 이 하느님의 마음을 알아다오"(6:6). 하느님의 이 마음은 엄마의 마음이다. 걸음마를 가르쳐주고 등에 업어 키워주신 어머님, 병들어 아파할 때 함께 아파하시며 잠 못 주무시는 그 어머니의 마음이다. 때로 잘못을 행할 때 회초리를 들어 우리의 종아리를 때리시며 크게 야단치시지만, 속으로 우시는 그 마음이다.

이기적인 욕망에 사로잡혀 하느님으로부터 멀어져 고통 속에 번민하는 우리를 향해 호세아는 외친다. 그분은 우리를 잡아 찢으시지만 아물게 해주시고, 우리를 치시지만 싸매 주신다. 이틀이 멀다 하고 다시 살려 주시며, 사흘이 멀다 하고 다시 일으켜 주시리니 우리 다 그분 앞에서 복되게 살리라. 그러니 그리운 야훼님 찾아 나서자고.

시편 107:1-9, 43

　1 야훼께 감사노래 불러라. 그는 어지시다. 그의 사랑 영원하시다.
　2 야훼께서 구해 주신 자들 모두 노래하여라. 원수의 손에서 구해 주시고

3 동서남북 사방에서 불러 모아 주셨다.

4 사람 사는 고장으로 가는 길 찾지 못하고 광야에서 길 잃고 헤매며

5 주리고 목마름으로 기력이 다 빠졌던 자들,

6 그들이 그 고통 중에서 울부짖자 야훼께서 사경에서 건져 주셨다.

7 길을 찾아 들어 서게 하시어, 사람 사는 고장에 이르게 하셨다.

8 그 사랑, 야훼께 감사하여라. 인생들에게 베푸신 그 기적들 모두 찬양하여라.

9 타는 목을 시원하게 축여 주시고 주린 배를 좋은 음식으로 채워 주셨다.

43 지혜있는 자들은 이런 일들을 익히 보고 야훼의 사랑을 깨달을지라.

골로새서 3:1-11

1 그러므로 여러분이 그리스도와 함께 살려 주심을 받았으니, 위에 있는 것들을 추구하십시오. 거기에는 그리스도께서 하나님의 오른쪽에 앉아 계십니다.

2 여러분은 땅에 있는 것들을 생각하지 말고, 위에 있는 것들을 생각하십시오.

3 여러분은 이미 죽었고, 여러분의 생명은 그리스도와 함께 하나님 안에 감추어져 있습니다.

4 여러분의 생명이신 그리스도께서 나타나실 때에, 여러분도 그분과 함께 영광 가운데 나타날 것입니다.

5 그러므로 땅에 속한 지체의 일들, 곧 음행과 더러움과 정욕과 악한 욕망과 탐욕을 죽이십시오. 탐욕은 우상 숭배입니다.

6 이런 것들 때문에 순종하지 않는 사람들에게 하나님의 진노가 내립니다.

7 여러분도 전에 그런 것에 빠져서 살 때에는, 그렇게 행동하였습니다.

8 그러나 이제 여러분은 그 모든 것, 곧 분노와 격분과 악의와 훼방과 여러분의 입에서 나오는 부끄러운 말을 버리십시오.

9 서로 거짓말을 하지 마십시오. 여러분은 옛 사람을 그 행실과 함께 벗어 버리고,

10 새 사람을 입으십시오. 이 새 사람은 자기를 창조하신 분의 형상을 따라 끊임없이 새로워져서, 지식에 이르게 됩니다.

11 거기에는 그리스인도 유대인도, 할례자도 무할례자도, 야만인도 스구디아인도, 종도 자유인도 없습니다. 오직 그리스도만이 모든 것이시요, 모든 것 안에 계십니다.

신학적 관점

골로새서 기자는 신자들에게 세례의 두 가지 중요한 의미를 일깨운다. 첫째는 그리스도와 함께 죽었다가 살아나는 경험으로, 이는 옛 방식의 삶은 죽고 새로운 부활의 삶의 길이 주어졌다는 것이고, 둘째는 세례는 교회에 의해 죄의 우주적 권세를 깨뜨리고, '그리스도와 함께 하나님 안에 감추어진 생명'(3절)으로 거듭났다는 것이다.

교회는 하느님의 나라가 아니지만, 공동체 삶을 통해 만물이 종말론적으로 실현되는 것을 기다린다. 개신교인들은 루터의 이신칭의 교리를 따라 예수의 십자가 죽음으로 이미 죄의 권세로부터 벗어났다고 하는 법적 구원(the judicial model of salvation)을 강조함으로 그리스도의 몸인 새로운 현실에 참여함으로 죄가 극복된다고 하는 삶의 과정으로서의 구원(the participationist model of salvation)을 소홀히 한다. 참여형 구원 모델은 다른 구원을 말하는 것이 아니다. 제2성서의 기자들, 특히 바울이 로마서에서 시도하는 그리스도에 의해 성취된 구원을 개념화하고 있다. 이 모델은 개인에 의한 왜곡을 최소화함으로 하느님의 궁극적 미래인 그 나라가 올 때 모두가 영광에 이를 수 있다고 하는 삶의 새로운 길과 밀접하게 연결되어 있다. 새 사람은 '끊임없이' 새로워지는(10절) 과정에 있다. 그 과정이란 다름 아닌 본문에서 말하는 땅의 것을 버리고 하늘의 것을 추구하는 삶을 말한다.

목회적 관점

골로새 기자는 골로새 신자들이 예수의 복음에 계속 머물기를 원하여 이 서신을 보냈다. 가까운 미래에 다시 올 것이라고 믿었던 예수 그리스도의 내림은 미루어지면서 그들은 교회 밖의 다른 가르침에 마음이 끌렸던 것이다.

오늘날의 크리스천들도 비슷한 상황에 처해 있다. 복음에 대한 순수함과 하느님의 나라에 대한 확신이 점점 사라지고 조급함에 휘둘리면서 땅 위의 것을 찾아 나선다. 하느님 안에 감추어진 생명(3절)의 막연함보다는 손안에 쥐고 자랑삼아 흔들 수 있는 거짓 자아의 길에 따라나서고 있다.

오늘 이 시대에 목회자가 가장 우선시해야 하는 복음의 정수(精髓)는 무엇인가?

주석적 관점

탐욕은 단지 돈이나 어떤 물건이나 명예에 대한 욕망만을 뜻하지 않는다. 돈과 물건, 명예를 탐내는 것은 이것들이 제공하는 지위나 특권을 누리기 위함이다. 그리하여 탐욕하는 자는 이를 얻기 위해 미래를 계획하고 자신의 삶 전체를 투자한다. 자기 영혼을 속이면서까지. 그리하여 탐욕은 단지 소유에 대한 단순한 욕망이 아닌 우상 숭배가 된다(5절). 세례는 바로 땅에 대한 탐욕을 불러일으키는 거짓 자아를 버리고 하늘의 것을 사모하는 새 인간으로 거듭나는 예식이다.

'감추어진 생명'은 종말의 때에 온전히 드러난다고 하는 묵시적 표현이다. 그렇다고 해서 미래적 종말론을 말하는 것은 아니다. 왜냐하면 새 사람에 이르는 일은 미래에 속한 일이 아니라, 지금 여기에서 이루어지기 때문이다(10절, 현재완료형). '아직 아니, 그러나 이미'(Not yet, but already)라는 의미에서의 실현된 종말론을 기자는 말하고 있다.

설교적 관점

거짓말을 하지 않는다는 것이 새사람의 증표는 아니다. 이는 단지 시작일 따름이다. 새사람은 하느님을 따라 끊임없이 변화되어 결국 하나의 지식에 다다를 때 완성된다. 그 지식이란 분리를 넘어선 하나됨의 인식이다.

11절을 오늘 우리 상황으로 옮기면 어떤 그룹의 사람들이 될까?

누가복음 12:13-21

13 무리 가운데서 어떤 사람이 예수께 말하였다. "선생님, 내 형에게 명해서, 유업을 나와 나누라고 해주십시오."

14 예수께서 그에게 말씀하셨다. "이 사람아, 누가 나를 너희의 재판관이나 분배인으로 세웠단 말이냐?"

15 그리고 사람들에게 말씀하셨다. "너희는 조심하여, 온갖 탐욕을 멀리하여라. 재산이 차고 넘치더라도, 사람의 생명은 거기에 달려 있지 않다."

16 그리고 그들에게 비유를 하나 말씀하셨다. "어떤 부자가 밭에서 많은 소출을 거두었다.

17 그래서 그는 속으로 '내 소출을 쌓아 둘 곳이 없으니, 어떻게 할까?' 하고 궁리하였다.

18 그는 혼자 말하였다. '이렇게 해야겠다. 내 곳간을 헐고서 더 크게 짓고, 내 곡식과 물건들을 다 거기에다가 쌓아 두겠다.

19 그리고 내 영혼에게 말하겠다. 영혼아, 여러 해 동안 쓸 많은 물건을 쌓아 두었으니, 너는 마음을 놓고, 먹고 마시고 즐겨라.'

20 그러나 하나님께서 그에게 말씀하셨다. '어리석은 사람아, 오늘 밤에 네 영혼을 네게서

도로 찾을 것이다. 그러면 내가 장만한 것들이 누구의 것이 되겠느냐?'
21 자기를 위해서는 재물을 쌓아 두면서도, 하나님께 대하여 인색한 사람은 바로 이와 같이 될 것이다."

신학적 관점

누가는 나사렛 회당 선언에서 분명히 밝혔듯이 예수는 희년 실현을 위해 오셨다. 희년의 핵심은 부의 재분배이다. 50년째가 되면 모든 빚은 탕감되고 땅문서는 원래 지파에게 돌려지고 노예는 자기 집으로 돌아간다.

예수님께서 하신 말씀을 주제별로 나누면, 가장 많이 말씀하신 주제는 영혼 구원이 아닌 물질 탐욕에 대한 경계의 말씀이다. 신앙이란 구원의 문제이긴 하지만, 구원의 여부는 전적으로 하느님께 속한 영역이다. 따라서 우리에게 주어진 신앙은 세상 물질과의 싸움이다. 성서에서 우상 숭배의 문제는 단순히 이름이 다른 신을 섬기는 것이 문제가 된 것이 아니라, 사실이 저들이 가르치는 재물 탐욕 때문이다. 하느님은 언제나 공동체를 우선시하면서 약자 보호로서의 정의를 말하지만, 이방 신들은 공동체보다는 개인의 이익을 우선한다. 그런데 그 개인은 언제나 약자가 아닌 강자 중심이다.

목회적 관점

부자 농부의 관심은 이웃이 아닌 자기 자신이다. 큰 농장을 갖고 있었으니 그는 분명히 다른 사람들의 도움을 받아 소출을 얻었을 것이다. 그러나 그는 그 소출은 '나의 것'이라고 선언한다. 그리고 그는 자기 생명 또한 자기 것이라는 착각에 빠진다. 예수는 이를 지적하신다.

프란시스코 교황은 가난한 사람들의 몫을 빼앗은 부자들의 더러운 헌금을 하느님께서 원치 않으신다고 말하였다. 목회자로서 당신의 입장은 어떤 것인가?

주석적 관점

신명기 법전은 마음에 들지 않는 아내에게서 난 아들이라도 그가 큰아들이면 그에게 두 배의 몫을 주도록 말하고 있다(신 21:16-17). 아마도 예수 앞에 나온 아들은 작은아들로, 이게 불만이었던 같다.

설교적 관점

우리가 은퇴 후를 위해서 혹은 불행한 일이 일어날 경우를 대비해서 저축하는 것은 결코 잘못된 일은 아니다. 그렇다면 소출이 늘어나 창고를 크게 짓는 이 농부는 왜 비난받아야 하는 것인가? 그 이유는 그의 마음속에는 하느님도 이웃도 없기 때문이다.

당시에는 부족 간에 민족 간에 전쟁이 잦았다. 이웃들이 나서서 재산을 지켜주지 않는다면 자기 재산을 지킬 수가 없다. 또 많은 소출을 얻으려면 땅이 많아야 하고, 많은 땅을 일구기 위해서는 도움의 손길이 필요하다. 그의 눈에는 저들의 희생이 보이지 않았다. 더 나아가 농사는 하늘의 도움 없이는 결코 풍부한 소출이 가능하지 않다. 아마도 손에 흙을 묻혀 보지 않았던 그는 하늘과 땅에 대한 감사를 몰랐을 것이다.

최근에 일어난 대우조선 하청노동자의 문제를 이야기하는 것도 좋은 예가 될 것이다. 왜냐하면 정규직은 약 세 배가량의 월급을 더 받는데, 하청노동자들의 희생 없이는 그러한 성과를 올릴 수는 없기 때문이다.

－ 예화 1

낭비벽을 언급할 때 빠지지 않는 사람이 19세에 최연소로 1985년 세계 헤비급 챔피언을 지냈던 마이크 타이슨이다. 19번의 경기 중 12경기를 1회 KO로 이겼던 일명 핵주먹이라는 별명을 갖고 있었지만, 강간죄로 인한 3년간의 복역, 권투 시합 중 상대방의 귀를 물어뜯어 자격정지를 당하는 등 숱한 화제를 불러일으킨 사람이다. 그는 20년에 걸친 선수 생활을 통해서 4,000억 이상을 벌어들였다. 요즘 가치로 환산하면 몇조 원이 되는 어마어마한 돈이다. 그러나 그는 2004년 39번째 생일을 앞두고 380억의 빚을 지고 파산선언을 한다. 한때 그는 경호원, 운전사, 요리사, 정원사를 비롯하여 자신을 돕는 도우미로 무려 200명을 둔 적도 했다. 법원에 제출한 자료에 의하면 그는 자동차와 오토바이 구입에 45억 원, 의류와 보석류에 34억 원, 개인 용돈으로 78억 원, 인도 벵갈산 백호 두 마리 구입과 사육에 2억 6천만 원, 그의 첫 아내인 영화배우 출신의 로빈 기븐스를 위한 욕조 설치에 20억 원, 생일파티에 4억 원, 더욱 놀라운 것은 1995년부터 1997년 사이의 3년 동안 휴대폰과 무선호출기 비용으로 2억 3천만 원을 썼다. 그야말로 주지육림, 흥청망청이란 말은 그에게 딱 맞는 말이다.

─ 예화 2

김밥 할머니가 평생 모은 수억 원을 장학금으로 내어놓는 등의 기사를 가끔 보고 있고, 매년 성탄절만 되면 가난한 이웃들에게 써달라고 돈을 상자에 넣어 동사무소에 보내는 보이지 않는 천사도 있다. 타이슨이 이토록 극심한 낭비로 인해 파산했을 때, 세계 최대의 갑부로 알려진 빌 게이츠는 530억 달러가 넘는 재산의 99%를 자신이 세운 기부재단에 희사하고 현역에서 은퇴하여 자선 사업에 나섰고, 이 소식을 들은 세계의 두 번째 갑부, 투자의 귀재로 알려진 워렌 버핏 또한 전 재산 470억 달러 중 0.07%에 해당하는 300만 달러만 가족에게 남기고 나머지는 빌 게이츠 재단에 기부하였다. 이들은 미국 정부가 부자들의 세금을 감면해 주려고 했을 때, 반대 성명을 냈던 것으로도 유명하다.

흥미로운 것은 워렌 버핏의 세 자녀 모두 자선단체에서 일하고 있는데, 누구 하나도 대학을 제대로 마치지 못했다는 것이다. 이 세 자녀는 이런저런 이유로 중도에서 탈락했는데, 큰아들 하워드는 무거운 기계를 다루는 것을 좋아해서 불도저를 사서 일하고, 막내인 피터는 음악에 재능이 많아 뉴에이지 음악 작곡 활동을 했다. "재단이 없었다면 하워드는 농부, 나는 뜨개질이나 바느질을 하고 있었을 것"이라고 딸 수지는 말한다. 딸 수지는 변호사와 결혼했는데, 결혼 당시 사위는 장인이 누구인 줄 몰랐다고 하며, 그 이후에도 장인이 하는 일에 대해 무관심했다고 한다.

－ 예화 3

2022년 미국 *Forbes*지에서 우리나라 최고 부자로 넥슨의 창업자 김정주를 꼽았다. 그러나 그는 하와이에서 우울증에 시달리다 자살하였다. 부가 아닌 미래에 대한 소망이 삶에서 더욱 소중하다는 것을 여실히 보여 준다.

성령강림 후 열둘째 주일(8월 7일~8월 13일)

사 1:1, 10-20; 시 50:1-8, 22-23;
히 11:1-3, 8-16; 눅 12:32-40

이사야 1:1, 10-20

1 이것은, 아모스의 아들 이사야가, 유다 왕 웃시야와 요담과 아하스와 히스기야 시대에, 유다와 예루살렘에 대하여 본 이상이다.

10 너희 소돔의 통치자들아! 주의 말씀을 들어라. 너희 고모라의 백성아! 우리 하나님의 법에 귀를 기울여라.

11 주께서 말씀하신다. "무엇하러 나에게 이 많은 제물을 바치느냐? 나는 이제 숫양의 번제물과 살진 짐승의 기름기가 지겹고, 나는 이제 수송아지와 어린 양과 숫염소의 피도 싫다.

12 너희가 나의 앞에 보이러 오지만, 누가 너희에게 그것을 요구하였느냐? 나의 뜰만 밟을 뿐이다!

13 다시는 헛된 제물을 가져오지 말아라. 다 쓸모없는 것들이다. 분향하는 것도 나에게는 역겹고, 초하루와 안식일과 대회로 모이는 것도 참을 수 없으며, 거룩한 집회를 열어 놓고 못된 짓도 함께 하는 것을, 내가 더이상 견딜 수 없다.

14 나는 정말로 너희의 초하루 행사와 정한 절기들이 싫다. 그것들은 오히려 나에게 짐이 될 뿐이다. 그것들을 짊어지기에는 내가 너무 지쳤다.

15 너희가 팔을 벌리고 기도한다 하더라도, 나는 거들떠보지도 않겠다. 너희가 아무리 많이 기도를 한다 하여도 나는 듣지 않겠다. 너희의 손에는 피가 가득하다.

16 너희는 씻어라. 스스로 정결하게 하여라. 내가 보는 앞에서 너희의 악한 행실을 버려라. 악한 일을 그치고,

17 옳은 일을 하는 것을 배워라. 정의를 찾아라. 억압받는 사람을 도와주어라. 고아의 송사를 변호하여 주고 과부의 송사를 변론하여 주어라."

18 주께서 말씀하신다. "오너라! 우리가 서로 변론하자. 너희의 죄가 주홍빛과 같다 하여도 눈과 같이 희어질 것이며, 진홍빛과 같이 붉어도 양털과 같이 희어질 것이다.

19 너희가 기꺼이 하려는 마음으로 순종하면, 땅에서 나는 가장 좋은 소산을 먹을 것이다.

20 그러나 너희가 거절하고 배반하면, 칼날이 너희를 삼킬 것이다." 이것은 주께서 친히 하신 말씀이다.

신학적 관점

복음서 저자들은 모두 예수 그리스도를 이사야의 말씀에 연결하고 있다. 마가복음은 여는 말을 이렇게 시작한다. "예언자 이사야의 글에 이제 내가 일꾼을 너보다 먼저 보내니 그가 네 갈 길을 미리 닦아놓으리라." 마태복음은 "처녀가 잉태하여 아들을 낳으리라" 하는 이사야의 예언의 말씀에, 누가복음은 예수의 하느님 나라 복음 운동의 핵심 내용을 이사야의 말씀에 기초하고 있다. "주님의 성령이 나에게 내리셨다. 주께서 나에게 기름을 부으시어 가난한 이들에게 복음을 전하게 하셨다. 주께서 나를 보내시어 묶인 사람들에게는 해방을 알려주고 눈먼 사람들은 보게 하고 억눌린 사람들에게는 자유를 주며 주님의 은총의 해를 선포하게 하셨다." 요한복음 또한 세례 요한의 입을 빌려 이사야의 글을 직접 인용한다. "나는 예언자 이사야의 말대로 주님의 글을 곧게 하라 하며 광야에서 외치는 이의 소리요." 이사야와 복음서는 매우 밀접하게 연결되어 있으며, 이사야의 사상은 예수님의 하느님 나라 복음 운동에도 매우 큰 영향을 끼쳤다고 말할 수 있다.

이사야서는 전체가 66장으로 되어 있지만, 1장부터 39장, 40장부터 55장 그리고 56장부터 66장까지 세 부분으로 나누어 제1, 제2, 제3이사야로 말한다. 왜냐하면 그 내용과 문체가 달라 다른 저자로 보기 때문이다. 그러나 이 세 저자는 'YHWH께서 구원하시다'라는 이사야 이름의 뜻이 그러하듯이 하나의 통일된 구원사의 흐름을 유지하고 있다. 제1이사야는 심판을, 제2이사야는 위로를, 제3이사야는 소망을 주제로 마치 3악장으로 된 구원 교향곡과 같다.

이사야는 아모스와 호세아가 활동했던 북왕국 에브라임이 아시리아에 멸망 당할 즈음에 남왕국 유다에서 예언 활동을 시작하여 북왕국 멸망 이후 40년을 활동한다. 그가 예언자로 부름 받은 6장의 이야기를 보면, 그는 제사장만이 들어갈 수 있는 성전 안에서 부름을 받는다. 그는 제사장 가문에 속한 사람으로 여러 왕의 자문역을 맡은 것으로 보아 신분이 좋은 집안 출신이며 아모스와 같은 변두리 예언자가 아닌 중심부 예언자로 본다.

이사야는 YHWH를 더 이상의 유다 민족만의 신이 아닌 세계 모든 민족의 신으로 인식한다(6:3). 시대적으로는 아모스와 호세아에 뒤지지만, 제1성서 예언서에서는 가장 처음 나온다.

목회적 관점

성서의 말씀을 하느님의 말씀이라고 말하는 것은 지금 여기 오늘 우리에게 향한 말씀으로 듣는 것을 말한다. 만약 어떤 예언자가 나타나 남한의 정치·사회·종교 지도자들을 향해 소돔이라 부르고, 그 백성들을 고모라로 부르고, 남한의 크리스천들을 향해 교회 뜰을 밟지도 말고 우리의 예배가 역겹다고 하며 헌금은 가져오지도 말고 기도해도 듣지 않겠다는 YHWH의 말씀을 전한다면 어떻게 될까? 본문 특히 17절 말씀을 어떻게 목회에 적용할 수 있을까?

주석적 관점

고대 유대교 예루살렘 성전에서 행해진 동물 희생번제에 대한 신학적 오해가 있다(11-13절). 많은 경우 동물 희생제사를 통해 죄의 용서가 이루어진다고 보는 속죄(expiation) 개념을 갖고 있는데, 이는 고대 유대교의 관점에서 옳은 견해가 아니다. 번제는 YHWH께 드리는 단순한 선물이며, 화목제(Peace Offerings)는 YHWH와의 화해를 상징하고, 속죄제(Sin Offering)는 남에게 정신적 혹은 물질적 피해를 입힌 범죄나 십계명을 어긴 죄를 용서받기 위한 제물이 아니라, 부지불식 가운데 저지른 예전(ritual)이나 정결법 위반에 대한 보상으로서의 제물이다. 오늘날 우리가 말하는 죄와는 그 개념이 다르다(참조. *The Interpreter's Dictionary of the Bible*, Vol. 4, 151 이하). 이 관점에서 바울이 주장하는 바, 예수 그리스도의 십자가 희생 죽음을 통해 하느님과의 화해가 이루어졌다는 주장은 타당하지만, 우리의 죄가 완전히 소멸되었다는 주장은 옳지 않다(예, 영화 <밀양>에서 어린 아들을 죽인 살인자는 고투 끝에 그 죄를 용서하기 위해 온 어머니에게 자신이 하느님께 직접 기도하여 예수 그리스도의 이름으로 용서를 받았다고 말한다. 기독교인 어머니는 혼란에 빠진다).

설교적 관점

본문을 통해 이사야 또한 사회적 불의와 종교적 부패에 대해 힐난한 비판을 한다. 아모스, 호세아 예언자가 활동했던 시기가 여로보암 2세 때로 북왕국이 경제적으로 가장 풍성했던 시대라면, 이사야가 활동했던 시기 또한 웃시야와 요담왕 때로 남왕국 역사상 드물게 정치적 안정과 경제적 풍요를 누렸던 시대였다. 안정과 풍요의 시기에 예언자들이 활동하였다는 사실은 무엇을 의미하는가? 그것은 안정과 풍요는 반드시 인간의 오만과 권력 부패를 불러온다는 것이다. 정치적 안정은 신흥 상업 계급의 급속한 성장을 불러일으키고, 이러한 신흥 재벌 계급은 기득권을 계속 유지하기 위해 정치세력가들에게 뇌물을 주고, 그로 인해 재판은 엉터리로 진행되며 사회적 양극화는 계속 벌어져 신 한 켤레 값에 사람을 사고파는 시대가 되는 것이다. 이는 오늘날 남한 사회에서도 쉽게 볼 수 있는 현상이다.

사회적 약자에 대한 정의 실천이 구원을 향한 예배와 기도에 앞선 조건이다. "오너라! 우리가 서로 변론하자. 너희의 죄가 주홍빛과 같다 하여도 눈과 같이 희어질 것이며, 진홍빛과 같이 붉어도 양털과 같이 희어질 것이다"(18절)에서 설교자는 '서로 변론하자'는 조건은 뺀 채 '희어질 것이다'라는 결과만 강조하는 오류는 피하도록 하자.

시편 50:1-8, 22-23

1 하느님, 야훼 하느님께서 말씀하셨다. 해뜨는 데서 해지는 데까지 온 세상을 부르셨다.
2 더없이 아름다운 시온산에서 하느님, 눈부시게 나타나셨으니
3 우리 하느님 행차하신다. 조용조용 오시지 않고 삼키는 불길을 앞세우고 돌개바람 거느리고 오신다.
4 당신 백성을 심판하시려고 위로 하늘을 부르시고 또 땅을 부르시며 이르신다.
5 "나를 믿는 자들을 불러 모아라. 제물을 바치고 나와 계약맺은 자들을 불러 모아라."
6 하느님께서 재판관이시라. 하늘이 그의 공정하심을 알린다. (셀라)
7 "들어라. 내 백성아, 내가 말하리라. 이스라엘아, 내가 너의 죄상을 밝히리라. 나 하느님, 너희의 하느님은
8 너희가 바친 제물을 두고 탓하지 않는다. 너희는 거르지 않고 내 앞에 번제를 드렸다.
22 하느님을 모른 체하는 자들아, 알아 두어라. 내가 너희를 찢겠으나 구해 줄 자 없으리라.

23 감사하는 마음을 제물로 바치는 자, 나를 높이 받드는 자이니, 올바르게 사는 자에게 내가 하느님의 구원을 보여 주리라."

히브리서 11:1-3, 8-16

1 믿음은 바라는 것들의 바탕이요, 보이지 않는 것들의 증거입니다.

2 실상 옛 조상들은 믿음이 있었기에 좋은 증언을 받았습니다.

3 믿음으로 우리는, 하나님께서 말씀으로 이 세상을 창조하셨다는 것, 곧 보이는 것은 나타나 있는 것에서 생기지 않았음을 깨닫습니다.

8 믿음으로 아브라함은, 부르심을 받았을 때에 순종하여, 장차 분깃으로 받을 땅으로 나갔습니다. 그런데 그는 어디로 가는지를 알지 못하였지만, 떠난 것입니다.

9 믿음으로 그는, 마치 타국에서와 같이 약속의 땅에서 거류하며, 같은 약속을 함께 물려받을 이삭과 야곱과 더불어 장막에서 살았습니다.

10 그는, 하나님께서 설계하시고 세우실, 튼튼한 기초를 가진 도시를 바라고 있었던 것입니다.

11 믿음으로 사라는, 나이가 지나서 수태할 수 없는 몸이었는데도, 임신할 능력을 얻었습니다. 이것은 그가, 약속해 주신 분을 신실하신 분으로 생각하였기 때문입니다.

12 그래서 죽은 사람이나 다름없는 한 사람에게서, 하늘의 별과 같이, 또 바닷가의 모래와 같이, 셀 수 없는 자손들이 태어났습니다.

13 이들은 모두 믿음으로 살다가 죽었습니다. 그들은 약속된 것을 받지는 못하였지만, 그것을 멀리 바라보고 즐거워하였으며, 땅 위에서는 손과 나그네로 있다는 것을 인정하였습니다.

14 그들은 이렇게 말함으로써, 자기네가 본향을 찾고 있다는 것을 분명히 밝혔습니다.

15 그들이 떠나온 곳을 생각하고 있었다면, 돌아갈 기회가 있었을 것입니다.

16 그러나 실상 그들은 더 좋은 것을 갈망하고 있었습니다. 그것은 곧 하늘나라였습니다. 그래서 하나님께서는 그들의 하나님이라고 불리는 것을 부끄러워하지 않으시고, 그들을 위하여 한 도시를 마련해 주셨습니다.

신학적 관점

저자가 누구인지 알려져 있지 않은 히브리서는 신앙의 박해를 받고 있는 성도들에게 주어진 서신이다.

신앙을 정의하는 것은 쉽지 않다. 왜냐하면 신앙은 때로 이상하고 모순을 갖고 있기 때문이다. 신앙이란 신학적 성찰로 이끄는 앎의 과정이자 신과 예수와 창조와 죄와 구원과 인간의 운명에 관한 다양한 교리를 믿는 믿음이기도 하다.

본문은 믿음을 보이지 않는 것이라고 말하지만, 이는 은유적인 표현으로 실상 사람들이 믿음을 갖게 되는 것은 삶과 죽음과 부활에 대한 예수의 가르침 속에서 뭔가를 보았기 때문이다. 근본적으로 신앙은 돈과 권력과 명예를 통해서가 아닌 하느님과 이웃에 대한 사랑을 통해 진정한 삶에 다다를 수 있다는 깨달음이 그 핵심이다.

초대교회 신자들은 로마 황제와 다수의 사람이 걸어가는 넓은 길이 아닌 좁은 길을 선택했던 사람들이다. 그리함으로 예수가 그러했듯이 그들 또한 세상으로부터 손가락질을 받고 기존 사회를 전복하려 한다는 오해를 받아 정치적 박해를 받아야만 했다.

신학자 몰트만이 말했듯이 "신앙은 오늘을 넘어 내일을 바라보게 하는 희망"이다. 여기서 신학적으로 경계해야 할 것은 탈 현실의 타계적인 믿음이다.

목회적 관점

혹자는 종교와 신앙의 시대가 끝났다고 말하기도 하고, 혹자는 오히려 다른 형태로 종교는 더욱 견고해지기도 한다고 말한다. 물론 신자유주의와 포스트모더니즘의 이성과 과학의 시대를 맞아 과거의 전통적인 신앙 방식은 현대인들에게 통하지 않는다. 100년 전, 조선 말기의 신앙 구호였던 "예수 천당 불신 지옥"은 더 이상 효력이 없다. 복음의 내용은 변하지 않지만, 복음을 담는 그릇은 시대에 따라 변할 수밖에 없다. 이를 선제적으로 앞서서 나가면 신신학 혹은 진보적 신앙인이라 불리고, 전통을 고집하면 보수적 신앙인이 되는 것일 따름이다. 70년 전 기장과 예장의 분리는 실상 미국 선교사들의 정치적 의도에서 시작되었지만, 당시 겉으로 드러난 신학 논쟁은 모세오경 저작설과 연계된 고등 성서 비판학이다. 당시 김재준의 신학을 신신학 혹은 자유주의신학으로 비난했던 현재의 통합 측 장로교는 성서 신학에 있어서 김재준 목사의 신학과 하등 다를 바가 없다.

본문에 등장하는 '분깃으로 받을 땅', '장막', '본향', '하늘나라', '한 도시'는 문자적 해석을 넘어 영적으로 새롭게 재해석되어야 한다. 여기서 영적(靈的)이라는 말은 믿음의 조상들이 그러했듯이 인간의 잘못된 현실을 넘어서게 하는 역사 변혁의 힘을 뜻한다.

주석적 관점

신앙은 그리스어로 pistis이다. 이는 그리스 신화에 등장하는 판도라 박스가 열렸을 때 빠져나왔던 여러 신 중의 하나로서 하늘로 돌아감으로 인간됨을 포기했다. 누가복음 18장 8절에서 예수의 질문은 이러한 배경을 갖고 있다.

'바탕' 혹은 '실상'의 그리스어는 hypostatis로서 이는 희망에 기초한 주체적 믿음(확신)에 가깝다.

아브라함이 분깃의 땅 혹은 약속의 땅으로 믿고 갔던 오늘날의 팔레스타인 땅은 1948년 유대인들이 돌아와 영국과 미국에 힘입어 나라를 세움으로 이천 년을 조상 대대로 살아가던 팔레스타인 사람들은 그 땅에서 쫓겨났고 지금도 계속해서 쫓겨나고 있다. 그런데 현재 지구상에는 아브라함을 조상으로 하는 유대교, 기독교, 이슬람교가 있다. 이슬람교는 사라의 아들 이삭 대신 하갈의 아들 이스마엘을 조상으로 여긴다. 아브라함의 후손에는 차이가 없다. 게다가 기독교와 이슬람교는 십자군 전쟁 이래 끊임없이 세계 패권을 놓고 싸우고 있다. 오늘 본문은 어떻게 해석해야 하는 것인가?

10절의 아브라함이 바라고 있었던 "하나님께서 설계하시고 세우실, 튼튼한 기초를 가진 도시를" 지구 밖, 타계적으로 해석하는 경우 주기도의 "(당신의) 나라가 이 땅에 임하게 하옵시며"는 어떻게 조화할 수 있는 것인가?

오늘날 아이를 낳지 못하는 부부는 아브라함과 사라의 믿음이 없어서인가? 의학의 도움으로 아기를 낳는 경우는 믿음에 관련하여 무어라고 설명해야 할까?

설교적 관점

이 땅의 삶을 '손과 나그네'의 삶으로 인식하고 하늘의 '본향'과 하느님이 세우신 튼튼한 도성을 말하고 있는 본문은 분명 비현실적인 타계적인 신앙을 말하고 있는 것은 분명하다. 이는 로마제국의 정치적 핍박 상황을 고려할 때, 이 신앙은 정당성을 갖는다. 그런데 믿는 사람들에 대한 이러한 정치적 핍박 상황이 없는 상황에서 본문을 문자 그대로 설교하는 것은 매우 위험하다. 아브라함이 갈대아 우르를 떠나 가나안까지 오게 된 과정은 신앙적으로는 분명 하느님의 인도를 확신하였기 때문인 것은 맞지만, 그가 왜 꼭 갈대아 우르를 떠나야 했는지, 왜 하느님은 우르에서는 당신의 뜻을 이룰 수 없었는지, 가나안과 우르는 무엇이 다른 것인지 그리고 그 약속의 땅은 왜 반드시 소아시아 지방도 아니고 애굽 땅도 아니고 팔레스타인 지역인 가나안이어야 했는지에 대해서는 역사적인 해명이 필요하다. 서구 신학자들은 종교적으로 다신론에서 유일신으로의 전환으로 설명 하기도 한다.

필자는 이를 이렇게 해석한다. 아브라함은 본래 갈대아제국 우르 왕국의 왕손이 었다. 신흥 바벨론제국의 침략으로 왕국이 망하자 아버지 데라와 함께 피신하여 하란에 제2의 왕국을 세웠다. 오늘날 터키 남부 지역에는 하란과 우르라는 지역명이 남아 있다. 그곳까지 바빌론제국이 재차 공격해오자 가나안으로 피신하였다. 그곳에서 우르 왕국의 부활을 꿈꾸면서 군사를 길렀다. 그는 318명의 사병을 거느린 그곳에서는 최고의 힘을 갖고 있었다(창 14:14). 전쟁에서 승리한 네 왕국의 연합군을 물리치고 포로로 잡혀갔던 롯과 그의 가족을 구하고 노획물을 얻는다. 이후 그는 자신의 뜻이 이 땅의 왕국(제국) 건설에 있지 아니함을 깨닫는다. 이 깨달음을 왕국 회복의 책임을 갖고 있다고 믿었던 아들 이삭의 번제 이야기로 대체하고 있다. 약속의 땅이 굳이 가나안이 되어야 하는 이유는 그곳은 도시형 제국이 설 수 없는 광야의 땅이었기 때문이었다. 유목민의 땅으로서 유목민의 삶은 소유를 최소화할뿐더러, 땅은 부족 공동체가 공동으로 관리할 뿐 개인이 소유한다는 것은 타당하지 않기 때문이다(땅은 하느님의 것이다).

누가복음 12:32-40

32 "무서워하지 말아라. 적은 무리들아, 너희 아버지께서 그 나라를 너희에게 주시기를 기 뻐하신다.

33 너희는 너희 소유를 팔아서, 자선을 베풀어라. 너희는 스스로를 위하여 낡아지지 않는 주머니를 만들고, 하늘에다 없어지지 않는 재물을 쌓아 두어라. 거기에는 도둑이나 좀의 피해가 없다.

34 너희의 재물이 있는 곳에 너희의 마음도 있을 것이다."

35 "너희는 허리에 띠를 띠고 등불을 켜 놓고 있어라.

36 마치 주인이 혼인 잔치에서 돌아와서 문을 두드릴 때에, 곧 열어주려고 대기하고 있는 사람들과 같이 되어라.

37 주인이 와서 종들이 깨어 있는 것을 보면, 그 종들은 복되다. 내가 진정으로 너희에게 말한다. 그 주인이 허리를 동이고, 그들을 식탁에 앉히고, 곁에 와서 시중을 들 것이다.

38 주인이 밤중에나 새벽에 오더라도, 종들이 깨어 있는 것을 보면, 그 종들은 복되다.

39 이것을 명심하여라. 집주인이 도둑이 언제 들지를 안다면, 그는 도둑이 집을 뚫고 들어오도록 내버려 두지 않을 것이다.

40 그러므로 너희도 준비하고 있어라. 너희가 생각하지도 않은 때에 인자가 올 것이기 때문이다."

신학적 관점

하느님 나라에 대한 두 가지 신학적 관점을 제시하고 있다. 첫째는 33-34절로 하느님과 재물은 양자택일(兩者擇一)의 관계이지 일석이조(一石二鳥)의 관계가 아님을 말하고 있으며, 둘째는 도둑과 같이 언제 닥칠지 모르는 종말론적인 나라임을 말하고 있다.

목회적 관점

왜 사람들은 두려워할까? 두려움의 대상은 무엇이고, 두려움이 생기는 이유는 무엇인가? 두려움은 뭔가가 자기 뜻대로 움직이지 않을 때 생긴다. 그중에서도 죽음이 아마도 가장 첫 번째 대상일 것이다. 그런데 출생은 죽음으로 가는 첫길이니 두려움은 인간의 실존이기도 하다. 이 두려움을 벗어나기 위해 인간은 투쟁할 수밖에 없다. 대부분은 재물(소유)이 안전을 보장해 준다고 믿고, 소수는 신앙 안에서 안전을 찾는다.

신앙은 세상 안에서 신을 찾는 행위이다. 세상은 재물을 우선시하는 원칙이 있고, 신은 재물을 우선시하면 결코 만날 수 없는 존재임을 말씀하신다. 신도들은 이 둘 사이에서 항상 고민하고 긴장 관계에 있다. 재물 자체가 악은 아니다. 삶을 유지하기 위해서는 일정 정도의 재물이 필요하다. 다만 마음이 어디에 있느냐가 중요하다. 마음은 둘로 나누일 수 없다. 나누이면 정신분열증 환자가 된다.

세상 사람들은 재물을 다다익선(多多益善)으로 여긴다. 그러나 많이 가질수록 두려움은 더 커진다. 재물과 두려움은 정비례한다.

주석적 관점

32절에서 말하는 두려움의 원인은, 앞 절의 "무엇을 먹을까 무엇을 마실까… 염려하지 말라"라는 말씀에 비추어 보면, 재물의 부족함에서 오는 두려움이다.

깨어 있다(Awareness)고 하는 것은 현존(Dasein)에 대한 자기 인식을 말한다. 깨어 있는 종을 식탁에 앉히고 주인이 시중을 드는 모습은 마치 제자들의 발을 씻기는 예수의 모습을 연상케 한다.

'하늘'은 반드시 이 땅의 교회는 아니다. "너희(들) 가운데 하늘나라가 있다"고 하신 말씀에 비추어 보면, '하늘'은 '이웃/공동체'이다.

설교적 관점

이사야의 외침과 함께 연계하여 글을 올린다. 신부들을 향한 외침이지만, 목사들 또한 이 외침에 귀를 기울여야 한다.

나는 더 이상은 정의를 외면한 사랑을 신뢰할 수 없다.
양들이 사지(死地)로 내몰리고 있는 처절한 상황 앞에서도 눈 귀 입을 닫은 목자들을 결코 신뢰할 수 없다. 처자식 먹여 살리기 위해서 직장 상사에게 굴욕을 당해 본 적도 없고, 자기 방 청소며, 자신의 옷 빨래며, 자신이 먹을 밥 한번 끓여 먹으려고 물에 손 한 번 담가 본적이라곤 없는 가톨릭의 추기경, 주교, 사제와 수도자들의 고결하고 영성적인 말씀들이 가슴에 와닿을 리가 없다.
언제부터인지 우리 교회에는 가난한 사람들의 권리 보호를 외면하고, 제도교회의 사리사욕에만 몰두하는 목자 아닌 관리자들이 득실거린다. 고급 승용차, 고급 음식, 골프, 성지순례(해외여행)에 유유자적(悠悠自適)하면서 부자들의 친구가 되고, 그들 자신이 부자이며 특권층이 되어버린 그토록 많은 성직자, 수도자들의 모습이 아름다울 리가 없다.

주교 문장에 쓰인 멋스러운 모토와 그들의 화려한 복장, 가슴 위의 빛나는 십자가를 수난과 처참한 죽음의 예수님의 십자가와 도무지 연결시킬 재간이 없다. 나날이 늘어나는 뱃살 걱정이며 지나치게 기름진 그들의 미소와 생존의 싸움에 지쳐있는 사람들과는 대체 무슨 상관관계가 있는 것일까?

또한, 가난을 서원한 수도자들 역시 그리 가난하지가 않다. 수도원에서는 아무도 의식주를 걱정하지 않는다. 안정된 공간에서 해주는 밥을 얻어먹으면서 최소한의 노동으로 최대한의 대접을 받고 산다. 어딜 가도 수녀님, 수녀님 하면서 콩나물값이라도 깎아주려는 고마운 분들 속에서 고마운 줄 모르고 덥석덥석 받는 일에 전문가가 되어간다. 말만 복음을 쏟아 놓았지 몸은 복음을 알지 못하는 '실천적 무신론자'들이며, 아기를 낳아보고, 남편 자식 때문에 속 썩고, 시댁 친정 식구들에게 시달리며 인내와 희생을 해본 적이라곤 없는 탓에 철딱서니 없는 과년한 유아들이 없지 않다. 수도복 입었다고 행세할 무엇이 있었던가? 본인이 원해서 하는 독신 생활에 자랑할 무엇이 있었던가? 하느님 나라를 위해서 겸손하게 봉사하지 않고, 하느님의 뜻에 순명하지 않는다면 수도복과 수도 생활, 독신 생활조차 그 의미가 희석된다. 교구, 본당, 수도회의 일이 너무 바쁜 나머지 세상일에 눈을 돌릴 수 없다고 변명하고 책임 회피할 수가 있는 것일까? 인간의 생명이 함부로 훼손되고, 사회적 약자들이 실의와 도탄에 빠진 이 나라 정치사회의 불의를 향해 단호하게 저항해야 마땅한 일이 아닌가? 수도자들이라도 결집하여 그래서는 안 된다고 외쳐야 하지 않을까? 수도자들이라도 용기 있는 발걸음을 내딛고 목소리를 내야 하지 않을까?

종교계가 소름 끼치도록 조용하다. 이것은 무얼 뜻하는 걸까?

나 역시 작은 수녀에 불과하고 비겁하며 합리화하고 회피하고도 싶다. 내가 비판한 사람들 못지않게 비판받을 행동을 하고 있다는 뼈아픈 자의식으로 인해 차라리 그 모든 것에서 물러나서 침묵을 택하고도 싶다. 그러나, 그러나 시간이 그리 많아 보이지 않는다. 더 이상 미룰 수 없는 일처럼 보인다. '다만 공정을 물처럼 흐르게 하고 정의를 강물처럼 흐르게 하여라'라는 아모스 예언자의 외침이 내 심장에서 불꽃처럼 뜨겁게 일어서고 있다.

_ 이인선 수녀님(외방선교수도회 총장)의 글

성령강림 후 열셋째 주일(8월 14일~8월 20일)

사 5:1-7; 시 80:1-2, 8-19;
히 11:29-12:2; 눅 12:49-56

이사야 5:1-7

1 내가 사랑하는 이에게 노래를 해주겠네. 그가 가꾸는 포도원을 노래하겠네. 내가 사랑하는 사람은 기름진 언덕에서 포도원을 가꾸고 있네.

2 땅을 일구고 돌을 골라내고, 아주 좋은 포도나무를 심었네. 그 한가운데 망대를 세우고, 거기에 포도주 짜는 곳도 파 놓고, 좋은 포도가 맺기를 기다렸는데, 열린 것이라고는 들포도뿐이었다네.

3 예루살렘 주민아, 유다 사람들아, 이제 너희는 나와 나의 포도원 사이에서 한번 판단하여 보아라.

4 내가 나의 포도원을 가꾸면서 빠뜨린 것이 무엇이냐? 내가 하지 않은 일이라도 있느냐? 나는 좋은 포도가 맺기를 기다렸는데 어찌하여 들포도가 열렸느냐?

5 "이제 내가 내 포도원에 무슨 일을 하려는지를 너희에게 말하겠다. 울타리를 걷어치워서, 그 밭을 못쓰게 만들고, 담을 허물어서 아무나 그 밭을 짓밟게 하겠다.

6 내가 그 밭을 황무지로 만들겠다. 가지치기도 못하게 하고 북주기도 못하게 하여, 찔레나무와 가시나무만 자라나게 하겠다. 내가 또한 구름에게 명하여, 그 위에 비를 내리지 못하게 하겠다."

7 이스라엘은 만군의 주의 포도원이고, 유다 백성은 주께서 심으신 포도나무다. 주께서는 그들이 선한 일 하기를 기대하셨는데, 보이는 것은 살육뿐이다. 주께서는 그들이 옳은 일 하기를 기대하셨는데, 들리는 것은 그들에게 희생된 사람들의 울부짖음뿐이다.

신학적 관점

본문은 포도원지기를 사랑하는 한 여인의 사랑의 노래로 시작한다. 그 포도원지기는 일구고 가꾸고 할 바를 다했다. 그런데 결과는 먹지 못할 들포도 열매가 맺혔다. 도대체 무슨 일이 생긴 것일까? 비가 내리지 않은 것이다. 누구의 책임인가?

개인의 책임인가? 사회의 책임인가? 아니면 하느님의 책임인가?

우리 대부분이 묵과하여 저지르는 악이 있다. 악에 대한 무관심이 그것이다. 우리는 사람들에게 저질러지는 잘못에 대하여 중립을 지키고 불편부당하며 쉽사리 동요되지 않는다. 악에 대한 무관심은 악 자체보다 더 음흉하고 교활하다. 말 없는 합리화로 인해 하나의 예외로서 분출했던 악은 상습되고, 다음에는 용납되고 만다. 예언자들이 인류에게 끼친 최대의 공헌은 무관심이라는 악을 발견한 것이었다. 인간은 점잖으면서 악할 수 있고, 경건하면서 죄를 저지를 수 있다. 예언자는 타인들에게 가해진 해악을 아파하는 사람이다. 그의 모든 예언은 하느님은 악에 무관심하지 않다는 거대한 부르짖음이다. 무관심을 끝장내는 것! 이것이 하느님의 분노가 품고 있는 목적들 가운데 하나다(혜셸, 『예언자들』, 432-433).

포도원지기의 잘못은 포도원 밖 사회에서 일어난 약자들의 고통에 대한 무관심이었다. 오늘날 기독교 신학은 얼마만큼 '희생된 사람들의 울부짖음'(7절)에 귀를 기울이고 있을까? 과거 독재 정권 시절부터 민주화 과정에서 정치적 박해를 받은 수많은 사람이 있고, 지금도 국가보안법이라는 미명 아래 평화 통일을 지향하는 선한 사람들이 고통을 겪고 있다. 오늘 본문은 정치사회 신학의 기본을 말하고 있다.

북조선은 미국이라는 세계 최강의 나라로부터 70년 이상 경제 봉쇄를 당하고 있어 과거에도 수많은 사람이 굶어 죽었지만, 지금도 큰 고통 속에 있다. 이 울부짖음에 듣는 귀를 갖는 것, 이것이 기독인의 책임이고 평화 통일의 첫걸음이다. 핵 포기를 선제 조건으로 내세우고 있지만, 이는 정당한 요구일까? '갑'은 항의하는 '을'에게 언제나 무엇인가 포기를 선제 조건으로 내세운다. 그러나 그것은 핑계일 따름이다. 일단 하나를 포기하면 이어 둘, 셋을 요구하는 것이 갑의 특징이다. 남쪽 사람들은 북쪽 사람들이 당하는 고통에 무관심하다. 특히 기독교인들은 더욱 그러하다. 무신론 공산주의 나라이기에 당해도 싸다는 것이다. YHWH는 그러한 신인가? 선인에게도 악인에게도 골고루 햇빛과 비를 주시는 분이 아니신가?

목회적 관점

성도들은 삶에서 최선을 다한다. 그런데 결과는 쓴 열매일 경우가 있다. 그들은 목사에게 항의한다. "도대체 내가 잘못한 일이 무엇입니까?", "하느님은 과연 계시는가?" 하고….

사람은 사회적 동물이다. 자신이 삶에서 최선을 다하는 것과 사회가 불의한 사회로 나아가는 것은 아무런 관련이 없는 것일까?

주석적 관점

본문은 포도원을 갖고 있는 한 포도원지기를 사랑했던 한 여인의 사랑 이야기로 시작한다(microscopic). 그런데 포도밭은 엉망이 되고 만다. 그 이유를 밝히는 과정에서 포도원은 유대 백성으로, 포도원지기는 YHWH로 밝혀진다(macroscopic). 작은 관점(micro)과 큰 관점(macro) 사이에 설명할 수 없는 논리의 비약이 있다. 포도원지기를 YHWH로 인식한다면, 최선을 다했는데도 들포도가 열린 것은 논리적으로 어떻게 설명해야 하는 것인가? 전지전능하신 분께서 애당초 심판을 선택하셨다면, 이는 최선을 다하지 않은 것이지 않은가? 그리고 포도원지기를 사랑했던 여인은 어디로 간 것인가? 성서에서 YHWH는 '사랑받는 사람'(yadid, beloved)로 표현되지 않는다. 본문은 하나의 은유(隱喩)로 시적 표현을 통해 논리를 뛰어넘는다. 그리고 본문의 첫 번째 노래는 27장 2-7절의 두 번째 포도원밭 노래에서 그 결말을 맺는다. 여기서 YHWH는 포도원지기로 "야곱이 뿌리를 내리고 이스라엘이 싹을 내고 꽃을 피울 것이니 그 열매가 땅 위에 가득 찰 것이다"라는 희망을 노래한다.

7절은 히브리 단어 놀이를 통해 정의와 불의가 동전의 앞뒤마냥 얼마나 가까운 것인지를 보여 준다. "주께서는 그들이 선한 일(mishpat) 하기를 기대하셨는데, 보이는 것은 살육(mispah)뿐이다. 주께서는 그들이 옳은 일(tsedaqah) 하기를 기대하셨는데, 들리는 것은 그들에게 희생된 사람들의 울부짖음(tse'aqah)뿐이다."

설교적 관점

이사야는 성전에서 부름을 받을 때, 천사들의 소리를 듣는다. "거룩하시다

거룩하시다 거룩하시다 만군의 야훼 그의 영광이 온 땅에 가득하시다. 그 외침으로 문설주들이 흔들렸고 성전은 연기가 자욱하였다." 신자들은 이러한 신비적 경험을 최고의 종교적 경험으로 여기고, 이런 경험을 가져보기를 소원한다. 그러나 이사야는 자신의 종교적 신비 체험을 신앙의 최상의 목표로 여기지 않았다. 만일 그랬더라면 사람들이 거룩한 것으로 여기는 예루살렘 성전이나 제사를 공격하지 않았을 것이다. 예언자들에게 중요한 것은 그런 신비 체험이 아니라, 하느님의 마음을 아는 일이었고 그 마음과 하나 되는 일이었다. "내가 누구를 보낼 것인가?" 하는 하늘의 물음에 "제가 있지 않습니까? 저를 보내십시오"라는 결단이었다. 이사야가 경험한 성전의 거룩함은 성전의 벽을 허물고 세상 안으로 나아가 평화와 정의와 창조 보존의 생명의 하느님 나라를 세우는 일이었다.

시편 80:1-2, 8-19

1 이스라엘의 목자여, 요셉 가문을 양떼처럼 인도하시는 이여 귀를 기울이소서. 거룹 위에 좌정하신 이여,

2 에브라임과 베냐민과 므나쎄 가문들 앞에 햇빛처럼 나타나소서. 힘을 떨치고 오시어 우리를 도와 주소서.

8 에집트에서 빼앗아온 포도나무, 이민족들을 쫓아내시고 그 자리에 심으신 후

9 그 앞에 땅을 가꾸시니 뿌리박고 널리 퍼졌사옵니다.

10 산들이 그 그늘에 덮이고 울창한 송백숲도 그 덩굴에 가려 있으며

11 그 가지는 바다에까지 뻗었고 햇순은 강가에까지 미쳤사옵니다.

12 어찌하여 그 울타리를 부수시어 지나는 사람마다 그 열매를 따먹게 하시옵니까?

13 멧돼지들이 나와서 휩쓸게 하시며 들짐승들이 먹어 치우게 하시옵니까?

14 만군의 야훼여, 다시 한번 돌이키시어 하늘에서 굽어보시고 이 포도나무를

15 지켜 주소서. 손수 심으신 이 줄기, 몸소 굳건히 세우신 이 햇가지를 붙드소서.

16 이 포도나무에 불지르고 베어 버린 자들이 당신의 노하신 얼굴 앞에서 멸망하게 하소서.

17 당신 오른편에 계시는 그분, 몸소 굳건히 세워 주신 그분을 붙드소서.

18 다시는 당신을 떠나지 않으리이다. 우리를 살려 주소서. 당신의 이름을 불러 예배하리이다.

19 만군의 하느님, 야훼여 우리를 다시 일으키소서. 당신의 밝은 얼굴 보여주시면 우리가 살아나리이다.

히브리서 11:29-12:2

29 믿음으로 이스라엘 사람들은 홍해를 마른 땅과 같이 건넜습니다. 그러나 이집트 사람들은 그렇게 해 보다가 빠져 죽었습니다.

30 믿음으로 이레 동안 여리고 성을 도니, 성벽이 무너졌습니다.

31 믿음으로 창녀 라합은, 정탐꾼들을 호의로 영접해서, 순종하지 않은 사람들과 함께 망하지 않았습니다.

32 내가 무슨 말을 더 하겠습니까? 기드온, 바락, 삼손, 입다, 다윗, 사무엘 그리고 예언자들을 두고 말하려면, 시간이 모자랄 터이니 말입니다.

33 믿음으로 그들은, 나라들을 정복하고, 정의를 실천하고, 약속된 것을 받고, 사자의 입을 막고,

34 불의 위력을 껐고, 칼날을 피하고, 약한 데서 강해지고, 전쟁에서 용맹을 떨치고, 외국 군대를 물리쳤습니다.

35 여자들은, 죽었다가 부활한 가족을 다시 만났습니다. 또 어떤 이들은 고문을 당하면서도, 더 좋은 부활의 삶을 얻고자 하여, 구태여 놓여나기를 바라지 않았습니다.

36 또 어떤 이들은 조롱을 받기도 하고, 채찍으로 맞기도 하고, 심지어는 결박을 당하기도 하고, 감옥에 갇히기까지 하면서, 시련을 겪었습니다.

37 또 그들은 돌로 맞기도 하고, 톱으로 켜이기도 하고, 칼에 맞아 죽기도 하였습니다. 그들은 궁핍을 당하며, 고난을 겪으며, 학대를 받으면서, 양과 염소의 가죽을 입고 떠돌았습니다.

38 세상은 이런 사람들을 받아들일 만한 곳이 못 되었습니다. 그래서, 그들은 광야와 산과 동굴과 땅굴을 헤매며 다녔습니다.

39 이 모든 사람들은 믿음으로 말미암아 좋은 증언을 받았지만, 약속된 것을 받지는 못하였습니다.

40 하나님께서 우리를 위하여 더 좋은 계획을 미리 세워 두셨기 때문에, 그들은, 우리가 없이는 완성에 이르지 못할 것입니다.

1 그러므로 이렇게 구름 떼와 같이 수많은 증인이 우리를 둘러싸고 있으니, 우리도 갖가지 짐과 얽매는 죄를 벗어 버리고, 우리 앞에 놓인 달음질을 참으면서, 달려갑시다.

2 믿음의 창시자요 완성자이신 예수를 바라봅시다. 그는 자기 앞에 놓여 있는 기쁨을 내다보고서, 부끄러움을 마음에 두지 않으시고, 십자가를 참으셨습니다. 그래서 그는 하나님의 보좌 오른쪽에 앉으셨습니다.

신학적 관점

앞 절에서는 아브라함의 예를 들어 믿음은 알지 못하는 곳이지만 약속을 믿고 나아가게 하는 희망의 원천이라고 말하였던 히브리서 기자는 본문에서는

믿음으로 인해 한편 홍해를 건너고 여리고성을 무너뜨리는 승리의 기쁨을 누리지만, 다른 한편으로는 박해 속에서 매를 맞거나 죽기도 하는 패배를 얘기하면서, 믿음은 이에 굴하지 않고 나아가는 용기라고 말하고 있다. 그 예는 십자가의 죽음을 이기시고 하느님의 보좌 오른쪽에 앉아 계시는 예수 그리스도이시다.

박해 속에 죽어간 믿음의 조상들과 우리는 어떤 믿음의 관계 속에 놓여 있는가? 믿음의 조상들은 증언을 받았지만, 약속된 것을 받지 못하였다. 이 약속을 받고 안 받고 하는 문제는 우리들의 행동에 달려있다(39-40절).

목회적 관점

예수를 믿는 일은 쉬운 일일까? 어려운 일일까? 믿는 일은 쉽겠지만, 따르는 일은 쉽지 않다. 왜냐하면 자기 십자가를 지고 따라야 하기 때문이다. 자기 십자가란 자기 죽음이다. 죽음을 각오하지 않고서 예수를 믿는다고 말하는 것은 잘못된 일이다. 목회자들은 초대교회로 돌아가자는 말을 많이 하지만, 히브리서 기자가 말하는 박해와 핍박에 대해서는 말하지 않는다. 믿음의 창시자요 완성자이신 예수를 바라보자는 말은 자주 하지만, 그러기 위해 세상 성공이라는 무거운 짐과 세상 자랑이라는 얽매는 죄를 벗어 버리자는 말은 자신 있게 하지 못한다(1절). 성서에 등장하는 믿음의 조상들이 얻은 신앙의 승리는 기억하지만, 이를 얻기 위해 그들이 겪었던 고통에 대해서는 잘 생각하지 않는다. No Cross, No Crown!

주석적 관점

35절의 "여자들은, 죽었다가 부활한 가족을 다시 만났습니다"에서 이 여자들은 아마도 엘리야 때의 사렙다 과부와 엘리사 때의 수넴 여인일 것이다. 그러나 죽었다가 다시 살아난 이 두 아들을 '소생'이라고 말할 수는 있겠지만, '부활'이라고 부를 수 있을까? 36-38절에서 언급된 '어떤 이들은' 아마도 막카비서와 같은 외경이나 '이사야의 순교와 승천'과 같은 위경에서 언급된 사건일 것이다.

창시자(arxegon)는 개척자(pioneer)로, 완성자(teleioten)는 '마지막 주자'(finisher)로 번역될 수 있다.

설교적 관점

가톨릭은 죽음 앞에서도 믿음을 지켰던 성인들이 처형되었던 순례지를 정기적으로 방문하는 프로그램을 운영한다. 이에 걸맞은 개신교의 프로그램은 별로 없는 것 같다. 말 한마디보다 이런 성지를 한번 찾아보는 것이 더 효과적이다. 소아시아 오늘날의 터키 지방에는 초대 교인들이 살았던 동굴이나 지하 도시들이 여러 곳에 있다. 이런 사진들을 보여 주면서 세상 욕망을 이겨나가는 신앙을 권면하도록 하자.

누가복음 12:49-56

49 "나는 세상에다가 불을 지르러 왔다. 불이 이미 붙었으면, 내가 바랄 것이 무엇이 더 있겠느냐?

50 그러나 나는 받아야 할 세례가 있다. 그 일이 이루어질 때까지, 내가 얼마나 괴로움을 당할는지 모른다.

51 너희는, 내가 세상에 평화를 주러 온 줄로 생각하느냐? 내가 너희에게 말한다. 그렇지 않다. 도리어, 분열을 일으키러 왔다.

52 이제부터 한 집안에서 다섯 식구가 서로 갈라져서, 셋이 둘에게 맞서고, 둘이 셋에게 맞설 것이다.

53 아버지가 아들에게, 아들이 아버지에게 맞서고, 어머니가 딸에게, 딸이 어머니에게 맞서고, 시어머니가 며느리에게, 며느리가 시어머니에게 맞서서, 서로 갈라질 것이다."

54 예수께서 무리에게도 말씀하셨다. "너희는 구름이 서쪽에서 이는 것을 보면, 비가 오겠다고 서슴지 않고 말한다. 그런데 그대로 된다.

55 또 남풍이 불면, 날이 덥겠다고 말한다. 그런데 그대로 된다.

56 위선자들아, 너희는 땅과 하늘의 기상은 분간할 줄 알면서, 왜 이때는 분간하지 못하느냐?"

신학적 관점

예수 그리스도의 내림을 기다리면서 살아가는 그리스도인들의 종말론적인 삶의 모습을 말하고 있다. 복음은 축복과 번영이 아닌 분열과 갈등을 통한 세상 변혁에 있음을 말하고 있다. 눈에 보이는 현상에 매몰되지 말고 역사 밑바닥에서 움직이는 예수 운동을 바로 이해하라는 경고이다. 복음은 원래 로마 황제가 전하는 전쟁 승리의 소식을 두고 하는 말이었다. 이를 예수의 갈릴리 민중 운동으로 뒤바꾸는 일은 일종의 사고의 혁명(paradigm shift)이었다. 신앙은 급진적(radical)이어야 함을 말하고 있다.

목회적 관점

흔히 교회를 다니는 며느리와 교회를 다니지 않거나 이웃 종교를 믿는 시어머니와의 사이의 갈등을 정당화시키는 말씀으로 이해하기도 한다. 문자적으로는 그러하지만, 복음서 전체 맥락에서 보면 예수로 인해 가족 화해와 일치가 되는 것이 우선이지 예수를 가족 관계 파괴 원인 제공자로 보는 것은 무리가 있다. 본문에 나오는 '세상 평화'와 '때의 분간'이라는 큰 주제에서 이를 이해하여야 하지 않을까? 예수가 아니어도 부자 갈등, 부부 갈등, 세대 갈등은 항상 일어난다. 자신의 잘못으로 일어난 가족 갈등을 본문의 말씀에 빗대는 것은 책임전가(責任轉嫁)가 아닐까? 하느님의 말씀으로 자기 정당화를 찾는 것은 옳은 태도가 아니다.

물론 예수 또한 가족들로부터 '귀신 들린 자'라는 오해를 받았다. 가족에 매이면 큰일을 이루기는 어려운 것은 사실이다. 가족이기주의는 개인이기주의보다 더 무서운 결과를 낳고 있는 현실이다.

56절은 날씨와 주식 변동에는 관심이 많지만, 역사와 현실에 무관심한 사람에 대한 경고의 말씀이다. 그들은 삶에 충실한 사람들이 아니라, 예수의 말씀에 따르면, '위선자들'이다.

주석적 관점

불은 과연 무엇을 뜻하는가? 1) 가족 간의 분열인가? 그렇게 이해할 수 있다. 그러나 예수의 말씀 전체의 시각에서 볼 때, 이는 너무나 협소한 해석이다. 2) 세상 종말인가? 불은 이미 붙었다. 그런 의미에서 적절한 이해가 아니다. 3) 성령인가? 요한의 세례와 비교하여 예수의 세례는 '불과 성령'에 의한 세례라는 관점에서 연관성은 있지만, 불성령은 아니기에 성령을 불로 대체하는 것은 무리가 있다.

불의 가장 큰 역할은 태우는 것이다. 악한 것과 불순한 것들을 태우겠다는 뜻으로 이해하면 무난하지 않을까? 당시 로마제국은 세상 평화를 외쳤다 *Pax*

Roman, 곧 불은 로마제국에 대한 파괴 예언이다. 이후 가족의 분열을 말하지만, 당시 로마 시민은 이방 민족, 곧 야만인들에 맞서는 황제를 아버지로 하는 하나의 가족 개념을 갖고 있었다. 고대 세계에서 임금을 향한 충(忠)과 어버이를 향한 효(孝)는 동전의 앞뒤마냥 떨어질 수 없는 하나의 개념이었다.

설교적 관점

"나는 받아야 할 세례가 있다. 그 일이 이루어질 때까지, 내가 얼마나 괴로움을 당할는지 모른다." 예수에게 있어서 십자가 죽음(세례)은 하늘의 뜻을 따르는 당연한 승리가 아닌 견디기 어려운 괴로움을 통한 고통의 결과였다. 죽음은 현실을 외면하면 쉽게 받아들일 수 있다. 자살은 바로 그러한 현실도피 심리의 결과이다. 하느님의 아들인 예수 그리스도 또한 괴로움을 당했다. 우리 또한 현실을 결코 도피해서는 안 된다. 불의한 현실에 도전하는 것이 때를 읽는 지혜다. 왜냐하면 그 불의한 세력은 생각지 아니한 가운데 곧 무너지기 때문이다. 친일을 했던 사람들은 말했다. 그렇게 일찍 일제가 망할 것이라고는 생각하지 못했다고…. 신자들은 하느님 앞에 서서 "나는 몰랐다"는 변명을 해서는 안 된다. 기독교인이 된다는 것은 시대의 파수꾼이 되는 일이다. 파수꾼은 항상 깨어 있어 위험 신호를 보내는 책임을 갖고 있다.

성령강림 후 열넷째 주일(8월 21일~8월 27일)

렘 1:4-10; 시 71:1-6; 히 12:18-29; 눅 13:10-17

예레미야 1:4-10

4 주께서 나에게 말씀하셨다.

5 "내가 너를 모태에서 짓기도 전에 너를 선택하고, 네가 태어나기도 전에 너를 거룩하게 구별해서, 뭇 민족에게 보낼 예언자로 세웠다."

6 내가 아뢰었다. "아닙니다. 주 나의 하나님, 저는 말을 잘 할 줄 모릅니다. 저는 아직 너무나 어립니다."

7 그러나 주께서 나에게 말씀하셨다. "너는 아직 너무나 어리다고 하지 말아라. 내가 너를 누구에게 보내든지 너는 그에게로 가고, 내가 너에게 무슨 명을 내리든지 너는 그대로 말하여라.

8 너는 그런 사람들을 두려워하지 말아라. 내가 늘 너와 함께 있으면서, 보호해 주겠다. 나 주의 말이다."

9 그런 다음에, 주께서 손을 내밀어 내 입에 대시고, 내게 말씀하셨다. "내가 내 말을 네 입에 맡긴다.

10 똑똑히 보아라. 오늘 내가 뭇 민족과 나라들 위에 너를 세우고, 네가 그것들을 뽑으며 허물며, 멸망시키며 파괴하며, 세우며 심게 하였다."

신학적 관점

예레미야는 예언서 중에서 가장 긴 책이면서도 내용에 있어서는 가장 극적인 책으로 긴장감이 가득 차 있다. 이는 유대 왕국의 존폐가 달려 있는 결정적인 시대에 살았기 때문이다. 그는 민족의 꺼져가는 불씨를 되살리려고 했던 요시아왕의 때에 예언을 시작하여 바빌론제국에 의해 예루살렘 성이 멸망 당하고 자신의 동족들이 포로로 붙잡혀 가는 40년의 불운의 기간 동안 활동했다. 흔히 그를 '눈물의 예언자'라고 부르지만, 그는 단지 눈물로 호소하였을 뿐만 아니라 그가 외친 과격한 말과 행동으로 인해 '진노의 예언자'라고 불리기도 하고, 이 때문에 감옥에 갇히기도 하고 살해의 위협을 끝없이 받았기에 '수난의 예언자'라고도 불린다. 예수의 십자가 수난과 신학적으로는 깊은 연관성을 갖는다.

목회적 관점

"내가 태어나기 전에 모태에서부터 하느님이 나를 부르셨다"는 이 고백은 하느님이 주체가 되는 신앙의 고백이며, 이때의 고백은 그냥 머리로만 말해지지 않고 우리의 온몸이 전율하며 떨리는 경험을 하게 된다. 신앙이란 자기중심성이 끝나기 시작하는 곳에서부터 시작한다.

주석적 관점

모든 예언자와 마찬가지로 예레미야 또한 하늘로부터 오는 강력한 힘에 의해 예언자가 된다. 예레미야는 어리다는 이유로, 모세는 말을 잘 못한다는 이유로, 이사야는 거룩하지 못하다는 이유로, 에스겔은 말할 줄 모른다는 이유를 대며 피하고자 했다. 부름은 달리 말하면 능력 부여다(7절). 따라서 열린 자세와 깊은 통찰력 그리고 신뢰와 의지가 중요하다(8-9절). 예레미야는 아나돗이라는 자신의 고향에 국한된 사명이 아닌 민족과 왕국들에 대한 사명이었으며, 이는 심판으로 끝나는 것이 아닌 희망으로 끝난다(10절).

설교적 관점

설교란 무엇인가? 그 핵심은 하느님의 말씀을 전하는 일이다. 그래서 '하늘뜻 펴기'라고 부른다. '하늘뜻'은 본질에 있어 땅에 사는 인간들의 귀에 거슬리는 소리다. 예언자가 사람들의 귀를 즐겁게 하는 소리를 하는 사람들이었다면 예레미야는 하느님의 부름을 거부하지 않았을 것이다. 루터는 말하기를 "진리는 멋들어진 웅변보다 강하다"고 했다. 설교자는 진리를 선포하는 자이지 주석과 해석이라는 미명 아래 자신의 뜻을 전하는 자가 아니다. 예레미야의 예언은 개인과 가정과 회중을 넘어 민족과 세계를 지향했다.

시편 71:1-6

1 야훼여, 당신께 피신합니다. 다시는 욕보는 일 없게 하소서.

2 당신의 정의로 나를 보호하시고 구해 주소서. 귀를 기울여 들으시고 구해 주소서.

3 이 몸 의지할 바위 되시고 내 목숨 구원하는 성채 되소서. 나의 바위, 나의 성채는 당신이십니다.

4 나의 하느님, 악인의 손에서 나를 구해 주시고, 흉악하고 포악한 자의 손에서 나를 구하소서.

5 주여, 바라느니 당신뿐이요 어려서부터 믿느니 야훼 당신입니다.

6 모래에서부터 나는 당신께 의지하였고, 어머니 뱃속에 있을 때부터 당신은 나의 힘이었으니, 나는 언제나 당신을 찬양합니다.

히브리서 12:18-29

18 여러분이 나아가서 이른 곳은 시내 산 같은 곳이 아닙니다. 곧 만져 볼 수 있고, 불이 타오르고, 흑암과 침침함이 뒤덮이고, 폭풍이 일고,

19 나팔이 울리고, 말씀하시는 소리가 들리는, 그러한 곳이 아닙니다. 그 말소리를 들은 사람들은 자기들에게 더 말씀하시지 않기를 간청하였습니다.

20 그들은 "비록 짐승이라도 그 산에 닿으면, 돌로 쳐죽여야 한다" 하신 명령을 견디지 못하였습니다.

21 그 광경이 얼마나 무서웠던지, 모세도 "나는 너무도 무서워 떨린다" 하고 말하였습니다.

22 여러분이 나아가서 이른 곳은 시온 산, 곧 살아 계신 하나님의 도시인 하늘의 예루살렘입니다. 여러분은 축하 행사에 모인 수많은 천사들과

23 하늘에 등록된 장자들의 집회와 만민의 심판자이신 하나님과 완전하게 된 의인의 영들과,

24 새 언약의 중재자이신 예수께 나아왔고, 아벨의 피보다 더 훌륭하게 말하는, 그가 뿌리신 피 앞에 이르렀습니다.

25 여러분은 여러분에게 말씀하시는 분을 거역하지 않도록 조심하십시오. 그 사람들이 땅에서 경고하는 사람을 거역하였을 때에, 그 벌을 피할 수 없었거든, 하물며 우리가 하늘로부터 경고하시는 분을 배척하면, 더욱더 피할 길이 없지 않겠습니까?

26 그때에는 그분의 음성이 땅을 뒤흔들었지만, 이번에는 그분께서 약속하시기를 "내가 한 번 더, 땅뿐만 아니라 하늘까지도 흔들겠다" 하셨습니다.

27 이 '한 번 더'라는 말은 흔들리는 것들 곧 피조물들을 없애 버리시는 것을 뜻합니다. 그렇게 하시는 까닭은 흔들리지 않는 것들을 남아 있게 하시려고 하는 것입니다.

28 그러므로 우리가 흔들리지 않는 나라를 받으니, 감사를 드립시다. 그래서 경건함과 두려움으로 하나님께서 기뻐하시도록 섬깁시다.

29 "우리 하나님은 태워 없애시는 불이십니다."

신학적 관점

저자를 알 수 없는 히브리서는 이성의 시대 이래 현실과 동떨어진 서술 형식으로 인해 외면받아 왔으나 최근의 비평학적 연구의 발전을 통해 새롭게 인식되고 있다. 그건 히브리서 공동체가 겪는 시대적 '고난' 때문이었다. 주후 64년 로마시에서는 원인을 알 수 없는 대화재가 발생했다. 황제 네로가 개인 저택 확장을 위해 불을 질렀다는 소문이 일어났다. 이에 희생양이 필요했던 네로는 신흥종교로 교세가 극히 미약하고 대중들에게 큰 인지도가 없었던 소수 종교인 그리스도교도들을 대화재의 주범으로 몰아 주후 68년까지 박해했다. 교부 오리게네스에 의하면 히브리서는 이와 같은 고난의 상황에 처한 로마의 예수 공동체를 향해 보내진 격려문이다(12:12).

목회적 관점

핍박 당시 로마에 거주했던 그리스도인들은 죽거나 추방당해야 했다. 그러나 결국 로마가 기독교의 중심지가 되었음을 고려할 때, 그리스도인들이 살아남았음을 추측할 수 있다. 지상의 교회 또한 여러 가지 이유로 분열되거나 혹은 사라질 수 있다. 그러나 그 뿌리는 보이지 않는 가운데 계속 남아 있다.

주석적 관점

시내산과 시온산은 신앙 순례의 두 정점으로 설명되고 있다. 시내산은 두려움과 떨림과 경이가 가득 찬 변화의 장소로, 시온산은 하느님과 천사와 의인들이 거하는 승리와 환희의 장소로 묘사하고 있다. 여기서 땅에 거하며 흔들리는 시내산(26절)과 하늘에 거하며 흔들리지 않는 시온산(28절)을 대립적 시각으로 읽기보다는 점진적 시각으로(참조 마 5:17) 읽는 것이 옳은 관점일 것이다. 27절의 '피조물'은 로마제국으로 해석할 수 있다. 초기 그리스도인들은 로마제국의 핍박뿐만이 아니라 유대교로부터 또한 박해를 받았다. 히브리서 기자는 이 두 세력을 흔들리고 사라질 불완전한 것으로 묘사하고 있다.

설교적 관점

29절의 불은 태워 없애는 심판이 끝이 아닌 불결한 것을 태워 순수한 것만을 남기는 정화를 뜻한다. 신앙인들은 삶 속에서 많은 어려움과 박해를 겪는다. 그러나 시내산을 통과하여 결국 시온산에 이른다.

누가복음 13:10-17

10 예수께서 안식일에 한 회당에서 가르치고 계셨다.

11 그런데 거기에 열여덟 해 동안이나 병마에 시달리고 있는 여자가 있었는데, 그는 허리가 굽어 있어서, 몸을 조금도 펼 수 없었다.

12 예수께서는 이 여자를 보시고, 가까이 불러서 말씀하시기를 "여인이여, 그대는 병에서 풀려 났소" 하시고,

13 그 여자에게 손을 얹으셨다. 그러자 그 여인은 곧 허리를 펴고, 하나님께 영광을 돌렸다.

14 그런데 회당장은, 예수께서 안식일에 병을 고치셨으므로, 분개하여 무리에게 말하였다. "일해야 하는 날이 엿새가 있으니, 엿새 가운데서 어느 날에든지 와서, 고침을 받으시오. 그러나 안식일에는 그러지 마시오."

15 주께서 그에게 대답하셨다. "너희 위선자들아, 너희는 저마다 안식일에도 소나 나귀를 외양간에서 풀어 내어 끌고 나가서, 물을 먹이지 않느냐?

16 그렇다면, 아브라함의 딸인 이 여자가 열여덟 해 동안이나 사탄에게 매여 있었으니, 안식일에라도 이 매임에서 풀어 주어야 하지 않겠느냐?"

17 예수께서 이 말씀을 하시니, 그를 반대하던 사람들은 모두 부끄러워하였고, 무리는 모두 예수께서 하신 모든 영광스러운 일을 두고 기뻐하였다.

신학적 관점

등이 굽은 여인은 율법 계명에 매여 있는 유대교에 대한 상징이다. 하늘, 곧 새로운 질서를 쳐다보지 못하고 땅이라는 옛 질서에 매여 있었다. 예수는 새 질서를 가져오시는 분이다. 그런데 그를 반대하던 사람들이 있었다. 곧 현상 유지를 원하는 종교 권력 계층이다.

목회적 관점

안식일은 하느님이 주인이 되는 날이다. 물론 남은 엿새 또한 그러해야 한다.

그러나 힘이 있는 자들은 여러 가지 규약을 만들어 지배-피지배 관계를 만들고 이를 유지하려고 한다. 예수는 이 잘못된 제도를 부수고자 오셨다. 성전 숙청을 통해 분명하게 말씀하셨다. 사람이 안식일의 주인임을.

주석적 관점

치유는 매임으로부터의 해방을 뜻하고, 안식일 또한 하느님의 말씀이 지배하는 날로 또한 해방을 뜻한다. 본문에서 '열여덟 해'라는 단어가 두 번 반복되는 것을 보면 당시에는 이를 뜻하는 어떤 역사적 사건이 있었을 것인데, 알려진 바는 없다.

설교적 관점

혹 설교를 통해 안식일이 주는 자유와 해방의 기쁨보다는 신앙의 이름으로 어떤 규약들을 지킬 것을 요구함으로 신자들의 마음에 어떤 부담감 혹은 억압의 감정을 갖도록 한 것은 아닌가?

창조 후 하느님이 안식하신 것은 피곤하여 쉬신 것이 아니다. 쉴 수 없는 노예 인간들에게 쉬도록 한 것이다. 곧 자유와 해방의 날인 것이다. 창세기 1장은 바빌론 포로기에 작성된 문서로서 본래 세상은 하느님 보시기에 좋은 세상이었다는 것, 남자와 여자는 동일하게 신의 형상을 띠고 태어났다는 것(당시 신의 형상을 띠고 태어난 사람은 통치자 한 사람뿐이었다) 그리고 모든 인간이 쉬어야 한다고 선포하는 환경 보존과 보편 인권에 대한 신학 선언문이다.

성령강림 후 열다섯째 주일(8월 28일~9월 3일)

렘 2:4-13; 시 81:1, 10-16;
히 13:1-8, 15-16; 눅 14:1, 7-14

예레미야 2:4-13

4 야곱의 백성아, 이스라엘 백성의 모든 가족아, 너희는 주의 말씀을 들어라.

5 "나 주가 말한다. 너희의 조상이 나에게서 무슨 허물을 발견하였기에, 그들이 나에게서 멀리 떠나가서 헛된 우상을 쫓아다니며, 그들 자신도 허무하게 되었느냐?

6 그들은 '이집트 땅에서 우리를 이끌고 올라오신 분, 광야에서 우리를 인도하신 분, 그 황량하고 구덩이가 많은 땅에서, 죽음의 그림자가 짙은 그 메마른 땅에서, 어느 누구도 지나다니지 않고 어느 누구도 살지 않는 그 땅에서, 우리를 인도하신 주님은 어디에 계십니까?' 하고 묻지도 않는다.

7 내가 너희를 기름진 땅으로 인도해서, 그 땅의 열매와 가장 좋은 것을 먹게 하였다. 그러나 너희는 들어오자마자 나의 땅을 더럽히고, 나의 재산을 부정하게 만들었다.

8 제사장들은 나 주가 어디에 있는지를 찾지 않으며, 법을 다루는 자들이 나를 알지 못하며, 통치자들은 나에게 맞서서 범죄하며, 예언자들도 바알 신의 이름으로 예언하며, 도움도 주지 못하는 우상들만 쫓아다녔다."

9 "그러므로 내가 너희를 법대로 다시 처리하겠다. 나 주의 말이다. 내가 너희 자손의 자손들을 법대로 처리하겠다.

10 너희는 한 번 키프로스 섬들로 건너가서 보고, 게달에도 사람을 보내어서, 일찍이 그런 일이 일어났던가를 잘 살피고 알아 보아라.

11 비록 신이라 할 수 없는 그런 신을 섬겨도, 한 번 섬긴 신을 다른 신으로 바꾸는 민족은 그리 흔하지 않다. 그런데도 내 백성은 그들의 영광을 전혀 쓸데 없는 것들과 바꾸어 버렸다.

12 하늘아, 이것을 보고, 너도 놀라고 떨다가, 새파랗게 질려 버려라. 나 주의 말이다.

13 참으로 나의 백성이 두 가지 악을 저질렀다. 하나는, 그들이 생수의 근원인 나를 버린 것이고, 또 하나는, 그들이 전혀 물이 고이지 않는, 물이 새는 웅덩이를 파서, 그들의 샘으로 삼은 것이다."

신학적 관점

예언자들이란 시대의 징조를 읽어내는 사람이고 이를 자각하지 못하는 사람들에게 이를 보여주고 깨우치는 사람들이다. YHWH가 '생수의 근원'(13절)이요 이방 신은 '물이 새는 웅덩이'가 됨을 신학적으로 어떻게 설명할까? 우리말에도 "깨진 독에 물 붓기"라는 말이 있다. 그렇다면 온전한 독(물이 새지 않는 웅덩이)에 물을 붓는 일은 구체적으로 우리 삶에서 어떤 결과를 만드는 것일까? 웅덩이에 항상 물이 고여 있다면, 힘 있는 자들이 창고를 만들어 여분의 물을 퍼가는 일도 없을 것이고, 힘없는 자들 또한 마음껏 물을 마실 수 있을 것이다. 곧 공평함이 있는 정의로운 사회에 대한 은유이다. 기쁨이 넘치는 해, 곧 희년에 대한 상징 언어이다.

목회적 관점

8절의 말씀과 같이 오늘날의 목사나 혹은 사회정의를 외치는 사람이라고 해서 다 옳은 것은 아니다. 그러나 아직도 많은 목사들이 교인들의 영적 축복과 바른 삶을 위해 수고하고 노력하고 있다. 그러나 마치 어린 자녀들이 부모님의 깊은 마음을 헤아리지 못하고 원망하듯이 교인들 또한 목사의 깊은 심중을 헤아리지 못할 때가 있다. 과거의 잘했던 열 가지를 다 잊어버리고 한 가지의 잘못을 가지고 비판할 때도 있다. 마치 이스라엘 백성들이 자신들을 애굽의 노예로부터 해방을 가져다 주고 광야에서의 불기둥과 구름기둥, 만나와 메추라기의 보호와 은혜는 잊어버리고 YHWH를 원망하고 다른 신에게로 가는 것과 같다. 그러나 YHWH께서 그리하셨듯이 목회자는 섭섭함과 배반의 쓰라림을 이겨내고 모두를 껴안는 큰마음을 품어야 한다.

주석적 관점

5절의 '헛된'과 8절의 '도움도 주지 못하는' 것과 11절의 '쓸데없는'은 모두 같은 단어로 이익(히브리어 ya'al, profit)을 뜻한다. 이는 일종의 단어 놀이로 '바알은 이익이 없다'(Ba'al is no ya'al).

사이프러스와 게달은 당시 이스라엘 사람들에게 있어서 가장 멀리 떨어진 지역이다.

설교적 관점

오늘 기독교 지도자들은 약자와 가난한 자들의 편에 서 있는가? 거짓 예언자들을 향해 하느님은 말씀하신다. "내 백성의 상처를 건성으로 치료해 주면서 '괜찮다. 괜찮다' 하는구나"(6:14). 오늘 이 시대에 교회에서 외쳐지는 하느님의 말씀은 어떠한가? 예레미야가 바빌론에 의한 예루살렘의 멸망과 포로가 될 것을 예고했을 때, 성전의 사제 하나니야는 곧 돌아올 것이라고 희망의 얘기를 한다. 백성들은 예레미야의 말보다는 하나니야의 말에 귀를 기울인다. 정치인들은 국민 모두가 행복하고 부자가 될 것이라고 얘기하고 부풀린 경제 수치와 국민소득의 숫자로 거품 희망을 얘기한다. 목사들은 말끝마다 하느님의 축복을 선언하며 교인 모두가 행복하고 건강하고 부자가 되는 부푼 꿈을 안게 한다. 주식과 부동산 중개인들과 무엇이 다른가? 팥죽 한 그릇에 장자권을 파는 에서와 무엇이 다른가? 예수의 진리 안에 거하는 신자들은 혀를 달콤하게 하고 귀를 솔깃하게 하는 말들 속에 숨겨진 거짓을 분별할 줄 알아야 한다. 영원히 목마르지 아니할 생명수를 찾아야 한다. 아니, 깨어진 항아리에 물 붓는 행위를 그치고 항아리의 깨어진 곳을 찾아 이를 때우는 일이 우선이다.

시편 81:1, 10-16

1 우리의 힘이신 하느님께 즐거운 노래를 불러 드려라. 야곱의 하느님께 환성을 울려라.

10 "너희 하느님은 너희를 에집트에서 이끌어 낸 나 야훼다. 다만 입을 크게 벌려라, 내가 채워 주리라.'

11 그러나 내 백성은 나의 말을 듣지 않았고 이스라엘은 나의 뜻을 따르지 아니하였다.

12 그러므로 나는 그들의 마음을 굳은 대로 버려 두어 저 하고 싶은 대로 하게 하였다.

13 아, 나의 백성아, 제발 내 말을 들어다오. 이스라엘아, 나의 뜻을 따라 걸어다오.

14 나 당장 너희 원수들을 쳐부수리라. 나 당장 너희 압제자들에게 손을 대리라.

15 야훼의 원수들이 너희 앞에서 아첨할 것이나 그들의 운명은 돌이킬 수 없이 계속되리라.

16 그러나 이 백성은 내가 기름진 밀가루로 먹이고 바위에서 따낸 꿀로 배불리리라."

히브리서 13:1-8, 15-16

1 계속하여 서로 사랑하십시오.

2 나그네 대접하기를 게을리하지 마십시오. 어떤 이들은 나그네를 대접하다가, 자기도 모르는 사이에 천사들을 대접하였습니다.

3 감옥에 갇혀 있는 사람들을 생각하되, 여러분도 함께 갇혀 있는 심정으로 생각하십시오. 여러분도 몸이 있으니, 학대받는 사람들을 생각하십시오.

4 모두 혼인을 귀하게 여겨야 하고, 잠자리를 더럽히지 말아야 합니다. 음란한 자와 간음하는 자는 하나님의 심판을 받을 것입니다.

5 돈을 사랑하는 것에 얽매어 살지 말고, 지금 가지고 있는 것으로 만족하십시오. 주께서는 "내가 너를 떠나지도 않고, 버리지도 않겠다" 하고 말씀하셨습니다.

6 그래서 우리는 담대하게 이렇게 말합니다. "주께서 나를 도우시는 분이시니, 내게 두려움이 없다. 누가 감히 내게 손을 대랴?"

7 여러분의 지도자들을 기억하십시오. 그들은 여러분에게 하나님의 말씀을 일러주었습니다. 그들이 어떻게 살고 죽었는지를 살펴보고, 그 믿음을 본받으십시오.

8 예수 그리스도께서는 어제나 오늘이나 영원히 한결같으신 분이십니다.

15 그러나 우리는 예수로 말미암아 끊임없이 하나님께 찬양의 제사를 드립시다. 곧 그분의 이름을 고백하는 입술의 열매를 드립시다.

16 선행과 친교를 게을리하지 마십시오. 하나님께서는 이런 제사를 기뻐하십니다.

신학적 관점

첫째는 하느님께 드리는 예배다. 이는 찬양의 제사로서 '입술의 열매'이다(15절). 둘째는 1절의 사랑의 나눔이다. 이는 예배, 곧 찬양의 '제사'의 연장선상에 있다. 히브리서 기자는 동물 희생제가 아닌 자기 몸을 드리는 '산제사'를 말하고 있다. 산제사란 예수 그리스도를 통한 하느님께서 즐겨하실 변화된 삶으로서 '선행과 친교'(16절)이다. 여기서 다시 한번 "주일은 매일매일에 대한 반역이다"(Sunday is a rebellion against everyday, 도로테 죌레)라는 말을 되새긴다.

목회적 관점

예배, 교육, 친교, 선교는 교회 목회의 네 가지 핵심 요소이다. 그런데 간혹 친교는 교회 내부끼리만의 친교로, 선교는 복음 전파로만 축소된다. 본문은 나그네를 대접하는 일과 감옥에 갇힌 이를 돌아보는 일과 학대받는 사람들을 자신과 같이 중요하게 여길 것을 말한다(2-3절).

주석적 관점

이해하기 힘든 구원의 교리를 펼쳐가던 히브리서 기자는 성도가 지켜가야 할 몇 가지 짧은 삶의 지침으로 자신의 서신을 끝맺고 있다. 서로 사랑할 것, 환대, 감옥에 갇힌 이와 연대, 성적 순결, 검소할 것, 지도자를 기억할 것과 삶의 나눔이다. 마태복음 25장의 최후의 심판에서의 양과 염소의 비유를 떠올리게 한다. "주님, 우리가 언제 주님께서 굶주리신 것이나, 목마르신 것이나, 나그네 되신 것이나, 감옥에 갇히신 것을 보고도, 돌보아 드리지 않았다는 것입니까?"

설교적 관점

오늘날 교회는 성공이라는 잣대를 세상적인 잣대인 물량 자본과 동일시하고 있다. 큰 건물과 많은 헌금.

"지금 가지고 있는 것에 만족하십시오!"라는 목사의 설교와 교회가 성장해야 한다는 목회자의 욕구는 어떻게 일치할 수 있을까?

누가복음 14:1, 7-14

1 어느 안식일에 예수께서 음식을 잡수시러 바리새파 사람의 지도자들 가운데 어떤 사람의 집에 들어가셨는데, 그들은 예수를 지켜 보고 있었다.

7 예수께서는, 초청을 받은 사람들이 얼마나 기를 쓰고 윗자리를 골라 잡는지를 보시고, 그들에게 비유를 하나 들어 말씀하셨다.

8 "네가 혼인 잔치에 초대를 받거든, 윗자리에 앉지 말아라. 혹시 손님들 가운데서 너보다 더 귀한 사람이 초대를 받았을 경우에,

9 너와 그를 초대한 사람이 와서, 너더러 '이 분에게 자리를 내드리시오' 하고 말할지 모른 다. 그 때에 너는 부끄러워하면서, 맨 끝 자리로 내려앉게 될 것이다.

10 네가 초대를 받거든, 가서 맨 끝자리에 앉아라. 그러면 너를 청한 사람이 와서, 너더러 '여보게, 윗자리로 올라앉게' 하고 말할 것이다. 그 때에 너는 너와 함께 앉은 모든 사람 앞

에서 영광을 받을 것이다.

11 누구든지 자기를 높이는 사람은 낮아질 것이요, 자기를 낮추는 사람은 높아질 것이다."

12 예수께서는 자기를 초대한 사람에게도 말씀하셨다. "네가 점심이나 만찬을 베풀 때에, 네 친구나 네 형제나 네 친척이나, 부유한 이웃 사람들을 부르지 말아라. 네가 그러한 사람들을 초대하면, 그들도 너를 도로 초대하여 네게 되갚아, 은공이 없어질 것이다.

13 잔치를 베풀 때에는, 가난한 사람들과 지체 장애자들과 다리 저는 사람들과 눈먼 사람들을 불러라.

14 그러면 네가 복될 것이다. 그들이 네게 갚을 수 없기 때문이다. 의인들이 부활할 때에, 하나님께서 네게 갚아 주실 것이다."

신학적 관점

하느님의 나라는 함께 식탁을 나누는 잔치 자리에 자주 비유된다. 이 중 결혼식은 공동체에 속한 모든 이가 함께 기뻐하는 최상의 축하 잔치 자리이다. 사제의 주례하에 하늘 축복을 기원하는 자리이다. 그러나 세상 땅의 차별 구조는 이곳에서도 이어진다. 윗자리와 아랫자리로 나뉘고, 가난한 사람들과 지체장애인들은 초대받지 못한다. 예수는 이러한 세상 구조가 부서지고 약자들이 먼저 존중되는 사회가 바로 하느님 나라의 완성임을 선포하신다. 곧 꼴찌가 첫째 되고 첫째가 꼴찌 되는 변혁 세상이다.

목회적 관점

교회에서의 잔치 자리의 상석은 목사와 장로들이 으레 차지한다. 어떻게 하여야 말씀을 실천하는 일이 될까? 식탁 교제를 나눌 때 이 말씀을 읽고 자리를 가끔 바꾸어 보면 어떨까?

주석적 관점

누가복음에는 예수는 먹는 일과 관련된 문구들이 많이 나온다. 예수는 '마구 먹어대는 자요, 포도주를 즐기는 자'(7:34)라고 불리었을 뿐만 아니라, 잔치, 밥상, 식탁에 비스듬히 누워있는 등 다른 어느 복음서보다 밥상에 관련된 이야기가 많다. 식탁(trapeza. 또는 동사의 개념으로는 식탁 옆에 앉거나 비스듬히 누워 있다는 뜻을 암시한다)은 주님에게는 가르치고(22:24-30), 꾸짖고(11:37-41), 소외된 사람들을 만나는(7:39) 중요한 장소이다. 식탁이 나아가 부자와 나사로의 비유에서는 (16:21) 구원을 판가름하는 중요한 장소로 말해지기도 한다.

설교적 관점

칼 바르트는 교회 공동체가 인간 사이의 친교(코이노니아)를 위해 일할 때 하느님의 친교가 확립된다고 말한다. 바르트는 이 개념을 네 가지 차원으로 풀어낸다. 첫째, 기독교 공동체를 통해 국가와 인종과 언어의 장벽을 극복한다. 둘째, 인종 차별을 거부한다. 셋째, 민족 간의 문화적 차이를 넘어 모든 민족이 단합하도록 한다. 넷째, 부자와 가난한 자들 사이의 사회적 차별을 거부한다.

사회에서 소외당하는 지체장애인들을 식탁에 초청하는 일은 신자들이 평생 소원하는 기도 제목, 곧 부활할 때 의인들의 반열에 참가하는 일이라고 예수는 말한다(14절). 교회가 어떤 방식으로 세상 속에서 세상 사람들과의 코이노니아를 만들어 낼 수 있을까?

성령강림 후 열여섯째 주일(9월 4일~9월 10일)

렘 18:1-11; 시 139:1-6, 13-18; 몬 1:1-21; 눅 14:25-33

예레미야 18:1-11

1 이것은 주께서 예레미야에게 하신 말씀이다.

2 "너는 어서 토기장이의 집으로 내려가거라. 거기에서 내가 너에게 나의 말을 선포하겠다."

3 그래서 내가 토기장이의 집으로 내려갔더니, 토기장이가 마침 물레를 돌리며 일을 하고 있었다.

4 그런데 그 토기장이는 진흙으로 그릇을 빚다가 잘 되지 않으면, 그 흙으로 다른 그릇을 빚었다.

5 그 때에 주께서 나에게 이렇게 말씀하셨다.

6 "'이스라엘 백성아, 내가 이 토기장이와 같이 너희를 다룰 수가 없겠느냐? 나 주의 말이다. 이스라엘 백성아, 진흙이 토기장이의 손 안에 있듯이, 너희도 내 손 안에 있다.

7 내가 어떤 민족이나 나라의 뿌리를 뽑아내거나, 그들을 부수거나 멸망시키겠다고 말을 하였더라도,

8 그 민족이 내가 경고한 죄악에서 돌아오기만 하면 나는 그들에게 내리려고 생각한 재앙을 거둔다.

9 그러나 내가 어떤 민족이나 나라를 세우고 심겠다고 말을 하였더라도,

10 그 백성이 나의 말을 순종하지 않고, 내가 보기에 악한 일을 하기만 하면, 나는 그들에게 내리기로 약속한 복을 거둔다.'

11 그러므로 너는 이제 유다 사람과 예루살렘 주민에게 전하여라. '나 주가 이렇게 말한다. 내가 너희에게 내릴 재앙을 마련하고 있으며, 너희를 칠 계획도 세우고 있다. 그러므로 너희는 어서, 각기 자신의 사악한 길에서 돌이키고, 너희의 행동과 행실을 고쳐라.'"

신학적 관점

하느님의 구원은 유일회적 사건으로 결코 되돌릴 수 없는 일인가? 본문은 순종하지 않고 악한 일을 하면 약속한 복을 거두신다고 말씀하신다(10절). 토기장이는 빚는 과정에서 뭉개고 새로 빚기도 하지만, 구워냈다 하더라도 잘못되면 부수고

만다. 구원의 은혜와 삶의 행실은 어떤 관련성이 있는 것인가? 성화 과정 없이 구원을 유일회적 사건이라고 확신하게 되면, 자기 의인화에 빠지고 만다. 하느님의 은혜로 구원의 확신을 받았더라도 삶의 행실을 통해 이를 드러내는 일은 그리스도인의 책임이다. 책임을 다하지 않은 사람에게 그 책임을 묻는 일은 필연적이다. 본문은 이 믿는 자의 책임을 개인의 영역에 한정하지 않고 민족과 나라의 정치사회적 영역으로 확대하고 있다(9절).

하느님의 주권과 인간의 자유는 어떤 상관관계에 있는 것인가? 신의 계획은 변경될 수 있는 것인가? 하는 질문은 신정론에 관한 중요한 물음을 제기한다. 특별히 깔뱅의 예정론과는 어떻게 부합될 수 있는 것인가?

목회적 관점

목회자는 신자들이 삶의 위기 속에서 하늘의 뜻을 알아차리도록 이끌어야 한다. 물론 교회 또한 위기를 겪을 때 목회자는 하늘의 소리를 들을 수 있어야 한다. 간혹 토기장이가 잘못된 그릇을 부수듯이 교회가 해체되는 경우도 있다. 이 경우에도 희망을 잃지 않고 새롭게 빚으시고자 하시는 하느님의 뜻을 깨닫는 것이 중요하다. 목회자의 뜻이 아무리 선하다 하더라도 하느님의 뜻에 부합하지 않을 수 있다. 징벌이 마지막 심판인지 아니면 부활인지는 시간이 지나 봐야 알 수 있다.

주석적 관점

본문은 요시아왕이 성전 개혁을 진행할 때는 활동하지 않다가 갑작스럽게 전사한 이후 개혁 의지가 전혀 없는 애굽의 꼭두각시인 여호와킴왕 시대에 외쳐진 질책과 심판 예언의 말씀이다. 축복은 언약의 관계에 기초한다.

설교적 관점

토기장이는 자신의 뜻한 목적에 따라 그릇의 모양과 크기를 정한다. 교우들과 함께 과거의 교회 역사를 살펴보면서 개교회에 담긴 하느님의 뜻을 찾아보자.

시기적으로 초기 과정인가? 아니면 모양을 만들어 가는 중간 단계인가? 아니면 마지막 손질 과정인가?

더 나아가 본문은 민족과 국가를 말하고 있다. 우리나라는 현재 하느님의 뜻에 따라 움직여 가고 있는가? 아니면 예레미야로부터 책망을 받아야 하는가?

시편 139:1-6, 13-18

1 야훼여, 당신께서는 나를 환히 아십니다.

2 내가 앉아도 아시고 서 있어도 아십니다. 멀리 있어도 당신은 내 생각을 꿰뚫어 보시고,

3 걸어 갈 때나 누웠을 때나 환히 아시고, 내 모든 행실을 당신은 매양 아십니다.

4 입을 벌리기도 전에 무슨 소리 할지, 야훼께서는 다 아십니다.

5 앞뒤를 막으시고 당신의 손 내 위에 있사옵니다.

6 그 아심이 놀라와 내 힘 미치지 않고 그 높으심 아득하여 엄두도 아니납니다.

13 당신은 오장육부 만들어 주시고 어머니 뱃속에 나를 빚어 주셨으니

14 내가 있다는 놀라움, 하신 일의 놀라움, 이 모든 신비들, 그저 당신께 감사합니다. 당신은 이 몸을 속속들이 다 아십니다.

15 은밀한 곳에서 내가 만들어질 때 깊은 땅 속에서 내가 꾸며질 때 뼈 마디마디 당신께 숨겨진 것 하나도 없었습니다.

16 형상이 생기기 전부터 당신 눈은 보고 계셨으며 그 됨됨이를 모두 당신 책에 기록하셨고 나의 나날은 그 단 하루가 시작하기도 전에 하루하루가 기록되고 정해졌습니다.

17 하느님, 당신의 생각은 너무 깊어 미칠 길 없고, 너무 많아 이루 다 헤아릴 길 없습니다.

18 세어 보면 모래보다 많고 다 세었다 생각하면 또 있사옵니다.

빌레몬서 1:1-21

1 그리스도 예수 때문에 감옥에 갇힌 나 바울과 우리의 형제 디모데는, 사랑하는 우리의 동역자 빌레몬과

2 우리의 자매 압비아와 우리의 전우인 아킵보와 그대의 집에 모이는 교회에, 이 편지를 씁니다.

3 하나님 우리 아버지와 주 예수 그리스도께서 내려 주시는 은혜와 평화가 여러분에게 있기를 빕니다.

4 나는 기도할 때마다 그대를 기억하면서, 언제나 나의 하나님께 감사를 드립니다.

5 그대가 모든 성도들을 사랑하며 주 예수를 참으로 믿고 있다는 이야기를 듣고 있기 때문입니다.

6 그대가 우리와 더불어 누리는 믿음의 사귐이 효력을 내어서, 우리가 그리스도께 가까이 나아갈 때에 우리가 받게 되는 복이 무엇인지를 그대가 충분히 알게 되기를 바랍니다.

7 나의 형제여, 나는 그대의 사랑으로 큰 기쁨과 위로를 받았습니다. 성도들이 그대로 말미암아 마음에 생기를 얻었기 때문입니다.

8 그러므로 나는 그리스도 안에서, 그대가 마땅히 해야 할 일을 아주 담대하게 그대에게 명령할 수도 있지만,

9 우리 사이의 사랑 때문에 오히려 간청을 하려고 합니다. 나 바울은 이렇게 나이를 많이 먹은 사람이요, 이제는 그리스도를 전하는 일로 또한 갇힌 몸입니다.

10 내가 갇혀 있는 동안에 얻은 아들 오네시모를 두고, 그대에게 간청합니다.

11 그가 전에는 그대에게 쓸모 없는 사람이었으나, 이제는 그대와 나에게 쓸모 있는 사람이 되었습니다.

12 나는 그를 그대에게 돌려보냅니다. 그는 나의 마음입니다.

13 나는 그를 내 곁에 두어서, 내가 복음 때문에 갇혀 있는 동안에, 그대를 대신하여 나에게 시중들게 하고 싶었으나,

14 그대의 승낙이 없이는 아무것도 하고 싶지 않았습니다. 이것은, 그대로 하여금 선한 일을 마지못해서 하지 않고, 자진해서 하게 하려는 것입니다.

15 그가 잠시 동안 그대를 떠난 것은, 아마 그대로 하여금 영원히 그를 데리고 있게 하려는 것이었는지도 모릅니다.

16 이제부터 그는 종으로서가 아니라, 종 이상으로, 곧 사랑받는 형제로 그대의 곁에 있을 것입니다. 특히 그가 나에게 그렇다면, 그대에게는 육신으로나 주 안에서나, 더욱 그렇지 않겠습니까?

17 그러므로 그대가 나를 동지로 생각하면, 나를 맞이하는 것과 같이, 그를 맞아 주십시오.

18 그가 그대에게 잘못한 것이 있거나 빚진 것이 있거든, 그것을 내 앞으로 달아놓아 주십시오.

19 나 바울이 친필로 이것을 씁니다. 내가 그것을 갚아 주겠습니다. 그대가 내게 빚을 지고 있다는 것을 나는 말하지 않겠습니다.

20 형제여, 나는 주님 안에서 그대의 호의를 바랍니다. 그리스도 안에서 나의 마음에 생기를 불어넣어 주십시오.

21 나는 그대의 순종을 확신하고, 이 글을 씁니다. 나는 그대가, 내가 말한 것 이상으로 해 주리라는 것을 압니다.

신학적 관점

빌레몬 서신은 간결하지만, 너무나 아름답고 인간미 넘치는 바울의 모습을 보여 주고 있다. 오네시모는 아마도 빌레몬의 가정교회를 통해 예수 안에서는

유대인도 이방인도, 주인도 종도, 남자도 여자도 구별없이 하나라는 가르침(갈 3:28)에 큰 감화를 받았을 것이다. 그러다가 어떤 실수를 저지르고 주인에게 피해를 입히고 나서 바울에게로 피신을 왔던 것 같다. 바울은 오네시모를 빌레몬에게 보내면서 그를 사랑받는 형제처럼, 자신을 대하는 것처럼 해달라고 간곡히 얘기하고 있다.

불트만은 "신학은 인간학이다"라는 유명한 말을 했다(그 반대는 성립이 되지 않는다). 빌레몬서는 이를 말하는 훌륭한 예다.

목회적 관점

"기독교인이 되기 전에 먼저 사람이 되라"는 말이 있다. 신앙은 잘못하면 인간을 자만하거나 독선적인 사람이 되게 한다. 목회자는 가끔 관계가 틀어진 두 사람 사이에서 화해자의 역할을 해야 할 때가 있다. 바울은 오네시모나 빌레몬 모두에게 낮은 자세에서 저들을 존중하면서 스스로 깨우치고 행하도록 이끌고 있다.

주석적 관점

'오네시모'란 말은 그리스어로 '유용하다'라는 의미가 있다. 바울이 갇혀 있는 옥은 아마도 에베소일 가능성이 크지만, 로마 혹은 가이사랴일수도 있다(대략 56년에서 62년 사이다).

4절에서의 '빌레몬'이 바울에게 지고 있는 '빚'은 아마도 세례를 통한 거듭남일 것이다.

설교적 관점

바울의 이 편지 이후에 전개되는 사건의 장면을 오네시모의 입장에서 하는 바울과 빌레몬에 대한 이야기와 그리고 빌레몬의 입장에서 바울과 오네시모에 대한 상상의 이야기를 진행해 보면 좋을 것이다. 그리고 오늘 본문에서는 다루지 않지만, 이어지는 22절에 근거하여 만약 바울이 풀려나 빌레몬의 집을 방문했을 때, 세 사람이 해후하는 모습을 그려보는 것도 좋을 것이다. 골로새서 4장 9절은 오네시모가 복음 전파자로 일하고 있음을 암시하고 있다.

누가복음 14:25-33

25 많은 무리가 예수와 동행하였다. 예수께서 돌아서서 그들에게 말씀하셨다.

26 "누구든지 내게로 오는 사람은, 자기 아버지나 어머니나, 아내나 자식이나, 형제나 자매뿐만 아니라, 심지어 자기 목숨까지도 미워하지 않으면, 내 제자가 될 수 없다.

27 누구든지 자기 십자가를 지고 나를 따라오지 않으면, 내 제자가 될 수 없다.

28 너희 가운데서 누가 망대를 세우려고 하면, 그것을 완성할 만한 비용이 자기에게 있는지를, 먼저 앉아서 셈하여 보아야 하지 않겠느냐?

29 그렇게 하지 않아서, 기초만 놓은 채 완성하지 못하면, 보는 사람들이 그를 비웃기 시작하여,

30 말하기를 '이 사람이 짓기를 시작만 하고, 끝내지는 못하였구나' 할 것이다.

31 또 어떤 임금이 다른 임금과 싸우러 나가려면, 이만 명을 거느리고 자기에게로 밀고 들어오는 자를 만 명으로 당해 낼 수 있을지를, 먼저 앉아서 헤아려 보아야 하지 않느냐?

32 당해 낼 수 없겠으면, 그가 아직 멀리 있는 동안에, 사신을 보내서 화친을 청할 것이다.

33 그러므로 이와같이, 너희 가운데서 누구라도, 자기 소유를 다 버리지 않으면, 내 제자가 될 수 없다."

신학적 관점

복음은 말 그대로 기쁨의 소식이다. 그러나 누구에게나 다 기쁜 소식은 아니다. 복음은 힘이 없는 자들에게는 기쁨이 되지만, 부자와 강자에게는 기쁨이 될 수도 있고 아니 될 수도 있다. 왜냐하면 예수의 복음은 가진 것을 없는 자들과 나눌 것을 요구하기 때문이다. 곧 자기 희생, 자기 십자가를 질 것을 요구하기 때문이다.

13장에서 제자들에게 좁은 문으로 들어갈 것을 요청하시고 나서 예루살렘에서 내려온 바리새파 사람들이 헤롯이 당신을 죽이고자 한다는 얘기를 듣자, 오히려 예언자가 예루살렘이 아닌 다른 곳에서 죽을 수는 없다고 말씀하시고 나서 14장에서 '제자도'에 대한 여러 말씀을 하신다. 지난주 말씀에서는 잔치 자리에 초대받거든 낮은 자리에 앉고 되갚을 수 없는 사람들을 초대하라고 당부하셨다.

이어지는 본문은 가족을 넘어 자기 목숨까지도 미워하지 않으면 제자가 될

수 없다는 매우 강력한 말씀을 하신다. 누구나 하늘나라 입성, 곧 구원을 원한다. 그러나 제자됨이 우선이다. 제자(disciple)는 그냥 입술의 고백만으로 단숨에 되는 것이 아니라, 훈련(discipline)을 통해 점진적으로 완성의 단계에 들어간다. 이 제자직의 가장 근본이 되는 기준은 '자기 소유의 버림'(33절)이다.

목회적 관점

깔뱅에 의하면 예수는 자신을 따르려고 하는 사람들에 대해 다음과 같이 가르쳤다. 첫째는 자기를 부인하고, 둘째는 자기 십자가를 질 것, 셋째는 영생에 대한 묵상을 통해, 넷째는 일상생활에서 하느님의 은사를 적절하게 사용함이다. 자기를 부인한다는 것은 이웃이나 하느님보다 우선시하려는 이기에서 벗어남을 말한다. 십자가를 진다는 말은 인생의 큰 고통과 상실 속에서도 하느님께 복종하는 것을 의미한다. 영생에 대한 묵상은 예수의 부활 안에 있는 약속의 신비에 대해 깊이 생각함을 말한다. 곧 육신의 죽음을 생각하고 세상을 향한 욕망을 내려놓는 것이다. 이를 통해 인생의 순례의 의미를 깨닫고, 몸을 가볍게 만들고, 청지기의 역할을 다하는 것이다.

주석적 관점

인간의 가장 기본이 되는 사회 조직은 '가족'이다. 따라서 문자로만 이해하는 경우 예수의 요청은 감당할 수가 없다. 형제 사랑과 부모 공경을 강조하신 예수께서 무조건 가족을 미워하라고 말씀하신 것은 아님을 우리는 알고 있다. 이는 헐벗고 굶주린 이웃들을 모른 체하고 자신의 가족만을 챙기는 '자기 가족 제일주의' 혹은 '자기 가족 이기주의'에 대한 경고인 것이다. 가족이기주의에 대한 경고는 이미 12장 51-53절에서 말씀한 바 있으며, 18장 30절에서 다시 한번 강조된다. "내가 진정으로 너희에게 말한다. 하느님의 나라를 위하여 집이나 아내나 형제나 부모나 자식을 버린 사람은, 이 세상에서 여러 갑절로 받을 것이고, 또한 오는 세상에서 영원한 생명을 받을 것이다."

설교적 관점

대체로 지금 남한 사람들은 연봉과 물가와 환율 상승 그리고 자기 아파트값이 떨어질 것을 염려하고 있으며, 자녀는 과잉보호한다. 그러나 우리가 뉴스에서 보는 대로 어떤 나라는 전쟁의 고통에 시달리고 있고, 어떤 나라는 기후변화로 인한 가뭄과 홍수, 특히 파키스탄은 나라 3분지 1이 물에 잠기는 위험에 처했고, 홍수로 인해 집이 통째로 떠내려가는 고통 속에 있다. 우리는 무엇을 먹을까, 무엇을 마실까, 무엇을 입을까를 염려하는 반면, 저들은 오늘의 잠자리를 걱정해야 하고 다수의 아프리카인은 만성적인 기아에 시달리고 있다. 북쪽의 많은 형제자매 또한 오늘 양식을 걱정하고 만성적인 전쟁 공포에 시달리고 있다. 만약 북조선이 중국과 러시아 군대와 함께 방어 목적이라는 이름으로 연합 군사훈련을 한다고 가정해 보라.

제자가 된다는 것은 예수의 마음을 품는 일이다. 지구촌 전체를 바라보면서 예수라면 오늘 어떻게 사셨을까를 생각하며 살아가는 삶이 곧 제자됨의 삶이다. 예수를 따라가는 일과(25절) 제자가 되는 것은 같은 것일까 아니면 어떤 차이가 있는 것일까? 제자가 되는 일을 망대를 세우는 일과 전쟁에 비유하고 있다. 망대는 시대를 읽는 파수꾼과 연계되고 전쟁은 삶과 죽음을 결정짓는다.

성령강림 후 열일곱째 주일(9월 11일~9월 17일)

렘 4:11-12, 22-28; 시 14; 딤전 1:12-17; 눅 15:1-10

예레미야 4:11-12, 22-28

11 그 때가 오면, 이 백성과 예루살렘이 이런 말을 들을 것입니다. "소용돌이치는 열풍이 사막에서 불어온다! 나의 딸 나의 백성이 사는 곳으로 불어온다. 이 바람은 곡식을 키질하라고 부는 바람도 아니고, 알곡을 가려내라고 부는 바람도 아니다.

12 그것보다 훨씬 더 거센 바람이 나 주의 명을 따라 불어 닥칠 것이다." 백성에게 심판을 선언하시는 분은 바로 주님이십니다.

22 "나의 백성은 참으로 어리석구나. 그들은 나를 알지 못한다. 그들은 모두 어리석은 자식들이요, 전혀 깨달을 줄 모르는 자식들이다. 악한 일을 하는 데에는 슬기로우면서도, 좋은 일을 할 줄 모른다."

23 땅을 바라보니, 온 땅이 혼돈하고 공허합니다. 하늘에도 빛이 전혀 보이지 않습니다.

24 산들을 바라보니, 모든 산이 진동하고, 모든 언덕이 요동합니다.

25 아무리 둘러보아도 사람 하나 없으며, 하늘을 나는 새도 모두 날아가고 없습니다.

26 둘러보니, 기름진 동산마다 황무지가 되고, 이 땅의 모든 성읍이 주 앞에서, 주의 진노 앞에서, 허물어졌습니다.

27 "나 주가 말한다. 내가 온 땅을 황폐하게는 하여도 완전히 멸망시키지는 않겠다.

28 이 일 때문에 온 땅이 애곡하고, 하늘이 어두워질 것이다. 나 주가 말하였으니, 마음을 바꾸지 않고, 취소하지 않겠다."

신학적 관점

지난주 토기장이 비유의 말씀에 이어 이스라엘의 멸망은 돌이킬 수 없다. 그러나 완전한 멸망은 아니라고 말씀하시니 아직 실낱같은 희망은 남아 있다(27절).

철학자 키엘케고르는 "절망은 죽음에 이르는 병"이라고 말했으며, 신학자 몰트만은 십자가 죽음을 넘어 '희망의 신학'을 주창했다.

1983년 교황 바오로 2세가 니카라과를 방문하여 사제들에게 정치적 해방에 참여하지 말고 백성들을 영생을 위해 준비시킬 것을 권고했을 때, "나는 영생을 믿기 때문에 백성들의 삶에 개입한다. 나는 치명적인 억압 권력에 맞서 싸우는 백성들의 저항에 참여하기 때문에 부활을 희망한다. 여기서 '이것이냐 저것이냐' 양자택일을 주장하는 자는 하나님이 그리스도 안에서 하나로 결합하신 것을 나누는 자이다"라고 말했다. 『십자가에 달리신 하나님』(1972)은 희망의 다른 측면, 즉 부활한 그리스도는 바로 십자가에 달리셨던 분임을 회상적으로 고백하는 측면에 주안점을 맞추었다. 성공과 행운을 찬양하고 다른 사람의 고난에 눈이 어두운 문화 속에서 실패하고 고난 당한, 수치 속에서 죽어간 그리스도가 기독교 신앙의 핵심에 계신다는 사실을 회상하는 것이야말로 사람들의 눈을 진리로 돌리게 할 수 있다고 몰트만은 확신했다. 그는 루터의 십자가의 신학을 따라 그리스도의 십자가의 죽음을 해석했고, 정치적 권세의 우상, 율법주의적 교권 체제, 하나님이 없는 인간의 버림 받은 상태를 폭로하고 죽어간 그리스도 안에서 그와 함께 고난을 받으시는 하나님의 아들의 고난을 꿰뚫어 보았다. 그는 그리스 철학의 영향을 받은 무감정한 하나님 대신에 구약성서에 나타난 하느님의 격정(Passion)과 하느님의 수난을 내세웠다. 그는 본회퍼처럼 "오직 고난을 당하시는 하나님만이 우리를 도와주실 수 있다"고 확신했다. 그는 아들의 고난을 통해 인류의 고난에 참여하시고 이에 항거하시는 사랑의 하나님만이 성서적인 하나님이라고 주장했다(이신건, 「기독교사상」, 2009, 6).

목회적 관점

예레미야는 40년에 걸쳐 백성들의 죄악을 고발하고 회개를 외쳐 왔다. 그러나 백성들은 이에 아랑곳하지 않아 결국 패망을 눈앞에 두고 있다. YHWH 또한 이를 되돌릴 의사가 없다. 중간에 낀 예레미야는 고통에 머물 수밖에 없다. 교인들이 삶의 어려움에 처한 모습을 본다. 사회구조로 인해 어쩔 수 없이 고통을 겪는 경우도 있지만, 개인들의 지나친 욕심으로 인해(22절) 어려움에 처하기도 한다. 목회자의 괴로움은 마치 예레미야 예언자의 경우와 같다. 어떻게 잘못된 길에 들어선 그의 앞길을 막을 것인가?

주석적 관점

bat'ammi(11절 나의 딸, 나의 백성)은 여러 의미로 번역이 된다. 영어성경에서는 'my poor people'(안타까운 나의 백성), 'my beloved people'(사랑스런 나의 백성), 'wound of my people'(나의 백성의 상처, 렘 8:11), 'my sinful people'(죄 많은 나의 백성, 렘 9:7), 'destruction of my people'(나의 백성의 멸망, 애 3:48)로 가장 많이 사용된 단어는 'my poor people'이다. 한글판은 공동번역('나의 백성') 외에는 모두 '나의 딸 나의 백성'으로 번역했다. 이는 사막에서 소용돌이치는 바람을 피할 길이 없듯이 다가오는 멸망에 대한 안타까움을 의중에 담고 있다. 곧 하느님의 정념(파토스)을 보여 주고 있다.

'tohu wa-bohu' 히브리 문구는 성서에 딱 두 번 나타난다. 창세기 1장 2절(땅이 '혼돈하고 공허하며')과 23절이다. 곧 바벨론에 의한 멸망을 창조 이전의 어둠의 세계에 비유하고 있다.

27절을 후대 사가의 첨가로 얘기하기도 한다.

설교적 관점

사막에 불어닥치는 뜨거운 열풍은 그 어느 것도 막을 수 없고 피할 수도 없다. 기후변화로 인해 이런 현상은 사막에만 해당하지 않고 있다. 인류 전체가 풍요와 편리함이라는 이유 하나로 자연을 파괴시킴으로 세계 곳곳에 이상 재해가 발생하고 코로나 역병을 겪고 있다. 예레미야의 멸망 예언은 단지 2,700년 전의 팔레스타인 땅에서만 들린 과거의 소리가 아니다. 홍수와 가뭄으로 땅은 황폐해지고 산불은 그칠 줄을 모르고 하늘을 어둠으로 감싸는 거대한 태풍이 몰아치고 있다. "그들은 모두 어리석은 자식들이요, 전혀 깨달을 줄 모르는 자식들이다. 악한 일을 하는 데에는 슬기로우면서도, 좋은 일을 할 줄 모른다"(참조. 시 14편).

시편 14

1 어리석은 자들, 제 속으로 "하느님이 어디 있느냐?" 말들 하면서, 썩은 일 추한 일에 모두

빠져서 착한 일 하는 사람 하나 없구나.

2 야훼, 하늘에서 세상 굽어 보시며 혹시나 슬기로운 사람 있는지, 하느님 찾는 자 혹시라도 있는지 이리저리 두루 살피시지만

3 모두들 딴길 찾아 벗어나서 한결같이 썩은 일에 마음 모두어 착한 일 하는 사람 하나 없구나. 착한 일 하는 사람 하나 없구나.

4 언제나 깨달으랴. 저 악한들, 떡먹듯 나의 백성 집어 삼키고 야훼는 부르지도 않는구나.

5 하느님께서 옳게 사는 사람들과 함께 계시니 저자들은 겁에 질려 소스라치리라.

6 비천한 자들 생각을 너희가 비웃지만 야훼에서 그들을 감싸 주신다.

7 바라옵나니, 이스라엘의 구원이 시온에서 오기를. 잡혀 간 당신 백성을 야훼께서 데려오실 때 야곱은 즐겁고 이스라엘은 기쁘리라.

디모데전서 1:12-17

12 나는, 나에게 능력을 주셔서 내가 맡은 일을 하게 하시는 그리스도 예수 우리 주님께 감사합니다. 그것은 주께서 나를 신실하게 여기셔서, 그분을 섬기는 이 직분을 맡겨 주셨기 때문입니다.

13 내가 전에는 훼방자요, 박해자요, 폭행자였습니다. 그러나 그러한 행동은, 내가 믿지 않을 때에 알지 못하고 한 것이므로, 하나님께서 나에게 자비를 베푸셨습니다.

14 우리 주께서 나에게 은혜를 넘치게 부어 주셔서, 그리스도 예수 안에서 얻는 믿음과 사랑을 누리게 하셨습니다.

15 그리스도 예수께서 죄인을 구원하시려고 세상에 오셨다고 하는 이 말씀은 믿음직한 말씀이고, 모든 사람이 받아들일 만한 말씀입니다. 나는 죄인의 괴수입니다.

16 그러나 하나님께서는 나에게 자비를 베푸셨습니다. 그것은 그리스도 예수께서 먼저 나에게 끝없이 참아 주심을 보이셔서, 앞으로 예수를 믿고 영원한 생명을 얻으려고 하는 사람들의 본보기로 삼으려 하신 것입니다.

17 영원하신 왕, 곧 없어지지 않고 보이지 않는, 오직 한 분이신 하나님께, 존귀와 영광이 영원무궁하도록 있기를 빕니다. 아멘.

신학적 관점

바울은 하느님의 은혜로 자신이 새로운 자신, 참 자아를 발견하게 됨을 감사하면서 과거의 자아를 '훼방자, 박해자, 폭행자'로 표현했다. 이는 권력 지향의 지배욕의 발현 폭력인데, 여성 신학자들은 이를 남성들의 죄로 규정하면서 여성들은 다른 차원에서 회개와 하느님의 은혜를 체험한다고 말한다. 곧 여성들의 죄는 남성들과 달리 '자만' 혹은 '권력에의 의지'(will to power)에서 출발하는 것이 아니라, 사소한

것에 매달리고, 조직에 대한 집중력이 약하여 주위가 산만하며, 타인 의존도가 높아 자아정체성이 약하며, 탁월함의 평준화라는 이름하에 관용을 쉽게 한다는 것이다(tolerence at the expense of standards of excellence). 간단히 말해 자아 성장이 부족하고 자기 부정이 높다는 것이다(Valerie Saiving. "The Human Situation: A Feminine View," in *Womanspirit Rising*, ed. Carol Christ and Judith Palskow, San Fransisco: Harper & Row, 1979, 25-42).

따라서 여성들이 경험하는 하느님의 은혜는 바울과 같이 자아를 낮추도록 하는 것이 은혜가 아니라 자아를 높이도록 하는 것이라고 할 수 있다.

목회적 관점

바울의 믿음의 아들인 디모데에게 보낸 목회서신이다. 그러나 이는 디모데 개인만을 위한 사적인 서신이 아닌 교회 공동체 전체를 세우기 위한 서신이다. 목회자는 가끔 안식년을 맞아 멀리 떠나 있을 때, 회중 전체 혹은 개인에게 목회서신 을 보내곤 한다. 그러나 서두에서부터 자신의 과거 행적을 그대로 드러내면서 자신을 '죄인의 괴수'라고 말하는 경우는 극히 드물다. 그런데 동시에 자신을 "예수를 믿고 영원한 생명을 얻으려고 하는 사람들의 본보기로 삼으려 하기 위함"이 라고 말한다. 과연 우리 목회자에게 이러한 죄인됨의 통렬(痛烈)함과 본보기로서의 자신감(自信感)이 있는가?

주석적 관점

바울의 저작이 의심되는 이유는 바로 인사말에 있다. 그건 수신인의 이름을 말하면서 그를 칭찬하거나 감사하는 말을 하는데, 디모데전서에서는 그 감사의 대상자가 그리스도 자신이다. 또한 감사의 표현도 다르다. 보통 *eucharisto*(나는 감사합니다)라는 용어를 쓰는데, 본문에서는 charin echo(나는 감사함을 느낍니다) 를 썼다. 표준새번역은 구별이 없다.

갈라디아서 1장 13절에서 자신이 과거에 예수를 따르는 자들을 박해했다는 말은 하지만, 본문에서와 같이 '훼방자', '폭행자', '죄인의 괴수'라는 용어는 여기에서만 나타난다. 17절의 영광송 또한 그러하다. 하느님을 왕으로 표현하는 것은 본문에서만 나온다. '아멘'과 함께 후대교회의 전승을 보여 준다.

설교적 관점

<나 같은 죄인 살리신>의 가사는 노예상선의 선장이었던 뉴턴의 신앙고백이다. 돌아온 둘째 아들의 "나를 아들이 아닌 하인의 한 명으로 여겨달라"는 요청 또한 죄인됨의 고백이다. 초기 한국교회 역사에는 깡패, 강도 심지어는 살인자가 목사나 복음 전도자가 되는 경우도 있었다. 간증 시간에는 죄인됨의 고백으로 시작한다. 하느님의 은혜라고 말하지만, 결국은 자신의 믿음을 과도하게 자랑하는 경우로 끝나게 된다.

1907년 대각성 운동이 조선 교회에서 시작이 되었다. 교회 지도자들이 공개적으로 죄를 고백하는 회개 운동이 일어났다. 그러나 그 회개 운동은 교회 성장에는 약간의 도움이 되었는지는 몰라도 역사적으로 볼 때는 개인의 감정주의로 끝나고 말았다. 당시는 을사늑약 이후 일본의 지배가 확실시되는 조선왕조 패망의 시기에 백성들이 큰 위기감을 느끼고 하느님께 간구하는 시기였다. 예레미야와 같이 나라와 민족을 염려하는 교회 지도자들이 많이 나왔어야 했는데, 그만 미국 선교사들의 영향 아래 일제의 지배를 암묵적으로 인정하는 탈민족 탈정치 사적 신앙으로 교회가 자리매김하는 과오를 저질렀다.

누가복음 15:1-10

1 세리들과 죄인들이 모두 예수의 말씀을 들으려고 그에게 가까이 몰려들고 있었다.

2 바리새파 사람들과 율법학자들은 서로 수군거리며 말하기를 "이 사람이 죄인들을 맞아들이고, 그들과 함께 음식을 먹는구나" 하였다.

3 그래서 예수께서는 그들에게 이 비유를 말씀하셨다.

4 "너희 가운데서 어떤 사람이 양 백 마리를 가지고 있는데, 그 가운데서 한 마리를 잃으면, 아흔아홉 마리를 들에 두고, 그 잃은 양을 찾을 때까지 찾아다니지 않겠느냐?

5 찾으면, 기뻐하면서 어깨에 메고

6 집으로 돌아와서, 친구들과 이웃 사람을 불러모으고 '나와 함께 기뻐해 주십시오. 잃었던

내 양을 찾았습니다' 하고 말할 것이다.

7 내가 너희에게 말한다. 이와 같이 하늘에서는, 회개할 필요가 없는 의인 아흔아홉보다, 회개하는 죄인 한 사람을 두고 기뻐할 것이다."

8 "어떤 여자에게 드라크마 열 닢이 있는데, 그가 그 가운데서 하나를 잃으면, 등불을 켜고, 온 집안을 쓸며, 그것을 찾아낼 때까지 샅샅이 뒤지지 않겠느냐?

9 그래서 찾으면, 벗과 이웃 사람을 불러모으고 '나와 함께 기뻐해 주십시오. 잃었던 드라크마를 찾았습니다' 하고 말할 것이다.

10 내가 너희에게 말한다. 이와 같이, 회개하는 죄인 한 사람을 두고, 하나님의 천사들이 기뻐할 것이다."

신학적 관점

누가복음 15장에서 예수께서 잃어버렸다가 다시 찾았다고 하는 비유는 모두 세 개다. 잃어버린 양 한 마리의 비유, 잃어버린 은전 하나의 비유, 탕자의 비유이다. 백에서 열로 그리고 둘로 숫자가 점점 좁아짐으로 이야기의 극적 효과를 잘 보여 준다. 그런데 예수께서 이 세 비유를 본문에 기술되어 있듯이 한 자리에서 연속해서 하셨는지, 아니면 예수께서 따로따로 말씀하신 것을 저자 누가가 하나로 묶었는지에 대해서는 분명하게 말할 수는 없다. 예수께서 처음부터 연속적으로 하셨던지, 아니면 누가가 하나로 묶었던지 중요한 것은 이 세 비유의 말씀에 공통 요소가 있고 그건 잃었다가 다시 찾은 주인의 기쁨이라는 것이다. 그런데 다시 찾았다고 하는 것을 죄인의 회개로 설명할 때, 돌아온 탕자의 경우에는 분명하지만, 잃어버린 양과 잃어버린 은전에 적용하는 것은 쉽지 않다. 양의 경우는 어느 정도 타당한데, 이 양은 목자의 인도를 따라 앞서가는 동료들을 쫓아가지 않고 자기 길을 고집하다가 길을 잃어버리거나 구덩이에 빠졌기 때문이다. 그런데 은전은 주인의 잘못으로 잃어버린 경우라, 죄인의 회개라는 주제와는 맞지 않다.

따라서 회개라는 주제는 예수를 둘러싸고 있는 두 부류의 대상을 두고 한 말이다. 한 부류는 예수 가까이 서 있는 죄인과 세리들이고, 다른 한 부류는 바리새인들과 율법학자들이다. 그렇다면 죄인과 세리가 회개의 대상인가? 아니면 바리새인과 율법학자들이 회개의 대상인가? 바리새인과 율법학자들은 죄인들과 어울리는 예수가 불만이다. 보통의 경우에 회개의 대상은 예수와 함께 하는 죄인이라고 불리는 사람들이지만, 이 얘기를 읽는 독자들은 실제 회개해야 하는 부류는 그들이 아니라, 스스로 의인이라고 자처하며 낮은 계층의 민중들을 비판하고 손가락질하는 바리새인들과 율법학자들인 것을 알 수 있다.

이는 두 아들의 비유에서 더 명확하게 밝혀진다(이 본문은 사순절 본문으로 이미 다룬 바 있다). 이 이야기에는 두 명의 탕자, 곧 돌아온 탕자와 돌아오지 않은 탕자가 등장한다. 아버지의 유산을 미리 달라고 해서 외국에 나가 이를 모두 탕진한 둘째 아들은 분명 죄인이다. 아버지 곁에서 집안일을 담당하여 온 첫째 아들 분명 동네 사람들로부터 칭찬받는 의인이었다. 그런데 둘째 아들이 이렇게 굶다가 죽느니보다는 차라리 아버지 집에 돌아가 종이라도 하는 게 좋겠다고 생각하고 집으로 돌아오자 첫째 아들의 진심이 밝혀진다. 아버지는 둘째 아들이 돌아오자 죽었던 아들이 살아났다고 기뻐하며 송아지를 잡고 큰 잔치를 벌인다. 밭일을 하다 집에 돌아오던 큰아들은 그 잔치가 재산을 탕진하고 돌아온 자기 동생을 위한 잔치인 것을 알자 화를 내고 아버지께 따진다. "아버지, 저를 위해서는 염소 한 마리 잡지 않으시더니 저 몹쓸 놈을 위해서 송아지를 잡다니요. 말이 되는 얘기입니까? 그놈 당장 내어 쫓으세요. 그놈 집안에 들어올 자격이 없는 놈입니다." "얘야, 네 동생이잖냐? 그리고 너는 내 것이 다 네 것인데, 뭐 그리 섭섭한 얘기를 하느냐? 어서 집에 들어가 네 동생을 반겨주어라." "아니오, 싫습니다. 그건 죽어도 못합니다." 그리고 얘기는 끝난다.

이 비유 이야기의 대상은 세리와 죄인들이 아니라, 바리새인들과 율법학자들이다. 어느 사회에서나 힘 있는 사람들은 이렇게 바리새인들과 율법학자가 되어 끊임없이 죄인과 세리들을 구별해 내고, 이들이야말로 사회를 좀먹는 악의 축이라고 이들을 솎아내야 한다고 외치고 있으며, 끝내는 예수를 십자가에 못 박고 만다. 그러나 결국 마지막 심판 때가 되면 의인과 죄인의 전복, 곧 뒤집어짐이 일어난다.

오늘날 남한 사회에서 바리새인들과 율법학자들은 누구인가? 바리새인들은 목사, 율법학자들은 판사와 검사들이다. 저들로부터 손가락질받는 오늘날 남한 사회의 세리와 죄인들은 누구인가?

목회적 관점

교인들은 잃어버린 한 마리 양의 비유에서 목자의 심정을 닮으려고 하는 주체적 관점에서 성서를 읽지 않고 피동적으로 읽는다. 자신을 잃어버린 한 마리의 양으로 읽는다. 그리곤 하는 말이 우리 교회 목사는 내가 교회에 빠졌는데도 왜 전화 한번 하지 않는 것일까? 우리 교회 목사는 잃어버린 한 마리보다 99마리 양에 더 관심하고 있는 것은 아닌가 생각한다. 그런데 더 큰 문제는 이 한 사람만 그렇게 생각하는 것이 아니라, 상당수의 교인이 자신을 목회자의 관심 대상이 되는 잃어버린 한 마리의 양으로 여기고 있다는 것이다.

'평신도교회' 혹은 '평신도목회'라는 말은 이 비유에서 교인들은 자신들을 잃어버린 한 마리 양도 아니고 남은 아흔아홉 마리의 양이 아닌 자신도 한 명의 목자라는 생각을 갖도록 하는 것이다.

주석적 관점

은전 드라크마의 비유는 다른 두 비유와 무슨 관계가 있어 여기에 포함된 것일까? 한 드라크마의 값어치는 양 한 마리에 해당한다. 그리 크다고 말할 수 없다. 그리고 열 개 중에서 한 개를 잃어버린 것이고, 그게 밖에서 잃은 것이 아닌 집에서 잃었으니 크게 상심할 일은 아니다. 날이 밝은 다음 날 아침에 찾으면 될 것이다. 그런데 이 여인은 밤중에 등불을 켜고 온 집안을 샅샅이 다 뒤져볼 것이라고 말하고 이 은전을 찾은 기쁨에 친구들과 이웃을 불러 잔치를 베푼다고 한다. 잔치가 양 한 마리 잡는 일로 그치지 않는다면, 잔치를 치르기 위해 드는 돈이 찾은 은전 혹은 한 마리 양보다 더 많이 들 수 있다. 곧 여기서 말하는 드라크마 은전은 돈으로 환산할 수 없는 어떤 다른 가치가 있는 것이다. 이는 남편으로부터 받은 결혼 예물(반지)이다. 이 여인은 멀리 여행을 떠난 남편의 안전을 기도하던 중 머리 장식품으로 지니고 다녔던 드라크마 은전 꾸러미의 실이 낡아 끊어지면서 한 개를 잃어버렸고 그래서 이를 찾기 위해 애쓴 것이다.

곧 드라크마 은전은 단순한 돈이 아니다.

양과 은전, 아들이라는 세 비유의 공통점은 이 잃어버린 것들은 주인에게 있어서는 떼려야 뗄 수 없는 깊은 사랑으로 연결된 것들이다. 사랑은 그 가치를 돈으로 계산할 수가 없다. 백 마리 중에 하나를 잃었을 때, 나는 아직도 99마리가 있다고 말할 수 없다. 그건 사랑의 관계가 아닌 소유의 관계임을 말하기 때문이다.

설교적 관점

다음은 백기완 선생이 전한 이야기이다. 한국전쟁 중 기차 지붕 위에 수많은 피난민이 올라앉아 가는데, 캄캄한 밤중에 갓난아기를 품에 안고 있던 한 아주머니가 갑자기 "우리 아들 못 봤어요?" 하고 울부짖었다. 잠깐 조는 사이에 옆에 누워 있던 대여섯 난 아들이 그만 굴러떨어지고 만 것이다. 그러자 이 여인은 다짜고짜 안고 있던 갓난아기를 자기 앞에 앉아 있던 사람에게 덥석 맡기더니 그 달리던 기차에서 무작정 뛰어내렸다. 그 이후 얘기는 아무도 모른다.

중요한 것은 아들을 살리기 위해 자기 생명을 던졌다는 것이다. 여기서 우리는 왜 99마리의 양을 들판에 두고 한 마리를 찾으러 떠난 목자의 심정을 이해할 수 있다. 그가 한 마리의 양을 찾아 나선 사이에 늑대가 와서 십여 마리의 양들을 헤칠 수도 있었다. 이 목자가 이익을 추구하는 자본가의 입장이었다면, 그는 분명 자신이 한 마리를 찾으러 다니는 동안 일어날 수 있는 손해를 따져보았을 것이고, 그래서 그 한 마리를 포기하였을 것이다. 그러나 이 목자에게 있어 그 한 마리는 자신의 분신이었기에 달리는 기차 위에서 생명 부지의 사람에게 갓난아기를 맡기고 무작정 뛰어내리는 엄마처럼 행동할 수밖에 없었던 것이다. 참사랑은 '지금 여기'에 모든 것을 거는 행위이다.

성령강림 후 열여덟째 주일(9월 18일~9월 24일)

렘 8:18-9:1; 시 79:1-9; 딤전 2:1-7; 눅 16:1-13

예레미야 8:18-9:1

18 나의 기쁨이 사라졌다. 나의 슬픔은 나을 길이 없고, 이 가슴은 멍들었다.

19 저 소리, 가련한 나의 백성, 나의 딸이 울부짖는 저 소리가, 먼 이국 땅에서 들려 온다. (백성이 울부짖는다.) "이제 주께서는 시온을 떠나셨단 말인가? 시온에는 왕도 없단 말인가?" (그러나 주께서 말씀하신다.) "어쩌자고 조각한 신상과 헛된 우상을 남의 나라에서 들여다가, 나를 노하게 하였느냐?"

20 (백성이 또 울부짖는다.) "여름철이 다 지났는데도, 곡식을 거둘 때가 지났는데도, 우리는 아직 구출되지 못하였습니다."

21 나의 백성, 나의 딸이, 채찍을 맞아 상하였기 때문에, 내 마음도 상처를 입는구나. 슬픔과 공포가 나를 사로잡는구나.

22 "길르앗에는 유향이 떨어졌느냐? 그 곳에는 의사가 하나도 없느냐?" 어찌하여 나의 백성, 나의 딸의 병이 낫지 않는 것일까?

1 살해된 나의 백성, 나의 딸을 생각하면서, 내가 낮이나 밤이나 울 수 있도록, 누가 나의 머리를 물로 채워 주고, 나의 두 눈을 눈물 샘이 되게 하여 주면 좋으련만!

신학적 관점

유다 왕국의 멸망을 바라보는 비탄의 시다. 눈물의 예언자로 불리는 예레미야의 심정을 제일 잘 드러내는 장면이다. "먼 이국 땅에서 들려오는 울부짖는 저 소리"(19절)는 이미 1차 바빌론 유배가 시작하였음을 뜻한다. "상처를 받아 슬픔과 공포 속에 사로잡혀 있는" 주체가 YHWH 자신인지 아니면 예레미야인지 분명하지가 않다. 파토스의 고통 속에서 YHWH와 예레미야는 혼연일체가 되어 있다. 유다 왕국의 죄는 겉으로 보면 헛된 우상을 섬기는 이방 신 숭배다. 그러나 그 내용은 따지고 보면 가난한 자와 약자를 무시하고 짓밟는 사회적 부정의와 부패였다.

목회적 관점

중병에 걸린 교인들 가운데는 기도의 효험이 크다고 알려진 목사나 산속 기도원을 찾아다니기도 한다. 그런 경우 그간 열심히 기도해 온 목사는 섭섭한 마음이 든다. 유대 백성들은 YHWH 보다 더 능력이 있다고 여겨 이방 신을 섬겼다. "길르앗에는 유향이 떨어졌느냐? 그곳에는 의사가 하나도 없느냐? 어찌하여 나의 백성, 나의 딸의 병이 낫지 않는 것일까?" 하는 한탄은 바로 YHWH의 외침이다. 치료의 힘은 장소에 있는 것이 아니라는 것이다. 하느님의 정의를 향한 순전한 마음이 중요하다.

주석적 관점

길르앗 지방의 가시나무에서 나오는 특별한 향유는 치료의 효과가 있는 것으로 유명했다. 이는 창세기 37장 25절, 사막을 건너는 대상들의 교역 물품으로 나온다.

21절, "나의 백성, 나의 딸이, 채찍을 맞아 상하였다"에서 '상하였다'의 히브리 단어는 도자기가 부서질 때 사용되는 단어이다.

설교적 관점

<There is a balm in Gilead>는 미국 흑인 교회에서 가장 즐겨하는 찬송가이다. 리드미컬하면서도 노예의 고통이 들리는 듯한 흑인 특유의 한과 슬픔이 배어 있다. 마치 우리나라의 아리랑 노래와 같다. 예배 시 찬송으로 부르면 좋을 것이다. 본문과 더불어 나라 빼앗긴 조선 민족의 슬픔을 노래한 윤동주의 시, <하늘과 바람과 별과 시>와 함께 비교하면서 읽는 것도 좋겠다.

시편 79:1-9
　1 하느님, 이방인들이 당신의 땅을 침입하여 당신의 성전을 더럽히고 예루살렘을 폐허로 만들었습니다.
　2 당신 종들의 시체를 공중의 새들에게 먹이로 주고 당신 백성의 살을 들짐승에게 주었습니다.
　3 예루살렘 주변이 피바다가 되었지만 묻어 줄 사람 아무도 없었습니다.

4 우리는 이웃들에게서 모욕을 당하고 주변 사람들에게 조롱거리, 웃음감이 되었습니다.

5 야훼여, 언제까지이옵니까? 당신의 분노, 끝까지 아니 푸시렵니까? 그 노기를 영원히 불태우시렵니까?

6 그 격분을 당신을 모르는 저 이방인들에게 쏟으소서. 당신 이름을 부르지 않는 나라들에게 터드리소서.

7 그들은 야곱의 가문을 집어삼켰고, 당신께서 사시는 곳을 유린했습니다.

8 선조들의 죄를 우리에게 돌리지 마소서. 우리가 거의 넘어지게 되었사오니 당신 자비로 우리를 빨리 부축하소서.

9 우리의 구원이신 하느님, 당신의 영광스러운 이름을 위하여, 우리를 도우소서. 우리의 죄를 없애시어 우리를 건져 주시고 당신의 이름을 영화롭게 하소서.

디모데전서 2:1-7

1 그러므로 나는, 무엇보다도 먼저, 모든 사람을 위해서 하나님께 간구와 기도와 중보의 기도와 감사를 드리라고 그대에게 권합니다.

2 왕들과 높은 지위에 있는 모든 사람을 위해서도 기도하십시오. 그래야 우리가, 아주 경건하고 품위 있는 삶과, 조용하고 평화로운 삶을 살아갈 수 있을 것입니다.

3 이것은 우리 구주 하나님께서 보시기에 좋은 일이며, 기쁘게 받으실 만한 일입니다.

4 하나님께서는 모든 사람이 다 구원을 얻고 진리를 알게 되기를 원하십니다.

5 하나님은 한 분이시요, 하나님과 사람 사이의 중보자도 한 분이시니, 곧 사람이신 그리스도 예수이십니다.

6 그분은 모든 사람을 위해서 자기를 대속물로 내주셨습니다. 하나님께서 모든 사람이 구원 받기를 원하시는 바로 그 적절한 때에, 그 증거가 되셨습니다.

7 나는 이것을 증언하도록 선포자와 사도로 임명을 받고서, 믿음과 진리로 이방 사람을 가르치는 교사가 되었습니다. (나는 지금, 참말을 하는 것이지, 거짓말을 하는 것이 아닙니다.)

신학적 관점

인류 구원(4절)이라는 관점에서 세상 정치권력(2절)과 예수 그리스도의 사역(6절)은 만난다는 바울의 정치신학적 신앙고백이다.

목회적 관점

우리나라에서도 불의한 독재 권력은 자신들을 옹호하기 위해 로마서 13장이나 본문을 자주 인용하여 기독교 민주 인사들을 유혹하거나 협박하였다. 보수적 기독교인들은 오히려 이를 문자 그대로 받아들여 저들을 위해 기도하기도 한다.

주석적 관점

바울은 마치 로마의 황제 권력과 귀족들의 지위를 옹호하고 기존의 체제를 인정하는 듯 보인다. 그러나 이는 바울이 베드로를 비롯한 처음 사도들의 권위를 전적으로 인정하지 않는다는 점에서 모순을 안고 있다.

2절의 "경건하고 품위 있는 삶, 조용하고 평화로운 삶"은 지나친 의역이다. 경건(eusebeia, godliness)과 품위(semnotes, dignity)가 갖는 헬라어의 의미는 인간이 쉽사리 도달하기 힘든 '신(神)적인 품성'이다. 이는 헬라 로마 철학이 추구하는 인간 최고의 덕목이다.

중보자(mesiteis)란 단어는 제2성서의 5절과 히브리서(8:6; 9:15; 12:24)에서만 총 네 번 등장한다. 히브리서에서의 희생제물로서의 종교적 의미와는 달리 본문에서의 의미는 신의 대리자로 자처하는 '로마 황제'를 대체하는 정치적 용어이다.

설교적 관점

2절 상반절의 로마제국의 황제와 정치 지도자들을 위해 기도하라는 얘기는 오해를 불러일으키기 쉬운 구절이다. 이는 하반절의 민중의 삶을 위한 조건이 붙어 있다. 그들의 정치적 입장과 지배를 무조건 지지하고 옹호하라는 얘기가 아니라 세상 평화를 위한 정치가가 될 수 있도록 기도하라는 의미다. 3절을 감안하면 세상 권세가들이 오히려 하느님 나라를 향한 정치력을 발휘하여야 한다. 이는 그리스도의 십자가 희생 또한 인류 구원이라는 관점에서 같은 목적을 갖고 있다고 말한다. 그러나 문제는 과연 세상 권세가들이 예수 그리스도께서 지향하였던 세상 평화와 인류 구원이라는 목표를 지향할 것인가? 지금까지 인류 역사에서 그런 세속 권력은 없었다. 오히려 예수는 이 때문에 죽임을 당했고, 바울 또한 로마 감옥에 갇히는 정치적 핍박을 당해 왔다. 그런 점에서 디모데를 향한 바울의 요청은 하나의 원론적인 얘기일 따름이다.

중요한 것은 그리스도인들은 세상 평화와 인류 구원을 위해 힘써야 한다는 것이다.

누가복음 16:1-13

1 예수께서 제자들에게도 말씀하셨다. "어떤 부자가 있는데, 그는 청지기를 하나 두었다. 이 청지기가 재산을 낭비한다고 하는 고발이 들어와서,

2 주인이 그를 불러 놓고 말하였다. '자네를 두고 말하는 것이 들리는데, 어찌된 일인가? 자네가 맡아 보던 청지기 일을 정리하게. 이제부터 자네는 청지기 일을 볼 수 없네.'

3 그러자 그 청지기는 속으로 말하였다. '주인이 내게서 청지기 직분을 빼앗으려 하니, 어떻게 하면 좋을까? 땅을 파자니 힘이 없고, 빌어먹자니 부끄럽구나.

4 옳지, 좋은 수가 있다. 내가 청지기의 자리에서 떨려날 때에, 나를 자기네 집으로 맞이해 줄 사람들을 미리 마련해야 하겠다.'

5 그래서 그는 자기 주인에게 빚진 사람들을 하나씩 불러다가, 첫째 사람에게 '당신이 내 주인에게 진 빚이 얼마요?' 하고 물었다.

6 그 사람이 '기름 백 말이오' 하고 대답하니, 청지기는 그에게 '자, 이것이 당신의 빚문서요. 어서 앉아서, 쉰 말이라고 적으시오' 하고 말하였다.

7 그리고 다른 사람에게 '당신의 빚은 얼마요?' 하고 물었다. 그 사람이 '밀 백 섬이오' 하고 대답하니, 청지기가 그에게 '자, 이것이 당신의 빚문서요. 받아서, 여든 섬이라고 적으시오' 하고 말하였다.

8 주인은 그 불의한 청지기를 칭찬하였다. 그것은 그가 슬기롭게 대처하였기 때문이다. 이 세상의 아들들이 자기네끼리 거래하는 데에는, 빛의 아들보다 더 슬기롭다.

9 그러므로 내가 너희에게 말한다. 불의한 재물로 친구를 사귀어라. 그래서 그 재물이 없어질 때에, 그들이 너희를 영원한 처소로 맞아들이게 하여라.

10 가장 작은 일에 충실한 사람은 큰일에도 충실하고, 가장 작은 일에 불의한 사람은 큰일에도 불의하다.

11 너희가 불의한 재물에 충실하지 못한다면, 누가 참된 것을 너희에게 맡기겠느냐?

12 또 너희가 남의 것에 충실하지 못한다면, 누가 너희의 몫을 너희에게 내주겠느냐?

13 한 종이 두 주인을 섬기지 못한다. 그가 한쪽을 미워하고, 다른 쪽을 사랑하거나, 한쪽을 떠받들고, 다른 쪽을 업신여길 것이다. 너희는 하나님과 재물을 함께 섬길 수 없다."

신학적 · 목회적 · 주석적 · 설교적 관점

청지기 비유만큼 다양한 해석과 논란의 여지가 있는 말씀도 그리 많지는 않다. 누가가 주요한 신앙의 과제로 삼고 있는 재물에 대한 매우 색다른 이야기이다.

이 비유의 해석이 어려운 이유는 첫째로 그는 불의한 청지기로서 해서는 안 되는 부정한 일을 행했는데 그게 현명한 판단이었다고 칭찬을 받고 있어 논리상 모순이 있기 때문이고, 둘째로 우리가 너무 깊이 자본주의 사고방식에 젖어 있기 때문이고, 셋째로 이야기 마지막에 비유의 결론으로 덧붙인 구절들이 일관성이 없기 때문이다. 일반 신도들에게 있어서는 이해하기가 쉽지 않은 비유다. (이 본문을 다룬 네 명의 저자는 문제 제기만 하고 있지 필자와 같은 시대적 상황을 고려한 바른 해석을 하지 못하고 있다.)

우선 이 비유 이야기를 제대로 이해하기 위해서 우리는 이천 년 전 팔레스타인으로 돌아가야 한다. 당시에는 로마제국의 식민지로 있었고 귀족과 노예라는 계층이 존재했다. 따라서 빈부격차라고 하는 것은 하늘과 땅만큼 컸다. 예수께서 목자 없이 떠돌아다니는 오천 명을 먹이시고 사천 명을 먹이신다는 얘기는 예수의 기적 능력을 보여주는 구절이기도 하지만, 동시에 엄청난 세금으로 인해 이를 견딜 수가 없어 집을 떠나 유랑하는 민중들이 얼마나 많았는지를 보여주는 구절이기도 하다.

이천 년 전 팔레스타인 지역에서 대지주들은 수도 예루살렘에 살고 있었기에 믿을 만한 사람을 청지기로 임명하여 재산을 관리하는 책임을 맡겼다. 청지기는 주인을 대신하여 땅을 소작인들에게 빌려주고 추수 때 수확물을 소작료로 받아 이를 판매함으로 재산을 증식시켜 나갔고 필요에 따라서는 은행과 같이 돈을 빌려주는 역할도 담당했다.

물론 그 과정에서 뇌물을 받는 등 약간의 부당 이득을 취하는 일은 종종 있었다. 그런데 이 주인의 귀에 청지기가 자기 재산을 낭비한다는 소문이 들린다. 어떤 형식으로 낭비했는지 모르지만, 그가 해고 당한 후에 먹고살 일을 걱정하는 것을 보면 주인의 재산을 착복하지는 않았던 것 같다. 그런데 '소문이 났다'는 헬라어 diaballein은 '악의를 갖고 속이다'라는 뜻을 갖고 있다. 그러니까 그에 대해 나쁜 감정을 갖고 있는 사람이 의도적으로 소문을 퍼뜨린 것이다. 그러자 주인은 맡은 일을 다 청산하여 다른 청지기에게 넘겨줄 것을 명령한다. 그러자 그는 스스로 생각한다. '땅을 파자니 나는 힘이 없고, 빌어먹자니 창피해서 못하겠구나.' 여기서 땅을 판다는 것은 농부의 일이 아닌 광산에서 하는 일을 말하는데, 이는 노예가 하는 일이었기에 적어도 글깨나 아는 사람으로 동네에서 잘 알려진 재산관리자로 일했던 자기로서는 도저히 할 수 없는 일이었다. 빌어먹는 일도 그러했다. 집회서에는 빌어먹는 일에 대해 이렇게 기록하고 있다. "들어라, 너희는 남에게 구걸을 하지 말아라. 빌어먹고 사는지 차라리 죽어라. 남의 식탁을 기웃거리는 사람은 제대로 산다고 할 수가 없다. 그는 남의 음식으로 자기 영혼을 더럽힌다"(집회 40:28-29). 해고에 직면한 청지기는 아무것도 할 수 없는 죽음 직전의 막다른 골목에 처한 것이다. 그러자 한 꾀가 생각이 났다.

기름 백 말과 밀 백 섬을 빚지고 있는 두 사람을 부른다. 이들은 단순한 농사꾼이 아니다. 기름 백 말은 천 데나리온 그리고 밀 백 섬은 이천오백 데나리온에 해당하는 매우 큰 돈이다. 오늘날 가치로 환산한다면 수십억 원에 해당하는 큰 금액이다. 따라서 빚을 지고 있는 그들은 오늘날로 말하면 주인은 중소기업 사장에 해당하는 사람들이다. 당시 글을 읽고 쓸 줄 아는 사람이 10% 미만이었음을 감안할 때, 이들은 사회의 지도층에 있던 사람들이었다.

청지기는 기름 백 말을 빚진 사람에게는 오십 말로 고쳐 쓰도록 하고 밀 백 섬을 빚진 사람에게는 팔십 말로 고쳐 쓰도록 한다. 우선 여기서 우리가 갖는 첫 번째 질문은 왜 한 사람은 50%를 감해주고 다른 한 사람은 20%만 감해주는 차별이 일어난 것인가? 사실 여기에도 이 비유를 이해하는 실마리가 숨어 있다. 만약 이 청지기가 자신의 친분에 따라 그런 차별을 했다면 지금 이 청지기는 위험을 스스로 부르는 어리석은 일을 하는 것이 된다. 왜냐하면 20%만 탕감받은 이 사업가가 다른 사업가에게는 50%나 감해준 사실을 알았다면 이 청지기의 부정을 주인에게 고자질할 수 있기 때문이다. 당시 경제구조를 보면 이는 정당한 계산법이었다. 왜냐하면 여기서 말하는 기름은 올리브기름을 말하는데, 올리브기름은 상할 염려가 많았기에 이를 매입할 때는 일어날 손해를 미리 계산해야 했기 때문이다. 이는 오늘날 마트에서 유통기한이 짧은 우유나 빵에 붙이는 이익률과 유통기한이 긴 라면이나 쌀에 대한 이익률이 서로 다를 수밖에 없는 것과 같은 이치다. 당시 물건을 구입할 때 기름에 대해서는 50%의 이익, 밀에 대해서는

20%의 이익을 자본가가 남기는 것이 통상적이었던 것이다. 이 수치는 당시 기업 자본가의 폭리가 얼마나 컸는지를 보여주는 수치이기도 하다.

그런데 이 사실을 주인이 알게 된다. 그런데 이 주인은 청지기를 고발하거나 함께 공모한 이 두 사람을 고발하지 않고, 오히려 청지기의 약삭빠름에 대해 칭찬한다. 왜 그랬을까? 분명히 주인은 손해를 입었는데, 그것도 큰 손해를 입었는데, 왜 그는 불의한 일을 고발하지 않고 칭찬하였을까? 우리가 생각하는 자본주의 사고방식으로는 청지기와 두 상인은 문서 위조죄를 저질렀다. 그런데 우리가 만약 이천 년 전 팔레스타인에 살고 있었고 이런 얘기를 들었다면 그걸 범죄행위로 여길 수도 있겠지만, 대부분의 가난한 백성들은 그 청지기 일을 잘 처리했구나 하고 박수를 치게 될 것이다. 왜냐하면 당시 유대 사회는 로마제국이 운영하는 형법·민법상 사회법 제도가 있었지만, 동시에 유대인들은 모세로부터 내려오는 전통적인 신앙의 경제구조 또한 함께 운영되고 있었기 때문이다.

출애굽기 22장에서는 "너희 가운데 누가 어렵게 사는 나의 백성에게 돈을 꾸어 주게 되거든 그에게 채권자 행세를 하거나 이자를 받지 말라. 만일 너희가 이웃에게서 겉옷을 담보로 잡거든 해가 지기 전에 반드시 돌려주어야 한다. 덮을 것이라고는 그것밖에 없고, 몸을 가릴 것이라고는 그 겉옷뿐인데 무엇을 덮고 자겠느냐? 그가 나에게 호소하면 자애로운 나는 그 호소를 들어주지 않을 수 없다", 레위기 25장에서는 "너희 동족 가운데 누가 옹색하게 되어, 너희에게 의탁해야 할 신세가 되거든, 너희는 그를 몸 붙여 사는 식객처럼 붙들어 주고 함께 데리고 살아라. 너희는 그에게서 세나 이자를 받지 못한다. 너희는 하느님 두려운 줄 알아 그런 동족을 함께 데리고 살아야 한다. 너희는 그에게 이잣돈도 놓지 못하고, 그에게 양식을 장리로 꾸어 주지도 못한다. 나 야훼가 너희에게 가나안 땅을 주어 너희의 하느님이 되리라"라고 한다.

모세 율법은 특히 가난한 자에 대한 자비와 사랑을 넘어서서 모든 사람을 하나의 가족 같이 여기라고 말씀하고 있다. 가족에게 이자를 받지 않듯이 이자를 받지 않도록 하였다. 더 나아가서 가난한 사람들이 살아갈 수 있도록 안식년 제도를 두었고, 안식년이 일곱 번 지난 50년은 희년이라 하여 사람과 사람 사이에 지은 모든 빚을 탕감하고 종들에게도 자유를 주도록 요구하고 있었다. 곧 불의한 청지기가 탕감해 준 분량은 이자분에 해당하는 액수였으니 이자를 받지 말라는 하느님의 말씀을 지킨 셈이 되는 것이다.

여기서 주인은 고민했을 것이다. 그들을 법정에 고발하면 아마 잃어버린 재산을 되찾을 수는 있을 것이다. 그러나 반면 그가 잃을 게 있었다. 그건 지독한 수전노라는 사람들의 평가이다. 두 상인은 청지기가 문서를 고치라고 할 때, 그건 주인의 뜻이라고 생각했지 자신들이 공범자가 된다고 생각하지는 않았을 것이다. 왜냐하면 돈 얼마 때문에 형을 살 수는 없기 때문이다. 따라서 이 두 사람은 이런 일이 있은 후에 주인의 너그러운 처사에 대해 떠벌리고 다녔을 것이다. 사람들의 칭찬을 받은 주인이 이를 되돌리고 수전노의 불명예를 안는 일은 엄청난 손해였다. 그에게는 돈에 못지않게 명예 또한 중요하기 때문이다.

주인은 금전상 손해를 보긴 했지만, 돈으로 살 수 없는 명예를 대신 산 것이다. 그 또한 이자를 받는 것이 율법에 어긋나는 일임을 잘 알고 있었다. 따라서 이 청지기는 주인의 명예를 높여주는 일을 했고, 동시에 이자를 받지 말라는 하느님의 율법을 지키도록 도왔고, 게다가 이는 자신이 어려울 때 자기를 도와줄 친구를 마련하는 일이 되었다. 따라서 이 비유 이야기에는 불의한 청지기의 약삭빠름에 대한 칭찬이 주제가 되고 있지만, 실상 이 비유 이야기가 암시하는 것은 가난한 자들의 생존을 위해 이자 제도는 없어져야 한다는 하느님의 경제 논리를 내세우고 있는 것이다.

오늘 불의한 청지기 비유 말씀을 마치면서 예수께서는 이렇게 덧붙이신다. "불의한 재물로 친구를 사귀어라. 그래서 그 재물이 없어질 때에, 그들이 너희를 영원한 처소로 맞아들이게 하여라. 한 종이 두 주인을 섬기지 못한다. 너희는 하나님과 재물을 함께 섬길 수 없다." 불의한 재물로 친구를 사귀었기에 재물이 없어지더라도 영원한 집으로 들어간다고 말하는 사람은 누구를 두고 한 말인가? 작은 일에 충실한 사람으로 그래서 큰일을 맡길 만한 사람으로 암시하는 사람이 불의한 청지기를 두고 한 말이라면 정말 헷갈린다. 하느님과 재물을 동시에 섬길 수 없다고 결론지으면서 왜 앞에서는 재물을 적절하게 이용하여 친구를 사귀어

두면 영원한 집으로 갈 수 있다는 모순된 얘기를 하는 것인가? 이는 예수님의 비유에 대한 다양한 견해를 보여주는 누가의 편집이다. 누가 공동체 안에 다양한 계층이 있는 것을 보여주는 것이다.

여기에 또 하나의 말씀, "이 세상의 아들들이 자기네끼리 거래하는 데에는, 빛의 아들보다 더 슬기롭다" 또한 해석이 매우 어려운 구절이다. 슬기롭다는 단어는 불의한 청지기를 칭찬하는 데 쓰인 단어다. 그렇다면 여기서 세상의 자녀들이 빛의 자녀들보다 더 슬기롭다고 하는 표현은 세상의 자녀를 칭찬하는 표현법으로 볼 수밖에 없다. 우리는 흔히 교회에 속한 사람들은 빛의 자녀이고 교회 밖의 사람들은 세상의 자녀라고 말한다. 그래서 빛의 자녀가 세상의 자녀보다 더 슬기롭다는 것은 당연한 결론이다. 그런데 예수는 지금 반대로 얘기하고 있다. 지금 여기서 말하는 빛의 자녀들은 예수님 당시의 에세네파 공동체를 두고 한 말이다. 이는 요한복음에서 더 분명하게 드러난다. 이 에세네파들은 세상과 격리된 자신들만의 폐쇄된 공동체 생활을 하고 자신들만이 구원을 받는 빛의 자녀들이라고 불렀다. 이에 대해 예수께서는 저들의 세상과 격리된 폐쇄된 생활 방식을 비판하고 있는 것이다. 세상과 교통해야 한다는 것이다. 재물을 적절히 이용함으로 하느님의 뜻을 더 잘 펼 수 있음을 말하고 있다.

불의한 청지기 비유 이야기는 단순히 한 청지기의 슬기(약삭빠름)에 대해 말하는 비유가 아니라, 약탈과 착취에 기초한 로마제국이 지배하는 부익부 빈익빈의 자본주의 경제 체제를 고발하고 있고, 비록 불의한 방법이라 할지라도 그가 보여준 지혜를 통해 이자 없는 경제 체제와 재산 나눔을 실현함으로 하느님의 뜻을 펼쳐가고 있음을 말한다.

성령강림 후 열아홉째 주일(9월 25일~10월 1일)

렘 32:1-3a, 6-15; 시 91:1-6, 14-16;
딤전 6:6-19; 눅 16:19-31

예레미야 32:1-3a, 6-15

1 유다 왕 시드기야 제 십년에 주께서 예레미야에게 말씀하셨다. 그 해는 느부갓네살 제 십팔년이었다.

2 그 때에 예루살렘은 바빌로니아 왕의 군대에게 포위되어 있었고, 예언자 예레미야는 유다 왕궁의 근위대 뜰 안에 갇혀 있었다.

3 유다 왕 시드기야가 예레미야를 그 곳에 가둘 때에, 이와 같이 책망하였다. "그대가 어찌하여 이런 예언을 하였소?"

6 주께서 나에게 말씀하셨다.

7 "너의 숙부 살룸의 아들 하나멜이 너에게 와서, 아나돗에 있는 그의 밭을 너더러 사라고 하면서, 그 밭을 유산으로 살 우선권이 너에게 있기 때문에, 네가 그것을 사야 한다고 말할 것이다."

8 과연 주의 말씀대로, 숙부의 아들 하나멜이 근위대 뜰 안으로 나를 찾아와서, 나에게 부탁하였다. 베냐민 지방의 아나돗에 있는 그의 밭을 나더러 사라고 하였다. 그 밭을 소유할 권리도 나에게 있고, 그 밭을 유산으로 사들일 권리도 나에게 있으니, 그 밭을 사서 내 밭으로 삼으라고 하였다. 그 때에 나는 이것이 바로 주님의 명임을 깨달았다.

9 나는 숙부의 아들 하나멜에게서 아나돗에 있는 그 밭을 사고, 그 값으로 그에게 은 열일곱 세겔을 달아 주었다.

10 그 때에 나는 매매계약서에 서명을 하고, 그것을 봉인하고, 증인들을 세우고, 은을 저울에 달아 주었다.

11 그리고 나는 법과 규례에 따라서 봉인된 매매계약서를 봉인되지 않은 계약서와 함께 받았다.

12 그리고 나는, 숙부의 아들 하나멜과 그 매매계약서에 서명한 증인들과 근위대 뜰 안에 앉아 있던 모든 유다 사람이 보는 앞에서, 그 매매계약서를 마세야의 손자이며 네리야의 아들인 바룩에게 넘겨 주고,

13 또한 그들이 모두 보는 앞에서, 바룩에게 부탁하였다.

14 "나 만군의 주, 이스라엘의 하나님이 이렇게 말한다. 이 증서들, 곧 봉인된 매매계약서와 봉인되지 않은 계약서를 받아서, 옹기그릇에 담아 여러 날 동안 보관하여라.
15 참으로 나 만군의 주, 이스라엘의 하나님이 말한다. 사람들이 이 나라에서 다시 집과 밭과 포도원을 살 것이다."

신학적 관점

예언자 예레미야가 바빌론의 점령을 목전에 둔 상태에서 땅을 사는 이야기이다. 두 가지 신학적 의미가 있다. 첫째는 그 땅은 여호수아 이래 자신의 지파에게 주어진 땅이었다. 아무나 살 수 있는 땅이 아니었다. 본래 땅 주인의 가장 가까운 친척에게 우선권이 있었다. 이는 땅은 하느님의 것이라고 하는 믿음 위에 세워진 지파 간의 계약이었다. 그러나 구입 시기에 있어 문제가 된다. 왜냐하면 땅을 샀다 하더라도 예루살렘 전체 도성이 적군에게 점령 당하는 위기 속에서 무슨 의미가 있는 것인가? 이는 비록 예루살렘이 적군에게 점령 당한다 하더라도 다시 나라가 회복될 것이라고 하는 YHWH의 상징 메시지였다. 왜냐하면 그 땅의 주인은 여전히 YHWH이기 때문이다.

목회적 관점

만약 교인 중의 한 사람이 조상 대대로 물려온 땅을 처분해야 하는 위기가 임했다고 하자. 이때 교회가 공동으로 이를 구입하고 나서 그로 하여금 차차 대금을 지불하도록 하는 방식이 있다면 좋을 것이다.

주석적 관점

시드기야 십 년은 BCE 587/586년을 말한다. 이미 10년 전 바빌론제국은 예루살렘에서 첫 번째 포로들을 끌고 갔고, 두 번째 침공이 일어난 것이다. 3b-5절이 본문에서 생략되어 있는데, 그 내용은 이때 예레미야는 시드기야 왕이 포로로 끌려갈 것을 예언함으로 인해 스파이로 몰려 감옥에 갇히게 되었다. 그러니까 땅을 사고판다는 것은 아무런 의미가 없는 행동이었다.

설교적 관점

자본주의 사회에서 땅은 개인의 소유물이 되었고 부의 상징이 되었다. 그러나 땅은 모두의 것이 되어야 한다. 만약 강한 한 나라가 온 세계를 힘으로 다 점령하고 세계 사람들에게 모든 지대를 거두어 간다고 하면 이에 동의할 나라가 어디에 있을까? 마찬가지로 한 나라의 땅을 한 사람이 다 소유한다고 하는 일은 있을 수가 없다. 제국이라고 하는 것은 전쟁을 통해 땅을 넓혀가야 하는 기본 성격이 있다. 땅을 개인 소유화했을 때, 개인 간의 약육강식은 피할 수가 없다. 성서가 계속하여 땅은 하느님의 것임을 선포하는 것은 생명이 세상보다 더 귀하기 때문이다.

시편 91:1-6, 14-16

1 지존하신 분의 거처에 몸을 숨기고 전능하신 분의 그늘 아래 머무는 사람아,

2 야훼께서 네 피난처시요 네 요새이시며 네가 의지하는 너의 하느님이라고 말하여라.

3 그분이 너를 사냥하는 자의 덫과 죽을 병에서 건져 주시어

4 당신의 날개로 덮어 주시고 그 깃 아래 숨겨 주시리라. 그의 진실하심이 너의 갑옷이 되고 방패가 되신다.

5 밤에 덮치는 무서운 손, 낮에 날아 드는 화살을 두려워 말아라.

6 밤중에 퍼지는 염병도 한낮에 쏘다니는 재앙도 두려워 말아라.

14 "나에게 부르짖는 자를 내가 건져 주며 나의 이름을 아는 자를 내가 높여 주리라.

15 나를 부르는 자에게 대답해 주고 환난 중에 그와 함께 있으리니 나는 그를 건져 주고 높여 주리라.

16 그로 하여금 마음껏 오래 살게 하고 나의 구원을 그에게 보여 주리라."

디모데전서 6:6-19

6 자족할 줄 아는 사람에게는, 경건이 큰 이득을 줍니다.

7 우리는 아무것도 세상에 가지고 오지 않았으니, 아무것도 가지고 떠나갈 수 없습니다.

8 우리는, 먹을 것과 입을 것이 있으면, 그것으로 만족해야 합니다.

9 그러나 부자가 되기를 원하는 사람은, 유혹과 올무와 여러 가지 어리석고도 해로운 욕심에 떨어집니다. 이런 것들은 사람을 파멸과 멸망에 빠지게 합니다.

10 돈을 사랑하는 것이 모든 악의 뿌리입니다. 돈을 좇다가, 믿음에서 떠나 헤매기도 하고, 많은 고통을 겪기도 한 사람이 더러 있습니다.

11 하나님의 사람이여, 그대는 이 악한 것들을 피하십시오. 의와 경건과 믿음과 사랑과 인내와 온유를 좇으십시오.

12 믿음의 선한 싸움을 싸우십시오. 영원한 생명을 얻으십시오. 하나님께서는 영생을 얻게 하시려고 그대를 부르셨고, 또 그대는 많은 증인들 앞에서 훌륭하게 신앙을 고백하였습니다.

13 나는, 만물에게 생명을 주시는 하나님 앞과, 본디오 빌라도에게 훌륭하게 증언하신 그리스도 예수 앞에서, 그대에게 명령합니다.

14 그대는 우리 주 예수 그리스도께서 나타나실 때까지, 그 계명을 지켜서, 흠도 없고 책망받을 것도 없는 사람이 되십시오.

15 정한 때가 오면, 하나님께서 주님의 나타나심을 보여주실 것입니다. 하나님은 찬양을 받으실 분이시요, 오직 한 분이신 통치자이시요, 만왕의 왕이시요, 만주의 주이십니다.

16 오직 그분만이 죽지 않으시고, 사람이 가까이할 수 없는 빛 가운데 계시고, 사람으로서는 본 일도 없고 볼 수도 없는 분이십니다. 그분에게 존귀와 영원한 주권이 있기를 빕니다. 아멘.

17 그대는 이 세상의 부자들에게 명령하여, 교만하지도 말고, 덧없는 재물에 소망을 두지도 말고, 오직 우리에게 모든 것을 풍성히 주셔서 즐기게 하시는 하나님께 소망을 두라고 하십시오.

18 또 선한 일을 하고, 좋은 일을 많이 하고, 아낌없이 베풀고, 즐겨 나누어 주라고 하십시오.

19 그렇게 하여, 앞날을 위하여 든든한 기초를 스스로 쌓아서, 참된 생명을 얻으라고 하십시오.

신학적 관점

종이 두 주인을 섬길 수 없듯이, 사람은 하느님과 맘몬을 동시에 섬길 수 없다. 부(부자)에 관한 경고의 말씀이다. 재물 자체가 악한 것은 아니다. 그러나 재물에 대한 욕망은 사람의 눈을 멀게 하여 이웃과 생명이 보이지 않게 된다. 영생(영원한 생명)은 단순히 미래에 일어나는 일이 아니다. 현재에서 하느님께서 주신 생명의 소중함을 깨달을 때, 그는 이미 영생을 살고 있는 것이다.

목회적 관점

교회 표어를 만들 때 교회 성장이나 땅끝까지 선교 혹은 개인 축복에 관련한 성서 구절을 많이 인용한다. "돈을 사랑하는 것이 모든 악의 뿌리입니다!"라는 표어는 어떠할까?

주석적 관점

바울은 '빌라도 총독 앞에서 행한 예수의 증언'(13절)을 구체적으로 무엇으로 생각하는가? 하느님의 뜻을 실천하기 위해 십자가의 죽음을 두려워하지 않는 담대한 신앙을 의미한다. 바울이 생각하는 십자가는 부활로 가기 위한 단순한 신앙 상징이 아니었다. 그건 로마제국의 거대한 권력과의 대결이었다.

설교적 관점

그리스도인들은 믿음의 선한 싸움을 싸워가는 사람이다. 제일 첫 번째 싸움의 대상은 '돈을 사랑하는 일'이다. 그러나 오늘의 시대에서 '부자되는 일'이 믿음의 목표가 되고 말았다. 복음은 예수 십자가의 복음(Gospel of the Cross)이 아닌 세상 번영의 복음(a gospel of prosperity)으로 변질되고 말았다. 우상을 섬기지 말아야 한다는 것은 누구나 잘 알지만, 돈이 우상임을 깨닫기까지에는 많은 시간이 걸린다.

누가복음 16:19-31

19 "어떤 부자가 있었는데, 그는 자색 옷과 고운 베 옷을 입고, 날마다 즐겁고 호화롭게 살았다.

20 그런데 그 집 대문 앞에는 나사로라 하는 거지 하나가 헌데 투성이 몸으로 누워서,

21 그 부자의 상에서 떨어지는 부스러기로 배를 채우려고 하였다. 개들까지도 와서, 그의 헌데를 핥았다.

22 그러다가, 그 거지가 죽어서 천사들에게 이끌려 가서 아브라함의 품에 안겼고, 그 부자도 죽어서 땅에 묻히게 되었다.

23 부자가 지옥에서 고통을 당하다가 눈을 들어서 보니, 멀리 아브라함이 보이고, 그의 품에 나사로가 있었다.

24 그래서 그가 소리를 질러 말하기를 '아브라함 조상님, 나를 불쌍히 여겨 주십시오. 나사로를 보내서, 그 손가락 끝에 물을 찍어서, 내 혀를 시원하게 하도록 해주십시오. 나는 이 불 속에서 몹시 고통을 당하고 있습니다' 하였다.

25 그러나 아브라함이 말하였다. '얘야, 되돌아보아라. 살아 있을 때에 너는 온갖 복을 다 누렸지만, 나사로는 온갖 불행을 다 겪었다. 그래서 그는 지금 여기에서 위로를 받고, 너는

고통을 받는다.

26 그뿐만 아니라, 우리와 너희 사이에는 큰 구렁텅이가 가로놓여 있어서, 여기에서 너희에게로 건너가고자 해도 갈 수 없고, 거기에서 우리에게로 건너오지도 못한다.'

27 부자가 말하였다. '조상님, 소원입니다. 그를 내 아버지 집으로 보내 주십시오.

28 나는 형제가 다섯이나 있습니다. 제발 나사로가 가서 그들에게 경고하여, 그들만은 고통받는 이 곳에 오지 않게 해주십시오.'

29 그러나 아브라함이 말하였다. '그들에게는 모세와 예언자들이 있으니, 그들의 말을 들어야 한다.'

30 부자가 말하였다. '아닙니다. 아브라함 조상님, 죽은 사람들 가운데서 누가 살아나서 그들에게 가면, 그들이 회개할 것입니다.'

31 아브라함이 그에게 말하였다. '그들이 모세와 예언자들의 말을 듣지 않으면, 죽은 사람들 가운데서 누가 살아날지라도, 그들은 그의 말에 귀를 기울이지 않을 것이다.'"

신학적 관점

본문은 예수께서 자주 언급하는 이 땅에서의 '꼴찌가 첫째 되고 첫째가 꼴찌 되는' 하느님 나라 전복(顚覆) 신학의 예다.

목회적 관점

별다른 설명이 필요 없는 말씀이다. 그런데 문제는 예배를 드릴 때는 "아멘" 하지만, 예배가 끝나고 문밖만 나서면 이 말씀대로 살아가는 사람은 거의 없다는 것이다. 예수를 주님이라고 고백하고 성서의 말씀을 하느님의 말씀이라고 고백하면서도, 천국 지옥 얘기를 들었으면서도… 우리 대부분은 비록 지옥행이 된다하더라도 값진 옷을 입고 날마다 즐겁고 호화로운 생활을 하는 길이 있다면 그 길을 선택한다는 것이다.

주석적 관점

예수의 비유 가운데 주인공의 이름이 등장하는 유일한 곳이 부자와 나사로의 비유이다. 아마도 천국, 지옥 이야기가 나오자 후세 사람들로부터 꾸며낸 이야기라고 비난을 받아 사실성을 담보하기 위해 이름이 실려 있지 않나 생각한다.

"불신 지옥, 예수 천당"이라는 구호의 배경이 된다. 신앙을 떠나 천당, 지옥은 부정도 긍정도 제대로 할 수 없는 난감한 문제이다. 기독교인으로서 예수께서 말씀한 천국과 지옥을 없다고 말할 수도 없고, 그렇다고 있다고 믿자니 자신의 신앙이 너무 천박해지는 같아 이러지도 저러지도 못하는 것이 현대 과학 우주 시대를 살아가고 있는 우리의 현실이다. 사후의 천국과 지옥을 설정해 놓고 나면 신앙생활의 기준이 모호해질뿐더러, 신앙이 주는 자유와 해방의 기쁨은 사라지고, 뭔가 얽매이게 되는 율법적 신앙인으로 변하게 된다.

설교적 관점

요즘은 복이라는 말보다는 행복이라는 말이 더 자주 쓰인다. 국가 경제 수치를 비교할 때도 단순히 국민소득만을 비교하지 않고 건강, 교육, 장수 등등을 포함한 행복지수를 말한다. 국민소득이 세계 1위라 하더라도 동시에 자살률이 세계 최고라면 그 나라는 복이 있는 나라는 되겠지만, 행복한 나라는 아닌 것이다. 그런데 이 '행복'이라는 단어는 일본에서 수입된 말이다. 메이지 시대 일본이 영어의 happy를 번역하면서 '사치'에 해당하는 행(幸)과 복(福)을 묶어 '행복'이란 말을 만들어 냈다. 지금도 일본인은 바다에서 나는 해산물을 우미노사치, 곧 바다의 행복, 산에서 잡은 짐승·산나물·열매들은 야마노사치, 곧 산의 행복이라고 부르고 있는데, 이는 자연의 영령들이 인간에게 뭔가를 주는 것을 '행'이라고 여겼던 까닭이다. 그러니까 어원적으로 보면 행복이란 하늘의 축복이 전제된 말인데, 요즘 쓰는 복이란 단어에는 이런 의미가 들어가 있지만, 행복이란 단어에는 그런 의미는 거의 사라지고 말았다.

본래 영어의 happy는 happen에서 온 말로 '예상치 않게 오는 신의 은총'이란 의미다. 행복이 본래는 물질적인 것보다는 시간에 관련되어 있다. 이는 성서에 등장하는 떠돌이를 조상으로 하는 히브리인들의 역사관의 영향이라고 하겠다. 서양에는 "시간이 금이다"라는 말이 있다. 우리말에는 "황금을 돌같이 여기라"는 말은 있지만, 시간을 복과 연계시키는 말은 거의 없다. 물질 사고의 틀에서 벗어나 시간이라는 현존성에 충실하는 일, 곧 자기 깨어있음이 진정한 복이요 행복이라는 성서의 가르침을 깨달아야 한다.

프랑스의 철학자 알랭 바디우는 자본주의 체제에 대한 비판의 목소리를 높이며 이렇게 말한다. "오늘날 존재하는 유일한 보편적 가치는 돈입니다. 우리는 다른 보편적 가치, 사적이 이익에 대항하는 새로운 가치를 찾아내야 합니다. 내가 철학을 통해 주체와 진리에 대해 이야기해 온 것은 이런 보편적 가치의 새로운 시대를 열기 위한 전투였습니다. 현재의 자본주의 세계에서 벗어나기 위해서는 새로운 가치를 제시해야 합니다. 새로운 생각 없이 새로운 세계는 없습니다. 현재의 자본주의 세계는 젊은이들에게 '시장에서 소비자가 되라'는 것 이외에는 어떤 가치도 제공해 주지 못하고 있습니다. 내 생각에 다른 가치는 다른 형태의 집단적인 삶에 있습니다. 자본주의 이데올로기인 개인주의, 이기주의에 반하는 가치를 찾아 살아가야 합니다."

예수 또한 로마제국이 주도하는 "더 크게! 더 많이!"라는 개인주의적인 자본주의 가치에 대항하는 새로운 가치를 말씀하신 것이다. 몇 년 전 남한을 방문한 바디우는 "앞으로 건설할 통일 한반도는 고삐 풀린 자본주의의 남한, 통제된 사회주의의 북조선도 아닌 새로운 나라가 되기를 바란다"고 말하면서 "현재의 자본주의 세계, 금융 독재가 이루어지고 있는 세계는 정말 절망적이지만, 우리는 이 상황에서도 끈질기게 희망을 가져야 한다. 절대로 절망을 선전하는 프로파간다에 넘어가면 안 된다"고 강조하는데, 이는 이천 년 전 십자가 처형 뒤에 절망하여 귀향하는 엠마오 제자에게 나타나신 부활 예수의 말씀과 같다.

예수가 로마에 의해 처형당한 뒤 바울은 로마제국과 정면 대결하는 민중적 방식을 버리고 인간의 내면화 과정을 통한 새로운 가치를 만들어 내고자 노력하는데, 그중 하나가 사랑하는 아들 제자 디모테오에게 보낸 본문 말씀이다. "자기가 갖고 있는 것으로 만족할 줄 아는 사람에게는 종교가 크게 유익합니다. 우리는 아무 것도 세상에 가지고 온 것이 없으며 아무 것도 가지고 갈 수 없습니다. 먹을 것과 입을 것이 있으면 그것으로 만족하시오, 부자가 되려고 애쓰는 사람은 유혹에 빠지고 올가미에 걸리고 어리석고도 해로운 온갖 욕심에 사로잡혀서 파멸의 구렁텅이에 떨어지게 됩니다. 돈을 사랑하는 것이 모든 악의 뿌리입니다. 하느님의 일꾼인 그대는 이런 것들을 멀리하고 정의와 경건과 믿음과 사랑과 인내와 온유를 추구하시오. 또 착한 일을 하여 선행을 풍부히 쌓고 있는 것을 남에게 아낌없이 베풀고, 기꺼이 나누어 주라고 하시오. 그렇게 해서 자신들의 미래를 위하여 기초를 쌓아 참된 생명을 얻을 수 있게 하라고 이르시오."

19세기 미국의 기독교 사상가인 채닝은 말한다. "그리스도는 인류를 어떤 큰 악에서 해방시켰느냐고 물으면 대부분의 그리스도인은 지옥에서, 내세의 형벌에서라고 대답할 것이다. 이 대답에서 볼 수 있듯이 구원이란 다른 사람이 자신에게 가져다주는 것으로 생각한다. 그런데 우리가 진정 두려워해 할 지옥은 자기 밖에 있는 지옥이 아니라, 자기 자신 속에 있는 지옥이다. 우리에게는 지옥의 형벌보다 더 나쁜 것이 있다. 그것은 신을 인정하지 않는 상태, 곧 동물적인 욕망에 자신을 내어 맡긴 정신 상태, 신을 눈앞에 보면서도 인간의 위협과 분노를 두려워하고, 자신의 선을 의식하는 조용한 기쁨보다 세속적인 명예를 좋아하는 정신 상태이다. 인간에게 그 이상의 파멸은 없다."

뜨거운 불이 있는 영원한 지옥에 떨어진다는 것은 단순히 악행을 저지른 악인들이 가는 죽음 이후의 장소가 아니라, 지금 여기에서 자신의 영혼이 어디 있는지를 알지 못한 채, 자기 야욕의 세계 속에 갇혀서 자신의 도움을 필요로 하는 사람을 보지 못한 채 인생을 쳇바퀴 돌아가듯 사는 눈이 먼 사람들을 두고 한 말이다.

성령강림 후 스무째 주일(10월 2일~10월 8일)

애 1:1-6; 3:19-26; 딤후 1:1-14; 눅 17:5-10

예레미야애가 1:1-6

1 아, 그렇듯 붐비던 도성이 이렇게 쓸쓸해지다니. 예전에는 천하를 시녀처럼 거느리더니, 이제는 과부 신세가 되었구나. 열방이 여왕처럼 우러르더니 이제는 계집종 신세가 되었구나.

2 밤만 되면 서러워 목놓아 울고, 흐르는 눈물은 끝이 없구나. 사랑을 속삭이던 연인들조차 위로하여 주지 않고 벗들마저 원수가 되어 등 돌리는구나.

3 유다는 욕보면서 살아오다가 끝내 잡혀 가 종살이하게 되었구나. 이 나라 저 나라에 얹혀 살자면 어디인들 마음 붙일 곳이 있으랴. 이리저리 쫓기다가 막다른 골목에 몰려 뒷덜미를 잡힌 꼴이 되었구나.

4 시온으로 오가는 길목에는 순례자의 발길이 끊어지고, 들리는 것은 통곡소리뿐이구나. 모든 성문은 돌더미로 주저앉고, 사제들 입에서는 신음소리뿐이요 처녀들 입에서는 한숨소리뿐이구나. 아, 시온이 이렇게도 처량하게 되다니.

5 야훼께 거스르기만 하던 시온, 정녕 죄를 받고 말았구나. 시온의 원수들이 득세하여 이제 닥치는 대로 어린것들마저 끌어가는구나.

6 수도 시온의 영화는 어디로 갔는가. 지도자들은 목장을 잃은 염소처럼 떠돌며 원수에게 맥없이 끌려가고 말았구나.

신학적 관점

시인은 바빌론제국의 침략으로 많은 사람이 살해되고 포로로 끌려간 이후 유다 왕국이 폐허로 변해버린 처참한 상황을 말하고 있다. 지난 수천 년의 역사 속에서 끊임없이 외세에 시달려 온 우리 민족은 구구절절이 마음이 울린다.

고통의 현실 앞에서 신학적인 질문은 "왜"로 시작한다. 역사의 주인이신 YHWH께서 선택한 민족으로서 끊임없이 예배하고 찬양하는 우리에게 왜 이런 고통을 주시는 것일까? 물론 그 답은 5절에 있다. 그러나 5절로 성급히 나아가고 싶은 유혹을 피하도록 하자. 지금은 슬픔을 노래하고 함께 아파하는 것만으로 충분하지 않을까?

목회적 관점

시인이 민족의 고통을 바라보면서 그저 아파하듯이 목회자는 신도들이 겪는 고통, 특히 사랑하는 사람을 불의의 사고로 잃는 고통 앞에서는 속수무책이다. 말없이 곁에 앉아 있는 것만으로 충분하다. 우산을 펴서 비를 피하게 하는 것도 중요하겠지만, 함께 비를 맞는 것도 좋은 치유가 된다.

주석적 관점

시편의 가장 많은 시는 탄식시다. 본문은 민족의 고통을 남편을 잃은 한 여인의 조롱받는 고통스런 삶에 비유하고 있다.

칠백 년이 세월이 흘러 로마제국의 통치하에서 살아가고 있던 예수 또한 예루살렘 멸망을 바라보며 아파하신다(눅 13:34-35; 19:41-44; 21:27-31).

설교적 관점

윤동주를 비롯한 일제강점기하의 저항 시인들의 작품과 비교하는 설교를 하면 훨씬 더 큰 감동을 불러일으킬 것이다. 혹은 동경대지진 때 일어난 조선인 학살 관련 작품을 비교하면 더 큰 울림을 가져온다. 또 다른 본문인 3장 19절에는 이 고통스런 상황을 '소태를 먹은 듯'하다고 표현한다. 소태나무 작은 가지를 가져다 직접 맛을 보도록 하면 어떨까? 맛을 경험해 보지 못한 사람들이 많다.

한국전쟁 혹은 제주4.3, 광주5.18의 고통스런 상황을 얘기할 수도 있겠지만, 외세의 침략으로 인한 우리 민족의 고통에 초점을 맞추는 것이 타당할 것이다.

예레미야애가 3:19-26
19 쫓기는 이 처참한 신세 생각만 해도 소태를 먹은 듯 독약을 마신 듯합니다.
20 주여 이 몸 잊지 마시고, 굽어 살펴 주십시오.

21 이것을 마음에 새기며 두고두고 기다리겠습니다.

22 주 야훼의 사랑 다함 없고 그 자비 가실 줄 몰라라.

23 그 사랑, 그 자비 아침마다 새롭고 그 신실하심 그지없어라.

24 "나의 몫은 곧 야훼시라" 속으로 다짐하며 이 몸은 주를 기다리리라.

25 야훼께서는 당신을 바라며 찾는 사람에게 사랑을 베푸신다.

26 야훼에서 건져 주시기를 조용히 기다리는 것이 좋은 일이다.

디모데후서 1:1-14

1 하나님의 뜻으로 그리스도 예수 안에 있는 생명의 약속을 따라 그리스도 예수의 사도가 된 나 바울은,

2 사랑하는 아들 디모데에게 편지합니다. 하나님 아버지와 우리 주 그리스도 예수께서 내려 주시는 은혜와 자비와 평화가 그대에게 있기를 빕니다.

3 나는 밤낮으로 기도를 하는 가운데 끊임없이 그대를 기억하면서, 조상 때부터 그렇게 한 것과 같이, 내가 깨끗한 양심으로 섬기는 하나님께 감사를 드립니다.

4 그대의 눈물을 기억하면서, 나는 그대를 보기를 원합니다. 그것은 나의 기쁨이 충만해지게 하려 하는 것입니다.

5 나는 그대의 거짓 없는 믿음을 기억합니다. 그 믿음은 먼저 그대의 외할머니 로이스와 그대의 어머니 유니게에게 깃들어 있었는데, 그것이 그대에게도 깃들어 있음을 나는 확신합니다.

6 그러므로 나는 그대를 일깨워서, 내가 그대에게 안수할 적에 그대가 받은 하나님의 은사를 다시금 불붙게 하고자 합니다.

7 하나님께서는 우리에게 비겁한 영을 주신 것이 아니라, 능력과 사랑과 절제의 영을 주셨습니다.

8 그러므로 그대는, 우리 주님을 증언하는 일이나, 주님을 위하여 갇힌 몸이 된 나를 부끄러워하지 말고, 하나님의 능력을 힘입어, 복음을 위하여 고난에 참여하십시오.

9 하나님께서 우리를 구원하여 주시고, 거룩한 부르심으로 불러 주셨습니다. 그것은 우리의 행실을 따라 하신 것이 아니요, 오직 하나님의 계획과 은혜를 따라 하신 것입니다. 이 은혜는 영원 전에 그리스도 예수 안에서 우리에게 주신 것인데,

10 이제는 우리 구주 그리스도 예수의 나타나심으로 밝히 드러났습니다. 그리스도께서는 죽음을 폐하시고, 복음으로 생명과 썩지 않음을 밝히 보이셨습니다.

11 나는 이 복음을 전하는, 선포자와 사도와 교사로 임명을 받았습니다.

12 그러므로 나는 이런 고난을 당하면서도 부끄러워하지 않습니다. 나는 내가 믿는 분을 잘 알고 있고, 또 내가 맡은 것을 그분이 그 날까지 지켜 주실 수 있음을 확신합니다.

13 그대는 그리스도 예수 안에 있는 믿음과 사랑으로 나에게서 들은 건전한 말씀을 본보기로 삼고,

14 우리 안에 살아 계시는 성령을 힘입어, 그 맡은 바 선한 것을 지키십시오.

신학적 관점

몇 개의 신학적인 물음을 던지고 있다. 첫째는 복음 전파자로서 겪는 고난의 문제다. 피동이 아닌 적극적인 고난에의 참여다(8절). 둘째는 행실이 아닌 하느님의 은혜에 의한 영원 전에 선택된 예정 구원의 문제다(9절). 이는 교리로 이해하기보다는 하나의 고백으로 이해함이 옳다(9절). 이는 디모데의 (예정의) 부르심에 외할머니와 어머님의 믿음이 함께 거하고 있기 때문이다(5절).

바울신학의 근본 문제는 복음서신학, 특히 마가복음이 다루고 있는 십자가 고난의 신학에 비하면 너무 영적으로 치우쳐 있다. 곧 그가 고백한 대로 역사적 예수에 대한 관심이 너무 없다는 게 문제다. 이는 이방인 구원에 집중하고 동시에 베드로를 비롯한 초기 제자들과의 차별화 때문이라고 필자는 생각한다.

목회적 관점

교인들 가운데는 성장한 이후 회개의 경험과 함께 세례를 받은 바울과 같은 사람들과 같은 사람들이 있는 반면, 부모님에 의해 유아세례와 입교를 통해 신자가 된 디모데와 같은 사람들이 있다. 간혹 이 둘 사이에 믿음의 간격이 드러나곤 한다. 오늘 본문은 이 두 형이 어떻게 예수 그리스도 안에서 하나의 사역을 감당하게 되는지에 대해 잘 설명하고 있다.

목회자로서 교회 성장을 이루는 것 못지않게 '사랑하는 아들딸'이라고 부를 수 있는 동역자를 길러내는 일 또한 소중하다. 혹 나에게 그런 사람이 있는가?

주석적 관점

디모데후서 또한 바울 저작이 의문시되고 있긴 하나 이를 너무 깊게 다루는 일은 피하도록 한다.

만약 바울이 직접 이 서신을 썼다면 바울이 이 서신을 쓴 목적은 디모데가 바울의 투옥에 대해 부끄러워하고 있었기 때문이다(8절). 왜 디모데는 부끄러움을 느꼈을까? 이미 바울 또한 로마서 13장에서 로마의 국가권력을 정당화 여겼듯이 당시는 제정일치의 시대로서 모든 종교는 국가의 성장과 부흥을 위한 일종의 국가종교였다. 그런데 바울이 로마 감옥에 갇혔다는 것은 반로마적인 입장을 취했기 때문이다. 사도행전은 이를 유대 종교 지도자들의 모함이라는 일종의 종교 갈등으로 해명하고 있다. 그러나 예수를 구주로 고백하는 행위 자체가 황제를 주로 고백하는 당시의 모든 국가종교와는 달랐다. 곧 디모데는 주변 사람들로부터 예수교는 반로마적인 불온한 집단이라는 비난에 휩싸였던 것이다. 이에 바울은 감옥에 갇히는 일은 부끄러움이 아닌 복음을 전하는 사람들의 마땅한 결과임을 설파하고 있다(12절). "십자가의 말씀이 멸망할 자들에게는 어리석은 것이지만, 구원을 받는 사람인 우리에게는 하나님의 능력입니다"(고전 1:18).

설교적 관점

참 복음('건전한 말씀', 13절)은 삶을 번영과 행복으로 이끄는 것이 아니라, 고통과 고난으로 이끈다. 성령은 이 고난 속에 임재하신다(14절).

바울은 디모데가 안수 받을 때의 그 뜨거운 마음을 떠올리도록 권고하고 있다(6절). 설교자 본인의 세례 혹은 임직식 때의 감격을 언급함으로 교인 각자 각자의 감격을 떠올리도록 하고 서너 사람의 고백을 듣도록 하자. 12절을 함께 고백함으로 설교를 마치면 어떨까?

누가복음 17:5-10

5 사도들이 주께 말하기를 "우리에게 믿음을 더하여 주십시오" 하니,

6 주께서 말씀하셨다. "너희에게 겨자씨 한 알 만한 믿음이라도 있으면, 이 뽕나무더러 '뽑혀서, 바다에 심기어라' 하면, 그대로 될 것이다.

7 너희 가운데서 누구에게 밭을 갈거나, 양을 치는 종이 있다고 하자. 그 종이 들에서 돌아올 때에 '어서 와서, 식탁에 앉아라' 하고 그에게 말할 사람이 어디에 있겠느냐?

8 오히려 그에게 말하기를 '너는 내가 먹을 것을 준비하여라. 내가 먹고 마시는 동안에, 너는 허리를 동이고 시중을 들어라. 그런 다음에야, 먹고 마셔라' 하지 않겠느냐?

9 그 종이 명령한 대로 하였다고 해서, 주인이 그에게 고마워하겠느냐?

10 이와 같이, 너희도 명령을 받은 대로 다 하고 나서 '우리는 쓸모없는 종입니다. 우리는 마땅히 해야 할 일을 하였을 뿐입니다' 하여라."

신학적 관점

믿음이란 무엇인가? 정의는 여러 가지가 있다. 하이델베르크신조에서는 "복음을 통하여 내 안에 성령께서 창조하시는 전적인 신뢰"라고 정의한다. 그런데 6절의 예수의 답변은 하느님에 대한 신뢰와 무슨 관계가 있는 것인가?

본문이 전하는 믿음에 관한 신학적 논의에서 중요한 점은 믿음은 '그리스도인의 믿음'이 아니라, '그리스도에 관한 믿음'이라는 점이다. 곧 믿음은 개인의 소유적 의미가 아니라, 외부에서 바라보는 기준이라는 것이다. 사도행전에서 첫 그리스도인은 스스로 붙인 명칭이 아니라, 주위 사람들이 붙인 이름이다. 믿음을 개인 소유화하지 말라는 경고이다. 행위로 획득되는 것이 아니다. 그리스도 안에서의 믿음이다. "나는 부모님을 믿는다"라는 말이 성립되는가? 영어는 "나는 하느님을 믿는다"를 "I believe 'in' God"으로 표현한다. '내'가 믿음의 주체가 아니라는 뜻이다.

목회적 관점

'쓸모없는 종'이라는 고백은 오늘날 어떤 의미를 갖는가? 현대의 자기 PR 시대에 쓸모 '있는' '종'이라는 말도 용납하기가 힘들거늘, 자기 할 본분을 다하고서도 여전히 '쓸모없다'고 하는 의미는 어떻게 이해해야 할까? 간혹 나이 드신 분들이 기도하는 가운데 '버러지보다 못한 존재', 심지어는 '발톱의 때보다 못한 죄인'이라고 고백하는 경우도 있다. 그런데 이렇게 과장된 표현을 쓰는 분들이 교회 내에서 분쟁의 중심에 서서 자기 목소리를 높이는 경우가 많다.

주석적 관점

겨자씨와 견주어 당시에 흔한 무화과나무나 포도나무 대신에 왜 뽕나무가 언급되는 것일까? 우선 겨자씨는 아주 작다는 특징이 있다. 뽕나무는 삭개오가 올라갔다는 점에서 당시로서는 가장 큰 나무라고 할 수 있다. 결국 자연의 생명 가운데서 가장 작은 것과 가장 큰 것을 예로 들고 있다. 그런데 바다에 심긴다는 의미는 무엇인가? 옆으로 옮겨가라는 것 대신에 바다에 심기라는 명령이 훨씬 어렵다. 더구나 바다는 대부분의 내지에 사는 유대인에게는 삶의 장소에서 멀리 떨어져 있다. 마태복음 21장에서는 뽕나무 대신에 산이 등장한다. 왜 이런 표현이 등장하는 것일까? 절대 불가능한 일이라는 당시의 언어 표현이 아닐까?

이어 등장하는 종의 얘기와 연계하기가 쉽지 않다. '쓸모없는 종', 하루종일 일하고 돌아온 종이 결코 쓸모없지는 않다. 보통은 하느님과 인간 사이의 의무와 복종의 관계로 설명하지만, 그렇다고 해서 스스로를 쓸모없다고 고백하는 것은 지나친 자기 비하가 아닌가? 자기 교만도 문제이지만, 자기 비하도 문제가 된다. 여기서 쓸모없다(무익하다)고 하는 그리스어 archreios는 노예와 관련되어 자주 나타난다. 당시의 사회적 신분을 고려한 당연한 의무로 이해하는 것이 더 좋겠다. "나는 그저 한 명의 종일 따름입니다" 정도로 이해하는 것이 옳겠다.

설교적 관점

믿음은 크기로 결정되는 것은 아니다. 믿음을 신뢰로 이해할 때, 부모님에 관한 어린아이적의 신뢰와 어른으로 성장했을 때의 신뢰는 서로 비교할 수 있는 성질의 것이 아니다. 나름대로의 깊은 신뢰가 있다. 어쩌면 예수는 믿음을 크기로 얘기하고 믿음을 더하여 달라고 하는 사도들에게 첫째 믿음은 더할 수 있는 성질의 것이 아니라, 있는 그 자체로 기도할 때 불가능하다고 여겨지는 일을 가능케 한다는 것과 둘째 그 일을 잘하였더라도 거기에 매여서는 안 된다는 것이다. 왜냐하면 그 일을 이루신 분은 우리 안의 하느님이시기 때문이다.

5절의 믿음을 더하여 달라는 요청을 4절에서의 하루에 일곱 번 죄를 짓고 일곱 번 용서를 비는 형제와 관련하여 설교할 수도 있다. 이 경우 쓸모없는 종이라는 자기 성찰과 고백은 믿음의 타당성을 갖는다.

성령강림 후 스물한째 주일(10월 9일~10월 15일)

렘 29:1, 4-7; 시 66:1-12; 딤후 2:8-15; 눅 17:11-19

예레미야 29:1, 4-7

1 이것은 예언자 예레미야가 예루살렘에서 보낸 편지로서, 포로로 잡혀 간 장로들 가운데서 살아남은 사람들을 비롯하여, 느부갓네살이 예루살렘에서 바빌로니아로 잡아간 제사장들과 예언자들과 온 백성에게 보낸 것이다.

4 "나 만군의 주, 이스라엘의 하나님이 말한다. 내가 예루살렘에서 바빌로니아로 잡혀가게 한 모든 포로에게 말한다.

5 너희는 그 곳에 집을 짓고 정착하여라. 과수원도 만들고 그 열매도 따 먹어라.

6 너희는 장가를 들어서 아들딸을 낳고, 너희 아들들도 장가를 보내고 너희 딸들도 시집을 보내어, 그들도 아들딸을 낳도록 하여라. 너희가 그곳에서 번성하여, 줄어들지 않게 하여라.

7 또 너희는, 내가 사로잡혀 가게 한 그 성읍이 평안을 누리도록 노력하고, 그 성읍이 번영하도록 나 주께 기도하여라. 그 성읍이 평안해야, 너희도 평안할 것이기 때문이다."

신학적 관점

BCE 586/7년 바빌론제국의 침공으로 예루살렘이 함락되고 왕을 비롯한 수천 명의 종교사회 지도자들이 포로로 끌려갔을 때, 예레미야의 예언은 불확실한 미래로 가득 차 있었다. 그런데 약간의 시간이 흘러 포로로 끌려간 형제들에게 보낸 오늘의 본문은 전혀 예상 밖의 메시지를 전하고 있다. 그곳에서 정착하라는 메시지이다. 포로로 끌려간 그곳에서 그 나라의 평안을 위해 기도하고 정착하는 것이 YHWH의 뜻이라고 말한다. 과연 이는 신학적으로 어떤 의미가 있는 것인가?

일제강점기 시절 강제징용으로 일본의 군수물자 공장에 끌려간 조선인들에게 조선의 한 목사가 그곳에서 정착하여 잘 살고 일본제국의 평안을 위하여 기도하라는 편지를 보냈다고 가정해 보라. 친일 목사로 낙인이 찍힐 것이다. 오히려 일본제국의 멸망을 위해 기도하라고 해야 참 목사가 아니었을까?

본문은 70~80년대 초기 미국 한인 이민 교회들에게 자주 애용되던 말씀이기도 하다. 당시는 수십 년을 살아도 고국 방문을 한다는 것은 쉽지 않은 일이었다.

본문에서의 신학적 핵심은 바빌론제국의 평안이 목적이 아니라, 끌려간 저들이 수적으로 줄어들지 않고 더욱 많아지는 것이 목적이었다는 점이다. 어쩌면 내일을 도모하기 위한 장기적인 포석이라고 말할 수 있다.

예루살렘 성전 함락 당시에도 예레미야는 쉽게 풀려나지 않는 장기간의 포로 생활이라는 암울한 말씀을 전했던 반면, 거짓 예언자들은 YHWH의 능력으로 곧 바빌론제국이 멸망하고 저들은 곧 돌아올 것이라는 희망을 얘기했다. 여기서 주는 신학적 가르침은 하느님의 말씀은 단지 근거 없는 희망을 얘기하는 것이 아닌 비록 그것이 고통스러울지라도 세계정치 역사에 대한 이성적 판단과 함께 하여야 한다는 것이다.

목회적 관점

이민인가? 억류인가? 이민은 자발적이고, 억류는 강제이다. 19세기 말엽 일제의 지배가 뚜렷해지기 시작할 때, 미국 선교사의 주선에 의해 하와이 이민이 시작되었다. 그러나 그들은 집단농장에서 노예처럼 차꼬를 차고 일했으며, 오늘날 남한에서 일하는 동남아시아 노동자처럼 자의에 의해 그만둘 수 없고 직장을 옮길 수도 없었다. 좋게 말해 계약노동자이지만, 실제는 노예와 별 차이가 없다. 60~70년대 이민자들 또한 대부분이 한국에서의 생활고로 인해 미국 혹은 남미로 갔다. 남미는 소수의 농사 이민이었지만, 대부분은 도시 노동자로 일했다. 겉으로는 이민, 곧 자발적이었지만, 내용상으로는 어쩔 수 없는 선택, 곧 억류와 다름없었다. 말도 통하지 않았고, 일주일 내내 하루 열대여섯 시간을 일해야 하는 중노동이었다.

같은 관점에서 60~70년대 농촌의 많은 청년은 공단으로, 도시로 새로운 기회를 꿈꾸며 몰려들었다. 일종의 도시산업화 현상이긴 하지만, 저들은 외로웠고 힘들었다. 고향이 그리워도 쉽게 갈 수 없는 그래서 도회지의 생활은 일종의 억류 생활이었다.

주석적 관점

7절의 평안은 히브리어로 샬롬이다. 내 나라를 망하게 하고 나를 이곳까지 끌어와 고통스럽게 한 원수의 나라 바빌론제국을 위하여 기도하라고 말한다. 이 기도는 바빌론 신을 위한 우상숭배가 되는 것은 아닌가? 우리 상황에 비추어 보면 일본제국의 승리를 위하고 천황(일왕) 숭배, 곧 신사참배를 의미하는 것이 아닌가? 어디까지 바빌론제국의 평안을 위한 기도의 한계가 되는 것인가?

설교적 관점

이 말씀은 예레미야를 비난한 거짓 예언자 하나냐가 전한 말씀이다. "만군의 야훼께서 이스라엘의 하느님으로서 하시는 말씀이오. '나 야훼는 바빌론 왕의 멍에를 부수기로 하였다. 바빌론 왕 느부갓네살이 이곳에서 바빌론으로 약탈하여 간 내 집의 모든 기물을 이 년만 있으면 이곳으로 되돌려 오리라. 유다 왕 여호야킴의 아들 여고니야와 함께 바빌론으로 사로잡혀 간 유다인들도 모두 이곳으로 돌아오게 하리라. 똑똑히 말해 둔다. 내가 바빌론의 멍에를 부수리라'"(28:2-4).

"그러니 바빌론 왕이 씌워 주는 멍에를 메어라. 그 왕 느부갓네살을 섬겨라. 그러지 않는 민족과 나라가 있으면, 나는 그 민족을 전쟁과 기근과 염병으로 벌하여서라도 느부갓네살의 손에 넘겨주고 말 것이다. 이는 내 말이다. 어김이 없다"(27:8). 친바빌론주의자, 이것이 예레미야의 모습이다. 어쩌면 일제를 받아들여야 한다고 주장했던 이완용의 주장과도 흡사하다.

무엇이 참과 거짓을 구분하는 기준이 되는 것인가? 중요한 것은 희망에 가득 찬 헛된 말이 아니라, 현실에 기초한 이성적 역사 판단이다. "잘 되어간다"고 예언하는 예언자는 그 말이 맞아야만 참으로 야훼께서 보내신 예언자인 것이 드러날 것이다(28:9)

"살아남아 내일을 기약하자!"는 오늘 예레미야의 권고는 어쩌면 일제가 태평양 전쟁으로 발악하던 시기에 신사참배를 했던 목사들의 자기변명이 되었을 것이다.

전설에 의하면 예레미야는 친바빌론 발언으로 유다 멸망 후 친애굽계 지배 세력에 의해 애굽으로 끌려가 그곳에서 죽임을 당한다. 예레미야는 본래 요시아왕과 함께 민족 중흥을 꿈꾸었던 민족주의자이자 개혁주의자였다. 그러나 본문은 예레미야를 개량주의자로 보이게 한다.

시편 66:1-12

1 온 땅은 하느님을 환호하여라.
2 그의 존귀하신 이름을 노래하고 찬양으로 영광을 돌리어라.
3 이렇게 하느님을 찬양하여라. "당신은 두려우신 분, 하신 일 놀랍습니다. 당신의 힘, 그 하신 일을 보고 원수들이 무릎 꿇습니다.
4 온 세상이 당신 앞에 엎드리고 당신을 찬양합니다, 당신의 이름을 찬송합니다." (셀라)
5 오라, 와서 보아라. 하느님 하신 일들을, 인간에게는 엄청나고 두려운 일들을.
6 바다를 단단한 땅으로 바꾸셨고, 사람들을 걸어서 건너게 하셨다. 그러기에 우리의 기쁨 은 그분 안에 있다.
7 그분은 영원한 힘의 통치자, 그 눈은 만방을 내려 보시고 살피시니 아무도 머리 들어 반역 하지 못하리라. (셀라)
8 민족들아, 우리 하느님을 찬미하여라. 소리 높여 찬양하여라.
9 실족하여 죽을세라 염려해 주시며 우리의 목숨을 되살려 주셨다.
10 하느님, 은을 풀무불에 시금하듯이 당신은 우리를 시련하셨습니다.
11 우리를 그물에 몰아 넣으셨으며 무거운 짐을 등에 지우셨습니다.
12 남에게 머리를 짓밟히게 하셨으며 불과 물 속을 지나가게 하셨습니다. 그러나 마침내는 숨 돌리게 건져 주셨습니다.

디모데후서 2:8-15

8 내가 전하는 복음대로 다윗의 자손으로 나시고, 죽은 사람 가운데서 살아나신 예수 그리 스도를 기억하십시오.
9 나는 이 복음 때문에 고난을 당하고, 죄수처럼 매여 있으나, 하나님의 말씀은 매여 있지 않습니다.
10 그러므로 나는 하나님께서 택하여 주신 사람을 위하여, 모든 것을 참고 있습니다. 이것은 그들도 또한 그리스도 예수 안에 있는 구원을 영원한 영광과 함께 얻게 하려 하는 것입니다.
11 이 말씀은 믿을 만합니다. 우리가 주님과 함께 죽었으면 또한 그와 함께 살 것이요,
12 우리가 참고 견디면 또한 그와 함께 다스릴 것이요, 우리가 그를 부인하면 그도 또한 우리를 부인하실 것입니다.
13 우리는 신실하지 못하더라도, 그는 언제나 신실하십니다. 그는 자기를 부인할 수 없으 시기 때문입니다.

14 신도들에게 이것을 일깨우십시오. 하나님 앞에서 그들에게 엄숙히 명하여, 말다툼을 하지 못하게 하십시오. 그것은 아무 유익이 없고, 듣는 사람들을 파멸에 이르게 할 뿐입니다. 15 그대는 진리의 말씀을 올바르게 가르치는 부끄러울 것 없는 일꾼으로, 하나님께 인정을 받는 사람이 되기를 힘쓰십시오.

신학적 관점

지난주 본문에 이어 오늘의 본문 또한 '고난을 통한 진리 수호'라는 신학적 주제를 이어가고 있다. 고통(감옥)과 진리의 신학적인 함수 관계는 무엇인가? 진리는 고통을 수반하지만, 그렇다고 모든 고통이 진리로 이끄는 것은 아니다. 개인의 욕심으로 인한 고통과 하느님 나라 진리 선포로 인한 고통과는 질적인 차이가 있다. 전자는 수치스러운 고통이지만, 후자는 명예로운 고통이다. 바울은 자신을 박해하는 자들도 구원에 이르도록 참으며 기도하고 있다(10절).

목회적 관점

때로 교회는 신학과 교리의 논쟁을 통해 파당과 분열이 일어난다. 공동체를 파멸로 이끄는 '말다툼'(14절)과 진리의 말씀을 지키는 '가르침'(15절)을 구분하는 기준은 무엇일까?

주석적 관점

8절은 초대교회가 예수 그리스도의 본성, 곧 인성(다윗의 자손)과 신성(부활)의 양면을 어떻게 받아들이고 있는지를 말한다.

11-13절은 박해 아래에서 예수 그리스도에 관한 초대교회의 신앙고백문(기독론)으로 오늘날의 주기도문이나 사도신조처럼 예배 중에 사용했던 예식문이며, 고난, 믿음, 구원이 어떻게 연계되어 있는지를 말한다. 바울의 투옥이 그중 가장 적절한 현실의 예다.

공동체 내에서의 아무 유익 없는 '말다툼'이란 이에 관한 논쟁(믿음과 고난의 상관관계)이 아니었을까?

설교적 관점

8절을 오늘날 현대인들에게 전한다면 어떤 것이 될까?

11절의 "그와 함께 죽으면 그와 함께 살 것이다"라는 선언은 죽음 후의 사건만을 말하는 것인가?

하느님께 인정받는 사람이 되는 덕목에는 무엇이 있을까?(15절)

누가복음 17:11-19

11 예수께서 예루살렘으로 가시는 길에, 사마리아와 갈릴리 사이를 지나가시게 되었다.

12 예수께서 어떤 마을에 들어가시다가, 한센병 환자 열 사람을 만나셨다. 그들은 멀찍이 멈추어 서서,

13 소리를 질러 말하기를 "예수 선생님, 우리를 불쌍히 여겨 주십시오" 하였다.

14 예수께서는 보시고, 그들에게 말씀하셨다. "가서, 제사장들에게 너희 몸을 보여라." 그들이 가는 동안에 몸이 깨끗해졌다.

15 그런데 그들 가운데 하나는 자기의 병이 나은 것을 보고, 큰소리로 하나님께 영광을 돌리면서 되돌아와서,

16 예수의 발 앞에 엎드려 감사를 드렸다. 그는 사마리아 사람이었다.

17 그래서 예수께서 말씀하셨다. "열 사람이 깨끗해지지 않았느냐? 그런데 아홉은 어디에 있느냐?

18 하나님께 영광을 돌리러 되돌아온 사람은, 이 이방 사람 한 명밖에 없느냐?"

19 그런 다음에 그에게 말씀하셨다. "일어나서 가거라. 네 믿음이 너를 구원하였다."

신학적 관점

현대인들의 사고와는 달리 복음서에서의 치유 사건은 곧 구원 사건을 의미한다. 단순히 질병으로부터의 치유를 넘어 '신 앞에 선 전적 인간 회복'을 의미한다. 곧 열 명이 질병으로부터 고침을 받았지만, 자신의 존재를 깨달은 사람은 한 명밖에 없었다. 한센병에 걸린 사람들은 공동체로부터 쫓겨났다. 열 명은 동네 밖에서 따로 모여 살았다. 그중에 한 명은 사마리아인이었다. 사마리아인들은 유대인들로부터 피가 더러워진 족속으로 따돌림을 당하고 있었다. 곧 사마리아인은 그 사회에서 가장 밑바닥 사람이었다. 본문은 거지 나사로의 경우와 같이

구원은 사회의 밑바닥에서 일어난다(꼴찌가 첫째 되는 전복 사건)는 하느님 나라 해방신학을 선포하고 있다.

사마리아와 갈릴리 '사이', 예수는 항상 그 경계선에 머물렀다. 경계의 신학, 틈의 신학, 변두리의 신학이란 용어가 있다.

목회적 관점

60년대 깡통을 들고 밥을 얻어먹었던 거지들이 가진 철칙 중의 하나는 가난한 사람들이 준 밥은 그냥 먹어도 되지만, 부잣집에서 얻어온 밥은 꼭 물로 씻어 먹으라는 것이었다. 가난한 사람들은 자신들이 먹을 따뜻한 밥을 나눠주지만, 부자들은 버리기 직전의 쉰 밥을 주기 때문이다. 목회하다 보면 진실한 감사를 드리는 사람들은 가난한 사람들이다.

주석적 관점

성찬식(Eucarist)은 사마리아인이 예수 앞에 엎드려 드린 감사(*eucharisto*)와 어원이 같다. 곧 예수의 살과 피를 나누는 성찬식은 감사가 근본이다.

"네 믿음이 너를 구했다"(19절)는 용어는 복음서에 자주 등장한다. 보통 구원은 하느님의 은혜의 선물로 고백한다. 그렇다면 이 말씀은 어떻게 이해해야 할까? (당시의 구원관은 모세 율법에 기초한 희생제사에 있었다. 곧 제사장들을 통한 중개 브로커 구원이었다. 이에 대한 반론으로서의 개개 인간 주체(?)로서의 구원을 말하는 것은 아닐까?)

설교적 관점

고침을 받은 유대인 아홉 명은 왜 사마리아인과 달리 예수께 나아와 감사를 드리지 않았을까? 저들은 율법에 따라 제사장에게 자신의 병이 나았음을 보여주면 그 즉시로 그는 본래의 자리로 돌아갈 수 있었다. 반면 사마리아 사람은 자신이 떠나온 공동체로의 복귀는 가능했겠지만, 어차피 사마리아인으로 당하는 계속되는 차별은 어쩔 수 없었다. 따라서 사마리아인은 부족함 가운데서 감사를 가질

수 있었지만, 반면 유대인들은 기존 체제에로 복귀가 가능했기에 여기에 정신이
팔려 예수께 감사드리는 것을 잊어버렸던 것이다.

성령강림 후 스물둘째 주일(10월 16일~10월 22일)

렘 31:27-34; 시 119:97-104; 딤후 3:14-4:5; 눅 18:1-8

예레미야 31:27-34

27 "그 때가 오면, 내가 이스라엘 집과 유다 집에 사람의 씨와 짐승의 씨를 뿌리겠다. 나 주의 말이다.

28 내가 전에 그들을 뽑아내고 부수고 무너뜨리고 멸망시키고 재앙에 빠뜨리려고, 감시를 늦추지 않았으나, 이제는 내가 그들을 세우고 심으려고, 감시를 늦추지 않겠다. 나 주의 말이다.

29 그 때가 오면, 사람들이 더 이상 '아버지가 신포도를 먹었기 때문에, 자식들의 이가 시게 되었다'는 말을 하지 않을 것이다.

30 오직 각자가 자기의 죄악 때문에 죽을 것이다. 신포도를 먹는 그 사람의 이만 실 것이다."

31 "그 때가 오면, 내가 이스라엘 가문과 유다 가문과 새 언약을 세우겠다. 나 주의 말이다.

32 이것은 내가 그들의 조상의 손을 붙잡고 애굽 땅에서 데리고 나오던 때에 세운 언약과는 다른 것이다. 내가 그들의 남편이 되었어도, 그들은 나의 언약을 깨뜨려 버렸다. 나 주의 말이다.

33 그러나 그 시절이 지난 뒤에, 내가 이스라엘 가문과 언약을 세울 것이니, 나는 나의 율법을 그들의 가슴 속에 넣어 주며, 그들의 마음 판에 새겨 기록하여, 나는 그들의 하나님이 되고, 그들은 나의 백성이 될 것이다. 나 주의 말이다.

34 그 때에는 이웃이나 동포끼리 서로 '너는 주를 알아라' 하지 않을 것이니, 이것은 작은 사람으로부터 큰 사람에 이르기까지, 그들이 모두 나를 알 것이기 때문이다. 내가 그들의 허물을 용서하고, 그들의 죄를 다시는 기억하지 않겠다. 나 주의 말이다."

신학적 관점

신학적으로 두 구절은 중요한 의미를 갖는다. 하나는 "그때가 오면"(27, 31절)이고, 다른 하나는 "나 주의 말이다"이다. 우선 '그때가 오면'이 영역본에서는 '그날은 분명히 온다(the days are surely coming)로 번역되어 있다. 한국어 번역은 '분명히'

가 빠져 있어 본문의 중요한 신학적 의미를 상실하고 있다. 곧 '분명히'는 언약 신학의 종말과 동시에 열리는 새로운 미래가 하느님의 주권에 의한 것임을 강조하고 있다. 그렇다고 해서 새로운 미래가 과거와 단절되는 것은 아니다. 왜냐하면 이는 같은 하느님이시기 때문이다.

사실 미래가 다가온다는 말은 진부한 말이다. 그러나 이 두 구절은 시편 기자가 "얼마나 오래?"라는 탄식처럼, 바울이 로마서에서 자주 사용하는 '그러므로'처럼 혹은 요한이 자주 사용하는 '표징'이라는 단어처럼 때의 임박성을 강조하고 있다.

바빌론의 포로 생활은 모든 희망을 끊어버렸다. 오로지 어둠의 심판만이 의미를 갖는다. 여기에 예레미야는 '분명히' 다가오는 미래와 그 미래가 심판을 가져온 같은 하느님의 주관하에 일어나는 사건임을 선포하고 있다. 보통 개신교 신학에서는 예수 그리스도에 의한 '마음의 법'을 모세 율법을 대체하는 새로운 언약으로 말하지만, 이는 이미 예레미야에 의해 선포된 언약이다(33절). 여기서 제1성서와 제2성서는 구약과 신약과 같이 따로 구별되는 것이 아닌 예수의 말씀에서와 같이 '폐하러 온 것이 아니라, 그 뜻을 새롭게 함으로 온전케 하는', 곧 연속선상에 놓여 있음을 알 수 있다.

신명기 30장 6, 14절에서도 반복되지만, 옛 언약과 새 언약의 차이는 그 내용에 있는 것이 아니라, 어쩌면 그 적용에 있다. 같은 말씀도 적용 방식에 따라 무거운 멍에가 되기도 하고 가벼운 기쁨이 되기도 한다.

목회적 관점

심판과 약속(희망) 사이에는 '용서'가 있다. '용서'는 다른 말로 '기억하지 않는다'는 말이고 이는 약간의 과장을 더하면 기억상실 혹은 망각을 의미한다. 교인들이 10년 전의 예화를 기억하고 있다면 목회자는 식은 밥을 준다는 비난을 받는다. 인간관계 속에서 기억상실과 망각이 없다면 관계 회복은 쉽지 않다. '용서'는 '망각에 기초한다면 지나친 언사일까? 하느님도 기억하지 않겠다는데, 굳이 인간들이 과거의 실수와 잘못을 기억하려는 것은 죄악이다. 굳이 기억하려면 선한 일들을 기억해야 할 것이다.

주석적 관점

돌에 새겼던 언약이 가슴과 마음에 새겨진다는 의미는 구체적으로 무엇을 뜻하는가? 이는 말씀의 암기와는 어떻게 다른 것인가? 말씀의 내면화의 진정한 뜻은 무엇인가? 틸리히는 사람이 살아가는 형태에 따라 자율(AUTONOMY), 타율(HETERONOMY), 신율(THEONOMY)로 분류한 바 있다. 자율은 자신의 법대로 살아가는 사람들로 잘못하면 자유의 이름으로 방종에 이른다. 타율은 외부의 주어진 법에 의해 살아가는 사람이다. 종교적 계명 또한 이에 속할 수 있다. 신율은 하느님의 뜻대로 살아가는 사람을 두고 말한다. 자유롭게 살아가지만 하느님의 법을 어기지 않는 사람이다. 곧 하느님의 법과 그 마음이 일치된 사람을 두고 말한다.

29절과 30절에 따르면 말씀의 집단 책임에서 개인 책임으로 옮겨진 듯하다. 현대인들에게 매우 익숙한 개인화이다. 그런데 이어지는 31절에서 또다시 민족 전체를 향한 집단과의 언약을 강조한다. 그것도 바빌론제국에 의해 멸망 당한 남왕국 유다만이 아닌 이미 150년 전 아시리아제국에 의해 멸망 당해 흔적도 없이 사라진 북왕국 이스라엘까지 언급하고 있다. 따라서 이는 집단 책임론의 폐지가 아님은 분명하다.

심판은 죄로 인한 결과다. 바빌론에서 새롭게 태어난 세대는 무슨 죄가 있어 그런 고난을 당해야 하는 것인가? 답은 조상들의 죄 때문이라고 하는 집단 책임론이다. 집단 책임론은 공동체성의 기초이다. 그러나 이는 잘못하면 운명론에 빠지고 만다. 새로운 언약은 집단 책임론을 유지하면서 동시에 운명론으로부터 벗어나는 길이다. 이것이 모세와 세운 시내산 율법과는 구별되는 점이다(32절). 처벌과 심판과 두려움에 기초한 강제 준수가 아닌 인간 개개인의 자유 선택에 기초한 새로운 관계 형성이다. 이는 달리 말하자면 희생제물에 기초한 브로커 성전 구원 체제에 대한 파괴 선언이다.

설교적 관점

조상들이 저지른 죄악의 대가로 심판을 받았다고 여기며 희망을 상실한 채 살아가는 포로민들에게 예레미야는 새로운 말씀을 전한다. 조상들이 신 포도를 먹었다고 해서 후손들의 이가 시는 연대책임은 더 이상 없다고 말한다. 우리나라 사람들도 고통을 겪으면 전생의 죄가 있어 그렇다는 말을 하곤 한다. 어떤 이들은 조상 대대로 내려오는 가족의 저주를 끊어야 한다고 말한다. 2,500년 전 하느님은 예레미야를 통해 그런 법칙은 더 이상 존재하지 않는다고 말했다. 각자는 각자의 죄에 대해 책임이 있다. 그렇다고 해서 각자가 외톨이로 살아가는 것을 뜻하지는 않는다. 여전히 공동체 안에 속한 각자이다(31절). 이전과 차이가 있다면 이전에는 YHWH와의 관계 형성에 있어 집단이 먼저이고 개인이 나중이었다면, 이제는 개인이 먼저이고 집단이 나중이라는 차이다. 사실 이 차이는 어찌 말하면 큰 차이가 아닐 수 있다. 본질에 있어서는 같다. 그러나 집단 운명론을 해체한다는 점에서 큰 의미가 있다.

시편 119:97-104

97 당신의 법이 너무나도 사랑스러워 자나깨나 나는 그 말씀을 되새깁니다.
98 계명을 주심으로 당신은 내 것이 되어, 원수들보다 더 지혜롭게 나를 만드십니다.
99 당신의 언약을 되새기어서 나의 모든 스승보다도 더 현명해지리이다.
100 당신의 법령들을 내가 지키어 노인들보다도 더 슬기로와지리이다.
101 당신의 말씀대로 살기 위하여 온갖 나쁜 길에서 발길을 돌리리이다.
102 당신께서 친히 가르쳐 주시오니 당신의 결정을 거역하지 않으리이다.
103 당신의 약속은 말부터가 혀에 달아 내 입에는 꿀보다도 더 답니다.
104 당신의 법령들을 깨우쳐 슬기를 얻었으니 모든 거짓된 길을 역겨워합니다.

디모데후서 3:14-4:5

14 그러나 그대는 그대가 배워서 굳게 믿는 그 진리 안에 머무십시오. 그대는 그것을 누구에게서 배웠는지를 알고 있습니다.
15 그대는 어려서부터 성경을 알고 있습니다. 성경은 그리스도 예수를 믿는 믿음으로 말미암아, 구원에 이르는 지혜를 그대에게 줄 수 있습니다.
16 모든 성경은 하나님의 영감으로 된 것으로, 교훈과 책망과 바르게 함과 의로 교육하기에 유익합니다.
17 그것은 하나님의 사람으로 하여금 유능하게 하고, 온갖 선한 일을 할 준비를 갖추게 하

려는 것입니다.

1 나는 하나님 앞과, 산 사람과 죽은 사람을 심판하실 그리스도 예수 앞에서, 그분의 나타나심과 그분의 나라를 두고 엄숙히 명령합니다.

2 그대는 말씀을 선포하십시오. 기회가 좋든지 나쁘든지 꾸준하게 힘쓰십시오. 끝까지 참고 가르치면서, 책망하고 경계하고 권하십시오.

3 때가 이르면, 사람들이 건전한 교훈을 받으려 하지 않고, 귀를 즐겁게 하는 말을 들으려고, 자기네 욕심에 맞추어 스승을 끌어들일 것입니다.

4 그들은 진리를 듣지 않고, 허탄한 이야기에 귀를 기울일 것입니다.

5 그러나 그대는 모든 경우에 정신을 차려, 고난을 받으며, 전도자의 일을 하며, 그대의 직무를 완수하십시오.

신학적 관점

어느 시대에나 소위 말해 이단이라고 하는 잘못된 가르침을 전하는 사람들이 있다. 저들 또한 성경의 말씀을 인용한다. 어쩌면 더 문자적으로 해석한다. 판단의 기준은 그 가르침이 "교훈과 책망과 바르게 함과 의로 교육하기에 유익한가" 하는 점이다(16절). 곧 '선한 일을 하도록 하는'(17절) 바른 삶으로 이끄는가에 달려 있다. 무엇이 선한 일이고 무엇이 바른 삶인가? 이 기준은 이웃과 사회와의 관계에 달려 있다. 곧 사회적, 공적 삶이 기준이다. 대체로 이단의 가르침은 사사로운 집단을 형성하고 마치 자신들이 하느님의 대변인인 양 절대선을 주장한다.

성서는 그 내용이 방대하여 몇 개의 구절에 매달리다 보면 전체 구조를 놓치기 쉽다. 그리하여 교회는 기본적인 가르침이 흔들릴 때마다 공적인 신조를 고백하여 왔다. 니케아신조는 예수 그리스도의 신성과 인성의 하나됨을 고백하였고, 사도신조는 여기에 성령을 더해 삼위일체의 신앙을 고백하였다. 이후 교리문답형의 하이델베르크신조, 웨스트민스터신조가 있고, 히틀러의 국가독재권력에 저항한 바르멘선언과 같이 시대마다 사회를 향한 공적 신조를 고백하여 왔다. 지금도 교단에 따라 평화통일, 성평등, 환경정의의 주제에 맞춘 새로운 신조를 고백하여 오고 있다.

목회적 관점

초대교회 이래 끊임없이 잘못된 가르침이 교회 안에 스며들어 교인들을 현혹한다. 목회에 있어 중요한 것은 가르침이다. 따라서 목회자는 끊임없이 공부하고 배워야 한다. 간혹 잘못된 스승을 만나 목회자가 잘못된 길로 가는 경우도 있다. 따라서 목회자는 선후배 동료 목회자들과 끊임없이 교제하며 자신의 신학과 신앙을 성찰하여야 한다. "모든 경우에 정신을 차려, 고난을 받으며"(5절)라는 구절이 이를 두고 하는 말로 필자는 이해한다. 그리고 새로운 성서 교재에 관심을 가질 필요는 있지만, 교재가 성서 자체를 대신하지 않도록 주의해야 한다. 어떤 교회가 특정한 교재를 통해 부흥했다 하더라도 그 방식이 모든 교회에 통하는 것은 아니다. 목회자 자신의 특성, 곧 자신의 장단점을 잘 파악하는 것이 중요하다.

주석적 관점

'하느님의 영감'(God-inspired or God-breathed)과 '하느님이 (직접) 말씀하심'(God-spoken)은 다르다. '하느님의 영감'이란 저자인 인간의 마음속에 영감을 부어주었다는 말이다. 이는 성서문자주의자들이 주장하듯이 인간이 마치 로봇과 같이 키보드를 치는 대로 받아적었다는 말이 아니다. 신적인 능력과 권위를 받은 인간이 주체적인 판단을 갖고 당시의 언어로 기록한 것이다. 인간의 사고는 한계가 있기 마련이고, 언어는 시대에 따라 변하기 마련이다. 따라서 각기 다른 민족들이 각기 다른 문자의 형태로 갖고 있는 성서는 그것이 비록 '하느님의 말씀'으로 불리긴 하여도 오류가 있기 마련이다. 이는 하느님의 말씀에 오류가 있다는 말이 아니라, 인간에게 오류가 있다는 말이다. 문자주의를 고집한다 하더라도 히브리어와 그리스어로 기록된 최초의 성서 원본은 상실된 상태이고 지금은 조금씩 각기 다른 사본들만 존재하고 있다. 따라서 새로운 사본이 발견되면 성서학자들의 연구 결과에 따라 성서의 글자는 달라지기도 한다.

설교적 관점

'귀를 즐겁게 하는 말', '허탄한 이야기', '자기네 욕심에 맞춘' 가르침이란 무엇인가? 한번 웃고 지나가는 농담으로 가득 찬 설교나 말끝마다 "축복받으세요!"를 남발하는 설교다. 이는 교인들을 병들게 하는 설교다. 어린아이들이 콜라 맛을 들이면 샘물을 마시려 하지 않는다. 그리하여 이빨이 썩듯이 그 영혼이 썩는다.

거리나 지하철 안에서 '예수천당 불신지옥'을 마구 외치는 사람들이 있다. 저들은 2절을 근거로 삼을지도 모른다. 그러나 복음은 자발적인 깨우침과 감동을 통해 하느님께 나아오도록 이끌어야지 공포심을 유발하는 것은 이성과 과학의 시대를 살아가는 현대인들에는 오히려 반감을 불러일으키게 된다.

누가복음 18:1-8

1 예수께서 그들에게, 늘 기도하고 낙심하지 말아야 한다는 뜻으로, 비유를 하나 말씀하셨다.

2 "어느 도시에 하나님을 두려워하지 않고, 사람도 존중하지 않는, 어떤 재판관이 있었다.

3 그 도시에 과부가 한 사람이 있었는데, 그는 그 재판관에게 줄곧 찾아가서 '내 적대자에게서 내 권리를 찾아 주십시오' 하고 졸랐다.

4 그 재판관은 한동안 들어주려고 하지 않다가, 얼마 뒤에 이렇게 혼자 말하였다. '내가 정말 하나님을 두려워하지 않고, 사람도 존중하지 않지만,

5 이 과부가 나를 이렇게 귀찮게 하니, 그의 권리를 찾아 주어야 하겠다. 그렇게 하지 않으면, 그가 자꾸만 찾아와서 나를 못 견디게 할 것이다.'"

6 주께서 말씀하셨다. "너희는 이 불의한 재판관이 무어라 말하였는지 귀담아 들어라.

7 하나님께서 자기에게 밤낮으로 부르짖는, 택하신 백성의 권리를 찾아 주지 않으시고, 모른 체하고 오래 그들을 내버려 두시겠느냐?

8 내가 너희에게 말한다. 하나님께서는 얼른 그들의 권리를 찾아 주실 것이다. 그러나 인자가 올 때에, 세상에서 믿음을 찾아볼 수 있겠느냐?"

신학적 관점

본문에는 몇 개의 신학적 주제가 담겨 있다. '기도와 신뢰', '정의와 구원', '심판과 믿음', '끈기와 저항' 그리고 '예수의 다시 오심'이다. 가장 많이 다루는 주제는 끈기와 저항이다. 우선 기도란 무엇인가? 기도란 우리 자신이 아닌 하느님 안에서의 희망찬 신뢰이다. 과부는 하느님에 대한 신뢰의 바탕 위에서 끈기를 갖고 기도한다. 그러나 이 기도는 행동하는 기도이다. 왜냐하면 하느님도 두려워하

지 않고 사람도 존중하지 않는 재판관이 뭔가 일이 일어날 것이라는 두려움을 느끼기 때문이다. 과부의 기도는 불의한 일에 대한 저항의 기도로서 정의의 실현을 말하고 있다. 기도란 개인 욕망의 실현의 도구로서가 아닌 정의 실현의 관점에서 이 기도의 비유를 해석해야 한다.

'끈질긴 과부'라는 제목이 붙어 있어 기도는 끈질기게 해야 한다는 점을 강조하기 쉬운데, 본문을 신학적인 관점에서 전체적으로 감싸고 있는 본문은 8절이다. 곧 종말론적인 관점에서 본문의 기도의 신학을 논해야 한다. 세상 종말과 함께 의미가 사라지는 기도가 아닌 세상 끝까지 남아 있을 기도가 정당한 기도이다.

목회적 관점

교인들 가운에는 오랫동안 간절하게 기도했음에도 불구하고 하느님께서 응답하시지 않는다는 불만을 토로하는 사람들이 많다. 이에 어떻게 응답해야 할 것인가? 목회자의 깊은 고민 중의 하나다. 기도 제목이 틀렸다고 말할 수도 없고, 이미 희망을 잃고 지쳐버린 사람에게 또다시 기운을 불어넣는 일 또한 쉽지 않다.

본문을 통해 이 과부는 당시 사회에서 가장 밑바닥에 있었던 사람임을 강조함으로 오히려 교인들이 자신보다 더 힘든 처지에 있는 사람들을 떠올리게 함으로써 자신의 어려움을 극복하도록 돕는다.

기도의 응답에는 이루어짐, 지연, 거절 등 여러 응답이 있다.

주석적 관점

'하느님도 두려워하지 않고 사람도 존중하지 않는 재판관', 흔히 불의한 재판관이라고 불린다. 그러나 그는 자신을 임명한 세상 권력자 앞에서는 머리를 조아렸을 것이다. 곧 그는 뇌물을 좋아하고 힘 있는 자들의 편에 서서 판결을 비정상적으로 하는 재판관을 두고 하는 말이다. 5장 하반절의 문자적 번역은 "그렇게 하지 않으면 그 여자가 와서 내 얼굴을 때릴 것이다"이다. 요즘 말로 하면 "내 얼굴에 침을 뱉을 것이다"라는 뜻이다.

설교적 관점

지금도 드러나지 않는 가운데 뇌물을 받고 판결을 비정상적으로 진행하는 재판관들이 있다. 얼마 전 오○○ 대법관 후보자에 대한 국회 청문회가 있었는데, 그는 800원을 빼내 커피 한 잔을 사 먹은 버스 운전사를 횡령죄로 판결하여 그의 직업을 잃게 만들어 버린 반면, 검사나 국영기업의 힘 있는 자들의 보다 큰 금액의 횡령죄에 대해서는 정상참작이라는 이름으로 무죄를 선고해 논란이 된 바 있다. 지금도 정부 기관 앞에서 수년간씩 억울함을 호소하며 1인 시위를 하는 사람들을 볼 수 있다.

설교 중에 우리 사회의 '억울한 이들의 소리'를 대변하면 이를 듣기 싫어할 사람들이 있을 것이다. 그러나 이는 바울이 디모데에게 말한 '건전한 교훈' 중의 하나다. 왜냐하면 사회가 건전해야 개인 또한 건전할 수 있기 때문이다.

요엘 2:23-32

23 시온에 사는 사람들아, 주 너희의 하나님과 더불어 기뻐하고 즐거워하여라. 주께서 너희를 변호하여 가을비를 내리셨다. 비를 흡족하게 내려주셨으니, 옛날처럼 가을비와 봄비를 내려주셨다.

24 이제 타작마당에는 곡식이 가득 쌓이고, 포도주와 올리브기름을 짜는 틀마다 포도주와 기름이 넘칠 것이다.

25 "메뚜기와 누리가 썰어 먹고 황충과 풀무치가 삼켜 버린 그 여러 해의 손해를, 내가 너희에게 보상해 주겠다. 그 엄청난 메뚜기 군대를 너희에게 보내어 공격하게 한 것은 바로 나다.

26 이제 너희가 마음껏 먹고, 배부를 것이다. 너희에게 놀라운 일을 한 주 너희의 하나님의 이름을 너희가 찬양할 것이다. 나의 백성이 다시는 수치를 당하지 않을 것이다.

27 이스라엘아, 이제 너희는 알게 될 것이다. 내가 너희 가운데 있다는 것과, 내가 주 너희의 하나님이라는 것과, 나 말고는 다른 신이 없다는 것을 깨닫게 될 것이다. 나의 백성이 다시는 수치를 당하지 않을 것이다."

28 "그런 다음에, 내가 모든 사람에게 나의 영을 부어 주겠다. 너희의 아들딸은 예언을 하고, 노인들은 꿈을 꾸고, 젊은이들은 환상을 볼 것이다.

29 그때가 되면, 종들에게까지도 남녀를 가리지 않고 나의 영을 부어 주겠다.

30 그날에 내가 하늘과 땅에 징조를 나타내겠다. 피와 불과 연기 구름이 나타나고,

31 해가 어두워지고 달이 핏빛같이 붉어질 것이다. 끔찍스럽고 크나큰 주의 날이 오기 전에, 그런 일이 먼저 일어날 것이다.

32 그러나 주의 이름을 불러 구원을 호소하는 사람은 다 구원을 받을 것이다. 시온산 곧 예루살렘 안에는 피하여 살아남는 사람이 있을 것이라고, 주께서 부르신 사람이 살아남아 있을 것이라고, 주께서 말씀하셨다."

신학적 관점

요엘의 기본 신학은 'YHWH의 날'에 관한 종말론적 예언이다. 이날은 YHWH의 영이 임하는 심판의 날로서 이방 민족에게 있어서는 파괴의 날이지만, 유대 민족에 게는 회개를 전제로 한 구원의 날이라는 이중의 의미를 갖고 있다. 그러나 'YHWH의 날' 신학은 요엘의 창작이 아니라 이미 이사야, 에스겔, 예레미야, 아모스, 오바디야, 스바니야, 말라기에서 언급된 '날'이다. 그래서 요엘 신학은 예언자들의 집합으로서 의 해석이라고 본다.

목회적 관점

추수 때의 농산물을 먹어 치우는 메뚜기 군대(떼)는 유대 백성들에게 임한 재앙의 상징이다. 그런데 재앙을 일으킨 분은 다름 아닌 YHWH 자신이라고 말한다. 우리는 삶에 어려움을 겪을 때 대체로 이는 사탄의 짓이라고 생각한다. 만약 이를 YHWH께서 하신 일이라고 생각한다면, 자기 성찰을 통한 신앙 성숙은 매우 깊어질 것이다.

주석적 관점

BCE 4세기 전반기에 형성된 문서이다(에리히 쳉어/이종한 옮김, 『구약성서개 론』, 분도출판사, 2001, 914).

요엘의 뜻은 "YHWH가 참되고 유일한 하느님이시다"이다.

설교적 관점

성령강림 직후 예루살렘에서 베드로는 유대인들을 상대로 설교한다. 이때 인용한 말씀이 본문 28-32절이다. 그런데 이는 요엘에게 있어서는 비록 '모든 사람'이라고 하지만 '나의 백성'으로서 유대 땅에 살고 있는 사람들에 한정된 구원인 반면, 베드로에게 있어서는 이러한 민족의 경계를 넘어선 인류 모두('땅끝까 지')를 위한 말씀으로 확대되었다. 제1성서와 제2성서를 '예언과 성취'라는 도식에 서 얘기할 때 단순히 예언의 말씀이 그대로 이루어졌다는 의미보다는 말씀의 외연이 확대되고 내용이 심화되었다는 관점에서 타당하다.

'주의 이름'은 단순히 YHWH를 부름이 아니다. YHWH는 이름이 아니다. "나는 나다"라는 의미에서 이름을 붙일 수 없는 존재임을 뜻하는 상징어다. 현재도 그러하지만, 고대에서 이름은 그 이름이 갖는 능력을 의미했다. 그래서 유대인들은 신을 뜻하는 '야' 혹은 '엘'이라는 단어를 이름 처음 혹은 끝에 붙였다. 이름에 걸맞은 행위가 전제되지 않는 음성기호로서의 '이름'은 차라리 있지 아니한 것이 신의 명예에 부합한다.

시편 65

1 하느님, 시온에서 찬미받으심이 마땅하오니 당신께 바친 서원 이루어지게 하소서.

2 신은 우리의 기도를 들어 주십니다. 사람이면 누구나 당신께 나아가 죄로써 이룬 일 털어 놓으리니,

3 우리가 지은 죄 힘겹도록 무거우나 당신은 그것을 씻어 주십니다.

4 복되어라, 당신께 뽑혀 한 식구 된 사람, 당신 궁정에서 살게 되었으니. 당신의 집, 당신의 거룩한 성전에서 우리도 마음껏 복을 누리고 싶사옵니다.

5 정의를 떨치시어 놀라운 일로 우리 소원 들어주셨사오니, 당신은 우리 구원의 하느님이시며, 땅 끝까지, 먼 바다 끝까지 사람들의 바람입니다.

6 크신 힘으로 산들의 뿌리를 박으셨으며 권능의 띠를 허리에 질끈 동이시고

7 설레는 바다, 술렁이는 물결, 설치는 부족들을 가라앉히셨습니다.

8 땅끝에 사는 사람들이 당신의 손길을 보고 놀라며, 해뜨는 데서 일으키신 노랫소리 해지는 곳에 메아리칩니다.

9 하느님은 이 땅을 찾아오시어 비를 내리시고 풍년을 주셨습니다. 손수 파 놓으신 물길에서 물이 넘치게 하시어 이렇게 오곡을 마련해 주셨습니다.

10 밭이랑에 물 대시고 흙덩이를 주무르시고 비를 쏟아 땅을 흠뻑 적신 다음 움트는 새싹에 복을 내리십니다.

11 이렇듯이 복을 내려 한 해를 장식하시니 당신 수레 지나는 데마다 기름이 철철 흐릅니다.

12 광야의 목장에도 졸졸 흐르고, 언덕마다 즐거움에 휩싸였습니다.

13 풀밭마다 양떼로 덮이고 골짜기마다 밀곡식이 깔렸으니 노랫소리 드높이 모두들 흥겹습니다.

디모데후서 4:6-8, 16-18

6 나는 이미 부어드리는 제물처럼 바쳐질 때가 되었고, 세상을 떠날 때가 되었습니다.

7 나는 선한 싸움을 다 싸우고, 달려갈 길을 마치고, 믿음을 지켰습니다.

8 이제는, 나를 위하여 의의 월계관이 마련되어 있으므로, 의로운 재판장이신 주께서, 그 날에 그것을 나에게 주실 것이며, 나만이 아니라 주께서 나타나실 것을 사모하는 모든 사람 에게도 주실 것입니다.

16 내가 처음 나를 변론할 때에, 나의 편에 서서 나를 도와 준 사람이 하나도 없고, 모두 나를 버리고 갔습니다. 그러나 그들에게 허물이 돌아가지 않기를 빕니다.

17 주께서 내 곁에 계셔서, 나에게 힘을 주셨습니다. 그것은, 나를 통하여 전도의 말씀이 완전히 전파되게 하시고, 모든 이방 사람이 그것을 들을 수 있게 하시려는 것입니다. 주께 서 나를 사자의 입에서 건져내셨습니다.

18 주께서 나를 모든 악한 일에서 건져내시고, 또 구원하셔서, 그분의 하늘나라에 들어가 게 해주실 것입니다. 그분께 영광이 영원무궁 하도록 있기를 빕니다. 아멘

신학적 관점

본문은 바울의 유언장(遺言狀)과 같다. 세속적인 유언이 아니니 '유언 신학'이라 고 불러도 무방할 것이다. 죽음이 임박하게 되면 누구에게나 후회가 앞선다. 그러나 바울은 여전히 앞을 향하고 있다. 과거에 대한 후회가 아닌 용서를 얘기하고 하느님 앞에서 일생의 삶을 성찰하고 있다.

목회적 관점

필자는 매해 사순절 첫날 재의 수요일에 삶을 돌아보며 유언장을 쓰도록 요청하였다. 그리고 장례 때 외에는 이를 비밀로 지킬 것을 약속하였다. 어쩌면 신앙의 한 해를 마감하는 주를 앞두고 유언장을 쓰도록 장려하는 것도 좋겠다.

주석적 관점

로마제국의 시대는 전쟁과 이를 위한 체력 경쟁(운동 시합)의 시대였다. 곧 삶 자체가 일종의 전투이자 싸움이었다. 바울의 선교 또한 마찬가지였다. 목숨을 건 투쟁이었다.

설교적 관점

세상 안에서의 인생은 홀로 살아가는 것이 아니기에 하나의 '싸움'이 될 수밖에 없다. 돈을 위해서든, 명예 혹은 권력을 위해서든 보다 높은 곳을 향하기에 서로 경쟁할 수밖에 없다. 그런데 바울은 이 경쟁을 '선한 싸움'이라고 칭한다. 얼마나 위대한 생각인가? 싸움은 싸움이로되 선한 일을 위해 싸워나가는 삶이야말로 하느님께서 기뻐 받으실 인생이다.

누가복음 18:9-14

9 스스로 의롭다고 확신하고 남을 멸시하는 몇몇 사람에게 예수께서는 이 비유를 말씀하셨다.
10 "두 사람이 기도하러 성전에 올라갔다. 하나는 바리새파 사람이고, 다른 하나는 세리다.
11 바리새파 사람은 서서, 혼잣말로 이렇게 기도하였다. '하나님, 감사합니다. 나는, 토색하는 자나 불의한 자나 간음하는 자 같은 다른 사람들과 같지 않으며, 또는, 이 세리와도 같지 않습니다.
12 나는 이레에 두 번씩 금식하고, 내 모든 소득의 십일조를 바칩니다.'
13 그런데 세리는 멀찍이 서서, 하늘을 우러러볼 엄두도 못내고, 가슴을 치며 '아, 하나님, 이 죄인에게 자비를 베풀어 주십시오' 하고 말하였다.
14 내가 너희에게 말한다. 의롭다는 인정을 받고서, 자기 집으로 내려간 사람은 저 바리새파 사람이 아니라, 이 세리다. 누구든지 자기를 높이는 사람은 낮아지고, 자기를 낮추는 사람은 높아질 것이다."

신학적 관점

당시 성전 체제에서 바리새인들은 가장 높은 자리에 있었고 세리는 가장 바닥에 있었다. 그러나 성전을 들어갈 때와는 달리 성전을 나왔을 때는 전세가 역전이 되었다. 첫째가 꼴찌 되고 꼴찌가 첫째 되는 구원이 전복이 일어났다. 곧 구원 전복(顚覆) 신학이다.

목회적 관점

두 사람의 차이는 기도의 내용보다는 기도의 자세에 있다. 바리새인에게 있어서는 '나'가 기도의 중심이었던 반면, 세리에게 있어서는 하느님이 중심이었다.

신앙생활을 오래 한 사람들이 자주 빠지는 오류가 바로 자기 중심적 사고방식, 자기 의다. 바리새인처럼 남과의 비교를 통한 우월감에서 시작하는 감사는 자랑이지 감사가 아니다. 하느님 앞에서 남을 비교하는 것은 출발부터 잘못된 것이다. 우월 의식은 자신을 바라볼 수 있는 성찰의 눈을 가린다.

주석적 관점

일주일에 두 번 단식은 토라에서 요구하는 것을 훨씬 넘어선 행위이다(레 27:28). 또한 '모든 소득'의 십일조 또한 과도한 헌신이다. 토라는 땅에서 나는 것의 십분지 일을 요구한다(레 27:30).

설교적 관점

사실 바리새인들은 예수와 적대적이었기에 우리가 좋지 않은 선입견을 갖고 있지만, 실상 그들은 토라를 중심으로 민중들과 함께 신앙을 지켜온 사람들이었다. 사두개파 사람들처럼 로마의 권력과 결탁하지도 않았고, 엣세네파처럼 민중들의 삶의 현장을 떠나지도 않았고, 젤롯당원처럼 폭력적이지도 않았다. 다만 잘못이 있다면 율법의 근본 정신보다는 613개의 세세한 조항에 매여 구원의 문을 좁히고 신앙의 근본인 자유와 기쁨을 빼앗아버렸다. 그리하여 사람을 차별화하게 되었다.

알코올 중독자 모임에 참여하면 제일 먼저 하는 말은 "나는 알코올 중독자 아무개입니다", "지금 나는 지금 알코올을 스스로 조절할 수 있는 능력이 없습니다"라는 자기 고백이다. 세리가 하느님의 인정을 받은 것은 바로 이 같은 낮은 자세 때문이다. 하느님도 자기를 낮추는 자를 도우시지, 바리새인처럼 자기를 높이는 사람은 아무리 자주 금식하고 수입의 십오조를 내더라도 어쩔 도리가 없다. 그릇이 비어 있어야 새것으로 채울 수 있는 것은 신앙을 떠나 인생의 근본 이치다. 어쩌면 본문에 나오는 세리는 자신의 전 재산을 내어놓고 회개하는 삭개오일지도 모른다.

파스칼이 말하길, "이 세상에는 오직 두 종류의 사람만이 있다. 하나는 자신을 의인으로 여기는 죄인이고, 다른 하나는 자신을 죄인으로 여기는 의인이다." 나는 의인인가, 죄인인가?

만민 성인(All Saints)

단 7:1-3, 15-18; 시 149; 엡 1:11-23; 눅 6:20-31

다니엘 7:1-3, 15-18

1 벨사살이 바빌론 왕이 된 첫해에, 다니엘은 잠자리에서 꿈을 꾸면서, 머리 속으로 환상을 보고, 그 꿈을 적었다. 그가 적은 내용의 줄거리는 다음과 같다.

2 이것은 다니엘이 한 말이다. "내가 밤에 환상을 보았는데, 동서남북 사방에서, 하늘로부터 바람이 큰 바다에 불어 닥쳤다.

3 그러자 바다에서 모양이 서로 다르게 생긴 큰 짐승 네 마리가 올라왔다."

15 "나 다니엘은 마음속이 괴롭고, 머리의 환상들이 나를 번민하게 해서,

16 거기에 서 있는 천사들 가운데 하나에게 가까이 가서, 이 모든 일을 두고 참뜻을 물었다. 그가 나에게 설명하면서, 그 일을 풀이하여 알려 주었다.

17 '이 큰 짐승 네 마리는 앞으로 땅에서 일어날 네 왕이다.

18 그러나 가장 높으신 분의 성도들이 나라를 얻을 것이며, 영원히 영원히 영원히 그것을 누릴 것이다.'"

신학적 관점

다니엘서는 제1성서에서 가장 후대의 작품이다. 다니엘서는 에스라서처럼 부분적으로는 히브리어로 그리고 아람어로 기록되어 있다. 70인 역 헬라어성서에는 제1성서(히브리성서)에 나오지 않는 부분도 있다. 고대 유대교와 초대교회의 중요한 장르인 묵시문학에 속한다. 기독교에서는 예언서로 분류하지만, 유대교에서는 성문서로 분류된다.

바빌론에 포로로 붙잡혀 간 다니엘이 본 환상 이야기이지만, 실제는 그리스제국 시대의 이야기로 동시대 유대인들에게 YHWH 신앙을 굳건히 지키도록 하기 위한 투쟁과 저항의 정신을 담고 있다.

목회적 관점

대체로 사람도 큰 어려움에 처했을 때 환상을 보게 된다. 이는 현실의 어려움을 이겨나가도록 이끄는 하늘의 이끄심으로 이해할 수 있다. 꿈과 환상을 자주 보는 특별한 교인들이 있다. 이를 장려하는 것도 문제가 될 수 있지만, 너무 억누르는 것도 문제가 될 수 있다. 목회자는 이를 잘 판단하고 바른길로 이끌 수 있는 영적 판단 능력(Spiritual Discernment)을 갖추어야 한다.

주석적 관점

큰 짐승 네 마리는 유대 땅을 지배했던 바빌론, 메데, 페르시아, 그리스제국을 의미한다.

설교적 관점

11월 1일을 가톨릭에서는 만민성인의 날로 지킨다. 마르틴 루터는 전날에 95개조에 달하는 질의서를 공개했다. 4세기 이후 초기 가톨릭에서는 특별한 족적을 남긴 뛰어난 신앙인과 순교자들을 성인으로 추대하여 매일매일 기리는 전통이 생겨났다. 그런데 때로는 정치적인 이유로 때로는 많은 돈을 낸 사람들을 성인으로 추대하다 보니 그 숫자가 너무 많아짐에 따라 CE 837년 교황 그레고리 4세 때, 11월 1일 한 날을 정해 일일이 기억할 수 없는 작은 성인들(minor saints)을 기념하고 있다. 18절에 '가장 높으신 성도들'을 성인으로 이해한다.

개신교에서는 성인 제도도 없거니와 성인들의 이름을 따라 세례명을 정하는 예식도 하지 않기에 마틴 루터의 기독교 개혁 정신을 기념하는 날로 정해졌다. 특별히 개혁 정신의 핵심인 만인 제사장 정신에 따라 곧 성도(평신도) 리더십을 세우는 주일로 지키면 좋을 것이다. 오늘날의 가톨릭과 중세 가톨릭은 많이 다르다. 루터의 개혁 정신을 강조하되 반가톨릭 메시지는 전하지 않도록 하는 것이 에큐메니칼 정신에 맞다. 오히려 루터의 개혁 정신은 자본주의와 성공주의에 빠져 물량화된 한국 개신교회에 적용하는 것이 타당하다.

시편 149

1 할렐루야, 야훼께 새 노래를 불러라.

2 신도들아, 모여서 그를 찬양하여라. 이스라엘아, 너를 내신 분을 모시고 기뻐하여라.

3 시온 시민들아, 너희 임금님을 모시고 즐거워하여라. 춤을 추며 그의 이름 찬양하여라.

4 북치고 수금 타며 노래하여라. 야훼께서 당신 백성 반기시고

5 짓눌린 자들에게 승리의 영광 주셨다. 신도들아, 승리 잔치 벌여라. 밤에도 손뼉치며 노래하여라.

6 목청 높여 하느님을 찬양하여라. 손에는 쌍날 칼을 드시고

7 뭇 민족에게 원수를 갚으시며 뭇 나라에게 벌을 주시고

8 왕들에게 고랑 채우시며 권세있는 자들을 사슬로 묶고

9 이미 내린 선고대로 그들을 처형하시니, 하느님을 믿는 온 신도들의 영광이로다.

에베소서 1:11-23

11 모든 것을 자기가 뜻하시는 대로 행하시는 하나님께서, 자기의 계획을 따라 예정하셔서, 그리스도 안에서 우리를 상속자로 삼으셨습니다.

12 그것은 그리스도께 맨 먼저 소망을 둔 우리로 하여금, 하나님의 영광을 찬미하게 하시려는 것입니다.

13 여러분도 그리스도 안에서 진리의 말씀, 곧 여러분을 구원하는 복음을 듣고 그리스도를 믿었으므로, 약속하신 성령의 인치심을 받았습니다.

14 이 성령은 우리의 상속의 담보이어서, 우리로 하여금 구속을 받아, 하나님의 영광을 찬미하게 합니다.

15 그러므로 나도, 여러분이 주 예수를 믿는다는 것과, 여러분이 모든 성도를 사랑한다는 것을 듣고서,

16 여러분을 기억하면서 기도를 올리며, 여러분을 두고 끊임없이 감사를 드립니다.

17 우리 주 예수 그리스도의 하나님, 영광의 아버지께서 지혜와 계시의 영을 여러분에게 주셔서, 아버지를 알게 하시고,

18 여러분의 마음의 눈을 밝혀 주시기를 빕니다. 그리하여 하나님께서 여러분을 부르셔서 여러분에게 주신 그 소망이 무엇인지, 하나님께서 성도들에게 주신 상속의 영광이 얼마나 풍성한지,

19 하나님께서 우리 믿는 사람에게 강한 힘으로 활동하시는 그 능력이 얼마나 큰지를, 여러분이 알게 되기를 바랍니다.

20 하나님께서는 이 능력을 그리스도 안에 역사하셔서, 그분을 죽은 사람 가운데서 살리시고, 하늘에서 자기의 오른쪽에 앉히셔서,

21 모든 정권과 권세와 능력과 주권 위에, 그리고 이 세상뿐만 아니라 오는 세상에서 불릴 모든 이름 위에 뛰어나게 하셨습니다.

22 하나님께서는 만물을 그리스도의 발 아래에 굴복시키시고, 그분을 만물 위에 교회의 머리로 삼으셨습니다.

23 교회는 그리스도의 몸이요, 만물 안에서 만물을 충만케 하시는 분의 충만함입니다.

신학적 관점

예수를 믿고 따르는 자들의 정체성과 이에 연계하여 예수 그리스도와 교회의 정체성에 대해 말하고 있다. 1) 우리는 예정하신 바에 따라 하느님의 기업을 이어가는 상속자로서 성령의 인치심을 받은 성도이다. 2) 예수 그리스도는 하느님의 능력이 역사하신 분으로 만물 위에 계신 분으로 교회의 머리가 된다. 3) 교회는 그리스도의 몸으로 만물의 충만함이다.

본회퍼는 교회(ekklēsia)에 대해 다음과 같이 말했다. "부름을 받은 자들이란 종교적 관점에서 특혜를 받은 우리 자신을 말하는 것이 아니라, 전적으로 세상에 속한 자를 말한다. 그리스도는 종교의 대상으로서가 아닌 전혀 다른 의미에서 세상의 주(主)님이 되신다. 화해의 십자가는 인간으로 하여금 자기만 아는 존재가 아니라 '타자를 위한 존재가 되게 한다'"(엡 2:16).

목회적 관점

교회 개혁적 입장에서 성도의 의미는 무엇인가? 이는 단순히 한 명의 교인 됨을 넘어 하느님 나라에 소속됨을 뜻한다. 목사는 개교회에 매일 수밖에 없지만, 하느님 나라 관점에서 자신과 교인들을 바라보는 폭넓은 신앙이 필요하다. 개교회 성장이 하느님 나라 성장을 의미하지도 않고, 개교회가 문을 닫는다고 해서 하느님 나라가 문을 닫는 것도 아니다.

주석적 관점

에베소서에서 모두 9번 사용되는 '교회'라는 단어는 오늘날 우리가 생각하는 지상의 개교회가 아닌 사도신조에서 고백하는 공의회로서 우주적 교회로서의 성격을 더 강하게 갖고 있다.

'충만함'(pleroma)은 (우주의) '완전성'이라는 관점에서 당시 그리스 철학의 핵심 주제 중 하나였다.

설교적 관점

본문을 잘못 읽으면 기독교 승리주의에 빠져 독선적인 신앙인이 될 위험이 크다. 이는 기본적으로 바울의 기도이다(16절). "하느님께서는 만물을 그리스도의 발아래에 굴복시키시고"라는 22절 말씀을 오늘날 다종교의 사회에서 어떻게 이해할 것인가 하는 신학적인 과제가 있다. 백인 위주의 유럽과 북미 국가에서 기독교는 주류이지만, 기타 지역에서 기독교는 주류가 아니다. '발아래에 굴복'이라는 말은 승장(勝將)이 패장(敗將)의 머리를 발로 밟는 행위를 묘사하는 전쟁 용어이다. 상대를 인정하지 않는 배타적인 용어이다.

"모든 이름 위에 뛰어나게 하셨다"(21절)에서의 뛰어남이란 상대를 누르고 일어선다는 배제의 의미가 아닌 "만물 안에서 만물을 충만케 하시는 분의 충만함"(23절)이라는 상대를 배려하고 인정한다는 의미에서 '뛰어남'을 의미한다.

누가복음 6:20-31

20 예수께서 눈을 들어서, 제자들을 보면서 말씀하셨다. "너희 가난한 사람은 복이 있다. 하나님의 나라가 너희의 것이다.

21 너희 지금 굶주리는 사람은 복이 있다. 너희가 배부르게 될 것이다. 너희 지금 슬피 우는 사람은 복이 있다. 너희가 웃게 될 것이다.

22 사람들이 너희를 미워하고, 인자 때문에 너희를 배척하고, 욕하고, 누명을 씌울 때에 너희는 복이 있다.

23 그날에 기뻐하고 뛰놀아라. 보아라, 하늘에서 받을 너희의 상이 크다. 그들의 조상이 예언자들에게 이와 같이 행하였다.

24 그러나 너희 부요한 사람은 화가 있다. 너희가 너희의 위안을 이미 받았기 때문이다.

25 너희 지금 배부른 사람은 화가 있다. 너희가 굶주릴 것이기 때문이다. 너희 지금 웃는 사람은 화가 있다. 너희가 슬퍼하며 울 것이기 때문이다.

26 모든 사람이 너희를 좋게 말할 때에, 너희는 화가 있다. 그들의 조상이 거짓 예언자들에게 그와 같이 행하였다."

27 "그러나 내 말을 듣고 있는 너희에게 내가 말한다. 너희의 원수를 사랑하여라. 너희를 미워하는 사람들에게 잘 해주고,

28 너희를 저주하는 사람을 축복하고, 너희를 모욕하는 사람을 위하여 기도하여라.

29 네 뺨을 치는 사람에게는, 다른 뺨도 돌려대고, 네 겉옷을 빼앗는 사람에게는, 속옷도 거절하지 말아라.

30 너에게 달라는 사람에게는 주고, 네 것을 가져가는 사람에게서 도로 찾으려고 하지 말아라.

31 너희는 남에게 대접을 받고자 하는 대로 남을 대접하여라."

신학적 관점

마태복음의 산상수훈의 팔복(혹은 구복) 말씀의 원형으로 평지수훈이라 불린다. 마태와 달리 누가는 복과 화를 동시에 설파하고 있다. 그런 점에서 더 강한 사회개혁과 하느님 나라 정의 실현을 말한다. 그런데 바로 이어서 원수 사랑 이야기와 달라는 사람에게 주고, 대접을 받고자 하는 대로 남을 대접하라는 말씀을 덧붙임으로 화가 임하는 대상과 용서의 대상인 원수가 심정적으로 일치하는 모순을 빚어내고 있다. 이는 기울어진 운동장의 부조리한 사회 현실을 그대로 인정하는 결과를 빚는다. 본문은 전반과 후반의 말씀이 신학적으로 모순 상반된다. 서로 다른 상황에서 각기 다른 뜻으로 선포된 예수의 말씀들이 구전으로 내려오다 후대에서 하나로 모아져 섞이면서 저자(Q)의 편집 의도에 따라 한 묶음(pericope)의 말씀으로 정리가 되었기 때문이다.

목회적 관점

오늘 남한 기독교인들에게 원수는 누구일까? 대체로 북한의 지도자를 생각할 것이다. 그렇다면 그 원수를 사랑하는 길은 무엇인가? 요즘 북한에서 내보내는 풍선 쓰레기가 자주 뉴스에 나오면서 사람들이 이를 비난하게 된다. 그런데 남한에서 보내는 삐라 풍선에 대해서는 언급도 없을뿐더러 이를 당연하게 여긴다. 내로남불의 예로 자신이 받고 싶어 하는 대접과 남을 대접하는 기준이 다르다.

주석적 관점

원수는 개인의 경우가 있고 사회집단의 경우가 있다. 복음서는 평화로운 시기에 개인 윤리에 관한 말씀이 아니다. 로마제국의 식민지 지배와 통치 아래에서 초대 공동체의 기록이다. 집단적 해석이 우선해야 한다.

원수 사랑 이야기는 Q복음서에 있던 이야기이다. 마태(5:38-42)와 누가가 서로 다른데, 마태는 세 가지 경우(뺨 맞기, 속옷 벗어주기, 십 리 걸어가기)를 말하고 있고, 누가는 두 가지 경우만 언급하고 있다. 원래 Q복음서에 두 가지 경우만 있었는데 마태가 하나를 덧붙인 것인지, 아니면 세 경우가 다 있었는데 누가가 일부러 뺀 것인지를 확실하지 않다. 그러나 세 번째 경우는 로마 군인과 식민 백성인 유대인 사이에서만 일어나는 이야기로 보아 친로마 경향을 갖고 있는 누가가 뺀 것으로 보인다. 그리고 첫 번째 경우에도 누가는 마태의 오른뺨/왼뺨의 구별을 '한쪽 뺨'으로 언급함으로 원래의 메시지를 희석시키고 말았다.

[참조]

Walter Wink, *Engaging the Powers: Discernment and Resistance in a World of Dominion* (Fortress Press, 1992, 175-189)은 상당한 주석과 함께 매우 훌륭한 해석을 하고 있다. 요약하면, 세 경우 모두 지배자(주인/로마인)와 피지배자(종/유대인) 사이에서 일어난 일로 첫 번 경우는 종이 어떤 잘못을 저질렀는데 로마인이 오른뺨을 때린다. 당시 사회적 관습은 더러운 왼손으로는 상대의 몸을 만지는 것이 금지되어 있었기에 오른쪽 손등으로 때린 것이다. 상대를 넘어뜨리기 위해 때렸다기보다는 경멸조로 뺨을 툭툭 건들었다는 표현이 더 맞다. 그러자 맞은 종이 왼뺨을 돌려댄다. 주인이 종의 왼뺨을 때리려면 오른손으로 때려야 한다. 이는 상대를 동등하게 인정하는 모양새가 되기에 주인은 이때 주저하게 되면서 때리는 것을 포기한다. 종이 왼뺨을 돌려대는 것은 굴종의 표시가 아니라 "나도 당신과 같은 인간"이라는 저항의 행동이다. 두 번째 경우는 로마인 고리대금업자가 유대인에게 돈을 빌려주었다가 이를 받지 못하게 되자 법정에 고소한다. 가진 것이 아무것도 없었던 이 빚진 자에게 판사는 당시 율법에 따라 겉옷을 벗어주는 것으로 판결을 내린다. 이는 일종의 창피를 주기 위한 방식이다(출 22:25-27). 그런데 이 가난한 유대인이 홧김에 겉옷과 함께 속옷을 벗어준다. 그리고 맨몸으로 법정 밖을 나오면 거기는 사람들이 많이 모여 있는 광장이 되는데, 이때 유대인 동료들은 로마인 고리대금업자의 지나친 처사에 분노하게 된다. 이 또한 굴종의 행동이 아닌 저항의 행동이다. 세 번째 경우는 로마 군인이 자기 짐을 유대인에게 강제로 매게 할 수가 있다. 그러나 이 경우 유대인 또한 자기 생업을 해야 하기에 오 리까지만 걷도록 되어 있다. 그런데 유대인이 오 리를 더 가겠다고 제안하자 어쩔 수 없이 이에 동의하는데, 오리가 지나면서 부터는 이 군인은 이 일이 발각될까 봐 전전긍긍하게 된다. 왜냐하면 벌금 형벌이 정해져 있었기 때문이다. 따라서 이 로마 군인은 다음부터는 이런 행동을 하지 않게 된다. 이 또한 굴종의 표시가 아닌 저항의 행동이다.

설교적 관점

20-26절과 27-28절, 30-31절 그리고 29절은 각각 세 개의 서로 다른 주제를 갖고 있다. 달리 해석하고 적용할 필요가 있다.

"남에게 대접을 받고자 하는 대로 남을 대접하라"는 말씀은 기독교의 황금률로 불린다. 오늘날의 인간 평등 사회에서 지극히 당연한 말씀이기도 하다. 그런데 이천 년 전 고대 계급 사회에서 이 말씀은 누구를 향한 말씀이었을까? 굳이 노예와 주인 간의 예를 들지 않아도, 힘이 없는 사람은 힘 있는 사람 앞에서 자신이 받을 몫보다 더 많은 대접을 하기 마련이다. 그렇다면 이 말씀은 힘 있는 사람들, 권세 있는 사람들을 향한 말씀이다. 모든 인간을 평등하게 대하라는 말씀을 넘어 노예에게도 정당한 대우를 해주라는 매우 파격적이고 혁명적인 말씀이 된다.

성령강림 후 스물넷째 주일(10월 30일~11월 5일)

합 1:1-4, 2:1-4; 시 119:137-144;
살후 1:1-4, 11-12; 눅 19:1-10

하박국 1:1-4, 2:1-4

1 이것은 예언자 하박국이 묵시로 받은 말씀이다.

2 살려 달라고 부르짖어도 듣지 않으시고, "폭력이다!" 하고 외쳐도 구해 주지 않으시니, 주님, 언제까지 그러실 겁니까?

3 어찌하여 나로 불의를 보게 하십니까? 어찌하여 악을 그대로 보기만 하십니까? 약탈과 폭력이 제 앞에서 벌어지고, 다툼과 시비가 그칠 사이가 없습니다.

4 율법이 해이하고, 공의가 아주 시행되지 못합니다. 악인이 의인을 협박하니, 공의가 왜곡되고 말았습니다.

1 내가 초소 위에 올라가서 서겠다. 망대 위에 올라가서 나의 자리를 지키겠다. 주님이 나에게 무엇이라고 말씀하실지 기다려 보겠다. 내가 호소한 것에 대하여 주께서 어떻게 대답하실지를 기다려 보겠다.

2 주께서 나에게 대답하셨다. "너는 이 묵시를 기록하여라. 판에 똑똑히 새겨서, 누구든지 달려가면서도 읽을 수 있게 하여라.

3 이 묵시는, 정한 때가 되어야 이루어진다. 끝이 곧 온다는 것을 말하고 있다. 이것은 공연한 말이 아니니, 비록 더디더라도 그때를 기다려라. 반드시 오고야 만다. 늦어지지 않을 것이다.

4 마음이 한껏 부푼 교만한 자를 보아라. 그는 정직하지 못하다. 그러나 의인은 믿음으로 산다."

신학적 관점

BCE 600년경 등장한 하박국 예언자의 기본 외침은 유다/예루살렘의 지도층과 왕권을 겨냥한 사회 비판이다. 이어 YHWH의 징벌로서의 바빌론제국의 침공을 얘기하고 있다(1:4). 전쟁으로 인한 약탈과 폭력에도 불구하고 구원에 대한 희망의 끈을 놓지 않는다(2:3). 신정(神政) 정치신학의 관점이다.

목회적 관점

인간 사회의 전쟁과 폭력은 끊이지 않고 있다. "주님, 언제까지 그러실 겁니까?" 하는 신도들의 외침은 계속되고 있다. 80년이 되어가는 남북 분단의 현실에서 남북 간의 화해는커녕 전쟁 공포만 높아가고 있다. 목회자는 "언제까지?"라는 물음에서 벗어날 수가 없다. 하박국 예언자와 같이 초소 위 망대에 올라가 시대의 징조를 먼저 읽어내고 이를 알리는 사회적 책무가 주어져 있다. 그냥 외치는 것으로 끝나는 것이 아닌 모든 백성이 달려가면서도 읽을 수 있도록 큰 글씨로 새겨서 알려야 한다.

주석적 관점

하박국의 의미는 '껴안다'이다. 백성들의 고통을 품에 안고 함께 아파하며 울부짖는다.

설교적 관점

기독교 이천 년의 역사는 예수 재림을 기다리는 기다림의 역사이다. 물론 이 기다림은 '아직 아니, 그러나 이미'(Not Yet, But Already)라는 종말론적 기다림이다. 곧 "하느님의 나라가 가까이 왔다"에서 현재완료형을 말한다.

4절의 교만한 자는 개인이 아니다. 이는 바빌론제국을 말한다. 여기서 믿음으로 사는 의인 또한 개인이 아니다. 바울과 히브리서 저자에 의해 이 믿음의 소유자가 개인화되고 말았지만, 전쟁의 화마로 나라와 민족이 멸망 당한 후에 몇 명의 의인이 살아남는다는 것이 무슨 의미가 있는 것인가? 하박국 예언자가 말하는 의인은 몇몇 개인이 아니다. YHWH의 약속을 믿고 확신 속에서 살아가는 민족 집단을 말한다. 오늘날 세계에서 교만을 떠는 바빌론제국은 어떤 집단이며 또 이에 흔들리지 않고 하느님의 구원 약속을 믿고 나아가는 의인은 어떤 집단인가?

시편 119:137-144

137 야훼여, 당신은 공정하시며 당신의 결정은 언제나 옳사옵니다.

138 당신의 언약은 공정하여 조금도 틀림이 없사옵니다.

139 나의 원수들이 당신의 말씀을 기억하지 아니하니 나의 정열이 이 몸을 사릅니다.

140 아무리 어려워도 지켜진 당신의 약속, 나에게는 그 약속이 소중합니다.

141 나 비록 미천하여 멸시를 당하나 당신의 법령들을 잊지 않으리이다.

142 당신의 정의는 영원한 정의, 당신의 법은 언제나 진실됩니다.

143 우민과 억압에 짓눌려도 당신의 계명이 나를 기쁘게 하옵니다.

144 당신의 언약은 언제나 공정하시니 그것을 깨우쳐 주시고 이 몸을 살게 하소서.

데살로니가후서 1;1-4, 11-12

1 나 바울과 실루아노와 디모데는, 하나님 우리 아버지와 주 예수 그리스도 안에 있는 데살로니가 사람들의 교회에 편지합니다.

2 하나님 아버지와 주 예수 그리스도께서 내려 주시는 은혜와 평화가 여러분에게 있기를 빕니다.

3 형제자매 여러분, 우리는 여러분의 일로 언제나 하나님께 감사를 드릴 수밖에 없습니다. 그렇게 하는 것이 당연한 일이니, 그것은, 여러분의 믿음이 크게 자라고, 여러분 모두가 저마다 서로에게 베푸는 사랑이 더욱 풍성해 가고 있기 때문입니다.

4 그러므로 우리는, 여러분이 모든 박해와 환난 가운데서도 간직한 그 인내와 믿음 때문에 하나님의 여러 교회에서 여러분을 자랑하고 있습니다.

11 우리는 언제나 여러분을 위하여 기도합니다. 우리는, 우리 하나님께서 여러분을 그의 부르심에 합당하게 하시고, 또 모든 선한 뜻과 믿음의 행위를 그의 능력으로 완성해 주시기를 빕니다.

12 그것은, 우리 하나님과 주 예수 그리스도의 은혜로, 우리 주 예수의 이름이 여러분 가운데서 영광을 받고, 여러분도 그리스도 안에서 영광을 받게 하려는 것입니다.

신학적 관점

삭제된 5-10절은 '이 일'(5절과 7절)을 언급하고 있는데, 그것이 확실하게 무엇인지가 불분명하다. 대체로는 '하느님의 진노'로 여긴다. '이 일'이 데살로니가전서 4장 17절의 '휴거'와 연계된다면 이는 신학적으로 논란의 소지가 많고 지나치게 소모적인 일이 된다.

본문은 재림을 기다림 가운데 신앙의 박해를 당하고 있는 교인들을 격려하는 목회서신으로서 사회와는 적대적 관계에 놓여 있다.

목회적 관점

바울, 실루아노, 디모데의 협력 목회가 돋보인다. 담임목사-부목사-전도사라는 상하 제도가 신앙적으로 바른 제도인가?

주석적 관점

대부분의 성서학자들은 데살로니가전서를 흉내 내어 바울의 제자가 쓴 편지로 본다. 3절의 "감사를 드릴 수밖에 없다"는 표현은 바울의 표현이 아니다.

로마제국은 후원자(patron)와 수혜자(client)라는 사적 관계로 유지되는 기본 시스템을 갖고 있었다. 물론 맨 꼭대기에는 황제가 있었다. 그리고 이를 중간에서 맺어주는 브로커(broker)들이 있었다. 후원자의 영광은 곧 수혜자와 브로커의 영광이 된다. 12절은 하느님은 후원자, 예수는 브로커, 교인들은 수혜자의 관계가 되어 영광을 함께 누린다(*Feasting*, 259).

설교적 관점

교회의 존립 목적은 "주 예수의 이름이 우리 가운데서 영광을 받게 하려는 것이다." 엄격히 말하면 주 예수의 이름이 교회 밖 사회에서 영광을 받도록 하여야 마땅하다. 그러나 박해 상황에서 먼저 교인들끼리의 깊은 사랑의 교제를 강조하고 있을 따름이다.

누가복음 19:1-10

1 예수께서 여리고로 들어가서, 그곳을 지나가고 계셨다.

2 그런데 마침 삭개오라고 하는 사람이 거기에 있었는데, 그는 세리장이고, 부자였다.

3 삭개오는 예수가 어떤 사람인지를 보려고 애썼으나, 무리에게 가려서, 예수를 볼 수 없었다. 그가 키가 작기 때문이었다.

4 그래서 그는 예수를 보려고 앞서 달려가서, 뽕나무로 올라갔다. 예수께서 거기를 지나가실 것이기 때문이었다.

5 예수께서 그곳에 이르러서 쳐다보시고, 그에게 말씀하셨다. "삭개오야, 어서 내려오너라. 오늘은 내가 네 집에서 묵어야 하겠다."

6 그러자 삭개오는 얼른 내려와서, 기뻐하면서 예수를 모셔 들였다.

7 그런데 사람들이 보고서, 모두 수군거리며 말하기를 "그가 죄인의 집에 묵으려고 들어갔다" 하였다.

8 삭개오가 일어서서, 주님께 말하였다. "주님, 보십시오, 내 소유의 절반을 가난한 사람들에게 주겠습니다. 또 내가 누구에게서 강탈을 했으면, 네 배로 갚아 주겠습니다."

9 예수께서 그에게 말씀하셨다. "오늘 구원이 이 집에 이르렀다. 이 사람도 아브라함의 자손이다.

10 인자는 잃은 것을 찾아 구원하러 왔다."

신학적 관점

삭개오는 세관장이자 부자였다. 세리는 로마 정부의 관리로 백성들로부터 할당 금액 이상의 세금을 거두어(3:12) 이익을 챙겼기에 매국노로 불렸을뿐더러 유대인들이 가장 경멸하는 부류의 사람들로 죄인의 대명사였다(18:11). 구원의 대상에서 가장 먼저 제외된 사람들이었으며(5:30), 아브라함의 자손으로도 인정을 받지 못했었다. 그런데 삭개오는 부를 나누는 진정한 회개를 통해 구원을 받았다. 이는 당대의 구원관에 대한 전복이다. 이는 의인이 아닌 죄인을 그리고 구원 공동체 밖의 잃은 자를 찾으시는 예수의 민중 해방신학적 관점을 말하고 있다.

목회적 관점

키가 작은 사람들은 어려서부터 친구들로부터 놀림감의 대상이 되기 쉬워 열등감을 갖게 됨으로 성장하면서 보복심리를 갖게 된다. 그는 성공하기 위해 노력했고 로마 정부에 앞장선 충성심으로 유대인으로서는 아마도 최고의 관직인 세관장의 자리에까지 올랐다. 그러나 그는 항상 홀로였다. 그의 내면은 충족될 수가 없었다. 뽕나무는 잎이 크다. 삭개오는 되도록 자신의 모습을 감추고자 했을 것이다. 그러나 예수는 그를 한눈에 알아보았다. 교인들이 성장하는 과정에서 상처받은 숨은 심리를 잘 파악하는 것은 목회의 큰 도움이 된다.

주석적 관점

삭개오는 '죄 없다'는 뜻의 히브리어를 헬라어로 바꾼 이름이다(참조. 삭개:

스 2:9).

여리고는 분지로서 기온이 따뜻하여 헤롯왕의 겨울 궁전이 있던 도시였다.

본문 바로 앞장에서 예수는 "부자가 하나님의 나라에 들어가는 것보다 낙타가 바늘귀로 들어가는 것이 더 쉽다"(18:25)고 말씀하셨다. 삭개오는 부자였다. 그러나 그는 구원을 받았다. 필자가 오래전 예루살렘을 방문했을 때, 가이드가 이런 말을 했다. 옛날 예루살렘 성문 가운데 바늘구멍이라는 문이 있었다. 이는 안식일에 성문이 닫힌 후에 낙타 대상(隊商, caravan)들이 이용하는 비상문이었다. 그런데 그 문을 들어가려면 입구가 너무 좁기에 낙타는 등에 짊어진 모든 짐을 내리고 무릎으로 기어서만 들어가야 한다. 사실 성서학자들은 이를 반증할 자료가 없다고 하지만, 필자는 가이드 얘기가 맞다고 생각한다.

설교적 관점

삭개오가 예수를 따랐다는 말은 없지만, 그의 이름이 후세에 전해진 것을 감안하면 그는 초대교회의 지도자 중의 한 사람이었을 것이다. 세관장까지 했다면, 당시 90% 이상이 글을 읽지 못하였을 때 그는 글도 읽고 썼을뿐더러 지도력 또한 인정받았던 인물이었다.

그는 율법이 정한 것 이상으로 소유의 절반까지 그리고 네 배까지 갚겠다고 말한다. 깔뱅은 그를 가리켜 늑대에서 양으로의 변화는 물론 목자에까지 변화했다고 말했다(*feasting*, 264).

저자 누가는 특히 부자에 대해 매우 날카로웠다. 마태와 달리 부자에게 화가 임할 것이라는 저주를 퍼부었으며, 부자 청년과 부자 농부의 이야기를 통해 부자의 구원을 원천적으로 봉쇄했다. 게다가 삭개오는 로마제국의 세관장으로서 바리새인 이상으로 오만하고 위선적이었다. 일제강점기 시대에 조선인 국세청장을 생각해 보면 그는 어쩌면 조선 백성들의 1호 경멸 대상이자 척결 대상이었다. 누가에게 있어 부자는 원천적으로 구원의 대상이 될 수 없는 사람이었다. 그런데 누가는 앞서 얘기했던 부자에 대한 부정적인 생각을 송두리째 바꾼 것이다. 낙타가 바늘귀를 빠져나간 것이다. 따라서 삭개오의 얘기는 사실일 수밖에 없다.

회개는 행실로 증명이 되어야 한다. 부자나 권세가에게 있어 회개한다는 것은 재산을 내어놓고 권력을 내려놓는 일이 함께 진행되어야 한다. 이는 사람의 힘이나 의지로 되지 않는다. 오직 하느님의 영이 임할 때 가능하다(18:27). 바로 앞의 여리고에 살던 거지 시각장애인이 고침을 받고 구원받은 이야기와 함께 당대 가장 바닥에 있었던 사람과 가장 높은 자리에 있었던 사람이 동시에 구원받는 일을 기록함으로 누가는 모든 사람이 하느님의 구원의 대상임을 강조하고 있다.

부에 대한 시각을 세계적으로 넓혀 보면, 미국과 캐나다, 호주 그리고 서유럽의 국가들은 모두 제1세계의 부자 국가들이자 동시에 기독교 국가들이다. 그곳에 사는 백인 부자 기독교인들은 이 말씀을 어떻게 읽을까? 자신들에게 적용할 수는 없을까? 아시아, 아프리카 가난한 민중들을 위해 절반의 부를 나누고 식민지 수탈로 강탈해 간 부를 네 배까지 갚을 길은 없을까? 일제를 비롯한 서구 제국들이 식민지 약소국가에서 마구 수탈해 간 문화재 원래 주인에게 돌려줄 수는 없을까? 그렇지 않다면 저들에게 구원의 문은 열리지 않을 것이다.

성령강림 후 스물다섯째 주일(11월 6일~11월 12일)

학 1:15b-2:9; 시 145:1-5, 17-21;
살후 2:1-5, 13-17; 눅 20:27-38

학개 1:15b-2:9

15 때는 다리우스 왕 이년 여섯째 달, 그달 이십사일이다.

1 그해 일곱째 달, 그달 이십일일에, 학개 예언자가 주의 말씀을 받아서 전하였다.

2 "너는 스알디엘의 아들 스룹바벨 유다 총독과 여호사닥의 아들 여호수아 대제사장과 남아 있는 백성에게 전하여라.

3 '너희 남은 사람들 가운데, 그 옛날 찬란하던 그 성전을 본 사람이 있느냐? 이제 이 성전이 너희에게 어떻게 보이느냐? 이것이, 너희 눈에는 하찮게 보일 것이다.

4 그러나 스룹바벨아, 이제 힘을 내어라. 나 주의 말이다. 여호사닥의 아들 여호수아 대제사장아, 힘을 내어라. 이 땅의 모든 백성아, 힘을 내어라. 나 주의 말이다. 내가 너희와 함께 있으니, 너희는 일을 계속하여라. 나 만군의 주의 말이다.

5 너희가 애굽에서 나올 때에, 내가 너희와 맺은 바로 그 언약이 아직도 변함이 없고, 나의 영이 너희 가운데 머물러 있으니, 너희는 두려워하지 말아라.

6 나 만군의 주가 말한다. 머지 않아서 내가 다시 하늘과 땅, 바다와 물을 뒤흔들어 놓겠다.

7 또 내가 모든 민족을 뒤흔들어 놓겠다. 그때에, 모든 민족의 보화가 이리로 모일 것이다. 내가 이 성전을 보물로 가득 채우겠다. 나 만군의 주가 말한다.

8 은도 나의 것이요, 금도 나의 것이다. 나 만군의 주의 말이다.

9 그 옛날 찬란한 그 성전보다는, 지금 짓는 이 성전이 더욱 찬란하게 될 것이다. 나 만군의 주가 말한다. 내가 바로 이곳에 평화가 깃들게 하겠다. 나 만군의 주의 말이다.'"

신학적 관점

성전(聖殿) 신학이다. 그런데 이는 오늘날의 교회 건물과는 그 개념이 다르다. 당대 학개에게 있어 예루살렘 성전 복원은 이스라엘 민족 공동체를 하나로 엮고 민족 부흥의 열망을 끌어내는 일에 있어 최우선되는 일이었다. 예언자들은 신정(神

政) 정치를 추구한다. 예루살렘 성전은 YHWH 하느님이 거주하는 유일한 집이었다.

목회적 관점

교회 건축을 하고자 하는 목사들이 자주 인용하는 구절이다. 당시 예루살렘 성전은 유대의 유일한 성전이었지만, 오늘날 교회는 동네마다 몇십 개씩 세워져 있다. 예언자 아모스는 사회 정의가 없는 성전 제사의 무효함을 외쳤고, 예수 또한 성전 숙청을 위해 회초리를 들었고 끝내 성전을 허물라고 하셨다.

주석적 관점

학개는 페르시아에 의한 바빌론 포로 귀환(BCE 539) 이후 등장한 세 명의 예언자 중의 한 사람이다. 스가랴는 동시대 예언자였고, 말라기는 한 세기 후 활동했다. 논란이 있을 수 있지만, 대체로 학개와 스가랴는 스룹바벨과 함께 귀환하였을 것이고 BCE 520~518년에 활동하였다.

7절은 윤리적으로 문제가 된다. 잃어버린 보화를 되찾는 것은 윤리상 문제가 되지 않겠지만, 상대가 갖고 있는 보화도 모두 갖겠다는 것은 약탈이 아닌가? 물론 이 보화들 또한 다른 약소민족들로부터 수탈한 것일 것이다. 그러나 어찌 되었든 이웃 국가들의 보화로 채워지는 성전이 담보하는 평화(9절)는 어떤 평화인 가? 이웃 국가들 또한 자기 보화를 쉽사리 내어주지 않을 것이다. 이 또한 전쟁 승리를 통해 탈취하는 보화들일 수밖에 없다. 이는 내로남불식의 평화가 아닌가?

설교적 관점

필자는 오래전 인도 켈커타 테레사 수녀가 운영하는 '봉사의 집'에서 하루 봉사를 한 적이 있다. 여기에는 죽음 일보 직전의 쓰러진 노숙인들만을 데려와 마지막 임종을 편안하게 하는 것이 목적이었다. 그때 5년째 그곳에서 봉사하던 한 독일 목사가 나에게 이렇게 말했다. "당신 교회 건물 유지 보수하는 일에 목사로서의 삶을 허비하지 말고 이곳에 와서 참다운 하느님의 일을 하라." 지금 유럽의 호화찬란한 교회의 목사들은 교인은 별로 없고 주로 국가가 주는 문화재

운영 기금으로 교회를 보수하는 일을 한다. 어쩌면 곧 한국교회의 목사들도 그런 시기가 올지 모른다. 그러나 한국교회 건물은 문화재로 등록이 되지 않으니 결국 한두 세기가 지나면 많은 교회 건물은 사라질 것이다. 요즘 젊은 세대들이 교회를 외면하면서 미국 교회들에 이런 현상이 일어나고 있다. 심지어는 술집으로 변하기도 한다. 요즘 몇몇 젊은 목회자들은 자체 건물 없는 교회들을 목회하고 있다. 예수께서 추구했던 하느님의 나라 운동은 탈(脫)성전(聖殿) 민중 중심이었다.

시편 145:1-5, 17-21

1 나의 하느님, 나의 임금님, 내가 당신을 높이 받들며 언제까지나 당신 이름 찬양하오리이다.

2 날이면 날마다 당신을 기리며 언제까지나 당신 이름 찬양하오리이다.

3 "높으시어라, 야훼, 끝없이 찬미받으실 분, 그 높으심, 측량할 길 없음이여."

4 당신의 업적 세세에 전해지고 찬란한 그 공적 대대손손 알려지리이다.

5 당신의 명성, 그 찬란함, 이룩하신 놀라운 일 전하고 또 전하리이다.

17 야훼 가시는 길은 언제나 바르시고, 그 하시는 일 모두 사랑의 업적이다.

18 야훼는, 당신을 부르는 자에게, 진정으로 부르는 자에게 가까이 가시고

19 당신을 경외하는 사람의 소원을 채워 주시며 그 애원 들으시어 구해 주신다.

20 야훼는 당신을 사랑하는 사람은 다 지켜 주시고, 악인들은 모두 멸하신다.

21 나는 이 입으로 야훼를 찬양하리라. 모든 사람들아, 그 거룩한 이름 영원토록 찬양하여라. 이제부터 영원토록!

데살로니가후서 2:1-5, 13-17

1 형제자매 여러분, 우리 주 예수 그리스도의 다시 오심과 우리가 그분 앞에 모이는 일에 대하여 여러분에게 간청합니다.

2 누가 예언으로나 알리는 말로나, 또는 우리에게서 받았다고 하는 편지로 주의 날이 벌써 왔다고 말하더라도, 여러분은 마음이 쉽게 흔들리거나 당황하거나 하지 마십시오.

3 여러분은 아무에게도 어떤 방법으로도 속아 넘어가지 마십시오. 그날이 오기 전에, 먼저 배교하는 일이 생기고, 불법을 행하는 사람 곧 멸망의 자식이 나타날 것입니다.

4 그는, 신이라고 불리는 모든 것이나 예배의 대상이 되는 모든 것에 대항하고, 그들보다 자기를 높이 올리는 자인데, 하나님의 성전에 앉아서, 자기가 하나님이라고 주장할 것입니다.

5 여러분은, 내가 여러분과 함께 있을 때에, 이런 일을 여러분에게 거듭 말했던 것을 기억하지 못합니까?

13 주님의 사랑을 받는 형제자매 여러분, 우리는 여러분의 일로 언제나 하나님께 감사하지

않을 수 없습니다. 하나님께서는 여러분을 성령으로 거룩하게 하시고, 진리를 믿게 하여 구원에 이르게 하시려고, 처음부터 여러분을 택하여 주셨기 때문입니다.

14 이렇게 되게 하시려고, 하나님께서는 우리의 복음으로 여러분을 부르시고, 여러분에게 우리 주 예수 그리스도의 영광을 얻게 하셨습니다.

15 그러므로 형제자매 여러분, 든든히 서서, 우리의 말이나 편지로 배운 전통을 굳게 지키십시오.

16 우리 주 예수 그리스도와, 우리를 사랑하시고 은혜 가운데서 영원한 위로와 선한 소망을 주시는 하나님 우리 아버지께서, 친히,

17 여러분의 마음을 격려하시고, 모든 선한 일과 말에 굳세게 해주시기를 빕니다.

신학적 관점

성서가 말하는 예수 재림 사건은 지구 종말과 우주적 심판을 동반한다. 그러기에 이는 종말론적 사건이지 인간의 시간 영역 안에 있는 사건이 아니다. 엄밀하게 말해 신학적 언어 너머에 존재한다.

목회적 관점

예수 재림과 세상 종말에 너무 집착하다 보면 자기도 모르게 공포에 휩싸이면서 현실에 둔감하게 되어 잘못된 가르침에 쉽게 빠지고 만다. 지나치게 현실주의적 신앙도 문제이지만, 현실을 무시하고 하늘만 쳐다보는 신비 신앙 또한 문제다. 목회자는 신도들이 잘못된 이단에 빠지지 않도록 말씀을 폭넓게 가르쳐야 한다. 데살로니가 교인들이 그러했던 것처럼 인간은 약한 존재라 삶에 해결하기 힘든 문제에 부닥치거나 감당하기 힘든 중병이나 큰 고통이 생기면 신비적인 힘에 의존하려는 경향이 커진다.

주석적 관점

데살로니가후서를 쓴 바울의 제자 의도는 분명하다. 왜냐하면 바울은 데살로니가 교인들의 방탕한 삶을 보고 경계심을 심어주기 위해 예수께서 곧 오실 것이라고 얘기했다(4:13-18). 그러나 재림이 지연되면서 박해가 일어나자 교인들이 또다시 방황하기 시작했다. 그래서 이를 잠재우기 위해 후서를 바울의 이름으로 썼다.

설교적 관점

서양의 역사관은 시작과 끝이 있는 직선적 사관인 반면, 동양의 역사관은 자연의 사철과 같이 순환한다는 사관이다. 이 둘이 결합된 형태로 소라와 같이 전진과 회전이 동시에 일어나는 나선형 사관도 있다. 기독교 역사관은 하느님이 주관하는 역사관으로 창조로부터 종말을 향해 가지만, 이는 하느님의 나라의 완성으로 의인은 인정받고 악인은 심판을 받는다는 정의가 실현되는 사회를 주창한다.

6-12절은 생략되어 있는데, 이는 종말의 때 일어날 여러 징조, 특히 사탄의 자식인 불법자의 등장을 말하고 있고 이러한 구절들이 문제가 되기에 뺀 것 같다. 그러나 굳이 뺄 필요까지 있을까 생각이 든다. 왜냐하면 현대인들은 이런 문구를 악령에 대한 일종의 상징으로 보지 이를 문자 그대로 받아들이지는 않기 때문이다. 세상에서 어떤 이상한 현상과 전쟁이 일어난다 하더라도 다수 현대인들은 바로 그것 자체를 세상 종말로 인식하지는 않는다. 왜냐하면 그런 일들이 매 세기마다 너무나 자주 일어났기 때문이다. 남한 교회 또한 그간 작은 종말 소동은 수없이 많았는데, 그중 1992년 10월 28일 자정에 휴거(攜擧)가 일어날 것이라는 다미선교회 시한부 종말 사건은 사회적으로 큰 파란을 일으킨 바 있다. 바른 종말 신앙은 "나는 내일 종말이 온다 하더라도 사과나무를 심겠다"는 자기 주체적 삶을 살아가는 일이다.

오히려 현대인들에게는 지구온난화 문제를 종말에 관련하여 언급하는 편이 더 옳다.

누가복음 20:27-38

27 부활이 없다고 주장하는 사두개파 사람 가운데 몇 사람이 다가와서, 예수께 물었다.
28 "선생님, 모세가 우리에게 써 주기를 '어떤 남자의 형이 자식이 없이 아내를 남겨 두고 죽으면, 그 남자가 그 여자를 맞아들여서 그의 뒤를 이을 자식을 낳아 주어야 한다' 하였습니다.
29 그런데 형제가 일곱 있었습니다. 맏이가 아내를 얻어서 살다가 자식이 없이 죽었습니다.

30 그래서 둘째가 그 여자를 맞아들였고,

31 그다음에 셋째가 그 여자를 맞아들였습니다. 일곱 형제가 다 그렇게 하였는데, 모두 자식을 남기지 못하고 죽었습니다.

32 나중에 그 여자도 죽었습니다.

33 그러니 부활 때에 그 여자는 그들 가운데서 누구의 아내가 되겠습니까? 일곱이 다 그여자를 아내로 맞이하였으니 말입니다."

34 그래서 예수께서는 그들에게 말씀하셨다. "이 세상 사람들은 장가도 가고, 시집도 가지만,

35 저세상과 죽은 사람들 가운데서 부활에 참여할 자격이 있는 사람은, 장가도 가지 않고시집도 가지 않는다.

36 그들은 천사와 같아서, 이제는 죽지도 않는다. 그들은 부활의 자녀들이므로, 하나님의자녀들이다.

37 죽은 사람이 살아나는 것은, 모세도 떨기나무 이야기가 나오는 대목에서 보여 주었는데, 거기에서 그는 주님을 '아브라함의 하나님, 이삭의 하나님, 야곱의 하나님'이라고 부르고 있다.

38 하나님은 죽은 사람의 하나님이 아니라, 살아 있는 사람의 하나님이시다. 모든 사람은하나님과의 관계 속에서 살고 있다."

신학적 관점

부활 신앙의 정수, 곧 영생이 무엇인지를 밝히고 있다. 영생의 삶은 지상의삶이 연장선이 아님을 밝히고 있으며, 죽음 후 저세상에서의 삶이 중요한 것이아니라 지금 여기에서의 하느님과의 올바른 관계가 곧 부활임을 강조하고 있다.곧 실존론적 신앙을 말하고 있다.

목회적 관점

사실 장례식 설교에서 목사들이 위로 차원에서 자주 언급하듯이(하늘나라에서다시 만남) 여전히 많은 교인은 부활을 현재 삶의 연장으로 이해한다. 그런데이미 바울은 이를 씨앗(자연적)과 씨앗이 죽어서 맺는 새 생명(신령한)으로 비유하였는데, 이는 부활 전과 후가 질적으로 전혀 다른 차원임을 강조한 것이다. 목사들이부활에 대해 어물쩍 넘어가기보다는 본문을 통해 보다 분명하게 해석할 필요가있다. '몸의 부활'에서 '몸'(soma)은 단순히 육체성이 아닌 전인적(全人的, full human being) 의미다.

주석적 관점

BCE 200~100년 부활에 관한 이견으로 인해 유대교 내부에서 사두개파와 바리새파가 분리되었다. 사두개파는 토라만을 인정하면서 부활과 천사의 존재를 부정했던 반면, 바리새파는 토라와 더불어 예언서와 지혜서의 여러 구전 전승 또한 중요한 하느님의 말씀으로 그 권위를 인정하였다. 그리하여 묵시문학인 다니엘서를 인용하여 천사는 물론 부활과 종말을 믿게 되었다. 예수는 이런 관점에서 바리새파에 동의하고 있다. 그러나 복음서가 기록되던 당시에는 성전이 없어짐으로 사두개파는 사라졌고 바리새파만이 남았는데, 예수따르미들은 이 바리새파와 경쟁 관계에 있었다. 부활 논쟁은 공관복음서에 다 나와 있는데, 이는 초대교회 당시에 있어 큰 논란거리였음을 의미한다.

사두개파와의 부활 논쟁에 바로 이어지는 말씀을 통해 공관복음서 저자들은 모두 율법학자를 등장시켜 예수의 옳음을 증거한다. 그런데 마태복음은 본문 전후에서 바리새파와의 또 다른 논쟁을 통해 예수의 옳음을 증명한다. 곧 예수는 사두개파, 바리새파, 율법학자들보다 뛰어난 선생임을 신학 논증을 통해 증명한다.

설교적 관점

38절의 "모든 사람은 하나님과의 관계 속에서 살고 있다"의 헬라어 본뜻은 "하느님 앞에 있는 사람들은 모두 살아 있는 것이다"(공동번역)이다. 의역이긴 하지만, 현대인들에게는 매우 적절한 번역이다. 아브라함, 이삭, 야곱을 신앙의 조상으로 삼는다는 것은 그들의 과거의 구체적인 삶의 모습을 통해 현재 자신의 신앙을 고백하는 실존론적 해석을 전제하고 있기 때문이다.

"하나님은 죽은 사람의 하나님이 아니라, 살아 있는 사람의 하나님이시다"라는 말은 단순히 육체적 의미의 말씀이 아니다. 영적으로 죽은 사람을 살아 있도록 만드시는 하느님임을 뜻한다. 곧 억눌린 자의 해방과 자유를 말씀하신 것이다. 살아있는 사람을 죽은 자로 만드는 비인간화하는 사회 구조를 바꾸시겠다는 것이다. 어떤 이유로든지 존재하는 사람과 사람 사이의 차별을 없애겠다는 것이다. 오늘날 국가정치 권력은 진실을 감추도록 강제하고 있다. 참 언론을 죽이고 있다.

성령강림 후 스물여섯째 주일(11월 13일~11월 19일)

사 65:17-25; 사 12:1-6; 살후 3:6-13; 눅 21:5-19

이사야 65:17-25

17 "내가 새 하늘과 새 땅을 창조할 것이니, 이전 것들은 기억되거나 마음에 떠오르거나 하지 않을 것이다.

18 그러니 너희는 내가 창조하는 것을 길이길이 기뻐하고 즐거워하여라. 내가 예루살렘을 기쁨이 가득 찬 도성으로 창조하고, 그 주민을 행복을 누리는 백성으로 창조하겠다.

19 예루살렘은 나의 기쁨이 되고, 거기에 사는 백성은 나의 즐거움이 될 것이니, 그 안에서 다시는 울음소리와 울부짖는 소리가 들리지 않을 것이다."

20 거기에는 몇 날 살지 못하고 죽는 아이가 없을 것이며, 수명을 다 채우지 못하는 노인도 없을 것이다. 백 살에 죽는 사람을 젊은이라고 할 것이며, 백 살을 채우지 못하는 사람을 저주받은 자로 여길 것이다.

21 집을 지은 사람들이 자기가 지은 집에 들어가 살 것이며, 포도나무를 심은 사람들이 자기가 기른 나무의 열매를 먹을 것이다.

22 자기가 지은 집에 다른 사람이 들어가 살지 않을 것이며, 자기가 심은 것을 다른 사람이 먹지 않을 것이다. "나의 백성은 나무처럼 오래 살겠고, 그들이 수고하여 번 것을 오래오래 누릴 것이다."

23 그들은 헛되이 수고하지 않으며, 그들이 낳은 자식은 재난을 당하지 않을 것이다. 그들은 주께 복받은 자손이며, 그들의 자손도 그들과 같이 복을 받을 것이다.

24 "그들이 부르기 전에 내가 응답하며, 그들이 말을 마치기도 전에 내가 들어주겠다.

25 이리와 어린 양이 함께 풀을 먹으며, 사자가 소처럼 여물을 먹으며, 뱀이 흙을 먹이로 삼을 것이다. 나의 거룩한 산에서는 서로 해치거나 상하게 하는 일이 전혀 없을 것이다."
주님의 말씀이시다.

신학적 관점

새 하늘과 새 땅이라는 하느님 나라 신학 혹은 이상(理想)적 사회와 평화 신학을 얘기하고 있다. 단순히 유대 민족의 바빌론 유배로부터의 귀환만이 아닌 더 이상 전쟁과 약탈이 없는 평화로운 세상을 노래하고 있다. 평화는 전쟁이 없는 상태를 넘어 힘에 의한 상대 정복이라는 욕망 자체가 사라지는 상태를 말하는데, 육식하는 이리와 사자가 풀을 먹는, 곧 제국들의 사회 구조가 약육강식의 전쟁 구조에서 공생 공존의 평화 구조로 바뀌는 상황을 말하고 있다. 이는 새 에덴동산이다.

목회적 관점

목회란 하느님 나라를 향한 모든 제반 활동을 의미한다. 하느님 나라는 일종의 이상 사회다. 달리 말해 교인들로 하여금 불가능의 꿈에 대해 도전하고 이를 가능한 현실로 바꿔내는 활동을 말한다.

주석적 관점

17-18절에서 세 번이나 등장하는 동사 bara(창조하다)의 주어는 제1성서에는 항상 YHWH이다.

25절은 이사야 11장 6-9절의 요약이다.

맨 마지막 문장 "주님의 말씀이시다"(ne'um; YHWH)라는 용어는 제1성서에서는 유일하다.

설교적 관점

19절의 예루살렘을 현재 이스라엘 사람들은 자신들의 수도로 읽을 것이다. 그러나 이는 YHWH가 새롭게 창조하는 새 하늘과 새 땅의 상징적 이름이다. "집을 지은 사람들이 자기가 지은 집에 들어가 살 것이며, 포도나무를 심은 사람들이 자기가 기른 나무의 열매를 먹을 것이다"(21절)라는 말씀과는 달리 팔레스타인 사람들은 이천 년간 조상 대대로 살았던 땅에서 어느 날 대거 갑자기 쫓겨났으며, 지금도 여전히 자신들이 지은 집에서 계속해서 쫓겨나고 있으며, 자신들이 심은 포도나무와 올리브나무의 열매를 먹지 못하고 있다. 이스라엘 사람들은 히틀러의 나치들로부터 홀로코스트의 죽임을 당했는데, 이를 힘없는 팔레스타인 사람들에게 앙갚음하고 있는 셈이다.

이사야 12:1-6

1 그날, 너희는 이렇게 감사의 노래를 부르리라. "당신, 야훼께 감사를 드립니다. 당신께서 한때 나에게 노하셨으나 이제 그 노여움을 푸시어 나를 위로해 주십니다.

2 진정 하느님은 나의 구원이십니다. 내가 당신을 의지하니, 무서울 것이 없습니다. 야훼는 나의 힘, 나의 노래, 나의 구원이십니다."

3 너희는 기뻐하며 구원의 샘에서 물을 길으리라.

4 그날, 너희는 이렇게 감사의 노래를 부르리라. "야훼께 감사하여라. 그의 이름을 외쳐 불러라. 그가 하신 큰일을 만민에게 알려라. 그 높으신 이름을 잊지 않게 하여라.

5 야훼를 찬양하여라. 그가 큰일을 하셨다. 온 세상에 알려라.

6 수도 시온아, 기뻐 외쳐라. 너희가 기릴 분은 이스라엘의 거룩하신 분이시다."

데살로니가후서 3:6-13

6 형제자매 여러분, 우리는 우리 주 예수 그리스도의 이름으로 여러분에게 명령합니다. 무절제하게 살며 우리에게서 받은 전통을 따르지 않는 신도를, 모두 멀리하십시오.

7 우리를 어떻게 본받아야 하는지는, 여러분 스스로가 잘 알고 있습니다. 우리는 여러분 가운데서, 무절제한 생활을 한 일이 없습니다.

8 우리는 아무에게서도 양식을 거저 얻어먹은 일이 없고, 도리어 여러분 가운데서 어느 누구에게도 짐이 되지 않으려고, 수고하고 고생하면서, 밤낮으로 일하였습니다.

9 그것은, 우리에게 권리가 없어서가 아니라, 우리 스스로가 여러분에게 본을 보여서, 여러분이 우리를 본받게 하려는 것입니다.

10 우리가 여러분과 함께 있을 때에 '일하기를 싫어하는 사람은 먹지도 말라'고 거듭 명하였습니다.

11 그런데 우리가 들으니, 여러분 가운데는 무절제하게 살면서, 일은 하지 않고, 일만 만드는 사람이 더러 있다고 합니다.

12 이런 사람들에게 우리는 주 예수 그리스도 안에서 명하며, 또 권합니다. 조용히 일해서, 자기가 먹을 것을 벌어서 먹도록 하십시오.

13 형제자매 여러분, 선한 일을 하다가 낙심하지 마십시오.

신학적 관점

교회 내에 '무질서하게 사는 사람'이 있어 앞서 보낸 편지에서 이미 훈계할 것을 권고했다(5:14). 그러나 신도 중에 일을 하지 않으면서 다른 사람에게 경제적인 피해를 주는 일이 계속되고 있었다. 초대교회는 예수 재림의 종말론적 기대 속에서 가진 소유를 모두 내어놓고 필요에 따라 쓰는 사랑의 경제 공유 나눔 공동체(행 4:32 이하)로 시작했는데, 이를 악용하는 사람들이 생겨난 것이다. 물질 나눔이 없는 사랑 공동체는 야고보 사도가 얘기했듯이 육체 없는 영혼과 같다. 그러나 이를 악용하는 사람들이 없도록 공동체의 규율을 세우는 일은 중요하다.

목회적 관점

목회를 하다 보면 별의별 부류의 사람들이 있기 마련인데, 어려운 사정을 호소하며 교인들에게 돈을 빌리는 일을 습관적으로 하는 교인들도 있고, 심지어는 신망 있는 제직이 계주를 맡아 운영하다 도망을 가서 큰 물의를 일으키기도 한다. 사회에서도 그러하지만, 교인끼리의 금전 거래는 피하는 것이 좋다. 특히 목사에게 금전 요구를 할 때, 참으로 난감하다. 다만 목사에게 손을 내민 사람들은 필자의 경험에 의하면 이미 다른 교인들로부터 더 이상의 도움을 얻지 못하게 된 경우다.

주석적 관점

'무절제하게 살면서 일은 하지(ergazomenous) 않고 일만 만드는(periergazo-menous) 사람'이 정확히 어떤 사람인지가 불명확하다. 일을 한다고 왔다갔다하면서 실제 일은 하지 않고 다른 사람에게 방해가 되는 사람으로 보인다.

설교적 관점

8절은 바울의 자비량 선교를 말한다. 현재 많은 목회자가 교회에서 주는 봉급으로는 생활할 수가 없어 다른 직업을 갖고 일하기도 하고, 일부러 자비량 목회를 하기도 한다. 필자도 신학생 초기 교사 자격증을 따서 자비량 목회를 하는 것을 생각해 본 적이 있다. 그런데 이 자비량 목회의 장단점은 무엇일까? 교인들과 한번 이야기를 나눠 보면 어떨까?

누가복음 21:5-19

5 몇몇 사람이 성전을 가리켜서, 아름다운 돌과 봉헌물로 꾸며 놓았다고 말들을 하니, 예수께서 말씀하셨다.

6 "너희가 보고 있는 이것들이, 돌 하나도 돌 위에 남지 않고 다 무너질 날이 올 것이다."

7 제자들이 예수께 물었다. "선생님, 그러면 이런 일들이 언제 일어나겠습니까? 또 이런 일이 일어나려고 할 때에는, 무슨 징조가 있겠습니까?"

8 예수께서 대답하셨다. "너희는 속지 않도록 조심하여라. 많은 사람이 내 이름으로 와서는 '내가 그리스도다' 하거나 '때가 가까이 왔다' 할 것이다. 그러나 그들을 따라가지 말아라.

9 전쟁과 난리의 소문을 듣게 되어도 겁내지 말아라. 이런 일이 반드시 먼저 있어야 한다. 그러나 종말이 곧 오는 것은 아니다."

10 그때에 예수께서 말씀하셨다. "민족과 민족이 맞서 일어나고, 나라와 나라가 맞서 일어날 것이며,

11 큰 지진이 나고, 곳곳에 기근과 역병이 생기고, 하늘로부터 무서운 일과 큰 징조가 나타날 것이다.

12 그러나 이 모든 일이 일어나기에 앞서, 사람들이 너희에게 손을 대어 박해하고, 너희를 회당과 감옥에 넘겨 줄 것이다. 너희는 내 이름 때문에 왕들과 총독들 앞에 끌려갈 것이다.

13 그러나 이것이, 너희에게는 증언의 기회가 될 것이다.

14 그러므로 너희는 명심해서, 변론할 말을 미리부터 생각하지 말아라.

15 나는 너희의 모든 적대자들이 맞서거나 반박할 수 없는 구변과 지혜를 너희에게 주겠다.

16 너희의 부모와 형제와 친척과 친구들까지도 너희를 넘겨 줄 것이요, 너희 가운데서 더러는 죽일 것이다.

17 너희는 내 이름 때문에, 모든 사람에게 미움을 받을 것이다.

18 그러나 너희는 머리카락 하나도 잃지 않을 것이다.

19 너희는 참고 견디는 가운데 너희의 생명을 얻어라."

신학적 관점

세상 종말에 관한 말씀으로 그 시작은 성전 파괴이고, 그 끝은 로마제국 황제 종교의 핍박과 유혹을 참고 견디어 예수께서 설파하신 참 생명을 얻음이다. 종말은 세상 끝을 의미하지만, 이는 동시에 하느님 나라의 시작이다. 따라서 종말의 말씀은 민중의 희망을 노래한 민중 해방신학과 다름 아니다.

목회적 관점

가족 사이에 종교의 차이로 어려움을 겪는 기독교인들이 즐겨하는 구절이지만,

이는 '왕들과 총독'이라는 로마제국의 정치권력과의 충돌이라는 박해 상황을 전제한다.

주석적 관점

17장 22-37절에도 비슷한 말씀이 나온다. 이곳에서는 노아와 롯의 아내를 언급하며 세상 것에 매이지 말 것을 당부한 반면, 오늘 본문은 세상 권력과의 쟁투를 강조한다.

예수의 예언이라고 볼 수도 있지만, 복음서가 기록된 시기는 7년간의 예루살렘 항쟁으로 인한 성전 파괴 이후다. 복음서가 박해 시기에 기록되었음을 말한다.

설교적 관점

종말에 관한 신앙은 기독교인으로서는 필수적으로 갖추어야 할 부분이지만, 심리적 불안과 공포가 겹치면 판단력이 흐려져 거짓 스승을 좇아가거나 이단의 가르침에 휩쓸리게 된다. 특히 남한의 기독교인들은 80년간 지속된 남북 대결과 전쟁 공포로 인해 이단의 가르침에 속아 넘어가는 사람들이 많다. 성서를 해석하는 가르침이 중요한 것이 아니라, 그 과정에 있어 개인의 이성적인 해석과 자유로운 판단을 가로막고 자신들만의 독특한 해석을 비밀 계시로 규정하면서 지도자에 무조건 따를 것을 강요하고 수입과 지출이 비밀에 싸여 있는 집단은 일단 모두 이단으로 보는 것이 옳다.

오늘날 지구온난화로 인한 인류의 종말은 그 시기를 말하기는 힘들어도 그때가 다가오고 있다는 사실은 종교인이 아닌 과학자들이 주장하고 있는 현실이다. 코로나는 물론 이상 기후로 인한 가뭄과 홍수의 대자연 참극, 뜨거워진 대기로 인한 지구 생태계의 변화는 인간 생명을 위협하고 있다. 마치 화덕 불에 올려진 주전자 속의 개구리와 같다. 적응에도 한계가 있다.

그리스도통치주일/왕국주일(Reign of Christ)

렘 23:1-6; 시 46; 골 1:11-20; 눅 23:33-43

예레미야 23:1-6

1 "내 목장의 양 떼를 죽이고 흩어 버린 목자들아, 너희는 저주를 받아라. 나 주의 말이다.

2 그러므로 나 주 이스라엘의 하나님이 내 백성을 치는 목자들에게 말한다. 너희는 내 양 떼를 흩어서 몰아내고, 그 양들을 돌보아 주지 아니하였다. 너희의 그 악한 행실을 내가 이제 벌하겠다. 나 주의 말이다.

3 이제는 내가 친히 내 양 떼 가운데서 남은 양들을 모으겠다. 내가 쫓아냈던 모든 나라에서 모아서, 다시 그들이 살던 목장으로 데려오겠다. 그러면 그들이 번성하여 수가 많아질 것이다.

4 내가 그들을 돌보아 줄 참다운 목자들을 세워 줄 것이니, 그들이 다시는 두려워하거나 무서워 떠는 일이 없을 것이며, 하나도 잃어버리는 일이 없을 것이다. 나 주의 말이다.

5 내가 다윗에게서 의로운 가지가 하나 돋아나게 할 그 날이 오고 있다. 나 주의 말이다. 그는 왕이 되어 슬기롭게 통치하면서, 세상에 공평과 정의를 실현할 것이다.

6 그때가 오면 유다가 구원을 받을 것이며, 이스라엘이 안전한 거처가 될 것이다. 사람들이 그 이름을 '우리를 공의로 다스리시는 주'라고 부를 것이다."

신학적 관점

예언과 성취라는 전통적인 제1, 2성서의 신학적 관점에서 본문은 매우 간명하게 종말론적 기독론으로 귀결된다. 그러나 우리는 제2성서가 제1성서를 반드시 필요로 하는 것과는 달리, 제1성서는 반드시 제2성서가 필요한 것은 아니라는 사실을 인지할 필요가 있다. 말하자면, 예레미야가 본문의 예언을 통해 2,600년 후에 등장할 예수 그리스도를 이미 추정하고 있었다는 결론을 미리 내릴 필요는 없다는 말이다.

시대적으로 보면 바빌론의 침공을 앞두고 유대 왕조와 성전 집단의 부패와 타락을 고발하고 이를 대신할 새로운 지도자가 등장할 것이라는 희망의 메시지이다. 여기서 예레미야가 바빌론에 의한 유다 멸망 이후 60여 년이 지나 페르시아 왕 고레스에 의해 다시 돌아올 것을 미리 알고 있었다고 단정하는 것은 무리다.

목회적 관점

잘못된 지도력은 양 떼를 흩어서 몰아내게 한다. 양 떼들이 흩어지는 이유는 무엇인가? 목자들이 자신들의 안위와 이익에만 눈이 어두워져 있기 때문이다. 흩어진 양들을 모으기 위해 나에게 필요한 목회의 방침들은 무엇이 있을까?

주석적 관점

어떤 주석가들은 3절의 '흩어진 양들'을 예루살렘 성전 파괴라는 바빌론의 최종 침공(BCE 587년) 이전에 있었던 몇 번의 침공으로 인한 유배 당한 자들을 뜻하는 것으로 해석하고 이를 후대의 삽입으로 설명한다.

시대적으로 보면 유배 당한 여호와긴왕과 허수아비에 불과한 시드기야왕의 때다. 시드기야 이름의 뜻은 '나의 공의는 YHWH이시다'이다. 6절의 '우리를 공의로 다스리시는 주'(=YHWH는 우리의 공의이시다)는 일종의 언어 놀이다.

설교적 관점

유다 왕조 자체가 이미 혈통으로 다윗 가문을 이어오고 있는데, '다윗의 의로운 가지'와는 어떻게 구별되는 것인가? 본문은 지금까지의 통치는 양 떼를 흩어 버렸지만, 의로운 지도자는 남은 양들을 다시 불러 모으는 돌봄을 강조하고 있다. 따라서 혈통을 강조하는 '다윗'보다는 '의로운 가지'에 방점을 두면, 이는 기존의 강자 중심의 '위로부터의 아래로'의 권력에 기반한 통치 방식과는 전혀 다른 약자 중심의 '아래로부터 위로'라는 '섬김'의 하느님 나라 통치 방식을 말하고 있는 것이다. 여기서 우리는 예언과 성취라는 고전적인 해석보다는 예수 그리스도의 지도력을 종으로서의 섬김의 지도력(servant leadership, 눅 22:27)의 관점에서 본문을 새롭게 이해할 필요가 있다.

오늘 한국의 분단 상황에서 '다윗에게서 나오는 의로운 가지'는 누구 혹은 무엇을 상징하는가? 본문을 포함한 성서 전체에서 의로운 가지, 곧 메시아는 한 특정 인물로 서술하지만, 전혀 새로운 시대, 곧 신자유주의 시대를 살아가는 오늘의 현대인들에게도 이는 여전히 유효한 주장이 될 수 있을까? 아니면 평화통일과 인류 공동체를 지향하는 어떤 특정 이념을 공유하는 한시적인 사회집단으로 이해할 수는 없을까?

오늘 예언자 예레미야를 통해서는 이렇게 말씀하신다. "이 저주받을 것들아 양 떼를 죽이고 흩어 버리는 목자라는 것들아, 야훼의 말을 들어라. 내가 참 목자들을 세워 주리라. 내가 다윗의 정통 왕손을 일으킨 그날은 오고야 만다. 그는 현명한 왕으로서 세상에 올바른 정치를 펴리라. 그를 왕으로 모시고 유다와 이스라엘은 살 길이 열려 마음 놓고 살게 되리라." 이는 오늘날로 말하면 현명한 대통령이 나타나 정의가 실현되고 남과 북이 공이 살 길이 열려 마음 놓고 함께 살아가는 평화의 나라가 온다는 것이다. 그날은 꼭 오고야 만다는 것이다. 이는 우리보고 손 놓고 구경만 하라는 말씀이 아니다. 함께 그날을 향해 힘쓰며 나아가자는 초청의 말씀이다.

시편 46

1 하느님은 우리의 힘, 우리의 피난처, 어려운 고비마다 항상 구해 주셨으니

2 땅이 흔들려도 산들이 깊은 바다로 빠져 들어도, 우리는 무서워 아니하리라.

3 바닷물이 우짖으며 소용돌이쳐 보아라, 밀려오는 그 힘에 산들이 떨어 보아라, (만군의 주 야훼께서 우리와 함께 계시다. 야곱의 하느님이 우리의 피난처시다.) (셀라)

4 강물의 줄기들이 하느님의 도성을 지존의 거룩한 처소를 즐겁게 한다.

5 그 한가운데에 하느님이 계시므로 흔들림이 없으리라. 첫새벽에 주께서 도움을 주시리라.

6 한소리 크게 외치시니 땅이 흔들리고 민족들은 뒤설레며, 나라들이 무너진다.

7 만군의 주 야훼께서 우리와 함께 계시다. 야곱의 하느님이 우리의 피난처시다. (셀라)

8 너희는 와서 보아라. 세상을 놀라게 하시며 야훼께서 이루신 이 높으신 일을!

9 땅끝까지 전쟁을 멎게 하시고, 창 꺾고 활 부러뜨리고 방패를 불살라 버리셨다.

10 "너희는 멈추고 내가 하느님인 줄 알아라. 세상 만민이 나를 높이 받들어 섬기리라."

11 만군의 주 야훼께서 우리와 함께 계시다. 야곱의 하느님이 우리의 피난처시다. (셀라)

골로새서 1:11-20

11 하나님의 영광의 권능에서 오는 모든 능력으로 강하게 되어서, 기쁨으로 끝까지 참고 견디기를 바랍니다.

12 그래서 빛 가운데 있는 성도들이 받을 상속의 몫을 차지할 자격을 여러분에게 주신 아버지께, 감사를 드리게 되기를 바랍니다.

13 아버지께서 우리를 암흑의 권세에서 건져 내셔서, 자기의 사랑하는 아들의 나라로 옮기셨습니다.

14 우리는 그 아들 안에서 구속, 곧 죄사함을 받았습니다.

15 그 아들은 보이지 않는 하나님의 형상이시요, 모든 피조물보다 먼저 나신 분이십니다.

16 만물이 그의 안에서 창조되었습니다. 하늘에 있는 것들과 땅에 있는 것들, 보이는 것들과 보이지 않는 것들, 왕권이나 주권이나 권력이나 권세나 할 것 없이, 모든 것이 그로 말미암아 창조되었고, 그를 위하여 창조되었습니다.

17 그는 만물보다 먼저 계시고, 만물은 그의 안에서 존속합니다.

18 그는 그의 몸인 교회의 머리이십니다. 그는 근원이시요, 죽은 사람 가운데서 맨 먼저 살아나신 분이십니다. 이렇게 살아나심은, 그가 만물 가운데서 으뜸이 되시려고 하심입니다.

19 하나님께서는 그리스도 안에 모든 충만함을 머물게 하시기를 기뻐하시고,

20 그리스도의 십자가의 피로 평화를 이루셔서, 그리스도로 말미암아 만물, 곧 땅에 있는 것들이나 하늘에 있는 것들이나 다, 기쁘게 자기와 화해시키셨습니다.

신학적 관점

십자가 화해 신학이다. 이는 단순한 편지글이 아니라, 하나의 정형화된 초대교회의 신앙고백문이다(15-20절). 신학 용어로는 이 본문을 가리켜서 '높은 그리스도론'(high christology)이라고 말한다. 이는 제자들의 발을 씻기시는 종의 모습이나 십자가 위에서 "엘리 엘리 라마 사박타니"("나의 하느님 나의 하느님 어찌하여 나를 버리시나이까?")라며 신음하는 낮은 그리스도론(low christology)과 대칭적으로 부르는 용어이다. 그러나 이 만물보다 먼저 계신 분으로서의 그리스도 찬양은 당시 로마 황제가 같은 찬양을 받고 있었으니, 교회 안에서는 그리스도 찬양으로 그치지만, 교회 밖에서는 반황제, 반제국으로서의 정치신앙 고백이기도 하다.

16절의 "만물이 그의 안에서 창조되었습니다. 하늘에 있는 것들과 땅에 있는 것들, 보이는 것들과 보이지 않는 것들, 왕권이나 주권이나 권력이나 권세나 할 것 없이, 모든 것이 그로 말미암아 창조되었고, 그를 위하여 창조되었습니다"라

는 이 고백은 '암흑의 권세'(13절) 또한 하느님을 위한 창조물로서 '광명의 권세'로 탈바꿈할 것을 요구하고 있다. 곧 그리스도인들은 이러한 투쟁에 부름 받았음을 선포하고 있다. 바울의 정치신학이다.

목회적 관점

골로새 교인을 비롯한 초대 교인들은 예배 중 하늘을 향해 손을 들고 예수 그리스도는 하느님의 보이지 않는 형상이요 모든 권력이나 천신보다 위에 계신 분으로 찬양한 것이 아니다. 로마제국이 황제를 신으로 숭배할 것을 강요할 때, 예수를 따르는 사람들을 사회를 소란케 하는 범법자로 몰아 감옥에 가두고 원형 광장에 끌고 나와 굶주린 사자 앞으로 내어 몰 때 십자가 밟기를 거부하고 죽음으로 이를 고백한 것이다. 사도신조 또한 당대 예수의 (십자가) 역사성을 부정하고 (부활) 영적 존재로만 이해하려는 영지주의 신앙을 비판하는 신앙고백이었다. 오늘 남한 교회의 위기 또한 비슷하지 않은가? 현재를 살아가고 있는 신앙인에게 적절한 새로운 사도신조가 필요하다.

주석적 관점

골로새교회는 에바브라를 통해 처음 세워졌다(1:7). 바울은 이 '들은 복음'의 소망에서 떠나지 말 것을 요구한다(1:23).

"옮기셨습니다"(13절)의 헬라어 methistemi는 승리한 왕이 패배한 왕의 백성들을 자신의 왕국 백성으로 삼았다는 전쟁 승리의 상징 표현이다(*feasting*, 327).

설교적 관점

복음이란 무엇인가? 그 내용은 여러 가지 말로 설명할 수 있겠지만, 예수 그리스도의 삶을 본받는 일로서 교회 안에서는 성도 간의 나눔을 통해서 그리고 이 세상 속에서는 성숙한 삶으로 드러내는 일이다. 이러한 성장과 성숙의 결과로 우리는 박해 속에서도 기쁨으로 참고 견디며(11절), 하느님께 감사하는 사람이 되며(12절), 나아가서 모든 세상 만물과의 하나되는(화해) 일이다(20절).

오늘날 전 지구적으로 이상기온으로 인한 자연 이변이 심화되고 있다. 인류 전체가 위협을 받고 있다. 세상 만물과의 화해가 깨진 것이다. 이는 인간들이 자신들의 욕망 충족을 위해 지구(세상 만물)를 개발의 이름으로 마음대로 착취한 결과다. 이를 회복(화해)하기 위한 전 지구적인 노력이 필요하다. 만물(자연, 지구)이 인간 생명이 탄생하고 자라나는 어머님의 자궁임을 인식해야 한다. 새로운 신인식이 필요하다.

누가복음 23:33-43

33 그들은 '해골'이라고 하는 곳에 이르러서, 거기에서 예수를 십자가에 못박고, 그 죄수들도 그렇게 하였는데, 하나는 그의 오른쪽에, 하나는 그의 왼쪽에 달았다.

34 [그때에 예수께서 말씀하셨다. "아버지, 저 사람들을 용서하여 주십시오. 저 사람들은 자기네가 무슨 일을 하는지 알지 못합니다."] 그들은 제비를 뽑아서, 예수의 옷을 나누어 가졌다.

35 백성은 서서 바라보고 있었고, 지도자들도 비웃으며 말하기를 "그가 남을 구원하였으니, 정말 그가 하나님의 그리스도이고, 택하심을 받은 자이거든, 자기나 구원하라지" 하였다.

36 군인들도 예수를 조롱하였는데, 그들은 가까이 가서, 그에게 신 포도주를 들이대면서

37 말하기를 "네가 유대인의 왕이거든, 너나 구원하여 보아라" 하였다.

38 예수의 머리 위에는 "유대인의 왕 예수"라고 쓴 죄패가 붙어 있었다.

39 예수와 함께 달린 죄수 가운데 한 죄수도 그를 모독하며 말하기를 "너는 그리스도가 아니냐? 너와 우리를 구원하여라" 하였다.

40 그러나 다른 하나는 그를 꾸짖으며 말하였다. "똑같은 처형을 받고 있는 주제에, 너는 하나님이 두렵지도 않으냐?

41 우리는, 우리가 저지른 일 때문에, 그에 마땅한 벌을 받고 있으니 당연하지만, 이분은 아무것도 잘못한 일이 없다." 그런 다음에 그는 예수께 말하였다.

42 "예수님, 예수님께서 그 나라에 들어가실 때에, 나를 기억해 주십시오."

43 예수께서 그에게 말씀하셨다. "내가 진정으로 네게 말한다. 너는 오늘 나와 함께 낙원에 있을 것이다."

신학적 관점

'유대인의 왕 예수'라는 명패는 예수 죽음의 원인을 그대로 드러내고 있다. 십자가 처형 자체가 로마제국의 통치를 거부하는 정치적 게릴라들에게만 적용하는

극형이었기에 십자가 형벌 자체가 예수 운동의 반로마제국으로서의 정치적 성격을 드러내고 있지만, 명패는 이를 더욱 분명하게 밝히고 있다. 물론 예수가 추구한 '하나님 나라'가 단순히 로마제국을 대체하는 또 하나의 나라가 아닌 것은 분명하다. '나라'에 대한 개념이 다르다.

골로새 본문의 높아진 그리스도론에 대칭하여 복음서 본문은 낮아진 그리스도론을 말하고 있다.

목회적 관점

43절의 '낙원'은 영혼들의 집합소로서의 천국(공간)인가? 아니면 실현종말론적 관점에서 '나와 함께'에 방점이 찍히는 관계적 의미에서의 현재(시간)인가?

주석적 관점

34절은 오래된 사본에는 나오지 않는 후대 첨가이다.

옆에 매달린 죄수(kalourgon)는 마가복음(15:27)과 마태복음에서는 lestai(강도)로 표기했다. 요세푸스는 당시 독립 투쟁을 하는 게릴라들을 lestai라고 불렀다. 누가의 친로마적 성격을 보여준다.

설교적 관점

같은 그리스도인이라 하더라도 천상의 높은 그리스도와 지상의 낮은 그리스도 둘 중 하나를 더 중요시 여기게 되는데, 보통 보수 그리스도인들은 높아진 천상의 그리스도를, 진보 그리스도인들은 낮아지신 지상의 예수를 보다 중요하게 여긴다. 높아진 그리스도는 주로 교회 안에서의 찬양과 고백적인 교리가 중심이 되고, 낮아진 그리스도는 성문 밖 낮은 곳에 나아가 낮은 자들과 함께 하는 삶의 나눔이 중심이 된다.

그래서 보수 교회 교인들이 진보 교회 교인들보다는 예배당에 오기를 좋아하고 그래서 더 커질 수밖에 없다. 왜냐하면 어려운 현실에 대해서는 별로 언급이 없고 아름답고 휘황찬란한 하늘의 모습만 얘기하니까 교회에만 가면 마음이 편해지기 때문이다. 회개를 자주 외치지만, 잘못에 대한 모든 책임은 결국 하느님께 있다. 반대로 진보 교회는 어려운 현실을 얘기하고 인간의 책임을 강조하니까 교회 오면 마음이 불편해지고 부담감이 커진다. 그래서 그런지 보수 교회와 달리 앞자리에 앉기를 싫어하고 뒤에 앉기를 좋아한다. 보수 교회에서는 설교 단상이 하늘 보좌로 상징되고 앉아 있는 순서가 천국 들어가는 순서라 생각하여 앞자리를 놓고 다투기도 하지만, 진보 교회에서는 이게 십자가 지는 순서라 생각하여 앞자리에 앉기를 꺼린다. 그래서 잘못하면 보수 그리스도인들은 신앙과 현실이 따로따로 놀게 되고, 진보 그리스도인들은 눈앞에 보이는 현실을 하느님 나라와 동일시하는 잘못을 범하게 된다. 하느님의 나라는 분명 예수께서 가르쳐 주신 주기도에서와 같이 이 땅 위에 세워지는 나라이지만, 그 나라는 인간의 노력만으로 이루어지는 나라는 아닌 것이다.

오늘은 신앙의 한 해를 마무리 짓는 그리스도 통치 주일이다. 마지막 때 심판주로 수천수만의 천사들을 거느리고 하늘 구름을 타고 오신다는 승리자로서의 그리스도의 모습과 저 십자가 위에서 가시면류관을 쓰고 계시는 패배자로서의 예수 그리스도의 모습은 어떻게 함께 할 수 있을까?

The Revised Common Lectionary, Year A, B, C 성서 구절 목록

창세기

1:1-2, 4a(A 삼위일체, 성령 2)

1:1-5(B 주현후 1)

2:15-17; 3:1-7(A 사순 1)

3:8-15(B 성령 5)

9:8-17(B 사순 1)

11:1-9(성령강림)

12:1-4a(A 사순 2)

14:10-31; 15:20-21(A, 부활절야)

15:1-12, 17-18(C 사순 2)

17:1-7, 15-16(B 사순 2)

50:15-21(A 성령 19)

출애굽기

12:1-14(ABC 성목요)

14:10-31(B 부활절야)

14:10-31; 15:20-21(C 부활절야)

16:2-4, 9-15(B 성령 13)

17:1-7(A 사순 3)

19:2-8a(성령 6)

20:1-17(B 사순 3)

24:12-18(A 주현후 10/변모)

34:29-35(C 변모)

레위기

19:1-2, 9-18(A 주현후 7)

19:1-2, 15-18(A 성령 25)

민수기

11:24-30(A 성령강림)

21:4-9(B 사순 4)

신명기

5:12-15(B 주현후 9)

18:15-20(B 주현후4)

11:18-21, 26-28(A 주현후 9 & 성령 4)

26:1-11(C 사순 1)

30:15-20(A 주현후 6)

여호수아

24:1-2a, 14-18(B 성령 16)

5:9-12(C 사순 4)

룻기

1:1-18(B 성령 26)

3:1-5; 4:13-17(B 성령 27)

사무엘상

1:4-20(B 성령 28)

2:1-10(B 성령 28)

2:18-20, 26(C 성탄후 1)

3:1-20(B 주현후 2, B 성령 4)

16:1-13(A 사순 4)

사무엘하

7:1-11, 16(B 대림4)

23:1-7(통치)

열왕기상

3:5-12(A 성령 12)

8:22-23, 41-43(C 주현후 9)

17:8-24(C 성령 5)

18:20-39(C 성령 4)

19:1-15a(C 성령 7)

19:4-8(B 성령 14)

19:9-18(A 성령 14)

21:1-21a(C 성령 6)

열왕기하

2:1-12(B 변모)

2:1-2, 6-14(C 성령 8)

4:42-44(B 성령 12)

5:1-14(B 주현후 6, C 성령 9)

느헤미야

8:1-3, 5-6, 8-10(C 주현후 3)

에스더

7:1-6, 9-10; 9:20-22(B 성령 21)

욥기

1:1; 2:1-10(B 성령 22)

14:1-14(B 성토요)

23:1-9, 16-17(B 성령 23)

38:1-7, 34-41(B 성령 24)

38:1-11(B 성령 7)

42:1-6, 10-17(B 성령 25)

잠언

1:20-33(B 성령 19)

8:1-4, 22-31(C 삼위)

9:1-6(B 성령 15)

22:1-2, 8-9, 22-23(B 성령 18)

31:10-31(B 성령 20)

아가

2:8-13(B 성령 17)

이사야

1:1, 10-20(C 성령 14)

2:1-5(A 대림 1)

5:1-7(A 창조 6, C 성령 15)

6:1-8(B 삼위)

6:1-13(C 주현후 5)

7:10-16(A 대림 4)

9:1-4(A 주현후 3)

9:2-7(B,C 성탄전야)

11:1-10(A 대림 2)

12:1-6(C 대림 3)

25:1-9(A 성령 23)

25:6-9(B 부활)

35:1-10(A 대림 3)

40:1-11(B 대림 2)

40:21-31(B 주현후 5)

42:1-9(A 주현후 1, ABC 성월요)

43:1-7(C 주현후 1)

43:16-21(C 사순 5)

43:18-25(B 주현후 7)

44:6-8(A 성령 11)

45:1-7(A 성령 24)

49:1-7(A 주현후 2, ABC 성화요)

49:8-16a(A 주현후 8 & 성령 3)

50:4-9a(ABC 사순 6. ABC 성수요)

51:1-6(A 성령 16)

52:7-10(ABC 성탄절)

52:13-53:12(ABC 성금요)

55:1-5(A 성령 13)

55:1-9(C 사순 3)

55:10-13(A 성령 10, C 주현후 8, C 성령 3)

56:1, 6-8(A 성령 15)

58:1-12(A 주현후 5; AC 성회수요)

60:1-6(ABC 주현절)

61:1-4, 8-11(B 대림 3)

61:10-62:3(B 성탄후 1)

62:1-5(C 주현후 2)

63:7-9(A 성탄후 1)

64:1-9(B 대림 1)

65:17-25(C 부활, 성령 28)

에레미야

1:4-10(C 주현후 4, C 성령 16)

2:4-13(C 성령 17)

4:11-12, 22-28(C 성령 19)

8:18-9:1(C 성령 20)

15:15-21(A 성령 17)

17:5-10(C 주현후 6)

18:1-11(C 성령 18)

20:7-13(A 성령 7)

23:1-6(B 성령 11, C 통치)

28:5-9(A 성령 8)

29:1, 4-7(C 성령 23)

31:1-6(A 부활절)

31:7-14(B 성탄후1)

31:27-34(C 성령 24)

31:31-34(B 사순 5)

32:1-3a, 6-15(C 성령 21)

33:14-16(C 대림 1)

에레미야애가

1:1-6(C 성령 22)

3:1-9, 19-24(AC 성토요)

3:19-26(C 성령 23)

에스겔

2:1-5(B 성령 9)

17:22-24(B 성령 6)

18:1-4, 25-32(A 성령 21) 34:11-16, 20-24(A 통치)
33:7-11(A 성령 18) 37:1-14(A 사순 5)

다니엘
7:1-2, 15-18(C 성도)

호세아
1:2-10(C 성령 12) 5:15-6:6(A 성령 5)
2:14-20(B 주현후 8, 성령 3) 11:1-11(C 성령 13)

요엘
2:1-2, 12-17(B 재의수) 2:23-32(C 성령 25)

아모스
5:18-24(A 성령 27) 7:7-17(C 성령 10)
7:7-15(B 성령 10) 8:1-12(C 성령 11)

요나
3:1-5, 10(B 주현후 3) 3:10-4:11(A 성령 20)

미가
3:5-12(A 성령 26) 6:1-8(A 주현 후 4)
5:2-5a(C 대림 4)

하박국
1:1-4; 2:1-4(C 성령 26)

스바냐
1:7, 12-18(A 성령 28) 3:14-20(C 대림 3)

학개
1:15b-2:9(C 성령 27)

스가랴
9:9-12(A 성령 9)

말라기
3:1-4(C 대림 2)

마태복음
1:18-25(A 대림 4) 2:13-23(A 성탄 후 1)
2:1-12(ABC 주현절) 3:1-12(A 대림 2)

3:13-17(A 주현후 1)

4:1-11(A 사순 1)

4:12-23(A 주현후 3)

5:1-12(A 주현후 4 & A 기독개혁)

5:13-20(A 주현후 5)

5:21-37(A 주현후 6)

5:38-48(A 주현후 7)

6:1-6, 16-21(A 재수요, B 재수요))

6:24-34(A 주현후 8 & 성령 3)

7:21-29(A 주현후 9 & 성령 4)

9:9-13, 18-26(A 성령 5)

9:35-10:23(A 성령 6)

10:24-39(A 성령 7)

10:42-42(A 성령 8)

11:2-11(A 대림 3)

11:16-19, 25-30(A 성령 9)

13:1-9, 18-23(A 성령 10)

13:24-30, 36-43(A 성령 11)

13:31-33, 44-52(A 성령 12)

14:13-21(A 성령 13)

14:22-33(A 성령 14)

15:10-28(A 성령 15)

16:13-20(A 성령 16)

16:21-28(A 성령 17)

17:1-9(A 주현후 10/변모)

18:15-20(A 성령 18)

18:21-35(A 성령 19)

20:1-16(A 성령 20)

21:1-11(A 사순 6)

21:23-32(A 성령 21)

21:33-46(A 성령 22)

22:1-14(A 성령 23)

22:15-22(A 성령 24)

22:34-46(A 성령 25)

23:1-12(A 성령 26)

24:36-44(A 대림 1)

25:1-13(A 성령 27)

25:14-30(A 성령 28)

25:31-46(A 통치)

27:11-54(A 사순 6)

27:57-66(B 성토요)

28:1-10(A 부활철야)

28:16-20(A 삼위일체/성령 2)

마가복음

1:1-8(B 대림 2)

1:4-11(B 주현후 1)

1:9-15(B 사순 1)

1:14-20(B 주현후 3)

1:21-28(B 주현후 4)

1:29-39(B 주현후 5)

1:39-55(C 대림 4)

1:40-45(B 주현후 6)

2:1-12(B 주현후 7)

2:13-22(B 주현후 8, 성령 3)

2:23-3:6(B 주현후 9, 성령 4)

3:20-35(B 성령 5)

4:26-34(B 성령 6)

4:35-41(B 성령 7)

5:21-43(B 성령 8)

6:1-6, 16-21(C 재의수)

6:1-13(B 성령 9)

6:14-29(B 성령 10)

6:30-34, 53-56(B 성령 11)

7:1-8, 14-15, 21-23(B 성령 17)

7:24-37(B 성령 18)

8:27-38(B 성령 19)

8:31-38(B 사순 2)

9:2-9(B 변모)

누가복음

24:44-53(ABC 승천)

요한복음

1:1-14(ABC 성탄절)

1:1-18(BC 성탄후 2)

1:6-8, 19-28(B 대림3)

1:10-18(A 성탄후 2)

1:29-42(A 주현후 2)

1:43-51(B 주현후 2)

2:1-11(C 주현후 2)

2:13-22(B 사순 3)

3:1-17(A 사순 2, B 삼위)

3:14-21(B 사순 4)

4:5-42(A 사순 3)

6:1-21(B 성령 12)

6:24-35(B 성령 13)

6:35, 41-51(B 성령 14)

6:51-58(B 성령 15)

6:56-69(B 성령 16)

7:37-39(A 성령강림)

9:1-41(A 사순 4)

10:1-10(A 부활 4)

10:11-18(B 부활 4)

10:22-30(C 부활 4)

11:1-45(A 사순 5)

11:32-44(B 성도)

12:1-8(C 사순 5)

12:1-11(ABC 성월요)

12:20-33(B 사순 5)

12:20-36(ABC 성화요)

13:1-17, 31b-35(ABC 성목요, C 부활 5)

13:21-32(ABC 성수요)

13:31-35(C 부활 5)

14:1-14(A 부활 5)

14:8-17, 25-27(C 성령)

14:15-21(A 부활 6)

14:23-29(C 부활 6)

15:1-8(B 부활 5)

15:9-17(B 부활 6)

15:26-27; 16:4b-15(B 성령강림)

16:12-15(C 삼위)

17:1-11(A 부활 7)

17:6-19(B 부활 7)

18:1-19:42(ABC 성금요)

18:33-37(B 통치)

19:38-42(AC 성토요)

20:1-18(ABC 부활)

20:19-31(ABC 부활 2)

21:1-19(C 부활 3)

사도행전

1:1-11(AC 승천)

1:6-14(A 승천)

2:1-21(ABC 성령강림)

2:14a, 22-32(A 부활 2)

2:14a, 36-41(A 부활 3)

2:42-47(A 부활 4)

3:12-19(B 부활 3)

4:5-12(B 부활 4)

4:32-35(B 부활 2)

5:27-32(C 부활 2)

7:55-60(A 부활 5)

8:14-17(주현후 1)

8:26-40(B 부활 5)

9:1-20(C 부활 3)

9:36-43(C 부활 4)

10:34-43(A 주현후 1, BC 부활)

11:1-18(C 부활 5)
16:9-15(C 부활 6)
16:16-34(C 부활 7)

17:22-31(A 부활 6)
19:1-7(B 주현후1)

로마서

1:1-7(A 대림 4)
1:1-11(B 승천)
1:15-17, 21-26(B 부활 7)
1:16-17, 3:22b-31(A 주현후 9 & 0529)
4:1-5, 13-17(A 사순 2)
4:13-25(A 성령 5, B 사순 2)
5:1-5(C 삼위)
5:1-8(A 성령 6)
5:1-11(A 사순 3)
5:12-19(A 수난 1)
6:1b-11(성령 7)
6:3-11(ABC 부활철야)
6:12-23(A 성령 8)
7:15-25a(A 성령 9)
8:1-11(A 성령 10)
8:6-11(A 사순 5)

8:12-17(B 삼위)
8:12-25(A 성령 11)
8:22-27(B 성령강림)
8:26-39(A 성령 12)
9:1-5(A 성령 13)
10:8b-13(C 사순 1)
10:44-48(B 부활 6)
11:1-2a, 29-32(A 성령 15)
12:1-8(A 성령 16)
12:9-21(A 성령 17)
13:8-14(A 성령 18)
13:11-14(A 대림절 1)
14:1-12(A 성령 19)
15:4-13(A 대림절 2)
16:25-27(B 대림4)

고린도전서

1:1-9(A 주현후 2)
1:3-9(B 대림 1)
1:10-18(A 주현후 3)
1:18-25(B 사순 3)
1:18-31(A 주현후 4, ABC 성화요)
2:1-16(A 주현후 5)
3:1-9(A 주현후 6)
3:10-11, 16-23(A 주현후 7)
4:1-5(A 주현후 8 & 성령 3)
5:20b-6:10(A 재수요)
6:12-20(B 주현후2)
7:29-31(B 주현후3)
8:1-13(B 주현후4)

9:16-23(B 주현후5)
9:24-27(B 주현후6)
10:1-13(C 사순 3)
10:5-15(A 성령 14)
11:23-26(ABC 성목요)
12:1-11(C 주현후 2)
12:12-31a(C 주현후 3)
13:1-13(C 주현후 4)
15:1-11(C 주현후 5)
15:12-20(C 주현후 6)
15:35-38, 42-50(C 주현후 7)
15:51-58(C 주현후 8, C 성령 3)

고린도후서

1:18-22(B 주현후 7)
3:1-6(B 주현후 8, 성령 3)
3:12-4:2(C 변모)
4:3-6(B 변모)
4:5-12(B 주현후 9, B 성령 4)
4:13-5:1(B 성령 5)
5:6-17(B 성령 6)

5:16-21(C 사순 4)
5:20b-6:10(BC 재의수)
6:1-13(B 성령 7)
8:7-15(B 성령 8)
12:2-10(B 성령 9)
13:11-13(A 삼위일체/성령 2)

갈라디아서

1:1-12(C 주현후 9, 성령 4)
1:11-24(C 성령 5)
2:15-21(C 성령 6)
3:23-29(C 성령 7)

4:4-7(B 성탄후1)
5:1, 13-26(C 성령 8)
6:1-16(C 성령 9)

에베소서

1:3-14(ABC 성탄후 2, B 성령 10)
1:11-23(C 성도)
1:15-23(ABC 승천 & A 통치)
2:1-10(B 사순 4)
2:11-22(B 성령 11)
3:1-12(ABC 주현)

3:14-21(B 성령 12)
4:25-5:2(B 성령 14)
5:8-14(A 사순 4)
5:15-20(B 성령 15)
6:10-20(B 성령 16)

빌립보서

1:3-11(C 대림 2)
1:21-30(A 창조 4)
2:1-13(A 성령 21)
2:5-11(ABC 사순 6)
3:4b-14(A 성령 23, C 사순 5)

3:7-4:1(C 사순 2)
4:1-9(A 성령 23)
4:1-16(B 성령 13)
4:4-7(C 대림 3)

골로새서

1:1-14(C 성령 10)
1:11-20(C 통치)
1:15-28(C 성령 11)
2:6-19(C 성령 12)

3:1-4(A 부활절)
3:1-11(C 성령 13)
3:12-17(C 성탄후 1)

데살로니가전서

데살로니가후서

디모데전서

디모데후서

디도서

빌레몬서

히브리서

야고보서

3:1-12(B 성령 19)   5:7-10(A 대림 3)

3:13-4:3, 7-8a(B 성령 20)   5:13-20(B 성령 21)

4:12-16(B 성령 23)

베드로전서

1:17-23(A 부활 3)   3:18-22(B 사순1)

2:2-10(A 부활 5)   4:1-8(ABC 성토요)

2:3-9(A 부활 2)   4:12-14; 5:6-11(A 부활 7)

2:19-25(A 부활 4)   5:5-10(B 사순 5)

3:13-22(A 부활 6)

베드로후서

1:16-21(A 주현 10/변모)   3:8-15a(B 대림2)

요한일서

1:1-2:2(B 부활 2)   4:7-21(B 부활 5)

3:1-3(A 기독개혁)   5:1-6(B 부활 6)

3:1-7(B 부활 3)   5:9-13(B 부활 7)

3:16-24(B 부활 4)

요한계시록

1:4b-8(B 통치, C 부활 2)   21:1-6a(B 성도, C 부활 5)

5:11-14(C 부활 3)   21:10; 21:22-22:5(C 부활 6)

7:9-17(A 개혁, C 부활 4)   22:12-14, 16-17, 20-21(C 부활 7)

외경

집회(시락)서

24:1-12(AC 성탄후 2)

지혜서

1:13-15; 2:23-24(B 성령 8)   10:15-21(AC 성탄후 2)

3:1-9(B 성도)

성서정과 교회력(2025년, 2028년)

절기명	2025년	2028년
대림절과 성탄절		
대림절 첫째 주일	11월 24일(2024년)	11월 21일(2027)
대림절 둘째 주일	12월 1일(2024년)	11월 28일(2027)
대림절 셋째 주일	12월 8일(2024년)	12월 5일(2027)
대림절 넷째 주일	12월 15일(2024년)	12월 12일(2027)
성탄전야	12월 24일(2024년)	12월 24일(2027)
성탄절	12월 25일(2024년)	12월 25일(2027)
성탄절 후 첫째 주일	12월 22일(2024년)	12월 19일(2027)
성탄절 후 둘째 주일	12월 29일(2024년)	12월 26일(2027)
주현절(현현절)		
주현절	1월 5일	1월 2일
주현절 후 첫째 주일, 예수수세주일	1월 12일	1월 9일
주현절 후 둘째 주일	1월 19일	1월 16일
주현절 후 셋째 주일	1월 26일	1월 23일
주현절 후 넷째 주일	2월 2일	1월 30일
주현절 후 다섯째 주일	2월 9일	2월 6일
주현절 후 여섯째 주일	2월 16일	2월 13일
주현절 후 일곱째 주일	2월 23일	2월 20일
주현절 후 여덟째 주일		
변모주일	3월 2일	2월 27일
사순절		
사순절 첫째 주일	3월 9일	3월 5일
사순절 둘째 주일	3월 16일	3월 12일
사순절 셋째 주일	3월 23일	3월 19일
사순절 넷째 주일	3월 30일	3월 26일
사순절 다섯째 주일	4월 6일	4월 2일
사순절 여섯째 주일	4월 13일	4월 9일
부활절		
부활절	4월 20일	4월 16일
부활절 둘째 주일	4월 27일	4월 23일
부활절 셋째 주일	5월 4일	4월 30일
부활절 넷째 주일	5월 11일	5월 7일
부활절 다섯째 주일	5월 18일	5월 14일
부활절 여섯째 주일	5월 25일	5월 21일
승천주일	6월 1일	5월 28일

절기명	2025년	2028년
성령강림절 이후		
성령강림주일	6월 8일	6월 4일
성령강림 후 둘째 주일	6월 15일	6월 11일
성령강림 후 셋째 주일	6월 22일	6월 18일
성령강림 후 넷째 주일	6월 29일	6월 25일
성령강림 후 다섯째 주일	7월 6일	7월 2일
성령강림 후 여섯째 주일	7월 13일	7월 9일
성령강림 후 일곱째 주일	7월 20일	7월 16일
성령강림 후 여덟째 주일	7월 27일	7월 23일
성령강림 후 아홉째 주일	8월 3일	7월 30일
성령강림 후 열째 주일	8월 10일	8월 6일
성령강림 후 열한째 주일	8월 17일	8월 13일
성령강림 후 열둘째 주일	8월 24일	8월 20일
성령강림 후 열셋째 주일	8월 31일	8월 27일
성령강림 후 열넷째 주일	9월 7일	9월 3일
성령강림 후 열다섯째 주일	9월 14일	9월 10일
성령강림 후 열여섯째 주일	9월 21일	9월 17일
성령강림 후 열일곱째 주일	9월 28일	9월 24일
성령강림 후 열여덟째 주일	10월 5일	10월 1일
성령강림 후 열아홉째 주일	10월 12일	10월 8일
성령강림 후 스무째 주일	10월 19일	10월 15일
성령강림 후 스물한째 주일	10월 26일	10월 22일
성령강림 후 스물둘째 주일	11월 2일	10월 29일
성령강림 후 스물셋째 주일	11월 9일	11월 5일
만민 성인	11월 16일	11월 12일
성령강림 후 스물넷째 주일		11월 19일
성령강림 후 스물다섯째 주일		
성령강림 후 스물여섯째 주일		
그리스도통치주일/왕국주일	11월 23일	11월 26일